Verklärt, verkitscht, vergessen

Renate Möhrmann (Hrsg.)

Verklärt, verkitscht, vergessen

Die Mutter als ästhetische Figur

Unter Mitarbeit von Barbara Mrytz

Verlag J.B. Metzler
Stuttgart · Weimar

Die Deutsche Bibliothek – CIP-Einheitsaufnahme

Möhrmann, Renate:
Verklärt, verkitscht, vergessen : die Mutter als ästhetische Figur /
Renate Möhrmann. Unter Mitarb. von Barbara Mrytz. –
Stuttgart ; Weimar : Metzler, 1996
ISBN 978-3-476-01302-6

ISBN 978-3-476-01302-6
ISBN 978-3-476-03596-7 (eBook)
DOI 10.1007/978-3-476-03596-7

© 1996 Springer-Verlag GmbH Deutschland
Ursprünglich erschienen bei J.B. Metzlersche Verlagsbuchhandlung
und Carl Ernst Poeschel Verlag GmbH in Stuttgart 1996

EIN VERLAG DER SPEKTRUM FACHVERLAGE GMBH

Inhalt

III
Mütter im Blick der Maler
Zwischen Traum und Trauma

Danksagung

An dieser Stelle möchte ich mich bei all denen bedanken, die mich während der langjährigen Forschungsarbeit zu diesem Buch nachdrücklich unterstützt haben. Hier sei an erster Stelle mein Mann, Dieter G. Möhrmann, genannt, der immer bereit war, die anliegenden Probleme mit mir zu besprechen und meine zahlreichen ›Abwesenheiten‹ geduldig ertragen hat. Mein Dank gilt ferner meinen Kölner, meinen Wiener sowie meinen kalifornischen Studentinnen und Studenten, die mich bei meiner mütterlichen Spurensuche mit anhaltendem Interesse begleitet haben. Ausdrücklich möchte ich mich auch beim kanadischen Kultusminister bedanken, der mich mit dem kanadisch–deutschen Wissenschaftspreis (1994/95) ausgezeichnet hat und mir somit die Möglichkeit gab, das Projekt unter besten akademischen Bedingungen fertigzustellen. In diesem Zusammenhang sei auch den Freunden in Toronto gedankt, die mir all die Monate mit ihrer liebevollen Anteilnahme so treu zur Seite standen.

Die Drucklegung wurde ermöglicht durch die freundliche Unterstützung des Ministerpräsidenten von Nordrhein-Westfalen, Johannes Rau, und der Konrad-Adenauer-Stiftung, die sich beide ganz spontan und unbürokratisch von der Wichtigkeit des Themas und dem damit verbundenen Griff ins Schatzkästlein überzeugen ließen. Last but not least gilt mein Dank der Direktorin des Kölner Käthe Kollwitz Museums, Hannelore Fischer, die über die bloße Bildbeschaffung hinaus das Projekt mit zahlreichen Anregungen begleitet hat.

Köln, 1995   Renate Möhrmann

Renate Möhrmann

Einleitung

> Wenn ich an all die sich aufopfernden, ewig
> verfügbaren Mütter in Kunst und Literatur
> denke, dann muß ich mich selbst für monströs
> oder zumindest für abnorm halten.
> (Adrienne Rich, *Von Frauen geboren*, 1976)

Köln, Sommer 1991.
Angefangen hatte alles beim Heimatfilm.

Nach meiner Auseinandersetzung mit etwa 90 Filmen dieses Genres aus der Zeit von 1947 bis 1960 war kein Irrtum mehr möglich: Im Heimatfilm fehlte die Mutter.

Geht man von den üblichen Konnotationen aus, die sich zwangsläufig bei dem Begriff *Heimat* einstellen, nämlich Geborgenheit, Verläßlichkeit und Vertrautheit, garantiert durch die Präsenz der Mutter, so ist das ein verblüffender Befund. Und zwar um so mehr, als die in diesen Filmen dargestellte geschichtliche Zeit, die ausgehenden 40er und 50er Jahre, eine weitgehend vaterlose Gesellschaft war. In praxi bestimmten damals die Mütter das Bild der Öffentlichkeit. In den Städten, den Gemeinden und Dörfern, als Trümmerfrauen, als Kriegerwitwen und Ernährerinnen ihrer Kinder. Im Heimatfilm findet das alles keinen Niederschlag. Mütter bleiben ausgespart, wobei daran zu erinnern ist, daß der Heimatfilm nicht bloß eine beliebige Gattung unter anderen ist, sondern für die deutsche Filmgeschichte den gleichen Stellenwert einnimmt, den der Western für die amerikanische Filmgeschichte besitzt und der insbesondere in den 50er Jahren zu einer der Hauptgattungen des westdeutschen Nachkriegsfilms avanciert. Ohne Mutterfiguren allerdings und – was noch mehr überrascht: Niemand hat das bisher bemerkt. Die Filmpublizistik fährt fort, den Heimatfilm mit dem Topos der ›heilen Welt‹ zu beschreiben, unbekümmert darum, daß das, was im populären Verständnis die heile Welt ausmacht, nämlich die sogenannte heile Familie, in deren Zentrum die bedürfnisbefriedigende Mutter steht, überhaupt nicht auftritt.

Filme wie *Grün ist die Heide* (Hans Deppe, 1951), *Wenn abends die Heide träumt* (Paul Martin, 1952), *Heideschulmeister Uwe Karsten* (Hans Deppe, 1954), *Die Försterbuben* (Robert A. Stemmle, 1955), *Das alte*

Försterhaus (Harald Philipp, 1956), *Wenn die Heide blüht* (Hans Deppe, 1960) oder *Wilde Wasser* (Rudolf Schündler, 1962) zeigen in der Regel verwitwete Männer in den besten Jahren, enteignete Großgrundbesitzer, Fabrikanten, Hofbauern oder Wilderer, die in Konfliktsituationen zu ihren Töchtern geraten. Begründungen für die der Wirklichkeit diametral entgegengesetzte Familienstruktur, für die Schrumpffamilie von Vater und Tochter, d.h. für die Abwesenheit der Mutter, geben alle diese Filme nicht.[1]

Gewiß: Ich hatte verkitschte und verklärte Mütter erwartet, Frauen, die den Muttermythos ungebrochen repräsentieren würden, als ich mich mit dem Heimatfilm zu befassen begann. Was ich nicht erwartet hatte, war die völlige Absenz der Mutter als dramatis persona. Diese Entdeckung gab den Anstoß für das vorliegende Buch. Wie verhielt es sich in anderen Gattungen, in anderen Kunstformen? Im Märchen, in der Malerei, auf dem Theater, im Fernsehen, in der Literatur? Kam die Mutter als eigenständiges Subjekt, als agierende und reagierende Figur, d.h. als konkrete Person überhaupt vor, oder schwebte sie bloß als diffuse Präsenz über allem und jedem, in alles und jedes hinein – ohne eigene Stimme. Das galt es zu untersuchen. Fest stand: Die Frage nach den Repräsentationsformen von Müttern in der europäischen Fiktion ließ mich nicht mehr los.

Um mir ein erstes Vergleichsterrain zu schaffen, untersuchte ich zunächst die deutsche Nachkriegsliteratur aus demselben Zeitraum wie der Heimatfilm. Die Tendenz war ähnlich. Der männliche Held dominiert. Frauen kommen vor. Mütter erscheinen allenfalls am Rande. Carl Zuckmayers *Des Teufels General* (1946), Wolfgang Borcherts *Draußen vor der Tür* (1946) oder auch Heinrich Bölls *Wo warst Du, Adam?* (1951) sind markante Regelfälle, nicht bloß die Ausnahme. Es sind Männerschicksale, die die Dichterphantasie bewegen und die Leser in Bann schlagen. Doch gibt es ein signifikantes Gegenbeispiel: Heinrich Bölls *Haus ohne Hüter* (1954). Hier wird die ganz alltägliche Wirklichkeit der 50er Jahre beschrieben, die vaterlose Gesellschaft, Mütter als junge Kriegerwitwen, allein gelassen mit ihren Kindern – Söhnen zumeist –, die ihre Väter nie gesehen haben. Ganz ohne Frage: ein Ro-

---

1 Die umfangreichste Untersuchung zum deutschen Heimatfilm – sie beruht auf einer Auswertung von etwa 300 Heimatfilmen – ist die Analyse von Willi Höfig: Der deutsche Heimatfilm 1947 – 1960. Stuttgart: Ferdinand Enke Verlag 1973. Aber auch hier findet, trotz der detaillierten Angabe von Themen und Personen, die Abwesenheit der Mutterfigur keinerlei Erwähnung.

man, der dem Mütter-Diskurs beträchtlichen Raum gibt. Jedoch: Die beschriebenen Mütter sind allesamt defizitär, aus der Bahn geworfen durch den Krieg und den Verlust ihrer Männer, »gebrochen« und »verkorkst« – wie Böll nicht müde wird zu betonen –, und vor allem unfähig, ihre mütterlichen Aufgaben zu erfüllen und den neuen Anforderungen der Wirklichkeit nachzukommen. Es sind Mütter, die aus dem Gesetz des Vaters herausgefallen sind, von den Beziehungspraktiken der herrschenden Ökonomie des männlichen Diskurses suspendiert, und sich als frei flottierende, orientierungslose weibliche Wesen sozusagen neben der Geschichte befinden. Geschichtsträger sind die wenigen verbliebenen Männer und – sehr junge Söhne. Schon der Titel des Romans signalisiert den Mangel: *Haus ohne Hüter*. Der Subjektstatus der Mutter ist gekoppelt an die Präsenz des Vaters. Als Unbehütete oder Nicht-mehr-Gehütete kann sie nicht zur Agierenden werden. Der Erzähler entwickelt den Mutter-Diskurs aus der üblichen patriarchalischen Perspektive. Seine Mutter-Repräsentationen sind durchgehend nicht die Repräsentierten selbst.

Das ist verblüffend. Denn die Wirklichkeit sah anders aus. Wie kaum je zuvor in der deutschen Geschichte haben die Frauen und Mütter der Nachkriegszeit die traditionelle Privatsphäre verlassen und sind öffentlich tätig geworden. Sichtbar für alle. Der öffentliche Raum, von jeher die Domäne der Männer, war plötzlich und zwangsläufig zum Aktionsfeld von Frauen geworden. Und doch hat diese Wirklichkeit kaum Eingang in die Kunstproduktion gefunden. Nicht in die Literatur, nicht in den Film, nicht in das Theater, nicht in die bildende Kunst und nicht einmal in den sozialistischen Realismus der DDR-Kunst, wie Tanja Frank in ihrem Essay *Behauptete Mitte. Die Mutterfiguren Heidrun Hegewalds* darlegen wird.

Es sind diese auffälligen Auslassungen und Ungleichzeitigkeiten, das Auseinanderklaffen von historischen Mütterschicksalen und ihren fiktionalen Umsetzungen, die mich interessieren, sowie die Begründungen, die sich dafür finden lassen. Irritierend jedenfalls ist, daß sich die Kunst der ausgehenden 40er und 50er Jahre hinsichtlich der Geschlechterdifferenzen eher vom Mythos oder – bissig bemerkt – vom Klischee inspirieren läßt, als von der Wirklichkeit.

Das gilt im übrigen nicht bloß für Deutschland. Der realistische Film Italiens z.B., von der Filmgeschichtsschreibung einstimmig als *der* Neubeginn im europäischen Nachkriegskino gefeiert, praktiziert – was die Müttercharaktere angeht – die gleichen Ausgrenzungen. Spätere Generationen, die versuchen, sich anhand von Film und Literatur ein Bild von der Nachkriegszeit zu machen, müssen mit Zerrbildern vorliebnehmen. Zumindest in bezug auf die Mütter. Sie sind entweder abwesend, kopflos oder verkorkst. Ein Befund, der Anlaß gibt, der Euphorie in bezug auf den empirischen Erkenntniswert von literarischen Quellen – wie sie der New Historicism, eine neue Richtung in der amerikanischen Geschichtswissenschaft, seit einiger Zeit kultiviert – ein Quentchen Skepsis entgegenzusetzen. Auch Dichter schielen öfter als man glaubt. Das jedenfalls zeigt das beschriebene Beispiel. Daß sich damals ein tiefgreifender sozialer Paradigmenwechsel vollzog, daß Mütter zu Macherinnen wurden und als Alleinerziehende, wie wir sie heute nennen würden, ihren Alltag zu meistern hatten und in aller Regel auch gemeistert haben, darauf hat weder die Geschichtsschreibung noch die Kunst dieser Zeit entsprechend reagiert.

So gesehen ist die vorliegende Untersuchung auch eine Auseinandersetzung mit den Prozessen von Vergessen und Erinnern, den kulturellen Aufschreibesystemen und ihren Orientierungspräferenzen, die ganze Bereiche an gelebter Erfahrung außer Acht lassen und somit aus dem kollektiven Schatz der Erinnerung herauslösen. Denn Präsenz und Identität – das wissen wir inzwischen – sind vermittelte Qualitäten, keine konstanten Größen. Sie werden durch Sprache geschaffen und in kulturellen Diskursen und Texten erhalten. Daß die Geschichtswissenschaft perspektivisch verfährt, ist bekannt. Von der Kunst ließe sich anderes erwarten.

Mich interessieren die Tabus, die Denkkonventionen und Zukunftsvisionen, sowie die unterschiedlichen gattungsspezifischen Prädispositionen und Tendenzen, die hier mit im Spiel sind. So ist es verständlich, daß die Mutter in der bildenden Kunst der 50er Jahre nicht in Erscheinung tritt. Ihr Programm war schließlich die Abstraktion. Daß der neorealistische Film, der den Wirklichkeitsbezug schon im Gattungskopf trägt, mit schiefem Blick gerade an der Wirklichkeit der Mütter seines Landes vorbeisieht, läßt sich dagegen kaum gattungsspezifisch erklären. Folglich gilt: Selbst die realistische Kunst verfährt äußerst selektierend. Auch ihre Sehweise ist konditioniert durch Mythologie, Tradition und Gattungskonvention und sehr viel weniger realistisch als ihr programmatischer Anspruch vermuten läßt. Alle Bevölkerungsschichten sollten fortan einen Platz im italienischen Film einnehmen, nicht mehr bloß die Reichen, die man mehr als genug gesehen hätte, hatte Zavattini, sein Vordenker, verlauten lassen. Sollte er die Mütter kurzerhand zu den Reichen gezählt haben?

Ich möchte nicht mißverstanden werden. Gewiß verhalten sich empirische und ästhetische Wirklichkeit niemals deckungsgleich. Darum geht es nicht. Doch fällt mir auf, daß die Kluft zwischen den wirklichen und den imaginierten Müttern besonders tiefgehend ist,[2] so als gäbe es hier eine geheime Barriere mit dem Codewort: Mütter – kein Fall für die Kunst. Von hier aus läßt sich die Schockwirkung erklären, die westdeutsche Filmemacherinnen der ausgehenden 70er und beginnenden 80er Jahre mit ihren neuen Mutterbildern auslösten. Sie sind es, die mit fast 30jähriger Verspätung erstmals die authentischen Erfahrungen von Kriegs- und Nachkriegsmüttern thematisieren, und zwar radikal. Es sind Mütter, die nicht mehr bloß im Windschatten der Geschichte stehen, nicht mehr als hilflose Hälften aus dem Gesetz des Vaters herausfallen, sondern eigenständige, widersprüchliche Persönlichkeiten, die die Gesetze des Vaters selbst außer Kraft setzen. In diesen Filmen gibt es keinen väterlichen Diskurs, ganz wie in der damaligen Wirklichkeit auch. Das irritierte die männliche Kritik. Denn schließlich kollidierten die neuen Mutterbilder mit dem vorhandenen Bilderfundus, der sich noch immer aus den Konventionen des Nachkriegsfilms speiste. Ich werde in meinem Beitrag »*Deutschland, bleiche Mutter«. Zu den Mutterfiguren im neuen deutschen Frauenfilm* ausführlich darauf eingehen.

Es geht mir nicht darum, pauschale Patriarchatsschelte zu betreiben. Die ist aus vielerlei feministischer Feder inzwischen hinreichend geleistet worden. Mich interessiert die Sonderbehandlung der Mütter, die asymmetrischen Wahrnehmungsprozesse, die Mechanismen, die das Sichtbare verstellen und das Unsichtbare kanonisieren, die Filtervorrichtungen, die sich zwischen Wirklichkeit und Kunst schieben und unterschiedlich dicht sind in bezug auf die Zeit, den Ort und das Subjekt. Für Mütter gelten offenbar besondere Verdichtungen. Denn wenn Silvia Bovenschen vor rund 15 Jahren in ihrer Untersuchung *Die imaginierte Weiblichkeit* zu dem Ergebnis gekommen ist, daß die Bilderfülle der Kunstfrauen in keiner Weise dem Schattendasein der real existierenden Frauen entspräche,[3] gilt dies nicht für die Darstellung der Mütter. Die für sie entworfenen Bilder sind auffällig spärlich. Dies gilt selbst für Goethe, den Frauendichter par excellence, wie Deirdre Vincent in ih-

---

2 Eine ähnliche Beobachtung hat die amerikanische Psychologin Meryle Mahrer Kaplan erst kürzlich dazu veranlaßt, die vorherrschenden Mutterbilder mit einer Studie zu konfrontieren, in der die Imaginierten selbst zu Wort kommen: Mother's Images of Motherhood. London, New York: Routledge 1992.
3 Silvia Bovenschen: Die imaginierte Weiblichkeit. Exemplarische Untersuchungen zu kulturgeschichtlichen und literarischen Präsentationsformen des Weiblichen. Frankfurt a.M.: Suhrkamp Verlag 1979, S. 13.

rem Beitrag *Mädchen, Frau, Ehefrau ... Zur Muttergestalt bei Goethe* darlegen wird. Der Quell der Dichterphantasie scheint gerade dort zu versiegen, wo die überwiegende Mehrheit der Frauen auch heute noch, wenn auch in Verbindung mit beruflicher Tätigkeit, einen Großteil ihrer Energie und Kreativität investieren: in die Rolle der Mutter. Mütter scheinen Künstler offenbar nicht zu inspirieren. Es sei denn, sie entpuppten sich als Megären, schlachteten ihre Kinder wie Medea und mordeten ihre Gatten wie Klytämnestra. Doch auch in diesen Fällen ist es weniger die Mutter als riskante Person als vielmehr die spektakuläre Monstrosität der Tat, die Dichterfeder oder Malerpinsel in Schwung bringen. Nicht einmal im Märchen findet sich Platz für Mütter. Man erinnere sich:»Es war einmal ein Vater, der hatte drei Söhne«, ein typischer Anfang der Grimmschen Märchen. Mütter haben diese Söhne offensichtlich nicht gehabt. Elke Liebs wird solche Defizite in ihrer Analyse *Die Un-Mütter der Märchen* ausführlich erörtern. Und selbst die Werbung, oftmals der gesellschaftlichen Wirklichkeit meilenweit voraus, mit kühnen Konnotationen wegweisend für neue Sehweisen, bleibt auffällig einfallslos in Sachen Mütter. Das untersucht Sabine Gottgetreu in ihrem Beitrag *Traum-Mütter und Mütter-Träume. Das Beispiel der Nivea-Werbung.*

Frauenbilder als authentische Zeugnisse mütterlicher Existenz bleiben die Ausnahme. So sieht die amerikanische Schriftstellerin Adrienne Rich, eine der ersten, die diesem Thema ein ganzes Buch gewidmet hat, Mutterschaft bloß auf ein einziges Kulturbild reduziert: auf das der guten, aufopferungsvollen und gänzlich entsexualisierten Mutter, die nichts für sich selbst will. Rich erklärt dies aus den polarisierten Weiblichkeitsvorstellungen einer patriarchalischen Gesellschaft, für die die Frauen noch immer das unkalkulierbare, gefährliche ›Andere‹ verkörpern, das erst durch das Gegenbild der guten Mutter gezähmt und verfügbar wird.[4] Offenbar braucht die Gesellschaft solche Bilder, so meint die Autorin lakonisch, um überhaupt mit dem Weiblichen umgehen zu können.

Die rumänisch-französische Theoretikerin Julia Kristeva hingegen bezeichnet den Mutter-Diskurs – so wie er geführt wird – kurzerhand als kategoriale Fiktion. Denn das, was sich als solcher ausgibt, der naturwissenschaftliche Mutter-Diskurs einerseits und der christlich-theo-

---

4   Adrienne Rich: Of Woman Born. Motherhood as Experience and Institution. New York, London: Norton & Company 1976, S. 34. Wenn nicht anders angegeben, stammen die Übersetzungen von mir.

logische andererseits, ist ihr zufolge keiner.[5] Ersterer, weil er seinen Gegenstand, die Mutter als Subjekt, in den Niederungen der Empirie übersieht, letzterer, weil er ihn in den Höhen der Metaphysik verliert. Übrig bleiben Biologie und Religion: Materialisierung oder Virginisierung der Mutter.

Aus dieser Defizitsituation heraus entwickelt Kristeva ihr eigenes Bild von Mütterlichkeit. Dabei widerspricht sie Lacans Gleichsetzung von Symbolischem und sprachlicher Bedeutung, seiner Behauptung, daß Kultur erst durch die Verdrängung des Körpers der Mutter entstehe und jede sprachliche Artikulation durch das Gesetz des Vaters bestimmt sei. Sie hingegen setzt auf das Vorsprachliche, auf die semiotische Dimension, auf die enge frühkindliche Beziehung zwischen Mutter und Kind, die noch nicht geregelt ist durch das väterliche Gesetz.

So gesehen liest sich ihre Abhandlung zur Mütterlichkeit gleichsam wie eine Verständigungspräambel zu Helma Sanders-Brahms' Film *Deutschland, bleiche Mutter*. Auch hier basieren die engen Beziehungen zwischen Mutter und Kind ganz auf der vorsprachlichen, semiotischen Verständigungsebene, die noch nicht beschnitten ist durch das väterliche Veto-Recht. Daß durch die besonderen historischen Bedingtheiten, durch die Faktizität des Zweiten Weltkriegs, diese Beziehungen überdimensional prolongiert sind, steigert ihr subversives Potential noch. Für viele ins Unerträgliche. Das hat die Kritik gezeigt.

Und dennoch: So sehr man Kristevas Protest gegen das Kulturverdikt des Vaters zuzustimmen vermag, es bleibt ein Unbehagen. Auch in bezug auf den Film. Denn beide beschreiben, wenn auch mit unterschiedlichen Mitteln, erneut eine Dissoziierung von Mutterschaft und Sexualität. Wenn Kristeva Sexualität als männlich dominiertes Beziehungsmuster beschreibt, Mütterlichkeit hingegen als etwas originär Naturhaftes, so bringt auch sie wieder die alten Dichotomien ins Spiel, wenn auch in subversiver Absicht. Mütterlichkeit als vorkulturelle Realität, als ontologisches Konzept, darauf hat Judith Butler erst kürzlich hingewiesen, verliert jede Möglichkeit, als Störfaktor in das väterliche System hineinzuwirken.[6]

---

5   Vgl. Julia Kristeva: Maternité selon Giovanni Bellini. In: Julia Kristeva: Polyloge. Paris: Editions du Seuil 1977, S. 409.
6   Vgl. Das Kapitel »Die Körperpolitik von Julia Kristeva«. In: Judith Butler: Das Unbehagen der Geschlechter. Frankfurt a.M.: Suhrkamp Verlag 1991, S. 123-142.

Sehr viel historischer argumentiert die amerikanische Filmwissenschaftlerin E. Ann Kaplan. So unterscheidet sie in ihrem jüngsten Buch zum Mutter-Thema, in *Motherhood and Representation* (1992), im Verlauf der Kulturgeschichte zwischen drei unterschiedlichen Mutter-Diskursen und zwei diametral entgegengesetzten Mutter-Paradigmen.[7] Der erste Mutter-Diskurs, den Kaplan über das ganze 19. Jahrhundert bis hin zum Ersten Weltkrieg datiert, wird ihrer Ansicht nach in der zweiten Hälfte des 18. Jahrhunderts durch Rousseaus neues Kulturprogramm vorbereitet. Denn sein revolutionäres Erziehungskonzept, dargelegt in *Émile* (1762), eröffnet gleichzeitig eine neue Debatte über die Anforderungen an die Erziehenden und das heißt auch: an die Mütter. In diesen Überlegungen wächst der Mutter, als Garantin einer geglückten Erziehung, plötzlich eine neue Bedeutung zu, die sie einerseits festlegt und andererseits überhöht. Festlegt, da hiermit gleichzeitig das Fundament zur Polarisierung der Geschlechtscharaktere gesetzt wird, die die emotionale Kompetenzausstattung zunehmend an die Frau, die rationale hingegen immer stärker an den Mann bindet. Überhöht, weil das Paradigma der Mutterschaft durch nichts zu ersetzen ist – Rousseau hatte das bis dahin übliche Ammenwesen als widernatürlich aufs schärfste verurteilt – und ihr somit eine Sonderaufgabe zukommt, die sie und nur sie zu erfüllen imstande ist.

Doch was mir auffällt, ist das Auseinanderklaffen von kulturtheoretischer Mutter-Debatte und ihrer fiktionalen Verarbeitung. Die Aufwertung des Mutter-Diskurses durch Rousseau findet praktisch keine Widerspiegelung im Dramentypus jener Zeit, im bürgerlichen Trauerspiel. Nicht bei Diderot, nicht bei Lessing und nicht bei Schiller. Es sind die Väter, die selbst im Binnenraum der Familie als Wegweiser der Bildung wirken und sich ganz der Erziehung ihrer Töchter widmen. Ohne die Mithilfe der Mütter. Und so ist es »allein die Spur« der väterlichen »Arbeit«, die die Töchter »liebenswert macht. ›Nichts‹ wäre Recha, hätte sie Nathan nicht erzogen.«[8] Er ist es, der ihr »den Samen der Vernunft rein in die Seele streute« (III,1). Der Vater als Schöpfer, Erzieher und – Mutter. Darauf gehe ich in meinem Beitrag *Die vergessenen Mütter. Zur Asymmetrie der Herzen im bürgerlichen Trauerspiel* ausführlich ein.

---

7 E. Ann Kaplan: Motherhood and Representation. The Mother in Popular Culture and Melodrama. London, New York: Routledge 1992, S. 17-26.
8 Friedrich A. Kittler: Dichter. Mutter. Kind. München: Wilhelm Fink Verlag 1991, S. 33.

Doch zurück zu den von Kaplan vorgeschlagenen Zäsuren in ihrem zweiten Mutter-Diskurs, als deren Eckdaten sie den Ersten Weltkrieg und die auf den Zweiten Weltkrieg folgende elektronische Revolution angibt. Denn hier bekommt das durch Rousseau initiierte, auf Rollenteilung basierende Muster der bürgerlichen Kernfamilie die ersten entscheidenden Risse. Die beiden Weltkriege vertreiben auch die Frauen aus den machtgeschützten Innenräumen der Familie und schicken sie hinaus ins feindliche Leben, auf den dünner gewordenen Arbeitsmarkt, wo es ohne sie nun nicht mehr geht. Die berufstätige Mutter, mit neuen Qualitäten versehen, wird zum integralen Bestandteil der Kriegs- und Nachkriegsgesellschaft. Einen Niederschlag in der Kunstproduktion hat das kaum gefunden. Die Mütter haben sich verändert. Ihre Bilder sind gleich geblieben.

Den letzten und entscheidenden Anstoß zu einem veränderten Mutter-Diskurs, dem heute vorherrschenden postmodernen, sieht Kaplan in dem Jahrzehnt zwischen 1978 und 1988 verwirklicht, wo nicht zuletzt durch die Entwicklung der Gentechnologie, der Instanz der Leihmutter und der neuen Reproduktionstechniken Mutterschaft in völlig anderen Zusammenhängen diskutiert wird. Die fiktionalen Repräsentationen von Mutterschaft allerdings bleiben weitgehend polarisiert. Gute und böse Mütter stehen einander in kategorialer Verschiedenheit gegenüber. Wie eh und je. Davon zeugt selbst noch der neue Science-Fiction-Horrorfilm, wie das Beispiel *Alien – Die Rückkehr* (James Cameron, 1986) zeigt. Denn die eigentliche Konfrontation spielt sich hier nicht zwischen dem außerirdischen Monster und den Elitetruppen ab, sondern zwischen den beiden polaritär angelegten Mutterfiguren: der zerstörerischen Monster-Mutter Alien und der beschützenden guten Mutter Ripley, wobei der Kampf gleichzeitig der mütterlichen Sexualität gilt: Alien als Sexualmonster, als zerstörerische Natur, als Gebärmaschine, die alles verschlingt, was sie einst ausgestoßen hat. Der mütterliche Körper als überdimensionale, Angst einflößende Höhle und die Vereindeutlichung des Monsters auf die klar erkennbare weibliche Physis.[9] Ripley, die gute Mutter, hingegen – eine sexuelle Leerstelle im narrativen Gefecht.

---

9 Vgl. Lynda K. Bundtzen: Monstrous Mothers, Medusa, Grendel, and now Alien. In: Film Quarterly, Vol. 40, No. 3, 1987, S. 11-17.

Wien, Frühjahr 1992.
Zufällig stoße ich auf das Bild im Belvedere. Es zieht mich sofort in
Bann und – irritiert mich. Giovanni Segantinis *Die bösen Mütter* von
1894 (Abb. 1). Das Bild zeigt ein weites, von Bergketten abgegrenztes
Schneefeld, in dessen Hintergrund, schemenhaft erkennbar nur, mäna-
denhafte Frauen mit Kindern auftauchen, im Vordergrund eine gleichsam aus dem Schnee herauswachsende Birke mit einer Frau darin. Ihr
Körper ist ekstatisch geschwungen, ihre vollen, erotischen Brüste sind
entblößt, ihr offenes rötliches Haar ist mit dem kahlen Geäst verschlun-
gen. Ein Kind, dessen Kopf wie aus dem Gezweig herauswächst, saugt
an ihrer Brust. Ein Still-Bild – so könnte man meinen, eine Mutter, die
ihr Kind stillt, in der ikonographischen Tradition der Marienbilder.
Doch die Irritation bleibt, nicht zuletzt durch den Titel des Bildes, *Die
bösen Mütter*, der vom Künstler selbst stammt. Segantini hat einen ganzen Zyklus zu den *Bösen Müttern* gemalt, und natürlich lenken solche
Bildlegenden die Erwartungshaltung der Betrachterin. Was ist das Böse
an diesen Müttern, was die Moral der Geschichte? Ist es der fehlende
Blickkontakt zwischen Mutter und Kind, das Auseinanderstreben ihrer
beiden Köpfe, das fast schon monadische, isolierte Vorhandensein von
Säugling und Nährender, das so gar nicht dem gewohnten, lieblichen
Bild der stillenden Mutter entspricht? Diese Frage läßt mir keine Ruhe.
Ich lese mich durch die vorhandene Sekundärliteratur hindurch, erfahre, daß »die Verherrlichung der Mutter im Sinne einer Erlösung von
ihrem Naturschicksal in Segantinis Werk so vorherrschend ist, daß die
Frau stets als Mutter dargestellt wird«,[10] oder, im Gegensatz dazu, daß
sich »der unnatürlich überspannte Körper der Frau [...] gegen die Mutterschaft aufbäumt und das saugende Kind heftig von sich stößt«,[11] widersprüchliche Interpretationen also, Vereindeutigungen in bezug auf
die Mutter, die ich beide so im Bild nicht finde.
Das ist symptomatisch. Die Aufspaltung der Mutter in Konträrposi-
tionen wie gut und böse, asexuell und sexuell aktiv – wobei die von
ihrem »Naturschicksal« erlöste, das heißt ihrem eigenen Leib entfrem-
dete Mutter als gut und die ihren Körper bejahende als böse gilt – hat
eine lange ikonographische Tradition. Nicht bloß in der Kunst. Sie sitzt

---

10 Annie-Paule Quinsac: Die Mutter, der Tod und die katholische Tradition im
   Werk von Giovanni Segantini. In: Giovanni Segantini 1858-1899. Kunsthaus
   Zürich 1990, S. 47.
11 Irma Noseda, Bernhard Wiebel: Segantini – ein verlorenes Paradies? Ausstellungskatalog. Zürich 1976, S. 75.

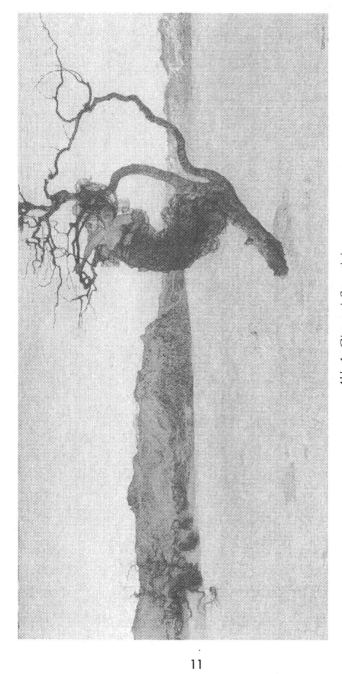

Abb. 1: Giovanni Segantini:
Die bösen Mütter, 1894. Wien, Österreichische Galerie

ebenso fest in den Köpfen der Betrachterinnen und Betrachter. Denn Bilderlesen ist niemals bloß ein autonomer Wahrnehmungsakt. Das Auge sieht stets unter dem Einfluß von Erwartungen und Konventionen, Gattungskenntnissen und kulturellen Verabredungen. Es ist auch ein gesellschaftliches Organ, nicht bloß ein biologisches. Es orientiert sich an dem, was es schon weiß. Das hat Ernst H. Gombrich eindrucksvoll belegt. Und so kommt es vor, daß es manchmal etwas sieht, was in Wirklichkeit nicht vorhanden ist. Dafür sind die zitierten Interpretationen zu Segantinis *Bösen Müttern* ein anschauliches Beispiel. Die in der Bildästhetik vorhandenen Widersprüche werden – der jeweiligen Ideologie entsprechend – übersehen bzw. in die bekannten polaritären Deutungsmuster von Mütterlichkeit zurechtgerückt. Nur bei Daniela Hammer-Tugendhat finde ich schließlich eine Antwort auf meine Irritation. Auch sie erkennt die Widersprüche in diesem Gemälde und versucht nicht, sie zu vereindeutigen. Im Gegenteil. Sie sieht »die Spaltung des Frauenbildes, die Tragödie der Frau zwischen eigenem erotischen Leben und Mutterdasein« in keinem Werk der Epoche »in dieser Weise ins Bild« gebracht. »Die Bedeutung des Werks von Segantini besteht in der Thematisierung dieses dualistischen Weiblichkeitsmusters.«[12]

Irritierend bleibt die Diskrepanz zwischen der Eindeutigkeit des thematischen Vorwurfs und der Doppeldeutigkeit der praktizierten Bildgestaltung. So gewinnt die Betrachterin den Eindruck, als wolle der Maler die Ambivalenz der Bildaussage zurücknehmen durch die moralische Apodiktik des Titels, die gemalte Zweideutigkeit unschädlich machen durch das resümierende Fazit der Legende: die bösen Mütter.

Die Mutter als femme fatale, die Hure als Dame, die Sünderin als Heilige – sie gehörten zu den Kultfiguren des Theaters und der Malerei im ausgehenden 19. Jahrhundert. Die Resakralisierung des Anrüchigen schien die Männerwelt in besonderer Weise zu erregen. Alexandre Dumas hatte 1848 mit seiner Kameliendame den Auftakt gesetzt und Sarah Bernhardt mit ihrer Darstellung das Publikum weltweit zur Raserei gebracht. Und noch heute kann der Popstar Madonna mit solchen Vermengungen von Profanem und Sakralem, mit der Blasphemisierung

12 Daniela Hammer-Tugendhat: Zur Ambivalenz patriarchaler Geschlechterideologie in der Kunst des späten 19. Jahrhunderts. Die bösen Mütter von Giovanni Segantini. In: Heide Dienst, Edith Saurer (Hg.): ›Das Weib existiert nicht für sich‹. Geschlechterbeziehungen in der bürgerlichen Gesellschaft. Wien: Verlag für Gesellschaftskritik 1990, S. 157.

der Gottesmutter, seine Fangemeinde vergrößern und dabei buchstäblich Millionen scheffeln.

Doch zurück zu der Mutter im Bild.

Neugierig geworden durch Segantinis *Böse Mütter* streife ich durch die Museen und halte Ausschau nach der porträtierten Mutter. Potentielle Quelle meiner Aufmerksamkeit ist das Familienporträt. Denn zu erwarten ist: Im traditionellen Zuständigkeitsbereich der Frau, in der Familie, wird auch die Mutter eine adäquate Darstellung finden. Doch meine Erwartungen werden enttäuscht. Gewiß – die Mutter ist präsent in diesen Porträts. Doch die eigentliche Hauptfigur in der Intimität des Wohnzimmers, diejenige, die alle Blicke auf sich zieht und eine zentrale Position einnimmt, ist der *Vater*. Ihm gebührt – im Bildmittelpunkt stehend – die unumschränkte Autorität. Er ist es, der dem Betrachter seine Familie vorführt. Das entspricht der veränderten bedeutungsgeschichtlichen Sozialstruktur der Familie im 18. Jahrhundert. Die Bezeichnung *Familie* wird zunehmend als ökonomische und juristische Einheit von Eltern und Kindern verstanden, deren Repräsentanz und Kontrollfunktion allein dem Hausvater zukommt. Er ist es, der der Familie eine geradezu staatstragende Macht verleiht. Emphatisch vermerkt der Ehephilosoph Theodor Gottlieb Hippel: »Das Wort *Vater* ist ein großes Wort, das größte im Staate; wer nicht *Vater* ist, verdient auch den Namen *Bürger* nicht, und, um freigebig zu seyn, nur halb den Namen: Mensch!«[13]

Derart aufgewertet in der Hierarchie der Bedeutungen, insbesondere vor dem Hintergrund fundamentaler gesellschaftlicher Veränderungen, gewinnt die Familie bzw. deren Führung eine nie zuvor gekannte Attraktion, auch für den Mann. Das Gerangel um den Vaterstatus setzt ein. Im Drama, im Bild, auf dem Theater und – in der Wirklichkeit. Christoph Martin Wieland, der Dichter, ist ein Paradebeispiel dafür. Bewußt hatte er sich vom Weimarer Hof zurückgezogen, die Prinzenerzieher-Rolle ebenso wie die des Theaterdichters aufgegeben, und nur noch die Autorität im Kleinen gesucht. So wurde er Hausvater aus Passion. Denn er wußte ebenso wie seine literarisch-philosophischen Zeitgenossen: Moral ließ sich am wirkungsvollsten im Schoß der Familie hochhalten, und zwar durch den Hausvater. Die Hausmutter zählte nicht besonders. Hippel zufolge war sie bestenfalls bloß ein halber Mensch. Dafür interessierte sich die Kunst kaum (vgl. etwa Georg Melchior Kraus: *Wieland im Kreis seiner Familie*, 1775, Landesbibliothek

---

13 Theodor Gottlieb Hippel: *Über die Ehe*. Berlin: G. Reimer 1828, S. 4.

Weimar; Daniel Chodowiecki: *Titelkupfer zu Campe ›Robinson der Jüngere‹*, 1779, oder Anton Graff: *Familie von Stieglitz*, 1780, Winterthur, Stiftung O. Reinhart).

Und noch etwas fällt auf im Familienporträt: die unterschiedlich elaborierte Ikonographie von Mann und Frau. Während der Vater zumeist recht markante und individuelle Gesichtszüge aufweist und auch den Kindern ein großer Ausdrucksspielraum zugestanden wird, gilt das Gleiche nicht für die Mutter. Sie erscheint als entindividualisiert, madonnenhaft verklärt, weniger Ehefrau und Mutter in einer konkreten historischen Situation als vielmehr die ewige Nachfahrin der heiligen Familie. Das führt gelegentlich dazu, daß die personale Einheit der Familie in einen offenkundigen Dualismus von Profanem und Sakralem zerfällt. So erscheint die eine Bildhälfte als die realitätsbezogene, mit Alltagsattributen ausgestaltete Welt des Vaters, die andere hingegen dominiert von christlicher Symbolik, noch immer eingerichtet im Dunstkreis verklärender Sakralität als die Welt der Mutter. Martina Sitt wird in ihrem Beitrag *»In meinen Armen, in meinem Schoß«. Zur Darstellung der Mutterfigur in der Genremalerei des 17. und 19. Jahrhunderts* auf diese Problematik eingehen. Ein Sonderfall zu Beginn des 20. Jahrhunderts ist das Motiv der »Toten Mutter« bei Egon Schiele, Gustav Klimt und Oskar Kokoschka. Den tiefgreifenden Ängsten und geheimen Gelüsten, die hier mit im Spiel sind, wird Doris Hansmann nachgehen in ihrem Beitrag *Die Tötung des Weiblichen im männlichen Schöpfungsmythos. Zu den »toten Müttern« bei Egon Schiele*.

Paris, Winter 1993.
Im Musée Marmottan findet erstmals eine Impressionistinnen-Ausstellung statt: Les Femmes impressionistes. Gezeigt werden die Malerinnen Mary Cassatt, Berthe Morisot und die kaum bekannte Eva Gonzalès. Für mich eine günstige Gelegenheit, den Blickwechsel zu proben. Inwieweit unterscheiden sich diese Künstlerinnen von ihren Maler-Kollegen bzw. unterscheiden sie sich überhaupt? Und vor allem – wie halten sie es mit den Müttern? Zunächst das Erstaunliche: Die Landschaft, Hauptthema der impressionistischen Malerei, spielt nur eine geringe Rolle im Werk dieser Malerinnen. Vorherrschend ist der Blick auf die Menschen, auf Mütter und Kinder vor allem. Sie stehen ganz ohne Frage im Mittelpunkt. Deutlich wird: Die Malerinnen mißachten das Psychologie-Verdikt der impressionistischen Ästhetik. In intimen Szenen, beim Baden und Ankleiden, am Frühstückstisch und bei gemeinsamer Lektüre werden psychologisch sehr differenzierte Beziehungen zwischen Mutter und Kind geschaffen. Weder der leere noch der ver-

klärende Blick bestimmt das Gefühlsklima dieser Bilder. Es ist die fragende, sich infragestellende und intellektuell sehr präsente Mutter einer großbürgerlichen Kultur, die hier ihren Platz hat.

Damit ist der Blickwechsel eingeleitet. Eine Untersuchung über die Repräsentationsformen von Mutterschaft darf die Frage nach der geschlechtsbezogenen Verfasserschaft nicht ausblenden. Denn auch wenn die weibliche Stimme bei der vorherrschenden ästhetischen Kanonbildung jahrhundertelang kein Mitspracherecht hatte, so ändert sich das mit der Herausbildung der Moderne und ihrer Absage an ästhetische Alleinherrschaft. Das vollzieht sich in den unterschiedlichen Kunstmedien sehr ungleichzeitig. Natascha Würzbach kann aufzeigen, daß dieser Prozeß in der englischen Literatur besonders frühzeitig, nämlich schon zu Beginn des 19. Jahrhunderts, einsetzt. In ihrem Beitrag *Zweihundert Jahre Ringen mit der perfekten Mutter. Die Auseinandersetzung mit dem Mutterbild im englischen Frauenroman des 19. und 20. Jahrhunderts* führt sie Beispiele von Autorinnen vor, die gegen das Kitsch-Konzept der viktorianischen Mutterideologie zu Felde ziehen und neue, subversive Entwürfe vorlegen.

Doch der Blickwechsel ist mühsam zu vollziehen. Die narrativen Konventionen sitzen auch den Autorinnen noch fest im Kopf und im Gemüt. Immer wieder zeigt es sich, daß Frauen, die mit der eigenen Schriftstellerei ihre Familien ernähren, oftmals als alleinige Brotverdiener, also berufstätige Mütter sind, wie die englische Romanautorin Mrs. Henry Wood (1814-1887) – man beachte die Namenswahl – in ihren Romanen den weiblichen Status quo zelebrieren und kaum die eigenen Erfahrungen darstellen. Jedenfalls ist es auffällig, wie häufig auch in diesen Romanen – darauf hat E. Ann Kaplan hingewiesen[14] – das männliche Konstrukt der mutterlosen Tochter kritiklos übernommen und der Vater zur Mittelpunktfigur erhoben wird. Erscheinen Mütter dennoch als Handlungsträgerinnen, so zumeist in negativer Form, als Verhinderungsfiguren für die organische Entwicklung ihrer Töchter, auch dies eine Übernahme der männlichen Erzählpraxis. Das bürgerliche Trauerspiel ist ein ebenso anschauliches Beispiel hierfür wie die zahlreichen Film-Melodramen. Und selbst noch Ingmar Bergmans *Herbstsonate* (1978), eine wort- und bildgewaltige Abrechnung mit den neuen Karrieremüttern, reiht sich nahtlos in dieses Klischee.

Eigenständiger und genauer wird der weibliche Blick auf die Mütter erst zu Beginn des 20. Jahrhunderts, und zwar insbesondere in der bil-

---

14 E. Ann Kaplan: Motherhood and Representation, S. 78.

denden Kunst. Eine der ersten, die sich mit einem neuen Mutterbild als radikalem Gegenentwurf zu den wirklichkeitsfernen Weiblichkeitsmythen des 19. Jahrhunderts der Öffentlichkeit stellt, ist Käthe Kollwitz (1867-1945).[15] Jula Dech wird in ihrem Beitrag *Die Kollwitz-Mütter. Rädelsführerin und Mater dolorosa* die Radikalität, aber auch die Widersprüchlichkeit im Werk dieser Malerin herausarbeiten und klarstellen, daß Kollwitz nicht bloß die »Klassikerin der harmonischen Mutter-Kind-Beziehung«[16] ist, als die man sie in Deutschland so gerne vereinnahmt, sondern mehr und anderes. Doch auch andere Malerinnen schaffen neue Mütterbilder, die nichts mehr gemein haben mit der Mater dolorosa der Männerphantasien, Paula Modersohn-Becker z.b., Hannah Höch und Jeanne Mammen, und ganz besonders Frida Kahlo.

Doch man hüte sich vor allzu eilfertigen geschlechtsbezogenen Zuweisungen der Mütterbilder. Nicht nur männliche Künstler haben in ihren Werken die Mutter verklärt und verkitscht, ihren Leib enteignet und instrumentalisiert, sie zerteilt in die kategoriale Konträrfiktion von Gut und Böse. Auch weibliche Künstler arbeiten auf diesem unendlichen Nebelfeld der tiefeingewurzelten Vorurteile. Selbst noch in diesem Jahrhundert. Niki de St. Phalle z.b. mit ihren »Nanas«, diesen hirnlosen und schrumpfköpfigen Müttern, mit den breit ausgestellten Brüsten und Schenkeln, oder Mary Kelly in ihrem »Post-Partum-Document«, in dem sie das Weibliche kurzerhand als eine Ansammlung von Löchern definiert. Renate Berger wird solche Widersprüche in ihrem Beitrag *Zwischen Leben und Tod. Zur Mutterimago bei Niki de St. Phalle, Ulrike Rosenbach, Mary Kelly und Annegret Soltau* ausführlich erörtern. Anderseits gibt es wohl kaum authentischere Zeugnisse von Mutterschaft und Schwanger-Sein als sie die Videoarbeiten von Annegret Soltau vermitteln. Auch das wird Berger herausarbeiten.

---

15 Vgl. Hannelore Gärtner: Käthe Kollwitz. Ein neues Frauenbild als Gegenentwurf zu den Weiblichkeitsmythen des 19. Jahrhunderts. In: Frauen. Bilder. Männer. Mythen, hrsg. von Ilsebill Barta, Zita Breu u.a. Berlin: Dietrich Reimer Verlag 1987, S. 179-193.

16 Vgl. Jula Dech: ›Saatfrüchte sollen nicht vermahlen werden!‹ Das Bild des Kindes im Werk von Käthe Kollwitz. In: Die gesellschaftliche Wirklichkeit der Kinder in der Bildenden Kunst. Berlin: Elefanten-Press 1979, S. 241.

Einleitung

Köln, 31.3.1995

Heute geht das Typoscript in die Produktion. Damit liegt die erste deutschsprachige Untersuchung zu den ästhetischen Darstellungsformen der Mutter vor. Gewiß: Es gibt bereits vereinzelte literaturwissenschaftliche Analysen zum Komplex der Mutter-Tochter-Beziehung. Doch geht es darin vorrangig um die Figur der Tochter. Die Mutter ist eher defizitär angelegt, nämlich als Verhinderungsinstanz bei der Bewältigung der eigenen Emanzipationsaufgaben. Schließlich hatte sich der neue Feminismus der ausgehenden 60er und beginnenden 70er Jahre durchgängig als eine Bewegung der Töchter manifestiert, die sich vom dominatorischen Gängelband ihrer zumeist rollenkonformen Mütter befreien wollten. Insofern lieferten sie in ihren Analysen – wenn auch in emanzipatorischer Absicht – die feministische Variante der ›bösen Mütter‹ und verfestigten ihre patriarchale Ausgrenzung.

Neue Impulse zu einer differenzierteren Betrachtungsweise der Mutter kommen aus der Soziologie. So legt Sara Ruddick 1984 eine erste systematische Analyse vor über das, was sie als »mütterliches Denken« bezeichnet.[17] Sie insistiert darauf, Mütterlichkeit nicht bloß als eine biologische Kategorie zu verstehen, sondern vielmehr als eine soziologische. Dabei liegt ihre Betonung auf dem *Denken*. Nicht die sich aufopfernde, stets für andere tätige und gesichtslose Mutter, dieses kulturelle Postkarten-Klischee, ist ihre Referenzfigur. Ruddick zeigt in ihrer Analyse, daß mütterliches Denken – trotz aller Unterschiedlichkeit bezüglich der sozialen, ökonomischen oder ethnischen Bedingungen – ganz bestimmte Konstanten aufweist. Eine davon ist in unserem Zusammenhang besonders interessant, nämlich die permanente, alltagsbestimmende Auseinandersetzung mit dem Wechsel, dem Wandel, der sich ständig verändernden Situation. Schließlich definiert sich der Gegenstand der mütterlichen Zuwendung und Fürsorge – das Kind – durch sein permanentes Wachstum, seine unaufhaltsame Veränderung. Darauf muß sie reagieren. So gesehen wird auch die Mutter selbst zur changierenden, differenzierten, plural angelegten Person mit einer neuen Tiefendimension. Das heißt: Die Soziologie verschafft ihr das Fundament, auf dem sie zur interessanten Figur wird. Das wird nicht folgenlos bleiben.

---

17 Vgl. Sara Ruddick: Maternal Thinking. In: Joyce Trebilcot (Hg.): Mothering. Essays in Feminist Theory. Totowa, New Jersey: Rowman & Allanheld 1984, S. 213–229.

Eine erste Auseinandersetzung mit den Repräsentationsformen von Mutterschaft muß zwangsläufig lückenhaft bleiben. Sie kann allenfalls Anregungen bieten, Anstöße zu neuen Fragestellungen liefern, neugierig machen auf ein bisher kaum erörtertes Sujet. Maßgeblich für die Auswahl der vorgestellten Themen waren verschiedene Gesichtspunkte. Einerseits liegt mir daran, eine möglichst breite Beispielpalette zu entfalten, das Thema aus den unterschiedlichsten Perspektiven zu beleuchten und leitmotivisch anzustimmen. Nicht Vollständigkeit, sondern Vielfalt scheint mir angemessen für diesen ersten Versuch. Andererseits soll die Fülle der vorhandenen Mutter-Bilder wie etwa in der bildenden Kunst, in den Volksballaden (Barbara Mrytz, »*Komm, rat mir doch, Mutter*«. *Die Mutter in der englisch-schottischen Volksballade des Child-Korpus*), aber auch in Fernsehserien (Cornelia Krauss, »*Unsere Mutter bleibt die Beste*«. *Zum Familienbild in Fernsehserien*) und in der Werbung kritisch durchmustert werden. Die Frage ist: Welche Vorstellung von Mutterschaft verbirgt sich hinter dieser Bilder-Fülle? Die erste Antwort hierauf gibt Helga Möbius. In ihrem Beitrag *Mutter-Bilder. Die Gottesmutter und ihr Sohn* untersucht sie das wohl häufigste Bildmotiv des Mittelalters, die Darstellung der Maria mit dem Jesusknaben, und zeigt auf, daß die Ausnahmestellung dieser Mutterfigur, ihre Verklärung zur Heiligen, das Verschwinden ihrer weiblichen Substanz verlangte. Damit fällt ein wichtiges Stichwort: die Virginisierung der Mutter und ihre Transzendierung ins Heilige. Die theologische Mitgift wirkt noch bis heute nach. Sie hat die Entwirklichung der Mutter, d.h. ihre Polarisierung in ›gut‹ und ›böse‹, in entscheidender Weise mitgeprägt. Und noch immer schöpfen die Dichter und Denker, die Theaterregisseure und Filmemacher aus dem Schatzkästchen der christlichen Ikonographie bei dem Entwurf ihrer Mutterfiguren. Solche Verbindungslinien aufzuzeigen ist ein weiteres Anliegen des Bandes.

Den thematischen Einstiegsschwerpunkt bildet verständlicherweise das 18. Jahrhundert. Denn hier findet das statt, was sich – etwas pauschal gesagt – als Intimisierung der Kultur beschreiben läßt. Die Protagonisten der Kunst beginnen, von ihrem hohen Kothurn herabzusteigen, menschlicher zu werden, privater und damit vertrauter. Die Familie gerät erstmals ins Blickfeld künstlerischer Aufmerksamkeit. In den Niederlanden im übrigen schon ein Jahrhundert früher. Neue Gattungen entstehen, alte fallen aus dem ästhetischen Kanon heraus. Der Sittenroman verdrängt den Helden- und Hofroman, der Briefroman die Abenteuer- und Schelmenerzählung. Das Repräsentationsbild wird verdrängt durch das Bildnis des Privatmanns, die klassizistische Tragödie durch das bürgerliche Trauerspiel. Nicht mehr Könige beherrschen die dramatischen Konfliktfelder, sondern Familienväter. Diderot hatte es auf den programmatischen Nenner gebracht:»Le Père de famille«. Hier wird auch die Frage nach den Müttern relevant. Denn erst in dem Augenblick, wo sich die Tragödie fortbewegt aus den geschichtsträchtigen Schlachtfeldern einer fernen Vergangenheit und in die real existierenden bürgerlichen Wohnzimmer einzieht, wo aus Heroen, Feldherren und Königen Kaufleute, Hofmeister und Hausväter werden, wo der höfische Pomp durch die häusliche Träne ersetzt wird, gewinnt die Mutter als ästhetische Figur gattungsübergreifend an Bedeutung. Insofern scheint es mir sinnvoll, dieses für unser Thema so wichtige Jahrhundert breit zu diskutieren und mit fünf Beiträgen zu repräsentieren, worunter einer – als Kontrastbeispiel zu den vergessenen fiktionalen Müttern – der empirischen Schauspielerinnen-Mutter gilt: *Die Probe und der Suppentopf. Die Schauspielerin als Mutter. Das Beispiel Sarah Siddons* von Jan MacDonald.

Ein weiterer Fragenkomplex sind die gattungsspezifischen Ausgrenzungen der Mutter, ihr merkwürdiges Schattendasein im Märchen und im bürgerlichen Trauerspiel, im Hollywood-Film ebenso wie im europäischen Kunstkino oder auch das Auseinanderklaffen von öffentlichem Mutter-Diskurs und seine ästhetische Umsetzung wie z.B. in der Diskussion um die Kindsmörderin im 18. Jahrhundert oder in die Heldenmutter im Nationalsozialismus. Barbara Becker-Cantarino und Evelyn Deutsch-Schreiner werden sich in ihren Beiträgen »*Meine Mutter, die Hur, die mich umgebracht hat...«. Die Kindsmörderin als literarisches Sujet* und *Blonde Mütter für das Reich? Zum Bild der Mutter auf dem NS-Theater* einhellig hierzu äußern. Auch die Instrumentalisierung der Mutter zur politischen Metapher darf nicht unberücksichtigt bleiben. Jutta Held wird dies am Beispiel der Pariser Kunst der 30er Jahre erörtern, und Pia Kleber wird herausarbeiten, daß einer der ganz wenigen Dramatiker, der die Mutter als authentische, komplexe und nicht bloß biologisch definierte Figur entwirft, Bertolt Brecht ist.

Deutlich wird: Die Mutter ist verfügbar gewesen für die unterschiedlichsten Einschreibungen. Für mythologische, religiöse, politische und psychologische. Als Gefäß für fremdes Gedankengut ist sie benutzt und ausgenutzt worden, überhöht und verklärt, aber auch verharmlost und verkitscht, so sehr, daß ihre weibliche Wirklichkeit fast dabei verlorenging. Die gilt es zurückzugewinnen.

Renate Möhrmann   Köln, den 31.3.1995

I

Der enteignete Leib
Himmels- und Märchenmütter

Helga Möbius

Mutter-Bilder. Die Gottesmutter und ihr Sohn

Zu den häufigsten Motiven der mittelalterlichen Kunst gehört zweifellos die Darstellung der Gottesmutter mit ihrem Sohn. Kein anderer Gegenstand hat Künstler so häufig beschäftigt wie dieser. Die Frau mit dem Kind auf dem Arm oder auf dem Schoß überdauerte jeglichen Wandel der Kunstauffassungen. Selbst ihre Schwangerschaft, die Geburt des Kindes und die mütterliche Fürsorge für das Kleinkind, erst recht der Schmerz über den Tod des erwachsenen Sohnes, zählen nicht gerade zu den Ausnahmen in der Geschichte der Kunst. Im Folgenden soll dieser so zentrale Mutter-Diskurs als Sonderfall in der Darstellungsgeschichte der Mutterschaft genauer erörtert werden. Denn selbstverständlich ist die Mutter Maria und ihr Kind Jesus ein Sonderfall in jeder Hinsicht. Auf welche Weise aus den kargen Worten der Bibeltexte im Lauf der Jahrhunderte eine zunehmend konkrete Person wurde, darüber gibt es zahllose Bücher, und ebenso zahllos sind die Erklärungen über Wesen, Eigenschaften und Funktionen dieser merkwürdigsten Gestalt des christlichen Glaubens.[1] Überraschenderweise spielt

---

1 Die folgenden Titel verweisen auf jüngere Arbeiten, die sich mit Maria auch als Mutter befassen. Jutta Held: Marienbild und Volksfrömmigkeit. Zur Funktion

dabei ihre Mutterschaft und die Art ihrer Beziehung zum Kind die geringste Rolle. Das kann man verstehen. Denn das faszinierendste und schwierigste Problem ist ihre Jungfräulichkeit. Die paradoxe Verbindung »Jungfrau und Mutter«, »jungfräuliche Gottesmutter« fehlt selten, wenn sie benannt oder angerufen wird.

Gottesmutterschaft und Jungfrauengeburt, die beiden ältesten und zentralen Dogmen der Kirchengeschichte über Maria, begründen ihre Ausnahmestellung, heben sie heraus aus jeder natürlichen Wirklichkeit. Sie gehen von den frühesten christlichen Texten aus. Schon der dunkle Satz des Paulus im Galaterbrief: Gott sandte seinen Sohn, »geboren aus einer Frau«, läßt die bestimmte Vorstellung vom Geheimnisvollen der Angelegenheit erkennen. Im Evangelium des Matthäus heißt es knapp und klar, Maria sei schwanger vom Heiligen Geist, und das Einmalige dieser Mutterschaft bestätigt die Formulierung »das Kind und seine Mutter«, in der dem Kind der Vorrang gebührt und zudem die Vaterschaft des Joseph ausgeschlossen wird. Am wenigsten ist Markus an Maria interessiert, die »Mutter Jesu« ist ihm zwar selbstverständlicher Fakt, aber sie erscheint nur indirekt. Im Evangelium des Johannes tritt die namenlose »Mutter Jesu« nur zweimal auf, jedoch an entscheidenden Stellen: bei der Hochzeit von Kana und unter dem Kreuz, den beiden Ereignissen, mit denen in der Sicht des Johannes die Offenbarung der Göttlichkeit Jesu beginnt und sich vollendet. Lukas gab die ausführlichste Erzählung von der Ankündigung der Geburt bis zum Beginn des Erwachsenenalters von Jesus – danach verschwindet die Mutter aus seinem Leben und erscheint erst wieder im Kreis der Apostel nach Auferstehung und Himmelfahrt. Nur im Lukasevangelium ließ der Verfasser Maria selbst sprechen und gestand ihr Gedanken und Gefühle zu. Sie

der Marienverehrung im Hoch- und Spätmittelalter. In: Frauen. Bilder. Männer. Mythen. Kunsthistorische Beiträge, hrsg. von Ilsebill Barta, Zita Breu, Daniela Hammer-Tugendhat u.a. Berlin: Dietrich Reimer 1987; Julia Kristeva: Histoires d'amour. Paris: Editions Denoel 1983, bes. das Kapitel »Stabat mater«; Ida Magli: Die Madonna. Die Entstehung eines weiblichen Idols aus der männlichen Phantasie. München, Zürich: Piper 1990; Klaus Schreiner: Maria. Jungfrau, Mutter, Herrscherin. München, Wien: Carl Hanser 1994; Marina Warner: Maria. Geburt, Triumph, Niedergang, Rückkehr eines Mythos? München: Trikont-dianus 1982. Die theologische Deutungsgeschichte sämtlicher Aspekte, die Maria betreffen, ist am vollständigsten ausgebreitet in Remigius Bäumer, Leo Scheffczyk (Hg.): Marienlexikon. Band 1-5. St. Ottilien 1988-1993. Dort sind auch die Nachweise von Quellen und Literatur zu finden, die in den hier vorliegenden Text nicht aufgenommen werden konnten.

erschrickt über die Worte des Engels, sie zweifelt, drückt sogleich Demut und Gehorsam aus und setzt schließlich, bei der Begegnung mit Elisabeth, zur großen Rede des »Magnificat« an, in der sie vollkommene Gotteserkenntnis beweist – wenn auch mit den Worten der Samuel-Mutter Hanna, einer der alttestamentlichen Vorbild-Mütter der Maria, an denen Gott ebenfalls Wunder gewirkt hatte. Die Erklärungen der Engel an die Hirten über die Geburt in Bethlehem »bewegte sie in ihrem Herzen«, und noch einmal, als das zwölfjährige Kind den Eltern in Jerusalem abhanden gekommen war und im Gespräch mit den Tempelgelehrten wiedergefunden wurde, darf sie ihre innere Anteilnahme zeigen: »Maria behielt alle diese Worte in ihrem Herzen«.

Religionshistoriker haben das Geflecht aus Andeuten und Verschweigen, Betonen und Verdrängen über die Mutter Jesu und ihr Verhältnis zu Joseph zu klären versucht[2]. Es bleibt aber fraglich, ob Textkritik ermöglicht, einen historischen Kern der Person Maria wiederzufinden. Die älteste Überlieferung gibt nicht mehr her als ein Skelett, das erst interessengeleitete Vorstellungskraft mit Fleisch und Blut und einer individuellen Biographie ausstattete. Dazu trugen besonders die apokryphen Evangelien bei, die, obwohl nicht in die kanonischen Texte aufgenommen, nicht weniger verbreitet waren und besser dem Bedürfnis der Gläubigen entsprachen, sich ein anschaulicheres Bild zu machen.

Das Protevangelium des Jakobus bot die Geschichte von Marias Eltern Anna und Joachim, von der Geburt der Maria, ebenfalls wunderbar durch Gott bewirkt, von ihrer Kindheit im Tempel und ihrem Leben mit Joseph, das von Anfang an voller Zeichen und Wunder ist. Der Handlungsträger ist freilich Joseph, für Maria kommt es nur darauf an, ihre eheliche Gemeinschaft mit ihm auszuschließen. So empfindet sie zwar Trauer und Scham über die unbegreifliche Schwangerschaft – »sie aber weinte bitterlich« –, sonst tut sie nichts. Als zwei Hebammen nach der Geburt ihre unverletzte Jungfräulichkeit feststellen – keine Reaktion von Maria. So geht es auch auf der Reise nach Ägypten. Das Kind gebietet wortgewaltig über Bäume, Quellen, Raubtiere und läßt Götzenbilder stürzen. Die Eltern haben die einzige Funktion, durstig, hungrig und furchtsam zu sein, damit seine übernatürlichen Kräfte sich sichtbar auswirken können.

---

2 Wilhelm Schneemelcher: Neutestamentliche Apokryphen. 5. Auflage der von Edgar Hennecke begründeten Sammlung. Band 1: Evangelien. Tübingen: J.C.B. Mohr (Paul Siebeck) 1987, S. 379-383.

Die Zurückhaltung der Texte der ersten christlichen Jahrhunderte über Maria als Person und als Mutter hat ihren klar bestimmten religiösen Sinn. Sie ist notwendig, um die Doppelnatur des Erlösers genau abgewogen darzustellen: als Mensch und als Gott. Daher durften die menschlich natürlichen Umstände seiner Geburt und Kindheit nicht fehlen, aber niemals seine göttliche Herkunft in den Hintergrund drängen. So erklärt sich die merkwürdig abweisende Haltung des erwachsenen Jesus gerade seiner Mutter gegenüber, während andere Frauen in seiner Nähe als eifrige Gläubige von den Autoren gern geduldet werden. Nicht die Frauen sind das Problem, sondern allein die Mutter: ihre Rolle muß auf die Vermittlungsinstanz zwischen Gott und seinem Sohn auf Erden beschränkt bleiben und als Medium des Heilsplans für die Menschheit erscheinen. Jedes Wort, das die Autoren ihr in den Mund legten, jeder Auftritt im Umkreis von Jesus, hat Zeichencharakter und ist dazu bestimmt, das Wunder der Menschwerdung Gottes zu kommentieren und einzuprägen.

Die Auslegungsarbeit der Theologen an den Heiligen Schriften richtete sich zunächst ganz auf diese Allegoriefunktion. Je intensiver über Maria nachgedacht und gesprochen wurde, desto mehr verschwand ihre menschliche und insbesondere ihre weibliche Substanz. Es läßt sich daran ein aufschlußreicher und folgenreicher Vorgang kultureller Festlegungen beobachten. In den Evangelien erschien Maria, wenn auch nach Kräften unauffällig gemacht, als irdisch real existente Gestalt. Die theologischen Phantasien filterten den intendierten Symbolgehalt rein heraus: »Maria« erfährt triumphale Erhöhung und wird zugleich entwertet, reduziert auf gedankliche Konstrukte. Die knappen Worte des Johannes über die Hochzeit zu Kana ließen sie zum Vorbild der »Nachfolge Christi« aufsteigen, denn sie war es, die mit ihrer vertrauensvollen Bitte das Weinwunder und damit das erste »Zeichen« auslöste und auch nach der Zurechtweisung durch Jesus – »Frau, was geht es dich an, was ich tue« – an ihrem Glauben festhielt: »Was er auch sagt, das tut«. Den stärksten Allegorisierungsschub lösten die Worte Jesu vom Kreuz herab im Johannesevangelium aus: »Siehe, das ist dein Sohn, siehe das ist deine Mutter«. Sie wurden die Grundlage dafür, daß die menschliche Mutter zur »Mutter Kirche« verallgemeinert werden konnte. »Mutterschaft« spielt in derartig hochrangigen Ehrentiteln Marias eine hervorragende Rolle, aber nur in ihrem geistig symbolischen Verweis-Charakter: »Mutter aller Lebenden« heißt sie schon seit dem 2. Jahrhundert nach der kontrastierenden Gleichsetzung mit Eva. Diese brachte den Menschen den Tod, Maria gewann ihnen das ewige Leben zurück.

Doch der erstaunlichste Vorgang ist die gedankliche Umwertung ihrer Körperlichkeit. An der Jungfrau, die doch »von keinem Mann wußte«, interessierten zuerst und vor allem die Brüste. Lukas berichtet vom Ausruf einer »Frau aus dem Volk«: »Selig ist der Leib, der dich getragen hat und die Brüste, die du gesogen hast«. Mönche des Mittelalters, die »von keiner Frau wußten«, schwelgten in enthusiastischen Beschreibungen der Schönheit dieser Brüste, die sie sich weiß und weich, duftend und schimmernd und süßer als Wein vorstellten. Sie konnten das ruhig tun, da sie nicht von einem Körper sprachen. Die Entmaterialisierung Marias zur »Mutter Kirche« wird durch nichts anderes so augenfällig wie durch die Brüste-Metaphorik. Ihre Brüste spenden die Milch des Himmels, des Glaubens, des Heils, der Lehre, sie sind Quelle des Lebens, und es bedeutet nur die Konsequenz der verleugneten Körperlichkeit, wenn die mütterlichen Brüste Gott selbst und, was noch seltsamer anmutet, dem Menschensohn Christus zugeschrieben werden: als sei es den Männern der neuen Kirche unerträglich gewesen, die lebenspendende All-Mutterfunktion auf einem Wesen in weiblicher Gestalt ruhen zu sehen.

So vollständig gelang die Entwirklichung der Mutter, daß sie zugleich Braut ihres Sohnes sein konnte. Diese schwierige, doch mit völliger Selbstverständlichkeit akzeptierte Vorstellung folgte aus der größten Spiritualisierungsleistung der christlichen Kirche, der Umdeutung des Hohen Liedes Salomons. Die wundervolle glühend sinnliche Liebesdichtung fand ihren Weg in die Heilige Schrift als Allegorie: der gottliebenden Seele, der Kirche, die ihre Vereinigung mit Christus ersehnt, und wenn Maria »die Kirche« bedeutet, so muß sie auch die Braut und Geliebte Christi sein – eine logische Schlußfolgerung im Bannkreis des allegorisierenden Denkens. Gerade der unbefangene Gebrauch der Worte, die eine Liebe der Körper meinten, zeigt in aller Deutlichkeit an, daß Sexualität in Verbindung mit dieser Mutter-Braut außerhalb des Denkbaren zu liegen hatte. Im vielschichtigen Symbolkontext erweist sich Maria als ideales Instrument der restriktiven christlichen Morallehre: die Eva-Maria-Parallele formulierte die polaren Grundeinschreibungen männlich definierter Weiblichkeit, nämlich die lasterhafte »Natur« der wirklichen Frauen und die Reinheit einer unerreichbaren Idealfrau. Die Energien der allegorisch gereinigten Weiblichkeit konnten in der Mutter-Idee für die Institution Kirche nutzbar gemacht werden.

Der Ent-Körperlichung lief jedoch eine personale Konkretisierung parallel, die sie hätte aufheben können. Während einerseits Maria zu Symbolkomplexen verblaßte, erhielt sie andererseits ein »Leben« nach irdisch realen Vorstellungen.[3] Es gibt aber signifikante Unterschiede in der Regie der Lebenswege von Mutter und Sohn. Das Erdenleben des Jesus entfaltete sich im öffentlichen Wirken und Lehren. Die Biographie seiner Mutter weist große Lücken auf, die selbst die Legendenbildung nicht schließen konnte und wollte: Sie bleibt auf Geburt und Kindheit des Sohnes fixiert. Was davor liegt, verbindet sich mit der Geschichte der Eltern und bereitet ihre künftige Erwählung durch Gott vor, genauer gesagt: die Erzählung ist so angelegt, als sei ihr Schicksal schon bekannt: fröhlich betritt das dreijährige Kind den Tempel, ohne sich nach den Eltern umzusehen, ein Engel schaltet sich in die Versorgung des Kindes ein, und als das Material für den Tempelvorhang verteilt wird, fällt das Los für den kostbaren Purpur auf Maria. So wenig das ist, es bot doch ausreichenden Anreiz für die Phantasie, wie die vielen Bilder etwa vom »Tempelgang Mariä« zeigen[4]: Das zierliche Kind, das unter den staunenden Blicken der Erwachsenen die Tempelstufen hinaufeilt, gehört zu den anrührendsten Szenen des Marienlebens vom 14. Jahrhundert an bis zu Tizian. Die Funktionalisierung der Kindheit Mariens auf die Gottesmutterschaft hin führte zu dem langwierigen Streit, ob nicht auch Maria bereits ohne Erbsünde, d.h. ohne den natürlichen Zeugungsakt empfangen wurde, ein Streit, der erst 1854 mit dem Dogma über die »Unbefleckte Empfängnis Mariä« kirchenrechtlich abgeschlossen wurde.

Das Kernstück des Marienlebens blieben stets die Ereignisse von der Botschaft des Engels Gabriel bis zur Geschichte vom zwölfjährigen Jesus im Tempel. Sie wurden zum Standard-Repertoire der bildlichen »Marienleben«-Zyklen, und man begegnet ihnen so häufig und selbstverständlich, daß Fragen nach dem Sinn ihrer Existenz so und nicht anders kaum noch Berechtigung zu haben scheinen. Sie versprechen jedoch wertvolle Aufschlüsse zum Problem von Mutterschaft und Müt-

---

3 Zu allen Bildtypen und ikonographischen Motiven, von denen im folgenden die Rede ist, vgl. die jeweiligen Stichworte in: Lexikon der christlichen Ikonographie, hrsg. von Engelbert Kirschenbaum SJ. Rom, Freiburg, Basel, Wien: Herder, Band 1-8, 1968-1976 und Lexikon der Kunst, hrsg. von Harald Olbrich. Leipzig: Seemann, Band 1-7, 1987-1994.

4 Die älteste deutsche Marienlebendichtung entstand 1172: Priester Wernher: *Driu liet von der maget.* Dazu: Gabriele Lenger: Virgo, Mater, Mediatrix. Untersuchungen zu Priester Wernhers »Driu liet von der maget«. Frankfurt a.M. 1980. Für die Ikonographie folgenreicher wurde die *Vita Beatae Mariae Virginis et salvatoris rhythmica* (Mitte 13. Jahrhundert), vor allem in der deutschen Umarbeitung durch den Kartäuser Bruder Philipp um 1300.

terlichkeit, weit über die Beziehung Maria-Christus hinaus, weil in dem Maß, in dem fromme Vorstellungkraft sich ihr irdisches Dasein zu vergegenwärtigen suchte, Lebenserfahrung und Lebensentwürfe in die Bilder einflossen. Es ist nicht zu übersehen, daß dies für die einzelnen Szenen in unterschiedlicher Weise zutrifft. So hat die »Verkündigung«, mit der das Geheimnis der Menschwerdung Gottes seinen Anfang nahm, am dauerhaftesten dem Verlangen nach Annäherung widerstanden. Sicher, es beschäftigte die Gläubigen, wo der Engel die Jungfrau antraf und was sie gerade tat, und sie fanden in den Bildern suggestiv anschaulich gemacht, wie die junge Frau das Unbegreifliche aufnahm. Doch selbst als im späten Mittelalter die Begegnung in einen zeitgenössisch ausgestatteten Wohnraum verlegt wurde, blieb die feierliche Distanz gewahrt, die das Wunder verlangt. Robert Campin zeigte es um 1425, im *Mérode-Altar*, als einer der ersten den Betrachtern in der ihnen vertrauten Umgebung mit allen Details: Wenn in diese Wirklichkeit das Überwirkliche einbricht, in Gestalt eines stürmischen Engels und des kleinen Jesuskindes auf dem Lichtstrahl, bestärkt der Widerspruch den staunenden Glauben. Jeder wußte ja, daß Maria auf dem Boden vor der Bank sitzt, weil sie demütig ist, daß die Bücher auf dem Tisch und in ihren Händen ihre Frömmigkeit, die Lilie in der Vase ihre jungfräuliche Keuschheit bedeuten. Die Dinge existieren wirklich und sind Zeichen zugleich.

Weit größere Chancen für den emotionalen Zugriff bot die Geburt des Kindes, hatten doch schon die ältesten legendären Erzählungen der bildhaften Anschauung reiches Material geliefert. Aber die Bilder gingen bald weiter. Sie schilderten Joseph bei der Hausarbeit, greisenhaft, doch rührend besorgt wacht er über Mutter und Kind, kocht den Brei, reicht Maria das frischgewickelte Kind, und selbst die Kinderwäsche wird nicht ausgespart. Die Maler achteten darauf, daß die Mutter von solcher Geschäftigkeit ausgenommen bleibt. Häusliches Leben entfaltet sich an den Rändern des Geschehens, sie selbst darf wohl das Neugeborene liebkosen, und wenn sie es zärtlich an sich drückt, wird das Wochenbett zum Thron des Gottessohnes. Wie wenig es schließlich um eine reale Geburt ging, vielmehr um das verehrungswürdige Wunder, zeigen jene verinnerlichten Szenen der Menschwerdung mit dem am Boden liegenden Kind, das Maria kniend anbetet. Franziskanische Frömmigkeit und die Visionen der hl. Birgitta von Schweden, die die Geburt als Lichtereignis beschrieb, trugen dazu bei, mit der Anbetungsformel nicht nur das Geburtsgeschehen zu verdrängen – Schmerzen und Wehen durfte Maria ohnehin nicht gekannt haben – , sondern auch Maria symbolisch auf ihren heilsgeschichtlichen Platz zu verweisen. Ihre Gebetshaltung führte den Gläubigen die auch von ihnen erwartete Andacht vor, und sie distanzierte Maria nachdrücklich von ihrer realen Mutterschaft. Die unauflösbare Integration religiöser Symbolik in die lebensweltliche Darstellung allein kann jedoch nicht erklären, daß die Kindheitsgeschichte zum exemplarischen Familienleben ausgebaut wurde. An die »Heilige Familie« heftete sich das intensivste Nachdenken. Da dies zu einer Zeit geschieht – beginnend im 13. und voll entwickelt im 14. Jahrhundert – als der Familie als wesentlicher Struktureinheit der Gesellschaft höchste Aufmerksamkeit zuwächst, können wir mit Sicherheit davon ausgehen, daß die für sie entwickelten Modelle auf die heilige Familie projiziert wurden.[5] Nun lehren uns zwar Mentalitätsgeschichte und Familienforschung, die affektive Familienbindung und erst recht die Liebe der Mutter zum Kind seien dem Mittelalter unbekannt gewesen. Horst Wenzel hat dieser Auffassung mit Recht widersprochen, und ebenso wie die Texte, auf die er sich beruft, könnten ihn die Bilder der heiligen Familie bestätigen.[6] Wie sonst hätten die Maler gerade auf diese Vergegenwärtigung kommen können, wenn sie keine Erfahrung noch Vorstellung von fürsorglichen Müttern gehabt hätten? Sie zeigen uns liebevolle Eltern, die das Kind baden oder sich zur gemeinsamen Mahlzeit niedergelassen haben, und sie lassen keinen Zweifel daran, daß die Hauptsorge für das Kleinkind der Mutter zukommt. Maria füttert es aus der Suppenschüssel, sie lehrt es lesen oder bringt es zur Schule, sie beaufsichtigt sein Spiel. Es sind keine sachlichen Berichte, die als Illustrationen der Legendentexte gelten könnten: Sie vermitteln die Stimmung der Zuneigung und Intimität einer frühneuzeitlichen, in Liebe verbundenen Kleinfamilie. Es wäre aber ein Mißverständnis, in solchen Familienidyllen wirkliche Verhältnisse abgebildet zu sehen. Schon die jugendlich-ideale Erscheinungsweise der Mutter schloß Verwechslungen mit realen Müttern aus, und trotzdem: waren sie nicht doch aufeinander bezogen? Maria mit gesenktem Blick, in der äußersten Zusammengenommenheit der Hal-

---

5 Michael Dallapiazza: minne, hûsêre und das ehlich leben. Zur Konstitution bürgerlicher Lebensmuster in spätmittelalterlichen und frühhumanistischen Didaktiken. Frankfurt a.M., Bern: Peter Lang 1981.

6 Horst Wenzel: Kindes zuht und wibes reht. Zu einigen Aspekten von Kindheit im Mittelalter. In: Hans-Jürgen Bachorski (Hg.): Ordnung und Lust. Bilder von Liebe, Ehe und Sexualität in Spätmittelalter und Früher Neuzeit. Trier: Wissenschaftlicher Verlag Trier 1991, S. 141-163, mit der Kritik an Philippe Ariès: Geschichte der Kindheit. München: Carl Hanser 1975 und Lloyd de Mause (Hg.): Hört ihr die Kinder weinen. Eine psychogenetische Geschichte der Kindheit. Frankfurt a.M.: Suhrkamp 1977.

tung, mit weiblicher Handarbeit beschäftigt, immer still, sanft, demütig und in ihrer unwirklichen Jugendlichkeit zweifellos keusch, ist sie nicht der Inbegriff der häuslichen Frau, wie die Ehelehren seit dem 13. Jahrhundert sie unermüdlich einzuprägen suchten? Die Autoren beriefen sich nicht ausdrücklich auf das Vorbild »heilige Familie«, ob ihnen der Wunsch nach identifikatorischer Wahrnehmung bewußt war, läßt sich nur mutmaßen. Erst der neue Schub der reformatorischen und humanistischen Ehe-Familie-Diskurse ermöglichte die offenkundige Identifikation und trug zugleich das Wechselspiel zwischen biblischem Vorbild und idealer Realfamilie in Vollendung vor. Der Haarlemer Schöffe Pieter Jan Foppesz beauftragte um 1530 den Maler Maerten van Heemskerck mit einem Familienporträt.[7] Es präsentiert die Eltern mit ihren drei Kindern hinter einem Tisch, auf dem Utensilien einer im Gang befindlichen Mahlzeit auffällig zufällig arrangiert sind. Der Vater blickt den Betrachter aufmerksam an und hält ihm ein Weinglas entgegen. Die beiden älteren Kinder neben ihm, drei und fünf Jahre alt, wenden sich mit fröhlichem Lachen einander zu, die Hand des Vaters auf der Schulter des Mädchens schließt alle drei zu einer Gruppe zusammen. Die Mutter sitzt links davon an der Schmalseite des Tisches. Die Gruppenregie zeigt uns ein Familienbild, wie es zu dieser Zeit sich zum Typ auszubilden begann. Fremdartig darin erscheint jedoch der jüngste Sohn, etwa ein Jahr alt, auf dem Schoß der Mutter. Während Eltern und Geschwister in der modischen Kleidung reicher Bürger posieren, ist das Kind nackt, hat einen Rosenkranz in der Hand, greift mit der anderen Hand nach der Brust der Mutter, die mit demonstrativer Geste sein Füßchen hält. Das sind unverkennbare und jedem damaligen Betrachter hinreichend bekannte Elemente der Darstellung der Gottesmutter mit dem Christuskind, und Brot und Weintraube unter dem scheinbar alltäglichen Frühstückszubehör, das zeremoniell dargebotene Weinglas bestätigen den religiösen Sinn: die Mutter als Maria, ein »Bild im Bild« – eine Anmaßung? Es bedeutet vielmehr das Bekenntnis der Familie zum gottesfürchtig tugendhaften Verhalten nach dem Vorbild der heiligen Familie. Der hochgezogene Maßstab behauptet die zentrale Funktion der Mutter auch in der lebenden Familie, und doch ist die ihr zugewiesene Rolle in diesem Denkmuster durchaus zwiespältig: überhöht und idealisiert in der Verähnlichung mit Maria, ist sie auch auf deren »Eigenschaften« verpflichtet, die sich in der gefäß-

---

7 Herbert Malecki: Die Familie des Pieter Jan Foppesz. Genese und Bedeutung des Kasseler Familienbildes des Maerten van Heemskerck. Kassel 1983 (Kasseler Hefte für Kunstwissenschaft und Kunstpädagogik 4).

haft dienenden Funktion der Mutterschaft erfüllen. Unterordnung in Blick und Haltung gegenüber dem Familienvater führen die Nutzanwendung des frommen Rollenspiels mit rhetorischer Überzeugungskraft vor Augen.

Kein Marienleben-Zyklus hat je die Lücke zwischen Kindheit Jesu und der Passion geschlossen. Maria in der Zeit des Wirkens ihres erwachsenen Sohnes blieb ein unbeschriebenes Blatt. Die Phantasie konnte sich erst wieder der Ereignisse auf Golgatha bemächtigen. Die dramatisch-gefühlvollen »Marienklagen«,[8] die seit dem 12. Jahrhundert die religiöse Dichtung eroberten, rechnen mit der Erfahrung von emotionaler Bindung zwischen Mutter und Sohn, sie hätten sonst als Appell an das Mitleiden des Gläubigen nicht wirken können. Bezeichnend für die Voraussetzung mütterlicher Sorge auch um den erwachsenen Sohn ist die Erfindung einer Szene vor der Kreuzigung, ausführlich erzählt in den »Meditationes vitae Christi« vom Ende des 13. Jahrhunderts. Es bereitet der Mutter die größte Pein, den Sohn durch Nacktheit erniedrigt zu sehen, und sie bindet ihren Schleier um seine Hüften. Die Geste der Schamhaftigkeit und Fürsorge wurde als tröstlicher Zug gelegentlich in Passionsdarstellungen aufgenommen. Die Vorstellung der von menschlicher Trauer überwältigten Mutter wurde schließlich abgerundet mit ihrem Wunsch, den Toten ein letztes Mal in den Armen zu halten: Die ohne Grundlage in den biblischen Texten erfundene Szene stieg zu dem Bild von Mütterlichkeit auf, in dem religiöses Denken und Lebenserfahrung sich vollkommen ergänzten.[9] Nachdem Maria im Kreis der Jünger um Jesus kaum Platz zugestanden worden war, erscheint sie plötzlich nach der Himmelfahrt Christi wie selbstverständlich unter den Aposteln: »Diese alle waren stets beieinander einmütig im Gebet samt den Frauen und Maria, der Mutter Jesu, und seinen Brüdern«, wie es in der Apostelgeschichte des Lukas steht. So erlebte sie vielleicht mit ihnen das Pfingstwunder, denn »sie waren alle beieinander an einem Ort«. Dann verschwindet sie wieder. Die Legen-

---

8   Walter Lipphardt: Studie zu den Marienklagen. In: Beiträge zur Geschichte der deutschen Sprache und Literatur, 58 (1934), S. 390-444.

9   Nur als »Schmerzensmutter« unter dem Kreuz und besonders im »Vesperbild« kann die sonst immer jugendliche Maria auch als durch Gram gealterte Frau dargestellt werden. Zum Vesperbild: Wilhelm Pinder: Die Pietà. Leipzig: Seemann 1922; Stabat Mater. Maria unter dem Kreuz. Katalog der Ausstellung Salzburg 1970; Georg Minckenberg: Die plastische Marienklage. Ein Beitrag zu ihrer Entstehung und zu ihren geistesgeschichtlichen Grundlagen. Diss. Universität zu Köln 1986.

denliteratur und ihre Auslegung fügten erst spät die wunderbaren Ereignisse um ihren Tod im Kreis der Apostel, ihre Himmelfahrt und die Krönung zur Himmelskönigin hinzu. Die bildlichen Zyklen stellten diese Bruchstücke unterschiedlicher Herkunft zu einem zusammenhängenden Lebensweg zusammen, ohne jemals die Frage aufkommen zu lassen, was sie denn zwischendurch tat. Der pauschale Bericht der Legenda Aurea, der alte Quellen zusammenfaßt, ist typisch dafür: Sie soll ein zurückgezogenes Leben in Jerusalem geführt haben, im steten Gedenken an ihren Sohn. Mehr war schließlich nicht nötig und nicht einmal wünschenswert für eine Gestalt, deren Existenz nur als Funktion ihres Kindes gedacht werden konnte. Doch gilt diese Aussage durchgängig oder folgt sie nur aus jenen Texten und Bildern, die Maria im Erzählzusammenhang der Menschwerdung Gottes zeigen? Wer Genaueres darüber erfahren will, wie im Marienbild Mutter-Kind-Beziehungen reflektiert, entworfen und verwandelt wurden, der müßte die zahllosen selbständigen Darstellungen der Mutter mit Jesus in allen Varianten auf diese Frage hin untersuchen. Das kann hier nur an wenigen exemplarischen Fällen geschehen.

Andrea Mantegna schuf in den 1480er Jahren einen Kupferstich, der eine Mutter mit einem Kleinkind auf dem Schoß zeigt. Sie sitzt auf dem Boden und beugt sich mit gesammeltem Gesichtsausdruck über das Kind, legt ihre Wange an seinen Kopf, die Arme schließt sie fest um seinen Körper. Das Kind liegt still, nur die Beinchen zappeln aus der Umschließung heraus – ein Bild liebevoller Hingabe und Zärtlichkeit. Kein Zweifel, daß Maria gemeint ist, obwohl weder Heiligenschein noch die sonst üblichen symbolischen Gegenstände darauf aufmerksam machen. Der Kupferstich Mantegnas beruft sich auf ein altes Motiv, das noch vor dem großen Theologenstreit um die Bedeutung der Bilder für den Glauben, das heißt im 7. Jahrhundert, wahrscheinlich in Konstantinopel, entstand und in den Diskussionen um die Mensch-Gott-Natur Christi sein Menschsein betonte. Die zärtliche Gottesmutter, auch »Eleusa«, die »Barmherzige« genannt, wurde in der russisch-orthodoxen Kirche immer verehrt, ausgehend von dem berühmten Gnadenbild der »Gottesmutter von Wladimir«, einer byzantinischen Ikone aus der Zeit um 1100. Auch in der westeuropäischen Kunst war sie nie ganz vergessen, doch setzte sich hier für lange Zeit ein strengeres Bild durch, das sich mit unserem Begriff von »romanischer« Kunst verbindet: Die Mutter wie eine Herrscherin auf einem Thron, frontal dem Betrachter zugewandt, das Kind in ihrem Schoß blickt ernst geradeaus. Maria kann es stützend berühren, doch geschieht dies eher in ehrfürchtiger Scheu denn als Geste der Zuneigung. Das Kind bedarf der Stütze nicht, weil es, wenn auch in kleiner Gestalt, als präexistenter Gott der erwachsene Lehrer und Herrscher ist. So ist auch Maria letztlich weder Mutter noch Herrscherin, sondern nichts anderes als eine körperhafte Wiederholung des Thrones. Christus hat sich auf ihr niedergelassen, und folgerichtig heißen Bilder dieser Art in alten Inschriften »Sitz der Weisheit« oder »Thron Salomons«.

Maria zum Gerät, zum Gefäß degradiert? Genau das lehrt die christliche Dogmatik vom »Menschensohn« Christus, der die menschliche Mutter nur als Instrument benutzt. Keine andere Erscheinungsweise der Gottesmutter weist jeden Gedanken an wirkliche Mutterschaft so konsequent, fast ängstlich ab, als hätten die Urheber befürchtet, die weiblich-leibliche Mitwirkung könnte dem Heilsplan Schaden zufügen. Bis in die visuellen Strukturen reicht die Verleugnung des Natürlichen, wenn Glieder und Gewand sich den architektonischen Formen des Throns anverwandeln. Auf diese Weise vom Makel des Körperlichen befreit, konnte Maria, als plastische Figur auf den Altären, als Fresko in der Höhe der Apsisgewölbe, an der Majestät des Sohnes teilhaben und mit ihm gemeinsam die Anbetung entgegen nehmen. Die geistige Akrobatik des Allegorisierens erreichte einen Höhepunkt, als sie sich mit scheinbar vollkommener Natürlichkeit verband, wie man es bei Jan van Eyck sehen kann, dem Maler mit dem leidenschaftlichsten Interesse an der Wiedergabe des Sichtbaren in der frühen Neuzeit. Das unter dem Namen »Lucca-Madonna« bekannte Gemälde des Frankfurter Städel zeigt Maria, wie sie dem nackten kindlichen Kind die Brust reicht, umgeben von Dingen, die einen intimen und profanen Wohnraum zu bezeichnen scheinen: Früchte auf dem sonnenbeschienenen Fenstersims, schimmerndes Wasser im Kupferkessel und in der Glasflasche. Daß sie in Wirklichkeit einer anderen Realität angehören, darauf verweist uns der kostbare Thron mit den Löwenfiguren – der »Thron Salomons« – und der majestätische rote Prunkmantel Mariens. Die ehrfürchtig Dienende entrückt in die kultische Überhöhung, diese Idee hatte von ihrer Anziehungskraft nichts eingebüßt. Es scheint unmöglich, angesichts einer solchen Abstraktion der Mutter zur Sitzgelegenheit überhaupt nach einer Vergleichbarkeit mit »den Müttern« zu fragen. Aber war es nicht gerade das Ziel auch der kirchlichen Ehelehren, die Frau – die tugendhafte, gehorsame Ehefrau – als Mutter auf einen ideellen Sockel zu stellen?

Maria ist nicht nur »immer und überall«, sie ist auch alles, oder richtiger müßte es heißen, sie ist verfügbar für die Einschreibungen der verschiedenartigsten Interessen und Wünsche. Die hochmittelalterliche Adelskultur nahm sie für sich in Anspruch, und sie, die nach urchristlichem Verständnis die verdienstvoll Niedrige, die Frau eines Handwerkers in bescheidensten Verhältnissen und somit auch äußerlich die demütige »Magd des Herrn« sein sollte, stieg zum Inbegriff der »Fürstin« auf. Was die Fürstenspiegel der vorbildlichen adligen Dame abverlangten, Adel der Tugend, Milde und Güte und Freundlichkeit, doch auch die strahlende Schönheit,[10] schrieben hymnische Dichtungen der Maria zu und hielten sie dann als Leitbild den Frauen des Adels vor. So ausgestattet trat sie an die Eingänge der Kathedralen, übernahm im optisch direkten und übertragenen Sinn die Rolle der Herrscherin der Kirche. Die alte Gleichsetzung mit Ecclesia und der neuen Eva wirkt darin weiter, denn in dieser mystischen Identität hat sie den Menschen die Tür zum Himmelreich geöffnet.

Doch die Projektionen sind komplexer geworden. In der Rolle der huldvollen Fürstin, der weisen Königin, hatte Maria auch deren Verpflichtung zur hilfreichen Zuwendung zu übernehmen, jene Ausgleichsfunktion zur männlichen Macht, die nach den ethischen Normen der Adelsgesellschaft von ihren Frauen erwartet wurde. Die königliche Frau an den Portalen trägt herrscherliche Würde nach durchaus zeitgenössischen Sitten zur Schau, voller Eleganz und Anmut in Kleidung und Benehmen, und das Lächeln der Güte gehört auch dazu. Es gilt nur selten dem Kind auf ihren Armen. Die berühmte *Vierge Dorée* der Kathedrale von Amiens (um 1240) – die ursprünglich goldstrahlende, »mit der Sonne bekleidete« Jungfrau der Apokalypse und personifizierte »Kirche« – richtet zum erstenmal ein beherrschtes Lächeln an das Kind, das ihre Zuneigung erwidert, oder ist es umgekehrt? Ist es nur unser Wissen von der wirklichen Bedeutung dieses Kindes, die uns in der scheinbar gleichrangigen Zuordnung seine Dominanz erkennen läßt?

In der Folgezeit entstanden zahllose Statuen der anmutigen und liebevollen Gottesmutter. Sie belegen den enormen Erfolg des neuen emotial aufgeladenen Frömmigkeitsmusters, in dem Gläubige aktive Beziehungen zu den göttlichen Personen herstellen konnten. Diese Figuren des 13. und 14. Jahrhunderts, die sich von Frankreich ausgehend in allen europäischen Ländern verbreiteten, sind unter stilgeschichtlichen Aspekten untersucht worden, wobei sich eine grundlegende Beobachtung zum Verhältnis von Mutter/Maria und Kind/Jesus ergab: die auf den ersten Blick nur dekorativ schwungvolle Linienrhythmik der Gewandstruktur konzentriert die Aufmerksamkeit auf das Kind, die ar-

---

10 Joachim Bumke: Höfische Kultur. Literatur und Gesellschaft im Hohen Mittelalter. Band 1-2, München: dtv 1986.

tifizielle Erfindungskunst gilt vor allem diesem einen Ziel[11]. Der unendliche Reichtum an Varianten des Grundmusters hält jedoch viel weitergehende Aussagen zum Mutterbild bereit. Von der feierlich kultischen Präsentation bis zur fast sentimentalen Zuneigung, vom ehrfurchtsvoll staunenden Betrachten bis zur spielerischen Zärtlichkeit und zum innigen Beisammensein spielen die Figuren alle Stufen mütterlicher Gefühle durch, aber nie weisen die Ausdrucksgebärden die aktive Rolle Mariens in der Körpersprache der Beziehungen aus. Gewiß liegen der so natürlich wirkenden Demonstration zisterziensische und franziskanische Visionen zugrunde, in denen die ekstatischen Beter erlebten, wie Christus oder Maria sich ihrer von Liebe erfüllt annahmen, und die wie wirkliche sensationelle Ereignisse gefeiert wurden. Bernhard von Clairveaux wurde von Christus vom Kreuz herab umarmt, und Maria ließ drei Tropfen der für das Kind bestimmten Milch auf seine Lippen fallen. Doch schon die Tatsache, daß die Statuen die auf gegenseitiger Liebe basierende Frömmigkeit im Bild von Mutter und Kind zur Anschauung brachten, muß die Frage nahelegen, ob »Mutterliebe« oder zumindest die Pflicht zur verantwortungsvollen Erziehung nicht auch zum Idealbild der höfischen Dame ebenso wie der bürgerlichen Ehefrau gehörten.

Die Ambivalenz bleibt freilich immer erhalten. Man braucht nur den Gipfelpunkt der fiktiven Karriere Mariens, die Krönung zur Himmelskönigin an den Kathedralportalen zu vergleichen: Helga Sciurie konnte nachweisen, wie das ursprünglich gleichrangig thronende Herrscherpaar Christus und Maria/Kirche allmählich entsprechend der Geschlechterasymmetrie zurechtgerückt wurde und Maria die Mitregentinnenwürde demutsvoll dankbar aus der Hand ihres Herrn und Bräutigam empfing.[12] Es kann kein Zweifel bestehen, daß diese suggestiv feierlichen und glanzvollen Bilder auch in der Ordnung des Lebens die selbstverständliche Unterordnung der Frauen, selbst in der Mutterschaft, reflektierten und bestärkten. Und doch gilt es einen Aspekt zu beachten, der Maria, die Mutter, an Bedeutung selbst die geballte Macht von Gottvater und Gottsohn übertreffen läßt. Die alte theologi-

---

11 Robert Suckale: Studien zu Stilbildung und Stilwandel der Madonnenstatuen der Ile-de-France zwischen 1230 und 1300. Diss. München 1971.

12 Helga Sciurie: Maria-Ecclesia als Mitherrscherin Christi. Zur Funktion des Sponsus-Sponsa-Modells in der Bildkunst des 13. Jahrhunderts. In: Maria, Abbild oder Vorbild? Zur Sozialgeschichte mittelalterlicher Marienverehrung, hrsg. von Hedwig Röckelein, Claudia Opitz, Dieter R. Bauer. Tübingen: edition discord 1990.

sche Lehre vom »Gefäß« der Gnade implizierte ja auch ihre Fähigkeit, diese Gnade zwischen Gott und den Menschen zu vermitteln. Als Mittlerin mußte sie den Gläubigen auch deshalb geeignet erscheinen, weil sie Mensch war wie sie und ihre Nöte kannte. Ein Bewußtsein von »Mutterliebe« kann dabei nicht ohne Einfluß gewesen sein, auch wenn wir Elisabeth Badinter nur zustimmen können in ihrer kritischen Hinterfragung des angeblich naturbedingten Gefühls.[13] Worauf sollte sich der Glaube an Marias allgegenwärtige Hilfsbereitschaft beziehen, wenn nicht auf die selbstverständliche Voraussetzung der »guten Mutter«? Sie übersteigt jedes menschliche Maß, wenn Maria als reales Gefäß vorgestellt wird und Gott als Vater, Sohn und Heiliger Geist in ihrem Inneren trägt. Die »Schreinmadonna« stellt eine sitzende Maria mit Kind vor, deren Mantel – oder Bauch? – wie ein Schrank zu öffnen war und den Blick auf das Bild der Trinität freigab. Die Figuren waren vom 13. bis zum 15. Jahrhundert anscheinend nicht selten, sie dienten der Aufbewahrung des Sakraments, und theologisch war eigentlich nichts gegen sie einzuwenden. Wenn der Pariser Theologe und Universitätsgelehrte Johannes Gerson sie »ein irriges und unfrommes Bild« nannte, so empfand er möglicherweise Unbehagen angesichts einer »Großen Mutter«, die männliche Gottheiten aus sich hervorbringt.[14] Auf den Innenseiten der Türen – des Mantels – sah man bisweilen schutzsuchende Menschen dargestellt, die »Schreinmadonna« verbindet sich mit der »Schutzmantelmadonna«.[15] Nachdem Caesarius von Heisterbach um 1320 von einer Vision berichtet hatte, in der seine zisterziensischen Brüder im Himmel unter dem Mantel der Gottesmutter entdeckt worden waren, erhielt das schöne Bild über die Ordensinteressen hinaus allgemeine Geltung. Die riesenhafte Frau, die ihren Mantel ausbreitet, um Scharen winziger Menschlein Schutz zu bieten, wurde in vollendeter Anschaulichkeit zur »All-Mutter«, riesenhaft auch in der Fähigkeit

---

13 Elisabeth Badinter: Die Mutterliebe. Geschichte eines Gefühls vom 17. Jahrhundert bis heute. München: Piper 1981.

14 Renate Kroos: Gotes tabernackel. Zur Funktion und Interpretation von Schreinmadonnen. In: Zeitschrift für Schweizerische Archäologie und Kunstgeschichte, 43 (1986), Heft 1, S. 58-64; Gudrun Radler: Schreinmadonnen *vierge ouvrante*: von den bernhardinischen Anfängen bis zur Frauenmystik im Deutschordensland; mit beschreibendem Katalog. Frankfurt a.M.: Kunstgeschichtliches Institut 1990 (Frankfurter Fundamente der Kunstgeschichte 6).

15 Vera Sussmann: Maria mit dem Schutzmantel. In: Marburger Jahrbuch für Kunstwissenschaft, 5 (1929), S. 285-351; Monika Leisch-Kiesl: Maria, Anwältin des Weiblichen? In: Kunst und Kirche, 47 (1984), S. 200-203.

zur Hilfeleistung. Die Idee hatten die Marienmirakel seit langer Zeit vorbereitet, jene überaus beliebten Wundererzählungen, die von Predigern, in der volkssprachlichen Erbauungsliteratur und in Spielen unermüdlich verbreitet wurden, aber wohl kaum Propaganda nötig hatte, da sie auf elementare Bedürfnisse traf. Die Mirakel zeigten nicht nur, wie Maria in der äußersten Not die größten Wunder wirkt. Wesentliches Anliegen ihrer Erzählstruktur ist, wie Peter-Michael Spangenberg überzeugend dargestellt hat, ihren Erfolg als »Anwalt der Sünder« zu beweisen.[16] Das bedeutet zweierlei: Barmherzigkeit wird nicht nach Verdienst gewährt, und sie muß durchgesetzt werden gegen die gesetzestreue Gerechtigkeit und strenge Strafgewalt der göttlichen Männer. So macht Maria ihre Mütterlichkeit nach beiden Seiten geltend, für ihre hilfsbedürftigen christlichen Kinder, sofern sie nur fest an die Übermutter glaubten, und ihrem Sohn gegenüber, dem sie ihre Brüste weist, um ihn daran zu erinnern, wie er einst auf seine Mutter angewiesen war. Offenbar hat in jener Zeit, die an Mutter-Kind-Beziehungen so arm gewesen sein soll, niemand daran gezweifelt, daß der Appell an die Sohnesliebe Erfolg haben würde.

In einer emotional besonders anziehenden Variante trägt die »Schutzmantelmadonna« das Jesuskind auf dem Arm, das mit spielerisch wirkender Geste den Mantel anhebt – es »hilft« der Mutter bei der Schutzfunktion. Das könnte die andächtigen Betrachter an kindliches Mittunwollen erinnert haben, verwies sie aber zugleich auf die grundsätzlich nachgeordnete Rolle der Maria. Wir stoßen damit von neuem auf das verwirrende Phänomen spätmittelalterlicher Ver-Natürlichung des Allegorischen. Wer darin eine Zunahme an »Diesseitigkeit«, was wohl heißen soll: an realer Erfahrung, sieht, könnte sich bestätigt finden durch die Figuren, die die Kunstgeschichte »Schöne Madonna« nennt und die in den Jahrzehnten um 1400 ganz Europa eroberten. Ihre »Schönheit« ist vielschichtig wie nie zuvor, die Gesichter sind lieblich, die Mäntel ein einziges Ornament, die Haltung voller Anmut und alles so vollkommen, daß Sinnlichkeit ins Abstrakte umschlägt.[17] Wird uns »spielerisches Mutterglück« gezeigt, wenn die Hände von Mutter und Kind um einen Apfel kreisen und der mütterliche Blick freudig darauf zu ruhen scheint? Natürlich wird uns die Frucht des Sündenfalls

16 Peter-Michael Spangenberg: Maria ist immer und überall. Die Alltagswelten des spätmittelalterlichen Mirakels. Frankfurt a.M.: Suhrkamp 1987.
17 Helga Möbius: »Schöne Madonna« und Weiblichkeitsdiskurs im Spätmittelalter. In: Rundbrief Frauen Kunst Wissenschaft, 12 (1991), S. 7-16.

und der bevorstehenden Erlösung gezeigt, in der jugendlichen Maria ihre jungfräuliche Reinheit, und jede Geste unterstellt Mutter und Kind das Wissen um die künftige Passion. In der kunstvoll hergestellten natürlichen Erscheinung der Figuren vollendet sich die symbolische Erhöhung von »Mutter« und »Frau« zur unbegrenzten Verfügbarkeit. Jan Hus, dem Kirchenkritiker, schienen sie menschlicher Geschlechtlichkeit so nahe, daß er befürchtete, sie könnten frommen Männern »böse Gedanken machen«. Seine kirchentreuen Gegenspieler erwarteten von der Allmacht der phantasierten Weiblichkeit die Lösung all ihrer irdischen und geistlichen Probleme. Sowohl Bitten wie Kritik richteten sich an die weibliche Trägerin, obwohl die Bilder nie vergessen ließen, daß sie den Sohn als die verantwortlich handelnde Hauptperson nur präsentiert.

Die Schönen Madonnen wurden in kirchlichen Räumen verehrt. Mariens Mütterlichkeit trat in engere Beziehung zur Alltagserfahrung, als sie im italienischen, vor allem florentinischen Hausandachtsbild in die Wohnräume einzog.[18] Die Reliefs von Ghiberti und Donatello bis zu Andrea del Verrocchio zeigen Maria stets als Halbfigur, das Kind hingegen mit seinem ganzen Körper. Die innigen Umarmungen, Liebkosen und Spielen werden so dem visuellen und emotionalen Zugriff in der Nahsicht dargeboten. Sicher wirkt darin die Tradition der byzantinischen Ikone. Im familiären Wahrnehmungszusammenhang kann es jedoch nicht unbemerkt geblieben sein, wie in der Ausschnitthaftigkeit des Bildmusters die Mutter in den Hintergrund tritt. Ehrfürchtig nimmt sie die Zärtlichkeiten des Kindes entgegen und bleibt selbst passiv, gefäßhaft dienend. Die florentinischen Ehefrauen hätten in dieser sanftmütigen Mutter geradezu ihr Ebenbild erkennen können – sofern sie nach den Lehren des Leon Battista Alberti lebten, der in dem Traktat *Della famiglia* (1434) die ideale Ehefrau als ehrerbietig und gehorsam gegen ihren Mann, bescheiden und sittsam, liebenswürdig und gefällig und in allen Dingen besorgt um das Wohlergehen der Familie beschrieb. Da das Ideal der Wirklichkeit wohl keineswegs entsprach, konnte es in der Projektion auf die Gottesmutter wenigstens im Bild mit bezwingender Überredungskunst aufrechterhalten werden.

Die Reformatoren brachen mit der uralten Tradition der Marienverehrung, sie verwarfen die weibliche Vermittlung zur männlich-göttlichen Instanz. In einer Hinsicht verwundert das. Hatten nicht die

---

18 Ronald Kecks: Madonna und Kind. Das häusliche Andachtsbild im Florenz des 15. Jahrhunderts. Berlin: Mann 1988 (Frankfurter Forschungen zur Kunst 15).

schönsten Marienstatuen, die erfolgreichsten Gnadenbilder des 15. und noch des frühen 16. Jahrhunderts jenes Wunschbild der Frau und Mutter gepriesen, die begehrenswert und rein, weiblich und kindhaft, sich bedingungslos dem männlichen Willen – und sei es dem des Sohnes – unterwirft? Es entspricht genau den Erwartungen, die reformatorische Ehe- und Familienlehren an die Frauen richteten. Die spätmittelalterlichen Marienbilder hätten die systematischen und rigiden, bis in die Gegenwart folgenreichen Vorstellungen der Reformatoren von Mutterschaft als liebendem Dienen vollkommen bestätigen können.

Elke Liebs

Die Un-Mütter der Märchen

Untiefen sind nicht besonders tief, aber ›Untiere‹ sind ganz besonders ›Tier‹, und ein Unglück ist die totale Absenz von Glück. Ein Unmensch schließlich ist ein Mensch, der sich nicht eben human verhält – oder vielleicht doch menschlich – allzumenschlich? Wie aber steht es dann mit den Unmüttern? Grammatikalisch gibt es sie natürlich überhaupt nicht, der Begriff bezeichnet sozusagen das Verschwinden der Mütter aus dem symbolischen System der Sprache – freilich nicht aus der Logistik. Genau besehen deutet das Präfix ›Un-‹ auf etwas, was einmal vorhanden war und eine jeweils eindeutige Identität besaß, sich nun aber selbst gleichsam entglitten ist in eine ungefähre Hypertrophie, ins Gegenteil schöpferischer Planung, in etwas mit Menschenmaß schwer Meßbares: Eine Un-Menge ist nicht etwa, wie es sprach-logisch wäre, eine sehr kleine Menge, sondern unüberschaubar. Wollte man nun von einer Unmenge von Unmüttern sprechen, so hieße das im Klartext: von einer riesigen Menge nicht (mehr) vorhandener Mütter oder Mütterlichkeit zu sprechen, womit der Dialektik des Präfixes ›Un-‹ Genüge getan wäre. Um eben diese Dialektik geht es hier.

Geht man der alogischen und weisen Semiotik der Sprache nach, so gleitet man unversehens in die ›Logik der Dichtung‹ – insbesondere der Märchendichtung. Nur wenige ›Un-‹Wörter lassen sich *nicht* sinnvoll auf ihren Kern zurückführen. Aber was die Alltagssprache verweigert, findet sich möglicherweise wieder im metasprachlichen Kontext und wird von allen verstanden. Wenn die ›wirschen Getüme‹ im Märchen Heldin und Held vor Unbill bewahren, also für Recht und Bill(igkeit) sorgen, so propagieren sie mit wechselnden Mitteln – so wie Märchen dies eben tun – die ›Wirtlichkeit‹ dieser Welt, die es durch alle Un-/ Um-Wege immer wieder zu erfahren gilt – mit einem Wort: Die Un-Menschlichkeit der Märchen-Mütter besteht gerade in ihrer Menschlichkeit und ihre Menschlichkeit in ihrer Unmenschlichkeit. Mütter – so scheint es – sind etwas a priori Dialektisches, das ›Un-Ding‹ an sich.

Da gibt es ein Märchen, *Schwanenweiß* genannt. Es erzählt eine merkwürdige Geschichte – bekannt und zugleich angsterregend fremd: Das Herzogstöchterlein Schwanenweiß ist in der Abwesenheit des Vaters dessen zweiter Frau, ihrer Stiefmutter, ausgeliefert. Die möchte gern einem Prinzen, der Schwanenweiß liebt, ihre eigene häßliche

Tochter unterschieben. All ihre Intrigen und Anschläge fruchten freilich nichts, weil der Prinz und seine Angebetete sich sofort als füreinander geschaffen erkennen und durch nichts zu trennen sind. Autor und
Stiefmutter müssen sich etwas anderes einfallen lassen, um die Spannung zu retten, da man ja die Muster hinlänglich kennt: Trennung der
Liebenden, Prüfungen, Gefahren, Angst, Ungerechtigkeit, Not – und
schließlich Auflösung aller Verstrickungen, Rettung und Glück. Heldinnen bleiben Heldinnen (oder Helden), Anti-Heldfiguren bleiben
anti.

Wie anders hier: Von Schwanenweiß, die man beruhigt sich selber
und ihrem Prinzen überlassen kann, verlagert sich das spezifische Gewicht der Handlung auf eine durch und durch unberechenbare Größe:
auf die *Liebe* selber, kraft derer sich die sonderbarsten Wandlungen vollziehen. Angesichts von soviel Liebe und im Namen der Liebe wandelt
sich die böse Stiefmutter, die ganz im Sinne moderner Psycholinguistik
urplötzlich ins Stottern gerät, wenn sie das Wort ›Liebe‹ aussprechen
will, zum Guten. Dieses Gute wiederum manifestiert sich ähnlich indirekt wie die frühere – linguistische – Impotenz in Sachen ›Liebe‹
(= Stottern): Schwanenweiß in ihrer Liebseeligkeit bringt es über sich,
nicht nur der Stiefmutter ihre Untaten zu verzeihen; sie erlöst sie auch
zur eigenen verschütteten Liebesfähigkeit vermittels des einen Zauber-
wortes, gegen das auch für die Hexe kein Kraut gewachsen ist: Sie
nennt ihre böse Stiefmutter freiwillig ›Mutter‹. Es lebe die Linguistik,
es lebe die Macht der Gefühle! Der Gefühle? Nein, nur der Liebe.

Der Autor dieses Stücks *Svanevit* ist August Strindberg.[1] Knapp
hundert Jahre, nachdem die Brüder Grimm in zahllosen Varianten die
Un-Mutter ins deutsche Bewußtsein eingeschrieben haben, rehabili-
tiert der Schwede sie und setzt sie als ›Mutter‹ wieder in ihre Rechte
ein. Auch Mütter sind nur Menschen. Auch Stiefmütter sind Mütter.
Und ›Stiefmütterchen‹ gehören zu den beliebtesten deutschen Blumen.
Verkehrte Welt? Ein bißchen schon; aber verkehrt nur aus der Perspektive jener, die die Endprodukte der Grimmschen Sammellust zum Maß
aller Ding nehmen, ohne sie in ihren geistes- und kulturgeschichtlichen Zusammenhang zu stellen. Als Märchen im 19. Jahrhundert zum
ersten Mal schriftlich fixiert und in eine homogene Form gebracht
wurden, setzte das gleichsam einen einstweiligen Punkt hinter eine

---

1 August Strindberg: *Svanevit. Werkausgabe Stockholm* 1902/1916 (erweitert
1973), hrsg. von G. Brandell. Übersetzung von H.C. Artmann. Wien, München 1973.

Entwicklung, die mit der Aufklärung ihren Anfang genommen hatte. So paradox es klingen mag: Die von Adorno beschworene bzw. beklagte ›Entzauberung der Welt‹ durch die Aufklärer kulminiert u.a. in der Niederschrift von *Zaubermärchen*.[2] Auch die Ausrichtung auf Kinder, d.h. eine veränderte Sicht auf das Kind als rudimentäres Geschöpf, das es zu bilden und zu veredeln gilt, hatte dort ihren Beginn. Die Autorität, die von dieser ersten fixierten Märchenerfassung und Sammlung in Deutschland ausging, läßt sich mit jener der Homerschen *Odyssee* vergleichen. Auch sie reduziert ungemein zwingend und in linear logischem Handlungsablauf eine schier unübersehbare Zahl mythologischer Varianten auf eine patriarchale Logistik, die fast als gesetzgeberischer Akt erscheint, und zwar nicht nur im Sinne einer literarischen Ästhetik, sondern gleichsam mit einem fiktiven Wahrheitsanspruch, der fast ins Moralische reicht. Was in der mündlichen Tradition ganz mühelos möglich ist, nämlich das lebendige Nebeneinander unterschiedlicher, oft kontroverser Varianten von Geschichten, in die Alltagserfahrungen ständig neu eingehen können, ist nun vereitelt. Die Verschriftlichung erdrückt das Spielerische. Es entsteht eine eigentümliche Hierarchie zwischen denen, die Geschichten erzählen, Geschichten sammeln – und nach eigenem Gutdünken wiedererzählen – und denen, die zuhören oder lesen. Es ist, als rangiere der Akt des Wiederhervorbringens (Brüder Grimm) weit über dem des Sich-Erinnerns und Erzählens, als werde hier unterderhand ein neuer Kreativitätsbegriff installiert, der Sprache bewußt als Instrument der Steuerung einsetzt, nicht nur, um einiges dem drohenden Vergessen zu entreißen, sondern ebensosehr, um anderes dem Vergessen anheimzugeben.

Gegen solche festgefügten Formen läßt sich nicht mehr fahrlässig anerzählen. Sie drängen vielmehr nach Wiederholung, nach Reproduktion, nach Fortsetzung. Es ist die intellektuelle Reproduktion durch den Mann. So gesehen ist es um so überraschender, wenn es mit Strindberg wiederum ein Mann ist, der die Textur der Grimmschen märchen-stereotypischen Zuweisungen auflöst und durch die liebende Versöhnung von Mutter und Tochter bzw. durch die Rückführung der Stiefmutter in eine authentische Mutterfigur viel weiter zurückliegende Inhalts- und Handlungsrituale rekonstruiert, die fast wieder an matriarchale Relikte anknüpfen. Vergegenwärtigen wir uns ein paar der Märchen, bevor ich darauf näher eingehe.

---

2   Max Horkheimer und Theodor W. Adorno: Dialektik der Aufklärung. Frankfurt a.M.: Fischer 1969.

Im *Froschkönig*[3] (KHM 1) gibt es keine Mutter. Sie wird nicht einmal erwähnt. Es ist, als habe der König seine drei Töchter allein zur Welt gebracht. Jedenfalls ist er die oberste moralische Instanz und dies mit absoluter Autorität. Ähnlich im *Märchen von einem, der auszog, das Fürchten zu lernen* (KHM 4): »Ein Vater hatte zwei Söhne...«. Von einer Mutter ist im ganzen Märchen nicht die Rede. Auch im *Treuen Johannes* (KHM 6) findet sich kein Wort über die leibliche Mutter des Prinzen. Stattdessen übernimmt der Diener Johannes nach dem Tod des Königs offenkundig die Mutterrolle, behütet und beschützt den jungen König und verhilft ihm zur richtigen Braut. Der Funktionswandel geht bis in die Requisiten: »Er öffnete sein Schürzchen und ließ sie [= die Kammerjungfer] hineinschauen. Da rief sie: Ei, was für schönes Goldzeug!« Was immer sie da(rin) gesehen haben mag, eins ist deutlich: Der treue Johannes ist der weiblichste Mann in den Märchen der Brüder Grimm. Er versteht die Sprache der Tiere – das wird beiläufig erwähnt – wie sonst eher die Frauenfiguren, er ist mutig, gefühlvoll und vollkommen selbstlos – scheinbar. Weil es aber diese Selbstlosigkeit natürlich nicht gibt, verlangt er das Äußerste, das ein Mensch geben kann, um aus seiner Versteinerung erlöst zu werden, also als Lohn für seine Treue: das Menschenopfer. Der junge König soll seine beiden Söhne eigenhändig töten und tut dies tatsächlich in Abwesenheit seiner Frau, also ohne sie auch nur zu fragen. Wenn er sie nachher dennoch fragt – als die Kinder schon wieder lebendig sind –, hat dies eine andere Funktion, nämlich die, sie auf die Probe zu stellen und zu beweisen, daß der Mann in seiner Treue gegenüber dem Mann (immer) das Richtige tut und getan hat.

Der gute Handel (KHM 7) weiß von keiner Mutter zu erzählen. Der König verschenkt seine Tochter, die allein mit ihm buchstäblich nichts zu lachen hatte, dem Bauern, der sie durch seine Dummheit ohne Absicht zum Lachen bringt, obwohl er sie überhaupt nicht will. Er hat schon eine, und die genügt ihm vollständig. Im Märchen *Die zwölf Brüder* (KHM 9) scheint zunächst eine gute Ehe beschrieben: »Es war einmal ein König und eine Königin, die lebten in Frieden miteinander und hatten zwölf Kinder, das waren aber lauter Buben«. Schon im vorhinein inzestuös verliebt in seine ungeborene Tochter, die allen Reichtum erben soll, teilt der Mann seiner Frau – so gelassen, als spräche er

---

3 Für die Grimmschen Kinder- und Hausmärchen (= KHM) wurde die folgende Ausgabe verwendet: Die Märchen der Brüder Grimm. Vollständige Ausgabe. 17. Auflage. München: Goldmann 1990.

über das morgige Wetter – mit, daß die zwölf Söhne sterben sollen, wenn das dreizehnte Kind ein Mädchen wird. Als Rache wollen die Söhne *alle* Mädchen umbringen, die ihnen begegnen. Während sie im Wald leben, muß der jüngste und schwächste die Hausarbeit machen. Als die Schwester später aber dann doch bei ihnen lebt, übernimmt nicht etwa sie diese Arbeit, sondern darf ihm nur ›helfen‹. Das einzige, was sie selbständig tut: Lilien pflücken, um sie ihnen zu schenken, bewirkt ihre Verzauberung in Raben. Zur Strafe, weil sie (sieben Jahre) nicht spricht und nicht *lacht* (um die Brüder zu erlösen), soll sie nach dem Willen der Schwiegermutter sterben. Beim guten Ausgang erscheint die Schwiegermutter plötzlich als ›Stiefmutter‹ und wird hingerichtet.

Brüderchen und Schwesterchen (KHM 11) beginnt mit der Information, daß die leibliche Mutter tot ist. Als junge Königin wird Schwesterchen ermordet, als junge Mutter führt sie buchstäblich eine Schattenexistenz, bevor alles gut endet. In *Rapunzel* (KHM 12) verschenkt der Mann in der Gefahr sein ungeborenes Kind, die leibliche Mutter wird, nachdem sie ihr Kind zur Welt gebracht hat, nie wieder erwähnt. Die Mutter von *Hänsel und Gretel* (KHM 15) ist die treibende Kraft bei den wiederholten Auseinandersetzungen der Eltern über die Aussetzung der Kinder, während der Mann weicher und zärtlicher gezeichnet ist. Am guten Ende ist sie tot, sie erlebt es nicht mehr. Auch das Märchen *Die drei Schlangenblätter* (KHM 16) weiß von keiner Mutter (stattdessen seltenerweise von einer ungetreuen und mörderischen Prinzessin, die am Ende vom eigenen Vater hingerichtet wird).

In *Die weiße Schlange* (KHM 17) wird die Königin nur erwähnt, weil ihr verlorener Ring die Handlung in Gang bringen muß. Als das *Mädchen ohne Hände* (KHM 31) Mutter wird, soll es sterben (durch Intrige des Teufels); hier ist es ausnahmsweise die Mutter des Königs, die alles zum Guten wendet. In *Die drei Sprachen* (KHM 33), *Tischlein deck' dich* (KHM 35), *Der Räuberbräutigam* (KHM 40) und *Der Herr Gevatter* (KHM 42) wird nie eine Mutter erwähnt, vielmehr heißt es in letzterem:»Ein armer Mann hatte so viele Kinder, daß er schon alle Welt zu Gevatter gebeten hatte, und als er noch eins bekam, so war niemand mehr übrig, den er bitten konnte«. Offenbar hat er allein alle diese Kinder bekommen. Am Ende erkennt er, daß er es mit dem Teufel zu tun hatte, aber er kommt mit dem Leben davon. Ganz anders das Mädchen in *Frau Trude* (KHM 43), das in einer ganz ähnlichen Frage- und Antwort-Szene am Ende jämmerlich umkommt.

Auch in *Gevatter Tod* (KHM 44) scheint der Vater alle seine zwölf Kinder allein bekommen zu haben. Eine Mutter jedenfalls kommt nicht vor. Das Gleiche gilt für *Fitchers Vogel* (KHM 46), eine Art Anti-Blaubart, in dem die jüngste Schwester den Mörder ihrer beiden Schwestern überlistet. Zur Belohnung für ihren Gehorsam – er merkt ihren Betrug nicht – soll sie die Braut des Hexers werden. Doch sie hingegen rettet erst ihre Schwester – indem sie sie wieder lebendig macht – und sorgt dann für Rache (durch die Brüder). Nur am Ende der Geschichte wird die Mutter beiläufig erwähnt und mit Gold beschenkt. Dieses Märchen ist von so unerhörter Grausamkeit – die Schwestern werden geköpft und zerstückelt, zuvor an den Haaren zu Block und Beil geschleift –, daß einem der Atem stockt. Spätestens hier stellt sich die Frage nach der an Frauen verübten Grausamkeit. Denn es ist eine Tatsache, daß sich in den gesamten Märchen der Brüder Grimm keine vergleichbare Brutalität gegen einen Mann richtet. Einige Kinder und im übrigen nur Frauen sind die bevorzugten Objekte dieser obskuren Begierde: zu überwachen, zu maßregeln, einzusperren, zu strafen, fortzujagen, zu verstümmeln, zu verschenken, zu verkaufen, der Kinder zu berauben, bis aufs Blut zu schinden, zu töten, zu zerstückeln. Man muß diese Märchen in ihrer Grausamkeit lesen, um die tieferliegenden Strukturen zu ahnen. Plötzlich fügen sich textuale und inhaltliche Teile zueinander, die verschiedenen Erzählungen angehören, und es bildet sich unterderhand eine neue ›Geschichte‹, die verborgene Geschichte der Frau, die zur Projektionsfläche für die verborgenen Ängste des Mannes wird. Die ›Entzauberung der Welt‹, die Aufklärung, hat ihn so weit sich selbst entfremdet, daß ihm nun vor seiner Gottähnlichkeit Angst wird. Wer sich aber fürchtet, muß sich ständig seiner Dominanz vergewissern.

Eine ganz eigene Gruppe bilden die Märchen, in denen gleich eingangs vom Tod der Mutter berichtet wird oder sobald ein Kind geboren wird, spätestens aber vor dem Eintritt des Mädchens in die Pubertät – wie Aschenputtel, Schneewittchen, Machandelboom, Allerleirauh u.a. In *Die sechs Schwäne* (KHM 49) wird der Tod der ersten Frau nicht einmal erwähnt, nur, daß der König von ihr sieben Kinder hat, dann aber eine zweite nimmt. Dieser König muß übrigens die Märchen der Brüder Grimm gelesen haben, denn er antizipiert die Gemeinheit seiner zweiten Frau, bevor sie überhaupt Gelegenheit hat, sie zu zeigen (man fragt sich, warum er sie wohl geheiratet hat). Jedenfalls entfernt er seine geliebten Kinder, um sie vor ihr zu schützen. Und wieder einmal muß ein Mädchen beweisen, daß man für die Brüder den eigenen Mann und die eigenen Kinder opfern können muß. In *Fundevogel* (KHM 51) wird keine Mutter erwähnt. Der Vater ist der Nährer, der sich auch zärtlich seines einsamen Töchterleins annimmt. Die kannibalischen Begierden der Köchin – sie will Fundevogel kochen – werden mit keinem Wort motiviert.

Ebenfalls keine Mutter scheint *König Drosselbarts* (KHM 52) widerborstige Frau zu haben, ebenso die Müllerstochter in *Rumpelstilzchen* (KHM 55), oder die drei Söhne im *Goldenen Vogel* (KHM 57). In *Die zwei Brüder* (KHM 60) übernimmt wieder ein Mann die Mutterrolle, und natürlich ist er ein vorbildlicher und ehrlicher Mann und sozusagen eine bessere Mutter als es eine Frau sein könnte; auch seinen Söhnen gibt er zauberische Ratschläge, die sie befähigen, stets über die Bewandtnisse des anderen Auskunft zu bekommen. Eine Mutter gibt es weder bei den Brüdern noch bei der späteren Braut des einen. Ähnlich wie der *Getreue Johannes* hat dieses Märchen etwas stark Männerbündisches. Die Braut ist nicht mehr als ein Versatzstück und dient vor allem dazu, die Treue, die Klugheit und die behütende Kraft von Männern untereinander herauszustreichen und Frauen gleichsam entbehrlich zu machen – außer für das stereotype Ritual des Heiratens. Auch *Die drei Federn* (KHM 63) sind ein reines Männerdrama, wobei der ›Dummling‹ buchstäblich *nichts* für sein Glück zu tun braucht, als auf der Stelle sitzen zu bleiben und den Eingang zur Falltür zu bemerken, die ihn zu der großzügigen Itsche bringt: Keine Prüfung, kein Mitleid, keine Heldentat. Der Mechanismus, der in den weiblichen Reifungsmärchen wie z.B. *Frau Holle* (KHM 24) die fordernden Mädchen – Pechmarie – ins Unglück bringt, führt ihn, den Mann, zum Glück: »Ich hätte gern den schönsten und feinsten Teppich«, wiederholt er ohne jede Höflichkeitsformel den Auftrag seines Vaters an die drei Söhne und bekommt ihn umgehend. Ähnlich verhält es sich mit den beiden anderen Aufgaben.

Meines Wissens gibt es kein Märchen der Brüder Grimm, in dem ein Mädchen ohne Leiden, Verzicht oder Entsagungsarbeit ans Ziel kommt, was immer dieses Ziel auch ist. Ebenso sieht die Erlösungsarbeit anders aus, wenn sie – was selten ist – von jungen Männern geleistet werden muß. Sie laufen nicht Gefahr, hingerichtet zu werden, sie schweigen nicht sieben Jahre lang, um z.B. Schwestern zu erlösen: Wenn es derlei ›Prüfungen‹ gibt, dann als Preis für Teufelsbündnisse, für Prinzessinnen und dergleichen. Umgekehrt gehen die schlimmsten Missetäter in der Regel straflos aus. Wer für ihre verbotenen Phantasien büßen muß, ist wiederum zumeist die Frau. So zieht Allerleirauh aus dem gleichnamigen Märchen ohne eigene Schuld die inzestuöse Liebe ihres Vaters auf sich und muß bitterlich dafür büßen, daß er sie heiraten will. Über ihn wird weiter kein Wort verloren, nachdem sie ihn fluchtartig verlassen hat.

Es ist hier nicht möglich, alle Märchen der Brüder Grimm im einzelnen zu verfolgen. Es ist auch nicht nötig. Worum es hier geht ist, eine Tendenz aufzuzeigen, deren kultur- und gesellschaftsgeschichtliche Hintergründe sich verschieden erklären lassen. Zwei Theorien sollen hier erläutert werden, die das ›Verschwinden‹ der Mütter zum Teil gegenläufig, zum Teil einander ergänzend herzuleiten suchen. Befragen wir zunächst die *Matriarchatsforschung* nach ihrem Beitrag zur Klärung solcher Probleme. Schon *vor* Heide Göttner-Abendroth hat sich Robert Ranke-Graves in seiner *Griechischen Mythologie* und weiteren Werken mit dem matriarchalen Kulturerbe, das den griechischen Mythen zugrunde liegt, eingehend befaßt.[4] In den zahllosen Varianten, die er für die verschiedenen Mythen nachweist, wird bei genauerem Studium – trotz notwendigerweise unpräzisen historischen Zuweisungen – so etwas wie eine Entwicklung deutlich, wie sie auch in der Homer-Forschung bekannt ist: von eher matriarchalen Strukturen mit ihren unzähligen, zumeist gleichberechtigten Erzählformen, mit regionalen Veränderungen, wechselndem Personal und verschiedener Funktion der Göttinnen und Götter sowie der Heldinnen und Helden zu einem linear ausgerichteten Erzählstrang, der die Nebenhandlungen hierarchisch gliedert, ebenso die Götterwelt – mit Zeus an der Spitze – patriarchalisch ›vergesellschaftet‹. Selbst seinen ›menschlichen‹, häufiger aber un-menschlichen Verfehlungen haftet nun noch die Aura des Göttlichen an, während seine ursprüngliche ›Menschlichkeit‹, d.h. seine Sterblichkeit, die er in dem viel älteren argivischen Mythos besaß, allmählich verloren geht.[5]

Es ist hinlänglich bekannt, daß die Mythologie des griechischen Vielvölker-Staatsgebildes von seinen frühesten Anfängen her (ca. ab 1900 v. Chr.) – wie alle mythisch-religiösen Ableitungen von Schöpfungsgeschichten und ethnologischer Gesellschaftsentwicklung – blutig und mörderisch war. Wenn Kulturen und Religionen aufeinanderprallen, entstehen Bilder und Symbole, die das Unbegreifliche ›übersetzen‹, es in Sinnzusammenhänge bringen sollen. Offenbar hat es eine Zeit gegeben, in der man Widersprüche nebeneinander existieren ließ, da sie sich im Zweifelsfall gegenseitig befruchten oder aufheben. Von daher läßt sich im Homerschen, d.h. im hellenischen Göttergewimmel

---

4 Robert Ranke-Graves: Griechische Mythologie. Reinbek bei Hamburg: Rowohlt 1961, und ders.: Die weiße Göttin [1948]. Reinbek bei Hamburg: Rowohlt 1985.
5 Vgl. Gerda Weiler: Der enteignete Mythos. München: Frauenoffensive 1985, S. 43.

des Olymp, das immer noch verwirrend genug ist, so etwas wie eine schleichende Verarmung konstatieren. Zugunsten einer gewissen ›Logik‹ werden Abhängigkeitsverhältnisse dargestellt, vorgriechische – barbarische – Kulte und Traditionen umgedeutet und dadurch die Figuren und ihre Konstellationen verändert, ja umgewertet. All dies geschieht bereits namens einer Aufklärung, deren übergeordnetes Prinzip eine gewisse Plausibilität und Folgerichtigkeit beansprucht, d.h. etwas dem Menschen Anverwandtes, ein anthropozentrisches Weltbild.

Von daher bekommt es ein besonderes Gewicht, wenn das Dasein des obersten Göttervaters Zeus eine Kette von Mord, Vergewaltigung und Betrug ist. Während man die berühmtesten Namen seiner sogenannten Liebesverhältnisse zu kennen meint, Europa (!), Leda, Danae und Alkmene zum Beispiel, scheint weniger bewußt, was diesen Reigen eröffnet: Es ist die Vergewaltigung seiner eigenen Mutter. Ihr folgt die seiner ersten Frau, von deren Mutterschaft er – einer Prophezeihung zufolge – viel Kopfzerbrechen zu erwarten hat (gemeint ist die Tochter Athene, die ihm als einzige gewachsen sein wird). Vergewaltigen und Verschlingen – er ›verschlingt‹ Rhea, seine erste Frau, als sie schwanger wird – und selber als Kopfgeburt Hervorbringen – er läßt sich nach neun Monaten den Schädel spalten und heraus springt Athene – versinnbildlicht auf krasse Weise das Aufeinanderprallen von Matriarchat und Patriarchat, d.h. die Vereinnahmung und Überwältigung des einen durch das andere. Eine Parallele zu diesem Prozeß sieht die Matriarchatsforschung[6] in dem, was die Märchenforschung seit der Romantik zutage gefördert hat. Um Mißverständnissen vorzubeugen, sollte man zunächst einmal nicht von ›deutschen‹ Märchen sprechen, sondern allenfalls von in Deutschland gesammelten. Da es aber auch in Deutschland mehrere Sammlungen gibt, z.B. von Brentano, scheint es doch am sinnvollsten zu sein, am Beispiel der Brüder Grimm zu demonstrieren, durch welche Stadien das Material ging, bis es in die *Kinder- und Hausmärchen* mündete. Tatsächlich lassen sich praktisch für jedes einzelne Märchen – wie bei den Mythen – eine ganze Reihe von Varianten nachweisen, die ins Mittelmeergebiet und bis nach Indien führen und mit den dortigen jeweiligen kultischen Traditionen verwoben sind. Von daher sollte man eigentlich alle Märchen, besonders aber die deutschen, international nennen. Zugleich sind sie jedoch, wie wir sehen werden, besonders ›deutsch‹, zumindest in ihrer Endform.

---

6 Heide Göttner-Abendroth: Die Göttin und ihr Heros. München: Frauenoffensive 1980.

Freilich darf die sprichwörtlich gewordene ›Einfachheit‹ dieser Endform[7] nicht darüber hinweg täuschen, daß es sich ursprünglich um sehr viel komplexere Gebilde handelte. Dieselbe Reduktion, die sich bei den Mythen der Antike im Prozeß der Ablösung des Matriarchats durch das Patriarchat feststellen ließ, findet auch bis ins Mittelalter und darüber hinaus im Kampf zwischen den alten, heidnischen – matriarchalischen – Religionen und der einen patriarchalen Großreligion, dem Christentum, statt. Aus den vielen Mutter-Gottheiten und Priesterinnen wird die *eine* Übermutter *Maria*, aber ohne alle göttlichen Attribute; sie ist vielmehr die Gottes-›Magd‹ schlechthin, die Gehorsamste der Gehorsamen, die Dulderin und Märtyrerin, die Mutter von Gottes Gnaden.

Aber in den Märchen lebt das matriarchale Denken, die alte Göttinnenwelt, weiter fort, auch wenn sie geprägt sind von der christlichen Ethik. Um sie in einer patriarchalen Gesellschaft weiter tradieren zu können, muß man sie simplifizieren und typisieren. Göttner-Abendroth erwähnt zurecht die sozialen Unterschichten und Randgruppen, in denen der alte Glaube am stärksten weiterlebte und daher verschleiert in die Erzählungen Eingang finden mußte, um nicht ganz unterdrückt zu werden. So konnte aus der Muttergöttin schlicht die ›Mutter‹ werden, von der Tochtergöttin oder Erbprinzessin blieb nur noch die ›Prinzessin‹ und der ›Heros‹ – was sie von der griechischen Göttin Hera ableitet – wird zum Prototyp des Helden. Insgesamt führt diese Reduktion zu Schematisierungen, die schon Wladimir Propp[8] aufgefallen sind, aber nicht in ihrem letztlich sakralen Gehalt erkannt wurden. Aber gerade das Formelhafte der Märchen, die wiederkehrenden Strukturen, der Raum, den das Rituelle einnimmt, verweisen auf einen kulturellen Hintergrund, wie wir ihn auch aus der katholischen Kirche und den biblischen Erzählungen kennen. Und in der Tat wäre die Bibel ein weiterer Bereich, in dem durch Reduktion der verschiedenen Codices, Autoren und Versionen ein Textkorpus entstand, dessen Authentizität allenfalls eine gesellschaftskundliche, keine textkritisch-historische ist und dessen Autorität von den jeweiligen Fürsten der Kirchengeschichte bestimmt wird.

Vergessen wir nicht, daß es zu den dunkelsten Kapiteln dieser Kirchengeschichte gehört, daß eine dem Holocaust vergleichbare Anzahl

---

7 André Jolles: Einfache Formen. 6. Auflage. Tübingen: Niemeyer Verlag 1972.
8 Vgl. Wladimir Propp: Mythologie des Märchens. Leningrad 1928 (deutsch: 1972).

von ›Weisen Frauen‹ vernichtet wurde mit der Begründung, sie seien Hexen.[9] Die Hexe aber ist die ›Abtrünnige‹ schlechthin, diejenige, die sich der Vergewaltigung verweigert, sei es durch eine neue Religion oder Ideologie, sei es durch das Vorurteil der Masse, sei es durch den Mann. Sie beharrt auf ihrem Eigenwissen, ihrer eigenen Kraft und ihrer eigenen Kontrolle über ihren Leib. Im Sinne der patriarchalischen Weltordnung ist sie die personifizierte Häresie. Von daher ist sie auch die Personifizierung des anfangs zitierten ›Un-heimlichen‹, die verlorene Heimat im Mutterleib, nach der wir uns sehnen, vor der wir uns fürchten, besonders der Mann.

Göttner-Abendroth unterscheidet drei thematische Märchengruppen: 1. Die Reichtumspenderin im Jenseits, 2. Die schenkende Frau im totenähnlichen Zustand und 3. Heilbringermärchen. In der ersten wird eine besondere Form des ›Verschwindens‹ der Mütter angesprochen. *Frau Holle* (KHM 24) ist – soweit ich sehe – das einzige Märchen, in dem nur Frauen vorkommen. Die Teilung in schöne und häßliche, fleißige und faule Tochter bzw. Stieftochter sowie in tote Mutter und lebendige Stiefmutter ist in ihrer binären Lapidarität so durchsichtig, daß das dahinterstehende Prinzip deutlich wird: divide et impera. Zwei lassen sich immer gut gegeneinander ausspielen. Die Rivalität unter Frauen ist eine der Lieblingserfindungen des Patriarchats. Es braucht sie, um den Mann als Schiedsrichter oder begehrtes Ziel immer präsent und übergeordnet bleiben zu lassen. Von daher wäre in diesem reinen Frauenmärchen die Dreizahl ungleich plausibler, und in der Tat ist eine Variante[10] erhalten mit drei Schwestern und einer triadischen Gottheit als Frau Holle. Wichtig ist, daß nur *eine* die ideale Nachfolgerin oder ›Erbin‹ sein kann und mit Hilfe der Über-Mutter ihre Initiation erlebt. Dies freilich nicht in der bürgerlichen Form des braven, angepaßten Hausmütterchens, sondern als diejenige, der es gelingt, aus dem Jenseits Schätze ins diesseitige Leben zu bringen. Auf ähnliche Weise ungewöhnlich in der Sammlung ist das Märchen *Schneeweißchen und Rosenrot*. Die Brüder Grimm kannten es schon sehr früh, nahmen es aber erst in die Ausgabe von 1837 auf, fast als ob sie ihm nicht recht getraut hätten: Hier gibt es keine Rivalität zwischen Frauen, weder zwischen Mutter und Töchtern noch zwischen den beiden Töchtern. Vielmehr bilden Mutter und zwei Töchter in ungebrochener Harmonie ein irdi-

---

9 Gunnar Heinsolm und Otto Steiger: Die Vernichtung der weisen Frauen. Herbstein: Syndikat Buchgesellschaft 1985.
10 Vgl. Heide Göttner-Abendroth: Die Göttin und ihr Heros, S. 146ff.

sches Gegenbild zur alten göttlichen Triade, man denke auch an den Hekate-Mythos, wie er in *Frau Holle* schon etwas verstellt auftaucht. Bezeichnenderweise kann selbst die Verheiratung der Mädchen diese Einheit nicht auflösen. Die Mutter zieht mit ihnen, alle bleiben zusammen, die Männer sind eine schöne Zugabe, aber nicht existentiell nötig zum Glück, allenfalls rituell. Ganz anders in *Hänsel und Gretel*. Hier fallen – wie in den meisten Hexenmärchen – die patriarchalen Deformierungen besonders ins Auge. Hexen sind immer alt im deutschen Volksmärchen. Anders als in vielen orientalischen Sammlungen gibt es die Dämonisierungen der *jungen* Frau nur ganz selten, etwa als Nixe oder im bereits erwähnten Märchen *Die drei Schlangenblätter* (KHM 16).

Die Verführung *durch* eine Frau, d.h. die Erotik, ist in Symbole gesperrt oder auf die lapidare Feststellung von Schönheit reduziert. Prinzessinnen sitzen irgendwo nackt in Bäumen oder sonst in der Natur, sind aber ganz in ihre Haare eingehüllt, wenn die Prinzen durchs Gebüsch brechen und von ihrer ›Schönheit‹ geblendet sind. ›Allerleirauh‹ und all die Töchter der toten Mütter, die aus irgendeinem halbheidnischen, jedenfalls matriarchalen Jenseits im patriarchalen Diesseits ihre Töchter vor den konstruierten Konflikten der männlichen Weltordnung zu bewahren suchen, gehören zur zweiten Gruppe, die der schenkenden Frau im totenähnlichen Zustand: Die Dreieinigkeit von Mutter und Töchtern bzw. die Personalunion von Mutter und Tochter wird aufgespalten in verschiedene Personen, die sich meist bekriegen oder gleichsam einander ausschließen. Die Tochter kann nur in derselben Schönheit erblühen, weil die Mutter tot ist, zugleich reinkarniert sie die Mutter. Sie ›tötet‹ und belebt sie gleichermaßen, nimmt sie in sich auf, wie sie zuvor in der Mutter aufgenommen war. Mutter, Kind und junge Frau – d.h. spätere Königin und junge Mutter – fallen in eins. Es ist die Wiedergeburt der großen Göttin. Nach ähnlichem Muster verläuft *Aschenputtel*, wobei die Stiefmutter mit den beiden Stiefschwestern sozusagen als Negativfolie fungiert. Sie sind die ›gefallenen‹ Göttinnen, vereinnahmt vom Patriarchat und ihrer Identität entledigt. Denn sie haben den geforderten Preis gezahlt: die Selbstaufgabe für den Mann.

Besonders delikat fällt die Verzerrung in der *Gänsemagd* aus: Hier wird die Dreiheit von Mutter, Tochter und Magd gebildet. Die Mutter ›verschwindet‹ aus dem Leben der Tochter, d.h. sie bleibt nur in Gestalt des Pferdekopfes – also pars pro toto – und in den drei Blutstropfen gegenwärtig, die sie der Tochter mitgibt. Kaum läßt sich das Auseinanderdividieren der triadischen Macht plastischer darstellen: das Schattendasein der Mutter, sobald ihre ›Wunde‹ nicht mehr das ›Wunder‹ der Gebärfähigkeit garantiert. Sie reicht es weiter an die Tochter. Aber diese hat durchaus zwiespältige Empfindungen im Hinblick auf eine solche Bestimmung. Deshalb ›verliert‹ sie die drei Blutstropfen der Mutter. In der Sicht der Matriarchatsforschung muß die patriarchale Negation der ›guten‹ weiblichen Muttermacht in ihrer triadischen Urform besonders hart empfunden werden. Die Ohnmacht der Mutter, symbolisiert in der ›verlorenen Liebesmüh‹, den drei Blutstropfen, setzt sich fort in der symbolischen Zerstückelung ihres Schutztieres, des Pferdes, durch die Magd. Löwe, Hund und Pferd sind die dreierlei Körpergestalten, in denen ehemals Hekate, Königin der Hexen, erschien. Als dreifaltige Göttin herrschte sie im Himmel, auf der Erde und in der Unterwelt und war weit mächtiger als Zeus in der Fähigkeit zur Wiedergeburt. Schon die Hellenen versuchten, solche matriarchale Allmacht langsam zu ›vergessen‹, indem sie bald nur noch die dunklen Aspekte ihrer magischen Allgegenwart betonten.

Was hier stattfindet, ist also eine ziemlich gewalttätige Zerstückelung eines mächtigen Mythos, und zwar wiederum über die gewalttätige Phantasie einer mehrfachen Zerstückelung: nicht nur das Pferd als Symbol der Mutter-Allmacht wird in Kopf und Leib geteilt, d.h. es wird sortiert nach Emotion und Funktion, nach Nutzlosigkeit und Brauchbarkeit. Es werden auch die jüngeren Erscheinungsweisen, also Hund und Löwe, gegeneinander gekehrt, um sie zu vernichten, d.h. damit sie sich gegenseitig vernichten.

Der Hund, in der alten Welt keinesfalls ein niederes Symbol – ebenso wie die Unterwelt nur eine Anders-Welt war –, wird degradiert zu einem im bürgerlichen Verständnis hündischen Verhalten der Magd, die wie im Futterneid die Rivalin wegbeißt, die ihr den begehrten Knochen streitig machen will. Die Prinzessin muß ihre prachtvolle Löwenmähne verbergen, muß sich selber gleichsam ›kastrieren‹ und erniedrigen und ist schließlich in ihrer einsamen Rehabilitation auf zwei Männer angewiesen: auf Kurtchen und den Vater des Königs. Es ist ein *Mann*, der Vater des Prinzen, der durch das Konstrukt eines aufgeklärten (=technischen, toten) Muttersymbols, den eisernen Ofen, schließlich die Prinzessin befähigt, ihre einsame Nachfolge der Dreieinigkeit anzutreten, und es ist auch – und immer – der Mann, Vater oder Sohn, der die Bestrafung der ›schuldigen‹ Frauen anordnet und durchführen läßt. Die Maxime vom Überleben durch Zerstückeln, durch ›Teilen‹, findet letzten Niederschlag im Urteil: Die hündische Magd wird in ein Faß gesteckt, das inwendig mit spitzen Nägeln beschlagen ist, und zu Tode geschleift. Das heißt: Sie wird sich in ihre Bestandteile auflösen, wird in Stücke gehen. Die Mutter wird nicht mehr erwähnt. Nicht einmal ihr Tod scheint des Berichtens wert, obwohl doch Mutter und

Tochter eine innige Beziehung hatten. Sie ist lebend untot, eine Un-Mutter, wie sie im Buche steht.

Kommen wir unter diesen Auspizien noch einmal auf *Hänsel und Gretel* zurück. Auch hier findet sich die Negativform der triadischen Gottheit in drei Generationen, allerdings zusätzlich dämonisiert und zugleich lächerlich gemacht in Gestalt der Hexe. Sie scheint das Bild der hartherzigen Mutter fortzusetzen und ist in ihrer Bosheit auch noch dumm. Statt Kinder zu gebären oder zu beschützen, verschlingt und vernichtet sie sie. Der Backofen, bei Frau Holle noch Symbol lebensspendender Nahrung, wird hier zum Instrument der Vernichtung. Der ›Reichtum‹ der Hexe besteht aus Steinen, und ihre Macht erschöpft sich im ›Versteinern‹ von anderen lebendigen Wesen.

Betrachtet man die Märchen in ihrer Gesamtheit, so wird deutlich, wie der Akzent der Dämonisierung durch alle Generationen wandert. Hexen, Stiefmütter und Stiefschwestern werden wechselweise benutzt, um ein Bewußtsein weiblicher Rivalität zu etablieren und das alte Wissen um die Unität der Generationen in jeder Repräsentantin zu untergraben. Von der triadischen Göttin bleibt meist nur ein mühsam rehabilitiertes Mädchen übrig, das in den Besitz des jeweiligen Mannes übergeht und damit demselben Sisyphus-Zirkel entgegenblüht, dem es letztlich seine Existenz und – nach dem Willen der aufgeklärten Väter – seine Leiden und Mühsalen dankt. Es läßt sich unschwer vorstellen, wie auf lange Sicht diese Gegenwerbung gleichsam Wurzeln schlägt und – ähnlich wie etwa die Figur der Königin der Nacht in Mozarts *Zauberflöte* durch eine schleichende Umdeutung von einer eindeutig matriarchalisch konnotierten guten und mächtigen Göttin in eine bösartige Megäre – sich im Bewußtsein der so schon im Kindesalter indoktrinierten bürgerlichen Mädchen sachte einnistet. Von daher ist es weder verwunderlich noch widersprüchlich, wenn die meisten Zuträgerinnen der Brüder Grimm Frauen waren. Im 19. Jahrhundert ist die Anpassung an das patriarchalische Bild vom Geschlechterverhältnis bereits weit fortgeschritten. Aufklärung und Kapitalismus haben einander zugearbeitet und die ›Binarisierung‹ der Frau vorangetrieben, so daß zwischen Entweder/Oder, zwischen Gut und Böse alles Eigenleben erstickt. Wer sich in Zwischenbereiche begibt, kommt jämmerlich darin um, wie das Märchen *Frau Trude* zeigt. Die bekannte Triade findet hier eine neue Abwandlung, ebenso der Initiationsgedanke: Es gibt eine leibliche Mutter, eine Tochter und eine ›Hexe‹. Die Macht dieser Hexe manifestiert sich in der unbezwingbaren Neugier, die sie bei dem Mädchen erregt. Es ist ihr Mehr- und Anders-Wissen, ihre Weisheit und Wissenschaft um die Natur der Dinge, um die Geheimnisse des Lebens und des Todes, kurz: das, wofür sie über hunderte von Jahren ermordet wurde. Das Verschwinden der leiblichen Mutter (=Eltern) findet hier inwendig statt, im Bewußtsein der Tochter, die alle Mahnungen in den Wind schlägt. Sie verweigert sich der anerzogenen bürgerlichen Blindheit, die die gesellschaftliche Moral des 19. Jahrhunderts den Mädchen auferlegte.

Darum muß diese ursprünglich natürliche und notwendige Neugier diskriminiert und ihr Gegenstand, Frau Trude, dämonisiert werden. Ähnlich wie in *Hänsel und Gretel* oder auch *Der Zauberflöte* wird die mächtige matriarchalische Muttergestalt vom Lebens- zum Todesprinzip umgedeutet, zur nur noch dunklen Widergängerin der Hekate, die mit den Phänomenen der Unterwelt vertraut ist und sie beherrscht. Aber der Teufel wohnt nicht im Tartarus. Der Teufel war einst im Christenhimmel, und wenn er mit Frau Trude am Ende des nur halbseitigen Märchens plötzlich in unerwarteter Personalunion erscheint, so kann die Botschaft nur diese sein: Teilhaben zu wollen am Wissen, das ›Macht‹ ist, ›sehend‹ zu sein zu Zeiten verordneter Blindheit, handeln zu wollen – im Sinne von Selbstbestimmung – zu Zeiten oktroyierter Passivität ist für Frauen nicht nur selbstmörderisch, sondern auch ›Sünde‹. Oder: Eine Frau, die über besonderes Wissen verfügt, muß mit dem Teufel im Bunde sein und ist daher verwerflich. Eine der gebildetesten Frauen ihrer Zeit, Adele Schopenhauer, die Schwester des Philosophen, die nach dem Willen des herrschenden Schönheitsideals überdies als wenig anziehend galt, wurde von vielen männlichen Zeitgenossen als wahres Schreckbild eines blaustrümpfigen Frauenzimmers gehandelt und konnte keinen der wenigen Männer für sich gewinnen, für die sie mehr als Freundschaft empfand. Ihr hochneurotischer Bruder verweigerte über 30 Jahre jede Kommunikation mit seiner Mutter, einer gefeierten Romanautorin, und seiner Schwester. Zu Ehren Goethes sei allerdings gesagt, daß wenigstens er ihr treu verbunden blieb, ebenso wie sie seinem ganzen Hause.

Bezeichnenderweise macht es nicht viel Unterschied, ob die symbolische Übermutter aus dem Himmmel oder aus der Hölle kommt. Im *Marienkind* ist es die Jungfrau Maria persönlich, die sich nach dem Tod der leiblichen Mutter des Mädchens annimmt. Aber es ist die domestizierte Gottesmagd, nicht die Himmelskönigin, die die Tochter zur Strafe für ihren Wissensdrang in die Hölle der alltäglichen Wirrsal unter den Menschen stürzt und schließlich beinahe auf dem Scheiterhaufen umkommen läßt. Das Feuer der *Frau Trude* und die Flammen dieses Scheiterhaufens sind ein und dasselbe: Die ursprüngliche Initiation der HeldInnen – ähnlich wie in der *Zauberflöte* – die Suchwanderung nach der eigenen Identität bzw. nach der Würde der Nachfolge wird umgedeutet zum banalen Abstrafungsritus nach dem Muster der bürgerlich-christlichen Moral und ihrer (männlichen) Repräsentanten. Maria als ›Alibi-Frau‹, als Modell für die gelungene Anpassung und ihre Gratifikationen: die Glorifizierung nach dem Leiden. Erniedrigung und Stigmatisierung oder Dämonisierung und Erhöhung dienen letztlich demselben Zweck: der Ausgrenzung bzw. Vereinnahmung der Mutter, der Enteignung ihres Leibes, beides Formen des Verschwindens aus der Gesellschaft. Nicht lebend – untot betreiben diese Mütter im Märchen ihr trauriges Geschäft: die Einübung in die Furcht des Herrn. Schwerlich vergleichbar dem, was die Erzählungen in ihrer matriarchalischen Grundidee spiegelten.

Kommen wir zurück zur Dialektik der Aufklärung. In der Domestizierung der Natur ist das Weibliche mit seiner unaufhebbaren Nähe zu den Reproduktionskräften dieser Natur gleichsam eine Leerstelle geblieben. Sie steht für die Unmöglichkeit der totalen Beherrschung und zugleich für den Verlust der alten Geborgenheit, das Beheimatetsein in dieser Natur mit all ihren Unberechenbarkeiten. Sehnsucht und simultane Angst, wieder zurückgezogen zu werden, können nur in der aggressiven Projektion nach außen bewältigt werden, d.h. in der Verdrängung. Was vorher ›heimatlich‹ (=heimlich) war, muß als ›un-heimlich‹ empfunden und dämonisiert werden, weil es die (Illusion der) Autonomie bedroht und verwundbar macht. ›Heimatlich‹, ›heimlich‹ (=heimisch) und geheim gehören für Freud etymologisch zusammen. Wenn letztlich allem ›Heimweh‹ die Sehnsucht nach dem ersten und heimischsten Ort, dem Mutterleib, der auch der ›heimlichste‹ Ort ist, der sich denken läßt, zugrundeliegt, so muß im modernen Bewußtsein folgerichtig das Unheimliche als Konnotation dem Weiblichen, der Frau, zugeordnet werden. Die Aufteilung in gute und böse Frauen, richtige und falsche Mütter erscheint von daher als fast trivialer Versuch, der selbstgeschaffenen Dialektik zu entrinnen: Das ›Opfer‹, die (domestizierte) Frau als Repräsentantin der domestizierten Natur, wird zur Täterin, die sich auf den monolithischen Christengott beruft.

Die belgische Komparatistin Anne Leblans – und damit komme ich zum zweiten Erklärungsmodell für das Verschwinden der Mütter – hat eine brilliante Gedankenführung hierzu entwickelt.[11] Sie geht von der Aufklärung als Ur-Trauma der Moderne aus: die Dialektik als Urszene im Freudschen Sinne, als permanente Ambivalenz. Das Sammeln von

---

11 Anne Leblans: The Grimm Brothers and the Art of Collection: The Collecting as a Response to the Trauma of Modernity. In: ›Subversive Sublimity‹. Undercurrents of German Enlightenment. Camden House 1992.

Märchen, besonders Kindermärchen, so argumentiert sie, ist der Versuch der Brüder Grimm, mit den Konsequenzen der Aufklärung und mit diesem Trauma der Moderne zurechtzukommen. Das Sammeln, das ja auch ein Leitmotiv in vielen der Märchen ist – man denke an Hänsel und Gretel, an Machandelboom u. a. – ist eins der ältesten und kindlichsten Verfahren, der Angst des Verlorengehens und des Verlustes Widerstand entgegenzusetzen. Der Mutterleib als Ort ehemals unreflektierter, symbiotischer Aufgehobenheit wird zur Gefahr umgedeutet, zum Grab der Autonomie, die ihrerseits freilich auch wieder Angst auslöst. Das Sammeln z. B. der Märchen als approbierte kulturelle Tätigkeit dient zugleich dem Zweck, solcher Angstlust durch Imitation des Bedrohlichen beizukommen, d. h. – da es sich ja um die Mutter oder ›Mutter Natur‹ handelt – durch die Nachahmung des Gebärens, des Hervorbringens, der Reproduktion. In dieser Sichtweise fungiert die Sammlung als ein ›Uterus‹, in dem Märchen gleichsam wiedergeboren werden, und zwar nach dem Bilde dessen, was die Brüder Grimm als das prototypische deutsche Märchen ansahen. Sammeln und Umformen hier verstanden als alchimistischer Prozeß, in dem das Rohmaterial der Märchen in ›Gold‹ verwandelt wird, ähnlich wie Kinder in der Aufklärung als zu bildendes »Rohmaterial« verstanden wurden. Ich erwähnte bereits, daß die meisten Zuträgerinnen der Brüder Grimm Frauen waren. Indem also das Erinnern und Erzählen feminisiert ist bzw. wird – so auch im redensartlichen Sprachgebrauch wie ›Altweibermärchen‹ oder ›Ammenmärchen‹ –, bleibt es den Bearbeitern und Nacherzählern vorbehalten, die Geschichten zu neuem Leben zu erwecken, und dies nicht zufällig unter – mit jeder neuen Ausgabe zunehmender – Ausschaltung bzw. ›Korrektur‹ der alten Quelle. Auf diese Weise verschwindet die weibliche ›Schöpfung‹ in der männlichen. Und ebenso wie die Stücke seiner Sammlung in ihm lebendig werden, kommt der Sammler zu neuem Leben in seiner Sammlung. Die Reziprozität dieses Prozesses, bei dem aus dem Dunkel, also der Vergessenheit, Neues entsteht, und zwar aus Stücken des Alten und Vertrauten, liegt auf der Hand. Tradition und Moderne werden ineinandergeschmolzen in der utopischen Vision, daß Frauen nicht mehr benötigt werden. Daher werden die Hexen getötet, die jungen Mütter ihrer Kinder beraubt oder in den Tod geschickt. Bei Walter Benjamin heißt es: »Für den wahren Sammler ist die Erwerbung eines alten Buches dessen Wiedergeburt. Und eben darin liegt das Kindhafte, das im Sammler sich mit dem Greisenhaften durchdringt.«[12]

---

12 Walter Benjamin: *Gesammelte Schriften*, hrsg. von Rolf Tiedemann, Hermann Schweppenhauser. Band 4.1. Frankfurt a.M.: Suhrkamp 1972, S. 389

Wenn also in Strindbergs *Svanevit* Stiefmutter und Tochter sich wieder liebend einander zuwenden, statt eine blutige Hinrichtung zu inszenieren, so erweist sich – zumindest für den ›kairós‹ dieses einen Textes – die Endphase der Aufklärung als weiser als ihr Beginn. Nicht die Mutter verschwindet, sondern die Stiefmutter, und damit die Fiktionalisierung bzw. Fixierung eines eigentlich artifiziellen Zustands als ›natürliche‹ gesellschaftliche Realität.

Barbara Mrytz

»Komm, rat mir doch, Mutter«.
Die Mutter in der englisch-schottischen
Volksballade des Child-Korpus

Zu den wichtigsten Texten der Volksliteratur gehören die englisch-schottischen Volksballaden, die Francis James Child in seinem monumentalen Werk *The English and Scottish Popular Ballads* erfaßt hat.[1] Dort führen Frauen – insbesondere als Mütter – ein Schattendasein. Diese Aussage mag auf den ersten Blick überraschen, sind doch die berühmtesten Texte der 305 Balladentypen Childs weiblich gut bestückt. Man denkt an *Bonny Barbara Allan* (C 84) und *The Twa Sisters* (C 10), an *Lady Maisry* (C 65), *Lord Thomas and Fair Annet* (C 73) und auch *Tam Lin* (C 39) präsentiert eine Frau als eine der beiden Hauptfiguren. Und – eine der berühmtesten Quellen Childs war schließlich eine Frau, Mrs. Brown of Falkland. Eine genauere Betrachtung zeigt jedoch, daß Frauen in ihrer Rolle als Mütter ganz besonderen Stereotypisierungen zum Opfer fallen. Damit sind nicht die gattungstypischen Stereotypisierungen gemeint, die darin begründet sind, daß der kurze, mündlich tradierte Verstext der Child-Ballade per se überwiegend Figuren präsentiert, die nur durch einige wenige Eigenschaften charakterisiert sind. Vielmehr geht es um Geschlechtsstereotypisierungen, denen Frauen in der Mutterrolle in weitaus stärkerem Maße als Männer unterliegen.

Im Unterschied zu anderen literarischen Gattungen ist bei der Child-Ballade der Textkorpus die einzig verfügbare Grundlage für eine Betrachtung der Geschlechtsrolle der Frau und Mutter. Auf die Analyse des Kontextes und möglicher Wechselbeziehungen zwischen Text und Kontext muß verzichtet werden, denn woher die Sänger und Sängerinnen der Child-Balladen ihre Texte kannten, warum sie sie so und nicht anders reproduzierten, ob und inwieweit sie sie gegenüber gehörten

---

1 Francis James Child (Hg.): *The English and Scottish Popular Ballads.* 5 Bände. Boston, New York: Houghton, Mifflin & Company 1882-1898. Wie in der Balladenforschung üblich, werden im vorliegenden Beitrag Texte aus Childs Edition mit C für Child, der jeweiligen Typennummer und dem Großbuchstaben der betreffenden Variante zitiert. Für wertvolle Hinweise zum Thema des Aufsatzes danke ich Simone M. Salz, Universität zu Köln.

(oder gelesenen) Varianten – bewußt oder unbewußt – geändert haben, wissen wir in aller Regel nicht. Wohl aber wissen wir, daß unsere heutige Unkenntnis über Sänger und Sängerinnen der Child-Balladen und ihr Publikum in erster Linie auf die im 19. und frühen 20. Jahrhundert dominierende Wissenschaftskonzeption von Volksliteratur zurückzuführen ist. Zugrundelegt wurde ein Idealtyp, dessen optimale Realisierung es nur in einer historisch vage definierten Vergangenheit gab und der deshalb in der zeitgenössischen Volksliteratur kaum erreicht und kaum gefunden werden konnte. Aus der Vergangenheitsorientierung und der Idealisierung historischer, jedoch nur in geringem Maße erhaltener Texte resultierte in der historisch-geographischen Methode – durch Abstraktion von konkreten Texten der zeitgenössischen Gegenwart – die Rekonstruktion von Ur- bzw. Protoformen. Auf der Grundlage der erhaltenen historischen sowie der zeitgenössischen Texte, die nicht zuletzt aufgrund dieses Erkenntniszieles gesammelt wurden, wurden normative Gattungsvorstellungen entwickelt. Diese vergangenheitsorientierte Intention der Forscher bzw. Sammler – Frauen waren zwar als Sängerinnen relevant, aber aus der Volksliteratur-Wissenschaft ausgeklammert – ist ein entscheidender Grund für ihre Ignorierung des Aufführungskontextes, des soziokulturellen Hintergrundes ihrer Informanten und dafür, daß heutige historische Forschung weitestgehend ohne Kontextinformationen auskommen muß. Es war in der Regel die Urform, die als die wertvollste und wissenschaftlich relevante Variante galt.[2] Es ist die Dominanz der historisch-geographischen Methode in

---

2 Einen weiteren Schwerpunkt neben der Vergangenheitsorientierung stellte die Untersuchung der geographischen Verbreitung dar, die an der Verteilung von Motiven und Stoffen in den verschiedenen Volksliteraturen festgemacht wurde. Zur Kritik an der historisch-geographischen Methode vgl. grundlegend schon 1948 Carl Wilhelm von Sydow: On the Spread of Tradition. In: Ders.: Selected Papers on Folklore. Published on the Occasion of his 70th Birthday. Kopenhagen: Rosenkilde & Bagger 1948, S. 11-43. Der durch Propps Analyse der russischen Volksmärchen in die Volksliteratur-Forschung eingeführte strukturalistische Ansatz leistet aufgrund der Identifizierung der den Texten zugrundeliegenden Tiefenstrukturen weitaus präzisere Gattungsdefinitionen als die historisch-geographische Methode. Aufgrund der Tatsache, daß Strukturen als universell oder zumindest innerkulturell nachgewiesen werden – und somit Aussagen über grundlegende menschliche Universalien erlauben –, ergibt sich aber, daß Veränderungen in der Geschlechtsrollenkonzeption und sozialhistorische Entwicklungen in ihren Auswirkungen auf die Gattung ebenfalls weitgehend unberücksichtigt bleiben. Inwieweit oberflächenstrukturelle Variation durch individuelle, geschlechtsspezifische, situative und/oder diachrone Komponen-

der volksliterarischen Forschung und Sammeltätigkeit des 19. und frühen 20. Jahrhunderts, die uns heute über die konkreten Entstehungsbedingungen der Child-Balladen im unklaren läßt.

In Volksballaden als überwiegend mündlich und aus dem Gedächtnis vorgetragenen Texten ist der Handlungsverlauf durch besondere Selektivität gekennzeichnet. Das heißt, daß markante bzw. wichtige Handlungsschritte häufig nicht berichtet werden – die ältere Forschung spricht vom Sprungstil (»leaping«). Fehlende Informationen über den Handlungsverlauf können aus dem Handlungssubstrat, dem Kontext sowie aufgrund der Konnotation der Formeln erschlossen werden. Der Handlungsverlauf wird weitgehend durch die Wiederholung und Variation von Versatzstücken, den Formeln, gestaltet. Dabei vermitteln die Formeln zum einen ganz konkrete Handlungen, zum anderen beinhalten sie bestimmte Konnotationen. Gerade diese Zusatzbedeutungen der Formeln tragen wesentlich zur Figurendarstellung und Figurenpsychologisierung bei.

Formeln sind Teil des für die Volksballade charakteristischen Andeutungsprinzips. Da auktoriale Lenkungsmechanismen weitgehend fehlen, werden ihre Funktionen teilweise von anderen Verfahren übernommen. Allein die chronologische Abfolge ausgewählter Handlungsschritte mit den entsprechenden Formeln suggerieren, daß beispielsweise der Tod Bestrafung einer Verfehlung ist. Dieser Sachverhalt resultiert zum einen aus der Selektivität in der Handlungsstruktur, zum anderen aus der Gestaltung der Erzählinstanz als einem dominant neutralen Erzählmedium, darüber hinaus auch aus der vorwiegend impliziten Darstellung von Figuren, die die reflektierende Formulierung von Einsicht nicht kennt. Die Bedeutung des Andeutungsprinzips als einer zentralen Darstellungsweise der Volksballade wird besonders evident bei der Gestaltung des Normen- und Wertesystems. Normverletzende Figurenhandlungen wie nicht-eheliche Mutterschaft, Ehebruch oder voreheliche Sexualität werden in tragischen Balladen durch Tod der Beteiligten bestraft. Daß es sich dabei um Normverletzungen und Strafen handelt, wird in der Regel nicht ausgesprochen.

ten beeinflußt wird, bleibt auch hier offen. Gemeinsam ist beiden Methoden die dominante Konzentration auf den Text. Vgl. Alan Dundes: Structuralism and Folklore. In: Studia Fennica, 20 (1976), S. 75-93: »beide [...] vernachlässigen alles außerhalb des Textes«. Und weiter: »Mit dem Strukturalismus haben die Folkloristen die Möglichkeit, sich auch weiterhin nur auf den Text und nichts anderes als den Text zu konzentrieren.« (S. 80) Soweit nicht anders angegeben, sind alle Übersetzungen von mir.

Betrachtet man die Frauen und insbesondere die Mütter in der Child-Ballade, so fällt vor allem die geschlechtsspezifische Verwendung der Formeln auf.[3] Eine sehr häufig verwendete Eingangsformel berichtet über eine junge Frau – zumeist die weibliche Hauptfigur –, die in ihrer Kammer sitzt und näht oder ihr Haar kämmt. Eine solche Szene weist stets über sich hinaus. Sie signalisiert gleichzeitig eine Aufbruchsituation, eine Entschlußfassung, deren konkreter Inhalt durch den Handlungszusammenhang verdeutlicht wird. Dominant sind in diesem Fall die Sehnsucht oder das Suchen nach einem/dem Geliebten. In *The King's Dochter Lady Jean* (C 52) wird durch genau diese Tätigkeiten und durch das anschließende, ebenfalls formelhaft konventionalisierte und ähnlich konnotierte Pflücken von Blumen die Gefühlslage Lady Jeans metasemantisch angedeutet. Obwohl Handlungen wie Kämmen und Nähen ja auch zu den Verrichtungen verheirateter Frauen gehören, werden sie in der Volksballade ausschließlich unverheirateten Frauen zugeordnet. Auf die psychologische Disposition eines »(unbewußten) erotischen Verlangens«[4] der Frau folgt im Handlungsverlauf häufig eine Verführungssituation, die ihrerseits zumeist ebenso formelhaft – nämlich durch die sog. Beilagerstrophe[5] – dargestellt wird. In *The King's Dochter* verläßt Lady Jean das Haus und begegnet im Wald einem Mann, der sie verführt. Nach dem Beischlaf stellt sich heraus, daß es sich um ihren Bruder handelt. Normverletzungen wie Inzest und voreheliche Sexualität lassen den Geschwistern keine andere Wahl als Selbstmord. Bemerkenswert ist, daß der Handlungsverlauf mit den erotischen Bedürfnissen einer unverheirateten Frau einsetzt und damit – durch die gattungstypische Kongruenz von Chronologie und Kausalität – ihr indirekt die Verantwortung für das Geschehen zuweist.

In *Prince Heathen* (C 104) wird Lady Margery May – sie sitzt nähend in ihrer Kammer – von der Titelfigur vergewaltigt und entführt. Prince Heathen setzt sie einer Reihe von Schikanen aus, denen gegenüber sich Margery unbeugsam verhält. Im Rahmen ihrer Möglichkeiten leistet sie Widerstand und tituliert ihn mit schöner Regelmäßigkeit als »Hund«. Erst als sie einen Sohn geboren hat und Prince Heathen sogar ihn schlecht zu behandeln droht, bricht sie in Tränen aus. Ihr Wider-

---

3 Flemming G. Andersen: Commonplace and Creativity. The Role of Formulaic Diction in Anglo Scottish Traditional Balladry. Odense: Odense University Press 1985. Die geschlechtsspezifische Verwendung der Formeln wird von Andersen weitgehend übersehen.

4 Ebd., S. 109.

5 Zu weiteren Belegstellen vgl. ebd., S. 161-174.

stand ist gebrochen. Erst jetzt hat Heathen eine Frau, die für ihn nicht nur von erotischer Bedeutung ist, sondern die er auch »lieben wird« (C 104 A 8,4). Das erotische Verlangen der Frau hingegen ist durch Heathens harte Behandlung bestraft. Es ist die Mutterrolle, das Wohl des Kindes, das sie zum Aufgeben ihres Widerstands als Frau veranlaßt. Die Mutter ist der Frau und ihrem Selbstverständnis eindeutig untergeordnet.

In *Child Waters* (C 63) ist Faire Ellen von ihrem Geliebten Child Waters schwanger – formelhaft signalisiert durch die Tatsache, daß ihr Kleid zu kurz und ihr Gürtel zu eng ist. Child Waters, der sich nun eine *Ehe*frau suchen möchte, will sie mit Ländereien abfinden. Ellen lehnt das ab. Sie will bei ihrem Geliebten bleiben. Mit seinem Einverständnis begleitet sie ihn auf seinem Ritt als Diener – zu Fuß, ohne Schuhe, mit abgeschnittenen Haaren und einer Reihe weiterer demütigender Maßnahmen und Szenen ausgesetzt. Unterwegs bringt sie ihr Kind zur Welt. Dies wird durch die typische Formel »Sie lehnt ihren Rücken gegen einen Baum/eine Wand« dargestellt, die – und das ist bemerkenswert – stets nur für die Geburt außerehelicher Kinder verwendet wird. Es ist Child Waters' Mutter, die Ellen hört und ihren Sohn zu ihr schickt – nicht ohne ihn als »verfluchten Kerl« zu tadeln. Nun verspricht er Ellen die Ehe. Auch hier – wie in *Prince Heathen* – ändert sich das Verhalten des Mannes gegenüber der Frau erst durch deren Mutterschaft. Erst als Mutter, als Frau, die ihre Aufgabe erfüllt hat, und durch die Vermittlung einer Mutter hat sie Anspruch auf respektvollen Umgang.

Dieser Balladentyp (C 63) gestaltet das Motiv der sogenannten Liebesprobe,[6] der erstaunlicherweise nur Frauen unterzogen werden. Eine andere, ebenso plausible Möglichkeit ist, daß Child Waters der Geliebt-

---

6 Vgl. Elisabeth Frenzel: Stoffe der Weltliteratur. Ein Lexikon dichtungsgeschichtlicher Längsschnitte. Stuttgart: Kröner 1983, S. 261-265. Ob die Liebesprobe ein Motiv ist oder – wie Frenzel es sieht – ein Stoff, den sie mit Blick auf Griselda in Boccaccios *Decameron* Griseldis nennt, soll hier nicht weiter diskutiert werden. Es ist dem neuen Motiv-Index von Natascha Würzbach und Simone Salz hoch anzurechnen, daß er nicht mit euphemistischen Begriffen wie Griseldis oder Liebesprobe operiert, sondern die Kategorien »Demütigung der Frau durch den Mann« und »Versöhnung zwischen Liebenden« verwendet. Natascha Würzbach, Simone M. Salz: Motif Index of the Child Corpus. The English and Scottish Popular Ballad. Translated from the original German manuscript by Gayna Walls. Berlin, New York: de Gruyter 1995, S. 28, 30f. und 51.

ten überdrüssig ist und erst aufgrund der Geburt des Kindes, natürlich eines Sohns, seine Haltung ihr gegenüber ändert. Daß er in den meisten Varianten erst durch seine Mutter (oder Schwester) auf die Unmöglichkeit der Situation hingewiesen werden muß, bekräftigt Zweifel an der Liebesprobe.

Obwohl eindeutig eine Nebenfigur, ist in *Child Waters* auch die Mutter des Titelhelden wichtig. Sie hat sowohl im Handlungsverlauf als auch für die Bewertung von Waters' Verhalten eine wichtige Funktion. Darüber hinaus wird die wesentliche Aufgabe der Mutter in der Child-Ballade deutlich, nämlich der Einfluß auf die Zukunft ihrer Kinder bzw. ihres Kindes. Dabei ist es in aller Regel die *ältere* Mutter *erwachsener* Söhne oder Töchter, die auf die Partnerwahl einwirkt. Ein weiteres Beispiel ist *Leesome Brand* (C 15). Wegen einer unstandesgemäßen Liebe müssen Brand und seine schwangere Geliebte fliehen. Unterwegs erkrankt sie und stirbt, ebenso der inzwischen geborene Sohn. Wie in *Child Waters* nimmt die Mutter des Sohnes nun eine Helferfunktion ein, unmittelbar zugunsten der schwangeren Geliebten, mittelbar auch zum Glück ihres eigenen Kindes. In *Leesome Brand* hat sie drei Blutstropfen des Heiligen Paulus, die die beiden Toten zu Leben erwecken. Im Mittelpunkt von *Kempy Kay* (C 33) steht die Werbung der Titelfigur um die Gunst einer Frau, bei der es sich um eine ebenso häßliche wie faule Person zu handeln scheint. Dem Normsystem der Gattung entsprechend, wendet Kay sich zuerst an die Mutter – in einigen Varianten an den Vater – und bittet darum, die Tochter sehen zu dürfen. Die Mutter gibt ihr Einverständnis und außerdem der Tochter alle möglichen Anweisungen zum Verhalten und zur Gestaltung der äußeren Erscheinung. Obwohl es sich hier um eine eher schwankhafte Ballade handelt, wird deutlich, daß die Mutter für die Lebensplanung ihrer Tochter verantwortlich ist, sowohl als zukunftsentscheidende Instanz wie auch als konstruktive Helferin bei der ›Schönheitspflege‹. In *Gil Brenton* (C 5) bemerkt der Titelheld in der Hochzeitsnacht, daß seine Braut bereits schwanger ist. Deren Schwiegermutter findet im Gespräch mit der jungen Frau heraus, daß diese vor einigen Monaten im Wald, dem balladentypischen Verführungsort, bereits eine Liebesnacht hatte – und daß der Verführer der spätere Ehemann war.

Nicht immer erscheinen Mütter positiv – wie in *Child Waters*, *Leesome Brand* oder *Gil Brenton* – und mit konstruktivem Beitrag für das Glück ihrer Kinder und Schwiegerkinder. Ein Beispiel dafür ist *Fair Mary of Wellington* (C 91). Dort treibt die Mutter, wohlwissend, daß fünf von ihren sieben Töchtern im Kindbett gestorben sind, auch noch die sechste in die Ehe. Fairy Mary, eine der beiden noch lebenden

Schwestern, folgt dem Wunsch ihrer Mutter und heiratet, obwohl sie weiß, daß sie in einem dreiviertel Jahr tot sein wird. Ihre Schwiegermutter nimmt sie sehr freundlich auf. Schon bald ist Mary schwanger bzw. krank. Sie schickt einen Boten zu ihrer Mutter. Zugleich geht an ihre Schwester die Warnung, ihre Jungfräulichkeit zu bewahren. Die Mutter reist zu ihr, doch kann sie ihr nicht helfen. Das Kind, »der Erbe von Wellington«, wird geboren und Mary stirbt. Im Rahmen des Normensystems der Gattung hat Mary ihre Pflicht getan, sie hat den Fortbestand der Familie des Ehemanns gesichert, war ihm eine liebende Frau (sonst würde er nicht trauern) und ihrer Mutter eine gehorsame Tochter, die ihr – ganz im Einklang mit dem Normsystem der Gattung – auch ihren Schmuck vererbt. Die Mutter hingegen trägt Verantwortung, sie entscheidet über Ehe und Zukunft der Tochter. Mary hat aus Gehorsam gehandelt, aber die mütterliche Entscheidung mißbilligt: Dem Boten trägt sie auf: »Frag' sie, wie ihr die Neuigkeit gefällt, daß sie von sieben bald nur noch eine haben wird« (C 91 A 12, 3–4). Die Aufforderung an die Schwester ist eine Aufforderung zum Ungehorsam gegenüber der Mutter, die ihrer Aufgabe – Lebensplanung für die Tochter – nicht gerecht wurde.

Ausgangssituation von *Fair Janet* (C 64) ist die Liebe zwischen Janet und William, die zur Schwangerschaft geführt hat. Auf Wunsch ihres Vaters muß Janet einen anderen Mann, einen Lord, heiraten. Heimlich bringt sie ihr Kind zur Welt, das William bei seiner Mutter (in einigen Varianten bei ihr und seinen Schwestern) verbirgt. Bei der Hochzeit verweigert Janet dem ungeliebten Ehemann den Tanz. Stattdessen tanzt sie mit William und bricht dabei tot zusammen. William folgt ihr in den Tod. Aus einem der Gräber wächst eine Rose, aus dem anderen ein Dornstrauch. Die beiden Pflanzen verschlingen sich ineinander und symbolisieren so die Vereinigung der Liebenden im Tod. Auch hier wird voreheliche Sexualität, die daraus entstandene Schwangerschaft und die von der Gesellschaft nicht gewünschte Liebesbeziehung mit dem Tod bestraft, und zwar in erster Linie dem der Frau, denn William folgt ihr aus freier Entscheidung. Auch in *Fair Janet* hat die Mutter des Geliebten wieder eine Helferfunktion – jedoch mit begrenztem Erfolg. Sie kann zwar das Kind retten, nicht aber die Liebesheirat von Janet und William erwirken. Hier setzt sich der Vater der Frau durch. In *Young Beichan* (C 53) wird die Titelfigur bei einer Reise in ferne Länder von einem »Wilden« eingekerkert. Dessen Tochter, Susy, befreit heimlich Beichan, nicht ohne ihm ein Eheversprechen abzuverlangen. Als Beichan lange nichts von sich hören läßt, reist sie nach England, wo sie am Tag seiner Hochzeit mit einer anderen ankommt. Beichan gibt die Braut – in ei-

nigen Varianten mit einer Abfindung – an ihre Mutter zurück und heiratet stattdessen Susy. Es ist zwar die Mutter und nicht die verschmähte
Braut, die Einwände formuliert – »Ist es Sitte dieses Hauses, [...] morgens ein Mädchen zu heiraten und es abends zurückzugeben?« –, aber
auch hier scheitert die mütterliche Lebensplanung für das erwachsene
Kind an einem Mann mit gegenteiliger Interessenlage.

Ohne einen männlichen Antipoden ist der Einfluß der Mutter auf
die Partnerwahl ihrer Kinder in der englisch-schottischen Volksballade
beträchtlich, und zwar positiv wie negativ. In der schottischen Ballade
Lady Maisry (C 65), die vor dem Hintergrund englisch-schottischer
Rivalität spielt, ist die Titelheldin von ihrem Geliebten, einem Englän-
der, schwanger. Auf volksballadentypische Weise kommt diese Nachricht zu ihren Eltern. Die Wiederholung in zwei aufeinanderfolgenden
Gerüchtstrophen dient der Intensivierung der Textnachricht, läßt aber
zugleich Vater und Mutter als gleichberechtigte Teile der elterlichen Instanz erscheinen: »Word has to her father gone, /.../ Word has to her
mother gane, /.../ That Lady Margery goes wi child.« Da sich die Lady
dem Wunsch der Eltern, ihre Beziehung zu ihrem Geliebten aufzugeben, widersetzt, wird sie verbrannt. Der Geliebte, von Maisry durch
einen Boten gerufen, schwört für den Tod der Geliebten blutige Rache, in die auch ausdrücklich Maisrys Mutter einbezogen wird. In
Willie's Lady (C 6) heiratet Willie ohne Zustimmung seiner Mutter eine
junge Frau. Sie wird schwanger, kann aber aufgrund eines bösen Zau-
bers der Schwiegermutter das Kind nicht austragen. Durch einen Ge-
genzauber wird sie ausgeschaltet und Willie Vater eines Sohnes. In der
Volksballade ist die Figur der bösen Schwiegermutter im übrigen eher
selten zu finden. Auch hier handelt es sich zumeist um eine wenn auch
mißlungene Einflußnahme der Mutter auf das Leben des Sohns.

In *Lord Thomas and Fair Annet* (C 73) steht Thomas vor der Entscheidung, die schöne, aber arme Annet zu heiraten oder eine ebenso häßliche wie reiche Frau, die zumeist nur als »(nuß-)braune Braut« bezeichnet wird. Thomas fragt seine Mutter – »Komm, rate mir, rate mir, liebe
Mutter« (C 73 B 8,1) – und seinen Bruder, die ihm zur »braunen Braut«
raten, während seine Schwester der schönen Annet den Vorzug gibt.
Ausdrücklich folgt Thomas »dem Rat der Muttter«, die ihm sogar Re-
striktionen für den Fall einer anderen Entscheidung androht. Auch
in den Varianten, in denen der Vater befragt wird, bleibt die Mutter
ebenfalls die gleichberechtigte Ratgeberin. Bei der Hochzeit zwischen
Thomas und seiner reichen Braut erscheint auch Annet, die von ihrer
Rivalin mit einem Federmesser – dem in der Volksballade für Mörde-
rinnen typischen Tatinstrument – getötet wird. Thomas tötet daraufhin

seine Braut und stirbt dann den Liebestod. Die Ballade endet mit dem Symbol der zusammenwachsenden Rosensträucher. *Lord Thomas and Fair Annet* gehört zu den Volksballaden, die im 17. Jahrhundert zur Straßenballade umgestaltet und gedruckt als Flugblatt erschienen sind. Mit grundlegend anderen, nämlich auf Transparenz und Verdeutlichung angelegten Textverfahren wird die Geschichte unter dem Titel *The Unfortunate Forrester; or Fair Elener's Tragedy* dargestellt.[7] Bereits im Vorspann wird die Schuldige identifiziert: Thomas' Mutter wollte nicht, daß er Fair Elener heirate, sondern riet ihm zu einer reicheren Frau. Thomas habe seiner Mutter gegenüber nicht pflichtvergessen sein wollen und deshalb die Rivalin geheiratet. Im Text wird dann noch einmal ausdrücklich gesagt: »Meine Mutter ist herzlos zu mir und hat mir eine neue Braut gegeben.«[8] Der Rat der Eltern und insbesondere der Mutter wird befolgt – mit tragischen Konsequenzen. Andererseits aber hat das Handeln gegen den Willen von Vater und/oder Mutter gleichfalls fatale Folgen.

Das zeigt auch *Prince Robert* (C 87). Robert heiratet die schöne Eleanor, wagt aber nicht, sie in sein Zuhause zu bringen. Als seine Mutter von seiner Eheschließung hört, verabreicht sie dem einzigen Sohn und Erben vergifteten Wein. Der Sohn trinkt, bemerkt aber, was geschehen ist und schickt einen Boten zu seiner Frau. Eleanor kommt jedoch zu spät. Ihre Schwiegermutter verweigert ihr nicht nur den (gar nicht von ihr geforderten) Besitz des Sohnes, sondern auch den gewünschten Ehering. So stirbt Eleanor an gebrochenem Herzen. In *The Lass of Roch Royal* (C 76) verläßt Fair Isabel ihre Heimat und reist zu ihrem Geliebten, Lord Gregory. Als sie endlich am Tor seines Schlosses ankommt, ist er nicht zu Hause bzw. schläft. Gregorys Mutter, die sich mit verstellter Stimme als ihr Sohn ausgibt, verlangt von Isabel Zeichen der Liebe. Sie bekommt sie zwar, schickt aber die Geliebte ihres Sohnes dennoch wieder fort. Als dieser nach seinem Erwachen von Isabels Besuch erfährt, verflucht er seine Mutter und reitet seiner Geliebten nach. Doch er findet nur noch ihre Leiche. Er stirbt den Liebestod. Die Einbeziehung der Eltern, insbesondere der Mutter, in die Lebensplanung ihrer erwachsenen Kinder ist Voraussetzung für eine glückliche Ehe. Auch wenn die Partner einander lieben, ist die mütterliche Zustimmung unabdingbar, während andererseits von Eltern und insbesondere Müttern

---

7 William M. Chappell, John Woodfall Ebsworth (Hg.): *The Roxburghe Ballads*. 9 Bände. Hertford: The Ballad Society 1869-1899. Band VI, S. 645-646.
8 Ebd., S. 646, Z. 30.

verlangt wird, die Gefühle ihrer Söhne und Töchter zu beachten. Die Ballade entwirft damit ein gesellschaftliches Normensystem, bei dem idealtypische Übereinstimmung zwischen den Wünschen der Mutter und denen der Söhne und Töchter bestehen muß. Gerade der älteren Mutter kommt dabei eine zentrale, lebensplanende, positiv oder negativ wirkende Funktion für ihre erwachsenen Söhne und Töchter zu. Diese Funktion, die sie auch nur als Nebenfigur einnimmt – im Mittelpunkt steht stets das Liebespaar und der Rivale bzw. die Rivalin –, bleibt allerdings die einzige, die ihr zugestanden wird. Die ältere Frau ist nur als Mutter und nur in dieser Funktion von Bedeutung.

Die junge oder jüngere Mutter findet sich in der Child-Ballade in aller Regel als nicht verheiratete Hauptfigur, also mit dem Stigma der vorehelichen Sexualität behaftet. Eine der ganz wenigen Balladen, die eine jüngere, verheirate Mutter und ein kleines Kind zeigen, ist *Lamkin* (C 93). Baumeister Lamkin hat für einen Lord gearbeitet, der nicht zahlt bzw. zahlen kann. Während der Abwesenheit des Lords verschafft sich Lamkin Zugang zu dessen Haus, unterstützt von einer verräterischen Kinderfrau. Er verletzt das Kind tödlich, die Mutter hört es schreien und gibt der Kinderfrau verschiedene Aufträge, das Kind zu beruhigen. Als das nicht geschieht, geht sie selbst und wird ebenfalls umgebracht. In einigen Varianten ist es eine nicht näher erklärte Feindschaft Lamkins, die den Ehemann veranlaßt, seine Frau zu besonderen Sicherheitsmaßnahmen bei seiner Abwesenheit zu ermahnen. Ein von ihr versehentlich offen gelassenes Fenster ermöglicht Lamkin den Zugang ins Haus und damit erst die Verbrechen. Nach der Rückkehr des Lords werden Lamkin und die Kinderfrau bestraft. Die Ballade präsentiert Mutter und Kind gleichermaßen als Opfer einer Rache, die sich gegen den Ehemann und Vater richtet. Darüber hinaus aber wird eine Mutter in Verantwortung für ihr Kind gezeigt, aber auch ihre Unfähigkeit, es ohne männliche Unterstützung angemessen zu schützen. In *The White Fisher* (C 264) betrügt eine junge Frau ihren Ehemann Willie. Unausweichliche Folge des ›Fehltritts‹ ist die Schwangerschaft. Die Frau bittet Willie, das Baby zu töten. Er aber bringt es heimlich zu seiner Mutter mit der Bitte, es zu versorgen. Da die Mutter wenig von seiner Frau hält – eine gegen den Willen der Mutter geschlossene Ehe ist durch »Die Lady, die du zur Braut wähltest, ist eine schlechte Frau« angedeutet –, erzählt er ihr, er habe außerehelich einen Sohn mit einer Königstochter, von dem seine Frau nichts wissen dürfe. Um so bereitwilliger ist seine Mutter, den Sohn wie ihren eigenen aufzuziehen. Als die Ehefrau wenig später den vermeintlichen Kindsmord bereut, erfährt sie, daß Willi das Kind nicht getötet hat. Großmütig verspricht

Willie, ihr das Vergehen nicht nachzutragen, falls sie künftig eine gute Frau sein werde. *The White Fisher* ist eine der wenigen Child-Balladen, die den Ehebruch einer Frau und eine außereheliche Mutterschaft nicht bestrafen, wobei der Ehebruch allerdings nicht sicher ist. Child vermutet zurecht, daß der Ehemann in Verkleidung die Treue seiner Frau testen wollte,[9] vermutlich aufgrund der mütterlichen Einwände gegen seine Frau. Auch hier zeigt sich die Problematik einer gegen den Willen der Mutter geschlossenen Ehe, zugleich aber auch eine nahezu konspirative Vertrautheit zwischen Mutter und Sohn hinter dem Rücken der Ehefrau.

In einer Vielzahl der Child-Balladen ist die Mutterschaft die Folge einer vor- oder außerehelichen Liebesbeziehung, die eine junge Frau eingeht und für die sie bestraft wird, häufig mit dem Tod. *The Cruel Mother* (C 20) erzählt von einer jungen Frau, die unverheiratet schwanger wird, im Wald gegen einen Baum gestützt ein Kind (in einigen Varianten auch Zwillinge oder gar Drillinge) zur Welt bringt und zur Kindsmörderin wird – in einigen Varianten mit einem Federmesser. Nach Hause zurückgekehrt sieht sie spielende Kinder. Es sind die Geister der Ermordeten, die sie verfluchen und ihr Höllenstrafen prophezeien. Ein ähnliches Schicksal stellt die Ballade *Mary Hamilton* (C 173) dar, in deren Mittelpunkt eine Hofdame steht, die zur Geliebten des Königs wird. Die außereheliche Sexualität führt zur Schwangerschaft. Mary tötet das Kind. Die Tat wird bekannt, und ein Hofgericht verurteilt die Kindsmörderin zum Tode. In ihrer Abschiedsrede bittet Mary ausdrücklich darum, ihr Ende vor ihren Eltern zu verheimlichen. Die nicht-eheliche Sexualität und Mutterschaft einer jungen Frau wird in *Child Maurice* (C 83) mit beträchtlicher zeitlicher Verzögerung bestraft. Der Titelheld bittet die Ehefrau von John Stewart zu einem Treffen in den Wald. Ihr Mann erfährt davon, geht an ihrer Stelle hin – in einigen Varianten als Frau verkleidet – und tötet den vermeintlichen Liebhaber seiner Frau. Zuhause gesteht seine Frau ihm, daß Child Maurice ihr Sohn war – geboren vor ihrer Ehe. Stewarts Frau stirbt an gebrochenem Herzen.

Die Volksballade präsentiert ein Normensystem, das für die normwidrige nicht-eheliche Schwangerschaft in erster Linie die Frau zur Verantwortung zieht. Der Mann bleibt, solange das Inzestverbot nicht überschritten wird, überwiegend straffrei. Als Vater verteidigt er die

---

9   Francis James Child (Hg.): *The English and Scottish Popular Ballads.* Band 4, S. 435.

Norm sogar soweit, daß er – wie in *Lady Maisry* – den Tod der Tochter betreibt. Eine der wenigen Child-Balladen, die auch den Mann den gattungsüblichen Sanktionen auszusetzen scheinen, ist *Jellon Grame* (C 90). Eine junge Frau, Lillie, ist von Jellon schwanger. Von einem Boten wird sie zu Jellon in den Wald bestellt. Aus Furcht, ihr Vater könnte für die Schwängerung seiner Tochter Rache nehmen, bringt Jellon sie um. Das Kind – auf nicht ganz klare Weise gerettet – zieht er als Sohn seiner Schwester groß. Als Erwachsener erfährt der Sohn, daß Jellon sein Vater und zugleich der Mörder seiner Mutter ist. Er rächt seine Mutter und tötet seinen Vater. Festzuhalten ist, daß voreheliche Sexualiät und nicht-eheliche Schwangerschaft auch hier ausschließlich an der Frau bestraft werden. Jellon hingegen muß sterben, weil er die Mutter seines Sohnes getötet hat, nicht aber, weil er das Verbot vorehelicher Sexualität übertreten oder eine Frau nicht-ehelich geschwängert hat.

Der rigide Katalog von Verhaltensnormen für Frauen umfaßt auch vermeintliche Kleinigkeiten. Unverheiratete Frauen, die ohne Begleitung und ohne Zustimmung ihrer Eltern die häusliche Umgebung verlassen, geraten in besondere Gefahr – bis hin zu Tod oder Entführung. Eine der wenigen Child-Balladen, die dies anders zeigen, ist *Young Beichan*.[10] In aller Regel jedoch sind Frauen stets der Gefährdung ausgesetzt, insbesondere Angriffen auf ihre Jungfräulichkeit. In *Lady Isabel and the Elf-Knight* (C 4) droht das heimliche Verlassen des Hauses Verführung und Tod herbeizuführen. Nur mit einer List gelingt es Isabel, den Verführer zu täuschen und umzubringen. In *Hind Etin* (C 41) verläßt eine junge Frau, die zuvor genäht oder ihre Haare gekämmt hat, ohne alle Begleitung die häusliche Umgebung. Im Wald begegnet sie dem Titelhelden, der sie dort für Jahre festhält. Mit Hilfe eines der sieben Söhne, die sie zur Welt bringt, gelingt die Rückkehr zu den Eltern. Ihr wird verziehen, aber auch dem Verführer. Daß das unerlaubte Verlassen des Hauses nicht nur bei Inzest – wie in *The King's Dochter Lady Jean* – mit dem Tod enden kann, hat *The Lass of Roch Royal* gezeigt.

Das Repertoire an Verhaltensregeln und -normen für Frauen, das durch die Child-Ballade implizit vermittelt wird, ist bemerkenswert. Die unverheiratete Frau wird für erotische Bedürfnisse bestraft. Voreheliche Sexualität führt nahezu zwangsläufig in eine nicht-eheliche Schwangerschaft, deren Konsequenzen die Frau häufig mit dem Tod zu

---

10 Es ist daher nur folgerichtig, daß das sonst übliche Nähen oder Verändern der Frisur als Signal für eine Entschlußfassung, der das Verlassen des Hauses mit anschließender Gefährdung folgt, in den allermeisten Varianten fehlt.

bezahlen hat. In manchen Fällen kommt es in solchen ausweglosen Situationen auch zum vorherigen Kindsmord. Den Mann treffen keine Sanktionen. Es sei denn, er stirbt den Liebestod oder begeht ein Verbrechen. Wird aber, wie in *Hind Etin*, der Frau verziehen, dann auch dem Mann. Es gibt die allein-›schuldige‹ Frau, nicht aber den allein-›schuldigen‹ Mann. Als Ehefrau, die ihren Mann betrügt, muß sie, wie beispielsweise *Little Musgrave and Lady Barnard* (C 81) zeigt, ebenfalls mit einer tödlichen Strafe rechnen. Raum für Selbstachtung und Würde werden der Frau nur dann zuteil, wenn sie, wie in *Child Waters*, ihre Rolle als Mutter erfüllt hat. Entscheidet eine Frau selbstbestimmt und anscheinend frei, einen Mann, der sie liebt oder begehrt, *nicht* als Partner zu akzeptieren, so droht ihr, wie in *Prince Heathen*, die Entführung und Vergewaltigung.

Eine andere Möglichkeit zeigt *Bonny Barbara Allan* (C 84). Die Titelheldin wird zu einem Mann gerufen, der wegen seiner unglücklichen Liebe zu ihr sterben wird. Möglich ist, daß sie ihn ebenfalls geliebt, die Beziehung aber beendet hat (C 84 A 5,4 könnte als Grund eine Kränkung andeuten). In jedem Fall verhält sie sich dem Sterbenden gegenüber kühl und weiterhin ablehnend. In der für das Flugblatt umgestalteten Straßenballaden-Variante, die auch Child druckt, lehnt sie explizit ab, ihn durch weibliches Entgegenkommen zu retten. Sie stirbt den Liebestod, nicht ohne von ihren Freunden als »unwürdig« oder »undankbar« bezeichnet zu werden. Folgerichtig bereut Barbara Allan nach dem Tod des Mannes ihr Verhalten. Ausdrücklich sagt sie: »Welch hartherziges Geschöpf ich war, den, der mich so sehr liebte, zu verachten; Ich wünschte, ich wäre freundlicher zu ihm gewesen, zu der Zeit seines Lebens, als er mir nahe war« (C 84 B 14). Für die Weigerung der Frau, dem klassischen Geschlechtsrollenstereotyp entsprechend, als Heilende und Retterin stets verfügbar zu sein, kennt die Child-Ballade nur eine Konsequenz, den Tod. Umgekehrt wird in *Tam Lin* (C 39) ein Verhalten, das den Geschlechtsrollen-Konventionen entspricht, mit einer Ehe belohnt. Janet begegnet dem von einer Elfenkönigin verzauberten Tam Lin und befreit ihn mutig aus dem Reich der Magie durch eine Reihe für sie riskanter Handlungen. Die Ballade endet mit der Eheschließung.

In der Child-Ballade spielt die Frau, wenn sie erst einmal verheiratet ist, keine Rolle mehr, sofern sie nicht gerade einen Ehebruch begeht. In den zahlreichen Balladen, die über das Leben der Männer berichten, kriegerische Auseinandersetzungen darstellen, von gefährlichen See-Abenteuern und spannenden Jagdszenen erzählen oder den männlichen Helden in voller Aktion bei geschichtsträchtigen Ereignissen zeigen, bleibt die Frau gänzlich ausgespart. Die Child-Ballade zeigt die Mutter erwachsener Söhne und Töchter, die – sofern sie keinen männlichen Kontrahenten hat – auf die Lebensplanung ihrer Kinder entscheidenden Einfluß nimmt. Häufig ist es ihre Entscheidung, die für eine tragische Entwicklung (mit-)verantwortlich ist. Andere Balladen zeigen sie in der klassischen Geschlechtsrolle der Frau als Retterin – Retterin einer im Scheitern begriffenen Partnerschaft. Aber auch dabei bleibt die Mutter als Frau eine Frau im Schatten.

II

Das Programm der Dichter
Zur Polarisierung der Geschlechterrollen

Renate Möhrmann

Die vergessenen Mütter.
Zur Asymmetrie der Herzen im bürgerlichen Trauerspiel

> Willst du dein Maul halten? Willst das Violon-
> zello am Hirnkasten wissen? [...] Marsch du, in
> deine Küche!
> (Friedrich Schiller, *Kabale und Liebe*)

In der spannungsgeladenen Umbruchsituation des 18. Jahrhunderts ist
in unserem Zusammenhang besonders der Wechsel im Verwandtschafts-
gefüge, die Substituierung der Sippe durch die Familie[1] als Grundform
menschlichen Zusammenlebens und neuem System von Verhaltensweisen bedeutsam. Die Familie wird zum Medium einer Art Gegenkultur
des Privaten, die sich bewußt absetzt von dem feudalen Repräsenta-

---

1 »Das europäische Mittelalter hatte einen Code, der Sippe hieß. Seit dem 18.
Jahrhundert dagegen heißt unser Verwandtschaftscode Familie.« So leitet Fried-
rich A. Kittler seine Diskursanalyse über die Familie zwischen Aufklärung und
Romantik ein und legt hierin eine erste systematische Untersuchung zur Posi-
tionierung der Väter in Lessings Dramen vor. Friedrich A. Kittler: Dichter.
Mutter. Kind. München: Wilhelm Fink Verlag 1991, S. 10.

tionssystem des Ancien Régime und auf der Basis von Moral und Tugend, als programmatischen Leitideen, die Beziehungen zwischen Mann und Frau, Eltern und Kindern, Freundinnen und Freunden, neu regelt. Vor diesem Hintergrund gewinnt die Subjektivität der Privatsphäre eine nie zuvor gekannte und beanspruchte Qualität. Darauf reagiert auch die Kunst. Sie greift die neue familiale Thematik auf. Die Erfindung des bürgerlichen Trauerspiels, der tableaux réels, ist ein ebenso prägnantes wie aufschlußreiches Beispiel hierfür. In seiner Hamburgischen Dramaturgie formuliert Lessing das Programm: »Die Namen von Fürsten und Helden können einem Stücke Pomp und Majestät geben; aber zur Rührung tragen sie nichts bei. Das Unglück Derjenigen, deren Umstände den unsrigen am nächsten kommen, muß natürlicherweise am tieffsten in unsre Seele dringen; [...] man verkennet die Natur, wenn man glaubt, daß sie Titel bedürfe, uns zu bewegen und zu rühren. Die geheiligten Namen des Freundes, des Vaters, des Geliebten, des Gatten, des Sohnes, der Mutter, des Menschen überhaupt: diese sind pathetischer als Alles; diese behaupten ihre Rechte immer und ewig.«[2] Ausdrücklich wird sie genannt, die Mutter, als neue dramenwürdige Figur mit ewig währender anrührender Aura, wirkungsträchtiger sogar als es Fürsten und Helden je sein könnten. Daß sie als letztes Glied ›der geheiligten Namenskette‹ erscheint, darf nicht weiter verdrießen. Fakt bleibt ihre Nennung, ihre geplante Plazierung als dramatis persona, im neuen bürgerlichen Drama. Das rechtfertigt die Frage nach ihrer ästhetischen Substanzierung. Denn hier gehört sie zum Programm. Auf den Kriegsschauplätzen der Königsdramen, im Intrigenspiel der Haupt- und Staatsaktionen, in den Konfliktsituationen des heroischen Trauerspiels, einem bis in die Antike zurückreichenden, auf Ständeklausel und Fallhöhe basierenden Tragödientypus, war die Privatperson nicht vorgesehen. Weder Mann noch Frau, Vater oder Mutter, kamen vor. Wie z.B. in Gottscheds *Sterbendem Cato*, so waren sie stets als Repräsentationsfiguren angelegt, nicht als Familienmitglieder. So heißt es von Cato, dem römischen Patrioten, beim Anblick des Leichnams seines gefallenen Sohnes: »Den Sohn beweint er nicht, um Rom vergießt er Tränen.«[3] Mütter besaßen kein Rom. Erst

---

2 Gotthold Ephraim Lessing: *Hamburgische Dramaturgie. 14. Stück.* In: *Lessing's Werke*, hrsg. von Heinrich Laube. Bd. III. Wien, Leipzig, Prag: Verlag Sigmund Bensinger o.J.

3 Johann Christoph Gottsched: *Der sterbende Cato. Ausgewählte Werke.* Bd. 2, hrsg. von Joachim Birke. Berlin: Walter de Gruyter & Co 1970, S. 97.

in dem Augenblick, wo sich die Tragödie fortbewegt aus den geschichtsträchtigen Schlachtfeldern einer fernen Vergangenheit und in die Intimität der real existierenden bürgerlichen Wohnzimmer einzieht, wo aus Heroen, Feldherren und Königen Kaufleute, Hausväter und Hofmeister werden, wo der höfische Pomp durch die häusliche Träne ersetzt wird, macht es Sinn, nach der Mutter als theatralischer Figur zu fragen. Entscheidend für ihren potentiellen Auftritt ist folglich die veränderte Topographie des bürgerlichen Trauerspiels. Indem sich die neuen Dramatiker vorrangig für das Allgemeinmenschliche, für die Binnenperspektive der Familienmitte, die Intimität des Herzens, interessieren und die klassizistischen Wirkungsmaximen von »Furcht und Schrecken« durch das zugänglichere Gefühl des »Mitleids« ersetzen, indem sich dergestalt der soziale Abstand zwischen Held und Parkett verringert, können sie der Person der Mutter einen theatralischen Ort bieten, den sie im europäischen Drama bisher nicht hatte. Jedenfalls programmatisch. Die ästhetische Umsetzung freilich sieht anders aus. Davon soll im folgenden die Rede sein.

Doch zuvor noch ein Blick auf die theoretischen Entwürfe zur patriarchalischen Kleinfamilie als neuer sozialer Organisationsform des aufsteigenden Bürgertums des 18. Jahrhunderts. Dies empfiehlt sich schon deshalb, weil das bürgerliche Trauerspiel in der Forschungsliteratur fast übereinstimmend als reaktive Gattung gesehen wird, nämlich als ein Typus von Text, der – anders als die klassische Tragödie – auf die gegebenen Zeitumstände reagiert, bzw. erst von ihnen hervorgebracht worden ist. Das geht teilweise soweit, daß ihm als Gattung eine geradezu explizit emanzipatorische Zielsetzung zugeschrieben wird. »Das bürgerliche Drama ist das erste«, behauptet Georg Lukács in seiner Abhandlung *Zur Soziologie des modernen Dramas*, »welches aus bewußtem Klassengegensatz erwachsen ist; das erste, dessen Ziel es war, der Gefühls- und Denkweise einer um Freiheit und Macht kämpfenden Klasse, ihrer Beziehung zu den andern Klassen, Ausdruck zu geben.«[4] Eine Zuschreibung, die 40 Jahre später von Arnold Hauser noch einmal bekräftigt wird.[5] Damit wird das bürgerliche Trauerspiel für die mütterliche Spurensuche besonders interessant. Als Medium für aufgeklärtes

---

4 Georg Lukács: Zur Soziologie des modernen Dramas. In: Schriften zur Literatursoziologie, ausgewählt und eingeleitet von Peter Ludz. 5. Auflage. Neuwied, Darmstadt, Berlin: Hermann Luchterhand Verlag 1972, S. 277.
5 Arnold Hauser: Zur Sozialgeschichte der Kunst und Literatur. München: Beckische Verlagsbuchhandlung 1953, S. 87.

Ideengut bietet es sich für die hier formulierte Fragestellung geradezu an. Welchen Spielraum also liefert es für das Emanzipationsprojekt der weiblichen, der mütterlichen Hälfte der Menschheit? Das gilt es herauszufinden.

In der Meinung der Philosophen, Theologen und Moralpädagogen erfährt die Familie eine entscheidende Aufwertung. Übereinstimmend gilt: Wahre Humanität läßt sich erst im Schoß der Familie herausbilden. »Fernab vom konkurrenzbetonten Erwerbsleben« kann hier »edle Menschlichkeit gepflegt«[6] und ein Gegengewicht zur höfischen, bloß repräsentativen Lebensform entwickelt werden. So wird die Familie zur »Pflanzschule« der bürgerlichen Gesellschaft schlechthin, in deren Zentrum Vertrauen, Verständnis und Liebe herrschen. Vor diesem Hintergrund gewinnt die Hausmutter beträchtlich an Bedeutung. Doch bleibt die Familie patriarchalisch organisiert. Auch darin stimmen die Theoretiker überein. Die Stellung des Mannes, als pater familias, ausgestattet mit der Herrschaftsbefugnis über das gesamte Hauswesen und der Entscheidungsautoriät über sämtliche Familienmitglieder, die Hausmutter eingeschlossen, bleibt unangetastet. Wie weit diese Macht reichte, spiegelt sich in den gesetzlichen Verordnungen des Allgemeinen Landrechts für die Preußischen Staaten von 1794 wider. Dort ist nachzulesen, daß der Vater nicht bloß die Entscheidungsgewalt in allen gemeinschaftlichen Angelegenheiten, sondern ebenso in den sehr intimen, die Mutter-Säugling-Beziehung betreffenden Bereichen besaß. Und so wird die hausväterliche Wachsamkeit sogar auf das Stillen verpflichtet. »Wie lange die Mutter aber dem Kind die Brust reichen solle«, so heißt es hier, »hängt von der Bestimmung des Vaters ab.« (§ 184, Titel 2) Die Grundvoraussetzung für solche Grenzziehung zwischen Allmacht und Ohnmacht, Festigkeit und Wankelmut, Durchsetzungsvermögen und Anpassung, Verstand und Gefühl, bildete die unverbrüchliche Überzeugung der theoretischen Klasse, die Natur habe die Geschlechter polarität angelegt. Zum allerbesten Zweck. »Wenn es draußen in der Welt stürmt, wenn alle Gemüther und Kräfte miteinander kämpfen und ringen, wenn die Kriege wüthen, und alle Hoffnungen einer besseren Zeit untergehen, wenn selbst die stärksten und muthigsten verzagen, was bleibt dem bessern Menschen dann noch übrig, als der vertrauliche Umgang mit seinem häuslichen Glücke, sein inni-

---

6 Vgl. Ute Frevert (Hg.): Bürgerinnen und Bürger. Geschlechterverhältnisse im 19. Jahrhundert. Göttingen: Vandenhoeck & Ruprecht 1988, S. 12.

ges Wohlgefallen an einem edlen Weibe, an ihrer Liebenswürdigkeit und stillen Güte.«[7]

Ähnliche Geschlechterdifferenzen finden sich in vielen soziologischen Abhandlungen des 18. Jahrhunderts. Festzuhalten ist: Die dem Weibe, der Familienmutter, hier zugeschriebenen Eigenschaften sind – im damaligen Verständnis – durchaus positiv besetzt. Edel, liebenswürdig und gütig bildet die Hausmutter, als schöne Seele, einen Gegenpol zur feindlichen Außenwelt, den sie und nur sie, zu garantieren vermag. Ihre dramatische Positionierung fällt hingegen völlig anders aus. Denn was die theoretischen Gesellschaftskonstrukteure ihr zuweisen, nehmen ihr die künstlerischen kategorisch wieder ab. Diese Differenz interessiert mich.

Im folgenden beziehe ich mich zur Hauptsache auf die Werke von George Lillo, Denis Diderot, Gotthold Ephraim Lessing und Friedrich Schiller, die in England, Frankreich und Deutschland die neue Gattung des domestic drama, bzw. der tragédie domestique oder – wie es im deutschsprachigen Raum heißt – des bürgerlichen Trauerspiels geschaffen haben. Sie alle haben sich auch theoretisch mit der Zielsetzung dieser Gattung befaßt und in unterschiedlichen Texten, in Prologen und Epilogen, in didaktischen Episteln und poetologischen Kommentaren ihren Innovationscharakter nachdrücklich behauptet. Übereinstimmend betonen sie den Gegenwartsbezug ihrer Stücke, die unmittelbare Nähe zu den Lebensformen und Empfindungen eines neuen Publikums, dessen Selbstwertgefühl sich maßgeblich aus einem veränderten Familienverständnis herleitete. Damit fällt das Stichwort. Der theatralische Ort all dieser Dramen ist die *Familie*. Daß es sich dabei in den allermeisten Fällen bloß um eine Schrumpffamilie handelt, lediglich aus Vater und Tochter bestehend, daß die Mutter zumeist schon vor Handlungseintritt verstorben ist – ähnlich übrigens wie im deutschen Heimatfilm – ist kaum aufgefallen. Daß in all diesen nach dem Leben gezeichneten »tableaux réels«, diesen innigen »Familiengemälden« und trauten Verwandtschaftsporträts, die Asymmetrie der Herzen herrscht, schnöde die Exstirpation der kulturellen Funktion von Mutterschaft betrieben wird, und zwar ohne jedes literaturtheoretische Bedauern, das irritiert mich. Insbesondere inbezug auf das Realitätspostulat der neuen Autoren. Denn wo, wenn nicht hier, im Familiendrama, hätten

7 C.F. Pockels: Versuch einer Charakteristik des weiblichen Geschlechts. Ein Sittengemälde. Bd. II. Hannover: Ritscher 1797-1802, S. 232.

die Mütter in die poetischen Erfahrungen zurückgeholt, ihre unge-
brauchten und ungedeuteten Geschichten gestaltet, hätte ihr Leben zur
Kunst werden können? Literatursoziologische Forschung hat stets auf
die Ausgrenzung oder die Einbeziehung von gesellschaftlichen Grup-
pierungen geachtet, die Hereinnahme neuer Schichten in die ästhetische Produktion mit gebührender Aufmerksamkeit begleitet. Nur im
Fall der Mütter bleibt sie blind. Auch Peter Szondi, der ansonsten so
hervorragende Kenner des bürgerlichen Trauerspiels, schweigt sich aus
über die Absenz der Mütter. Daß all diese Familienstücke *Vater-Spiele*
sind, angelegt als Apotheose des Hausvaters, bleibt unausgesprochen.
Und doch hatte der französische Theoretiker und Dramatiker Louis-
Sébastien Mercier emphatisch die Richtung gewiesen: »Geht und ge-
nießt des kostbaren Schauspiels, einen Vater mitten unter seinen Kindern zu sehen.«[8]

Wie nun plaziert George Lillo, der Verfasser des Prototyps des neuen
Dramas, in seinem *Kaufmann von London* (1731) die familialen Gewich-
te? Auch hier schlägt das Pendel zum Vater aus. Das Personenarsenal
rekrutiert sich aus dem Vater, dem Onkel, den beiden wie Söhnen gehaltenen Lehrlingen, der Tochter, die in inniger Beziehung zum Vater
steht, sowie einer femme fatale und deren Zofe. Eine Mutter findet sich
nicht unter den dramatis personae. Beiläufig nur erfährt man, daß sie
bereits tot ist (I,2). Somit ist die halbierte Familie, die theatralische
Mutterlosigkeit, schon eine Vorgabe, die der Prototyp der Gattung in-
itiiert und die von seinen Nachfolgern weitgehend übernommen wird.
Daß die femme fatale, die Millwood, rezeptionsgeschichtlich bedeutsam wurde, für Lessing als Marwood in *Miß Sara Sampson* (1755), als
Gräfin Orsina in *Emilia Galotti* (1772), für Schiller – fast namensgleich
– als Lady Milford in *Kabale und Liebe* (1784), das ist deutlich gesehen
worden. Daß aber schon hier, in der Initialform des bürgerlichen Trauerspiels, die Kernfamilie bloß als Schrumpffamilie auftritt und Mutterlosigkeit gewissermaßen zum Konstituens der Gattung wird, das bleibt
unerwähnt.

In Lessings bürgerlichem Trauerspiel *Miß Sara Sampson* ist das familiale Personennetz ähnlich geknüpft. Vater, Tochter, Verführer und Geliebte stellen die Hauptakteure in diesem Herzensspiel. Doch gibt es
eine auffällige Variante: die Mätresse als Mutter. Darauf hat Helga Kraft

---

8   Zitiert nach Bengt Algot Sørensen: Herrschaft und Zärtlichkeit. Der Patriar-
    chalismus und das Drama im 18. Jahrhundert. München: Verlag C.H. Beck
    1984, S. 131.

erst kürzlich aufmerksam gemacht.[9] Die Marwood, Mellefonts ehemalige Geliebte, hat eine Tochter, die von ihrer »lasterhaften« Mutter bewußt als Machtinstrument benutzt wird, um den Geliebten und Vater zurückzuerobern. Nicht also die »liebenswürdige« Familienmutter der moralpädagogischen Traktate steht im Zentrum der Ereignisse – sie ist auch in diesem Stück schon tot, bevor die Handlung einsetzt –, sondern die »gefährliche«, »wollüstige« und »kalkulierende« femme fatale, Mutter geworden »gegen die Absicht der Natur«. Lessing entwirft ein ganzes Arsenal von Schreckensbildern für sie. Denn das Programm hatte ja fest gestanden: »Während die Fabel des heroischen Trauerspiels ein Exempel« dafür war, »wie die Welt beschaffen ist, soll die Geschichte, die das bürgerliche Trauerspiel erzählt, ein Exempel sein für die eigene Lebensführung, und zwar ein negatives. Es soll uns davor bewahren, schuldig zu werden.«[10] Dafür brauchte die Bühne Verlierer. Und so endet der Seitensprung aus dem neuen bürgerlichen Moralkodex in aller Regel tödlich. Schließlich war er selbst verschuldet und nicht mehr dem blinden Verhängnis anzulasten. Eine »barbarische«, »buhlerhafte« Mätressen-Mutter durfte niemals mit ihrer natürlichen Tochter und deren natürlichem Vater zu einer konjugalen Familie werden. Denn wirkungsstrategisch galt: Die bestrafte ›böse‹ Mutter im Drama garantierte die ›gute‹ Mutter im Leben. Davon waren die Dramatiker offenbar überzeugt. Lillo ebenso wie Lessing. Schließlich war das polaritäre Denken zutiefst im Emanzipationsprojekt der europäischen Aufklärung verankert.

Eins allerdings mußte bedacht werden: Das Publikum dieser Zeit war schon weitgehend auf *Mitleiden* konditioniert, und Mitleid durfte diese gefährliche Buhl-Mutter auf keinen Fall auslösen. Da die Zuschauerinnen und Zuschauer aber erfahren, daß Marwood ursprünglich »einem guten Geschlecht« entstammte und ihre vorgeführte Verderbtheit auch das Ergebnis von Schicksalsschlägen war (IV,8), müssen starke Gegenbilder entworfen werden, die das Mitleid blockieren. Denn schließlich war die Marwood das zu statuierende Abschreck-Exempel, Mutter geworden auf dem Lotterbett unehelicher Liebesspiele. Doch die Szene, die Lessing zur Demontage dieser alleinstehenden Mutter imaginiert, gehört wohl zu den grausigsten Verteufelungen

9 Vgl. Helga Kraft, Elke Liebs (Hg.): Mütter-Töchter-Frauen. Weiblichkeitsbilder in der Literatur. Stuttgart, Weimar: Verlag J.B. Metzler 1993, S. 50f.
10 Peter Szondi: Die Theorie des bürgerlichen Trauerspiels im 18. Jahrhundert, hrsg. von Gert Mattenklott. Frankfurt a.M.: Suhrkamp 1973, S. 47.

fehlgeleiteter Mutterschaft in der europäischen Dramenliteratur überhaupt.

»Zittre für deine Bella«, droht die rasende Marwood ihrem ehemaligen Geliebten und fährt fort: »Ihr Leben soll das Andenken meiner
verachteten Liebe auf die Nachwelt nicht bringen; meine Grausamkeit
soll es thun. Sieh in mir eine neue Medea! [...] Oder wenn du noch
eine grausamere Mutter weißt, so sieh sie gedoppelt in mir! Gift und
Dolch sollen mich rächen. Doch nein, Gift und Dolch sind zu barmherzige Werkzeuge! Sie würden dein und mein Kind zu bald tödten.
Ich will es nicht gestorben sehen; sterben will ich es sehen! Durch lang-
same Martern will ich in seinem Gesichte jeden ähnlichen Zug, den es
von dir hat, sich verstellen, verzerren und verschwinden sehen. Ich will
mit begieriger Hand Glied von Glied, Ader von Ader, Nerve von Nerve lösen, und das Kleinste derselben auch da nicht aufhören zu schnei-
den und zu brennen, wenn es schon nichts mehr sein wird als ein emp-
findungsloses Aas. Ich – ich werde wenigstens dabei empfinden, wie
süß die Rache sei!« (II,7)

Mit Absicht habe ich dieses Zitat in seiner ganzen Vollständigkeit
angeführt, weil hier die Darstellung der mütterlichen Rache alles an
sadistischer Scheußlichkeit übersteigt, was die europäische Dramenge-
schichte hinsichtlich ihrer Referenzfigur, Medea, je imaginiert hat.
Zweifellos: Diese Barbarin aus Kolchis, tiefverwurzelt noch in der matriarchalischen Vorstellungswelt, diese ungeheuerliche Kindsmörderin,
hat viele Dichterphantasien bewegt, antike und europäische gleichermaßen. Davon zeugen die Dramen von Euripides und Seneca, Cor-
neille, Klinger, Grillparzer, Anouilh, Hans Henny Jahnn, Robert Wilson und anderen. Doch selbst bei einem ihrer grausamsten Imaginateu-
re, dem römischen Seneca, der sie als »monstrum saevum horribile«
darstellt, gibt es keine vergleichbaren sadistischen Bilder. Gewiß: Die
Lessingsche Marwood führt ihre Tat nicht aus. Mellefont entreißt ihr
den Dolch und verhindert das Schlimmste.

Warum aber das blutrünstige Arrangement? Welche verborgenen
Strategien bestimmen diese Monstrosität, und wie können sie sichtbar
und deutbar gemacht werden? Jedenfalls läßt es sich nicht bloß als Zufall abtun, daß der ganze sadistische Bilderfundus ausgerechnet die uneheliche Mutter trifft. Abschreckungs-Exempel können auch mit anderen Mitteln und für andere Personen statuiert werden. Vermutlich lassen sich verschiedene Erklärungslinien auffinden. Eine, der ich hier
nachgehen möchte, steht fraglos im Zusammenhang mit der zunehmenden männlichen Angst vor der unkontrollierten bzw. als unkon-
trollierbar gedachten weiblichen Sexualität. »Die Neigung, Frauen in

ein Sonderverhältnis mit dem Sexuellen zu setzen und das Sexuelle für einen naturgegebenen Trieb zu halten, existierte im europäischen Denken schon lange vor dem bürgerlichen Zeitalter,« so Isabell Hull,[11] bekam aber »mit der Entwicklung der bürgerlichen Ordnung andere Konturen und neue Bedeutungen.« Kant sagt das krasser. Er hatte Sexualität in die Nähe von Kannibalismus gerückt, wo der weibliche Part durch die Niederkünfte, der männliche durch den größeren Sexualhunger der Frau von Auszehrung bedroht war. Jedenfalls findet in der Umbruchsituation von der ständisch-feudalistisch organisierten Gesellschaft zum bürgerlichen Zeitalter auch das Thema Sexualität Eingang in die theoretische Debatte und damit verbunden die Forderung nach Triebkontrolle. Doch das war ungenau. Gemeint war lediglich die Kontrolle über die weibliche Sexualität. Denn die Frau stand als Metapher für das Sexuelle schlechthin, und zwar im negativen Sinn. Darin waren sich Klerus, Moralpädagogen, Dichter und Hausväter immer einig gewesen. Anders als im Ancien Régime, wo das Mätressenwesen zum gesellschaftlichen Arrangement gehörte, und die Gatten in getrennten Hôtels lebten, werden nun Geschlechtsverkehr und Generativität gleichgesetzt. Ihr Vollzugsort ist die bürgerliche Familie. Jedenfalls für die Frau. Das dualistische Denken über die Geschlechtercharaktere fand hier seine prägnanteste Hypokrisie. Geburtenkontrolle, Abtreibung, Kindsmord, außereheliche Schwangerschaft und Kinderaufzucht waren Bereiche, die allein der Verantwortung der Frau zugeschrieben wurden. Verführung galt als Kavaliersdelikt. Aber die Verführte wurde mit Vehemenz aus der Gesellschaft verstoßen. Er entwand sich mit Gelächter, sie erstickte in Tränen. Davon berichten noch in der Wende vom 19. zum 20. Jahrhundert die neuen naturalistischen Dramen von Arthur Schnitzler. Die Marwood war in doppelter Hinsicht gefährlich: als Frau, die dem bürgerlichen Moralkodex zuwider handelte und sich somit der Sexualkontrolle entzog, als uneingeplante, nicht-konjugale Mutter, für die es im bürgerlichen System keinen Ort gab, nicht einmal im neuen, innovativen, aufgeklärten, die Gegenwartsprobleme behandelnden bürgerlichen Trauerspiel. Deshalb entwarf Lessing dieses Schauergemälde.

Doch wie gestaltet sich die andere, die Schrumpffamilie aus Vater und Tochter in diesem Drama? Wird die Mutter vermißt? Hat sie Spuren hinterlassen? Ein Vermächtnis an die Tochter oder an den Gatten?

---

11 Isabell V. Hull: ›Sexualität‹ und bürgerliche Gesellschaft. In: Ute Frevert (Hg.): Bürgerinnen und Bürger, S. 64.

Nichts von all dem. Sie ist bloß in Vergessenheit geraten. Und so gibt es
nur eine einzige Stelle im Gesamtablauf des Schauspiels, die auf die tote
Mutter Bezug nimmt. Eine höchst merkwürdige Stelle im übrigen.
Nachdem beiläufig zu erfahren war, daß Lady Sampson die Geburt ihrer Tochter nicht überlebt und Sara nachdrücklich versichert hatte, den
allerzärtlichsten Vater zu besitzen, der sie »noch nie nach einer Mutter«
hat seufzen lassen, interpretiert sie im selben Atemzug ihre Mutterlosigkeit zum Schicksalsgeschenk um. »Eine Mutter würde mich vielleicht mit lauter Liebe tyrannisirt haben, und ich würde Mellefont's
nicht sein. Warum wünsche ich mir denn also das, was mir das weisere
Schicksal nur aus Güte versagte? Seine Fügungen sind immer die besten.« (IV,1)

Diese Stelle ist auch Kittler aufgefallen. Er interpretiert sie psycho-
analytisch. Die possessive mütterliche Liebe verhindert die Übertragung der Liebe von den Eltern auf den eigenen Liebespartner. Sara
wäre nicht Mellefonts, wäre ihre Mutter noch am Leben. Es ist allein
der Vater, der einen »solchen Transfer befördert«.[12] Ich möchte noch
einen Schritt weitergehen, zumal sich zahlreiche ähnliche Stellen auch
in anderen Stücken dieses Genres finden wie z.B. in Diderots *Père de
famille* (I,3). Liest man solche Passagen gegen den Strich, so enthalten
sie eine vernichtende Bilanz: Mütter sind überflüssig im Familienpro-
gramm des Bürgertums. Sie bringen die emotionale Ökonomie bloß
durcheinander. Nicht weil ihre Herzen so groß sind, wie viele theoretische Köpfe gemeint haben, sondern weil sie so egoistisch sind. Mehr
noch: Mütter sind der Tod des Lebens, denn sie verhindern die genealogische Kontinuität ihrer Kinder, jedenfalls in den Augen der Dichter.
Deshalb befördern sie ihr vorzeitiges Aus-der-Welt-Scheiden, deshalb
sind sie unter den dramatis personae so selten zu finden. Die Exstirpation der Mutter ist die conditio sine qua non für das Weiterleben der
Tochter. Lessing dixit und viele andere mit ihm. Angesichts des Eman-
zipationsanspruchs, mit dem das bürgerliche Trauerspiel auf den Plan
trat, ist dieser Befund hochgradig verblüffend. Die Polarisierung der
Klassen wird ersetzt durch die Polarisierung der Eltern. Vorbildliche
Väter gegen törichte Mütter. Immer steht der Vater im Zentrum der
theatralischen Aufmerksamkeit. Die Mutter ist an die Peripherie gedrängt. Bestenfalls. Wenn sie überhaupt auftritt. »Die ganze Arbeit des
bürgerlichen Dramas bei Diderot und Lessing,« schreibt Kittler, »ging
darauf, erst einmal die Instanz eines Vaters zu errichten.«[13] Doch ist es

---

12 Friedrich A. Kittler: Dichter. Mutter. Kind, S. 24ff.
13 Ebd., S. 15.

nicht bloß der strenge, autoritäre, das oberste Ordnungsprinzip verkörpernde pater familias, der hier entworfen wird. Die neuen Väter sind allemal auch zärtliche Personen, ausgestattet mit den lebhaftesten Empfindungen, ihren Töchtern in innigster Liebe verbunden und hartnäckig darauf bedacht, bei der Erziehung ihrer Kinder die entscheidende Rolle zu spielen. Denn Eziehung ist das neue Kultwort. Die Intimisierung der Herrschaft hat zu einem nie zuvor gekannten pädagogischen Machtanspruch des Vaters geführt: Nicht bloß als biologischer Erzeuger beansprucht er Geltung, auch als kultureller. So formt er aus dem Rohmaterial der kindlichen Natur durch seine Erziehungsarbeit die sittliche Persönlichkeit heraus. »Das Kind ist des Vaters Arbeit«, hatte Schiller apodiktisch behauptet (*Kabale und Liebe*, II,6). Die Mutter bleibt davon ausgeschlossen – tot oder lebendig. Mellefont, der zwielichtige Verführer Saras, wird auch deshalb zum problematischen Fall, weil er ohne die Führung eines »zärtlichen Vaters« aufwuchs. Die gleichzeitige Absenz der Mutter hatte Lessing ja zur Wohltat des Schicksals umdefiniert.

Eine andere familiale Situation besteht in *Emilia Galotti* (1772), auch wenn hier ebenfalls die weibliche Titelfigur die Tochter ist und die Vater-Kind-Beziehung im emotionalen Mittelpunkt der Handlung steht. Denn hier tritt eine Mutter auf, wenn auch zum Nachteil ihres Kindes. »Die Tochter wird verführt, weil die Mutter dumm, naiv und leichtgläubig die Gefahr, der die Tochter ausgesetzt ist, nicht sieht und sie ihrem Untergang entgegentreibt.«[14] Auffällig ist die Polarisierung des Weiblichen in Torheit und Tugend, in die moralisch unzuverlässige Mutter und die sittlich hochstehende, der Natur zum Meisterstück geratenen Tochter. Emphatisch bekundet Odoardo seiner Emilia: »Das Weib wollte die Natur zu ihrem Meisterstücke machen. Aber sie vergriff sich im Thone, sie nahm ihn zu fein. Sonst ist Alles besser an euch, als an uns.« (V,7) Damit argumentiert Odoardo gegen seine eigene matrimoniale Überzeugung. Denn die hier behauptete Aufwertung des Weiblichen zum Musterbild der Menschheit zielt allenfalls auf die Tochter. Nicht am Weib »ist alles besser«, sondern lediglich an dem noch nicht zum Weib gewordenen Mädchen. Denn begehrenswerte Weiblichkeit ist für den neuen Familienvater identisch mit Virginität. Dies garantiert ihm am zuverlässigsten die eigene Tochter. Die Mutter

---

14 Martha Kaarsberg Wallach: Emilia und ihre Schwestern. Das seltsame Verschwinden der Mutter und die geopferte Tochter. In: Helga Kraft, Elke Liebs (Hg.): Mütter-Töchter-Frauen, S. 54.

hat in diesem Tugendgemälde keinen Platz. Eitel sei sie, töricht, eigennützig, vergnügungssüchtig, labil und letztlich verantwortlich für die ganze Katastrophe, wirft ihr der Ehemann vor, um sie im übrigen nicht weiter zu beachten.

Die Dichotomisierung des Weiblichen in gut und böse, in sittlich und töricht, lammfromm und dämonisch ist ein weit in die christlich-abendländische Kulturtradition zurückreichendes Denkmuster. Eva und Maria, Menschheits- und Gottesmutter, Hexe und Heilige, törichte und kluge Jungfrauen, steingewordene Erinnerung an vielen Kirchenportalen, bad girls und good girls, die gefährliche Fremde und das nette Ding von nebenan, sind auch heute noch die Patterns, mit denen Hollywood den Filmmarkt bestimmt. *Fatal Attraction* ein Renner in der alten ebenso wie in der neuen Welt. Die Halbierung des Weiblichen steht immer noch hoch im Kurs in der Kulturfabrik. Im Familiendrama des 18. Jahrhunderts bestimmt die Polarisierung der Frau zugunsten der Töchter die Binnenperspektive der Kernfamilie. Nicht die Gräfin Orsina oder Lady Milford fungieren als Opponenten der Sittlichkeit, die den Ruin der konjugalen Familie herbeiführen. Es sind die törichten Mütter. Ihnen ist nicht über den Weg zu trauen. Deshalb läßt man sie am besten schon vor der Handlung sterben. Das ist bei Lessing nicht anders als bei Schiller, bei Diderot oder Mercier, bei Wagner oder bei Lenz.

Die Lustlosigkeit, mit der Dichter die Mütter behandeln, ist mir ganz besonders in *Kabale und Liebe* (1783) aufgefallen. Schon im 3. Akt weiß Schiller mit Frau Miller nichts mehr anzufangen. Sie gerät ihm einfach aus dem Blick. Ohne alle Begründung. Als die Lage sich zuspitzt und Ferdinand zur Flucht rät, schlägt er der zögernden, um den Vater sich grämenden Luise die Emigration zu dritt vor. »Der Vater wird uns begleiten.« (III,4) Und die Mutter? Wo bleibt sie? Ist sie plötzlich zur Unperson geworden? Hat Schiller sie angesichts der kolossalen töchterlich-väterlichen Liebe ganz einfach vergessen? Offensichtlich.[15] Die Asymmetrie der dichterischen Anteilnahme schlägt schon vor

---

15 Doch wie sehr Schiller mit dieser dramaturgischen Inkonsequenz auf das Verständnis von Schauspielern und Publikum rechnen konnte, läßt sich auch bei Eduard v. Winterstein nachlesen. »Mit dieser oberflächlichen, eitlen, Kaffee trinkenden und Tabak schnupfenden Alten hat diese Luise nichts gemein, und nicht ohne Grund läßt der Dichter die Mutter nach dem 2. Akt aus dem Spiel verschwinden.« Mein Leben und meine Zeit. Ein halbes Jahrhundert deutsche Theatergeschichte. Bd. II. Berlin: Oswald Arnold Verlag 1947, S. 179.

Handlungsbeginn ins Auge. Und so lesen wir in der einleitenden Regieanweisung, diesem so wichtigen theatralischen Mittel, mit dem sich der Dramatiker – sozusagen als sein eigener Regisseur – an das Publikum wendet: »Zimmer beim Musikus. Miller steht eben vom Sessel auf und stellt seine Violonzell auf die Seite. An einem Tisch sitzt Frau Millerin noch im Nachtgewand und trinkt ihren Kaffee.« (I,1) Die schiefe Sympathielage ist offenkundig: Violoncello und Nachthemd als Signifikanten ihrer konträren Charakterausstattung. Väterliche Tätigkeit gegen mütterlichen Müßiggang als Initialbild zur Steuerung der Rezeptionshaltung. Man sieht schon, wem hier nicht zu trauen ist. Zumal das mütterliche Kaffeetrinken noch in derselben Szene als Dauerlaster der Millerin entlarvt wird. »Stell' den vermaledeiten Kaffee ein und das Tobakschnupfen, so brauchst du deiner Tochter Gesicht nicht zu Markt zu treiben.« (I,1) Auch diese Mutter wird als töricht, dünkelhaft, eitel, pflichtvergessen und vor allem als »kupplerisch« dargestellt.

Auffällig sind überdies die konträr angelegten Sprachebenen, auf denen sich die familiale Kommunikation abspielt. So gehören der Vater-Tochter-Dialog und der eheliche Dialog zwei gänzlich verschiedenen Diskurssystemen an. Das geht so weit, daß man gelegentlich den Eindruck gewinnt, der Vater spalte sich in zwei konträre Persönlichkeiten auf. Diese Polarisierung des väterlichen Sprechens läßt sich bis in die Regieanweisungen hinein verfolgen. So heißt es inbezug auf Miller und seine Tochter: »Miller (eilt auf sie zu, drückt sie wider seine Brust). Luise – teures – herrliches Kind« (1, 3) oder, derselbe »(stürzt ihr freudetrunken an den Hals). Das ist meine Tochter!« (V, 1). Spricht er hingegen mit der Mutter seines herrlichen Kindes, so verliert seine Rede allen idealischen Klang. Grob, brutal und unter Androhung von körperlicher Gewalt, maßregelt er seine Frau bei fast jeder Gelegenheit. »Miller (ärgerlich, stößt sie mit dem Ellnbogen)« oder, derselbe, »(in sichtbarer Verlegenheit, kneipt sie in die Ohren)« und schließlich »Miller (voll Zorn seine Frau vor den Hintern stoßend)«, oder »Miller (springt nach seinem Rohr). Daß dich der Schwefelregen von Sodom! – Orchester! – Ja, wo du Kupplerin den Diskant wirst heulen und mein blauer Hinterer den Konterbaß vorstellen.« (II,4), um sodann ihr endgültig das Mundwerk zu verbieten: »Miller (aufgebracht, springt nach der Geige). Willst du dein Maul halten? Willst das Violonzello am Hirnkasten wissen?« (I,2) Hintern und Herz sind die beiden Pole, zwischen denen dieser Vater hin- und herspricht und seine Gefühle artikuliert. Vulgäre und empfindsame Rede als klar voneinander abgetrennte, personenbezogene Sprachstile: alle Liebe der Tochter, aller Unmut der Mutter. Das Weibliche bietet sich diesen Vätern nur in der Form ihrer

Töchter dar. Das ist bei Sir William Sampson nicht anders als bei Odoardo Galotti. Die Tochter wird zur »abgöttisch« geliebten »Einzigen«, für die allein es sich noch zu leben lohnt. »Du warst mein Abgott. Höre meine Luise [...] du warst mein alles!« (V,1) Die Mutter ist emotional überhaupt nicht präsent. Nicht weil sie eitel oder töricht wäre, wie uns die Dichter einreden möchten, sondern weil sie überflüssig ist.

Es hat sich in der Literaturwissenschaft eingebürgert, die Tötung Emilias durch ihren Vater als einen Akt familialer Liebe und Sittlichkeit zu verstehen[16] und somit dieses schaurige Finale zu einem sinnvollen Ende umzudeuten. Doch das kann man auch anders sehen. Erst die Zurechtstutzung der Tochter auf die Tugenden einer weit in die römische Antike zurückreichenden patriarchalischen Tradition bewirkt das letale Dilemma. Nicht die eigennützige mütterliche Liebe wie zumeist angenommen, führt zum Untergang der Tochter – so Frederick Wyatt –, sondern die inzestuöse väterliche Gier. Emilias Tötung ist die Wiederherstellung des ödipalen Liebesbundes von Vater und Tochter. Diese Art Vater bindet die Tochter durch die eigene, unbewußte Gier, sie für sich zu behalten, und durch seine »strenge Tugend an sich, während er ihr gleichzeitig das eigene zwanghafte Gewissen aufoktroyiert.«[17] Aus dieser Perspektive betrachtet wird die Verdrängung der Mütter plausibel. Sie wären bloß Störfaktoren in dem neuen familialen Herzenspakt zwischen Vater und Tochter. Die Aufwertung der Hausmutter zur liebenden Gattin, wie sie in zahlreichen theoretischen Aufklärungsschriften beschrieben und gefordert wird, sie findet bei den bürgerlichen Theaterreformern, die die Bühne so nachdrücklich in den Dienst des gesellschaftlichen Fortschritts gestellt haben, ganz einfach nicht statt. Mütter werden vor den Toren des Fortschritts gehalten. Mit Rohrstock, Violoncello und einem Tritt in den Hintern.

Das gilt genauso für die Familiendramen des Sturm und Drang. Auch hier wird die lange Reihe der despektierlichen Hausmütter, die das bürgerliche Trauerspiel bevölkern, nahtlos fortgesetzt und der Mutter die Verantwortung für die Verfehlungen der Tochter aufgebürdet. Heinrich Leopold Wagner läßt keinen Zweifel daran, wie sehr seine Schelte den Müttern gilt. So hat er für die umgearbeitete Zweitfassung

16 Vgl. Bengt Algot Sørensen: Herrschaft und Zärtlichkeit, S. 92.
17 Frederick Wyatt: Das Psychologische in der Literatur. In: Psychologie in der Literaturwissenschaft. Viertes Amherster Kolloquium zur modernen deutschen Literatur, hrsg. von Wolfgang Paulsen. Heidelberg: Lothar Stiehm Verlag 1971, S. 30.

seines 1776 fertiggestellten Trauerspiels *Die Kindermörderin* nun einen neuen Titel gewählt: *Evchen Humbrecht oder Ihr Mütter merkts Euch* (1779). Ein Warnspiel für böse Mütter also. Insofern ist es kein Zufall, daß Frau Humbrecht, die Mutter der Kindermörderin, in ihrer theatralischen Negativausstattung die bisherigen Müttercharaktere bei weitem übertrifft. Denn sie ist nicht bloß pflichtvergessen, schlampig, devot und stupid. Sie weist außerdem eine Eigenschaft auf, die keine der anderen Familienmütter besaß: sexuelles Interesse. Nicht nur um Evchens willen akzeptiert sie die Einladung des Lieutenant von Gröningseck zum gemeinsamen Ballbesuch. Es geht ihr um das eigene Vergnügen. So ist bereits die Eingangsszene, die im übrigen in einem Bordell spielt, deutlich als eine Art ménage à trois angelegt. Mutter und Tochter profitieren beide – auf unterschiedliche Weise – von ihrem männlichen Begleiter. »Er ist zum Fressen, der kleine Narr! man muß ihm gut seyn, nicht ob man will: wie Quecksilber, bald da, bald dort«, kokettiert Frau Humbrecht mit dem Leutnant, der erst *sie* küßt und dann *der Tochter* schöne Augen macht, um sich sogleich wieder der Mutter zuzuwenden. V. Gröningseck: »Eine vortreffliche Haushälterinn, bey meiner Treu! (läßt Evchens Hand gehen, packt ihre Mutter um den Leib, und stellt sie zwischen seine Beine) très bonne ménagère! – sind Sie denn nicht müde geworden auf dem Ball, mein Weibchen?« Die Stimmung steigt. »Frau Humbrecht (lacht; sich recht auszulachen bückt sie sich vorwärts an des Lieutenants Brust, das Gesicht von Evchen abgekehrt: Er spielt ihr am Halsband, sie drückt ihm die Hand, und küßt sie.)«[18] Es ist die sexuelle Energie dieser Mutter, die abgestraft werden muß. Deshalb gestaltet sie Wagner so extrem negativ. Aufschlußreich ist weiter, daß auch die Regie mit dieser Mutterfigur offensichtlich ihre Schwierigkeiten hatte. Denn so weit aus den Rezensionen zu ersehen ist, wurde Frau Humbrecht in der Regel als komische Alte gespielt. Nur in dieser Rolle konnte die außerplanmäßige weibliche Lust einen theatralischen Ort finden. Allerdings: im Zerrspiegel von Spott und Zynismus.

Doch auch die Verdrängung der Mütter wird fortgesetzt im Familiendrama des Sturm und Drang. Sie haben allesamt nur marginale Präsenz und verschwinden zumeist schon während des zweiten oder dritten Akts. Ohne jede dramatische Explikation. Sie geraten einfach in Vergessenheit. Man denke etwa an die Ehefrau des Major von Berg, die ›böse‹ Mutter Gustchens, in Jakob Michael Reinhold Lenz' *Der Hofmei-*

---

18 Heinrich Leopold Wagner: *Die Kindermörderin*. Stuttgart: G.J. Göschen'sche Verlagshandlung 1883, S. 7ff.

ster (1774) oder auch an die Mutter Klärchens in Goethes *Egmont* (1787).Wird im bürgerlichen Trauerspiel die Mutter aus der *Trauer* ausgegrenzt – es ist stets derVater, der die verlorene Tochter beweint –, so wird sie bei Lenz aus der *Freude* herausgehalten. In der letzten familialen Versöhnungsszene ist die Mutter bereits aus der Handlung entlassen. Und doch ist gerade *Der Hofmeister* in auffälliger interpretatorischer Einmütigkeit als ein Drama gelesen worden, das mit der Wiederherstellung der Familieneinheit endet.[19] Mütter gehörten dieser Einheit offenbar nicht an. Familie war als Dreierbund von Dichter, Vater und Kind imaginiert. Die Traditionslinien der mutterlosen Familien laufen vom bürgerlichen Trauerspiel und den Familiendramen und Rührstücken des Sturm und Drang bis hin zu den sozialen Dramen von Gerhart Hauptmann (*Rose Bernd*, 1903) und Arthur Schnitzler (*Liebelei*, 1894).»Die Verdrängung der Mütter aus dem bürgerlichen Schauspiel und aus der die Figurenkonstellationen weitertradierenden Nachfolgedramatik ist jedenfalls evident«,[20] schreibt Hilde Haider-Pregler und macht darauf aufmerksam, daß Ödon von Horváth in den *Geschichten aus demWienerWald* (1931) diese Konstellation noch bis weit in das 20.Jahrhundert hinein transferiert. Und – so ließe sich ergänzen – das gilt auch für andere Gattungen. Westdeutschlands beliebtestes Filmgenre, der Heimatfilm der 50er Jahre, bezieht seine Komplottmuster ebenfalls aus dem Stoff der Familiendramatik des 18.Jahrhunderts. Auch hier ist die konsequente Ausblendung der Mütter niemandem aufgefallen.

Das Phänomen ist hinreichend beschrieben. Die Absenz der Mütter ist gattungskonstitutiv für das bürgerliche Schauspiel. Doch wie läßt sich das begründen? In seiner Untersuchung über die Wechselwirkungen von Patriarchalismus und Dramatik im 18.Jahrhundert interpretiert Bengt Algot Sørensen die Verdrängung der Mutterfigur aus der strukturellen Machtposition der patriarchalischen Familie heraus. Ihre untergeordnete Rechtsposition schlüge sich nieder in ihrer mangelnden dramatischen Präsenz.[21] Daß Sørensen das bürgerliche Drama aus der Perspektive der bürgerlichen Familie sieht und nicht mehr wie die

---

19 Vgl. Bengt Algot Sørensen: Herrschaft und Zärtlichkeit, S. 169.
20 Hilde Haider-Pregler: Das Verschwinden der Langeweile aus der (Theater-) Wissenschaft. Erweiterung des Fachhorizonts aus feministischer Perspektive. In: Renate Möhrmann (Hg.): Theaterwissenschaft heute. Eine Einführung. Berlin: Dietrich Reimer 1990, S. 334.
21 Bengt Algot Sørensen: Herrschaft und Zärtlichkeit, S. 17.

frühere Forschung – aus der des Ständeantagonismus – leuchtet ein. Nicht hingegen sein Erklärungsangebot für das Fehlen der Mütter. Nebenrolle im Leben – Nebenrolle in der Kunst? Diese Gleichung überzeugt nicht. Der historische Index läßt sich nicht unvermittelt aus dem dramatischen Text herauslesen, und die ästhetischen Bilder sind nicht bloß Reproduktionen sozialer Prozesse. Die Sache ist komplizierter. Die Vermittlungskanäle zwischen empirischer und ästhetischer Realität sind keine geradlinig angelegten Zulieferungssysteme, die alles und jeden transportieren. Weit zurückreichende Gattungskonventionen spielen bei dem Entwurf der dramatis personae und ihrer Konflikte noch immer eine nicht zu unterschätzende Rolle. Auch bei Theaterreformern. Als Ideenlieferantin hat die Wirklichkeit stets einen schweren Stand. Denn: Ich sehe nur, was ich weiß.

Doch läßt sich Sørensen auch mit seinen eigenen Argumenten widerlegen. Denn wenn die untergeordnete soziale Position der Mutter tatsächlich der Grund wäre für ihre mangelnde theatralische Präsenz, so müßte dies umso mehr für die Tochter gelten, die schwächste in der patriarchalischen Machthierarchie. Wie sehr gerade sie aber Zentralfigur des Dramas ist und im Spannungsfeld der Handlung steht, ist hinreichend bekannt. Man sieht: Die einfache Widerspiegelungstheorie führt zu keiner plausiblen Erklärung. Hinzukommt, daß in den theoretischen Entwürfen der Spätaufklärung der Ehefrau und Mutter sehr wohl ein exponierter Gefühlsplatz zugedacht wird. Ihre emotionale Aufwertung geschieht schließlich um den Preis gravierender gesellschaftlicher Einschränkungen und fortbestehender Rechtsungleichheit. Jedoch: In Herzensangelegenheiten läßt man sie walten und schalten. Mochte der Gatte auch ihr Rechtsvormund sein, die familiale Glückseligkeit garantierte sie. Und die stand auf dem Programm.

Eine verwirrende Ungleichzeitigkeit. Das Nachdenken über die Frau steht hoch im Kurs im 18. Jahrhundert. Philosophen zermartern sich den Kopf über ihre wahre Natur, ihre Seele, ihre erzieherischen Qualitäten, die Beschaffenheit ihres Verstandes. Kant meint herausgefunden zu haben, daß er »schön«, aber nicht ›tief‹ sei, Herder lobt ihn – im Gegensatz zu der »ausgedörten Verstandespedanterie der Buchgelehrten – als »beweglich«, aber nicht eigentlich neuschaffend, Rousseau entdeckt die masochistische Natur der Frau. Nur: Die Dramatiker entdecken nichts in ihr. Nicht einmal die familiale Liebespflege überlassen sie der Ehefrau. Im Gegenteil. Fest in die Hand des Vaters haben sie sie gelegt. Er »usurpiert […] alle Vorrechte der Kindererziehung« und diese Erziehung hatte »die Kinder ebenso bewußt wie wortreich aus aller Natur oder Mutterbindung zu entrücken, bis auch Kinder und Kindeskinder im Namen des Vaters und mithin der Kultur funktionierten«.[22] Damit skizziert Kittler sehr genau die Lessingsche Konzeption von Vaterschaft und bringt uns unserer Eingangsfrage ein wenig näher. Der dramatischen Installation des Vaters wird die Mutter aufgeopfert, und zwar in einem dialektischen Spannungsfeld von Natur und Kultur, das sich aus dem aufklärerischen Gedankengut des Naturrechts herleitete. Doch auch dies sind nur Teilerklärungen für die Marginalisierung der Mutter im bürgerlichen Trauerspiel. Zwar sind wir der Frage näher, aber noch nicht nahe genug gekommen. Denn Kittler irrt, wenn er apodiktisch behauptet, daß es selbst »einer verbürgerlichten Kultur« nicht möglich war, »zu einer kulturellen Funktion Mutterschaft zu gelangen«.[23] Dies trifft zwar zu für das Familiendrama, nicht aber für die kulturelle Produktion ganz allgemein. Die bildende Kunst z.B. hat auf den Prozeß der bürgerlichen Emanzipation und die damit einhergehende Intimisierung der Familie gänzlich anders reagiert. Das läßt sich am Familienporträt ablesen. Ein Vergleich dieser beiden Familialgattungen, häusliches Drama und häusliches Bild, ist hilfreich bei der Analyse der ästhetischen Mutterfigur. Schon ein erster Befund ergibt: Die Mutter ist präsent im bürgerlichen Familienbild und zwar bereits in seiner frühesten Ausprägung als bürgerliches Bildthema in der Niederländischen Malerei des 16. und 17. Jahrhunderts. Darauf hat Helga Möbius aufmerksam gemacht.[24] Als »erziehende Mutter« inmitten einer munteren Kinderschar wird sie zum »Leitthema bürgerlicher Malerei des 18. Jahrhunderts«,[25] in zahlreichen Variationen im Werk von Jean-Baptiste Chardin, von Jean-Baptiste Greuze, von Daniel Chodowiecki, von Anton Graff, von Melchior Kraus, von Johann Friedrich Tischbein und vielen anderen zu finden. Damit entsprechen die dargestellten Mütter – anders als im bürgerlichen Trauerspiel – ziemlich genau ihrer im Aufklärungsprogramm formulierten Erziehungs- und Herzensverpflichtung. Es sind Mütter, die liebevoll ihre Kinder umhegen, zum Lernen anhalten, den Vätern das Dasein versüßen und häusliche Glückseligkeit vermitteln. Es sind Mütter, wie sie sein sollen, direkt dem Traktat der

22 Friedrich A. Kittler: Dichter. Mutter. Kind, S. 15.
23 Ebd.
24 Helga Möbius: Die Moralisierung des Körpers. Frauenbilder und Männerwünsche im frühneuzeitlichen Holland. In: Frauen. Bilder. Männer. Mythen, hrsg. von Ilsebill Barta, Zita Breu u.a. Berlin: Dietrich Reimer Verlag 1987, S. 69–83.
25 Vgl. Angelika Lorenz: Das deutsche Familienbild in der Malerei des 19. Jahrhunderts. Darmstadt: Wissenschaftliche Buchgesellschaft 1985, S. 37.

Theoretiker entsprungen, Mütter, die kein »süßeres Leben kennen als das einer Frau, die ihre Tage in Erfüllung der Pflichten einer aufmerksamen Gattin, einer zärtlichen Mutter, einer mitleidigen Gebieterin«[26] verbringt. Die zitierten Sätze stammen von Diderot. Doch sie gelten einer toten Mutter. Der Lobredner dieses mütterlichen Stillebens hat es in seinen eigenen Familiendramen verschmäht, eine solche Mutterfigur zu entwerfen. Der, dem er diese Worte in den Mund legt, Mr. d'Orbesson, dem Hausvater aus seinem gleichnamigen Schauspiel *Le Père de famille*, hat lediglich seiner verstorbenen Gattin gedacht. Im Stück herrscht die halbierte Familie. Müttern wird allenfalls post mortem eine nostalgische Referenz zuteil. Die Süße des von Diderot zitierten Mütterlebens hat seinen Platz nicht im Drama, sondern im Familienbild.

Doch der Vergleich von Bild und Stück verdeutlicht noch etwas anderes: In beiden herrschen völlig verschiedene Familientypen: Besteht die Dramenfamilie – von Lillos *The London Merchant* bis hin zu Hauptmanns *Rose Bernd* – in der Regel aus einer Allianz von Vater und »einziger Tochter«, auf die wenigen vorhandenen törichten Mütter werde ich noch eingehen, so sind in der Bildfamilie stets Vater *und* Mutter zugegen, und zwar umringt von ihrer zahlreichen Kinderschar. Dieser Familientypus entspricht, rein quantitativ gesehen, durchaus der damaligen gesellschaftlichen Wirklichkeit. Das bestätigt auch die Tatsache, daß die Dargestellten ja genau identifizierbaren Familien angehören: *Wieland im Kreis seiner Familie* (1775) von Kraus, *Familie von Stieglitz* (1780) von Graff oder auch: *Die Familie des Oberbaudirektors R. F. Fischer* (1788) von Hetsch. Die Dramenfamilie hingegen ist eine Kopfgeburt der Dichter.

Ein weiterer gravierender Unterschied liegt in der altersmäßigen Positionierung dieser beiden Familientypen. Befindet sich die gemalte Familie in der Blüte des Lebens – die Mutter hält zumeist einen strahlenden Säugling im Arm und signalisiert damit noch Gebärfähigkeit –, so steht die dramatische Familie schon an der Schwelle des Alters. Die familiale Dynamik erwächst hier nicht mehr aus den zwischenmenschlichen Beziehungen von Eltern und Kindern, sondern wird von außen in Gang gesetzt: durch den Freier oder Verführer der Tochter. Insofern ist der Konfliktausbruch all dieser Dramen soziologisch genau zu datie-

---

26 Denis Diderot: *Le Père de famille*. *Oeuvres complètes*. Tome III. Paris: Société encyclopédique française et le Club français du livre 1970, S. 296 f. Wenn nicht anders angegeben, sind die Übersetzungen von mir.

ren. Es ist die klassische Brautsituation, der Übergang der Tochter von der elterlichen in die neue eigene Familie, der Statuswechsel der Mutter zur (bösen) Schwiegermutter. Das bedeutet: Bild und Stück liefern Mütterprojektionen aus sehr verschiedenen weiblichen Lebensphasen, hier die junge Mutter, dort die altgewordene; verklärt und in den üppigsten Farben gemalt die eine, verunglimpft und mit lustloser Knappheit gezeichnet die andere. Nicht weil sie eitel, töricht und selbstsüchtig sind erhalten Mütter bloß Randplätze im bürgerlichen Trauerspiel. Auch nicht, weil die Autoritätsordnung des Patriarchats sie an der Peripherie der Macht hält. Es ist ihre nachlassende Attraktivität, die sie zur uninteressanten Person degradiert. Daraus resultiert ihre theatralische Mißhandlung. Biologie wird in Psychologie umgedichtet, so daß die physiologischen Veränderungen als charakterliche Defizite erscheinen. Der Vergleich von Familienporträt und Familiendrama hat das deutlich gemacht.

Das wird von Dichtern und Denkern im übrigen auch zugegeben. Implizit und explizit. Denn wenn Rousseau in seinem Erziehungsprogramm behauptet, daß es »keine Gleichheit zwischen den Geschlechtern« gebe und »der Mann nur in gewissen Augenblicken Mann« sei, die Frau hingegen »ihr ganzes Leben lang Frau, oder wenigstens ihre ganze Jugend hindurch«,[27] so vertritt er damit indirekt die Meinung, daß bei Nachlassen der Jugend und Gattungsfunktion die Frau zwangsläufig ihre Existenzberechtigung verliert, zumal ihr außerhalb jener »gewissen Augenblicke« keinerlei Daseinsräume offenstanden. Was Rousseau verschleiert sagt, äußert der Theatermann Heinrich Laube ganz unverblümt: »Männer sind nicht da, um zu gefallen, aber die Frauen sind's; wenn man die Waffen verloren hat, kann man nicht mehr Soldat sein; wenn man nicht mehr gefallen kann, muß man's verstekken, daß man eine Frau ist.«[28] Das ist deutlich genug: weibliche Attraktivität als Ausweisbillet zur Teilnahme am Leben. Die Dramatiker des bürgerlichen Trauerspiels haben das wörtlich genommen. Mütter als Matronen sind keine fünf Akte wert.

Einmal mehr offenbart sich der gestörte Realitätsbezug der Künstler im Umgang mit der Mutter. Das verdeutlicht besonders der Vergleich von Porträt und Drama. Denn man lasse sich nicht täuschen: Letztlich

27 Jean-Jacques Rousseau: *Sophie oder die Frau*. In: *Emile oder Von der Erziehung*. München: UTB 1981, S. 471.
28 Heinrich Laube: *Liebesbriefe*. In: *Gesammelte Werke in fünfzig Bänden*. Bd. IV. Leipzig: Max Hesses Verlag 1908, S. 41.

haben beide, Maler und Dramatiker, kaum Interesse an der Mutter als individueller Person. Das veranschaulicht ihr Darstellungsrepertoire. Noch immer wird Mutterschaft im Familienporträt weitgehend in der Tradition der Maria gesehen, noch immer auf das Darstellungsmuster der Heiligen Familie zurückgegriffen: Die Entindividualisierung als Preis für die mütterliche Verklärung. Demgegenüber steht ihre Degradierung zur stupiden Person im Drama und ihre Einbindung in die alttestamentarische Sündentradition. Die Mütter im bürgerlichen Trauerspiel werden allesamt in der Nachfahrenschaft von Eva gesehen, im Bund mit der Schlange und dem Teufel, als Hexen und Kupplerinnen, verantwortlich gemacht für die finale Katastrophe. Schuldschein oder Heiligenschein als gattungsspezifische Beigaben zur Polarisierung der Mutter. Das klingt nach defizitärer Balance. Wirklich?

Ich fürchte, der Vergleich fällt zuungunsten der Dichter aus. Denn sowenig die Mutter im Bild auch zur individuellen Figur wird, sie bleibt eingebunden in die neue familiale Gefühlskultur. Eine Doppelwirtschaft der Herzen findet nicht statt. Anders im Drama. Hier geschieht selbst die Liebe bloß im Namen des Vaters. Mütterliche Liebe bleibt ausgespart: die Mutter als vergessene Figur. Und so entpuppt sich das neue bürgerliche Trauerspiel, die Reformgattung der Aufklärer, deren Aufmerksamkeit sich dem gesellschaftlichen Wertewandel verpflichtet sah, im wahrsten und eigentlichen Sinne des Wortes doch nur als bürgerliches Vaterspiel.

Deirdre Vincent

Mädchen, Frau, Ehefrau ...
Zur Muttergestalt bei Goethe

Als Eckermann, Goethes Schreiber und Gesprächspartner in den letzten Jahren seines Lebens, den Dichter am 10. Januar 1830 um Aufschluß über die rätselhaften »Mütter« im *Faust* bat, bekam er so gut wie keine Antwort. Über seinen Mangel an Erfolg berichtet Eckermann selbst: »In seiner gewöhnlichen Art, hüllte [Goethe] sich in Geheimnisse, indem er mich mit großen Augen anblickte und mir die Worte wiederholte: ›Die Mütter! Mütter! 's klingt so wunderlich!‹«. Diese Worte, die Faust selbst äußert (V. 6217), unterstreichen das Rätselhafte an der Vor- und Darstellung der »Mütter« in dem Drama eher, als daß sie es klären. Alles, was Eckermann mitgeteilt wurde, war Goethes Geständnis, er habe die Vorstellung der »Mütter« als Gottheiten im griechischen Altertum bei Plutarch gefunden, alles andere sei seine eigene Erfindung. Was das aber bedeute, könne er nicht verraten; dies herauszufinden sei Eckermann selbst überlassen. »Ich gebe Ihnen das Manuskript mit nach Hause«, sagte Goethe, »studieren Sie alles wohl und sehen Sie zu, wie Sie zurechtkommen«.[1]

An der Tatsache, daß Eckermann ganz allein zu einem späteren Verständnis der »Mütter« im *Faust* gekommen ist, darf gewiß gezweifelt werden. Schließlich ist er für eine eindringliche Analyse der Goetheschen Werke nicht gerade bekannt und neigt eher dazu, die Ansichten des Dichters nachzuerzählen. Jedenfalls hat er folgende Auslegung als die eigene geliefert: »In ewiger Dämmerung und Einsamkeit beharrend, sind die Mütter schaffende Wesen, sie sind *das schaffende* und *erhaltende Prinzip*, von dem alles ausgeht ... Alle Seelen und Formen von dem, was einst war und künftig sein wird, schweift in dem endlosen Raum ihres Aufenthaltes ... Die ewige Metamorphose des irdischen Daseins, des Entstehens und Wachsens, des Zerstörens und Wiederbildens, ist also der Mütter nie aufhörende Beschäftigung. Und wie nun bei allem, was auf der Erde durch Fortzeugung ein neues Leben erhält, das *Weibliche* hauptsächlich wirksam ist, so mögen jene schaffenden

---

1   Johann Peter Eckermann (Hg.): *Gespräche mit Goethe in den letzten Jahren seines Lebens*. Berlin, Weimar: Aufbau-Verlag 1982, S. 332.

Gottheiten mit Recht *weiblich* gedacht und es mag der ehrwürdige Namen *Mütter* ihnen nicht ohne Grund beigelegt werden«.[2]

Die Mütter als schaffendes und erhaltendes Prinzip; die Mütter, deren unaufhaltsame Beschäftigung es ist, für die ewige Metamorphose des Daseins zu sorgen: das ist zweifellos die zutreffende Zusammenfassung ihrer Symbolik und Funktion im *Faust*. Rechnet man noch dazu, daß sie dem Helden den einzig möglichen Weg zu Helena eröffnen, so wird deutlich, warum sie für den Gang der Handlung im Zweiten Teil des Dramas so wichtig sind. Ohne die Mütter fehlte das Ende von Akt I, das als unmittelbare Begründung für die folgenden zwei Akte dient, welche dann zu den Akten IV und V weiterführen. Ohne die Mütter gäbe es also keinen *Faust II* wie wir ihn kennen. Wegen ihrer Bedeutsamkeit gerade in diesem Text – Goethe war ja bekanntlich über sechzig Jahre mit *Faust* befaßt – darf man vermuten, daß Ähnliches sich auch in anderen Werken von ihm finden läßt. Tatsache ist jedoch, daß lediglich in einem einzigen Fall eine idealisierte Mutterfigur zu finden ist, und selbst da nicht im prinzipiellen, sondern eher im pragmatischen Sinn. Die große Palette seiner weiblichen Figuren tritt in allen nur denkbaren Rollen auf, nur nicht in der der Mutter, von den Nebenrollen abgesehen. Mädchen, Frauen und Ehefrauen nehmen einen wichtigen Platz bei Goethe ein, aber das lebhafte Interesse, das er ihnen gegenüber bekundet, erstreckt sich nicht auf die Mutterschaft, obwohl es doch gerade die Mütter sind, die er zum führenden und tragenden Prinzip seines großen Lebenswerks macht.

Doch zunächst ein Blick auf die empirischen Mütter der Goethezeit. Im Deutschland des 18. Jahrhunderts besteht die Hauptaufgabe der Ehefrau und Mutter darin, den Haushalt gut zu führen, den Dienern des Hauses zu befehlen und ihnen ein sittliches Vorbild zu sein. Die oberste Autorität im Haus besitzt sie damit jedoch keineswegs; diese ist in ihrem Mann, dem Hausherrn verkörpert, dem sie selbst untertänig ist. Er ist, im wahrsten Sinn des Wortes, ihr Herr.

Nicht anders verhält es sich in England. Auch hier ist die vernünftige Haushaltsführung, die Überwachung des Dienstpersonals und die Erziehung der Kinder die eigentliche und einzige Aufgabe der Familienmutter. Die Entscheidungsbefugnis aber besitzt einzig der Mann. Selbst für die gescheite und dem Hausvater überlegene Hausmutter gilt als oberstes Gebot die Erfüllung seines Willens.

---

2 Ebd., S. 333.

Etwas anders sieht die Lage in Frankreich aus. Durch die Institution des Salons haben zumindest aristokratische Frauen die Möglichkeit, außerhalb der häuslichen Sphäre zu wirken und eigene Einflußbereiche zu entwickeln. Das gilt auch für die verheiratete Frau mit Kindern, zumal diese in aller Regel nicht von den Müttern selbst erzogen werden. Nur darf dabei nicht übersehen werden, daß solche Freiräume nur für eine sehr kleine Schicht existieren. Die französischen Bürgermütter dieser Zeit werden – ebenso wie ihre deutschen und englischen Schwestern – fest am Gängelband der Hausherrn gehalten.

Im allgemeinen stimmt die Darstellung der Mütter in den verschiedenen Werken der europäischen Literatur des 18. Jahrhunderts auffällig überein, wenn auch die patriarchalischen Tugenden in Deutschland besonders stark betont werden. Den immer selbständiger werdenden und schärfer denkenden Töchtern stehen weiterhin höchst leichtgläubige, törichte und eitle Mütter gegenüber. Daneben gibt es – darauf hat Pierre Fauchery hingewiesen[3] – die zahlreichen tyrannischen Mütter, die willkürlich ihre Hausmacht ausüben, zumeist zuungunsten der Töchter, und durch listige Strategien den Einfluß ihrer Ehemänner zu unterminieren versuchen. Ein Typus, der in fast allen europäischen Literaturen zu finden ist.

So sind auch die Mütter des deutschen Aufklärungsdramas zumeist recht abschreckende Gestalten wie z.B. Frau von Landheim in Schlegels *Die Pracht von Landheim* (1742), Frau von Birkenhayn in Krügers *Die Geistlichen auf dem Lande* (1743), Frau von Ahnenstolz in Frau Gottscheds *Die ungleiche Heirat* (1745) und Frau Richardin in Gellerts *Die Betschwester* (1746). Alle diese Mütter sind albern, selbstsüchtig und eigenwillig und stehen bewußt oder unbewußt der Glückserwartung ihrer Kinder im Wege. Es sind Frauen, die die erzieherische und schützende Pflicht der Mutterschaft wenig oder gar nicht beachten.

Die mit negativen Zügen ausgestattete Mutter kommt im übrigen auch in den Werken des Sturm und Drang vor. Man denke an Lenz' *Die Soldaten* (1776), an *Die Kindermörderin* von Wagner (1776) oder an Schillers *Kabale und Liebe* (1784). Bei weitem interessanter und wichtiger aber als die Mutterfiguren sind hier die heiratsfähigen Töchter, die durch die Liebe auf die eine oder andere Weise gefährdet sind. Nur solche jungen Frauen sind es, die im Zentrum des Geschehens stehen.

---

3 Pierre Fauchery: La destinée féminine dans le roman européen du dix-huitième siècle. Paris: Librairie Armand Colin 1972, S. 130.

Das ist bei Goethe nicht anders. Die Wichtigkeit, die er der Weiblichkeit beimißt, läßt sich schon daran erkennen, daß in seinem Werk viel mehr Frauen als Männer auftreten. Dabei gibt er einer bestimmten Kategorie von Frau unverkennbar den Vorrang, nämlich der des Mädchens, der jungen Geliebten, der gerade erwachsen gewordenen Frau. Dieser Frauentypus übertrifft alle anderen: z.B. den der Schwestern, der Ehefrauen, der Freundinnen und Töchter, und zwar sowohl in der Zahl als auch in der Substanz.

So sind die anziehendsten der Goetheschen Frauengestalten diejenigen, die bewußt oder unbewußt die erotische Phantasie der männlichen Hauptfiguren zu entflammen vermögen, – wie z.B. Gretchen, Lotte, Mariane, Mignon, Klärchen, Philine, Ottilie, Suleika oder die vielen Geliebten der frühen und späteren Lyrik. Zwar ist eine gewisse Veränderung des Schwerpunkts in der Darstellung der Frau im Verlauf der Zeit bei Goethe durchaus bemerkbar. Doch läßt sich das nicht auf das von Fauchery angebotene Schema reduzieren: er habe in jüngeren Jahren fast ausschließlich das junge, sinnlich anziehende Mädchen, in späteren Jahren dagegen die pflichtbewußte, zum Wohl der Gesellschaft beitragende Frau zu seinem Idealbild erkoren.[4] Iphigenie etwa, diese große Ausnahmefigur in seinem Frühwerk, die immerhin als Ahnfrau späterer idealer Frauenfiguren wie z.B. der »Schönen Seele« oder Natalie in *Wilhelm Meisters Lehrjahre* oder Eugenie in *Die natürliche Tochter* zu gelten hat, entstand in ihrer Ganzheit schon im Jahre 1778, während Klärchen erst neun, Philine erst fünfzehn Jahre später ins Leben gerufen wurden. Außerdem zeigt die Liebeslyrik der späteren Jahre (wie z.B. im *West-Östlichen Divan* oder in der *Trilogie der Leidenschaft*) in der Figur der jungen Geliebten eine innige Liebesfähigkeit, die der Vitalität und Überzeugungskraft der frühen Jahre in nichts nachsteht. Tatsache ist, daß die junge, zumeist unerfahrene Frau für Goethes Einbildungskraft ein starkes Reizpotential besaß, auf das er sein Leben lang reagiert hat. Im Werk wie im Leben galt solchen Frauen sein Hauptinteresse und nicht ihren weiblichen Verwandten, den Ehefrauen und Müttern. Das wird schon an dem folgenden Distichon deutlich, das männlich-anarchische Sexualität durchblicken läßt: »Zürnet nicht, ihr Frauen, daß wir das Mädchen bewundern:/ Ihr genießet des Nachts, was sie am Abend erregt.«[5]

---

4 Ebd., S. 90.
5 In einer Beilage zum Brief Goethes an seinen Freund Knebel vom 23. April 1790 enthalten; siehe *Goethes Werke*. Weimarer Ausgabe (WA). IV.9, S. 363. Weitere Hinweise auf diese Ausgabe sind im Text enthalten.

Genau dieser Gedanke sollte in seinem Roman *Die Wahlverwandt-schaften*, der erst fast zwanzig Jahre später erschien, eine zentrale Stelle einnehmen. Ich komme darauf zurück. Was hier schon festgehalten werden soll, ist die Tatsache, daß Goethe ganz offensichtlich sehr jungen Frauen einen größeren sinnlichen Reiz als ihren älteren weiblichen Gegenbildern zuschreibt. Und im Werk verhält es sich genauso. Das für ihn sinnlich Erregende an jungen, unerfahrenen Frauen führt zu einer Darstellungsweise, die sie in einem besonders günstigen Licht erscheinen läßt, im Vergleich zu vielen ihrer älteren oder sonst mehr belasteten Schwestern. Liebe und Ehe sind für Goethe offensichtlich getrennte Erlebnisbereiche: »Liebe ist etwas Ideelles, Heiraten etwas Reelles, und nie verwechselt man ungestraft das Ideelle mit dem Reellen« – so dachte er im hohen Alter und so dachte er sein Leben lang.[6]

Aber: Wenn die Mütter das alles erhaltende und bewirkende Prinzip im *Faust* darstellen, wie läßt es sich dann erklären, daß Muttergestalten in seinem Werk, als personae dramatis, doch fast nur am Rande erscheinen? Selbst da, wo sie als Hauptcharaktere auftreten, werden sie weniger in der Fürsorge für ihre Kinder als in der Liebe für ihre Ehemänner gezeigt, d.h. zu Ver- und Geliebten umfunktioniert. Ein frühes Beispiel dafür findet sich in der Gestalt der Elisabeth in *Götz von Berlichingen* (1771). Verantwortlich für die Erziehung Karls, ihres Sohnes aus der Ehe mit Götz, lehnt sie die fürsorgliche Haltung ihrer Schwägerin, Marie, dem Kinde gegenüber ab. Sie will es von seinem sensiblen und ängstlichen Naturell abbringen, um es zum würdigen Nachfolger seines Vaters auszubilden. Im Grunde genommen aber spielt der Sohn im Verlauf der Dramenhandlung für sie keine bedeutende Rolle. Der Ehemann ist ihr alles.

Ähnlich sieht es aus bei Cäcilie, der verlassenen Ehefrau und Mutter in *Stella* (1775). Als sie Fernando, ihrem schon vor vielen Jahren entflohenen Mann, durch Zufall wieder begegnet, ist er zurückgekommen, um nicht sie, sondern ihre jüngere (unverheiratete) Nachfolgerin, Stella, aufzusuchen, die er ebenfalls nach einigen Jahren glücklichen Zusammenlebens verlassen hatte. Sowohl Stella als auch Cäcilie leben überhaupt nur noch aus der Erinnerung an diese glückliche Vergangenheit, bis Fernando wieder erscheint. Dann lieben ihn beide Frauen ebenso leidenschaftlich wie vorher. Nur durch ihn – das glauben beide

---

6 Nach dem Bericht des Kanzler von Müller (14. September 1823) in: *Goethes Gespräche*, hrsg. von Flodoard Freiherr von Biedermann, erw. und erg. von Wolfgang Herwig. Zürich, Stuttgart: Artemis 1965-72; hier 3. Bd., S. 578.

– ist ein sinnvolles Leben zu erwirken. Und so will jede die Glückseligkeit der Vergangenheit mit ihm wieder herstellen. Als Stella erfährt, daß
die Mutter und Tochter, zu denen sie sich als verlassene Frau und Mutter eines früh verstorbenen Kindes schon von Anfang an hingezogen
fühlte, in Wahrheit die Frau und Tochter ihres geliebten und nun zu-
rückgekommenen Fernando sind, ist sie stark erschüttert, ja empört.
Doch hält die Empörung nicht lange an:

Stella [*das Porträt Fernandos anschauend*]: Der Blick war's der mich in's Verderben
riß! — Ich hasse dich! Weg! Wende dich weg! – So dämmernd! so lieb! – Nein!
Nein! – Verderber! – Mich? – Mich? – Du? – Mich? – [*Sie zuckt mit dem Messer
nach dem Gemählde.*] Fernando! – [*Sie wendet sich ab, das Messer fällt, sie stürzt mit
einem Ausbruch von Thränen vor den Stuhl nieder.*] – Liebster! Liebster! – Vergebens! Vergebens! –
(WA I.11, S. 184)

Cäcilie, für ihren Teil, mit dem »Gefühl einer Gattin, die, aus Liebe,
selbst ihre Liebe hinzugeben vermag«, schlägt ihrem wiedergefundenen
und immer noch innig geliebten Mann folgende Lösung vor:

Du sollst glücklich sein! ... Ich will entfernt von dir leben, und ein Zeuge
deines Glücks bleiben. Deine Vertraute will ich sein; du sollst Freude und
Kummer in meinen Busen ausgießen. Deine Briefe sollen mein einziges Leben
sein, und die meinen sollen dir als ein lieber Besuch erscheinen – – Und so
bleibst du mein, bist nicht mit Stella verbannt in einen Winkel der Erde, wir
lieben uns, nehmen Theil an einander! Und so, Fernando, gib mir deine Hand
drauf.
(WA I.11, S. 187)

Aus heutiger Sicht sind solche Vorstellungen kaum noch nachzuvollziehen. Für Goethe jedoch – und gewiß für die Mehrzahl seiner männlichen Zeitgenossen – bedeutete die erfundene Lösung eine Art Liebes-
utopie; die Möglichkeit, beide Frauen zu behalten und in beider Leben
der Einzige und Eigentliche zu bleiben: Männerphantasie im
[vor]klassischen Gewand. Mutterschaft hat kaum Platz darin. Denn
auch die beiden Frauen – selbst in der letzten tragischen Fassung (1806)
– betrachten ihre Kinder lediglich als Indiz für die einstmals genossene
Glückseligkeit mit dem Geliebten.

Anders steht es in den *Wahlverwandtschaften* (1809), wo die Frau,
Charlotte, in einer nur oberflächlich funktionierenden Ehe schwanger
wird. Hier hat das Kind emotional nichts mit dem Ehemann, seinem
Erzeuger, zu tun. Doch anders als in *Stella* geht es in diesem Roman
nicht bloß um das egoistische Verhalten des Mannes, sondern um eine

Art von Doppelehebruch. Die Ehepartner, Charlotte und Eduard, lieben nicht sich, sondern zwei andere, nämlich Ottilie und den Hauptmann. Und so werden die ›ehelichen Pflichten‹ erfüllt, indem beide an die jeweils geliebte Person denken: »In der Lampendämmerung sogleich behauptete die innre Neigung, behauptete die Einbildungskraft ihre Rechte über das Wirkliche. Eduard hielt nur Ottilien in seinen Armen; Charlotten schwebte der Hauptmann näher oder ferner vor der Seele, und so verwebten, wundersam genug, sich Abwesendes und Gegenwärtiges reizend und wonnevoll durch einander« (WA I.20, S. 131).

Der Sohn, der später zur Welt kommt, sieht aus wie Ottilie und der Hauptmann [!], und seine beiden »Mütter« lieben und sorgen für ihn von Geburt an. In Wahrheit jedoch ist weder Ottilie noch Charlotte jemals eine echte Mutter im vollen Sinne des Wortes gewesen, und die Schuldgefühle beider Frauen in bezug auf den Tod des Kindes, sowie die Art und Weise, in der jede ihr weiteres Leben gestaltet, lassen klar erkennen, daß auch der verstorbene Sohn niemals ein echtes Kind war. Goethe benutzte es insbesondere zur Darstellung seiner Leitidee, die sich etwa so formulieren läßt: Die Liebe eines Mannes ist unabdingbar. Sie läßt sich nicht zähmen und folgt stets ihren eigenen Gesetzen. Stößt sie auf Widerstände, so wird sie zu einer zerstörerischen Macht, die sich nicht mehr aufhalten läßt.

Interessanterweise findet im Roman – und damit steht er quer zu den zeitgenössischen Forderungen und Erwartungen der Gesellschaft – eine Abwertung der gewöhnlich gepriesenen Muttertugenden statt. So werden Charlottes Ordnungsliebe und Häuslichkeit, ihre Fürsorge und Nachgiebigkeit Eduard gegenüber geradezu negativ bewertet. Wo – so muß man fragen – läßt sich in den besprochenen Werken auch nur eine Spur von dem schaffenden, gestaltenden und bewahrenden Mutterprinzip aus *Faust II* erkennen? Elisabeth, Cäcilie, Stella, Charlotte und Ottilie, sie alle sind, selbst als Mütter, im Grunde genommen nur dazu da, um das für sie Lebensnotwendige an der Liebe zu ihren Männern im hellsten Licht erscheinen zu lassen. Nicht die Mutter steht auf dem Programm, sondern der Mann, dessen Liebe sie widerspiegelt.

In *Wilhelm Meisters Lehrjahre* findet sich – wenn auch nicht als Hauptfiguren – eine Reihe von Frauen, die schon Kinder geboren haben. Doch ist es auffällig, daß sich der Autor kaum für ihre Mutterrolle interessiert. Frau Melina, eine sehr mäßig begabte Schauspielerin, und Margarete, eine ehemalige Geliebte Lotharios, bieten sich als Beispiele dafür an. Durch diese zwei Frauen werden selbst die Schwanger- und Mutterschaft als verhäßlichende und paradoxerweise lebensberaubende

Zustände geschildert.[7] Auch ihre Kinder sind vollkommen uninteressant für den weiteren Verlauf der Handlung. Ganz anders jedoch die Kinder von abwesenden, im Roman kaum erwähnten Müttern, nämlich von Mignon und Felix, die eine wichtige Rolle bei der Darstellung und Entwicklung des Helden spielen. Beide sind bei Eintritt in die Handlung bereits Waisen. Von der Mutter Mignons erfährt man fast gar nichts, und von Mariane, der Mutter des Felix und ersten Geliebten Wilhelms, sehr wenig. Nach dem Tode Mignons stellt sich zwar heraus, daß ihre Eltern der Harfner und seine Schwester waren; im Verlauf des Romangeschehens spielt die Mutter jedoch keine Rolle. Über Mariane, die Mutter von Felix, wird lediglich berichtet, daß sie trotz allen Leidens ihrem Geliebten, Wilhelm, bis in den Tod hinein in treuer Liebe zugetan blieb. So gewinnt sie nicht als Mutter von Felix, sondern als würdige Geliebte Wilhelms Präsenz.

Doch nicht allein Felix und Mignon werden schattenhafte Mütter zugeteilt: Die Mutter von drei anderen Hauptcharakteren, von Friedrich, der Gräfin und Natalie, wird ebenfalls kaum erwähnt. Alles, was man über diese Mutter weiß, ist ihre Identität als Schwester der sogenannten »schönen Seele« des 6. Buchs. Und doch besitzen mütterliche Qualitäten in diesem Roman durchaus ihren Wert. Auch für Wilhelm. Davon zeugt schon die Tatsache, daß er die beiden Kinder, Mignon und Felix, ganz gezielt in die Obhut von Therese geben möchte. Denn sie verfügt über all diejenigen Charaktereigenschaften, die nach den Normen der Zeit das Leitbild der guten Mutter ausmachten: Fürsorglichkeit, Ordnungssinn, haushälterische Genauigkeit und Verläßlichkeit – Eigenschaften, die jedoch in der Darstellung der Charlotte in den *Wahlverwandtschaften* ausdrücklich diskreditiert werden.

Therese selbst soll keine sehr glückliche Kindheit erlebt haben. Ihre schöne, aber gefühllose, verschwenderische und eigennützige Mutter hatte sie als Kind geradezu verachtet. Wie sie selbst erzählt, war ihre emotionale Bezugsperson – ähnlich wie bei den Tochterfiguren im bürgerlichen Trauerspiel auch – *der Vater*, nicht die Mutter: »Mein Vater ... gab meinem kindischen Bestreben stufenweise die zweckmäßigsten Beschäftigungen; meine Mutter dagegen liebte mich nicht und verhehlte es keinen Augenblick« (WA I.23, S. 45f.). Erst viel später stellt

---

7 Zu der Schwangerschaft als »Mißgestalt« siehe WA I. 22, S. 4; daß das Mädchen durch Ehe und Mutterschaft ihre Vitalität und mädchenhafte Schönheit einbüßt, ist an der Darstellung von Margarete und ihrer etwa zehn Jahre jüngeren Verwandten zu sehen: WA I. 23, S. 73-76, 82-84.

sich heraus – ein Beispiel unter vielen für das »geheime Wirken« des Schicksals in dem Roman –, daß Therese (sie weiß es selbst nicht) ein außereheliches Kind gewesen ist, nämlich die Tochter einer Frau, die durchaus mütterliche Eigenschaften hatte. Ohne aber die Geschichte ihrer wahren Herkunft mütterlicherseits zu wissen, vertraut ihr Wilhelm bedenkenlos die zwei Kinder an. Beeindruckt von ihrer mütterlichen Vorbildlichkeit bietet er ihr sogar die Ehe an, ausdrücklich davon überzeugt, daß sie die richtige Mutter für seinen Sohn Felix ist (WA I.23, S. 140ff.). Das gibt den Ausschlag für seine Wahl. Doch er irrt sich. Therese ist im Grunde ihres Wesens nicht eigentlich mütterlich. Im Vergleich zu Natalie – auch sie ist im übrigen keine Mutter – wird dieser Mangel offenkundig. Deutlich wird auch: Trotz der offensichtlichen Schattenexistenz der vielen Mutterfiguren und ihrer eher negativen Einschätzung wird das Prinzip der mütterlichen Führung als durchaus wichtig dargestellt. Das stört. Denn hier scheinen sich Idee und Romanwirklichkeit zu widersprechen.

Schattenhafte oder unzulängliche Mütter sind zahlreich in Goethes dramatischem und epischem Werk. Das einzige Gegenbild findet sich in seinem Versepos *Hermann und Dorothea*. Hier, und nur hier, nimmt eine Mutter als Mittelpunktsfigur einen hohen Rang ein: Hermanns Mutter ist die musterhafte Muttergestalt schlechthin.

Doch wie kommt es zu dieser Ausnahme? Warum ist sie so ganz anders angelegt als die übrigen Frauengestalten Goethes in ähnlichen Rollen? Alwin Schmidt hat schon vor einem Jahrhundert einleuchtend gezeigt, daß das Vorbild für Hermanns Mutter Goethes Mutter selbst ist. Hier hat der Dichter nach dem Leben gezeichnet, auch indem er die politischen Ereignisse der Zeit an dieser Mutterfigur reflektiert. Schmidt dokumentiert das genau.[8] Der Befund bleibt verblüffend. Denn er besagt letztendlich, daß dort, wo sich der Dichter seiner eigenen Phantasie überläßt und sozusagen an der Wirklichkeit vorbei-imaginiert, die Mutterfiguren wenig überzeugend ausfallen. In dem Fall jedoch, wo ihn die Wirklichkeit inspiriert, nämlich die eigene Mutter und die tatsächlichen Kriegsereignisse dieser Zeit, entsteht eine anziehende und überzeugende Muttergestalt.

Interessanterweise ist es aber gerade Dorothea, die junge Geliebte Hermanns, die einen Lobgesang auf dessen Mutter anstimmt:

---

8 Alwin Schmidt: Die Briefe von Goethes Mutter an ihren Sohn, als Quelle zu seinen Werken. In: Zeitschrift für deutsche Philologie, 26 (1894), S. 375-399.

... als Mutter, fürwahr, bedarf sie der Tugenden alle,
Wenn der Säugling die Krankende weckt und Nahrung begehret
Von der Schwachen, und so zu Schmerzen Sorgen sich häufen.
Zwanzig Männer verbunden ertrügen nicht diese Beschwerde,
Und sie sollen es nicht; doch sollen sie dankbar es einsehn.
(WA I.50, S. 248)

Doch indem sie so spricht, vertritt Dorothea ihre eigenen Haupteigen-
schaften, die nicht nur bei Hermann Liebesgefühle, sondern auch bei
anderen Männern (z.B. beim Pfarrer, Apotheker und Richter) Hoch-
achtung und Begeisterung erwecken. Ihre Mütterlichkeit und Opferbereitschaft, insbesondere Kindern gegenüber, sind für alle diese Männer ein wichtiger Bestandteil ihrer unwiderstehlichen Weiblichkeit. In
der Figur Dorotheas, der jungen Geliebten, ergänzen sich das Mütterliche und das Weibliche aufs vollkommenste.

Ähnliches gilt im *Werther*. Schon bei der ersten Begegnung mit Lotte
»[fiel] mir das reizendste Schauspiel in die Augen, das ich je gesehn
habe«, wie Werther selbst sagt (WA I.19, S. 26). Dies besteht darin, daß
er Lotte als liebevolle und geliebte »Mutter« im Kreis ihrer Geschwister
erlebt. Wie bei Dorothea sind es gerade die mütterlichen Eigenschaften
des Mädchens, die das Fundament für die sinnliche und geistige Anziehungskraft schaffen, die es auf den jungen Mann ausübt.

Nicht so bei Gretchen im *Faust*. Es ist nicht die ausgeprägte Mütterlichkeit ihres Charakters, die Fausts Interesse an ihr entfacht. Offensichtlich ist es nur der Zauber des jungen, unschuldigen und unver-
formten Mädchens, der seine Phantasie in Bann schlägt und seine Liebesgefühle erweckt (V. 3109-48).

An anderen Stellen im Goetheschen Werk wird Mütterlichkeit
zum Genrebild stilisiert. Lothario beschreibt dies in den *Lehrjahren*
aufs schönste: »Es ist nichts reizender als eine Mutter zu sehen mit
einem Kinde auf dem Arme und nichts ehrwürdiger als eine Mutter
unter vielen Kindern« (WA I.23, S. 83). Damit werden die Widersprüche deutlich. Als anrührendes Bild, ähnlich wie in den Famili-
enporträts des Biedermeier, als reizendes Zeichen für vertrautes
Beisammensein, hat die Mutterfigur durchaus ihren Platz bei Goethe. Als Handlungsträgerin hingegen, als emotionale Partnerin der
männlichen Protagonisten, ist die Mutter eher selten anzutreffen.
Und wenn gar die Liebe auf dem Spiel steht, so läuft ihr das junge
Mädchen den Rang ab. Wie in den *Wahlverwandtschaften*, in denen
die Mütterlichkeit und Häuslichkeit Charlottes so eindeutig abgelehnt wird.

Im *Faust* wird die ganze Typenskala der weiblichen Gestalten im Werk Goethes vorgeführt. Hier finden sich mehr Muttergestalten in wichtigen Rollen als in irgendeinem anderen seiner Werke: die Mutter Gretchens, Gretchen selbst, Helena, und Maria, die Mater dolorosa/gloriosa. Alle diese Mütter gewinnen ihren Hauptwert dadurch, daß sie zu der Selbstverwirklichung des Helden entscheidend beitragen. Aber nicht nur. Sie sind allesamt Frauen, die durch ihre Mutterschaft Kummer und Elend erleben. Allen ihren Kindern geht es im Endeffekt ähnlich: Gretchens Mutter wird durch Fausts Schlafmittel von ihrer Tochter vergiftet; Gretchen selbst bringt ihr uneheliches Kind um und zahlt dafür mit dem eigenen Leben; Helena gelingt es nicht, trotz mütterlicher Vorschriften, den jugendlichen Überschwang ihres Sohnes in Schranken zu halten, und der Tod Euphorions bedingt ihre Rückkehr in die Schattenwelt. Mit der Ausnahme der Mater gloriosa setzt die Mutterschaft dem Leben all dieser Frauen ein Ende. Die Mater gloriosa aber hat eine eigene Funktion im Werk, die sich von der Funktion der anderen Mütter deutlich unterscheidet.

Doch trotz des Scheiterns der dramatischen Muttergestalten spielt der Muttermythos im *Faust* eine prädominierende Rolle. Ein seltsamer Widerspruch. Noch seltsamer vielleicht als die offenbare Widersprüchlichkeit im Begriff und in der Darstellung der Mutterfigur in anderen Werken.

Auch im *Faust* herrscht die bekannte Werteskala in der Schilderung der Frauengestalten vor: das geliebte junge Mädchen, Gretchen, nimmt in ihrer unverbildeten, fast kindlichen Weiblichkeit den ersten Platz ein; an zweiter, aber doch noch sehr wichtiger Stelle steht die geliebte ideelle Frau: Helena. Als Geliebte Fausts sind beide nicht gefährdet, wohl aber als die Mütter seiner Kinder. Denn im Grunde wird schon mit ihrer Geburt die Hoffnung auf jedes weitere Glück, auf jedes weitere Leben, zunichte gemacht. Insofern verblüfft es, daß Literaturwissenschaftler wie z.B. Harold Jantz in der Mutterschaft im *Faust* einen so positiven Wert sehen wollen. Daß Goethe hier Mutterschaft als »wichtigste und ewig gültige weibliche Eigenschaft« preist,[9] läßt sich am Text jedenfalls nicht belegen.

Wie aber läßt sich die Verherrlichung des Mutterprinzips in diesem Werk erklären, wenn gerade hier die dargestellten Mütter nur als Opfer der Mutterschaft erscheinen? Das ist ein merkwürdiger Widerspruch,

---

9 Harold Jantz: The Mothers in Faust: The Myth of Time and Creativity. Baltimore: The Johns Hopkins Press 1969, S. 44.

der bisher kaum gesehen wurde. Es ist zu vermuten, daß die sogenannten Mütter in *Faust II*, als »schaffendes und erhaltendes Prinzip«, als »ewige Metamorphose des irdischen Daseins«, in Wirklichkeit wenig mit Goethes Vorstellung von Mutterschaft als solcher zu tun haben. Das Prinzip der Mütter, das Eckermann als das »des Entstehens und Wachsens, des Zerstörens und Wiederbildens« charakterisierte, kennt weder Raum- noch Zeitgrenzen und steht dem Prinzip der Negativität und der bloßen sinnlichen Augenblicklichkeit eines Mephisto feindlich gegenüber. Deswegen will sich dieser nicht auf ein Gespräch über die Mütter mit Faust einlassen. Daß Faust und Mephisto aber genau entgegengesetzte Einstellungen gegenüber der Natur und dem Bereich der »Mütter« vertreten, geht aus Fausts Antwort auf die abschreckende Schilderung des Teufels hervor, wenn er sagt:»In deinem Nichts hoff' ich das All zu finden« (V. 6256).

Vergleicht man das, was im *Faust* über die Mütter ausgesagt wird, mit dem Fragment *Die Natur*, das Goethe zur Zeit seiner Arbeit an dem Müttermythos des zweiten Teils seiner *Faust*-Dichtung wieder in die Hand bekam, so stellt man eine überraschende Ähnlichkeit in beiden Schriften fest, wie folgende Exzerpte zeigen[10] : (F = *Faust*, N = *Natur*)

> F: Versinke denn! Ich könnt' auch sagen: steige!
> 's ist einerlei. (V. 6275f.)
> N: Natur! Wir sind von ihr umgeben und umschlungen –
> unvermögend aus ihr herauszutreten, und unvermögend
> tiefer in sie hinein zu kommen ... Wir leben mitten
> in ihr und sind ihr fremde. Sie spricht unaufhörlich
> mit uns, und verräth uns ihr Geheimniß nicht.

> F: ... Entfliehe dem Entstandnen
> In der Gebilde losgebundne Reiche!
> Ergetze dich am längst nicht mehr Vorhandnen;
> (V. 6276f)
> N: Alles ist immer da in ihr. Vergangenheit und
> Zukunft kennt sie nicht. Gegenwart ist ihr
> Ewigkeit.

> F: Die einen sitzen, andre stehn und gehn,
> Wie's eben kommt. Gestaltung, Umgestaltung,
> Des ewigen Sinnes ewige Unterhaltung. (V. 6286f.)

10 Das 1782-83 von J.C. Tobler verfaßte Fragment wurde 1828-29 von Goethe neu veröffentlicht und als eigenes Gedankengut anerkannt; siehe WA II. 11, S. 5-9 und dazu Goethes »Erläuterung« (ebd., S. 10-12).

N: Sie schafft ewig neue Gestalten; was da ist war
noch nie, was war kommt nicht wieder – alles ist
neu, und doch immer das Alte.

Noch interessanter als diese gedanklichen Ähnlichkeiten sind die Stellen im Prosa-Fragment, die sich unmittelbar auf die Mutterschaft oder Mütterlichkeit der Natur beziehen, wie z.B.: »Sie lebt in lauter Kindern, und die Mutter, wo ist sie? – Sie ist die einzige Künstlerin: aus dem simpelsten Stoff zu den größten Contrasten; ohne Schein der Anstrengung zu der größten Vollendung – zur genausten Bestimmtheit, immer mit etwas Weichem überzogen. Jedes ihrer Werke hat ein eigenes Wesen, jede ihrer Erscheinungen den isolirtesten Begriff, und doch macht alles Eins aus ... An's Große hat sie ihren Schutz geknüpft« (WA II.11, S. 6f.).

Diese Bildsprache gehört deutlich dem Bereich der Mütter in *Faust II* an, auch wenn es hier um die Natur geht. Solche Naturhymnen mögen zwar dem Verständnis der Zeit entsprechen; die Tatsache jedoch, daß Goethe sich ausdrücklich dazu bekannt hat, zeigt, bis zu welchem Grad das Bild der Mutter-Natur ihm wichtig war und sein Denken prägte.[11] Die klassische Walpurgisnacht, der zweite Akt des Zweiten Teils, dessen Vorbedingung Fausts Gang zu den »Müttern« ist, zeigt unverkennbar die zentrale Stellung der Natur bei der Suche des Menschen nach Liebe und Kunst. Nur durch sein Erlebnis der stufenweisen Entwicklung der Natur bis zum Höhepunkt der Kunst kann Faust den Weg finden, der ihm durch Liebe die Vereinigung mit Helena im dritten Akt möglich macht.[12]

---

11 Vgl. z.B. folgende Gedichte: *Der Wandrer* (WA I. 2, S. 170-177, besonders V. 127-141), *Sendschreiben* (ebd., S. 190f.), *Auf dem See* (WA I. 1, S. 78), *Venezianische Epigramme* (Nr. 82 – ebd., S. 326). Ähnliches findet man in Briefen wie dem an Charlotte von Stein vom 10. Februar 1787 (WA IV. 8, S. 181) und in der *Italienischen Reise* (WA I. 30, S. 273f.). In seinem Bericht über die erste Bekanntschaft mit Schiller bezeichnet Goethe Schillers [Kantische] Undankbarkeit gegen »die große Mutter« (die Natur) in dem Aufsatz *Über Anmut und Würde* als einen weiteren Beweis für »die ungeheure Kluft zwischen unsern Denkweisen« – siehe WA II. 11, S. 15f.

12 Im Natur-Fragment wird klar, wie eng die Verbindung zwischen der Natur und der Liebe wirklich sein soll: »Ihre Krone ist die Liebe. Nur durch sie kommt man ihr nahe. Sie macht Klüfte zwischen allen Wesen, und alles will sich verschlingen. Sie hat alles isolirt, um alles zusammen zu ziehen. Durch ein paar Züge aus dem Becher der Liebe hält sie für ein Leben voll Mühe schadlos« (WA II. 11, S. 8f.).

In der Schlußszene des Dramas, in der Gretchen und durch sie Faust als Entelechie an einem Prozeß des läuternden Werdens und Wiederbelebens im Bereich der Himmelskönigin (Mater gloriosa) teilnehmen, setzt sich die schon gleich nach dem Tode Fausts angefangene Symbolik der lieblich und liebevoll Rosen streuenden Engel fort. In dieser letzten Szene bedient sich Goethe ganz bewußt der bekannten Figuren und Vorstellungen der Kirche, ohne die er sich »sehr leicht im Vagen hätte verlieren können«, wie er selbst zugibt.[13] Doch man lasse sich nicht täuschen. Der Einsatz der Mater gloriosa und ihre überhöhte Bedeutung in dieser letzten Szene haben wenig Verbindung mit seiner Abwertung der gewöhnlichen Mutterschaft.

Hier verfährt Goethe nicht anders als die Mehrzahl der Dichter und Denker. Die symbolische Mutter steht auf hehrem Podest; die empirische fristet bloß ein Schattendasein in der Phantasie der Künstler. Gretchen *als die Geliebte* ist es aber, durch die Faust sich zu »höheren Sphären« heben soll, wie die Mater gloriosa selbst zu ihr sagt: »Komm! hebe dich zu höhern Sphären;/ Wenn er dich ahnet, folgt er nach« (V. 12094f.). Dem geliebten Mädchen gebührt dieser hohe Rang durch die Kraft ihrer Liebe, noch mehr aber durch die Liebe, die sie im Mann erregt. Sie wird als die Verkörperung einer höheren, idealen Liebes- und ideellen Lebenskraft dargestellt, durch die der Mensch Hoffnung, Genesung und Wiederverjüngung – alles Zeichen eines erneuten, vollen Lebensgefühls und einer erneuten Lebensfähigkeit – erleben soll. Es stellt sich also heraus: Auch die Mädchenfigur ist nicht nur das, wofür wir sie genommen hatten, sondern noch sehr viel mehr.

Was für eine Stellung nimmt nun die Mutterfigur im Goetheschen Gesamtwerk ein? Das persönliche und literarische Interesse des Autors gilt in erster Linie der Gestalt des jungen und liebesfähigen Mädchens, in zweiter Linie der Gestalt der starken, unverheirateten und – für ihn – noch liebenswürdigen Frau oder Herrin, die vom Temperament her für die Rolle einer Erzieherin gut geeignet ist. Nur in *Hermann und Dorothea* – das ist deutlich geworden – wird einer Mutterfigur als solcher große Bedeutung beigemessen. Mit der Mutter als *reiner Vorstellung*, als *Produkt der Einbildungskraft*, steht es aber ganz anders. Denn der Glaube an das Prinzip der allumfassenden Liebe in der Natur, aus der neues Leben hervorgeht und in der alles Leben überhaupt, vergangenes wie künftiges, enthalten ist, gehört zu den Grundüberzeugungen Goethes.

---

13 Johann Peter Eckermann (Hg.): *Gespräche mit Goethe in den letzten Jahren seines Lebens*, S. 435.

Der Muttermythos, der im *Faust* eine so bestimmende Rolle spielt, ist eng verknüpft mit dem Glauben Goethes an eine ewig schaffende, allumfassende und liebende Natur. So bedient er sich sowohl der Ikonographie der christlichen Kirche wie auch der antiken Vorstellung Plutarchs (nach der Mütter Gottheiten sind), um sein eigenes Mutter-Göttin-Natur-Prinzip in seiner ganzen Komplexität zu entwickeln. Der Mutter-Mythos beflügelt ihn vollauf, die empirische Mutter hingegen kaum. Das Mütterliche gehört in Goethes Fühlen und Denken – sowie in der Darstellung seiner wichtigsten Frauenfiguren – zur Quintessenz des Weiblichen wie auch der ganzen Natur. Freilich: Das Mutterprinzip als Symbol einer tiefempfundenen doch nicht durch Worte auszuschöpfenden Wahrheit, die Mutterfigur dagegen als wenig bedeutende, weil zu beschränkte Repräsentantin eines hohen Frauenideals – das bleibt eine merkürdige Antithese, die das ganze Werk durchzieht.

Aber warum die Geheimnistuerei Eckermann gegenüber, als dieser um Hilfe bei der Deutung der »Mütter« bat? Goethe wollte und konnte ihm das nicht erklären, denn es war Teil seines mystischen Gedankenguts, das er stets vor jeder rationalen Auslegung zu schützen versuchte. »Der Mysticismus ist die Scholastik des Herzens, die Dialektik des Gefühls«, schrieb er in seinen »Maximen und Reflexionen« (WA I.42.2, S. 161). Ihm war es sein Leben lang um das eigene Gefühl gegangen, und man hat mit Recht behauptet, die geistige Urschicht seines Naturerkennens sei nichts anderes als »gefühlte Wahrheit«.[14] Man könte hinzufügen: sein Frauenbild genauso.

»Meine Idee von den Frauen«, sagte Goethe als Neunundsiebzigjähriger zu Eckermann, »ist nicht von den Erscheinungen der Wirklichkeit abstrahiert, sondern sie ist mir angeboren oder in mir entstanden, Gott weiß wie«. Seine negative Darstellung von spezifischen Muttergestalten mag im allgemeinen mit der seiner Zeitgenossen vergleichbar sein, aber die positive, mystisch gefärbte Vorstellung von der Mutter und der Mütterlichkeit, die erst bei den Romantikern festeren Fuß faßte, ist ihm eigen und geht aus seinem idealen Frauenbild hervor. »Meine dargestellten Frauencharaktere«, fuhr er im schon zitierten Gespräch mit Eckermann fort, »sind ... alle gut weggekommen, sie sind alle besser, als sie in der Wirklichkeit anzutreffen sind«.[15] Hier irrte Goethe entschie-

---

14 Andreas Wachsmuth: Geeinte Zwienatur. Aufsätze zu Goethes naturwissenschaftlichem Denken. Berlin, Weimar: Aufbau-Verlag 1966, S. 8.

15 Johann Peter Eckermann (Hg.): *Gespräche mit Goethe in den letzten Jahren seines Lebens*, S. 257f.

den, jedenfalls hinsichtlich seiner Muttergestalten. Sie hinken allesamt hinter der Wirklichkeit her, so große Ehrfurcht er dem Mütterlichen seiner Vorstellung nach erwiesen haben mag.

»Der Mensch erfreut sich ... mehr an der Vorstellung als an der Sache« (WA II.11, S. 29): Offenbar neigte Goethe eher zu dem freien Spiel der Phantasie als zu der Betrachtung der für ihn unzulänglichen und einschränkenden Wirklichkeit. Im grenzenlosen Bereich der Vorstellung – und nur da – ließen sich die faszinierendsten Frauengestalten nach Wunsch entwerfen und ins Leben rufen. Nur da konnte eine andere Welt entstehen, in der sein Frauenideal freien Spielraum hatte. Daß Mutterfiguren dabei weder eine große noch konsequente Rolle spielen konnten, liegt auf der Hand. Denn zu Spielzeugen der Goetheschen Phantasie waren sie einfach weniger geeignet als ihre unbelasteteren Schwestern, die allein für den Mann und dessen Lieblingsträume da waren. Die Darstellung der Mütter scheint also doch letzten Endes auf eine unausgeglichene Mischung von sporadischer Hingabe im Vorstellungsbereich und eigentlichem Desinteresse im Bereich der Wirklichkeit hinauszulaufen. Kein Wunder, daß sie konfus und in sich widersprüchlich anmutet.

Goethes Vorliebe für das junge Mädchen verengte den Spielraum für die Mutter. Darin unterschied sich der Olympier kaum von anderen Dichtern.

Barbara Becker-Cantarino

»Meine Mutter, die Hur, die mich umgebracht hat...«.
Die Kindsmörderin als literarisches Sujet

Als Faust zu Beginn der Kerkerszene das »eiserne Türchen« öffnen will,
um Gretchen zu befreien, singt »es« inwendig:

> Meine Mutter, die Hur,
> Die mich umgebracht hat!
> Mein Vater, der Schelm,
> Der mich gessen hat!
> Mein Schwesterlein klein
> Hub auf die Bein
> An einem kühlen Ort;
> Da ward ich ein schönes Waldvögelein.
> Fliege fort, fliege fort. (4412–4420)

Das singende »es« ist Gretchen – das jedenfalls glaubt der »lauschende
Geliebte« Faust. Oder ist »es« die Stimme des toten Kindes, das Gretchen getötet hat? Die Grenzen zwischen mörderischer Mutter und er-
mordetem Kind verschwimmen. Denn das »ich« des Liedes ist die
Stimme des Kindes; dieses »ich« erzählt in einer eigenartig verfremde-
ten Volksweise[1] die Geschichte einer Kindstötung durch eine Huren-
mutter, vom Kannibalismus des Vaters und einer Art Erlösung oder Verwandlung des toten Kindes durch ein mitleidiges Schwesterchen. Aber

---

1 Von diesem Volkslied bzw. dieser Erzählung existierten zahlreiche Varianten in
Europa, von denen »Von dem Machandelboom« (Grimms *Märchen* Nr. 47) die
beste ist. Goethe adaptierte ein niederdeutsches Lied für die Kerkerszene
(schon im *Urfaust*, ca. 1773/1775); er fügte die negativen Beinamen »Hur« und
»Schelm« für Mutter und Vater hinzu und das möglicherweise eine seelisch-
spirituelle Transformation suggerierende »fliege fort, fliege fort«. Das Lied wurde sogar als Symbol für Goethes eigenen schöpferischen Prozeß verstanden, der
sich wie das verletzte Kind in einen schönen Vogel wandle und frei davonfliege
(vgl. Helmut Ammerlahn: Goethe und Gretchens Lied vom Machandelboom.
Zur Symbolik des dichterischen Schaffensprozesses. In: Akten des 6. Internationalen Germanistik Kongresses. Hrsg. von Heinz Rupp und Hans-Gert Roloff. Frankfurt a.M., Bern: Peter Lang 1981, S. 338-44). Diese Lesart macht
poetische Bilder ohne Rücksicht auf geschlechtsspezifische Nuancen für eine
männlich definierte Welt passend.

ist dies nicht auch Gretchens eigene Geschichte als Mutter und Kindsmörderin zugleich? Ist es nicht auch die Geschichte ihrer »Hurenliebe« (Bruder Valentin hat sie so bezeichnet), ihres Mutter- und Kindsmordes, ihres Leidens unter der weltlichen Gerichtsbarkeit und ihrer (bevorstehenden) Hinrichtung als Sühne, ihrer Hinwendung zu Gott: »Dein bin ich, Vater! Rette mich!« (4607) und ihrer symbolischen Errettung? Warum aber, so fragen wir, muß Gretchen, zunächst das Urbild weiblicher Tugenden und Mütterlichkeit, als Kindsmörderin sterben – und dann vom »Vater« gerettet werden?

Gretchen als Mutter und Kindsmörderin, dieser paradoxen Erscheinung eines Mutterbildes in Goethes *Faust*, dem so nachhaltig wirksamen und vielfach interpretierten Werk der deutschen Literatur, möchte ich im folgenden nachgehen. Es wird zu zeigen sein, welche Zwänge der Geschichte Gretchens durch die patriarchale Welt, die Faust verkörpert, auferlegt werden: Gretchens Geschichte als Mutter wird von Hexerei und Kindsmord eingerahmt und mit Bedeutung versehen. Auf symbolischer Ebene wird Mütterlichkeit inszeniert und zugleich getötet; im männlichen Phantasma vom matrilinearen Abstammungsmythos muß die Frau als Mutter sich schuldig machen, um so auch ihren Tod rechtfertigen zu können, und wird dann erst als Leiche mit Omnipotenz und Erlösungsmacht ausgestattet. Weiter wird zu zeigen sein, wie Goethe einerseits an atavistische Vorstellungen von Hexenzauber, Kindestötung und Kannibalismus, wie sie auch im Medea-Mythos europäisches Gemeingut geworden sind, erinnert und zum anderen, ein damals sensationelles, soziales Phänomen aufgreift und literarisiert: die Prozesse gegen Kindsmörderinnen. Denn im 18. Jahrhundert beginnen Literaten und Intellektuelle, das Problem des Kindsmordes zu diskutieren und in zahlreichen literarischen Darstellungen, die bis weit ins 20. Jahrhundert reichen, die Mutter als Kindsmörderin als dramatisches Sujet zu verwenden. In der Figur der Mutter als Kindsmörderin spiegelt sich die komplexe und paradoxe Neukonzeption der Mutter- und Kindesrolle in der patriarchalen Gesellschaft seit der Aufklärung, die letztendlich wiederum als Phantasie und Ideologie von der (bösen/guten) Mutter in psychoanalytischen Theorien von Freud bis Lacan auftaucht.

Mutter und Hexe: Gretchens Geschichte

An der Oberfläche kennzeichnen zunächst Fausts Verführung und Verrat Gretchens Geschichte, die in einer rasch ablaufenden Szenenfolge von realistischen Episoden (von der »Straße« bis zum »Dom«) dargestellt wird. Gretchens eigentliche und eigene Geschichte ist die verführerische und (selbst-)zerstörerische weibliche Sexualität, die in den symbolischen Hexenszenen in den Vordergrund gerückt und in der Gretchentragödie weitergeführt wird; darauf folgen ihr Kindsmord, der kryptisch angedeutet, im Drama selbst aber nicht dargestellt wird, die Gefangenschaft im »Kerker« (wie in der patriarchalischen Gesellschaft) und ihr Sühneopfer, das darin besteht, daß sie Hinrichtung statt Flucht wählt. Im Text des Dramas differiert Gretchens »weibliche Stimme« stark von Fausts Ausdrucksweise; sie ist lyrisch, emotional, gebrochen, oft unartikuliert, einsam, angstvoll, oder äußert sich im Gesang, nicht aber wie Faust in langen philosophischen Monologen oder ausführlichen kritischen Dialogen mit Mephisto. Gretchens »weibliche« Stimme, das heißt natürlich die ihr vom Autor Goethe unterlegte Stimme, ist von der Konzeption unterschiedlicher, sich ergänzender Geschlechterrollen des späten 18. Jahrhunderts geprägt. Faust spürt Gretchens Geist, der »*mütterlich* [sie] täglich unterweist.« (2704)

Das magische Spiegelbild des schönen weiblichen Körpers aus der »Hexenküche« vor Augen – ein trügerisches, vergängliches Zeichen der sexuellen Macht der Hexe –, begegnen wir Gretchen das erste Mal in der Szene »Straße«, die unmittelbar auf die »Hexenküche« folgt. Hier spricht sie selbst nur zwei knappe Zeilen (in denen sie Fausts Angebot, sie zu begleiten, ablehnt), wohingegen Faust seinen Eindruck von Gretchen als ein »wunderschönes, tugendvolles Kind« (2609, 2611) artikuliert. Dieses Bild weiblicher Schönheit verbunden mit kindlicher Reinheit wird mit Gretchens Auftritt in ihrem »kleinen, reinlichen Zimmer« (2678 ff.) verstärkt. Hier ist sie damit beschäftigt, ihre Zöpfe zu flechten und aufzubinden. Ihre Gedanken kreisen um ihr Aussehen und um die Erscheinung Fausts: »Ich gäb was drum, wenn ich nur wüßt/ Wer heut der Herr gewesen ist«. (2678 f.) Die narzißtische Faszination, die ihr eigenes Spiegelbild auf Gretchen ausübt – ein Gegenstück zu der Faszination, die Faust für das »Andere« verspürt, für die von dem magischen Spiegel der Hexe reflektierte weibliche Schönheit – macht sie für die Verführung empfänglich. Als sie später das Kästchen (Mephistos) in ihrem Schrank entdeckt – eine Art Büchse der Pandora, ein Sinnbild sexueller Lüsternheit –, »putzt [sie] sich damit auf und tritt vor den Spiegel.« (nach 2795) Das Spiegelbild ihrer eigenen, mit dem Geschenk des Teufels geschmückten Schönheit bemächtigt sich ihrer und verführt Gretchen dazu, die schützende Moral ihrer Mutter zu verlassen; sie gibt ihrer Begierde nach und wendet sich an eine Nachbarin und Vertraute (mit der Mephisto das Treffen mit Faust arrangieren kann). Dieser Wechsel von der Mutter zur Kupplerin signalisiert, daß

Gretchen sich ihrer eigenen Sexualität, die sie am Ende zerstören wird (und somit ihre erlösende Selbstopferung für Faust ermöglichen wird), bewußt wird. Während Schönheit und Reinheit Gretchens äußerliche Merkmale bilden, rückt ihre verführerische (und zerstörerische) Sexualität in den Mittelpunkt ihrer Geschichte als Frau.

Im »Garten« – einem zwar begrenzten und kultivierten, aber auch verführerischen und ungeschützten Ort, an dem sich Natur und Kultur begegenen – erscheint die weibliche Hauptfigur in sozialer und emotionaler Isolation. (Als zivilisierte Natur repräsentiert der Garten auch die bezähmte weibliche Fruchtbarkeit ebenso wie die verführerische Sexualität.) Die Szene vermittelt einen Eindruck von der Enge von Gretchens Leben, ihrer Sehnsucht nach Mutterschaft, aber auch ihrer unterdrückten Begierden, die ihr zum Verhängnis werden. Über die strenge Moral ihrer Mutter etwas verärgert, erzählt Gretchen Faust von ihren Haushaltspflichten und vom Tod ihrer kleinen Schwester, für die sie die Mutterrolle übernommen hatte – der Tod der Schwester mag den späteren Tod ihres eigenen Kindes andeuten. Da ihr Vater verstorben ist und ihr Bruder weit weg von zu Hause als Soldat dient, fehlt ihr der (aus der Sicht des 18. Jahrhunderts) lebenswichtige männliche Schutz. Ihre familialen Umstände machen sie zu einer ungeschützten, alleinstehenden Frau, die ohne männlichen Schutz, aber auch ohne männliche Aufsicht ist.

Die Mutterschaft, das Gebären und Aufziehen der Kinder, erscheint Gretchen als einzige Freude in ihrer sonst so ereignislosen, eingeschränkten kleinen Welt der Frau, in der Faust als Liebhaber ihre Begierde erweckt hat und als wohlhabender Freier ein besseres Leben zu versprechen scheint. In dieser kleinen Welt stellen Liebe und Heirat für eine Frau wie Gretchen nicht nur emotional befriedigende, menschliche Erfahrungen und bedeutsame Abwechslungen dar, sie sind auch die einzigen Mittel, um in der gesellschaftlichen Hierarchie aufzusteigen. Die menschliche und soziale Differenz zwischen ihr und Faust erscheint deutlich in der berühmten »Gretchenfrage«: Gretchen kann Fausts erhabene – und ausweichende – Ausführungen über die Bedeutung von Glauben und Religion nicht begreifen. Sie kann nur intuitiv fühlen, daß Mephisto, Fausts ständiger Begleiter, der Teufel ist, aber sie kann diese Tatsache nicht rational begreifen oder artikulieren. Ebensowenig kann sie sich selbst von Fausts und Mephistos Einfluß und deren zunehmender Macht über sie befreien. Faust redet sie wiederholt mit »mein Kind« (3418), »liebe Puppe« (3476) und »kleiner Engel« (3163) an und charakterisiert sie damit als ein kindliches, unschuldiges Gemüt, aber auch als ein einfältiges und ungebildetes Wesen. Ontologische

Unterschiede zwischen Frau und Mann und getrennte soziale Sphären, sowie asymmetrische Beziehungen zwischen den Geschlechtern kennzeichnen die patriarchale und hierarchische Konstruktion des Geschlechterverhältnisses in der Gretchentragödie.

Als dramatische Figur findet Gretchen erst im Gesang und Gebet, schließlich dann im Wahnsinn ihre subjektive Stimme. Nur in diesen Äußerungsweisen kann sie ihre Trauergefühle zum Ausdruck bringen, kann sie von ihren Ängsten sprechen und um göttliche Hilfe bitten:

> Hilf! Rette mich von Schmach und Tod!
> Ach neige,
> Du Schmerzenreiche,
> Dein Antlitz gnädig meiner Not! (3616-19)

Im Gebet zur Mater Dolorosa sucht Gretchen bei Maria, der religiösen Symbolfigur für die Mutterschaft, Trost und Erlösung, die sie jedoch nicht findet. Das Bild der »Schmerzenreichen« vertritt die Stelle von Gretchens abwesender Mutter; beide sind fern, stumm und bedeuten moralische und religiöse Autorität. Die Mater dolorosa ist die sublimste Repräsentation einer Mutter in ihrer Trauer um den toten Sohn, eine leidvolle Erfahrung, die Gretchen später selbst machen wird, jedoch in perverser Verwandlung der Mutter in eine Mörderin: Gretchen wird zur sündigen Mutter, die *ihr eigenes Kind* und *ihre eigene Mutter* tötet.

Im Gegensatz zu Faust kann Gretchen ihre eigenen Konflikte nicht ausdrücken, sie kann über ihr eigenes Schicksal nicht reflektieren, nicht darüber nachsinnen, wie sie handeln sollte, und somit auch keine bewußten Entscheidungen treffen. Die relativ kurzen, emotional aufgeladenen Szenen, in denen wir Gretchen sehen, stehen in starkem Kontrast zu Fausts langen Monologen und den Gesprächen mit seinem Begleiter Mephisto, in denen es ihm möglich ist, seine Gefühle und Wünsche ausführlich zu artikulieren und eine breite Palette an Emotionen, Gedanken, Plänen und Wünschen zur Schau zu stellen, während Gretchens Äußerungen immer lyrischer, introspektiver und emotionaler werden.

Ihr Körper und ihre Sexualität erscheinen in zunehmendem Maße als sündhaft und hemmen ihre Sprache. In der Duellszene (»Nacht«), in der Faust und ihr Bruder um *ihre* Ehre (ihren Körper) kämpfen, verhält sich Gretchen als stumme Betrachterin des Geschehens, die lediglich einige Verzweiflungsschreie von sich geben kann (3770), während ihr sterbender Bruder sie wortgewandt als eine Hure beschimpft, die *ihn* in Unehre gebracht und *ihn* somit ruiniert habe. Valentins Tod und die Tatsache, daß Faust sie verläßt, zeigen Gretchens moralischen und gesellschaftlichen Ruin; ihre Verdammung folgt in »Dom«. Während der Messe übersteigern sich Gretchens Angst und ihr Gefühl der Schande in solchem Maße, daß sie gar glaubt, von einem bösen Geist verfolgt zu sein, der sie an ihre Sünden erinnert; die steinernen Säulen des Doms werden für sie zum Gefängnis (das Gefangensein ihres Körpers in der Sünde), und sie befürchtet ihre unmittelbar bevorstehende öffentliche Ächtung, ihre Gefangennahme und Exekution. Als der Böse Geist ihr von ewiger Verdammnis zuflüstert, wird Gretchen ohnmächtig. Unmittelbar anschließend wechselt die Szenerie zur sexuellen Ausgelassenheit der »Walpurgisnacht« über, dem Hexensabbat, auf dem Gretchen lediglich als »ein Zauberbild, [...] leblos, ein Idol« (4190) erscheint.

Gretchens vordergründige Geschichte – die realistischen Episoden, die davon handeln, wie Faust Gretchen umwirbt, sie verführt und verläßt – wird symbolisch eingerahmt von Szenen der Hexerei, der grotesken »Hexenküche« und der orgiastischen »Walpurgisnacht«. Die burleske Szenerie der »Hexenküche« trivialisiert die gefürchtete Hexe der kaum überwundenen Hexenverfolgungen,[2] indem sie die Hexe in der traditionell der Frau zugeordneten Sphäre des Haushalts, der Küche, zeigt und sie somit den weiblichen Aufgaben des Hegens und Pflegens zuordnet. Diese Szene rückt zugleich Körper und Sexualität der Frau in das mythisch-verzauberte Umfeld der Hexe (in dem Spiegel-Zauberbild einer schönen nackten Frau). Zauberbild und Liebestrunk stammen von der Hexe, womit sexuelle Lust unmittelbar mit dem irrationalen, dem Teufel ergebenen Schadenzauber der Hexerei – Grundkonzeption und Hauptanklagepunkt in der Hexenverfolgung – verknüpft wird. Jegliche Mütterlichkeit oder Hinweise auf die Fruchtbarkeit der Frau sind ausgeblendet. Gretchens Körper und ihre Sexualität erscheinen somit gezeichnet und dieser tabuisierten Welt der Hexe zugeordnet. In ähnlicher Weise erscheint die Nachbarin Frau Marthe als eine Art weltliche Hexe; sie ist nicht die dienende oder freundschaftlich

---

2 Die letzte offizielle Hinrichtung im Reichsgebiet fand 1775 in der Fürstabtei Kempten, in Europa im Schweizer Kanton Glarus 1782 statt. Die Welle der Hexenverfolgungen, die um 1600 ihren Höhepunkt erreicht hatte, klang erst im frühen 18. Jahrhundert ganz aus, als die – vielfach erforschte – Kritik seit Spee und Thomasius an dieser Rechtspraxis sich endgültig durchsetzte. Vgl. hierzu u.a. Claudia Honegger (Hg.): Die Hexen der Neuzeit. Studien zur Sozialgeschichte eines kulturellen Deutungsmusters. Frankfurt a.M.: Suhrkamp 1978, und Gerhard Schormann: Hexenprozesse in Nordwestdeutschland. Quellen und Darstellungen zur Geschichte Niedersachsens 87. Hildesheim: Lax 1977.

zugetane Begleiterin, sondern eine Kupplerin, die Gretchens Sexualität ausnutzt. Gretchens Ohnmächtigwerden im Dom symbolisiert ihr erneutes Abtauchen in das heidnische Hexenreich des Bösen. Ihre darauffolgende Erscheinung auf dem Hexensabbat verkörpert lediglich ein Zerrbild ihrer früheren Reinheit und Mütterlichkeit: sie ist nicht nur verwandelt und entstellt, sondern nun auch verloren. Als weibliche Hauptfigur ist Gretchens Charakter von der patriarchalen, bürgerlichen Welt bestimmt und darüber hinaus den Gesetzen einer patriarchalen Religion unterworfen. In ihrer schwachen weiblichen Sexualität wird sie in Versuchung gebracht, unterliegt dieser (durch ihre verbotene Liebe zu Faust), begeht Todsünden (Muttermord, um bei ihrem Liebhaber zu sein, und Kindsmord) und sühnt dann, indem sie sich Gott und seinem Urteil unterwirft. Gretchens Geschichte zeichnet sie als in jeder Hinsicht ausgegrenzt und verloren: als (bürgerliche) Frau, als Geliebte und als Mutter.

Die versteinerte Mutter: Gretchen als Kindsmörderin

In der patriarchalen Welt des *Faust*dramas ist das Problem der Kindstötung vom philosophischen Diskurs und von der realistischen Ebene ausgeschlossen. Erst im letzten Aufzug, als das wegen Kindstötung verurteilte Gretchen im »Kerker« ihre öffentliche Hinrichtung am folgenden Morgen erwartet, finden sich zwei versteckte Hinweise auf diese Leerstelle in zwei Visionen Gretchens. Hier kann Gretchen genausowenig ihre Phantastereien von der Wirklichkeit unterscheiden wie Vergangenheit, Gegenwart und Zukunft, noch kann sie zwischen ihren sie heimsuchenden Sünden und der sich ihr unverhofft darbietenden Fluchtmöglichkeit (Fausts Besuch) trennen. Erst als eine nach patriarchalen Maßstäben Verdammte und Wahnsinnige kann sie sich ausdrucksstark und suggestiv artikulieren. Sie wird »immer mehr sie selbst, sie kann beten«[3], während Faust sich in einen wortkargen und nahezu passiven Zuschauer verwandelt, bevor er sie drängt, mit ihm zu fliehen.

In Gretchens Geschichte bedeutet die Kerkerszene ein Erkennen ihrer Schuld, ihre Sühne durch Selbstopferung und die Rückkehr zu Gott dem Vater. Sie sieht sich nun als Ausgestoßene und übernimmt die

---

3 So Erich Trunz im Kommentarteil der Hamburger Ausgabe. Bd. 3, S. 534. Die neue *Faust*-Ausgabe im Klassiker-Verlag von Albrecht Schöne bringt absolut nichts Neues für die Interpretation, sondern pocht eitel auf philologische Spitzfindigkeiten.

alleinige Verantwortung für den Mord ihrer Mutter, ihres Bruders und ihres Kindes. In dieser Szene tatsächlicher Gefangenschaft und symbolischem Ausschluß (von der Gesellschaft und von Fausts Liebe zu ihr) beschwört sie in einem eindrucksvollen Bild ihr Los:

> Wären wir nur den Berg vorbei!
> Da sitzt meine Mutter auf einem Stein,
> Es faßt mich kalt beim Schopfe!
> Da sitzt meine Mutter auf einem Stein
> Und wackelt mit dem Kopfe;
> Sie winkt nicht, sie nickt nicht, der Kopf ist ihr schwer,
> Sie schlief so lange, sie wacht nicht mehr.
> Sie schlief, damit wir uns freuten.
> Es waren glückliche Zeiten! (4565-4573)

Das von Gretchen evozierte Bild der scheinbar versteinerten, gefühllosen Mutter kann keine tröstende, freundliche Botschaft an die verdammte Tochter senden, die ihre Mutter um ihres Liebhabers willen verlassen und ihr eigenes Kind getötet hat. Die leblose, herzlose Mutter auf dem Felsen symbolisiert auch jene Mutter, die Gretchen durch den Mord an ihrer eigenen Mutter und ihrem Kind in sich selbst getötet hat, und weist so auf ihre eigene Unfruchtbarkeit und Nicht-Mütterlichkeit hin. Nach dieser Vision, der Erkenntnis ihres Todes als Frau und ihrer Schuld durch die Kindstötung, akzeptiert Gretchen ihre Hinrichtung und sühnt damit für ihre Sünden. Sie ist »gerichtet« (4611) nach Maßstäben dieser Welt, wie Mephisto verkündigt, aber die »Stimme« (von oben) mildert dieses harsche weltliche Schicksal durch ihren Ruf »Ist gerettet« (4612).

Faust steht diesem Gretchen, der (früheren) Geliebten, Mutter und Kindsmörderin, verständnislos gegenüber, wenn er zu Beginn der Szene »mit einem Bund Schlüssel und einer Lampe, vor einem eisernen Türchen« erscheint: das phallische Symbol des Schlüssels und die Lampe, seine geistigen Kräfte vermögen wohl das »eiserne Türchen« aufzuschließen, nicht aber Gretchen zu verstehen oder zu erreichen und zu retten. Gretchen spricht mit der Stimme ihres getöteten Kindes: »Meine Mutter die Hur, die mich umgebracht hat« und nimmt zugleich die Rolle der Mutter- Hure ein. Faust bleibt eigenartig unberührt von Gretchens fragmentarischem Bericht darüber, wie und weshalb sie ihr Kind getötet hat, von der Geburt des Kindes und den Begleitumständen der verzweifelten Tat. Stattdessen wendet er sich von diesem Geschehnis sowie seiner Liebe und Vaterschaft ab und meint, sie werde ihn töten: »Laß das Vergangne vergangen sein!/ Du bringst mich um.«

(4518-4519) Für Faust ist Gretchen jetzt eine »Mörderin«, eine Episode, die er zu vergessen sucht, um mit seiner Selbstverwirklichung fortfahren zu können. So wird Faust dann auch (zu Beginn des zweiten Teils) erfrischt und erneuert nach einem langen Schlaf des Vergessens wiederkehren, um seine symbolische Reise fortzusetzen. Nicht so Gretchen. Durch die Tötung ihres Kindes hat sie ihr Recht verwirkt, in der menschlichen Gesellschaft zu leben; als Kindsmörderin wird ihr mit gleicher Münze heimgezahlt, ihr Tod ist ein Opfer für Faust und seine patriarchale Welt, ein Mutter-Opfer für die symbolische Vater-Welt.

Gretchens Rolle und Bedeutung sind weitaus komplexer als jene der verführten Unschuld in der romantischen Liebestradition. Ihr Schicksal steht exemplarisch für jenes von Frauen allgemein in einer patriarchalen Gesellschaft: Als »verführte Unschuld« dient sie als Sinnbild männlicher Macht und Vorherrschaft über den weiblichen Körper, als Kindsmörderin erscheint sie als Gefangene ihrer reproduktiven Rolle, der biologischen Mutter. In der poetischen Symbolik des *Faust*dramas wird sie für das Patriarchat geopfert.

Zur Sozialgeschichte der Kindsmörderin

Die Gretchentragödie verwendet ein damals aktuelles Thema im Leben und Dasein einer Frau: (außereheliche) Schwangerschaft und (illegitime) Mutterschaft, die in Kindstötung enden, ein wichtiges Kapitel in der Sozialgeschichte von Frauen im frühmodernen Europa.[4] Jeder *Faust*kommentar enthält Hinweise auf Goethes Wissen um die öffentliche Hinrichtung der Kindsmörderin Susanna Margarethe Brandt, die 1772 in seiner Heimatstadt Frankfurt stattgefunden hat, als er mit der Arbeit am *Urfaust* (ca. 1772 bis 1775) begann und die Gretchentragödie als neues Motiv der Faustlegende hinzufügte. Als Kindsmord galt damals in Deutschland die Tötung eines neugeborenen oder noch sehr kleinen Kindes durch seine Mutter, um die Geburt und das uneheliche Kind zu verheimlichen. Kindstötung wurde mit öffentlicher Hinrichtung bestraft, was in Deutschland erstmals in der Reformationszeit in

---

4 Als eine der ältesten, radikalsten Methoden der Geburtenkontrolle scheint die Kindstötung Bestandteil der meisten oder sogar aller westlichen Nationen gewesen zu sein, wenn auch das Christentum sie von Anfang an verdammte. Präzise Angaben für die Zeit vor dem 20. Jahrhundert sind für kein Land vorhanden, aber es existiert juristische Literatur für das 19. Jahrhundert. Gerichtsakten und journalistische Berichte beleuchten zumindest teilweise die Situation verurteilter Frauen im Deutschland des 18. Jahrhunderts.

der *Carolina*, dem Strafgesetzbuch Karl V., der *Peinlichen Halsgerichtsordnung* (1532), festgesetzt wurde. Oft hatte der Strafvollzug rituellen Charakter, wie beim »Säcken« oder »Pfählen«: die Verurteilte wurde in einen mit Steinen beschwerten Ledersack eingenäht und in einen Fluß oder Teich geworfen (nach römischem Recht oft zusammen mit drei als unrein geltenden Tieren, einem Hahn, einer Katze und einer Schlange); oder die Verurteilte wurde bis zum Hals mit Dornengebüsch und Sand bedeckt und dann ihr Herz mit einem spitzen Pfahl durchbohrt. Erst im 18. Jahrhundert wurde die Hinrichtung mit dem Schwert vollzogen, immer noch als öffentliches Spektakel. So ersetzte in Preußen seit 1740 die Schwertstrafe (Enthauptung) die herkömmlichen Verfahren des Säckens beziehungsweise Pfählens. Gefängnis auf Lebenszeit und lange Kerkerstrafen wurden erst nach 1750 eingeführt, als im Zuge aufklärerischer Strafrechtsreformen auch für die Kindsmörderin mildere Strafen diskutiert und verlangt wurden.

In allen Regionen Deutschlands wurden jährlich (schätzungsweise 25 bis 50) Fälle vor Gericht gebracht, wovon die meisten in Verurteilung endeten.[5] Für die Stadt Nürnberg sind im 16. Jahrhundert 24 Verurteilungen aktenmäßig belegt (1510 bis 1599), im 17. Jahrhundert 38 (1600 bis 1699) und im 18. Jahrhundert 32 (1700 bis 1777). Die Würzburger Stadtarchive nahmen von 1769 bis 1788 jährlich ein bis vier Fälle auf. Noch 1780 endeten zehn von den 46 in Preußen abgehaltenen Kindstötungsprozessen mit dem Todesurteil für die involvierten Frauen; 14 mit lebenslänglicher Einkerkerung bei Schwerstarbeit; elf mit der Verurteilung zu zehnjähriger, einer mit der Verurteilung zu kürzerer Haft; und zehn – eine ungewöhnlich hohe Zahl – mit Freispruch. Diese Zahlen zeigen, daß trotz drakonischer Strafen und öffentlicher Anteilnahme an der Kindstötung weiterhin Verurteilungen stattfanden.

Rechts- und Sozialhistoriker weisen darauf hin, daß diese archivalisch dokumentierten Urteile nicht die wahre Zahl von Kindstötungen darstellen, von denen die meisten wohl nie entdeckt, beziehungsweise den Gerichten nicht angezeigt wurden.[6] Ein Neugeborenes, von des-

---

5 Vgl. Wilhelm Wächtershäuser: Das Verbrechen des Kindesmordes im Zeitalter der Aufklärung. Eine rechtsgeschichtliche Untersuchung der dogmatischen, prozessualen und rechtssoziologischen Aspekte. Quellen und Forschungen zur Strafrechtsgeschichte 3. Berlin: E. Schmidt 1973, bes. S. 109- 148.

6 Einen knappen sozialhistorischen Überblick bietet Richard van Dülmen: Frauen vor Gericht. Kindsmord in der Frühen Neuzeit. Frankfurt a.M.: Fischer 1991.

sen Geburt und Existenz niemand wußte, wurde nicht vermißt – der kleine Körper, dem ein kirchliches Begräbnis aus religiösen oder finanziellen Gründen nicht zukam, konnte noch in Reichweite von Siedlungen leicht in einem flachen Graben oder den weitläufigen Wäldern, Marschen, unbebauten Feldern und unwegsamen Gebieten der damals nur spärlich besiedelten ländlichen Regionen verborgen werden. Auch scheint bis zur Reformationszeit die Kindstötung in Deutschland kaum mit nennenswerten Abstrafungen oder gar Hinrichtungen geahndet worden zu sein, obwohl im christlichen Europa Kindstötung stets als eine Sünde und ein todeswürdiges Vergehen eingeschätzt wurde. Erst die betont christlich sich verstehende Obrigkeit der Frühen Neuzeit richtete das moralische Bewußtsein auf unverheiratete und schwangere Frauen und versuchte, sie zu kontrollieren. Dazu wurden Apotheker, Ärzte, Hebammen[7] und auch Hausväter mit Kontrollpflicht ausgestattet und (unter Strafandrohung) angehalten, Schwangere sorgfältig zu beobachten und anzuzeigen, wenn Abtreibungen, heimliche Geburten, Aussetzungen oder Kindstötungen vermutet wurden. Gleichzeitig setzten die Obrigkeiten und die Kirchen »Unzuchtstrafen« für unverheiratete Schwangere durch: Geldstrafen – für Dienstmädchen in der Regel einen Jahreslohn! –, öffentliches Anprangern (etwa: mit eisernem Ring um den Hals am Markt stehen müssen oder mit abgeschnittenem Haar und Strohkranz unter Trommeln und Pfeifen durch die Stadt gejagt werden), Leibesstrafen (Auspeitschen oder der blutige »Staupenschlag« und Landesverweisung), sowie die öffentliche Kirchenbuße[8] (im »Sünderhemd« vor der Gemeinde die *delicta carnis* – Fleischesverbrechen – bereuen). Zu dieser Pönalisierung der außerehelichen Schwangerschaft kamen die grausamen, ritualisierten Todesstrafen für die Kindsmörderin, wie sie in der *Carolina* festgelegt waren. Von den Männern, die diese Frauen geschwängert hatten, hört man nie

---

7 Die Hebammen büßten jedoch immer mehr an Einfluß auf den Schwangerschafts- und Geburtsprozeß und an Wissen darum ein, bis sie im späten 18. Jahrhundert weitgehend von Ärzten – nur Männer durften bis 1906 (!) studieren und konnten daher das medizinische Wissen beherrschen – und der sich entwickelnden Frauenheilkunde verdrängt wurden. Vgl. die noch immer nicht durch neue, historische Forschung ersetzte Untersuchung von Elseluise Haberling: Der Hebammenstand in Deutschland von seinen Anfängen bis zum Dreißigjährigen Krieg. Berlin/Osterwieck a. Harz: Staude 1940.

8 Nur die evangelische und reformierte Kirche führte diese öffentliche Kirchenbuße aus; Adel, Hofbeamte und Soldaten waren davon befreit, auch konnte man sich davon freikaufen.

oder nur ganz selten etwas. Mit diesen Maßnahmen sollte der sexuelle Verkehr außerhalb der Ehe unterbunden und die Institution der patriarchalen Ehe mit dem Hausvater – in Analogie zum Landes- und Gottvater – an der Spitze gestärkt werden. Nur in der Ehe war Mutterschaft legitim und sogar moralische Pflicht für die Frauen.

Wie bei allen Gerichtsverfahren der Frühen Neuzeit wurde die Folter regelmäßig angewandt, um Geständnisse zu erpressen, bis sie in der zweiten Hälfte des 18. Jahrhunderts abgeschafft wurde. Obwohl das bei den Prozessen einen Schritt zu mehr Objektivität bedeutete, wurde eine Verurteilung der angeklagten Frau fast immer erreicht, wenn eine Kindesleiche entdeckt und das Neugeborene außerehelich zur Welt gekommen war; und diese Verurteilung geschah unbesehen der Situation der Frau oder der Todesumstände. Selbst in Fällen, in denen das Kind totgeboren oder verletzt zur Welt gekommen und bald darauf verstorben war, oder wenn man eine Frau fälschlicherweise der Mutterschaft verdächtigt hatte, wurden die angeklagten Frauen zumeist wegen Kindstötung verurteilt. Die gerichtliche Praxis war oft willkürlich, und die medizinischen Expertenaussagen waren oft unzuverlässig; sie basierten auf unzulänglichen medizinischen Kenntnissen und waren oft von offenem Frauenhaß oder Standesdünkel geprägt. Immer waren Frauen, überwiegend aus dem Dienstbotenmilieu, die Angeklagten, und sie wurden ausschließlich von Männern ins Kreuzverhör genommen sowie be- und verurteilt. Sie waren von männlicher Meinung und Zeugenaussage abhängig, und das auf einem Gebiet, das im 18. Jahrhundert noch weitgehend von Unwissenheit und Aberglaube geprägt war: Schwangerschaft, Geburt und Kleinkinderpflege.

Frauen selbst kamen nur in Gerichtsberichten zu Wort, welche allerdings eine erstaunliche Fülle von Einzelheiten über deren Leben und die Tatumstände beinhalten. Durch ihre Darlegungen sprechen diese Frauen, die meist Analphabeten waren und ansonsten keine Stimme hatten; wenn ihre Aussagen auch gefiltert, zum Teil unvollständig oder zensiert sind – schließlich wurden sie von männlichen Schreibern festgehalten und häufig für die offiziellen Gerichtsunterlagen oder für Fallstudien in Textbüchern umgeschrieben.

Aus diesen Gerichtsakten wird deutlich, daß fast alle im 18. Jahrhundert in Deutschland aufgrund von Kindstötung verurteilten Frauen dem Dienstbotenmilieu oder Kleinbürgertum angehörten. Die meisten Frauen waren ledig, über Vorgänge wie Empfängnis, Schwangerschaft und Geburt unaufgeklärt, und hatten das Kind gegen ihren Willen zur Welt gebracht. Sie waren überwiegend als Mägde oder Bedienstete in einem ländlichen oder städtischen Haushalt beschäftigt, oder es waren

Töchter von kleinen Bauern, Handwerkern oder Tagelöhnern, die bei den Eltern lebten. In der Regel konnten diese Frauen nicht heiraten, weil sie sonst ihre Anstellung verloren hätten; und ein Mann aus dem ihnen angestammten Dienstbotenmilieu konnte eine Familie nicht allein ernähren, weshalb er von seinem Arbeitgeber und den amtlichen Autoritäten keine Heiratserlaubnis erhielt, selbst wenn er darum bat. Viele Frauen waren von ihrem Verehrer verlassen worden, nachdem dieser sie geschwängert hatte, oder sie waren vergewaltigt beziehungsweise durch Überzeugungskraft oder Drohungen von ihrem männlichen Brotgeber, dessen Sohn oder Hausgesinde in sexuelle Beziehungen gedrängt worden. Die möglicherweise überraschendste Erkenntnis aus den Gerichtsunterlagen ist das verbreitete Vorkommen von Inzest mit anschließender, ungewollter Schwangerschaft und Kindstötung. Gerade gegen die Opfer von Inzest wurden die schwersten Strafen verhängt.

Warum nahmen Frauen im Deutschland des 18. Jahrhunderts zu Kindstötung Zuflucht? Natürlich handelten nur wenige Frauen mit unehelichen Kindern so verzweifelt, und es existieren keine Berichte über Männer, die von ihnen gezeugte Neugeborene getötet hätten. Allem Anschein nach war die Unfähigkeit, das Neugeborene und sich selbst zu ernähren als Folge extremer Armut das Hauptmotiv. Entlassen von ihren Brotgebern, hinausgeworfen von ihren Vermietern und oft von ihren Familien verstoßen, die sich zumeist kaum selbst ernähren konnten, sahen diese Frauen keinen anderen Ausweg, als sich von ihren ungewollten, schreienden und häufig kränkelnden Babies zu befreien. Auch bezeugen Gerichtsaussagen, daß mitunter sehr einfache Frauen das Neugeborene nicht als menschliches Wesen, sondern eher als verhextes Objekt, als Wechselbalg oder als Fleischklumpen betrachteten, mit dem sie sich völlig hilflos und verständnislos konfrontiert sahen. Obwohl Frauen die offizielle Kirchenbuße (öffentliche Bloßstellung vor der Gemeinde) für ihre als unmoralisch geltenden, außerehelichen sexuellen Beziehungen fürchteten, spielten diese moralischen Sanktionen offensichtlich eine verhältnismäßig untergeordnete Rolle bei der Entscheidung zur Kindstötung. Zwar waren Frauen aus dem mittleren und gehobenen Bürgertum für derartige Sanktionen besonders empfindlich, doch halfen ihnen für gewöhnlich ihre Familien, eine außereheliche Geburt entweder durch Abtreibung (über deren Verbreitung und Vorgehensweise heute wenig bekannt ist) zu verhindern, oder sie geheim zu halten, indem sie das Neugeborene einer armen Familie gegen Entgelt zur Plege übergaben oder es selbst aufzogen. Es waren fast immer bettelarme Frauen ohne familiären und materiellen Rückhalt, die sich zur Kindstötung genötigt sahen. Oft wußten diese Frauen auch sehr wenig von der physischen Seite der Mutterschaft, sie hatten bestenfalls abergläubische Vorstellungen über die körperlichen Vorgänge von Empfängnis, Schwangerschaft und Geburt. Ihre Mutterschaft versuchten sie zu verheimlichen, und ihre Niederkunft fand in der Regel versteckt, oft ganz allein statt, etwa in einem Hühner- oder Kuhstall, einem Feld, oder einem verlassenen Hof. Unter diesen Umständen waren sie dann weder körperlich noch seelisch in der Lage, mit dem Neugeborenen fertigzuwerden und es als Mutter zu versorgen. Dazu kamen oft die völlige Verständnislosigkeit sowie der Spott und Hohn der Hausbewohner und Nachbarn.

Die harten Strafen, die im Deutschland der Frühen Neuzeit für Kindstötung verhängt wurden, legten den Grundstein für das Recht der Neu- und Ungeborenen; sie halfen dabei, die Mutterschaft auf verheiratete Frauen zu beschränken, weil ihre Kinder in der Familie versorgt werden konnten und dort ihren sozialen Ort hatten. Das Gesetz schützte das Kind; um die Mutter kümmerte es sich lediglich insofern, als daß es sie wegen Unzucht bestrafte, ohne eine Verantwortung des Vaters anzuerkennen oder die näheren Ursachen der Schwangerschaft, wie Vergewaltigung oder Inzest, einzubeziehen. Frauen wurden für ihre Sexualität bestraft, ihre reproduktive Rolle war nur geschützt – und kontrolliert – im Rahmen der patriarchalen Familie.

In der zweiten Hälfte des 18. Jahrhunderts begannen deutsche Intellektuelle und Schriftsteller, sich für das Thema der Kindstötung zu interessieren, und eine öffentliche Kampagne gegen Hinrichtungen und zur möglichst weitgehenden Zurückdrängung von Kindstötungen begann. So wurde 1780 in den in Mannheim erscheinenden *Rheinischen Blättern zur Gelehrsamkeit* ein Aufsatzwettbewerb unter dem Titel »Welches sind die besten ausführbaren Mittel, dem Kindermord abzuhelfen, ohne die Unzucht zu begünstigen?« ausgeschrieben, der eine ungeheure Verbreitung und Teilnahme hervorrief. Die Themenformulierung impliziert eine kausale Beziehung zwischen »Unzucht« und »Kindermord«, zwischen dem moralisch-sexuellen Fehlverhalten (von Frauen) einerseits und dem Vorkommen von Kindstötung andererseits. Über vierhundert Aufsätze gingen ein. Alle waren von Männern verfaßt, alle zeigten sich teilnahmsvoll am unglücklichen Schicksal der betroffenen Frauen, alle verdammten mit moralischer Strenge die »Unzucht« sowie loses – weibliches – Sexualverhalten.[9] Indem diese ausschließlich

---

9 Vgl. hierzu Jan Matthias Rameckers: Der Kindesmord in der Literatur der Sturm- und Drang-Periode. Ein Beitrag zur Kultur- und Literaturgeschichte des 18. Jahrhunderts. Rotterdam: Nigh & van Ditmar's 1927, bes. S. 71-102.

männlichen Autoren bestimmte, zu einer Kindstötung führende sexuelle Szenarien durchgingen und diskutierten, interpretierten und ideologisierten sie die sozialen und individuellen Konflikte, die mit außerehelicher Schwangerschaft und illegitimer Geburt verbunden waren. Dabei wurde die reproduktive Rolle der Frau – die Mutterschaft – zur Frage der sexuellen Moral. Die Scham der Frau über ihr außereheliches Kind wurde in den Vordergrund gerückt. Sie forderten deshalb die Abschaffung der Unzuchtstrafen, Beaufsichtigung und Betreuung der unverheirateten Schwangeren durch die Behörden, die Einrichtung von Gebäranstalten und Findelhäusern. Auch in dieser vergleichsweise progressiven Diskussion – und die meisten Forderungen wurden nicht eingelöst – bleibt noch eine Leerstelle: die Väter.[10]

Schande, Schuld und Erlösung: Die Literarisierung der Kindsmörderin

Die Diskussion der Juristen und Philosophen, die schon mit der Frühaufklärung begann, sensibilisierte besonders die Literaten des Sturm und Drang für das Problem des Kindsmordes und beflügelte ihre Phantasie. Kindsmord wurde zum wichtigen Motiv der schönen Literatur; nicht nur Goethe nahm es schon in seinen *Urfaust* (1772/75) aus aktuellem Anlaß einer Hinrichtung in Frankfurt und von (u.a. englischen) Volksballaden angeregt mit auf. Lenz behandelte das Thema in seiner Erzählung *Zerbin oder die neuere Philosophie* (1776); Klinger in seinem Faust-Roman von 1791; Schiller dichtete *Die Kindsmörderin* (1781), und es gab zahlreiche weniger bekannte Verarbeitungen. Das Motiv blieb in Erzählungen der Romantik, etwa in Brentanos *Geschichte vom braven Kasperl und dem schönen Annerl* (1817), die das Motiv der Ehre in den Vordergrund stellt, ebenso lebendig wie in der Literatur des 19. und frühen 20. Jahrhunderts, etwa in George Eliots psychologisierendem Roman *Adam Bede* (1859) oder Hauptmanns Schicksalstragödie *Rose Bernd* (1903).

10 Eine gewisse Ausnahme bildete Pestalozzi, der in seiner 1781 erschienenen Schrift *Über Gesetzgebung und Kindermord* auch »Untreue und Betrug verführender Jünglinge« erwähnte. Er plädierte dafür, die Rechtsstellung schwangerer Mädchen in bezug auf Einklagbarkeit des Eheversprechens und der Kindesversorgung zu klären. So sollten die vielerorts bestehenden Gesetze aufgehoben werden, die die Eheversprechen von z.B. Soldaten, Studenten und Adeligen gegenüber bürgerlichen Mädchen für nichtig erklärten. Verführer, die sich mit Eheversprechen den Beischlaf erschlichen hatten, sollten als Betrüger bestraft werden.

Das bekannteste Drama nach *Faust* schrieb Heinrich Leopold Wagner mit dem Titel *Die Kindermörderin* (1776), das noch Peter Hacks 1957 als »Lust- und Trauerspiel« für die Bühne im Sinne des sozialistischen Realismus neu bearbeitete, indem er den Klassenkonflikt zwischen Adel und Bürgertum stärker herausarbeitete und das betrogene Mädchen am Ende dieser Gesellschaft trotzen läßt: »Komm, komm mein Sohn, mein kleiner Bastard, wir gehen fort aus diesem Kerker von Pflicht und Bosheit, wir wollen uns durchs Land schlagen, bis wir eine menschliche Seele [...] gefunden.« Wie hohl eine solche Bearbeitung klingt, zeigt ein Bericht über eine Aufführung von 1965: »In Wuppertal wie in Ostberlin brach das Publikum, statt bewegt zu sein und klassenkämpferisch die Fäuste zu ballen, in Gelächter aus.«[11]

Auch wenn die späteren Bearbeitungen des Kindsmörderin-Motivs psychologisch und auch sozialgeschichtlich einfühlsamer verfahren, so bleiben doch immer die literarisierten Elemente von Schuld und Sühne bestehen, wie sie das folgende Volkslied vorbringt:

> Joseph, lieber Joseph, was hast du gedacht,
> daß du die schöne Nannerl ins Unglück gebracht!

> Ach Joseph, lieber Joseph, mit mir ist's bald aus!
> man wird mich bald führen zum Schandtor hinaus.

> Ach Richter, lieber Richter, richt nur fein geschwind,
> ich will ja gern sterben, daß ich komm zu meinem Kind!

> Ach Joseph, lieber Joseph, reich mir deine Hand!
> Ich will dir verzeihen, das ist Gott wohl bekannt.

> Der Fähnrich kam geritten und schwenkt seine Fahn:
> Halt still mit der schönen Nannerl! Ich bringe Pardon!

> Ach Fähnrich, lieber Fähnrich, sie ist ja schon tot:
> gute Nacht, mein schön Nannerl, dein Seel ist bei Gott.[12]

Diese Bearbeitung eines weitaus älteren Liedes erschien in *Des Knaben Wunderhorn* mit dem Titel *Weltlich Recht* und diente Brentano als Vorlage für seine rührselige Dorfgeschichte *Vom braven Kasperl und dem schönen Annerl*. Das Lied enthält alle, für das Kindsmörderin-Motiv typischen

---

11 So Marianne Kesting in: Die Zeit, 6.1.1965. Die von Hacks angestrebte »Produktivität« in der Heldin und im Beschauer traf ins Leere.
12 Zitiert nach Jan Matthias Rameckers: Der Kindesmord in der Literatur der Sturm-und Drang-Periode, S. 219.

Züge: Schönheit des Mädchens, Verlassenwerden vom Liebhaber, Schande des Mädchens, Todesstrafe und öffentliche Hinrichtung, Schuldanerkennung und freiwillige Aufsichnahme des Todes, Mitleid mit dem Schicksal des Mädchens, Unabwendbarkeit dieses Schicksals. Moralische Schuld und Scham über uneheliche, sexuelle Beziehung und williges Sühne-Opfer der Frau als Mutter/Kindsmörderin sind zentral – und bleiben es in allen, auch noch so psychologisch, naturalistisch oder soziologisch verfeinerten Bearbeitungen dieses Themas. Völlig ausgespart bleiben: die Geburt, das Mädchen als Mutter und – die Verantwortung des Vaters (lediglich der *abwesende* Liebhaber wird an seine Schuld erinnert, nicht aber als Kindesvater zur Rechenschaft gezogen). Noch bei Hauptmanns *Rose Bernd* ist es die Scham über ihre sexuelle Hingabe und die sexuelle Gier und der Stolz der Männer, die Rose wie schicksalhaft ausgrenzen, in die totale Einsamkeit und schließlich zum Kindsmord als Verzweiflungstat treiben. Auch hier kommt das Problem der Mutterschaft und der Frau als Mutter nicht zur Gestaltung; Rose verzehrt und verstrickt sich in Scham und Schuldgefühlen, die auch die Väter – Roses Vater versucht sogar vor Gericht ihre (sprich: *seine*) Ehre einzuklagen – in diesem Drama schüren und ausnutzen. Sie verdrängen die Mutter, verleugnen das Kind und die Verantwortung als Vater; sie insistieren auf der Macht und Gewalt über die Frau. Wie in den Balladen, Gedichten und Erzählungen des 18. und 19. Jahrhunderts verzehrt sich die Frau in Scham und Schande, wenn denn ihre »Stimme« vom Dichter literarisiert wird:

> Empfindungen einer unglücklich Verführten
> bey der Ermordung ihres Kindes
>
> Ha! Welche Schande wartet mein,
> Ich bin entehrt, geschändet! – nein
> Die Welt darf meinen Fall nicht wissen!
> Entsetzen! käme meine Schmach
> Und meine Schande an den Tag,
> Nein! meines Kindes Blut muß fließen![13]

Schande – Schmach – Schande: dafür muß »Kindes Blut« fließen. So atavistisch imaginierten die männlichen Dichter in ihren Liedern die »Gefallenen« und »die Kindermörderin.« Auch Schiller huldigte diesen Straf- und Ausgrenzungsphantasien, wenn er die Mutter in seinem Gedicht *Die Kindermörderin* sprechen läßt:

---

13 Der Theaterdichter Johann Friedrich Schink (1755-1835) veröffentlichte dieses dramatische Gedicht im Almanach der deutschen Musen auf das Jahr 1777, S. 279.

Deine Mutter – o im Busen Hölle!
Einsam sitzt sie in dem All der Welt
Durstet ewig an der Freudenquelle,
Die dein Anblick fürchterlich vergällt.
[...]
Joseph! Gott im Himmel möge dir verzeihen,
Dir verzeiht die Sünderin.
Meinen Groll will ich der Erde weihen,
Schlage, Flamme, durch den Holzstoß hin! – (V. 73-76; 105- 08)

Schillers Imagination: »Einsam sitzt sie in dem All der Welt« trifft genau den Stellenwert der zur Sünderin gestempelten Mutter in der patriarchalen Welt. Ihren »Groll,« ihr melancholisches Temperament,[14] den dumpfen Zorn auf den Vater, »weiht« sie selbst dem Naturelement Erde, so jedenfalls imaginiert Schiller: seine »Mutter« spricht als chthonisch, erd- und unterweltverbunden, als eine heidnische, archaische »Mutter Erde.« Das andere Element: Feuer, lebenszerstörende und lebenschaffende, göttliche Macht, seit Empedokles und Aristoteles als »männlich« gedachtes Element, Ausdruck der Liebe in der Sexualsymbolik, wird sie verbrennen und - erlösen.

Muttermord und Mutteropfer in der patriarchalen Imagination

Gegenüber diesen moralisierenden Bearbeitungen des Kindsmörderin-Motivs erscheint Goethes Gretchen-Tragödie weitaus komplexer und differenzierter, was besonders in der zwischen Wahrheit und Wahnsinn schwankenden Gretchen-Figur in der Kerkerszene zum Ausdruck kommt. Goethe schöpfte die poetischen Möglichkeiten des Mutter/Kindsmörderin-Komplexes als Bestätigung der *patriarchalen Ordnung* voll aus, indem er die Mutter/Kindsmörderin geheimnisvoll zweideutig verschleierte und für das *Faust*drama instrumentalisierte. Goethe war nicht daran interessiert, die sozialen Probleme der unteren Klassen oder die einer Mutter darzustellen; eine Kleinbürgerin, Bedienstete

---

14 Hippokrates setzte die vier Elemente mit den Säften des menschlichen Körpers, den Temperamenten, gleich und teilte die *melancholia*, die »schwarze Galle« der Erde zu. In der antiken Lehre der Elemente galt die Erde als das weiblichste, das Feuer als das eindeutig männliche Element. Schillers Kenntnis und Begeisterung für die Antike hat die Symbolik in der »Kindsmörderin« mitgeprägt.

oder Mutter galten im 18. Jahrhundert schlichtweg nicht als tragisches Subjekt für ein dramatisches Werk. Schon deshalb rückt Goethes Text Gretchens innere Konflikte und sozialen Motive, ihre Mutterschaft und Kindstötung, in den Hintergrund und deutet sie nur indirekt an. So spiegelt in der Brunnenszene der Klatsch über das vom Liebhaber geschwängerte und verlassene Bärbelchen lediglich Gretchens Situation. Sie selbst und auch das betroffene Mädchen kommen nicht zu Wort. Zwei Schichten, das Sprechen über die Abwesende und der analogische Verweis, verdecken die unverheiratete, schwangere Frau; über diese werdende Mutter wird im dramatischen Text als Sprachlose oder als Wahnsinnige verhandelt. So findet sich lediglich in den Worten des verurteilten, wahnsinnigen Gretchen ein kryptischer Verweis auf das Kind: »Mein Kind hab ich ertränkt« (4508); sie erinnert sich an den Todeskampf ihres Kindes in ihrem eigenen Delirium:

> Es will sich heben,
> Es zappelt noch,
> Rette! Rette! (4560-4562)

Diese knappe Darstellung des ertrinkenden Kindes, das nur als namenloses »es« im Text erscheint, und der Hilferuf verweisen auch auf Gretchens eigene verzweifelte Situation. Aber aus diesem »Es« wird kein »Ich«, um den Freudschen Satz zu variieren; bei der Mutter wachsen aus dem Unbewußten kein Bewußtsein und keine Selbstreflexion. *Mütter schreiben nicht, sie werden geschrieben,* so lautet auch eine Grundkonzeption der Psychoanalyse; ihr Körper ist das »schöne Land«, das der Dichter erlebt und imaginiert, wie Melanie Klein behauptet hat.[15] Sie fußt auf eben dem patriarchalen Literatur- und Dichterverständnis, das Goethe in der Faustischen Welt imaginiert.

Fausts Geisterbeschwörung und Selbstmordversuch, der Teufelspakt, die Hexenküche und die Orgien des Hexensabbat werden als große philosophische, dramatische Themen behandelt, denen die Mutterschaft untergeordnet, wenn nicht gar geopfert wird. Goethe hat das Problem der Mutterschaft aus dem sozialen und existentiellen Zusammenhang mit dem Frauenleben herausgelöst und instrumentalisiert,

---

15 Melanie Klein: Love, Guilt, and Reparation and Other Works, 1921-1945. New York: Doubleday 1977, S. 334. Vgl. auch Rubin Susan Suleiman: »Writing and Motherhood.« In: The (M)other Tongue. Essays in Feminist Psychoanalytic Interpretation. Hrsg. von Shirley Nelson Garner, Claire Kahane und Madelon Sprengnether. Ithaca, London: Cornell University Press 1985, S. 356.

um es als schuldstiftendes und sensationelles Ereignis – als illegitime Schwangerschaft und Kindsmord – Fausts patriarchaler Welt dienstbar zu machen. Gretchen wurde nicht als Mutterfigur imaginiert, die als Individuum selbständig und unabhängig von Faust agiert, sondern als Geliebte, die *sein* Erleben fördern soll. Dabei ist bemerkenswert, daß Gretchens Libido, ihr Verlangen nach Faust, eine ansonsten passive Figur in eine aktive Teilnehmerin im Drama und damit in eine schuldige und verdammte verwandelt. Unwissentlich die eigene Mutter und wissentlich ihr Kind in einer Opfertötung auszulöschen, ist wohl das äußerste Opfer einer Frau für ihren Geliebten, der dadurch frei voranschreiten kann, um – und dies ist wichtig – das Leben weiterhin in seiner Vielfalt erfahren zu können. In dieser Mutter/Kindsmörderin-Imagination nimmt die »Mutter« nur durch die Auslöschung ihres Kindes, ihrer eigenen Mutter und damit ihrer selbst aktiv an der Faustischen Welt teil; sie kann in dieser Welt nur als Kindsmörderin aktiv werden, obwohl gerade das Gebären von Kindern ironischerweise in der patriarchalen Welt die natürliche Bestimmung, die *raison d'être*, für eine Frau ist. In einer solchen Imagination sühnt die Geliebte/Mutter mit ihrer Selbstauslöschung als Mutter, indem sie die von der Gesellschaft dafür festgelegte Strafe auf sich nimmt: Tod durch das Schwert. Das phallische dieses Instruments der Hinrichtung springt ins Auge. Den religiösen Konnotationen des Dramas (eingeführt durch die Erscheinung Gottes im »Prolog im Himmel« und wieder aufgenommen mit der »Stimme von oben«) zufolge bringt ihre Sühne die Errettung durch den himmlischen Vater. Ihr Tod und ihre letztendlich willige Akzeptanz dieses Schicksals machen den Weg frei für Faust, mit seinem schöpferischen Lebensexperiment fortzufahren, ohne durch Gretchens »kleine Welt« eingeengt zu werden. Faust hat sich damit die Mutter einverleibt. Goethe bedient hier aller Klischees der (späteren) Psychoanalyse: die Frau sei masochistisch, passiv und bedrohlich-kastrierend.[16]

Die Katastrophe der Selbstauslöschung, die Vernichtung von Mutter und Kind, verursachen im Werk lediglich eine Veränderung des dramatischen Schauplatzes: die zumeist realistische Umgebung mit dem philosophischen, magischen und theologischen Diskurs des ersten Teils machen einem weitläufigen symbolischen und poetischen Panorama im zweiten Teil Platz. Hier taucht die Mutter in einer ästhetisierten Form wieder auf, um in einer hohlen Abstraktion des »Ewig-Weibli-

---

16 Vgl. Helene Deutsch: The Psychology of Women [1945]. New York: Bantam 1973, Bd. 2, S. 411ff.

chen« zu gipfeln. Wie das Bild der Mütter als Hüter des Lebens und das
der trojanischen Helena als Kunstschönheit, als Symbol kreativer Kräfte
fungiert, so ist das Mütterliche hier ein Konstrukt, eine männliche
Phantasie über männlich konnotierte Schöpferkraft. Das »Ewig-Weib-
liche« erscheint nur deshalb so unerreichbar, weil die Mutter geopfert
worden ist. Ihr Opfer ist die Quelle von Fausts Wandlung, eine weitere
Form der Herrschaft des Mannes über die Welt und die Frau.

Die traditionelle Goethe-Forschung hat diese Kausalität von Mutteropfer und Männerfreiheit geflissentlich übersehen und das mütterliche Prinzip als Verherrlichung des ›Ewig-Weiblichen‹ gedeutet.[17] Eine
solche unkritisch beschönigende Lesart läßt wichtige Aspekte des *Faust*
aus: nämlich die Menschenopfer von Mutter und Kind. Es ist eine an-
drozentrische, patriarchale Sichtweise eines ebenso patriarchalen Textes. Nicht nur, daß der Text um Fausts Ansichten, Hoffnungen, Entwicklung und Entfaltung kreist; er setzt auch die Mutter als dem Manne untergeordnet und instrumentalisiert sie. Einfach gesagt: Fausts Ge-
winn ist Gretchens Verlust, sein Leben ihr Tod. Für ihn opfert sie ihre
Ehre und ihre bürgerliche Existenz, ihre Mutter und ihren Bruder, wie
schon Georg Lukács in der ersten großen Untersuchung zur Gretchen-
figur festgestellt hat. Und sie opfert, wie unbedingt hinzugefügt werden muß, ihr Dasein als Frau und Mutter. Nur eine nicht-identifikato-
rische, kritische Lesart von Gretchens Mutteropfer kann den androzen-
trisch-hermeneutischen Zirkel mit seiner entsprechend androzentri-
schen Welt aufbrechen.

Die Mutterfigur in *Faust I* ist tief im misogynen Volksglauben von
der Hexe verwurzelt. Die Hexe, sexuell, irrational, nahezu animalisch,
lauert als dunkle Kreatur der Nacht hinter weiblicher Sexualität: sie hat
jegliche Mütterlichkeit mit Schadenzauber belastet und verhext.
Kindsmord und Muttermord sind die unausweichlichen Folgen. Hier-
vor, vor ihrer erdverbundenen weiblichen Sexualität, muß Gretchen
letztendlich selbst flüchten, indem sie zur Ausflucht der Kindstötung
greift. Sie muß in den Augen der Gesellschaft zur Verbrecherin und in
den Augen der Kirche zur Sünderin werden, welche nicht nur irgend-
einen Menschen tötet, sondern ihr eigenes Fleisch und Blut, und sich
selbst als Frau dazu. Für diese Mutter-Konstruktion im *Faust I* hat

17 Dies ist die lange gültige und wirksame geistesgeschichtliche Interpretation,
   wie sie etwa von Erich Trunz im Kommentar der Hamburger Goethe-Ausgabe
   oder von Harold Jantz: The Mothers in »Faust«: The Myth of Time and Creativity. Baltimore: John Hopkins University Press 1969, vertreten wird.

Goethe sich zwei wichtige Kapitel in der kollektiven Geschichte von Frauen zu eigen gemacht: die manischen Hexenverfolgungen und die rituellen, öffentlichen Hinrichtungen von Hexen und Kindsmörderinnen im frühneuzeitlichen Europa. Goethes Aneignung enthält eine extreme Verkürzung dieser Geschichte – in der atavistischen Hexenvorstellung sowie in der verschleierten, umfunktionierten Kindstötung – und eine patriarchalische Aneignung: mit dem Mutteropfer wird die Mutter aus der »realen« Welt entfernt und in die »ideale« patriarchalische Welt eingegliedert. Das Mutteropfer ist Ausdruck des männlichen Machtanspruchs und des »Neids des Mannes auf die Fruchtbarkeit der Frau«.[18] In dieser patriarchalischen Ideologisierung von Hexen und Kindstötung, in ihrer Reduzierung auf jene den männlichen Interessen untergeordneten und von ihnen kontrollierbaren Bestandteilen, liegt die letztendliche Überwältigung, Zerstörung und Verbannung der regenerativen, lebensspendenden Funktion der Mutter. »Gewalt«, so stellte Foucault bezüglich monarchischer *patria potestas* fest, »war hauptsächlich ein Recht auf Besitzergreifung; von Dingen, Körpern und schließlich vom Leben selbst; es gipfelte in dem Privileg, Leben zu beherrschen um es auszulöschen.«[19] Solch eine *patria potestas* ist dem Bild von Gretchen als Mutter und Kindsmörderin eingeschrieben.

---

18 Jessica Benjamin: Die Fesseln der Liebe. Psychoanalyse, Feminismus und das Problem der Macht. Frankfurt a.M.: Fischer 1993, S. 158. Neid und Verlustgefühle liegen der »Herabsetzung wie auch der Idealisierung der Frau« zugrunde.

19 Michel Foucault: Geschichte der Sexualität. Bd. 1, Frankfurt a.M.: Suhrkamp 1986, S. 146.

Pia Kleber

Die Courage der Mütter.
Am Beispiel von Bertolt Brecht

> Bert Brechts Revolution ist weiblich; genauer:
> mütterlich.
> (Fritz J. Raddatz, »Ent-weiblichte Eschatologie«,
> 1973)

Die zentrale Mutterfigur in Brechts epischem Theater ist »mit allen früheren, konservativen Werten, die der Begriff beinhaltet, assoziiert«, betont Sue-Ellen Case,[1] »die Frauen erscheinen als austauschbare Sex-Objekte«,[2] konstatiert Ute Wedel, Brecht entwirft zwar die »wahre« und die »falsche« Mutter, beide ignorierten jedoch eigene subjektive Bedürfnisse, schreibt Sara Lennox.[3] Fritz J. Raddatz kritisiert die Ent-Erotisierung der Brechtschen Frauenfiguren; Roger Planchon beschuldigt den Dramatiker, nur Mütter und Huren auf die Bühne gebracht zu haben. Ähnliches behauptet auch Helmut Karasek. Sue-Ellen Case untersucht die Mutterrolle in Brechts Werk vor dem Hintergrund heutiger Gentheorien und neuer Fortpflanzungstechnologien und hält ihm seine traditionelle Sichtweise vor (S. 65). Auffällig ist: Die Kritik an Brechts Mütter-Entwürfen kommt aus den unterschiedlichsten Lagern, von »links« und »rechts«, aus der Männerwelt ebenso wie aus feministischen Kreisen.

Im folgenden möchte ich zeigen, daß Brechts Mutterfiguren durchaus nicht bloß Repräsentationen konservativer Weiblichkeitsbilder sind, sondern höchst widersprüchlich angelegte Personen, die keineswegs in ihren biologischen Funktionen aufgehen. Eine solche Analyse ist lohnend. Schließlich gibt es kaum einen anderen Dramatiker, in dessen

---

1 Vgl. Sue Ellen Case: Brecht and Women: Homosexuality and the Mother. In: Brecht: Women and Politics. The Brecht Yearbook 12. Detroit: Wayne State University Press 1983, S. 62. Alle Übersetzungen aus dem Englischen sind, wenn nicht anders vermerkt, von mir.

2 Vgl. Ute Wedel: Die Rolle der Frau bei Bertolt Brecht. Europäische Hochschulschriften, Band 673. Frankfurt a.M.: Peter Lang 1983, S. 51.

3 Vgl. Sara Lennox: Women in Brecht's Work. In: New German Critique, 14, Frühjahr 1978, S. 86.

Werk die Mutter als dramatis persona eine ähnlich zentrale Stelle einnimmt. Allerdings nicht von Anfang an.

In den Frühwerken, in denen Frauen und Mütter nur als Neben- und Randfiguren dargestellt werden, zeichnet Brecht durchaus traditionelle, klischeehafte Mutterbilder. Die Mutter Baals, zum Beispiel, die nur in den ersten beiden der fünf existierenden Fassungen auftritt, nämlich in der von 1918 und 1919, ist repräsentativ für das Paradigma der leidenden, um ihren Sohn besorgten und sich für ihn aufopfernden Mutter.[4] Auch das Lamentieren und Kritisieren gehört zu dieser Figur. »Anstatt daß du arbeiten würdest und deiner alten Mutter das Leben nicht zu einer Hölle machen. Es ist eine Hölle«.[5] Und weiter beschimpft sie Baal: »Betrunken bist du! ... Und ich weiß nicht, woher den Mietzins bezahlen für den Herrn Sohn. Was hab ich denn für all meine Mühe und Plage, von früh 5 bis nachts 11, waschen und nähen und Fußtritte und diese Hände! Noch nicht eine Freude hab ich an dir gehabt, seit du lebst!« (S. 35)

Eine ähnlich stereotype und negative Darstellung der Mutter findet sich in Brechts zweitem Stück *Trommeln in der Nacht*. Es geht um die Frage der sentimentalen Mutter Amalie Balicke. Schwärmerisch steht Frau Balicke vor der Wandfotografie Andreas Kraglers, dem früheren Verlobten ihrer Tochter Anna, der seit vier Jahren im Krieg verschollen ist: »Er war ein so guter Mensch. Er war ein so kindlicher Mensch«.[6] Trotzdem verlobt sich Anna mit dem Spekulanten Friedrich Murk, dem seine Kriegsgewinne aus kalten »Dachzimmern« herausgeholfen haben. Als der vermeintlich in Afrika gefallene Frontsoldat in die Verlobungsfeier platzt, wird die Verlogenheit der Balicke entlarvt. Durch den Hinweis auf wirtschaftliche Vorteile versucht sie – genau wie ihr geschäftstüchtiger Ehemann – die Entscheidung ihrer Tochter zu beeinflussen. »Hörst du es, Anna! Er hat nichts!« (S. 197) Wie Wedel schon bemerkt hat, verkörpert Amalie Balicke »den Typ der bürgerlichen Ehefrau, die hinter all ihrer vorgetäuschten ›Moral‹ letztlich nur zu ver-

---

4 Brecht hatte 1956 vor, die Mutterszenen neu zu bearbeiten und in die Neuveröffentlichung des *Baal* wiederaufzunehmen. Dieses Vorhaben wurde nicht verwirklicht.

5 Bertolt Brecht: *Baal*. In: Stücke 1. Große kommentierte Berliner und Frankfurter Ausgabe, hrsg. von Werner Hecht, Jan Knopf, Werner Mittenzwei, Klaus-Detlef Müller. Berlin, Weimar: Aufbau-Verlag, Frankfurt a.M.: Suhrkamp 1988-1992, S. 35. Alle von Brecht zitierten Texte sind, falls nicht anderweitig angegeben, dieser Ausgabe entnommen.

6 Bertolt Brecht: *Stücke* 1, S. 177.

bergen sucht, daß sie sich in der Ehe prostituiert« (S. 154). Amalie empfiehlt dem verwirrten Heimkehrer Kragler: »Lerne leiden, ohne zu klagen« (S. 188). Für sie liegt der einzige Ausweg im »Kirschwasser«.

In der Zeit um 1926 beginnt Brechts Auseinandersetzung mit dem Marxismus. Dabei ist es entscheidend, daß sich ihm der Zugang zum Marxismus über Walter Benjamin, Karl Korsch und Fritz Sternberg erschließt, d.h. eher subjektivistisch gefärbt ist. Diese Marxismus-Perzeption hat dann zum autonomeren und aktivistischen Mutterbild geführt, was an Brechts Stücken *Die Mutter* (1933), *Mutter Courage und ihre Kinder* (1939), *Der gute Mensch von Sezuan* (1941) und *Der kaukasische Kreidekreis* (1949) gezeigt werden soll.

Gayle Rubin analysiert in ihrem sehr detaillierten Artikel »The Traffic in Women« das Versagen des klassischen Marxismus, sexuelle Unterdrückung zu artikulieren oder zu konzeptualisieren.[7] Das Versagen resultiert, laut Rubin, aus der Tatsache, daß Marxismus, als Theorie des Gesellschaftslebens, sich wenig um Sexualtheorie gekümmert hat. Die marxistische Theorie der Klassenunterdrückung beschäftigt sich mit Arbeitern, Bauern oder Kapitalisten; daß es sich auch um Frauen und Männer handelt, war für sie zweitrangig.

Brecht selbst war auch nicht besonders interessiert an Gesellschaftsbeziehungen, die speziell durch Geschlechtsunterschiede definiert waren. Sein Interesse galt vor allem der materialistischen Dialektik und der Anwendung der aus dieser Lehre gewonnenen Erkenntnis für das Theater. Diese materialästhetische Methode, die er zuerst mit Karl Korsch entwickelte, beschreibt das Verhalten des Menschen in seiner ganzen Widersprüchlichkeit innerhalb sich ständig verändernder historischer Situationen. Die wichtigste Technik dieser Methode des Eingreifens in Brechts epischem Theater, die die Welt als veränderbar und sich ständig verändernd darstellen soll, ist das Prinzip der Verfremdung. Das heißt einen Vorgang oder einen Charakter so darzustellen, daß er fremd, unnatürlich und unbekannt erscheint und somit Staunen und Neugierde erzeugt. Gewisse Verhaltens-, Denk- oder Sprechweisen so wie auch äussere Erscheinungen, die von herrschenden Ideologien als typisch weibliche oder männliche Merkmale definiert worden sind, können durch eine verfremdende Spielweise in Frage gestellt und als

---

7 Vgl. Gayle Rubin: The Traffic in Women: Notes on the Political Economy of Sex. In: Toward an Anthropology of Women, hrsg. von Rayna R. Reiter. New York, London: Monthly Review Press 1975. Relevant für diesen Artikel sind speziell S. 157-169.

nicht mehr »natürlich« dem Publikum vorgeführt werden.[8] Schließlich ist eins der Hauptanliegen feministischer Theoriebildung, Geschlechtscharaktere nicht mehr als biologische Konstanten zu definieren, sondern als das, was sie sind: ideologische Konstruktionen. Und das heißt: veränderbar. Darin liegt das Potential für feministische Impulse.

Um etwas verfremden und verändern zu können, muß zuerst eine konkrete Situation etabliert werden, die auf massive Kritik stößt. So beginnt Brecht sein Stück *Die Mutter* mit der Vorstellung der Pelagea Wlassowa als traditionelle, allen Vorurteilen entsprechende Mutter. Die Arbeiterwitwe ist besorgt, ihrem Sohn keine bessere Suppe vorsetzen zu können und ihm eine Last statt eine Hilfe zu sein. Ihre ausweglos scheinende Lage wird von dem Arbeiterchor bestätigt. Auch ihr Sohn Pawel stempelt sie mit diesem Klischee ab, indem er seine Genossen bittet, leise zu sprechen, da die Mutter von der revolutionären Arbeit nichts wüßte. Sie sei letztlich nicht mehr jung genug und könne ihnen doch nicht helfen.[9] Brecht baut seine Figuren so auf, daß sie gleichzeitig mit allgemein typischen wie auch mit spezifischen Zügen ausgestattet sind. Dadurch verschafft er ihnen die Möglichkeit, innerhalb bestimmter soziologischer Grenzen auch anders handeln zu können. So ist die Mutter einerseits entsetzt über das Vorgehen der Polizei, die mutwillig ihre Wohnung zerstört, zeigt aber andererseits nicht das erwartete Kuschen vor der Obrigkeit. Im Gegenteil. Sie weist den jungen Kommissar sogar zurecht: »Schreien Sie nicht so. Sie sind noch ein junger Mensch und haben noch kein Elend kennengelernt. Sie sind Beamter. Sie bekommen regelmäßig Ihr vieles Geld dafür, daß Sie den Diwan aufschneiden und nachschauen, daß im Schmalztopf kein Schmalz ist« (S. 269).

Die Beschreibung Brechts vom epischen Spiel der ersten Darstellerin der Mutter, Helene Weigel, illustriert bestens, was er unter der Demystifizierung einer Vorstellung versteht. Die Zuschauer werden befreit von illusionistischer Identifikation. Die Weigel *zitiert* das Verhalten der Mutterfigur, anstatt sich mit ihr zu identifizieren: Sie spricht die Sätze so, »als seien sie eigentlich in der dritten Person verfaßt, sie täuschte also nicht nur nicht vor, in Wirklichkeit die Wlassowa zu sein oder sich dafür zu halten und diese Sätze in Wirklichkeit zu sagen. [...]

---

8 Vgl. Elin Diamond: Brechtian Theory/Feminist Theory. Toward a Gestic Feminist Criticism. In: The Drama Review, 32, Frühjahr 1988, S. 84.
9 Bertolt Brecht: *Stücke* 3, S. 265-266.

Vielmehr stellt sie dem Zuschauer offen die Person vor, die er nunmehr als handelnde und zu behandelnde einige Stunden lang sehen würde«.[10]

Nach dieser Exposition kann das soziologische »Experiment über die Revolutionierung der Mutter« beginnen.[11] Die Bedeutung für die vorliegende Analyse liegt darin, daß Brecht mit seiner Dialektik das vorgegebene Mutterbild Schritt für Schritt dekonstruiert und zeigt, daß das Bewußtwerden der Pelagea zu einer neuen sozialen Funktion von Mutterschaft führt. Ihren Unmut über das Drucken der Flugblätter in ihrer Küche bekundet Wlassowa indem sie die, von Haus aus ihr zustehende Tätigkeit, Tee zu kochen, verweigert. Sie läßt sich von den Genossen nicht überrumpeln. Sätze wie, »es ist nicht gefährlich [Flugblätter zu verteilen], aber es ist nötig«, kommen bei ihr nicht an. Doch die Unlogik dieser Argumentation überzeugt sie davon, daß ihr Sohn in Gefahr ist. Deshalb erklärt sie sich bereit, die Flugblätter, deren Inhalt sie nicht lesen kann, selbst im Fabrikhof zu verteilen. Dieser Entschluß resultiert nicht aus der gewonnenen Erkenntnis, ihr und ihres Sohnes Los sei nur durch den revolutionären Kampf zu verändern, sondern aus der Sorge einer Mutter. Sie will den Sohn vor der Gefahr einer Inhaftierung schützen. Den Genossen erklärt sie, daß sie weder eine junge Frau noch eine Kämpferin sei. »Ich bin froh, wenn ich meine drei Kopeken zusammenkratze, das ist Kampf genug für mich« (S. 272).

Nach gelungener Flugblattverteilung, die zwar nicht den ihr versprochenen Zweck erfüllte, den verhafteten Ssidor frei zu bekommen, sondern drei weitere Arbeiter ins Gefängnis brachte, bekommt die Mutter ihre erste ökonomische Lektion. Durch geschickte Zwischenfragen zwingt sie die Genossen, ihre Gedanken zu präzisieren und zu konkretisieren. Ihr ist unverständlich, wieso zwischen dem Besitz eines Tisches und dem einer Fabrik ein Unterschied bestehen soll: »Kann also Herr Suchlinow mit seiner Fabrik, die ihm gehört wie mir mein Tisch, machen was er will?« (S. 278) Nach längerer Diskussion jedoch, läßt sie sich durch konkrete Argumente überzeugen. Sie, die praktisch veranlagte Frau, hatte schon lange gewußt, daß der Fabrikbesitzer die Arbeiter ausnutzt. Jetzt versteht sie, warum das geschieht. Somit geht sie mit auf die Maidemonstration, im Glauben, daß weder der Fabrikbesitzer noch die Polizei etwas gegen eine friedliche Demonstration einwenden können.

---

10 Bertolt Brecht: *Die Mutter.* Schriften 4. Band 24, S. 156.
11 Vgl. Walter Benjamin: Versuche über Brecht. Frankfurt a.M.: Suhrkamp 1971, S. 45.

Brecht vermittelt dem Zuschauer die Vorgänge der Maidemonstration wie eine historische Reportage; der Bericht wird »so gesprochen, als stünden die Betreffenden vor Gericht« (S. 157). Somit werden die Zuschauer emotional nicht in die tragische Erschießung Smilgins involviert, sondern können distanziert verfolgen, wie für Pelagea Wlassowa Schritt für Schritt die gesellschaftlichen Zusammenhänge der Ereignisse klar werden. Brecht beschreibt die epische Spielweise des Berliner Ensembles, als der Fahnenträger Smilgin abgeschossen wird, folgendermaßen: »Der Darsteller des Smilgin [deutet] den Zusammenbruch an, indem er sich auf die Knie niederließ, und die Darstellerin der Mutter beugte sich vor und ergriff bei ihren letzten Worten die ihm entfallene Fahne« (S. 157). Pelagea Wlassowa ist sich bewußt, daß es nun kein zurück mehr gibt. Und sie weiß auch, daß sich Unterdrückung nur dadurch beheben läßt, indem man die Unwissenheit abbaut. Ihr Sohn ist verhaftet, sie ist bei dem unpolitischen Lehrer untergebracht. Ihrer Menschenschläue gelingt es, den Lehrer, der glaubt, daß die Politik »das Schwierigste und Undurchsichtigste, was es auf Erden gibt«, ist, zu überlisten, ihr und einigen anderen Arbeitern, das Lesen beizubringen (S. 287). In diesem Prozeß lernt nicht nur sie selbst, sondern auch der Lehrer, und zwar durch sie. Sie ist es, die ihm politische Einsichten vermitteln und seine eigenen Worte widerlegen kann: »Der Mensch wird sich immer gleichbleiben« (S. 293). Die Mutter setzt jetzt ihren Mutterwitz bewußt als revolutionäre Waffe ein. Sie besucht ihren Sohn im Gefängnis, um wichtige Adressen von ihm zu erfahren. Wie Brecht selbst sagt: »Täuscht [sie] den Gefängniswärter, indem sie ihm gegenüber das ihm vorschwebende, rührende und folgenlose Verhalten einer Dutzendmutter an den Tag legt. So verwendet sie, selbst ein Beispiel ganz neuartiger, eingreifender Mutterliebe, ihre Kenntnis der alten, abgelebten familiären. Die Darstellerin zeigte, daß sich die Mutter dieser Sachlage bewußt ist« (S. 158).

Die neunte Szene verdeutlicht noch einmal, wie weit sich Pelagea von der unbewußten, an die Küche gebundenen Mutterfigur entfernt hat und zur bewußten Revolutionärin geworden ist. Während die Mutter und die Genossen mitten beim Flugblattdrucken sind, kommt der Sohn Pawel, der inzwischen aus dem Gefängnis geflohen ist, noch einmal kurz nach Hause, bevor er nach Finnland aufbricht. Erfreut, ihn zu sehen, fragt sie ihn, ob er ein Butterbrot möchte, hat aber selbst keine Zeit, es ihm zurecht zu machen. Schließlich steht sie an der Druckmaschine. Und so steht nun der Sohn, ein Theoretiker der Revolution, plötzlich in der Küche und schneidet Brot. Walter Benjamin kommentiert, daß in einer solchen Situation »die Notdurft des Lebens aufgehört hat, die Menschen nach Geschlechtern zu kommentieren« (S. 48).

Brechts zentrale Mutterfigur, Pelagea Wlassowa, wird von feministischer Kritik heftig angegriffen. Sara Lennox, zum Beispiel, bestreitet, daß Benjamins Kommentar zur Uraufführung – »Sind die Mütter revolutioniert, so bleibt nichts mehr zu revolutionieren« (S. 45) – in Brechts Stück erfüllt worden ist. Die Haupttugend dieser Mutterfigur schreibt Lennox ihrer Bereitschaft zu, sich instrumentalisieren zu lassen, anderen zu helfen und ihre eigenen Bedürfnisse zu ignorieren (S. 86). Für Sue-Ellen Case hat die Mutter keine Entwicklung durchgemacht; sie behält dieselben mütterlichen Charakteristika bei, die sie schon in der Eingangsszene aufweist (S. 72). Sie setzt hinzu: »Wlassowa wertet das traditionelle idealisierte Verhalten einer Mutter vor der sexuellen Revolution auf« (S. 72). Damit hat sie recht. Das Stück ist immerhin vor mehr als dreißig Jahren geschrieben worden, und Brecht ging es nicht um die sexuelle Emanzipation der Mutter. Aber Pelagea entwickelt sich von einer passiven, ihrem Schicksal ergebenen Mutter, die ihrer kümmerlichen Lebenslage hilflos gegenüber steht, zu einer aktiven Frau. Eine Frau, die nicht bloß Trost im Kirschwasser sucht, sondern ihre gewonnenen Einsichten aktiv einsetzt, um die sozialen Verhältnisse zu verändern. Beschreiben nicht Wlassowas eigene Worte, »Die Unwissenheit über unsere Lage ist es nämlich, die uns niederhält« (S. 316), den ersten Schritt zur Emanzipation der Frau? Und ist nicht die materielle Befreiung Voraussetzung für sexuelle Emanzipation?

Die Tatsache, daß der praktische und nicht psychologisch vorgeführte Bewußtseinsprozeß der Pelagea Wlassowa demonstriert, wie die Mutter ihre Praxis verändert und nach und nach oder – wie Brecht die epische Spielweise erklärt – »eins nach dem andern« die klischeehaften Attribute des traditionellen Bildes von Mütterlichkeit ablegt und in andere verwandelt, scheint ziemlich genau den Aufgaben eines sozialistisch-feministischen Theaters zu entsprechen. Auch Jill Dolan sieht das so: »Unsere sozial konstruierten Geschlechtsrollen sind unserer Sprache und unseren Körpern eingeschrieben. Die Bühne ist sodann der richtige Ort, um Geschlechts-Ambivalenz zu erforschen, nicht sie kathartisch aus der Gesellschaft auszustreichen, sondern um mit Geschlechtskategorien zu spielen, sie durcheinanderzubringen und zu dekonstruieren. Wenn wir aufhören, die Bühne als Spiegel der Wirklichkeit zu betrachten, können wir sie als Labor benutzen, um neue, nicht-geschlechtliche Identität zu rekonstruieren.«[12]

12 Jill Dolan: Gender Impersonation Onstage: Destroying or Maintaining the Mirror of Gender Roles. In: Women in Performance, Vol. 2, No. 2, 1985, S. 10.

Nicht alle dramatischen Figuren Brechts durchlaufen einen Entwicklungsprozeß. Mutter Courage, zum Beispiel, lernt nichts dazu in den elf Jahren ihres Lebens, die Brecht auf die Bühne stellt. Sie zieht am Ende des Stücks immer noch dem Krieg nach mit ihrem Planwagen, sitzt jedoch nicht mehr hoch oben mit ihrer stummen Tochter Kattrin, wie am Anfang der Chronik, als ihre Söhne das Gespann bildeten. Nachdem sie alle drei Kinder an den Krieg verloren hat durch ihr eifriges Geschäftemachen, muß sie ihn nun allein ziehen. Doch eröffnet auch eine Analyse der *Mutter Courage*, aus der Perspektive des Mutterbilds gesehen, durchaus neue und revolutionäre Aspekte. Um die Komplexität einer Mutter zu demonstrieren, bedient sich Brecht zweier Figuren, der Mutter Courage und ihrer Tochter Kattrin. Durch diese Polarisierung gelingt es Brecht nicht nur, das traditionelle Mutterklischee zu demontieren, sondern schon jetzt in den 40er Jahren, in seiner ästhetischen Produktion etwas von dem vorwegzunehmen, was von feministischer Seite erst in den 70er Jahren gefordert wurde: die Entbiologisierung der Mutterschaft. Man denke z.B. an Nancy Chodorow, die darauf aufmerksam gemacht hat, daß in fast allen uns bekannten Gesellschaften das »mothering« von Frauen übernommen wird, ohne daß es dafür irgendwelche plausible Begründungen gibt.[13] Und noch 1976 berichtet Adrienne Rich wie sie verfolgt wird von der typischen Mutter, deren Liebe »bedingungslos« ist; und von dem visuellen und literarischen Bild der Mutterschaft als einer geschlossenen Identität. »Wenn ich wüßte, daß Teile meines Selbst existierten, die niemals mit diesem Bild harmonieren würden, wären diese Teile dann nicht unnormal, krankhaft?«[14]

Bertolt Brecht stimmte nicht in den Kanon der männlichen Schriftsteller ein als er die Figur der Mutter Courage schuf. Bereits ihr Name ist ein Gegenentwurf zu dem von Rich kritisierten Konzept, nämlich der Gleichsetzung von Mutter und Mütterlichkeit. Die Courage lebt vom Krieg. Sie braucht das Heldentum, auch wenn sie es für ihre Kinder zurückweist. Sie belohnt die Heldentat ihres Sohnes Eilif mit einer Ohrfeige, »weil du dich nicht ergeben hast, wie die vier auf dich losgegangen sind und haben aus dir Hackfleisch machen wollen!«[15] Anna

---

13 Vgl. Nancy Chodorow: The Reproduction of Mothering. Psychoanalysis and the Sociology of Gender. Berkeley, Los Angeles, London: University of California Press 1978.

14 Adrienne Rich: Of Woman Born. Motherhood as Experience and Institution. New York, London: W.W. Norton & Company 1976, S. 23.

15 Bertolt Brecht: *Stücke* 6, S. 25.

Pia Kleber

Fierling will alles haben, sie will Mutter *und* Courage sein und sowohl ihre Kinder bewahren als auch ihr Geschäft verbessern. Sie ist nicht erfolgreich, denn wie der Feldprediger sagt:»Wer mitn Teufel frühstükken will, muß ein langen Löffel haben!« (S. 66) Manchmal wird sich Anna Fierling dieses Widerspruchs bewußt. Als der Feldprediger das Begräbnis des Kaiserlichen Feldhauptmanns Tilly als historischen Augenblick bezeichnet, erwidert sie:»Mir ist ein historischer Augenblick, daß Sie meiner Tochter übers Aug geschlagen haben. Die ist schon halb kaputt, einen Mann kriegt sie nicht mehr, und dabei so ein Kindernarr, stumm ist sie auch nur wegen dem Krieg, ein Soldat hat ihr als klein was in den Mund geschoppt. Den Schweizerkas seh ich nicht mehr, und wo der Eilif ist, das weiß Gott« (S. 61). Sie zieht daraus die logische Konsequenz:»Der Krieg soll verflucht sein« (S. 61). Solche Momente des Bewußtwerdens sind aber nur kurz und bleiben ohne Wirkung. Brecht schließt dieser Einsicht sofort eine totale Wende an. Mutter Courage will sich den Krieg nicht madig machen lassen. »Es heißt, er vertilgt die Schwachen, aber die sind auch hin im Frieden. Nur, der Kieg ernährt seine Leut besser« (S. 61). Anna Fierling hat nichts verstanden. Sie glaubt, gleichzeitig Mutter sein zu können – Mutter von Eilif und Schweizerkas, den sie verliert, weil sie zu lange um sein Lösegeld feilscht, und von Kattrin, die stirbt, weil sie sie allein ließ, um in der Stadt ihren Schnitt zu machen – und Courage, eine Frau, die Angst hat, ihre Waren zu verlieren und darauf bedacht ist, sie zu vermehren. Zu Recht hat Bernard Dort darauf hingewiesen, daß es unmöglich sei, die Figur der Mutter Courage auf ein einziges Konzept zu bringen, das der Mutter oder der Courage.[16] Auch wird keiner Seite die Vorherrschaft gegeben. Anna Fierling ist eine Mischung aus Vernunft und Unvernunft, aus Liebe für ihre Kinder und merkantiler Gier, aus Bewußtsein und Unbewußtsein. Die Schauspielerin, die die Rolle der Courage demonstriert, muß sie so darstellen, daß auf der einen Seite ihre Blindheit manifestiert und auf der anderen Seite die Unmöglichkeit klar wird, die Widersprüche zu überwinden und eine konsistente Identität herzustellen.

Brecht kritisiert mit dieser Figur nicht die Mutter, die ihre Kinder vernachlässigt, sondern ein gesellschaftliches System, das den Menschen zu polaritären Verhaltensweisen zwingt und ihn damit in unlösbare Widersprüche verstrickt. Das hat auch Janelle Reinelt betont. Gestal-

16 Vgl. Bernard Dort: Lecture du Brecht. Paris: Éditions Du Seuil 1960, S. 135-138.

ten wie die Mutter Courage sind »Stätten eines ideologischen Kampfes von konkurrierenden sozialen Praxen [...], die sich nicht in vereinigte Subjektivität auflösen mögen, die aber Orte für dialektischen Wandel bereitstellen«.[17] Brecht zerstört mit der Couragefigur das Klischee der Märtyrermutter, indem er demonstriert, wie die »Hyäne des Schlachtfelds« – so nennt sie der Feldprediger – ein Kind nach dem anderen verliert.

Dieses neue Mutterbild der Courage wird komplementiert von ihrer stummen Tochter Kattrin, die Brecht mit allen Charakteristiken ausstattet, die zu einer traditionellen Mutter gehören. Sie hat ein gutes Herz und ergibt sich ihrem Schicksal passiv, bis zu dem Augenblick, wenn ihr ›Mutterinstinkt‹ geweckt wird. Sie verkörpert genau diese ›bedingungslose‹ Liebe, von der Adrienne Rich verfolgt wird, und – sie kostet sie schließlich das Leben. Sogar gewalttätig wird sie gegen ihre eigene Mutter, als diese sich weigert, Hemden zum Verbinden der Verwundeten herauszugeben: *Kattrin hebt, Gurgellaute ausstoßend, eine Holzblanke auf und bedroht ihre Mutter damit.* »Bist du übergeschnappt? Leg das Brett weg, sonst schmier ich dir eine, Krampen! Ich gib nix, ich mag nicht, ich muß an mich selber denken« (S. 51-52). Kattrin hört aus dem einstürzenden Haus »eine schmerzliche Kinderstimme«, rennt in die Trümmerstätte und rettet den Säugling, unter Gefahr ihres eigenen Lebens. Die Courage sieht es nicht gern, daß sie das Baby wiegt und ein Wiegenlied lallt: »Da sitzt sie und ist glücklich in all dem Jammer, gleich gibst es weg, die Mutter kommt schon zu sich« (S. 52).

Brecht gibt detaillierte Anweisungen zum elften Bild, indem »der Stein zu reden« beginnt. In seinen Anmerkungen schreibt er: »Sie [Kattrin] kniet mit den betenden Bauersleuten vorn an der Rampe, etwas hinter der Bauersfrau, als ihr die über die Schulter weg zuwirft, die kleinen Kinder ihres Schwagers seien auch in der bedrohten Stadt.«[18] Das ist das Stichwort. Kattrin klettert heimlich mit der Trommel auf das Dach. »Sie hält in beiden Händen Schlegel und schlägt im Zweitakt, mit dem Akzent wie im Wort ›Gewalt‹« (S. 268). Nur ein Schuß kann sie zum Schweigen bringen. Brecht betont, daß die Figur nicht heldenhaft gespielt werden darf. Sie hat Furcht, aber überwindet sie für die Kinder. Eine feministische Interpretation von Kattrins Le-

---

17 Janelle Reinelt: Rethinking Brecht: Deconstruction, Feminism, and the Politics of Form. In: Brecht Yearbook. College Park/MD: International Brecht Society, Vol. 15, 1990, S. 103.
18 Bertolt Brecht: *Schriften* 4. Band 24, S. 267.

ben und Sterben muß an Brecht kritisieren, daß die große politische Tat, die Rettung einer ganzen Stadt, nur durch das persönliche Opfer Kattrins möglich war. Die Hilfloseste kann nur helfen, indem sie vernichtet wird. Darin unterscheidet sich Brecht nicht von dem traditionellen didaktischen Postulat, nach dem »die Frau das Opfer sein muß, das die Gesellschaft erlöst«, wie Bryant-Bertail es ausdrückt.[19] Doch darf bei aller Kritik nicht übersehen werden: Brecht stattet nicht die biologische Mutter Courage mit typischen Mutterzügen aus, sondern deren Tochter Kattrin. Insofern widerlegt er das von Psychoanalytikern, Gynäkologen, Naturwissenschaftlern, Physiologen und Psychologen immer wieder hervorgebrachte Argument, daß es für Mütter natürlich sei, die Mutterrolle zu übernehmen. All diese Abhandlungen – schreibt Chodorow – gehen offenbar davon aus, daß sich biologische Mütter instinktiv mütterlich verhalten und nehmen deshalb an, »daß Mütter aus biologischen Gründen die besseren Eltern sind als Väter oder Männer« (S. 22). Chodorow argumentiert überzeugend, daß eine Auswertung aller Ansprüche auf eine ›instinktive‹ oder biologische Grundlage für ›parenting‹ ergibt, »daß Belege schwer zu finden sind« (S. 23).

Mit der Zertrümmerung eines Klischees und der Entbiologisierung der Mutter ist unser Thema aber noch nicht abgeschlossen. Brecht wirft auch ein neues Licht auf die »wesentliche, entstellte, mißbrauchte« Mutter-Tochter-Beziehung, wie Adrienne Rich es formuliert, jene »große ungeschriebene Geschichte« (S. 225). Brecht kommt den heutigen feministischen Recherchen hinsichtlich dieses Problems erstaunlich nahe.

Sarah Bryant-Bertail analysiert, wie die Courage, im Namen der schützenden Fürsorge erlaubt, daß Kattrin verunstaltet, sexuell frustriert, einsam und kinderlos ist (S. 56-57). Kattrin wird trotz Warnung allein in die Stadt geschickt, um teure Waren für die Mutter abzuholen, und kommt mit einer ihr Gesicht entstellenden Wunde zurück. Aus Brechts Anmerkungen zu dem Stück erfahren wir, daß sich unter diesen Waren auch die Trommel befand, mit der Kattrin später die Stadt Halle rettet und die sie gegen die marodierenden Landsknechte hartnäckig verteidigen mußte.[20] Kattrin wußte genau, welchen Wert ihre

---

19 Vgl. Sarah Bryant-Bertail: Women, Space, Ideology: Mutter Courage und ihre Kinder. In: Brecht: Women and Politics. The Brecht Yearbook 12. Detroit: Wayne State University Press 1983, S. 56.
20 Vgl. Bertolt Brecht: *Schriften* 4. Band 24, S. 267-268.

Mutter darauf legte, daß sie die Waren heil nach Hause brachte. Um sie zu trösten, gibt ihr die Courage die roten Stiefel der Lagerhure Yvette, die sich Kattrin sehnlich gewünscht hat, um attraktiv zu sein. Doch es ist zu spät:»Kattrin läßt die Schuhe stehen und kriecht in den Wagen« (S. 60), schreibt Brecht in den Regieanweisungen. Die Wunde in ihrem Gesicht verringert Kattrins Chancen, einen Mann zu finden und Kinder zu bekommen. Bryant-Bertail sieht Kattrins einzigen Ausweg in dem »Weg des Märtyrers« (S. 57), denn auch sie hat am Anfang des Stücks wie ihre Brüder ein Todeskreuz gezogen in Mutter Courages Verlosung. »Wie jemand mit dem Auftrag, das Fleisch des Märtyrers erneut zu demütigen« – schreibt Bryant-Bertail – »verfolgt Mutter Courage sie mit übertriebener Besorgnis« (S.57). Sie schmiert Asche in Kattrins Gesicht. Kurz darauf, als die Tochter von der ihren Bruder bedrohenden Gefahr erzählen will, erniedrigt sie die Courage wegen ihres Handicaps: »Erzähls ordentlich, Kattrin ... Laß dir Zeit und quatsch nicht, nimm die Händ, ich mag nicht, wenn du wie ein Hund jaulst, was soll der Feldprediger denken? Dem grauts doch« (S. 38).

Brecht hat gewagt, die ›heilige‹ Bande zwischen Mutter und Tochter anzutasten. Wiederum geht es nicht darum, in die oft zitierten Anschuldigungen einzustimmen, denen sich fast jede Mutter unterziehen muß, sie hätte bei ihren Kindern versagt. Es geht darum, die ungeheuer komplexen und sehr unterschiedlichen Beziehungen zu entlarven, die zwischen Mutter und Kind bestehen. Adrienne Rich hat Recht, wenn sie feststellt, daß eine Sentimentalisierung der Mutterfigur nicht zu einem besseren Verständnis der Frauen führt. »Theorien weiblicher Macht und weiblichen Aufstiegs müssen die Ambivalenzen unseres Seins voll in Kauf nehmen und auch die Kontinuität unseres Bewußtseins, die Potentiale sowohl kreativer wie auch destruktiver Energie in jeder von uns« (S. xxxv).

Bediente sich Brecht in *Mutter Courage* noch zweier weiblicher Gestalten, um die Vielschichtigkeit einer Mutter zu demonstrieren, so vereint er in seinem nächsten Stück *Der gute Mensch von Sezuan* typisch ›weibliche‹ und ›männliche‹ Charakteristiken in einer einzigen Person, Shen Te/Shui Ta.[21] Das ist für unsere Fragestellung besonders interessant, denn Brecht bestätigt damit nicht – wie oft behauptet wird – die üblichen Vorurteile über die menschliche Natur von Mann und Frau, sondern zwingt uns, sie als das zu erkennen, was sie sind: als menschliche Vorurteile.

---

21 Bertolt Brecht: *Stücke* 6. 1989.

Shen Te, eine Prostituierte, die nicht nein sagen kann, eröffnet einen kleinen Tabakladen mit dem Geld, das ihr drei Götter, auf der Suche nach einem guten Menschen, für eine Nacht Quartier gegeben haben. Als die eigensüchtigen Freunde sie schonungslos ausnutzen, verwandelt sie sich in ihren Vetter Shui Ta, dessen ›männlicher‹ Geschäftssinn ihr helfen solle, den Laden zu behalten und gut zu sein. Shen Te, der ›Engel der Vorstädte‹ schlüpft dreimal in die Rolle des Vetters. In dem Zwischenspiel, nach der vierten Szene, tritt Shen Te vor den Vorhang und legt während sie singt vor dem Publikum den Anzug und die Maske von Shui Ta an. Einmal angekleidet fährt sie mit einer tiefen Stimme zu singen fort und mimt eine männliche Gangart. Diese wichtige Szene unterrichtet nicht nur das Publikum, daß Shen Te den Vetter Shui Ta spielt, sondern auch, daß es eine Schauspielerin ist, die beide Rollen verkörpert. Auf diese Weise soll deutlich werden, daß die konventionellen Zuschreibungen von Männlichkeit oder Weiblichkeit künstlich fabriziert und nicht angeboren sind. Darauf hat bereits Alisa Solomon hingewiesen: »Indem er sie [solche geschlechtsspezifischen Merkmale] von dem Körper trennt, mit dem diese Merkmale angeblich unlösbar verbunden sind, enthüllt der Schauspieler, wie geschlechtsspezifisches Verhalten konstituiert wird«.[22]

Shen Te ruft den Vetter das letztemal zu Hilfe, als sie ein Kind im Mülleimer nach Essen fischen sieht und sich gleichzeitig bewußt wird, daß sie schwanger ist. Sie ist entschlossen, ihrem Kind eine bessere Zukunft zu geben. »So werde ich / Wenigstens das meine verteidigen und müßte ich/ Zum Tiger werden... Was ich gelernt in der Gosse, meiner Schule/ Durch Faustschlag und Betrug, jetzt/ Soll es dir dienen, Sohn, zu dir/ Will ich gut sein, und Tiger und wildes Tier/ Zu allen andern, wenn's sein muß« (S. 249). Mit rücksichtslosen Methoden beutet sie nun in der Gestalt von Shui Ta die Armen aus und gründet in den Baracken des Barbiers Shu Fu eine Tabakfabrik. Über sieben Monate ihrer Schwangerschaft regiert Shen Te in der Gestalt von Shui Ta, dem »Tabakkönig von Sezuan« über diese Fabrik. Sie hat weder Mitleid mit Frauen noch Kindern. Zigarrerauchend dirigiert er/sie das Geschäft, das mehr einer Zwangsarbeit in einem Gefängnis als einer menschenwürdigen Arbeitsstätte gleicht. Ihr zunehmender Taillenumfang wird dem anwachsenden Vermögen zugeschrieben. Durch die verfremdende Darstellung wird der Zuschauer immer wieder daran erinnert, daß Shen Te/Shui Ta ein und dieselbe Person ist. Das Klischee von der lie-

---

22 Alisa Solomon: Materialist Girl. *The Good Person of Szechwan* and Making Gender Strange. In: Theater, Vol. 25, No. 2, 1994, S. 53.

benden, fürsorgenden Mutter, das Shen Te verkörpert, wird ersetzt durch ein hartes, erbarmungsloses Verhalten, das üblicherweise als männlich definiert wird. Das herrschende Gesellschaftsbild ihrer Umwelt zwingt Shen Te in die Verwandlung. Die in der Gosse aufgewachsene Shen Te weiß nur allzu gut, wie sich materieller Erfolg herbeiführen läßt. Das sozusagen naturgesetzliche Verhalten wird durch die Umkehrung der Rollen als künstliches, von der Gesellschaft diktiertes Konstrukt enthüllt und erfüllt somit Chodorows Forderung, daß »wir alle Annahmen in Frage stellen müssen, die biologische Ansprüche benutzen, um soziale Formen zu klären« (S. 14).

Brechts Darstellung des Mutterbilds in *Der gute Mensch* entzweit feministische Kritik. Anne Herrmann, z.B., behauptet:»Indem Brecht die Mutter in die Position des weiblichen Subjekts stellt, entsexualisiert er sie nicht nur, sondern er besteht auf biologischen Unterschieden, wie sie sowohl von den Sexualreformern der Weimarer Republik (1918-1933) als auch von den Nazis des Dritten Reiches (1933-1945) gebraucht und mißbraucht worden sind«.[23] Elin Diamond hingegen bestätigt, daß die epische Spielweise Geschlechtscharaktere als soziale Konstruktionen bloßstellt und sie für den Zuschauer kritisierbar macht. Dadurch werden sie »als sexuelles Kostüm enthüllt, als Zeichen einer Rolle, nicht als Beweis von Identität« (S. 84-85).

Brechts Auseinandersetzung mit den kulturellen Zuschreibungen von Geschlechtsrollen, die – das habe ich gezeigt – auch zu einer Entbiologisierung des Mutterbilds geführt hat, kulminiert in der Figur der Grusche in *Der kaukasische Kreidekreis*.[24] Als der Gouverneur Georgi Abaschwili von aufständischen Fürsten getötet wird, packt seine Frau ihre beste Habe ein und macht sich mit dem Adjudanten davon. Ihr Kind Michel, den Erben, läßt sie zurück. Die Magd Grusche Vachnadze rettet es vor den Soldaten und flieht in die Berge. Um die Identität des Kindes zu verheimlichen, willigt sie ein, einen sterbenden Bauern zu heiraten, um somit dem Kind einen anderen Namen geben zu können. Die Nachbarn waren gerade dabei, die Hochzeit zu feiern und die Beerdigung vorzubereiten, als Frieden erklärt wird. Der ›sterbende‹ Ehemann, nun vor dem Militärdienst gerettet, erholt sich plötzlich. Grusches Dilemma ist groß. Sie war mit einem Soldaten verlobt und glaubte, der Bauer würde vor Kriegsende sterben, so daß sie dann ihren Simon ehelichen könnte. Nun kehrt auch die Witwe des Gouverneurs

---

23 Anne Herrmann: Travesty and Transgression: Transvestism in Shakespeare, Brecht, and Churchill. In: Theatre Journal, Vol. 41, No. 2, Mai 1989, S. 146.
24 Bertolt Brecht: *Stücke* 8. 1992.

zurück und insistiert, als biologische Mutter, auf ihr legitimes Anrecht auf den Sohn. Der Richter Azdak entscheidet das Urteil durch die Kreidekreisprobe. Er heißt die beiden an den Kreis treten und das Kind in den Kreis stellen. »Die richtige Mutter wird die Kraft haben, das Kind aus dem Kreis zu sich zu ziehen«, sagt der Richter (S. 183). Beide Frauen beginnen nun zu ziehen, aber Grusche hat Angst, Michel zu verletzen und läßt ihn los. Die Gouverneursfrau hingegen zieht ihn an sich. Der Richter gibt das Kind der Grusche. Die Güter fallen an die Stadt, damit daraus ein Garten für die Kinder gemacht werde.

Brecht entbiologisiert somit die Mutter endgültig. Aber entsexualisiert, wie vielfach von Feministinnen behauptet wird, ist sie damit keinesfalls. Um nur ein Beispiel zu geben: Sue-Ellen Case konstatiert, daß Brechts Mütter durch ihre mütterliche Rolle definiert sind und keine sexuelle Definition haben (S. 66). Dafür führt sie als erstaunliche Begründung an, daß »Shen Te, Grusche und Wlassowa alle ihre Liebhaber verloren haben« (S. 66). Sie scheint übersehen zu haben, daß Shen Te in ihrer notwendigen männlichen Verkleidung während ihrer Schwangerschaft große Schwierigkeiten hat, ihr Verlangen nach Sun zu verbergen. Als Shen Te hat sie sich dieser Lust völlig hingegeben und damit eine weitere feministische Kritik widerlegt, Brecht beraube seine Frauengestalten allen Begehrens. Man erinnere sich daran: Der Richter Azdak scheidet Grusche von dem Bauern, die somit ihren Liebsten heiraten kann. Mutter Courage hat jedes ihrer Kinder von einem anderen Mann und ist bereit, eine Affäre mit dem Koch anzufangen. Deutlich wird: Sexualität spielt eine entscheidende Rolle im Leben all dieser Mütter.

Brecht und Feministinnen sind beide bestrebt, wie Reinelt es artikuliert, »die habituellen Verhaltens-Codes der (männlichen) Mehrheitskultur zu unterbrechen und zu dekonstruieren – ihr Standort ist immer gegen die vorhandene Hegemonie gerichtet« (S. 99). Beide verlangen Veränderung, verbinden Kunst und Politik, versuchen Rollenklischees abzubauen und die Mütter zu entbiologisieren. Brecht hat den Weg bereitet, der zur Erfüllung des feministischen Traums führt, den Gayle Rubin folgendermaßen beschreibt: Die feministische Bewegung »muß von der Eliminierung obligatorischer Sexualität und sexueller Rollen träumen. Der Traum, den ich am überzeugendsten finde, ist der von einer androgynen und geschlechtslosen (aber nicht unsexuellen) Gesellschaft, in der die sexuelle Anatomie dafür irrelevant ist, wer man ist, was man tut, und mit wem man sich sexuell liebt« (S. 204). Brechts Mütter demonstrieren alle die nötige Courage, um diesen Traum zu verwirklichen.

III

Mütter im Blick der Maler
Zwischen Traum und Trauma

Martina Sitt

»In meinen Armen, in meinem Schoß«.
Die Darstellung der Mutterfigur in der Genremalerei
des 17. und des 19. Jahrhunderts

Er blickt den Betrachter an. Der elegant gekleidete Mann, mit einem Samtbarett auf dem Kopf, hält ein fein geschliffenes Glas in seiner rechten Hand und umfaßt mit seiner Linken die Schulter eines seiner Kinder. Sie schaut zur Seite. Die ebenfalls in der Mode des 16. Jahrhunderts gekleidete Frau hält ein nacktes Kind auf ihrem Schoß. Das Kind hält ein Kreuz in seiner Hand. Es schaut den Betrachter an. Mutter und Kind sind als Gruppe abgerückt von den übrigen dargestellt. Keine Geste, kein Blick verbindet sie mit den anderen.

Im Jahre 1532 ließ sich Pieter Jan Foppesz gemeinsam mit »Catharina Vitz, syne huysvrouwe met hare kinderen« von dem niederländischen Maler Maarten van Heemskerk (1498-1574) porträtieren, eine »schilderye«, die möglicherweise auch einmal in der Brüsseler Sint Joriskerk über dem Grab von Jan Vermeyen und in unmittelbarer Nähe zu einem Altar angeordnet gewesen sein könnte. Die Komposition des für ein solches privates Gruppenbildnis ausgesprochen großformatigen Bildes zeigt eine starke Ausrichtung nach rechts, aus dem Bildraum hinaus möglicherweise auf ein Mittelbild in einer Kapelle, auf dem

Christus am Kreuz oder als Erlöser dargestellt ist. Sollte die Mutter-
und-Kind-Gruppe somit eingebunden sein in einen religiösen Kontext, so erklärt sich, daß sie, von den übrigen abgerückt, mit der Bildsprache der Marienikonographie ›belegt‹ wird. Die Mutterschaft wird
hier ausschließlich in der Tradition der Maria gesehen, Haltung, Gestik,
Gesichtsausdruck bleiben in diesem heute in Kassel befindlichen Gemälde einem traditionellen, entindividualisierten Schema verhaftet.
Der Bild-Hintergrund ist von aufgebauschten Wolken vor einem hell-
blauen Himmel bestimmt, wodurch das Geschehen deutlich aus der
Sphäre eines Lebensraumes einer Familie um 1530 entrückt wirkt. Eine
vorzügliche Düsseldorfer Kopie aus der Mitte des 18. Jahrhunderts (110
x 133 cm; Abb. 2) zeigt die Szene von einer braungrünen Farbfläche
hinterfangen, mit der im übrigen auch das Original wohl von fremder
Hand ehedem überzogen worden war. Indem diese Farbfläche wie die
Wand eines Innenraumes wirkt, fällt der Kontrast zwischen der höchst
unterschiedlichen Darstellungsweise der beiden Familiengruppen um-
somehr ins Auge. Hier treiben die Kinder ihre Scherze, wenn auch mit
Gegenständen, denen für die damaligen Betrachter erkennbar eine religiöse Bedeutung innewohnt. Der Vater verkostet den roten Wein und
umfaßt beschützend seine Kinder. Welche Rolle bleibt hier jedoch für
die Mutter? Welches Bild bietet sie?

Hundert Jahre nach dem eingangs beschriebenen Familienbild entstand von bislang unbekannter Hand in Flandern eine wiederum groß-
formatige Darstellung eines in dunklen, edlen Stoffen gekleideten Paares, in dessen Mitte ein kleines Mädchen angeordnet ist. Hinter diesem
gewährt ein Fensterrahmen den Ausblick auf eine Art Gartensaal, wo
sich ein angeketteter Affe, ein Hund und ein Papagei ein ungewöhnli-
ches Stelldichein geben. Wieder ist die scheinbar einfache Szene ver-
setzt mit einer Reihe von symbolträchtigen Anspielungen. In einem
Ausstellungskatalog aus dem Jahr 1978 lautet eine der bislang versuchten Deutungen: »Das allegorische Tierdreieck in der Mitte des Bildes
bringt die frommen Wünsche zum Ausdruck, die die Eltern mit ihrer
Erziehung des Kindes verbinden«.[1] Das Spannungsfeld der dabei angesprochenen Tugenden und Laster wird durch die damals allgemein
nachvollziehbare Deutung der Tiere als Sinnbilder visualisiert. So ist
der Affe als Sinnbild des Lasters zu verstehen. Der Hund symbolisiert

---

1 Ausstellungskatalog: Die Sprache der Bilder. Braunschweig 1978, S. 137.

Abb. 2: Kopie nach Marten van Heemskerck: Familienbild, um 1750.
Kunstmuseum Düsseldorf im Ehrenhof

die Eigenschaft der Treue, und der Papagei steht für die Reinheit, manchmal gar Jungfräulichkeit.

Im Vordergrund überschneidet die Mutter in ihrer stofflich volumi-nösen Präsenz die kindliche Figur. Ihre geöffnete Hand ragt aus der Vertraulichkeit des gestischen Dreiecks der Hände von Vater und Toch-ter spitz heraus. Das Mädchen greift nicht nach den Münzen in der Hand der Mutter, sondern nach dem Zuckerwerk in der des Vaters. Die Verbundenheit mit ihm wird einerseits durch ein optisches Signal be-tont, da beide dem Betrachter frontal entgegenblicken, und anderer-seits formal durch die Verschränkung ihrer Arme unterstrichen. Die Mutter sitzt – obgleich daneben – inhaltlich außen vor. Im Folgenden soll der aufgezeigte Kontrast zwischen der zuckersüßen Schmeichelei des Vaters und der vielleicht realistischeren, haushälterischen Vorsorge der Mutter, dem ihr zugewiesenen Rollenverhalten, in unserem Kon-text hervorgehoben und erörtert werden.[2] Eines fällt jetzt bereits ins Auge: die Darstellung der Mutter geschieht hier nicht mehr durch die In-Eins-Setzung mit der Marienfigur und nicht nur durch die Zuord-nung bestimmter Rollenmerkmale, die – wie wir im Folgenden sehen werden – zu jener Zeit ohnehin noch nicht Allgemeingut waren, son-dern hier ist diese Frauenfigur als Mutter zugleich auch individuell identifizierbar. Denn es handelt sich um ein Porträt, da sie durch die Hausmarke hinter ihrem Kopf als Mitglied einer bestimmten Familie zu erkennen ist.

I

Fragt man nach der bildsprachlichen Umsetzung der Frau als Mutter, so fragt man damit auch nach den Darstellungsmodi der Frau und der Rolle des Kindes in einer bestimmten Zeit. Hier soll zunächst die Stel-

---

2 Es ist sicher möglich, bei einem Emblem des Nicolas Reusner, Frankfurt 1581, abgedruckt in: Emblemata. Handbuch zur Sinnbildkunde des XVI. und XVII. Jahrhunderts, hrsg. von Arthur Henkel und Albrecht Schöne. Stuttgart: J.B. Metzler 1967, S. 429, sich auch an diese Darstellung erinnert zu fühlen: »Blandus Amor patrum, matrumque domestica cura, corrumpit natos, quos genuere, bonos« (Die schmeichelnde Liebe der Väter und die häusliche Für-sorge der Mütter verderben die Kinder, auch wenn sie mit guten Anlagen geboren wurden). Zu diesem Themenkreis siehe auch Helga Möbius: Die Mo-ralisierung des Körpers. In: Frauen. Bilder. Männer. Mythen, hrsg. von Ilsebill Barta, Zita Breu, Daniela Hammer-Tugendhat u.a. Berlin: Dietrich Reimer 1987, S. 69-83, besonders S. 71.

lung der Frau in den Niederlanden des 17. Jahrhunderts angesprochen werden, wie sie unlängst auch durch sozialhistorisch orientierte Detailstudien ausführlich erforscht wurde, um dann anhand signifikanter Beispiele der Genremalerei eines Gerard ter Borch, Pieter de Hooch, Joost van Geel, Quirin van Brekelenkam oder Gerrit Dou auf das besondere bildsprachliche Repertoire zur Darstellung einer Mutter einzugehen.[3] Die Entwicklung einer Frauenfigur, die in ihrer visuellen Gestalt von der Marienikonographie geprägt ist, bis hin zu einer Frau, die sich durch bestimmte Verhaltensweisen und Tugenden in ihrer Bildsprache unübersehbar als Mutter ausweist, beschreibt einen weiten Weg, den es gilt aufzuzeigen. Ebenso die spezifisch niederländischen Besonderheiten dieses Weges.

Die Stellung der Frau in den Niederlanden des frühen 17. Jahrhunderts unterschied sich durch die historisch ganz besonderen Umstände der Staatengründung von der in anderen Ländern Europas. Davon ist auch das Darstellungsrepertoire beeinflußt, das Frauen als Mütter bildsprachlich charakterisiert. Ihre gesellschaftlich-soziale Rolle und ihr wirtschaftlicher Stellenwert sowie ihr möglicher Wirkungskreis sind zunächst durch die relativ frühzeitige und weitgehende Schichten der Gesellschaft bestimmende Trennung von Erwerbs- und Familienleben geprägt. Hinzu kam, daß der Calvinismus auch dem wirtschaftlichen Erfolg bei der Beurteilung der Lebensführung eine positive Aussagekraft zumaß. Nicht erst Simon Schama hielt 1987 in *The Embarassement of Riches* fest, wie häufig Frauen des holländischen Mittelstandes maßgeblich in einem Gewerbe mitarbeiteten und damit zu dem wirtschaftlichen Aufschwung der sieben Provinzen das Ihre beitrugen. Für ganze Bereiche der wirtschaftlichen Produktion – das Spinnen, das Spitzenklöppeln und das Nähen – übernahmen sie zeitweise sogar die Federführung.[4] Vermutlich war auch dies ein Grund für die Mütter, das ›verunstaltende‹ Stillen und zeitraubende Aufziehen der Kinder durch meist schlecht entlohnte Ammen einer eigenen Involvierung in häusliche Pflichten vorzuziehen, ein Verhalten, das Elisabeth Badinter gleich-

---

3 Wesentliche Hinweise auf neuere Literatur zum Thema verdanke ich Konrad Renger, München.
4 Whitney Chadwick: Women, Art, Society. London 1990, verweist hier u.a. auf Linda Stone-Ferrier: Images of Textiles. The Weave of 17th Century Dutch Art and Society. Ann Arbor 1985. Oftmals wurde die Jungfrau dann als Spinnerin des Lebens emblematisch erfaßt. Dies geht zurück u.a. auf Erasmus von Rotterdam: *Christiani matrimoni institutio.*

zeitig in Frankreich feststellt.[5] Und selbst 1742 waren noch 25% der steuerpflichtigen Unternehmen in Leiden in der Hand von Frauen. Sie waren geschäftsfähig, konnten auf kulturellem Gebiet ohnehin eine begrenzt eigenständige Rolle spielen und verfügten über eine ganze Reihe von Freiheiten im gesellschaftlichen Umgang. Sie konnten ohne Begleitung in der Öffentlichkeit flanieren, in Wirtshäusern mitfeiern oder – wie ein französischer Reisender bestürzt berichtet – nachts Schlittschuhlaufen. So bewahrte sich die Frau in den Niederlanden die Rolle als zu umwerbende Frau, beherrschte den Mann bis zu einem gewissen Grad durch die Regeln der Galanterie und lagerte die Kinder aus der unmittelbaren Sphäre der Zweierbeziehung zwischen Mann und Frau aus. Vorrang vor der Liebe zu einem Kind hatte die für den Mann. Deutlich erscheint seine Silhouette in Pieter de Hoochs Rotterdamer *Interieur mit Hausfrau und Magd* im Türrahmen. Meist kündigt er sich indirekt an: durch seinen gerade aufgehängten Mantel, eine soeben überbrachte Nachricht oder durch ein männliches Attribut wie z.B. seine Waffe. Mutterschaft war auf die Empfängnis und die Geburt reduziert. Mutterliebe war zunächst ohnehin noch keine Tugend, die eine besondere gesellschaftliche Wertschätzung erforderte. Erst indem man sie im Laufe des 17. Jahrhunderts zu einer moralischen Verpflichtung aufwertete, wurde die weithin hohe Kindersterblichkeit, die schlechte Ernährung der Kleinsten der Gesellschaft durch »liederliche Ammen« und deren »kraftlose Ammenmilch« als gewollte und nun tadelnswerte Vernachlässigung der Kinder interpretiert.[6] Schließlich suggerierte auch der Calvinismus, daß sich eine gute Erziehung und ein ehrbares Verhältnis zu den eigenen Kindern – so sollte man sie etwa auch nicht gegen ihren Wunsch verehelichen und schon gar nicht unnachgiebige Strenge walten lassen – im Alter durch eine ausreichende Versorgung im verhältnismäßig kleinen Familienkreis auszahlen würde. Der niederländische Durchschnittshaushalt bestand zu jener Zeit ohnehin nur aus höchstens zwei Kindern. So wird in einer Radierung von 1609 von Claes Jansz Visscher (um 1550-1612) mit einem Gedicht in 10 Versen, betitelt *Die armen Eltern vor der Tür ihrer reichen Kinder,* gewarnt: »Ein jeder halte Maß im Bewahren und im Geben«. Gegenseitige Liebesbe-

---

5   Elisabeth Badinter: Die Mutterliebe. Geschichte eines Gefühls vom 17. Jahrhundert bis heute. München: dtv 1984, besonders S. 75ff.
6   Vgl. Wayne E. Franits: Paragons of Virtue. Women and Domesticity in 17th Century Dutch Art. Cambridge/Mass. 1993, S. 111-160. Er verweist dabei u.a. auf das Emblem »Moeder«, nach Jacob Cats Houwelyck von 1625, Franits, Abb. S. 131.

weise waren durchaus nicht die Regel. Noch in jenem Artikel der D'Alembert'schen Enzyklopädie aus den 1770er Jahren, der auch das Verhältnis von Kindern zu ihren Eltern ansprach, fehlte die Vorstellung eines Generationenvertrages, die doch erst durch Jean-Jacques Rousseau in die Diskussion kam.[7] In der niederländischen Gemeinschaft, und damit nicht vergleichbar zu den Forderungen eines Merkantilismus wie sie Colbert zur gleichen Zeit in Frankreich formulierte, rangierte mehr und mehr die Qualität der guten Fürsorge vor der Quantität der zu gebärenden Kinder, was die Rolle der Mutter als ein Elternpart durchaus auch intellektuell aufwertete.[8]

Die Anzahl der Bilder, auf denen die Frauenfiguren, die meist auch Protagonistinnen sind, ein gewisses Selbstbewußtsein – um nicht zu sagen Selbstwertgefühl – ausstrahlen, ist bis in die 80er Jahre des 17. Jahrhunderts verhältnismäßig hoch. Der Zeitraum, in dem dies zu beobachten ist, währt jedoch nicht lange. Wie meist in der bildenden Kunst können auch hier die Gemälde nicht als direkte Wiederspiegelung des realen Lebens verstanden werden. Doch während die Schriftquellen schon gegen eine offenbar erfolgte und zu beobachtende Entwicklung, d.h. gegen die neue gesellschaftliche Freiheit der Frauen zu Felde ziehen, vermitteln noch einige Gemälde einen unleugbaren Eindruck, der Fragen aufwirft bzw. den heutigen Betrachter sogar stellenweise erstaunen läßt.

Die Frauen, die in den bekannten Gemälden des Jan Vermeer van Delft offensichtlich die Hauptrolle spielen, werden stets von einem ganz besonderen Licht umfangen. Schon ihre optische Erscheinung läßt erkennen, daß sie »die Aufmerksamkeit auf Frauen als eigenständige Subjekte zu lenken vermögen«.[9] Jene Frauen strahlen Intelligenz,

7 Vgl. Encyclopédie Méthodique Jurisprudence. Bd. XVI. 1786, Stichwort »parenté«, S. 380-381.
8 Vgl. auch Elisabeth Badinter: Die Mutterliebe, S. 120, zu Rousseau besonders S. 127f., und S. 311, Nr. 31. Erst allmählich verwandte man – so auch Rousseau – das Wort »Vater« stellvertretend für »Eltern«.
9 Vgl. Whitney Chadwick: Women, Art, Society, S. 109. Wenn nicht anders angegeben, stammen die Übersetzungen fremdsprachlicher Zitate von der Herausgeberin. Siehe ferner: Elisabeth Kunoth-Leifels: Über die Darstellung der Bathseba im Bade. Essen: Bacht 1962, S. 62. »Auch wenn der Calvinismus das mittelalterliche Postulat nach Keuschheit und Gehorsam der Frau wieder aufgreift, so bietet die gesellschaftliche Wirklichkeit in den Niederlanden der Frau doch einen nicht unbeträchtlichen Handlungsspielraum. Daraus resultiert auch die Tatsache, daß eine Reihe von Frauen sich sogar zu professionellen Malerinnen entwicken konnten.« Whitney Chadwick: Women, Art, Society, S. 108.

eine klare Reinheit und unbeschreibliche Sensibilität zugleich aus. Die innerbildliche Lichtgestaltung als auch die kompositionelle Anordnung und der gezielte Einsatz eines umfangreichen bildsprachlichen Repertoires weisen der dramatis persona große Handlungsspielräume zu. Wie Katja Behrens 1991 in ihrer ausführlichen Analyse des *Brieflesenden Mädchens am offenen Fenster* von 1657 (Dresden, Staatl. Kunstsammlungen) nachgewiesen hat, nimmt diese Darstellung eine Mittelstellung ein zwischen den stark anekdotisch geprägten Bildern wie *Der Liebesbrief* Vermeers von 1666 (Abb. 3) oder auch *Der Brief* von Gabriel Metsu und den »Sinn-Bildern« wie der *Briefleserin in Blau* von 1662 (Rijksmuseum Amsterdam). So verbergen sich in den anekdotisch zu verstehenden Bildern zahlreiche Anspielungen, die die Protagonistin einbinden in ein Netz von ironischen, augenzwinkernd auch vom imaginierten Betrachter einvernehmlich zu erkennenden Bezügen und Hintergründen. Da weisen die Landkarten und Seestücke im rückwärtigen Bildraum wie auch die aufgehäuften Früchte auf dem Tisch in der leicht nach vorn zum Betrachter geneigten Schale verschüsselt auf die Sehnsucht der Liebenden hin und schließen eine erotische Komponente mit ein. Dem wissenden Betrachter wird dabei anscheinend eine ›weibliche‹ Geschichte erzählt, wie sie das Leben (den Frauen) eben so spielt. Zwar ist die hier dargestellte Frau auch des Lesens mächtig, Zeichen ihres hohen Bildungsstandes und ihres gesellschaftlichen Status, doch ähnlich wie die biblische Bathseba – die den ultimativen Brief König Davids erhielt (Samuel XI, 1-27) – verbleibt sie optisch in der reaktiven Position. Vermeer waren die Gründe für die Faszination der Maler seit dem 16. Jahrhundert an diesem Bildmotiv bekannt: Nicht dem Bücherlesen, das auf eine humanistische Tätigkeit verwies, galt in diesem Zusammenhang das Interesse der Maler. Es war das Lesen eines Briefes, das in der bildenden Kunst eine lange Darstellungstradition zur Veranschaulichung des erotischen Momentes besaß. Verlockend, verlockt, sehnsüchtig und doch zum Abwarten im abgeschlossenen Innenraum bestimmt.

Die *Briefleserin in Blau* wird hingegen eher in einer sinnend kontemplativen Haltung wiedergegeben. »Die Versunkenheit der Briefleserin wird zur Versunkenheit des Bildbetrachters; ihr ruhiges Dastehen [...] die ruhend währende Handlung wirkt direkt auch auf das Anschauungsverhalten des Betrachters: Die Zeiterfahrung der Anschauung entspricht so der dargestellten Zeitlichkeit.«[10]

---

10 Katja Behrens: Die Briefleserin. Studien zu Motiv und Bildlichkeit bei Jan Vermeer. Magisterarbeit. Bochum März 1991, S. 73

Abb. 3: Jan Vermeer van Delft: Der Liebesbrief, 1666/67. Amsterdam, Rijksmuseum.

Das Dresdner Bild des *Brieflesenden Mädchens an einem geöffneten Fenster* nun vereinigt in ausgeglichener Weise das anekdotische und das kontemplative Moment in sich und wertet dadurch die Dargestellte auch in ihrem Handlungspotential erheblich auf. Sie wird, da sie zu eigenständig und selbstreflexiv erscheint, weder zum offenen Anknüpfungspunkt eigener Gedanken des Betrachters noch ist sie anekdotisch vollkommen ausgereizt und belegt. Der Raum, in dem sie sich befindet, ist nach außen hin durch ein großes Fenster ›aufgeschlossen‹. In der geöffneten Fensterscheibe spiegelt sich nicht nur ein außerbildlicher Gegenstand sondern die Figur selbst, die wir sonst nur im Profil wahrnehmen könnten. Somit wird sie auch »von einer anderen, dem Betrachter abgekehrten Seite gezeigt«.[11] Eine solche Spiegelung kann wie ein Reflex des reflektierenden Menschen oder gar als ›Spiegel der Seele‹ aufgefaßt werden. Verborgen bleibt uns dennoch die zu erwartende innere Entscheidung oder gar die folgende Handlung. Der Eindruck von Bestimmtheit, Entschlußkraft, Selbstverständnis und Selbstwertgefühl bleibt vorherrschend, bewirkt eine gewisse Spannung und wird auch nicht erzählerisch neutralisiert. Interessant ist in diesem Zusammenhang auch, daß hier ein Bild im Bild auf der rückwärtigen Wand zur Zeit der Entstehung bereits von Vermeer eigenhändig wieder übermalt wurde. Indem nur das Röntgenbild noch jenen briefchentragenden Cupido erkennen läßt, der in der *Dame am Virginal* (London) als Bild im Bild die Erotik ins Spiel brachte, scheint das Pentiment (jener Reuezug) hier in der Übermalung Vermeers seine Entscheidung für eine Darstellung einer höchst selbstbewußt handelnden Frauengestalt und gegen eine offensichtlich sinnbildlich dominierte Figur noch zu verdeutlichen.[12] Diese Frau Vermeers liest nicht nur, sie schreibt auch oder ordnet an. Sie trägt Verantwortung und organisiert vermutlich mehr als nur ihr eigenes Leben.

Vermeer, dessen Familiengeschichte John M. Montias anhand überlieferter Dokumente bis ins Detail rekonstruierte[13], hat seine Schwiegermutter Maria Thin (1593-1680) als durchaus entscheidungsfähige und durchsetzungskräftige Frau erlebt, sicher auch in manchen für ihn höchst unbequemen Momenten. Aufschluß darüber, inwieweit die niederländische Gesellschaft – wie im übrigen viele im Aufbau begrif-

---

11 Ebd., S. 78.
12 Siehe hierzu Gilles Aillaud, Albert Blankert, John Michael Montias: Vermeer. Paris: Hachette 1986, S. 174.
13 John Michael Montias: Vermeer and his Milieu. A Web of Social History. Princeton: Princeton University Press 1989.

fene gesellschaftliche Systeme – zunächst Frauen eine weitgehende Selbstbestimmung zugestand, die erst schrittweise zugunsten ihrer Domestizierung und damit öffentlicher Unwirksamkeit aufgehoben wurde, vermag ein Einblick in das Leben jener Maria Thin zu geben. In dem für die damalige Zeit hohen Alter von 29 Jahren heiratete sie 1622 Reynier Bolnes, den Sohn einer vermögenden Ziegelei. Da auch ihrerseits genügend Geld vorhanden war, schloß man einen Ehevertrag. Nur drei der zahlreichen Kinder überlebten. Mit 38 Jahren brachte sie Catharina (1631-1688) zur Welt, die spätere Frau des Jan Vermeer. Wie man in einer Vielzahl von notariell beglaubigten Aussagen heute noch nachlesen kann, wurde Maria Thin in den folgenden Jahren auf vielfältige Art von ihrem Mann mißhandelt. 1640 griff sie schließlich zu den ihr zustehenden Rechtsmitteln, um ihren ehelichen Qualen ein Ende zu bereiten. Nach einer gerichtlichen Anhörung riet man ihr zunächst zu einer gütlichen Einigung mit ihrem Ehemann. 1641 bat Maria erneut um die legale Auflösung ihrer Ehe, die ihr jetzt von einem Bürgergremium gewährt wurde. Sie erhielt das Sorgerecht für ihre beiden Töchter zugesprochen. Der Sohn Willem blieb beim Vater.[14] Finanziell nicht durch die männliche Vorherrschaft entblößt, lebte sie nunmehr alleine und spielte bald darauf bei den Ehewünschen ihrer Tochter Catharina eine wichtige Rolle. Als Mutter war sie, neben der Wahrung des sozialen Milieus, vor allem für die Pflege der religiösen Traditionen verantwortlich. Maria Thin, ursprünglich aus einer betuchten, bürgerlichen Familie aus Gouda stammend, war praktizierende Katholikin römischen Bekenntnisses, wohingegen Vermeer aus einer reformierten Familie der Delfter Mittelschicht stammte. Ihren Einwänden verschaffte sie Gehör, indem sie am 5. April 1653 in Anwesenheit eines Notars und eines Fürsprechers von Vermeer, dem Maler Leonhard Bramer, ihre Zustimmung zur geplanten Heirat verweigerte. Die Hochzeit fand schließlich doch am 20. April statt. Die Dokumente lassen erkennen, daß sich die Mutter in beiden Punkten durchgesetzt hatte: Der Ehevertrag stellte eine weitgehende finanzielle Unabhängigkeit der Tochter sicher und Vermeer konvertierte zum Katholizismus.[15]

Die Quellen bestätigen den Eindruck, den man bei der Betrachtung der Gemälde gewinnen kann. Die niederländische Frau hatte sich bis zur Mitte des 17. Jahrhunderts in einem gewissen Ausmaß emanzipiert. Ihre Daseinsberechtigung und ihr Wohlergehen waren nicht nur von ihrem Abhängigkeitsverhältnis zu einer anderen Person bestimmt.

14 Ebd., S. 121.
15 Ebd., S. 99, 101.

Nicht von ungefähr wird der ›Kampf um die Hosen‹ (de vrouw heeft de broek aan) ein sprichwörtliches Thema nicht nur zahlreicher Satiren, sondern auch der moralisierenden Sinnesdarstellungen wie etwa Jan Miense Molenaers von 1637.

Mitte des 17. Jahrhunderts läßt jedoch nicht nur die Präsentation der Dargestellten, sondern auch die der darstellenden Frauen den hohen Grad ihrer Akzeptanz und Integration in den wirtschaftlichen Prozeß erkennen. Auf Grund ihrer ungewöhnlichen Freiheit gab es in den Niederlanden bereits im 15. und 16. Jahrhundert auffallend viele bekannte Künstlerinnen.[16] Nicht von ungefähr ist noch 1718 in Arnold Houbrakens *Groote Schouburgh der Nederlantsche Konstschilders en Schilderessen* neben einem Porträt von Rembrandt das Selbstporträt der Anna Maria van Schurman von 1633 abgebildet, einer Malerin, die 1641 in der Utrechter St. Lukas Gilde aufgenommen worden war. Aus dem Jahre 1659 ist ein Traktat Schurmans bekannt, der, in lateinischer Sprache verfaßt, mit dem Titel *Das gelehrte Mädchen oder Kann ein Mädchen auch ein Gelehrter sein*, bald ins Englische übersetzt wurde. Der bereits zu seiner Zeit vielzitierte Arzt Johan van Beverwijk ging in einem beinahe hymnischen Gedicht auf die von ihm verehrte Anna Schurman sogar soweit, den Frauen alles zuzutrauen: Man müsse sie nur anderes lernen lassen, dann würden sie zeigen, daß sie zu allem fähig sind.[17]

Auch die Blumenmalerin Rachel Ruysch (1664-1750) kann als eine erfolgreiche Künstlerin gelten. Aus dem Geiste jener frühen Zeit heraus wurde ihr weniger aufgrund ihrer 16 Geburten in der Ehe mit dem Porträtmaler Juriaen Pool denn wegen ihrer Bestellung als Hofmalerin durch Kurfürst Jan Wellem von 1708-1713 nach Düsseldorf hohe Wertschätzung zuteil. Als Tochter eines Gelehrten, ihr Vater war ein berühmter Botaniker, gehörte Rachel Ruysch offenbar auch zu jenen, die Organisationstalent, Beherrschung des eigenen Gewerbes wie auch ihre Rolle als interessante Frau erfolgreich zu verbinden verstand. Zu

---

16 Whitney Chadwick: Women, Art, Society, S. 104: »Frauen besaßen hier offenbar eine größere Freiheit und einen weitergesteckten Bewegungsspielraum als ihre italienischen Kolleginnen«. Vgl. S. 107 zu den Möglichkeiten, bereits im 16. Jahrhundert bei Hofe gefördert zu werden. Siehe auch Eleanor Tufts: Our hidden Heritage: Five centuries of Women artists. London 1974; Ann Sutherland Harris and Linda Nochlin: Women Artists 1550-1950. Ausstellungskatalog Los Angeles 1976.

17 Zitiert nach Simon Schama: Wives and Wantons. Versions of Womanhood in 17th Century Dutch Art. In: The Oxford Art Journal, Vol. 3, No. 1, April 1980, S. 9.

ihrer Zeit hatte eine gegenläufige Tendenz die Sicht der Frauen zu bestimmen begonnen. Bereits im Zuge der Reformation war Mutterschaft (gegen das katholische Virginitätsideal) nicht nur verstärkt thematisiert, sondern auch erheblich aufgewertet worden. Nach einer Art des ›Uterozentrismus‹ sollte nun durch eine neue Wertigkeit der Mutterschaft diese als einzigartiger weiblicher Beruf eingeführt werden. Ziel auch der gelehrten und oftmals bebilderten Traktate war es, den weiblichen Pflichtenkanon neu zusammenzustellen und bei den Frauen mit der Zeit zu internalisieren. So handelte es sich bei den medizinischen Publikationen häufig um präskriptive Texte, wobei nicht vergessen werden darf, daß gleichzeitig die Geburtshilfe aus der Hand der Hebammen zum Teil in die der Ärtze überging. Auch die insgesamt zunehmende Verwissenschaftlichung der Medizin trug dazu bei, die ursprünglichen Dualismen von jungfräulicher Idealfigur oder handfester Führerin durch die Unbillen des Lebens aufzuweichen. Schließlich wurde durch die zahlreichen Schriften auch das Selbstverständnis der gebildeten Leserinnen nicht nur in bezug auf ihr Körperbewußtsein, sondern auch auf ihre soziale Rolle beeinflußt.

In einer Darstellung des Leidener Feinmalers Gerrit Dou von 1658 (Mauritshuis, Den Haag) wird eine neue Dimension dieser Doppelrolle der Frau eröffnet, die ihre Mutterpflichten einer Amme überläßt. Sie widmet sich zwar neben der Wiege sitzend in diesem geschlossenen Rahmen eines heimischen Idylls ebenfalls einer häuslichen Tätigkeit, doch hat sie der Maler vor einer Säule angeordnet, auf der ein Amor auf die zweifache Dimension der Frau als Liebende oder Verführende hinweist. Diese kleinformatige Feinmalerei wurde bereits 1660 aufgrund ihres erzählerischen Gehalts und ihres emailartigen Glanzes für würdig befunden, sie anläßlich der Restauration an Karl II. zu verschenken. Den Tenor der von Dou ins Bild gesetzten Szene unterstreicht noch ein Gemälde des Rotterdamer Malers Joost van Geel (1631-1698) mit dem Titel *Mutter mit stillender Amme.* Gezeigt wird eine junge, elegante Frau, die in knisternden Gewändern die Stube mit der Wiege betritt. Sie bietet ihrem Kind mit unnachahmlicher Geste eine Süßigkeit an. Diese Szene wird hinterfangen von einer Darstellung der Vertreibung aus dem Paradies an der Rückwand des Raumes. Ihr Angebot kann daher durchaus in Zusammenhang mit dem Sündenfall gesehen werden.[18]

---

18 Vgl. J. Giltay: Joost van Geel. Een Rotterdamer Kunstenaar. In: Boymans Bijdragen. Festschrift für J. C. Ebbinge Wubben. Rotterdam 1978, S. 137-149. Das mit 35,5 x 29,5 kleinformatige Gemälde, Inv. Nr. 1227, befindet sich derzeit als Leihgabe im Historischen Museum Rotterdam.

Die *Apfelschälerin* des Gerard Ter Borch (Kunsthistorisches Museum, Wien) von 1660 vermag diese Umbruchphase einer durchaus ambivalenten Beziehung zur Frau als Mutter gut zu charakterisieren. In der Art wie die elegant gekleidete Frau einen Apfel schält und das kleine Mädchen neben ihr begehrlich zu ihr aufblickt, kommen nach heutigem Verständnis die Relation von Geben und Nehmen, Fordern und Erwarten ins Spiel. Aus der damaligen Sicht muß die Einführung des Kindes, als einer noch unbeschriebenen, aber potentiell sündhaften Seele, eine warnende Funktion besessen haben. Nicht vergessen werden darf hier angesichts der seinerzeitigen theologischen Diskussion, daß ein Kind immer noch vornehmlich entweder als seelenloses Spielzeug, das man wie Puppen in schöne Kleider steckt und von dem man automatisierte Reflexe des Gehorsams erwartet, oder als sündenbeladenes Wesen gesehen wurde. Selten noch erschien es den Zeitgenossen als sündenlos unschuldiges Wesen. Daher beschrieb die Erziehung, ein Wort, das wie in anderen Sprachen noch erkennbar vom lateinischen educare abgeleitet, das Groß- und Geradeziehen und Nähren.[19] Eine Begrenzung des potentiell in einer kindlichen, ungerichteten Seele verborgenen Bösen erfolgte nur durch Versagen und Einschränkung. Ebensowenig wie die Mutter mit Wollust stillen sollte, durfte sie später dem begehrlich bittenden Blick eines Kindes schrankenlos nachgeben. Selbst die in unseren Augen vermeintlich harmlose *Bitte um das Schulbrot*, die ein Rotterdamer Gemälde von Gerrit Dou im Hintergrund wiedergibt, zeigt den Vordergrund dominiert von dem lockenden Blick einer aus dem Fenster schauenden Magd, die soeben die Nachtpfanne ausgießt. In der Emblematik des 17. Jahrhunderts galt dies als Zeichen der verlorenen Unschuld.[20]

Manuel Simon betont in seinem Buch *Heilige, Hexe, Mutter* (1993) die Rolle der Predigten und religiösen sowie im Laufe des 16. Jahrhunderts auch zunehmend medizinischen Texte. »Ausgehend von dem im 16. Jahrhundert zu konstatierenden Bedeutungszuwachs naturwissenschaftlicher Erklärungsmuster konnte gezeigt werden, wie eine Reihe von Autoren die Verbindung von Weiblichkeit und Dämonie, zugleich aber auch die Verbindung von Weiblichkeit und marienhafter Heiligkeit

---

19 Linda A. Pollock: Forgotten children. Parent-child relations from 1500-1900. 2. Auflage. Cambridge: Cambridge University Press 1985, S. 146-156. Sie stellt ein starke Abweichung von Theorie und Praxis fest. Vgl. hier auch Wayne E. Franits: Paragons of Virtue, S. 130.
20 Simon Schama: Wives and Wantons, S. 7.

zu lösen begann. Diese Säkularisierung, in deren Verlauf die Frau gleichsam aus den höllischen und himmlischen Sphären in einen vornehmlich weltlichen Denkzusammenhang gestellt wurde, ebnete den Weg für ein Aussagesystem, das die Frau im Hinblick auf die ihr zugewiesenen Funktionen und Aufgaben beschrieb.«[21] Mutterschaft wurde dabei zunehmend mit der Erfüllung eines Pflichtkanons gleichgesetzt. Die Mutter sollte stets an der Wiege und damit über das Haus wachen, galt doch die schlafende Hausfrau und Mutter in den bekannten Darstellungen des Jan Steen als Zeichen der verkehrten Welt. Sie sorgt für die Ernährung der Familie. Sie backt Pfannkuchen wie in einer weit verbreiteten Radierung von Rembrandt (1635), schmeckt das Essen ab (Pieter de Hooch, London, Bridgewater House) und füttert die hungrigen Mäuler. »Purgat et ornat« lautet nun die Reihenfolge der Wertigkeiten, illustriert anhand eines Kamms in Roemer Visschers *Sinnepoppen* von 1614 (Henkel/Schöne, Emblemata Nr. 1356).[22] Ob man eine Szene von Gerard Ter Borch von 1652 (Mauritshuis, Den Haag) anschaut, in der sich die Mutter sorgenvoll mit dem Kämmen und Lausen der Haare ihres Kindes beschäftigt, das zudem noch einen aus der Emblematik altbekannten Apfel in der Hand hält, oder von Quirin van Brekelenkam, wo in der *Innenhofszene* (Leiden) von 1648 der Kopf des Kindes im Schoß ruht, damit sie ihn ordentlich lausen kann: Es sind zunehmend die sorgenden Tätigkeiten, die sie in ihrer Qualität als verantwortungsvolle Mutter auszeichnen. In Gerard Ter Borchs *Familie des Schleifers* (Berlin) von 1653 scheint man ihre Suche nach Ungeziefer im Haarschopf ihres Kindes, unter den wachsamen Augen einer Katze, auf ein weiteres Sinnbild von Jacob Cats aus *Proteus*, Amsterdam 1658, beziehen zu können, der den Schleifstein als Bildzeichen mit der Schäbigkeit und damit der Sündhaftigkeit zusammenbringt. Diese vermutete man in enger Nachbarschaft mit der Armut, die die Krätze mit sich bringen kann. Die inhärent didaktisch-moralische Komponente verdeutlicht die Illustration zu Johan de Brunes Sprichwort »Een slacke moeder luyzige hoofden« (schlampige Mutter, lausige Kinder). »Non olet« – nichts stinkt ihr, möchte man in freier Interpretation der im *Orbis cacatus* von Josef Feinhals 1928 zusammengestellten niederländischen Darstellungen des Menschlich-Allzumenschlichen schreiben.[23]

21 Manuel Simon: Heilige, Hexe, Mutter. Berlin: Dietrich Reimer 1993, S. 172.
22 Vgl. Emblemata. Handbuch zur Sinnbildkunde des XVI. und XVII. Jahrhunderts, hrsg. von Arthur Henkel und Albrecht Schöne. Stuttgart: J.B. Metzler 1967.
23 Vgl. Josef Feinhals: *Orbis cacatus*. Köln: Privatdruck in limitierter Auflage 1928.

Martina Sitt

Kein Kinderpopo, der sich frisch von ihr gereinigt dem Betrachter zuwendet, ist ihr zuwider, kein verlauster Kinderschopf, der sich in ihre
Schürze bohrt, ist ihr zuviel. Knaben oder inzwischen als unschuldig
und rein empfundene Kinder sind es, die in ihrem Schoß liegen. So
haftete dem bekannten Spiel »Kopf im Schoß« selbst unter jungen Leuten etwas scheinbar Unschuldiges an. Die Mutter wird zur selbstlosen
Wahrerin und Verwalterin von Tugend und Reinheit, und ihre Fürsorge gilt dem Schmuck und Wohlergehen der anderen. Der obligate
Kirchgang, bei dem sie die Kinder an die Hand nimmt und sie gelegentlich auch zur Kirchweih mitführt, beinhaltet eine bestimmte Gestik, ein Motiv der Mutterschaft im öffentlichen Raum, die im Gegenlichte niederländischer Nachmittage eindrucksvolle Schatten wirft und
Konstellationen von ungewohnt inniger Zweisamkeit schafft. Damit ist
sozusagen etwas mehr als jene an der Marienikonographie ausgerichtete Mütterlichkeit einer Mater lactans gemeint, wie sie ebenfalls auf diesen Volksfesten etwa in Gemälden Jan Steens zu erblicken ist.

Die Kinder hält sie nun selbst in ihren Armen und in ihrem Schoß,
doch wird sie dabei allmählich als Mutter geschlechtsneutral. Immer
seltener geht es in den Darstellungen um die spannungsreiche Beziehung zwischen Mann und Frau. Die Mutter als Person wird weitgehend entsinnlicht. Die zahllosen Darstellungen nähender oder mit
Spitzenklöppelei befaßter Frauen bieten hier einen Einblick in das sich
allmählich wandelnde Selbstverständnis der Weiblichkeit. In Judith
Leysters Gemälde *Das Angebot* (Mauritshuis, Den Haag) von 1631 ist
der Mann derjenige, der durch die Münzen in seiner Hand das Pflichtbewußtsein und die Emsigkeit der handarbeitenden Frau ignoriert. Er
unterbricht hier durch sein unmoralisches Ansinnen die Frau bei ihrer
wichtigen Arbeit. Aus Eva wird allmählich wieder Maria und damit
zugleich eine sanfte, bescheidene und vernünftige Frau, der in engem
Rahmen Qualitäten als Führerin des jungen Lebens auf den rechten
Weg zugetraut werden. Im Laufe des 17. Jahrhunderts ist eine Reduktion ihres Wirkungskreises durch eine Vermischung von Interieur und
Mutterbild festzustellen. Schama ist auf jene eigenartige Polarität eingegangen, die das Interieur, das ›Haus‹ im Zusammenspiel mit ›Welt‹
charakterisiert, als Mikrokosmos der Auseinandersetzung von Moral
und Materialismus. Dabei werden die Bürste und der Besen zu einer
Art ›Schwert‹ an der ›Heimatfront des Alltäglichen‹ und die ständig fegende Frau zur Kämpferin für die Sauberkeit in ihrem Teilbereich des
Makrokosmos.

Der bereits zitierte Arzt Johan van Beverwijk veröffentlichte 1639
Van de Uytnementheyt des Vrouwelicken Geslachts mit einem Bild der zu-

vor bereits erwähnten Malerin Anna Schurman als Frontispiz und der »Frau Welt« als Idealbild eines perfekten familiären Haushalts als »Ursprung und Quelle der Republik«, wie Chadwick es deutet.[24] Dabei wird der Haushalt als familiäre Organisationsform zum Mikrokosmos eines ordentlich geführten Commonwealth. Sauber sein ist gleichbedeutend mit rechtschaffen und patriotisch sein, mit Wachsamkeit gegenüber schmutzigen Eindringlingen – damit eröffnet sich mit moralisch-didaktischer Doppeldeutigkeit ein unendliches Arbeitsfeld für alle Frauen. In der kleinsten Einheit sollten bereits Grundvoraussetzungen eines perfekt funktionierenden Weltreichs geschaffen und zum Ausdruck gebracht werden: die Ordnung des heimischen Raumes und die Organisation von häuslicher Tugend.

Die in den Niederlanden des 17. Jahrhunderts besonders geschätzte Gattung der Interieurmalerei ermöglichte es, die heimische, geordnete und tugendhafte Welt ins Bild zu bannen, die Frau selbst mehr und mehr als Bestandteil des Interieurs aufzufassen, sie entweder ebenso wie den Kachelofen und den Essigkrug dem Haushaltszubehör zuzuordnen oder hinter der emsig Nähenden doch noch ganz dezent die angesammelten Reichtümer vor Augen zu führen. Der Hinweis auf die satte »overloed«, den prächtigen Überfluß, der, eigentlich vom Calvinismus verpönt, zur schwersten Prüfung der standvastigheid (Standfestigkeit und Tugend der Bescheidenheit) wird, kann so – quasi durch die Hintertür – durch Spiegelungen in den Gefäßen und glitzernde Reflexe auf prunkvollen Gläsern wieder ins Bild hereingeholt werden.[25]

Die aufgezeigte Entwicklung der Frauenfigur zur Mutterfigur in der niederländischen Genremalerei ist durch einige markante Punkte charakterisiert. Nachdem Mütter in den Niederlanden des 17. Jahrhunderts zunächst primär auch Ehefrauen waren, gewährte man ihnen im Zuge der Konstruktion eines neuen Rollenverständnisses bis zu einem gewissen Grade eine eigene Bildsprache. Mutterschaft war erkennbar an einer Haltung, in der sich aufopfernde Dienstbarkeit ausdrückt, an ihren fürsorgenden Tätigkeiten wie Füttern, Lausen und Kämmen, an ihrer Mitwirkung an dem künftigen Seelenheil durch Erziehung. Verbunden mit einem schon frühzeitig – wie im Beispiel Maria Thins er-

24 Vgl. Whitney Chadwick: Women, Art, Society, S. 118: »fountain and source of republics«. Möbius nennt hier berechtigt Cats, Beverwijk und viele andere für diese gebräuchliche Formulierung.
25 Siehe ausführlich hierzu Simon Schama: Überfluß und schöner Schein. München: Kindler 1993, S. 142f., besonders S. 315ff., ebenso Manuel Simon: Heilige, Hexe, Mutter, S. 121ff.

kennbar – bis zu einem gewissen Grade partnerschaftlich ausgerichteten Eheverständnis wird in die Rolle der Ehefrau nun die der Mutter sinnstiftend eingeschlossen. Der Weg zu dieser anders gelagerten und daher in gewissem Grade nur scheinbaren Aufwertung der Frau zur Mutter im heimischen Raum war erkennbar weit. Auslöser mag gewesen sein, daß die Frauen mit zunehmendem Selbstbewußtsein als Gefahr für die regierende Männerwelt empfunden worden waren. Die literarischen Quellen und die Emblemata in den Stichwerken bringen dies schon früh zum Ausdruck, lange bevor es seine visuelle Umsetzung in den Ölgemälden fand.[26]

Vergleicht man nunmehr die spezifisch niederländische Situation mit derjenigen Frankreichs, so zeigt sich, daß das Phänomen der Mutterliebe in den Niederlanden rund 100 Jahre früher propagiert wird. In der Kombination mit den angesprochenen religiösen Überzeugungen des Calvinismus, mit demographischen und topographischen Besonderheiten der sieben Provinzen konnte sich dort sogar eine eigenständige Bildsprache für die Frau als Mutter entwickeln. Und dies zunächst abseits der Marienikonographie. Die Jungfrau hatte ihre Rolle im Calvinismus bekanntermaßen ausgespielt. Zwar führte das nicht im Gegenzug zu einer Aufwertung der Frauenfiguren als Ausdrucksträgerinnen idealer Schönheit, doch ließen sich bei den Darstellungen von Frauen der gehobenen sozialen Schichten zunächst Ansätze erkennen, die völlige Entsinnlichung der Erscheinung der Frau zu einer geschlechtsneutralen unattraktiven Figur aufzuheben. Allerdings vollzog sich damit gleichzeitig eine unterschwellige Dämonisierung, eine Reduktion der Frau auf die ›immer gefährliche Eva‹, die noch immer in jeder Frau vermutet wurde. Im öffentlichen Diskurs von Materialismus und Moralität bot sich daher die Figur der Mutter als neues, intimes Bildmotiv an. Sind Geld und zweigeschlechtliche Liebe weitgehend verpönt, so kann die Mutterfigur das Bedürfnis erfüllen, heimischen Reichtum und disziplinierte, d.h. gesellschaftlich akzeptierte Zuwendung sowie die Beschäftigung mit dem intakten Mikrokosmos zu verkörpern.

---

26 Zu den überraschend vielen regelrecht frauenfeindlichen Satiren des späten 17. Jahrhunderts siehe Simon Schama: Überfluß und schöner Schein, S. 411.

II

Im 19. Jahrhundert stellte sich das inhaltliche Problem, das zu den formalen Lösungen geführt hatte, nicht mehr. Die Domestizierung der Frau war abgeschlossen. Ein Identifikationsmuster war zum Lebens- und Arbeitspostulat aufgewertet worden. Mutterschaft war inzwischen mit einer Reihe von tradierten Attributen belegt, die weder inhaltlich noch formal hinterfragt wurden. Doch nicht nur dies – sie waren auch letztlich kein Thema mehr. In dem von Philip Hook und Mark Poltimore herausgegebenen Überblicksband, der alle populären Bildmotive des 19. Jahrhunderts auflistet, die in den vergangenen zwei Jahrzehnten im Kunsthandel auftauchten, gibt es im Inhaltsverzeichnis Motive wie »Beauties«, »Children«, »Cavaliers«, »Nudes« oder »peasants and country life« – Mütter kommen nicht vor. Auch in den Kinderbildern nicht. Das ist symptomatisch. Mütter zählen nicht zu den wichtigen Bildmotiven. Sie führen bloß ein Schattendasein, sind wie Beiwerk, eingebunden in den unter »country life« zusammengestellten Genreszenen, die im übrigen wieder meist niederländischer Herkunft sind. Das ist kein Zufall, sondern das Signal für einen um die Wende vom 18. zum 19. Jahrhundert einsetzenden Prozeß, der die Mütter in ihrer entindividualisierten Dienstbarkeit allmählich zum Inventar der Häuslichkeit werden läßt.

Die Lebensräume der Frau sind insgesamt enger geworden: Wöchnerinnenstuben bei Fritz von Uhde (1848-1911), Nähstuben bei Marc Louis Benjamin Vautier (1829-1898) und Kinderspielzimmer dominieren die Bildräume.[27] Handlungsspielraum und Radius erscheinen auf fest bestimmte, dienende Funktionen begrenzt. Und auch dabei – abhängig von der zunehmenden Bedeutung des Kindes – vertraut man ihr die Kinder nur eine gewisse Zeit an: Das an die Hand-nehmen umfaßt kurze Wege, denn zur Führerin wird sie meist nur auf dem Pfade der Kirche. »Die Rolle der Frau als religiöse Erzieherin wird mit dem Realismus der Genremalerei bekräftigt«, schrieb Friedrich Gross anläßlich eines Aquarells von Peter Fendi *Das Abendgebet*.[28] Ausgezeichnet von ihrer hingebungsvollen Frömmigkeit unterbricht die Mutter das kindliche Spiel: Sie steht pflichtgetreu und aufrecht, näher zur Madonna angeordnet, ist selbst im Profil gezeigt und doch gänzlich entindividualisiert. In den gehobenen Schichten bleibt die Sorge für

---

27 Vgl. Fritz von Uhde: *Kinderspielzimmer* (1889, Hamburger Kunsthalle).
28 Friedrich Gross, Kat Nr. 145. In: Ausstellungskatalog: Eva und die Zukunft. Hamburg 1977, S. 232.

das kindliche Seelenheil bis zum 19. Jahrhundert die Hauptaufgabe der Mütter, erweitert allenfalls um die Sorge für einen angemessenen Hauslehrer. Das Gemälde des Schweizer Genremalers Vautier (Abb. 4), das eine Mutter beim Vorlesen zeigt, die durch den neuen Hauslehrer, der sein Empfehlungsschreiben vorzeigt, unterbrochen wird, bestätigt ihre Rolle als Organisatorin der frühkindlichen, religiösen und intellektuellen Bildung. Es herrscht hier eine auch optisch klare Trennung von innen und außen. Sie nimmt die Welt nur vermittelt wahr, über Märchenbücher, Empfehlungsschreiben und gelegentlich über die vom Ehemann in Auswahl verlesenen Tageszeitungen. Nur der Knabe, unter dem großen repräsentativen Bild angeordnet, wendet sich dem Fremden offensiv zu, und der Hund beschnüffelt den Ankömmling ganz ungeniert. Für die Mutter wird die Welt von außen erst in das Interieur hineingetragen, lediglich in Ausschnitten erkennbar, durch Fenster einsehbar, aber kaum zugänglich.

Die gesellschaftliche Ausgrenzung der Mutter durch ihre Integration in die häusliche Welt war abgeschlossen. Dabei ging die Reflexion des Mütterlichen in der Malerei des ausgehenden 19. Jahrhunderts kaum über das bildsprachliche Repertoire signifikanter Eigenschaften des 17. Jahrhunderts hinaus. Die formalen Übernahmen betreffen sogar Motive, die im 17. Jahrhundert zeitweise ausgeblendet waren, wie die Marienikonographie, die nun einen erneuten Aufschwung erlebt.

Dies zeigt sich auch im Familienbild, das eine leicht säkularisierte Verdichtung der christlichen Motive der mater lactans mit der heiligen Familie erkennen läßt. Der Schadow-Schüler Julius Hübner (1806-1882) zeigt 1852 Mitglieder seiner eigenen Familie in einer für die Ikonographie der heiligen Familie typischen Personenkonstellation. In der gewählten Form des Triptychons offenbart sich dabei ein Rückgriff auf die christliche Bildform des Altars. Kompositorisch wie auch vermöge der Lichtführung ist die Mutter-Kind-Gruppe im Mittelbild hervorgehoben. Die Profilansicht der Mutter, Pauline Hübner, stellt die Verbindung zur linken Tafel her, auf der in der Zusammenstellung dreier seiner Kinder eine Art Präfiguration der Familie zu erkennen ist. Der Vater, ein Selbstbildnis des Künstlers, befindet sich auf dem Mittelbild rechts im verschatteten Hintergrund. Er wendet sich zwar seinem Sohn Martin zu, blickt jedoch den Bildbetrachter an. Dem damit verbundenen Eindruck von Momentaneität sind die profilansichtige Mutter und das Kind, das in frontaler Haltung den Betrachter fixiert, enthoben. Die weitere Anknüpfung an den christlichen Themenkreis findet über das auffällige Motiv des Apfels sowie durch das Motiv der kreuzartigen Verschränkung von Armen und Beinen statt. Das Mitse-

Abb. 4: Marc Louis Benjamin Vautier: Das Empfehlungsschreiben, um 1865. Nürnberg, Germanisches Nationalmuseum

hen des Themas der Maria mit dem Kind und Josef als Heilige Familie besitzt hier zwar keine tief religiöse Bedeutung mehr, dient aber zur Nobilitierung aller Dargestellten.[29] Für das evozierte Mutterbild ist es darüber hinaus höchst aufschlußreich.

Erst das 19. Jahrhundert betont wieder die religiöse Bedeutung der tugendhaften Frau als Antagonistin der schamlosen. »Das Leitbild der schwachen, tugendhaften Hausfrau und Mutter konnte [...] nicht breitenwirksam propagiert werden, ohne daß zugleich die dämonologische Denunziation der Frau als natürliche Verbündete des Teufels destruiert wurde.«[30] Der Preis dafür war bis zu einem gewissen Grade die Dominanz des Ideals der Hausmutter. Beide gemeinsam existieren nur in getrennten Welten: als »Beauties« und »Nudes« oder als dienstbare Geister. Ins Ironische gewendet erscheint in diesem Kontext eine *Karikatur auf den »Zopfstil«* von 1835 (Abb. 5), zugleich eine Schilderung heimischen Familienlebens aus der Sicht des Düsseldorfers Theodor Hosemann (1807-1875). In dem Ambiente des Künstlerhaushalts dreht sich die Sorge der Mutter und der Kinder um den Zopf des Mannes. Dieser, ein Maler, füllt seine Staffelei währenddessen mit weiblichen Akten aus seiner Imagination, während sie mit ihrem Jüngsten auf dem Arm ›vordergründig‹ versucht, die gesellschaftlich vorgeschriebene Ordnung in seine Haare zu bringen Im Hintergrund hingegen verlustiert sich auf einer der Leinwände Leda mit dem Schwan.

Umso schneller schlägt angesichts dieser starken Trennung der weiblichen Lebenswelten die bedingungslose Akzeptanz der Mutterfigur, falls sie nicht der Konvention entspricht, ins Gegenteil um und steigert sich zur Brandmarkung der ›Gottlosen‹. Eine typisch für den Düsseldorfer Adolph Schroedter (1805-1875) mit einem Korkenzieher signierte Feder- und Tuschzeichnung aus dem Jahre 1832 gibt die Verzweiflung einer verlassenen und von der Gemeinschaft ausgestoßenen Mutter wieder, die dem in seiner Nacktheit ungeschützten Neugeborenen nur das elende Leben in eisiger Kälte bieten kann. Das negative Bild der Mutter, die ihrer Sorgepflicht nicht mehr nachkommen kann und wie irre geworden ihr Kind, indem sie es diesen Verhältnissen aussetzt, gar selbst zu töten scheint, gipfelt in der Darstellung der *Kinds-*

---

29 Siehe hierzu ausführlich Stefan Gronert, Martina Sitt: (Dis-)Kontinuitäten? – Transformation und Wandel einiger Motive zwischen alter und neuer Kunst. AR/GE Bozen, 5/1995 im Druck, vgl. auch Gabriel Metsu, 1657 Berlin SMPK, s. Kat. Berlin 1984, Abb. 6.
30 Simon Schama: Überfluß und schöner Schein, S. 172.

Abb. 5: Theodor Hosemann: Karikatur auf den »Zopfstil«, um 1835.
Kunstmuseum Düsseldorf im Ehrenhof.

mörderin (1877) des Münchners Gabriel von Max (Hamburger Kunst-halle). Als Kontrast hierzu zeigen historisierende Gemälde wie *Der Krieger und sein Kind* (1837) von Theodor Hildebrand die positive Ein-schätzung des fürsorglichen und zugleich pflichtbewußten Vaters. Hier ist auch ihm durch das auf dem Arm-Tragen des Kindes ein gewisser Grad von Intimität vorbehalten, eine dauerhafte Nähe, die sich sonst nur auf das Mutter-und-Kind- Schema beschränkt, wobei der Grad der Nähe im 19. Jahrhundert immer noch eine Frage der sozialen Schich-tung war. So konnte Georg Syamken bei Reinhold Begas' Mutter-und-Kind-Gruppe von 1870 noch darauf verweisen, daß es sich hierbei um reines idyllisches Genre handelt, denn »zwischen Mutter und Kind stand das Kindermädchen. Der urtümlich natürliche Zustand, der hier ins Bild gesetzt ist, wirkt wie eine literarische Reminiszenz aus einem Goldenen Zeitalter, das die gesellschaftlichen Zwänge des 19. Jahrhun-derts weit hinter sich gelassen hat.« Dieses goldene Zeitalter begegnete Künstler wie Betrachter nur »auf Reisen, wenn der Kontakt mit den ›niederen Ständen‹ zum unverfänglichen Erlebnis werden« durfte. So mußte im gesellschaftlichen Leben der »Hunger nach Intimität« auch im 19. Jahrhundert ungestillt bleiben und fand in Marmor seinen ewi-gen Ausdruck.[31] Abgesehen von den erwähnten einseitigen Zuspitzun-gen überwiegen im 19. Jahrhundert die Darstellungen des familiären Idylls, oftmals bei gänzlicher Ausblendung des dienstbaren Geistes: der Mutter.

III

Hatte sich der Beginn dieses Aufsatzes an Zeilen aus dem Choral *Oh Haupt voll Blut und Wunden* von Paul Gerhardt (1607-1676) orientiert, wurde dann das Aufkommen eines Rollenbildes für Mütter als neues Identifikationsmuster aufgezeigt, so scheint am Ende eine Reminiszenz aus der Welt des Schauspiels angesichts der Fragestellung nach der bild-sprachlichen Umsetzung der Mutterfigur sich aufzudrängen. Seit Mitte des 19. Jahrhunderts die Kunstgeschichte – als soeben im Aufbau be-griffene wissenschaftliche Disziplin – begann, über den Ursprung der Kunst nicht nur Theorien zu entwickeln, sondern zugleich auch ver-schiedene historisch etablierte Mythen zusammenzutragen, gewann die Vorstellung der Entstehung der Malerei aus dem Abmalen des Schattens

---

31 Georg Syamken, Kat. Nr. 148. In: Ausstellungskatalog: Eva und die Zukunft, S. 234.

einer menschlichen Figur erneut an sinnbildlicher Bedeutung. Bereits 1718 hatte Gerard de Lairesse in seinem *Groot Schilderboek* darüber ausführlich geschrieben, hatte er doch auch jene bekannte Darstellung über den Ursprung der Porträtmalerei aus dem Abmalen des menschlichen Schattens, präziser des Schattens eines Mannes, in seinem Buch wiedergegeben. Hugo von Hofmannsthal greift in seinem phantastischen Schauspiel von 1911, *Die Frau ohne Schatten*, das Problem des Schattenwurfes auf. Die Unfruchtbarkeit der Kaiserin, ehedem ein unsterbliches Feenwesen, droht, den sterblichen Kaiser langfristig zu Stein werden zu lassen. Daher hat die Amme regelmäßig zu berichten, ob der Heldin die Mutterschaft vergönnt ist. Auf die Verneinung der Frage des Boten: »Trägt sie diesmal ein Ungeborenes im Schoß?« ruft dieser aus: »Also wirft sie noch keinen Schatten!« Das heißt auch, sie gehört noch nicht völlig zu den Menschen. Sie bleibt transparent, als Eva schnell durchschaubar, oder, zumindest bildsprachlich, schnell entschlüsselt. Auch im Sinne Hofmannsthals wäre sie noch kein ausreichend geprägter Charakter, nicht bildfähig, wirft sie dann doch keinen Schatten, »sowenig als wenn ihr Leib von Bergkristall wäre«. Mutterschaft hingegen macht eine Frau – zumindest in der niederländischen Malerei des 17. Jahrhunderts – in vielfältiger Hinsicht bildwürdig, läßt sie einen Schatten werfen. Bogumil Goltz (1801– 1870) erinnert in seiner *Naturgeschichte der Mütter* daran, daß einer Mutter nie passieren könne, was Peter Schlemihl geschah, »eine Mutter aber könnte ihren Schatten verkaufen, niemand würde es bemerken, denn ihre Kinder folgen ihr ja als Licht und Schatten auf dem Fuße«.[32]

---

32 Bogumil Goltz zitiert nach: Das Buch der Mutter. Darmstadt: Deutsche Buchgemeinschaft 1963, S. 26.

Doris Hansmann

Die Tötung des Weiblichen
im männlichen Schöpfungsmythos.
Zu den »toten Müttern« bei Egon Schiele

Tabubrechende erotische Akte, ausgezehrte und zerschundene Körper, schonungslos entblößte Selbstporträts – dies dürften die Bilder sein, die sogleich vor dem geistigen Auge erscheinen, denkt man an den früh verstorbenen Expressionisten Egon Schiele (1890-1918). Daß der junge Österreicher sich während seiner kurzen, ein knappes Jahrzehnt währenden künstlerischen Laufbahn auch mit dem Thema Mutter und Kind kontinuierlich auseinandersetzte und vor allem in seiner Frühzeit mit großem Engagement an diesem Bildthema arbeitete, ist hingegen kaum in ein breiteres Bewußtsein vorgedrungen. Selbst Menschen, die sich professionell mit Kunst beschäftigen, kennen diese Facette seiner Arbeit nicht immer. Zwar sind die Mutter-Kind-Darstellungen keineswegs gänzlich ignoriert worden, doch spielen sie im häufig populärwissenschaftlich geführten, aber auch im wissenschaftlichen Diskurs um den Maler und Zeichner bestenfalls eine untergeordnete Rolle. Unter ihnen wurde allein der *Toten Mutter* aus dem Jahre 1910 (Abb. 6) eine gewisse Berühmtheit zuteil. Schiele selbst empfand die Bedeutung dieses Gemäldes schon kurz nach dessen Vollendung: Er wisse nun, daß es eines seiner besten sei, schrieb der Künstler im Frühjahr des darauffolgenden Jahres an seinen Entdecker, Betreuer und Freund, den Kunstkritiker Artur Roessler[1]. 1911 malte er eine zweite Version des Sujets, die unter dem Titel *Die Geburt des Genies* (Abb. 7) in die Geschichte der Kunst eingegangen ist. Beide Werke gehören ohne Zweifel zu den eindrucksvollsten und merkwürdigsten Werken des Österreichers. Sie stehen singulär innerhalb der Kunst ihrer Zeit und geben in ihrer Einzigartigkeit bis heute Rätsel auf.

Doch worin liegt das Besondere der beiden Gemälde, was macht die toten Mütter in ihrer Zeit zu solch ungewöhnlichen Werken? Denn das Thema ist nicht neu. Es hat eindringliche Interpretationen schon 1898 in Max Klingers Zyklus *Vom Tode,* ebenso wie in Edvard Munchs

---

1 Siehe Christian M. Nebehay: Egon Schiele 1890-1918. Leben, Briefe, Gedichte. Salzburg, Wien: Residenz Verlag 1979, S. 176.

Abb. 6: Egon Schiele: Tote Mutter I, 1910.
Wien, Leopold-Museum, Privatstiftung.

Abb. 7: Egon Schiele: Die Geburt des Genies (Tote Mutter II), 1911.
Photo, Original vermutlich im Krieg zerstört.
New York, Galerie St. Etienne.

Die tote Mutter und das Kind von 1901 erfahren. Hier der Säugling verlassen auf dem Oberkörper der Liegenden hockend, dort das verzweifelte Mädchen vor dem Bett der Verstorbenen – mit diesen Darstellungen hat Egon Schieles *Tote Mutter* wenig mehr gemein als das Bildthema. Es ist sein Verzicht auf jegliches erzählerische Moment, die konsequente Vermeidung illustrativen Beiwerks, die Artur Roessler schon 1912 dazu veranlaßte, von der tragischen Wirkung des Schieleschen Kunstgebildes im Gegensatz zu der Illustration Klingers zu sprechen[2]. In Schieles Bild findet der Betrachter keinerlei Information über Umraum oder situativen Kontext. Allein und isoliert, nur füreinander und miteinander, ist das Paar im Kosmos des schwarzen Bildraums plaziert. Nicht als vollständige, unversehrte Gestalten, sondern als Fragmente, in größtmöglicher Reduktion. Dies sind die Merkmale, die eines von vorneherein klarstellen: Die *Tote Mutter* ist ein symbolisches Bild.

Anregungen, vielleicht den zündenden Funken für seine ungewöhnliche Bildauffassung hatte Egon Schiele von einem Gemälde seines Freundes und Förderers Gustav Klimt erhalten. In der *Mutter mit Kindern* aus dem Jahre 1909 (Abb. 8) hatte dieser die überbordende Ornamentik seiner dem Jugendstil verpflichteten Malerei hinter sich gelassen: Ein hoher Grad an formaler Abstraktion, die äußerste Verknappung der bildnerischen Mittel, vor allem aber der Kontrast des flächigen, nahezu die gesamte Bildfläche einnehmenden Dunkels zu den hellen isolierten Gesichtern – dies sind die ungewöhnlichen Kennzeichen des Gemäldes, das als eines von Klimts wenigen expressionistischen Werken gilt[3]. In der äußerst reduzierten Komposition, die selbst

---

2 So in einer Kritik über die Hagenbund-Ausstellung, erschienen in der Wiener Arbeiter-Zeitung vom 14.5.1912, siehe Christian M. Nebehay: Egon Schiele 1890-1918, S. 221.

3 Siehe dazu Gerbert Frodl: Klimt. Köln: DuMont 1992, S. 110. In der radikalen Fragmentarisierung der menschlichen Gestalt berührt sich Klimt mit den bildhauerischen Arbeiten Auguste Rodins, dessen *La mère et sa fille mourante – Mutter und sterbende Töchter* von 1908 Klimt wahrscheinlich in Paris gesehen hatte. Nur Physiognomie und Hände hatte Rodin bei seiner Figurengruppe herausgearbeitet und geglättet, während alle übrigen Körperteile in der amorphen Masse des nur grob behauenen Marmorblockes verborgen bleiben. Eine in der Tat erstaunliche formale Übereinstimmung mit Klimts Familie: Noch reduzierter hatte dieser das bildhauerische Problem des Franzosen der Flächenkunst seiner Malerei einverleibt. Zur Deutung der Rodinschen Mutter-Kind-Skulptur siehe Ute Schmitt-Wischmann: »Mutter und Kind« in der Plastik. Eine motivhistorische Untersuchung plastischer Mutter-und-Kind-Gruppen der Jahre 1870 bis 1920. Diss. phil. Heidelberg 1987, S. 133-139.

Abb. 8: Gustav Klimt: Mutter mit Kindern, 1909/1910.
Salzburg, Verlag Galerie Welz.

die Hände der Dargestellten dem weiten, umhüllenden Stoff des mütterlichen Umhangs integriert, entwickelte Klimt die Mutter-Kind-Symbiose in Anknüpfung an traditionelle Madonnen-Darstellungen. Der fürsorglich um die Kleinen gehüllte Mantel ebenso wie die pyramidale Komposition mit den Kindern zu beiden Seiten enthält deutliche Reminiszenzen an den Typus der Schutzmantelmadonna. Das ursprünglich christliche Motiv der Gottesmutter, die unter ihrem ausgebreiteten Umhang zu beiden Seiten den Gläubigen Zuflucht und Schutz gewährt, wird profaniert und in eine Ikone mütterlicher Fürsorge und Hingabe verwandelt: Die süßliche Physiognomie des kleinen rotwangigen Erdenbürgers zur Linken der Mutter in seinem kindlichen Schlaf und die beschützende Hinwendungsgeste des geneigten Kopfes entspricht dem ästhetischen Standardrepertoire idealer Mütterlichkeit um 1900 – es bestimmt ein anderes Werk Klimts, *Die drei Lebensalter der Frau* von 1905 ebenso wie Bernhard Hoetgers Mutter-Kind-Gruppe aus *Der Schlaf* von 1911.

Man kann davon ausgehen, daß Egon Schiele diese rhetorischen Mittel und ihre Lesarten kannte. Seine Deutung der Mutter-Kind-Darstellung in der *Toten Mutter* aus dem Jahre 1910 aber – wenngleich auf den ersten Blick von großer Ähnlichkeit – nimmt sich als diametral entgegengesetzt aus. Zwar lassen der gesenkte Kopf und das teilweise verdeckte Gesicht der Mutter ebenso wie das von unten gesehene kindliche Antlitz seine Kenntnis des Klimtschen Werks nicht leugnen, doch erfahren die Motiveinzelheiten und Kompositionselemente in Schieles Gemälde einen entscheidenden Wandel: Der geneigte Kopf der Mutter signalisiert nicht Zuwendung und Fürsorge, sondern ist im Sterben kraftlos zur Seite gefallen. Die halbgeöffneten Augen lassen den gebrochenen Blick der Toten erkennen. Ihre stützende Hand, im Todeskrampf erstarrt, kann nichts mehr halten, bleibt leerer Gestus. Das um 1900 zum Stereotyp hingebungsvoller und schutzbietender Mutterschaft eingefrorene Gebärdenrepertoire erfährt hier eine neue Interpretation.

Darin steht Schiele seinem jungen Künstlerkollegen Oskar Kokoschka näher als dem um eine Generation älteren Klimt, denn mit Kokoschkas Plakatentwurf für das Sommertheater der »Internationalen Kunstschau« 1909 in Wien (Abb. 9) lassen sich erstaunliche formale Übereinstimmungen erkennen: das nach links herabfallende Haar der Frau, ihr vom Tode gezeichnetes Gesicht ebenso wie die Reduktion des weiblichen Körpers auf die oberen Extremitäten. Und nicht nur das: auch im Umgang mit den künstlerischen Traditionen der Mutter-Kind-Darstellung ergeben sich erstaunliche Entsprechungen. Der ge-

Abb. 9: Oskar Kokoschka: Pietà, 1908/1909.
Plakat für die Uraufführung von Kokoschkas Drama »Mörder, Hoffnung
der Frauen« am 4. Juli 1909. Salzburg, Verlag Galerie Welz.

quälte, ausgezehrte Männerakt in den Armen der Frau – die Assoziation an die christliche Pathosformel der Pietà liegt zum Greifen nahe. Das religiöse Kultbild der Gottesmutter mit ihrem toten Sohn jedoch, Inbegriff mütterlichen Mitleidens, wird bei Kokoschka in ein Monument männerzerstörender Weiblichkeit verkehrt. Dies hat Kathrin Hoffmann-Curtius in ihrer Analyse von Oskar Kokoschkas Frauenbild deutlich gemacht: Der Mann, gehäutet und entsetzlich verrenkt, die Frau mit totenkopfartigem Schädel – in ihrer martialischen Gräßlichkeit scheint diese Vision der Vernichtung des Mannes bis heute unübertroffen. Zu einer Zeit, als sich die Interpretation des Weiblichen zwischen den Polen der beschützenden Mutter und Madonna einerseits und andererseits der bedrohlichen, den Mann zugrunde richtenden Frau bewegte, verknüpft Kokoschka erstmals das Bild der Mutter mit demjenigen der femme fatale und bringt damit zu Beginn des 20. Jahrhunderts eine neue Darstellungsvariante der männermordenden Frau hervor[4].

Ähnlich wie Kokoschka, wenn auch in einer weniger drastischen Formulierung, verkehrt Schiele die bereits eingeführte, genormte Gebärdensprache hingebungsvoller Muttergefühle in ihr Gegenteil. Er weiß die Ambivalenzen der Gestik wirkungsvoll in Szene zu setzen: Wenngleich kompositionell angelegt, signalisiert die Körperhaltung nicht etwa Geborgenheit und Behütetsein, sondern bringt vielmehr schmerzlich das Fehlen des mütterlichen Schutzes zum Ausdruck. Im Falle der *Toten Mutter* bleibt der leibliche Ausdruck mütterlicher Zuneigung und Obhut nurmehr rhetorischer Schein.

Bislang stand fast ausschließlich die Gestalt der Mutter im Focus unseres Interesses. Doch wie ist es nun demgegenüber um die Figur des Kindes bestellt? Denn auch seine Position im Bildgefüge der *Toten Mutter* läßt sich nicht eindeutig festlegen: Auf den ersten Blick scheinbar sicher und geborgen in den sanft umgebenden schwarzen Stoff gebettet, erweist sich auch die schutzgebende Hülle bei genauerem Hinsehen als tückisch; nicht nur bergend, sondern auch einengend – wie ein Kokon. Was zunächst als wärmendes Tuch erscheint, ist ein ganz eigener Kosmos, keinem Gewand zugehörig, sondern Symbol des um-

---

4 Siehe Kathrin Hoffmann-Curtius: Frauenbilder Oskar Kokoschkas. In: Frauen. Bilder. Männer. Mythen, hrsg. von Ilsebill Barta u.a. Berlin: Dietrich Reimer 1987, S. 148-178, dort besonders S. 148-155.

schließenden, dunklen Mutterleibes[5]. Schiele hat mit der *Toten Mutter* ein Bild des noch ungeborenen Lebens geschaffen. Eingezwängt liegt das glatzköpfige kleine Wesen wie ein Fötus in der Fruchtblase, das Knochengerüst weich und dehnbar, die amorphen Hände emporgehoben.

Diese ins Symbolische gesteigerte Schwangerschaftsmetaphorik der *Toten Mutter* ist keineswegs voraussetzungslos entstanden. Sie steht am Ende einer Periode, in der Egon Schiele mit dem Aspekt Schwangerschaft und Geburt immer wieder aufs intensivste konfrontiert war. Schon zu Beginn des Jahres 1910 hatte er – vermutlich bei Carl Reininghaus, einem der größten österreichischen Sammler moderner Kunst zu dieser Zeit – Dr. Erwin von Graff kennengelernt. Der Gynäkologe räumte dem Künstler die Gelegenheit ein, an der Wiener Frauenklinik zeichnerische Studien zu betreiben[6]. Obwohl die dort entstandenen Skizzen schwangerer Frauen und soeben entbundener oder gar totgeborener Säuglinge keineswegs das Ergebnis gezielter thematischer Erwägungen sind, sondern wahrscheinlich eher aus Mangel an geeigneten Studienobjekten entstanden, zeugen sie doch von einer ebenso intensiven wie sensiblen Auseinandersetzung des Künstlers mit den Themen Schwangerschaft, Geburt und Tod. Fernab von jeglichen Beschönigungen legen die zahlreichen Zeichnungen und Aquarelle aus dieser Zeit einen expressiv gesteigerten Realismus an den Tag, wie er auch heute noch – mehr als 80 Jahre später – etwa in den Säuglingsdarstellungen von Marlene Dumas provoziert und Aufsehen erregt. Mag

---

5 Man hat bereits vielfach darauf hingewiesen, daß Vorläufer für die Umhüllung des Kindes in Ford Madox Browns *Take your Son, Sir!* aus den Jahren 1856/57 ebenso wie in Margaret Macdonald-Mackintoshs Gipsrelief *Motherhood* von 1902 zu finden sind. Beiden aber fehlt die Ambivalenz von Tuch und symbolhafter Flächenhaftigkeit, die bei der *Toten Mutter* so bestimmend ist. Denn während das dargebotene Baby bei Ford Madox Brown eindeutig von einem drapierten Tuch umhüllt ist, kommt es bei Macdonald-Mackintosh in einer stilisierten Rose – im Jugendstil ein außerordentlich populäres Motiv – zu liegen. Siehe dazu die Abbildungen in Robert Schmutzler: Art Nouveau – Jugendstil. Stuttgart: Hatje Verlag 1977, S. 168 und S. 166.

6 Siehe dazu Christian M. Nebehay: Egon Schiele 1890-1918, S. 519-520; Alessandra Comini: Egon Schiele's Portraits. Berkeley, Los Angeles, London: University of California Press 1974, S. 72 und S. 212, Anm. 64 und die Abbildungen bei Jane Kallir: Egon Schiele. The Complete Works. New York: Harry N. Abrams 1990, S. 392 und S. 408-409.

Schiele auch das berühmte Klingersche Blatt und Edvard Munchs eindringliche Interpretation der toten Mutter gekannt haben – mit dem Motiv des in die Fruchtblase gebetteten Embryos gab er dem Sujet eine entscheidende Wendung, die ohne seine Erfahrungen in der Wiener Frauenklinik kaum denkbar ist, zumal der Tod im Kindbett in jener Zeit durchaus keine Seltenheit war. Noch immer bezahlten viele Frauen mit ihrem Leben, wenn sie einem Kind auf die Welt verhalfen.

Zahlreiche Interpreten der *Toten Mutter* haben darauf hingewiesen, daß die Ausführung des Bildes ganz auf den Kontrast von Leben und Tod ausgerichtet sei, wie er sich im fahlen, bleichen Inkarnat der Mutter im Gegensatz zu dem glühenden, lebensvollen Rot des Kindes zeigt. Diese Interpretation des Werks scheint mir indessen zu kurz gegriffen. Die Farbsymbolik Schielescher Werke läßt sich m.E. ebensowenig auf standardisierte Bedeutungen reduzieren wie diejenige Oskar Kokoschkas, dessen Plakatentwurf der Pietà wie Schieles *Tote Mutter* vom spannungsreichen Kontrast der beiden Farben lebt. Kokoschka, sich der Symbolkraft dieser Farbigkeit durchaus bewußt, entzog sich noch 60 Jahre später in seinen Lebenserinnerungen einer präzisen Festlegung, als er betonte: »Der Mann blutig rot, das ist die Lebensfarbe, aber tot liegt er im Schoß der Frau, die weiß ist, das ist die Todesfarbe.«[7] Selbstverständlich, das Kind der toten Mutter lebt und will leben. Seine Physiognomie mit den geöffneten Augen suggeriert einen menschlichen Gesichtsausdruck. Hier hat es das embryonale Stadium bereits hinter sich gelassen – ein lebensfähiger Säugling, die ›Fenster der Seele‹ geöffnet und der Welt zugewandt. Um wirklich leben zu können, wird das Kind im Bild Schieles jedoch den Leib der Mutter – und das mit ihrer Hilfe – verlassen müssen. Doch eingeschlossen in seinen Kokon wie in ein Gefängnis stößt das werdende Leben an seine Grenzen, wird der kleine Mensch, noch bevor er das Licht der Welt erblickt hat, am Leben gehindert. Umschlossen vom Dunkel des mütterlichen Leichnams liegt er lebendig begraben in der Gebärmutter. Die vorgeburtliche Einheit von Mutter und Kind, Mythos eines paradiesischen Aufgehobenseins des Kindes im warmen, dunklen Mutterleib, trägt bei Schiele deutlich ambivalente Züge. Durch den eigenen Tod ist die lebensspendende Natur des Weiblichen nicht mehr Quell des Lebens, sondern erfährt eine Metamorphose von der Leben-Hervorbringenden

---

7   Zitiert nach Kathrin Hoffmann-Curtius: Frauenbilder Oskar Kokoschkas, S. 150.

zur Todbringenden. In letzter Konsequenz verwandelt Schiele den ›Lebensraum Gebärmutter‹ zur Todesstätte.

Man hat die Symbolik der *Toten Mutter* immer wieder als Ausdruck einer psychischen Mutter-Kind-Beziehung verstanden, als das Resultat von Schieles Auseinandersetzung mit seiner eigenen Mutterbindung. Dieser Auffassung liegt ein Text des Schiele-Freundes und Biographen Artur Roesslers zugrunde, der in seinen *Erinnerungen an Egon Schiele* diesem Gemälde eine lange Passage widmete. Unter der Kapitelüberschrift »Die Mütter-Bilder« berichtet er von einem Gespräch mit dem Freund, in dem dieser über seine Mutter geklagt habe, über den »von ihm am schmerzlichsten empfundenen Kummer [...], den ihm das verständnisbare, an Lieblosigkeit grenzende Verhalten seiner Mutter bereite [...]. Es ist wider die Natur. Man sollte doch meinen, daß eine Mutter ihr Kind, das in ihr wurde, in ihr wuchs, in ihr lebte, durch sie geatmet, gegessen und getrunken hat, lange bevor es für andere Menschen da war, später, wenn es von ihr losgelöst zu einem eigenen Lebewesen wurde, von der Mutter trotzdem immer noch als ›ein Stück von sich‹ empfunden und behandelt wird. Meine Mutter, der ich in vielen Eigenschaften gleiche, deren Fleisch und Blut ich bin, wenn auch in anderem Geiste, tut das leider nicht. Sie tritt mir oft wie einem Fremden als Fremde entgegen. Das kränkt mich sehr.« Er habe ihm daraufhin den Rat gegeben, schreibt Roessler »auch dieses Leid in ein Kunstwerk zu verwandeln«. Wenige Wochen später – am 24. Dezember 1910 – habe ihm Schiele das noch farbennasse Bild der *Toten Mutter* als Weihnachtsgeschenk und Dank für seinen Rat überreicht[8].

Es ist inzwischen jedoch, mehr als 80 Jahre nach der Erstausgabe der Roesslerschen Erinnerungen, hinlänglich bekannt, daß der Schriftsteller es nicht allzu genau genommen hat mit seinen Aussagen, daß er viele Begebenheiten falsch oder doch zumindest verfälscht wiedergegeben hat. Auch seine Behauptung, Schiele habe ihm das Bild geschenkt, erweist sich als recht freier Umgang mit der Wahrheit. In einem Brief vom 10. Januar 1911 nämlich findet sich die Aufforderung Schieles an Roessler, ihm das Geld für die *Tote Mutter* zu bringen[9]. Es ist daher wichtig, Roesslers Aussagen im richtigen Licht zu betrachten.

---

8 Artur Roessler: Erinnerungen an Egon Schiele. Wien: Wiener Volksbuchverlag 1948, S. 62–63.
9 Siehe Rudolf Leopold: Egon Schiele. Gemälde, Aquarelle, Zeichnungen. Salzburg: Residenz Verlag 1972, S. 557.

Denn er verstand sich nicht als ein Biograph, dem in allen Aspekten seiner umfangreichen Niederschriften daran gelegen war, wissenschaftlicher Genauigkeit Genüge zu tun. Er war vielmehr Kunstkritiker, Journalist und Schriftsteller mit einem außerordentlich guten Gespür für die Ausdrucks- und Symbolkraft von Schieles Kunst. Schon damals, betont Christian M. Nebehay in seiner grundlegenden Veröffentlichung der Schriften Egon Schieles, fand Roessler für die Werke des Österreichers Worte, die bis heute volle Gültigkeit besitzen[10]. In diesem Sinne hat man auch die Erzählung Roesslers zu den frühen Mutter-Kind-Darstellungen des Künstlers weitgehend literarisch zu verstehen – nicht als wortwörtliche, aber mit Einfühlungsvermögen und Sensibilität für Werk und Person formulierte Annäherung an ein außergewöhnliches Kunstgebilde.

So liest sich etwa seine Beschreibung des unguten und spannungsreichen Mutter-Sohn-Verhältnisses einschließlich seiner Behauptung, der Künstler habe unter dem verständnis- und lieblosen Verhalten seiner Mutter gelitten, als eine durchaus korrekte Schilderung der Tatsachen. Überdeutlich spiegelt sich das getrübte Verhältnis zueinander – auf beiden Seiten von enttäuschten Erwartungen geprägt – in den Briefen von Mutter und Sohn wider. Ihr gemeinsames Schicksal war nachhaltig geprägt von dem frühen Verlust des Ehemannes und Vaters im Jahre 1905: Sein Sterben, das von einer geistigen Störung mit einem unheimlichen Betragen des Kranken begleitet war, hatte für beide eine nicht mehr zu füllende Leerstelle im Familienverbund hinterlassen. Die daraus resultierenden Erwartungen an den jeweils anderen hatten offensichtlich kaum ein Chance auf Erfüllung. Marie Schiele, geb. Soukup (1862–1935), die nach dem Tode ihres Mannes mit einem nur sehr bescheidenen finanziellen Auskommen zurückblieb, träumte wohl davon, daß der Sohn, durch seine außergewöhnliche Begabung zu Ruhm, Ehre und Geld gelangt, sie materiell unterstützen und ihr miserables Leben verbessern würde.

Schiele, für den der Verlust des Vaters eine schwere seelische Belastung, ja ein geradezu traumatisches Erlebnis bedeutete, das er zeitlebens nicht vollständig überwinden konnte, fand in seinem Onkel und Mitvormund Leopold Czihaczek nur wenig Unterstützung für seine Anliegen. Pedantisch und offensichtlich ohne Verständnis für die Kunstbesessenheit des Jungen, versuchte der Vormund diesen in die

---

10 Christian M. Nebehay: Egon Schiele 1890-1918, S. 561.

Einbahnstraße bürgerlichen Karrieredenkens zu drängen. Obwohl es die Mutter war, die dem Heranwachsenden das Verlassen der Schule gegen den Willen Czihaczeks erlaubte und den Besuch der Akademie durchsetzte, fühlte der junge Maler sich in den entscheidenden Jahren seiner künstlerischen Entwicklung auch von ihr alleingelassen. Denn nach Schieles endgültigem Bruch mit dem Onkel und Geldgeber sah sie sich weder in der Lage, dem Sohn materielle Hilfe noch die offensichtlich von ihm erwartete ideelle Unterstützung zu bieten. Die Briefe des Sohnes an die Mutter sind noch in späteren Jahren von Vorwürfen und Bitterkeit durchzogen.

Egon Schieles Schriftzeugnisse liefern auch Anhaltspunkte für die Übertragung der Geburtsmetaphorik auf die gestörte Mutterbindung und auf die eigene Person. So etwa, wenn der Künstler in einer vermutlich aus dem Entstehungsjahr des Gemäldes stammenden literarischen Skizze zu einem Selbstbildnis die Formulierung wählt, er sei »aus einer Krummauerin als Mutter geboren«[11]. »Einen Künstler in Fesseln zu legen«, schreibt er an anderer Stelle, »ist ein Verbrechen, es heißt, ein keimendes Leben zu töten.«[12] Roessler hatte intuitiv erkannt, daß es sich bei der *Toten Mutter* um ein autobiographisches Dokument größter Einsamkeit und Verlassenheit handelt, in dem Schiele seiner privaten, aus dem Unbewußten schöpfenden Mythologie überzeugenden und eindringlichen Ausdruck gegeben hat. Die Metaphorik der Darstellung befand sich offensichtlich in Übereinstimmung mit dem persönlichen Eindruck, den Roessler von der Gemütsverfassung des Freundes gewonnen hatte, denn in seinen Erinnerungen bezeichnet er diesen als einen zutiefst einsamen Menschen. Schiele, so formuliert Roessler, habe eine »bis zum Entsetzen gesteigerte Angst vor der Einsamkeit« gehabt. »Das Gefühl der Einsamkeit, einer ihn schier vereisenden Einsamkeit war ihm von Kindheit an; trotz der Familie, trotz weilchenweiser Heiterkeit im Kreise seiner Kameraden ...«[13] Vor diesem Hintergrund ist das Geburtsmotiv der *Toten Mutter* zu verstehen – als ein krasses Bild von Einsamkeit und existenziellem Verlassensein. Mit der Metapher des vorgeburtlichen Zustandes findet Schiele ein ausdrucksstarkes, ›leibliches‹ Bild für die seelische Empfindung.

Ob es sich dabei jedoch, wie Roessler in seinem Entstehungsbericht des Gemäldes suggeriert, tatsächlich um ein eigentherapeutisches Do-

---

11 Ebd., S. 141 und S. 252.
12 Zitiert nach Gianfranco Malafarina: Egon Schiele. Die Hauptwerke. Wien, Genf, New York: Lechner Verlag 1990, S. 32.
13 Artur Roessler: Erinnerungen an Egon Schiele, S. 75.

kument handelt, ist heute kaum mehr zu klären. Höchst bemerkenswert aber ist, daß der Österreicher nicht der einzige bleibt, der dem Gefühl von Verlassenheit und Isolation in einem symbolischen Bild von Geburt und Tod Ausdruck gegeben hat. Auch im Werk der Mexikanerin Frida Kahlo findet sich 22 Jahre später eine ähnlich eindringliche Interpretation des Gegenstandes. Unumwunden führt der Titel ins Zentrum, eröffnet den autobiographischen Bezugsrahmen, in dem die Künstlerin ihr Gemälde betrachtet sehen möchte – *Meine Geburt*. In einem kahlen, trostlosen Zimmer wird der Betrachter Zeuge eines schier unglaublichen Vorgangs: Just im Augenblick der Geburt scheint die Mutter schon lange tot. Denn während der Kinderkopf den mütterlichen Körper soeben verlassen hat, ist die Gebärende bereits mit einem Leichentuch verhüllt. Es bleibt offen, ob die Neugeborene – vergessen und verlassen im Geburtskanal – noch lebendig oder schon tot ist. Das einzige menschliche Zeugnis in dem leblosen Raum ist ein Bildnis der »Schmerzensreichen«, die über der Tragödie wacht. Mit diesem sehr persönlichen Bild verlegt Kahlo, die ihr ganzes Leben lang um die Aufrechterhaltung der eigenen Identität gerungen hat, den Ursprung ihres Verlassenheitsgefühls in die Zeit ihrer Geburt zurück. Mit diesem Motiv suggeriert sie, daß ihre Einsamkeit weiter zurückreicht als die bewußte Erinnerung und in einer vorverbalen Phase ihren Ursprung hatte – darauf hat Salomón Grimberg in seinen psychoanalytischen Betrachtungen über Frida Kahlo hingewiesen[14].

Bezeichnenderweise bedurfte es im Falle von Schieles *Toter Mutter* keines erläuternden Titels, um autobiographischen Deutungen Vorschub zu leisten. Denn in der wirkungsmächtigen Tradition der Madonnen-Ikonographie sind wir daran gewöhnt, die Darstellung einer Frau mit Kind ohne Zögern als Mutter-Sohn-Konstellation zu erkennen. Doch dies sei nur am Rande bemerkt. Bedeutsamer ist, daß der Vorstoß in die beunruhigenden Tiefen menschlicher Emotionen, in psychische Abgründe, das teils manische Besessensein von den Tiefendimensionen seelischer Erfahrung in dieser Zeit ein typisches Kennzeichen der Wiener Avantgarde ist. Schiele teilt es mit vielen anderen Künstlern seiner Zeit. Ebenso wie ein in seinem Kulturkreis zunehmendes kollektives Gefühl von Vereinzelung und Einsamkeit ist es geradezu symptomatisch für den Aufbruch in das Jahrhundert der Psycho-

---

14 Salomón Grimberg: Frida Kahlos Einsamkeit. In: Frida Kahlo. Das Gesamtwerk, hrsg. von Helga Prignitz-Poda, Salomón Grimberg und Andrea Kettenmann. Frankfurt a.M.: Verlag Neue Kritik 1988, S. 11-22.

analyse. In den Reihen der österreichischen Expressionisten hatte sich am vehementesten manifestiert, was Carl E. Schorske in seiner grundlegenden historischen Untersuchung des Wiener fin de siècle als den Paradigmenwechsel von Marx zu Freud bezeichnete. Auf der Suche nach den Übeln, unter denen die Menschheit litt, hatten die materialistisch-soziohistorischen Kategorien ausgedient. An ihre Stelle war die Introspektion, der Rückzug in die Gefilde des eigenen Seelenlebens, die Kultivierung persönlicher Empfindungen getreten. In der Transponierung der analysierenden Innenschau in Bilder vom Körper, die unumwunden dessen fleischliche Ausdrucksdimensionen in Szene setzen, hatten die Expressionisten nicht zuletzt einen Weg gefunden, dem verfeinerten Ästhetizismus des Wiener Jugendstils den Rücken zu kehren.

In diesem Spektrum markieren Gustav Klimt und Egon Schiele zwei Pole, sind Vorgänger und Nachfolger, sind aber auch Wegbereiter und Überwinder. Hatte Klimt noch wenige Jahre zuvor seine Darstellungen in der vermittelnden Sprache komplexer Allegorien gezeichnet, so faßt Schiele den Körperausdruck, den Leib als das primäre Ausdrucksmittel seelischen Erlebens. In der Geburtsmetaphorik der *Toten Mutter* vereinigt der Maler über die ganz persönliche Ebene individuellen Empfindens hinaus zwei Aspekte, die seit jeher zu den mythisch-archaischen Vorstellungen des Weiblichen gehören. Denn in Gestalt der umschließenden und einengenden Höhle der Gebärmutter deutet sich die Kehrseite weiblich-natürlicher Fertilität an. Das »Große Weibliche«, so der Jung-Schüler Erich Neumann in seiner Strukturanalyse des weiblichen Archetyps, ist »nicht nur das Leben-Gebärende und -Schützende. Als Enthaltendes ist es auch das Festhaltende und Zurücknehmende, eine Gottheit des Lebens und des Todes zugleich.«[15] Mit der Ineinssetzung von Geburt und Sterben, Leben und Tod im Bild der umschließenden Fruchtblase thematisiert Schiele die Sehnsucht nach der gebärenden und nährenden, schutzgebenden und wärmenden Mutter ebenso wie die Angst vor dem Preisgegebensein an das Grab des weiblichen Schoßes, an die dunkle und zum Tode bergende Mutter, an das Nichts. In diesem Sinne ist das Bild der Frau als Mutter, wie es Schiele hier gestaltet hat, ein verkleinertes Abbild der großen Mutter Natur, ein archetypisches Symbol des weiblichen Prinzips.

Doch diese Überlegung bliebe unbefriedigend, fragte man nicht nach den Ursachen für derlei ambivalente, von Sehnsucht wie Bedro-

15 Erich Neumann: Die Große Mutter. Der Archetyp des Großen Weiblichen. Darmstadt: Wissenschaftliche Buchgesellschaft 1957, S. 56.

hung geprägte Wahrnehmungen des Mütterlichen. Anders als Neumann, der im Umgang mit dem Phänomen weitgehend beschreibend bleibt, geht Simone de Beauvoir dem Antagonismus auf den Grund. Indem sie die Geschlechterpolarisierung bis zu ihren Wurzeln und Urgründen in Mythen und religiösen Überlieferungen zurückverfolgt, entlarvt sie die tradierten Weiblichkeitsentwürfe als Projektionen männlicher Selbstvergewisserung, in denen der Mann zu seiner Identitätsstiftung im ›Objekt‹ Frau das jeweils Andere, Nicht-Männliche zu beschreiben versucht. Erst die Konfrontation mit dem ›Anderen‹ macht die eigene Positionsbestimmung deutlich. Den sehnsuchtsvollen Wunsch nach Rückkehr in die Geborgenheit des Mutterschoßes ebenso wie die Kehrseite des Phänomens, das Gefühl von Bedrohung und Gefahr angesichts von ohnmächtigem Eingeschlossensein in der machtvollen Mutterfigur erkennt sie als einen Aspekt der Vergewisserung des eigenen Standorts innerhalb der Welt, innerhalb der göttlichen Schöpfung. Es habe Perioden eines romantischen Vitalismus gegeben, schreibt Simone de Beauvoir, in denen die magische Fruchtbarkeit der Erde, der Frau als etwas Wunderbares erschienen sei: »... dann träumt der Mann davon, ins mütterliche Dunkel zu tauchen, um darin die wahren Quellen des Lebens wiederzufinden. [...] Aber viel häufiger findet sich beim Menschen die Auflehnung gegen seine Lage als Körperwesen; er betrachtet sich als einen gefallenen Gott: sein Fluch ist es, daß er aus einem strahlenden und geordneten Himmel in das chaotische Dunkel des Mutterleibes hinabgestürzt ist. [...] Er möchte notwendig sein wie die reine Idee, wie das Eine, das All, der absolute Geist und findet sich eingeschlossen in einem begrenzten Leib [...]. Die Zufälligkeit des Fleischlichen ist die seines eigenen Seins, das er in seiner Verlassenheit, seiner ungerechtfertigten Willkür hinnehmen muß. Sie bestimmt ihn auch für den Tod. Die wabernde, gallertartige Masse, die sich in der Gebärmutter bildet (die geheimnisvoll verschlossen ist wie ein Grab), erinnert zu sehr an die weiche Schlaffheit der Verwesung, als daß er sich nicht mit Schaudern abwenden müßte.«[16]

Notwendig wie die reine Idee, wie das Eine, das All, der absolute Geist – im Gegensatz zur Frau als Inbegriff des Naturhaften und Erdnahen versteht und definiert sich der Mann als der geistige Erschaffer der Welt. Sicherlich, die Überwindung der natürlichen Überlegenheit der Mutter durch den Geist, das Denken und das Wort ist so alt wie das

16 Simone de Beauvoir: Das andere Geschlecht. Sitte und Sexus der Frau. Hamburg: Rowohlt Taschenbuch Verlag 1986, S. 157-158.

Patriarchat selbst. Sie spiegelt sich im babylonischen Schöpfungsmythos Enuma Elis, wie Erich Fromm aufzeigte[17], ebenso wider wie in der Erschaffung der Welt durch das Wort – den Logos – eines männlichen Gottes im Christentum. Und sie hat in der feministischen Ideologiekritik, die das Motiv der Abwertung der Mutter als konstitutiv für den männlichen Charakter von Kultur und Wissenschaft ansieht, eine neue – kritische – Aktualität erlangt. Doch läßt sich diese These nahtlos auf die Bilder der *Toten Mutter* von Egon Schiele applizieren, ohne den Vorwurf wissenschaftlicher Ungenauigkeit zu provozieren? Lassen sich bei Egon Schiele Indizien für den Mythos einer sich autonom entwerfenden Schöpfung im Bild der Geburt finden? – Schützenhilfe bietet hier ein sehr persönliches Dokument, ein Brief an die Mutter aus dem Jahr 1913, der sich als ein höchst bemerkenswertes Zeugnis seines persönlichen männlichen Schöpfungswahns entpuppt: »Du bist in einem Alter wo ich glaube, der Mensch die Sucht hat die Welt mit reiner Seele ungehalten und ungehindert sehen will und Freude über die vollbrachten dargelegten Früchte sehen will, ihren Eigenwillen der angeboren ist und selbständige Wurzeln trägt. – Das ist die große Absonderung. Ohne Zweifel werde ich die größte, schönste, kostspieligste, reinste und wertvollste Frucht sein, – in mir haben sich durch meinen selbständigen Willen alle schönen und edlen Wirkungen vereinigt; – schon auch des Mannes wegen. – ich werde die Frucht sein die nach ihrer Verwesung noch ewige Lebewesen zurücklassen wird; also wie groß muß deine Freude darob sein – mich gebracht zu haben?«[18]

Das war deutlich. Der junge, aufstrebende Künstler, inzwischen offensichtlich immer mehr von seinem Talent, von seiner Berufung überzeugt, ist nicht zimperlich, nimmt kein Blatt vor den Mund. Die Art und Weise, mit der er der Mutter ihre Grenzen weist, läßt an Eindeutigkeit nicht zu wünschen übrig. Obwohl sie es war, die dem Heranwachsenden die Ausbildung an der Akademie ermöglichte, ist ihr Anteil an seiner künstlerischen Entwicklung dem Sohn nicht erwähnenswert. Nur aus eigenem Willen, aus eigener Anstrengung geboren, trat das Genie Schiele in die Welt. Als ewig überdauernde, nicht der Vergänglichkeit unterworfene Kunstwerke garantieren die von ihm hervorgebrachten Lebewesen ihrem Schöpfer Unsterblichkeit. Die Bestimmung

17 Siehe Erich Fromm: Anatomie der menschlichen Destruktivität. Reinbek bei Hamburg: Rowohlt Taschenbuch Verlag 1994, S. 187-188.
18 Der Künstler in einem Brief an seine Mutter Marie Schiele vom 31.3.1913, zitiert nach: Christian M. Nebehay: Egon Schiele 1890-1918, S. 252.

der Mutter ist damit erfüllt, sie erschöpft sich darin, den Sohn getragen, abgesondert, ihm für eine Weile Asyl gewährt zu haben; ein ursächlicher Anteil an dessen Entfaltung wird ihr nicht zugestanden. Schiele bringt es in eine zwingende genealogische Abfolge: Die Mutter hat ihre Aufgabe an den Sohn abgegeben, hat ihr Soll erfüllt und damit ausgedient. Welch ein Befreiungsakt! Egon Schiele stilisiert sich in diesem persönlichen Dokument nicht nur zum Überwinder der eigenen Mutter und damit seiner Herkunft, sondern auch zu einem Schöpfer seines eigenen, vom weiblichen Prinzip unabhängigen Schöpfungsmythos.

Selbst wenn man wohlwollend in Betracht zieht, daß der radikal eigensüchtige Maler zu diesem Zeitpunkt gerade einmal 23 Jahre alt ist, bedarf die anmaßende Allmachtsphantasie des jungen Schiele einer Deutung. Eine solche hat der Schiele-Autor Stephen Walrod in seiner »Psychobiographie« vorgelegt. Am Beispiel der *Toten Mutter* siedelt er die Entwicklung von Schieles Omnipotenzgefühl in des Künstlers frühester Kindheit an. Die Mutter, so Walrod, sei eine erschöpfte und leidende Frau gewesen, hart geprüft durch drei Totgeburten, den Tod der ältesten Tochter und den des Ehemannes und daher nicht mehr in der Lage, dem Sohn die für seine Entwicklung notwendige Aufmerksamkeit zukommen zu lassen. Ein kleines Kind, mit der Unfähigkeit der Mutter konfrontiert, erfahre sich zwangsläufig als verantwortlich für sich selbst und seinen gesamten Lebensbereich – eben als omnipotent[19]. Walrod argumentiert hier – ganz im Sinne der Psychoanalyse – aus der Sicht des Kindes, stellt sich also dem Sohn und Künstler an die Seite. Doch seine psychoanalytische Interpretation reicht zur Erklärung des Phänomens nicht hin. Hinter dem unbescheidenen Omnipotenzgefühl Schieles verbirgt sich mehr. Der junge Künstler nämlich konnte überdies davon ausgehen, daß er sich – »schon auch des Mannes wegen« – mit der gängigen patriarchalen Doktrin im Einklang befand. Eine Doktrin, die den Mann zum Maß aller Dinge macht, nur ihn als das einzig gültige Geschlecht anerkennt. Nahezu wörtlich stimmt er in seiner Aussage mit dem wohl kompromißlosesten Antifeministen und Frauenfeind seiner Zeit überein – Otto Weininger, der mit »Geschlecht und Charakter« ein Monument misogyner Ideologie vorgelegt hatte, das seinesgleichen sucht. Auch diesem galt Genialität als »eine Art höherer Männlichkeit«, als eine »ideale, potenzierte Männlichkeit«, die

---

19 Siehe dazu ausführlicher Stephen T. Walrod: Egon Schiele. A Psychobiography. Diss. phil. Berkeley 1978, S. 63-64.

Mutter hingegen »bloß als Aufenthaltsort und Behälter, gleichsam nur zum ewigen Durchpassieren für neue Wesen« geeignet[20].

An dieser Stelle kommt Schieles zweites Gemälde der *Toten Mutter* ins Spiel. War die Bildauffassung des 1910 entstandenen ersten Werks mit gleichem Titel noch von einer gewissen Ambivalenz getragen – *Die Geburt des Genies* läßt an Eindeutigkeit nichts zu wünschen übrig. Das Entstehungsjahr ist 1911, die Umstände seiner Entstehung sowie seiner Zerstörung im Bombenhagel des Zweiten Weltkrieges liegen in mancherlei Hinsicht im dunkeln. Hatte Artur Roessler in seinen *Erinnerungen an Egon Schiele* sie als das zweite Exemplar einer geplanten Serie von vier Mütter-Bildern bezeichnet, so widersprach er den eigenen Aussagen in späteren Modifikationen des zuvor Behaupteten. Denn im Gespräch mit Rudolf Leopold – dem Autor einer grundlegenden, im Jahre 1972 erschienenen Schiele-Monographie – präsentierte er eine neue Variante der Entstehungsgeschichte des Bildes, weitaus plausibler, da sie von mancherlei Indizien aus anderen Quellen gestützt wird. Dort nämlich heißt es, daß Heinrich Benesch, ein Freund Schieles und begeisterter Sammler seiner Kunst, das Bild der *Toten Mutter* von Artur Roessler hatte erwerben wollen, daß dieser sich aber von dem liebgewonnenen Werk nicht hatte trennen wollen und daraufhin Schiele beauftragte, für den Interessenten eine zweite Version des begehrten Objekts zu malen[21].

Es ist höchst aufschlußreich, daß der Käufer Roesslers Ausführungen zufolge an der modifizierten Neufassung des Bildthemas keinen Gefallen fand. Doch wie kann es sein, daß ein Bild, in Größe und Technik identisch, auch als Komposition auf den ersten Blick nur geringfügig verändert, völlig unerwartet auf die Ablehnung des Sammlers stieß, der sich doch im Vorfeld so sehr um den Erwerb der *Toten Mutter* bemüht hatte? Gewiß, Erklärungen für dieses Faktum liegen längst vor. Und der bereits zuvor erwähnte Rudolf Leopold hat nicht zu Unrecht einige der kompositorischen Einzelheiten des Werks moniert. So etwa, wenn er die starke Flächenhaftigkeit des Gewandbereichs gegenüber der betont plastischen Ausführung der Figuren bemängelt oder die Verteilung der drei hellen Bereiche auf dem Bildträger, die mit den übrigen Bildteilen keine überzeugende Einheit bilden. Dennoch scheint

---

20 Otto Weininger: Geschlecht und Charakter. Wien, Leipzig: Wilhelm Braumüller [16]1917, S. 142, S. 144 und S. 297.
21 Siehe Rudolf Leopold: Egon Schiele, Kat. 176, S. 560.

die rein ästhetische Anschauung nur vorgeschoben, sie vermag als alleiniges Argument der Ablehnung nicht zu überzeugen.

Bei der *Geburt des Genies* – und das sollte nicht übersehen werden – handelt es sich um ein singuläres Werk, welches eine andere Aussage als das Gemälde von 1910 vermittelt und folglich mit anderen kompositorischen Mitteln arbeitet. Ambivalenzen oder Uneindeutigkeiten läßt dieses Bild nicht zu: Andeutungen der Sehnsucht nach einer ungetrübten, präödipalen Mutter-Kind-Symbiose, wie sie noch in der ersten Version der *Toten Mutter* zu finden waren, sind hier vollständig getilgt. Das Kind hat die Mutter hinter sich gelassen, hat sie endgültig überwunden. Was der Maler zu sagen hat, setzt er mit einer erschreckenden Deutlichkeit und einer geradezu bedrohlichen Gebärdensprache ins Bild. Dem ersten Besitzer des Gemäldes, Heinrich Benesch, ist sie sicherlich nicht entgangen, möglicherweise stellt sie den Grund für seine Ablehnung des Werks dar. Denn unausweichlich sieht sich der Betrachter mit dem nach vorne drängenden Kinderkopf konfrontiert. Das junge Genie hat bereits begonnen, die schützende Fruchtblase zu verlassen, drängt mit weit aufgerissenen Augen und einer beängstigenden Vehemenz in die Welt – die pulsierenden, vom Kind ausgehenden Pinselhiebe zeigen dies nur allzu deutlich. Die eruptive Gewalt, mit der es aus dem Körper der Mutter herausbricht, die Mutter an die Peripherie drängt, läßt keine Beschwichtigungen zu. Es scheint fast, als sei es das Kind, das die Mutter getötet hat.

Bilder wie dieses rücken zu Leibe. Obgleich eindeutig symbolischer Natur, ist die *Geburt des Genies* nicht gänzlich jenseits weiblicher Erfahrung, weiblicher Realität angesiedelt. Ein Vorgang, bei dem die Leibesfrucht nicht den natürlichen Geburtskanal passiert, sondern im operativen Eingriff eines Kaiserschnittes direkt aus dem Mutterleib ins Leben entbunden wird, hatte zu Beginn des Jahrhunderts tatsächlich eine reale Gefahr für Leib und Leben der Mütter bedeutet. Das muß Schiele durch seine Erfahrungen an der Wiener Frauenklinik bekannt gewesen sein. Gleichzeitig aber verbindet sich – auf symbolischer Ebene – mit der nicht-natürlichen Geburt durch Kaiserschnitt in den mythischen Projektionen männlicher Phantasie die Vorstellung, sie verleihe dem so zur Welt Gekommenen besondere Macht oder magische Kräfte. Denn in Geschichte und Literatur waren Männer, die auf diese Weise aus dem Leibe ihrer Mutter hervorgegangen waren, stets besondere Exemplare ihrer Gattung. Dafür steht Caesar, ›der aus dem Mutterleib geschnittene‹ (lat. caedere = aufschneiden) ebenso wie Shakespeares tragische Figur des Macbeth, dem die Hexen einst vorausgesagt hatten, ihm werde niemand schaden können, »den ein Weib geboren«. Erst in Macduff, der »geschnitten ward aus Mutterleib«, findet Macbeth seinen Bezwinger[22].

Doch Schiele geht sogar noch einen Schritt weiter. Sein Gemälde der *Toten Mutter* von 1911 liest sich wie eine Beschwörungsformel künstlerischer Autonomie, die ihre Herkunft nicht der Frau und Mutter verdankt, in der vielmehr der Künstler aus sich selbst heraus zum genialen Schöpfer der eigenen Schöpfung wurde. Es zeigt den Ausbruch des Genies als einen Befreiungsakt, dem die Mutter ›notwendigerweise‹ geopfert werden muß. Diese Überwindung des Weiblichen zugunsten einer sich autonom entwerfenden männlichen Schöpfung hat auch Walter Benjamin in einem seiner »Denkbilder« unter dem Titel »Nach der Vollendung« beschrieben. Ebenso wie Schiele greift der Literaturkritiker und Schriftsteller darin auf die Geburtsmetaphorik zurück und nähert sich an die malerische Interpretation der *Geburt des Genies* an. In seinem dialektischen Bild beschreibt Benjamin die Tötung des Weiblichen als konstitutiv für die Hervorbringung einer geistigen, männlichen Schöpfung. Denn erst mit der Vollendung seines Werks werde der Schöpfer geboren, sie sei seine eigentliche Geburt, eine Befreiung und Emanzipation von der Natur, die er einer höheren, geistigen Sphäre verdanke: »Die Schöpfung nämlich gebiert in ihrer Vollendung den Schöpfer neu. [...] Beseligt überholt er die Natur: denn dieses Dasein, das er zum ersten Mal aus der dunklen Tiefe des Mutterschoßes empfing, wird er nun einem helleren Reiche zu verdanken haben. [...] Er ist der männliche Erstgeborene des Werks, das er einst empfangen hatte.«[23] Auf die Folgen dieses Gedankengangs für das Weibliche hat erst jüngst die Literaturwissenschaftlerin Sigrid Weigel in ihrer ausführlichen Analyse des Benjaminschen »Denkbildes« hingewiesen: Die natürliche Erzeugung – abhängig von dem Vermögen der Frau, zu gebären – wird verdrängt und durch eine davon unabhängige, höher bewertete männliche Schöpfungstat ersetzt. Das Weibliche geht zwar als Stoff in die neue Schöpfung ein, wird aber darin verbraucht, stirbt darin ab. Die männliche Kunstproduktion also – so ihre Folgerung – verdankt sich dem Weiblichen, vollzieht sich aber letztlich nur über seine Zerstörung. Die Tötung des Weiblichen erweist sich damit als konstitutiv für die Hervorbringung der kulturellen männlichen

---

22 William Shakespeare: Macbeth. Stuttgart: Philipp Reclam Jun. 1980, S. 49 und S. 2.

23 Walter Benjamin: Gesammelte Schriften, hrsg. von Rolf Tiedemann und Herrmann Schweppenhäuser. 4 Bände. Bd. 4.1. Frankfurt a.M.: Suhrkamp 1980, S. 438.

Ordnung, einer ihrem Selbstverständnis nach autonomen intellektuellen und künstlerischen Produktion[24]. »Killing women into art« nennen Sandra Gilbert und Susan Gubar diese Struktur[25], die auch in den Mütterdarstellungen Egon Schieles ihre Wirkungsmächtigkeit behauptet.

In seinen Mütter-Bildern vollzieht sich die Tötung des Weiblichen auf mehreren Ebenen: Sie ist zum einen motivisch und thematisch angelegt – nicht nur der Titel gibt dies unumwunden zu erkennen, auch die Darstellung der Mütter selbst läßt keinen Zweifel aufkommen: Sie sind tot. Die Vernichtung der Mutterfigur aber vollzieht sich darüber hinaus auch auf der kompositorischen Ebene. Und wenngleich der Titel suggeriert, daß sie – die Mutter – das Thema der Darstellung sei, die Komposition zeigt das Gegenteil; in beiden Gemälden ist sie buchstäblich an die Peripherie gerückt. Die Titelfigur wird zur Randfigur. Der Fötus hingegen ist an exponierter Stelle im Zentrum des Bildes plaziert, nicht dem Körper der Mutter als ihre Leibesfrucht zugehörig, sondern in einer eigenen Welt, gebettet in eine Fruchtblase, die vom Mutterleib unabhängig im Bildgefüge schwebt, vor die Mutter plaziert und diese teilweise verdeckend. Sicherlich – die symbolische Implikation rechtfertigt die anatomische Ungenauigkeit. Doch Vorsicht, man lasse sich nicht täuschen: Die ästhetische Inszenierung eines vom mütterlichen Leibe unabhängigen, in einem eigenen Kosmos beheimateten Fötus scheint geradezu konstitutiv für den Typus der Schwangerschafts-Darstellung, sie schleicht sich sogar dort ein, wo es sich um dokumentarisch-wissenschaftliche Aufnahmen direkt aus dem Mutterleib handelt: Der photographische Blick auf den Fötus, wie er sich – mit dem Fortschreiten medizinischer und photographischer Technik – seit den 60er Jahren zeigt, unterscheidet sich nur unwesentlich. Ein Phänomen, das E. Ann Kaplan genauestens unter die Lupe genommen und offengelegt hat. In diesen Photographien nämlich wird der Embryo ins Bild gesetzt, als ob er nichts, aber auch gar nichts mit der Mutter zu tun habe – »as if […] located in space, floating unattached to anything«, wie Kaplan betonte, »made to suggest the abstract, cosmological import of the creation of life«[26].

---

24 Siehe Sigrid Weigel: Topographien der Geschlechter. Kulturgeschichtliche Studien zur Literatur. Reinbek bei Hamburg: Rowohlt Taschenbuch Verlag 1990, S. 24-25 und S. 237-238.

25 Ebd., S. 239.

26 E. Ann Kaplan: Motherhood and Representation. The Mother in Popular Culture and Melodrama. London, New York: Routledge 1992, S. 204 und S. 203.

Eine bemerkenswerte Kongruenz. Die Frau in ihrer Funktion als Lebensspenderin, ihr Vermögen, Leben hervorzubringen, wird konsequent ausgeblendet und verdrängt – bei Schiele und heute, im ausgehenden 20. Jahrhundert. Über die Bildregie vollzieht sich – hier wie dort – der Ausschluß der Frau und Mutter. Das Subjekt der ästhetischen Inszenierung ist unzweifelhaft das Kind, die Präsenz der Mutter in Schieles Gemälde gekoppelt an den Sohn; bildwürdig wird sie erst durch ihn. Und so begegnen wir ihr auch ausschließlich vermittels des kindlichen und, wie am Beispiel der *Geburt des Genies* bereits ausgeführt, des männlichen Blicks. Fast unmerklich macht uns der Künstler zu Verbündeten. Lassen wir uns darauf ein, vernichten wir die Mutter ein zweites Mal – das hat der psychoanalytische Zugriff von Stephen Walrod gezeigt. Man hat sie »Mother-Killers« genannt – die Psychoanalytiker, die allein das ›krankmachende Verhalten‹ der Mutter als Grund für die gestörte seelische Entwicklung des Sprößlings anführten[27]. Nur wer Schieles tote Mütter gegen den Strich liest, wird die Mutter in ihnen orten können und feststellen: die Frau und Mutter als Subjekt wurde wieder einmal unterschlagen.

---

27 Siehe Ursula Schmidbauer-Schleibner: Mutterschaft und Psychoanalyse. In: Frauen und Mütter. Beiträge zur 3. Sommeruniversität von und für Frauen 1978. Berlin: Basis Verlag 1979, S. 351-378, dort besonders S. 365.

Jutta Held

Politische Aktion und paranoisch-kritische Analyse. Das Bild der Mutter bei Max Lingner und Salvador Dali

I

Das Bild der Mutter, das Max Lingner entworfen und viele Male variiert hat, ist als politische Metapher der französischen Linken in den 30er Jahren weit verbreitet worden. Der deutsche Künstler war bereits 1928 nach Paris gekommen, in der Hoffnung, hier als Maler den Durchbruch zur Moderne zu schaffen. In Dresden war er Schüler Bantzers gewesen und hatte zunächst im Stil der Jahrhundertwende unter dem Einfluß von Hodler erotisierte Allegorien gemalt und später, angeregt durch die Berliner Malerei, sozialkritische Themen aufgegriffen. In Paris fand er seine künstlerische Identität erst – eine andere als die von ihm ursprünglich erstrebte –, als Henri Barbusse ihn aufforderte, für seine Zeitschrift *Monde* als Zeichner zu arbeiten. Vom August 1931 bis zu der letzten Nummer von *Monde* im September 1935 (nach dem Tode von Barbusse hielt sich die Zeitschrift nicht länger), war Lingner Pressezeichner und zugleich Lay-outer dieser Zeitung, »der Sklave der täglichen Zeichnung«, wie der Kunstkritiker Georges Besson ihn nannte.[1]

Scheinbar paradoxerweise engagierte Barbusse ihn als Gebrauchsgrafiker aufgrund einer Zuschrift, in der Lingner für die ›reine‹ Kunst eingetreten war, die Elie Faure in einem Artikel in *Monde* für obsolet erklärt hatte.[2] Wenig später wurde, Elie Faures These weiterführend, die auf dem Kubismus basierende moderne Kunst auch in der »Querelle du réalisme« (1936) angegriffen. Sie wurde zur reinen Dekorations-

---

1 Den Mitarbeiterinnen des Max Lingner-Archivs in Berlin und Frau Dr. Erika Lingner danke ich für ihre freundliche Unterstützung meiner Arbeit.
 Max Lingner: Mein Leben und meine Arbeit. Eingeleitet von Marcel Cachin und Paul Wandel. Dresden 1955, S. 19. Weitere Literatur zu Lingner: Gertrud Heider: Max Lingner. Leipzig: Akademie der Künste 1979; Ausstellungskatalog: Max Lingner 1888-1959. Berlin 1988.
2 Max Lingner: Mein Leben und meine Arbeit, S. 28f. Der Artikel von Elie Faure über das Ende der Kunst erschien in: Monde, Juni 1930.

kunst für die Wohnzimmer der Reichen erklärt. Die menschlichen
Probleme seien in ihr nicht mehr verhandelt worden.[3]

Obwohl Lingner dieser Kritik von links nicht zustimmte und die
traditionelle Bildkunst nicht aufgeben wollte (wenn sie seiner Meinung
nach auch neue Funktionen übernehmen sollte), so hat er den Illustra-
tionsstil in *Monde* doch in die entgegengesetzte Richtung entwickelt.
Die Voraussetzung für diese weitgehende Neugestaltung der französischen Pressezeichnung waren nicht nur seine Zeichnungen selbst, sondern vor allem seine Kompetenzen als Umbruchleiter. Er hat bald mit
der üblichen Praxis der Pressezeichnung gebrochen, nämlich kleine
Bilder, mit denen wie bei einem Staffeleigemälde Tiefenräume entworfen wurden, in den Text einzufügen und das Schriftbild mit ihnen zu
›durchlöchern‹. In Lingners Zeichnungen agieren die Figuren stattdessen in einem nach allen Seiten offenen und unbestimmten Raum, ohne
vorgegebene Bildgrenzen zu respektieren. Keine ideellen Rahmen
trennen sie von dem Text. Zuweilen werden diese Figuren durch eine
Schriftzeile durchteilt, hinter der sie wie durch ein Gitter hervorschau-
en. Nicht von ungefähr hat es Lingner gereizt, ein Figurenalphabet zu
entwickeln. Figuren und Schrifttypen sind für ihn Zeichen, die er fast
äquivok einsetzt, beide erläutern und unterstützen einander wechsel-
seitig. Dieses semiotische Verständnis der Elemente des Bildes, der Figuren, veränderte die Ästhetik der Pressezeichnung grundsätzlich.
Lingner übertrug auf die Grafik Prinzipien, die in der Malerei seit dem
synthetischen Kubismus entwickelt und von den Surrealisten übernommen und ausgebaut worden waren, so wenig auch seine Figurenkonzeption von der kubistischen Formensprache berührt zu sein
scheint.

Die moderne Gebrauchskunst hatte in den 20er Jahren eindeutig
die auf dem Kubismus fußende Bildsprache, vor allem konstruktivisti-
sche Momente, aufgegriffen. Mit den splittrigen Formen, den schräg
geführten Licht- und Linienbahnen war eine abstrakte Dynamisierung
des Bildes erreicht worden, die für Modernität stand.[4] Die Figuren,

---

3 Zur Querelle du réalisme vgl. Serge Fauchereau: La querelle du réalisme. Paris:
   Cercle d'art 1987; Hans Joachim Neyer: Technik und Avantgarde. In: Ausstellungskatalog: Absolut modern sein. Culture technique in Frankreich 1889-
   1937. Berlin: Staatliche Kunsthalle, NGBK 1986, S. 376f.; Wolfgang Klein:
   Kunst in der Volksfront. Der Realismusstreit 1936. In: Ausstellungskatalog Max
   Lingner 1988, S. 36-41.
4 Vgl. A. M. Cassandre: Zur Ästhetik des Plakats 1926. Abgedruckt in: Ausstellungskatalog: Absolut modern sein, S. 306-316.

ebenfalls geometrisiert und entindividualisiert, fügten sich diesen dynamischen Mustern ein. Lingner verkehrt dagegen das Verhältnis. Nicht die bildlichen Strukturen geben den Figuren die Orientierung vor, sondern die ganze Dynamik geht eindeutig von den Menschengruppen aus. Mit ein paar Strichen deutet er zwar eine Brücke, Straßen oder Fabrikschlote an; doch die Figuren sind eher kontrapostisch zu ihnen gesetzt. Lingners Figurenstil war eben durch die deutsche sozialkritische Kunst vor dem Ersten Weltkrieg – wie sie Käthe Kollwitz vertrat – geprägt worden, nicht durch den Kubismus und Konstruktivismus. Die Entscheidung für Lingner als Pressezeichner von *Monde* war genau richtig gewesen, als es Anfang der 30er Jahre, der Zeit der Weltwirtschaftskrise, darum ging, wieder die »menschlichen« Probleme ins Zentrum zu rücken, und als die euphorisch begrüßten Taylorisierungen der 20er Jahre, die den geometrisierenden Stil in der Kunst begünstigt hatten, nun kritisch gesehen wurden.[5] Dabei kehrt Lingner nicht etwa zu einem individualisierenden Figurenstil zurück. Er typisiert seine Personen – schon durch den einfachen Schwarz-Weißdruck gezwungen – und betont, auf der inhaltlichen Ebene, kollektive Lebenszusammenhänge. Seine offenen räumlichen Konzeptionen bewirken, daß stets der öffentliche, allgemeine Raum angesprochen ist, nie ein privater, abgeschlossener und individueller Ort. Die Arbeiter sind meist in Gruppen dargestellt, und wenn ein einzelner hervortritt, so wird er durch diese Gruppe unterstützt, die nicht weit von ihm entfernt plaziert ist. In Reihen, die Frauen oft untergehakt, oft auch singend, schreiten sie, behenden Schritts, nach vorn, auf den Betrachter zu, ins Offene, nie in die Tiefe des Raumes.

Lingner zeichnet zwar auch Szenen der Arbeit und der Freizeit – den Urlaub am Meer und den Radsport –, neue Erfahrungen, die durch die Volksfrontregierungen ermöglicht wurden. Vor allem aber sind sein Thema die Massenversammlungen und Demonstrationen, die politische Aktion der Arbeiter, mit der sie, siegesgewiß, ein Lächeln im Gesicht, den Raum besetzen und nach allen Seiten vordringen (Abb. 10). Die Frauen sind bei diesen Aktionen mit dabei, oft in der vordersten Reihe. Damit entsprach Lingner dem Programm einer Politik, die eine linke, antifaschistische Einheitsfront schaffen wollte

5 Vgl. die Pressezeichnung zum 1. Mai 1936, die einen Aufruf der CCT für die Mai-Demonstrationen begleitet (»A bas la rationalisation capitaliste ...«). Abgedruckt in: Ausstellungskatalog: Absolut modern sein, S. 91.

Abb. 10: Max Lingner: Streikende Arbeiter.
Zeitungsdruck nach einer Pinselzeichnung. Monde, 23. Juli 1932.

und sich bewußt war, daß sie ohne die Frauen nicht realisiert werden konnte.[6]

Wie hat Lingner in diesen konzeptionellen Rahmen das Motiv der Mutter mit ihrem Kind einfügen können? Bei den Demonstrationen, den diskutierenden Gruppen der Arbeiter finden wir es nicht; die Frauen sind in diesen Kontexten ohne Kinder dargestellt. Zuweilen läßt Lingner zwar eine junge Familie mitmarschieren, aber dann trägt in der Regel der Vater das Kind. Die Familie, so die Botschaft dieser Zeichnungen, ist gleichermaßen die Aufgabe von Mann und Frau. Sie sondert sich nicht ab von dem größeren Kollektiv der agierenden Arbeiterklasse. Lingner charakterisiert diese jungen Arbeiterfamilien nicht durch Häuslichkeit und Isolierung, so daß notwendig ihre Binnenstruktur zum Thema würde, sondern sieht sie als ein integriertes Element in dem politischen Kampf. Seine persönliche Situation mag diese Konzeption, bei der das Private im Öffentlichen aufgeht, begünstigt haben, denn ein »Leben oder, was der Mensch so darunter versteht«, habe er in Paris nicht geführt.[7]

Lingner begann bei *Monde* keineswegs als fertiger Pressezeichner, sondern mußte sich seinen Stil erst erarbeiten (wenn ihm dies auch in schnellen Schritten gelang, durch die Tagesarbeit beschleunigt und gedrängt). So hat auch das Motiv der Mutter mit ihrem Kind erst nach mehreren Ansätzen überzeugende Gestalt gewonnen. In einer seiner frühen Darstellungen[8] operiert Lingner noch in einem expressiven Stil; er setzt große, unscharfe farbige Flächen ein, die über die Umrisse der Figuren hinweggeführt sind, und arbeitet mit breiten, wenig präzisen Konturen. Die Frau mit ihrem leidenden, etwas stumpfen Gesichtsausdruck appelliert an das Mitgefühl der Betrachter; ein eigener Wille scheint ihr zu fehlen. Der vom Expressionismus hergeleitete, »afrikanische« Figurenstil dieses Bildes definiert die notleidende Frau für den Betrachter als Exotin, der er sich neugierig und mitleidig zuwenden kann. Armut wird als Fremdheit bestimmt, die nur am Rande der eigenen Welt auftaucht. Auch die junge Frau mit Kind von 1934 läßt an eine bettelnde Zigeunerin denken, die einer fremden, nicht der eigenen Kultur zugehört (Abb. 11).[9]

---

6   Vor allem Dimitroff rief 1935 zur »Einheitsfront mit den Frauen« auf. Vgl. Ausstellungskatalog: Max Lingner 1888-1959, S. 11.

7   Max Lingner: Mein Leben und meine Arbeit, S. 19.

8   Vgl. Monde, 20.2.1932 (abgedruckt in: Gertrud Heider: Max Lingner, S. 143). Vgl. auch die verzweifelte Mutter mit ihrem Kind in: Monde, 6, Nr. 253 vom 8.4.1933.

9   Vgl. Monde vom 22.6.1934 (abgedruckt in: Gertrud Heider: Max Lingner, S. 192).

Jutta Held

Abb. 11: Max Lingner: Mutter und Kind.
Zeitungsdruck nach einer Tuschzeichnung. Monde, 20. Juli 1934.

Berühmt geworden ist Lingners Pinselzeichnung einer jungen Mutter mit ihrem Kind, die *Madrid 1937* unterzeichnet ist (Abb. 12).[10] Sie wurde viele Male in Zeitungen und als Plakatentwurf verwendet, wenn es um Hilfsaktionen für die spanische Bevölkerung im Bürgerkrieg ging. Waren die frühen notleidenden Mütter passiv und in der traditionellen sitzenden Stellung gegeben, so steht diese junge Frau, die Lingner auch in ganzer Figur entworfen hat, aufrecht, oder scheint voranzuschreiten, so wie die Arbeiterklasse, die Lingner uns vorstellt, stets im Aufbruch begriffen ist. Jung und energisch, ohne die mitleidheischenden Züge und Blicke ist sie ein ganz anderer Typ als die verhärmten, alten und verbrauchten Mütter der Käthe Kollwitz. Zwar umfaßt sie ihr Kind behutsam und schützend, doch fehlt dieser Geste die emotionale Ausschließlichkeit, mit der sich auf früheren Darstellungen die Mütter ihrem Kind zuzuwenden pflegten. Ihr Blick ist keineswegs auf das Kind fixiert oder erwartungsvoll auf den Betrachter gerichtet, sondern zum Himmel gewendet – wohl in der alten Geste der Hoffnung, die hier jedoch ambivalent geworden ist, da von oben die Bombenangriffe zu erwarten waren. In der langen Tradition des Motivs wurde die Mutter mit ihrem Kind gemeinhin als geschlossene und isolierte Gruppe aufgefaßt, wobei die Aufmerksamkeit der Mutter ausschließlich dem Kinde galt. Das war auch in modernen Darstellungen die Regel geblieben, so bei Picassos antikisierenden Mutter-Kinddarstellungen der 20er Jahre, mit denen er an archetypische Vorstellungen anknüpfte.[11] Lingner hat diese traditionellen Züge nicht übernommen. Die moderne junge Frau bewegt sich, wie Lingners Arbeiter generell, sicher und selbstverständlich im öffentlichen Raum, den allen drohenden Gefahren und politischen Konflikten ausgesetzt und sie bewußt ins Auge fassend. Allerdings hat auch Lingner dieses Bild der Mutter nie wirklich in seine Arbeiterszenen integriert, sondern als ein vereinzeltes Motiv verwendet, das eine Notsituation indiziert und für eine Hilfsaktion wirbt.

---

10 *Madrid 1937.* Pinselzeichnung. Berlin, Staatliche Museen, Kupferstichkabinett. Die Zeichnung wurde u.a. abgedruckt in: L'Humanité, 34, Nr. 14054 vom 10.6.1937, S. 1. Lingner modifizierte die Gruppe in seiner Pinselzeichnung *Paris 1943.* Berlin, Nationalgalerie. Vgl. Ausstellungskatalog: Max Lingner 1888-1959, Nr. 236.

11 Vgl. von Picasso mehrere Zeichnungen in seinem Skizzenbuch 019, M.P. 1868. Ferner u.a. die Gemälde: *Mutter mit Kind* (1921), Bayerische Staatsgemäldesammlungen, Staatsgalerie moderner Kunst, München. *Mutter mit Kind am Meeresufer* (1921), Chicago, Art Institute. Vgl. Ausstellungskatalog: Picassos Klassizismus. Bielefeld 1988, S. 108f.

*Abb. 12: Max Lingner: Mutter und Kind, »Madrid 1937«,
Pinselzeichnung.*

Lingner hat, wie gesagt, das Motiv als politische Metapher wieder-holt eingesetzt und bewußt die Reproduzierbarkeit seiner Zeichnung einkalkuliert. Er hat darüber hinaus den Profilkopf der jungen Frau auch für seine Allegorie der französischen Republik verwendet, sicher nicht nur aus arbeitsökonomischen Gründen. Lingner konstruiert da-mit zugleich eine typologische Kette, ein Verweissystem, das eine eige-ne Semantik hervorbringt. Die junge Frau, selbstbewußt und vital, alte Grenzen negierend, repräsentiert nicht die ausgebeutete, verelendete Arbeiterklasse, einen Fremdkörper in der eigenen Nation, der auf Hilfe und Mitleid rechnet. Sie steht vielmehr zugleich für die Republik, für Frankreich, wo mit der Volksfrontregierung die Arbeiterklasse in Füh-rung ging und sich als Nation begriff und zugleich ihre Verbundenheit mit der angegriffenen Republik Spaniens bekräftigte. Die typologische Verkettung, die Lingner mit seiner Metapher der Frau produziert, die er in mehreren Kontexten wiederholt, enthält ein politisches Pro-gramm. Es entsprach der Vorstellung von Barbusse, der mit seiner Zeit-schrift *Monde* dem Klassenkampfkonzept der Kommunistischen Partei die Idee eines großen humanistischen Bündnisses bereits vor den Jahren der Volksfront entgegensetzte, um den Faschismus abzuwehren. Wäh-rend Barbusse auf der Konferenz in Charkow für diese Linie noch an-gegriffen wurde,[12] haben die Kommunisten sie wenige Jahre später mit ihrer Unterstützung der Volksfrontregierung in Frankreich übernom-men. So konnte Lingner mit seinen zeichnerischen Entwürfen nach 1935 auch ohne Schwierigkeiten zur kommunistischen Zeitung *L'Humanité* überwechseln.

So sehr Lingner seine Darstellung der Arbeiterfamilie vom Bild bür-gerlicher Häuslichkeit unterschied und so sehr er das Motiv der Mutter mit ihrem Kind modernisierte, so setzte diese politische Metapher den-noch den traditionellen Wert der Mutterliebe als selbstverständlich ge-geben voraus und hielt an der Familie als einem positiven Element der neuen Gesellschaft fest. Damit entsprach er nicht nur der humanisti-schen Position, die in *Monde* vertreten wurde, sondern auch der kom-munistischen Politik, die sich an den neueren Entwicklungen in der Sowjetunion orientierte, die über die Komintern als Richtmaß propa-giert wurden. Die Mobilisierung und Solidarisierung der Massen, die spätestens seit 1934 ein Ziel kommunistischer Politik in Frankreich

---

12 Vgl. Wolfgang Klein: Barbusse und Charkow. In: Weimarer Beiträge, Jg. 22, H. 12 (1976), S. 165-171. Es handelte sich um die 2. Internationale Konferenz proletarischer und revolutionärer Schriftsteller.

war, um die Gefahr des Faschismus abzuwehren, war mit dem Verzicht auf eine radikale Kritik der gesellschaftlichen Binnengliederung, das heißt der bürgerlichen Institutionen, verbunden, da nicht ein Bürgerkrieg, sondern ein breites gemeinsames Bündnis angestrebt wurde. Die Politisierung der Massen, nicht zuletzt der arbeitenden Frauen, galt für unvereinbar mit der Auflösung der sozialen Basisstrukturen, der institutionellen und emotionalen Bindungen und Werte, die die elementare Kohäsion zwischen den Individuen zu leisten hatten. In dem Moment, da die Arbeiter aufgerufen waren, auf der Bühne der Staatspolitik ihre Rolle zu übernehmen, wird an ihre Kraft und ihre sozialen kommunikativen Fähigkeiten appelliert: nur solche ästhetischen Vorbilder sind gefragt, die diese Identität stärken. Die Not und das auch psychologische innerfamiliäre Elend, das Käthe Kollwitz dargestellt hatte, wird hingegen verdrängt und unsichtbar gemacht. Die Kommunistische Partei reagierte aus diesem Grund empfindlich, als Fernand Alquié, der den Surrealisten nahestand, 1933 die sowjetische Propaganda für die Stabilisierung der Familie und die »bürgerlichen« Werte der Disziplin und Arbeitsmoral verhöhnte.[13]

Lingners Motiv der Mutter trennt zwar eine beträchtliche formale Differenz von Picassos archaischen Müttern der 20er Jahre, mit deren Bild Picasso auf die kulturpolitische Kampagne der französischen Rechten einer »retour à l'ordre« wenn nicht einschwenkte, so ihr doch Rechnung trug.[14] Weitaus größer ist noch der ästhetische Abstand zu dem Motiv der aufschreienden Mütter, die ihr totes Kind beklagen, mit dem Picasso in den 30er Jahren auf den spanischen Bürgerkrieg, insbesondere die Zerstörung von Guernica, reagierte. Zwischen dem avantgardistischen Repertoire der verzerrten körperlichen Formen und Lingners Propagandabild, das mit einfachen, traditionellen ästhetischen Chiffren arbeitet, scheint keine Verbindung zu bestehen. Dennoch hatte Picasso mit seinem zeitweilig bevorzugten klassizistischen Stil ein Signal der Toleranz gegenüber den Archaismen einer traditionellen ästhetischen und sozialen Wahrnehmung gesetzt. Auf der anderen Seite konnten die extremen Deformierungen seines »Guernica-Stils« als Zeichen der Empörung und der Anklage akzeptiert werden. Picassos ästhetische Deformierungen negierten die alten moralischen Werte oder

13 Vgl. Maurice Nadeau: Geschichte des Surrealismus. Reinbek bei Hamburg: Rowohlt 1986, S. 178.
14 Vgl. Hierzu: Kenneth E. Silver: Der politische Bezug in Picassos Neoklassizismus. In: Ausstellungs-Katalog: Picassos Klassizismus, S. 77-88.

Utopien eines humanen sozialen Zusammenlebens nicht, als deren Urbild und Vorbild die mütterliche Zuwendung zu ihrem Kind gelten konnte. Während sowohl Picassos als auch Lingners Ansatz in das Volksfrontbündnis einbezogen wurden, erwies sich der Gegensatz zu den radikalen surrealistischen Positionen, die seit den späten 20er Jahren die Avantgarde ganz wesentlich bestimmten, als unüberbrückbar.

II

Lingners Motiv der jungen Mutter hatte den Zweck, die nationale und internationale Solidarisierung breiter Bevölkerungsschichten zu verstärken, und so war die leicht lesbare, auf weithin akzeptierten moralischen Werten basierende Chiffre von politischer Plausibilität. Um die gleiche Zeit, als Lingner diese Metapher erfand, entwickelte Dali seine »kritisch-paranoische Methode«, mit der er nicht zufällig und nicht ohne auch seinerseits die politischen Implikationen seines Tuns zu bedenken, ebenfalls den Mythos der Mutter sowohl theoretisch als auch in seiner künstlerischen Praxis bearbeitete. Er erwies sich damit in gewisser Weise als der radikalste unter den Surrealisten und hat nach seinem Ausschluß aus der Gruppe (den Breton allerdings nicht ganz folgerichtig durchsetzte) mit einem gewissen Recht beansprucht, der einzige wahre Surrealist zu sein. Es ist nicht verwunderlich, daß das Thema der Mutter mit ihrem Kind für die Surrealisten wenig Anziehungskraft besaß. Max Ernst hat die *Maternité* ein paar Male in negativer Form thematisiert: *Maria, das Jesuskind züchtigend, Nach uns die Mutterschaft* und *Junge Leute, ihre Mutter zertrampelnd* lauten die Titel seiner provozierenden oder blasphemischen Paraphrasen des uralten Motivs.[15] Am intensivsten und konsequentesten ist es in den 30er Jahren jedoch von Dali analysiert und dekonstruiert worden, und zwar in seiner Interpretation des *Angelus* von Millet, einem Text aus den frühen 30er Jahren, dem Dali eigene Zeichnungen hinzufügte.[16] Das *Angelus* wird überra-

---

15 Vgl. von Max Ernst: *Nach uns die Mutterschaft* (1927) (Kat. 137, S. 177), *Züchtigung des Jesuskindes* (1926) (Kat. S. 301), *Junge Leute, ihre Mutter mit Füßen tretend*.

16 Salvador Dali: *Le mythe tragique de L'Angélus de Millet. Interpretation »paranoïaque-critique*. Montreuil 1963 (zuerst: Interprétation Paranoïaque-critique de l'Image obsédante »L'Angélus« de Millet. In: Minotaure, 1, 1933, S. 65–67. Nach Dalis Angaben Anfang der 30er Jahre verfaßt. In gekürzter Form auch als Vorwort im Ausstellungskatalog der Galerie Quatre Chemins, Paris 1934.

schenderweise für Dali zur Repräsentation der Mutter-Sohn-Problematik. Es ist aufschlußreich, daß er für diesen thematischen Komplex, an den sich weitere Motive anlagern, weder eine eigene Form suchte noch auch die alten, leicht lesbaren Pathosformen meinte verwenden zu können. Seine Verfremdungen sind weitaus radikaler als die von Max Ernst, die in der Bildstruktur oder aber im Bildtitel an den alten Mythos erinnern (Abb. 13, 14).

Aus der Trivialisierung des berühmten Bildes von Millet – durch Postkarten und billige Drucke, die in die entlegensten Bauernstuben gelangten – war unschwer auf seine Beliebtheit zu schließen. Nach Dali ist es nicht die »große Heuchelei« – die kirchenfromme Gläubigkeit des andächtigen Bauernpaares –, die diese Faszination bis in die Gegenwart bewirkte, sondern eine dem Bild inhärente Dynamik, die sich aus Quellen speist, die das vordergründige Motiv verdeckt. Modern gesprochen geht Dali bei seiner Analyse nicht ideologiekritisch vor, indem er etwa die Bedingungen und Funktionen der im Bild vorgestellten Religiosität analysierte, sondern wendet (avant la lettre) die poststrukturalistische Methode der Dekonstruktion an, indem er die geheimen psychischen Beziehungen zwischen dem bäuerlichen Ehepaar aufdeckt. Denn nach Dali rührt, wie gesagt, die große Wirkungskraft des Bildes nicht von der scheinheiligen Religiosität der Bauern her, sondern von der hintergründigen psychischen Dynamik zwischen ihnen. In den Assoziationsketten, die das Bild auslöst, verwandeln sich die beiden dargestellten Personen für Dali in immer andere Wesen, indem eine Erscheinung die nächste überlagert und extinguiert und ihre Bedeutung modifiziert und erweitert oder ins Gegenteil verwandelt. Der Verschlingungsprozeß, den Dali auf der inhaltlichen Ebene beschreiben wird, bestimmt strukturell auch den formalen Vorgang der Produktion von Vorstellungsbildern, bei dem die Bilder sich gegenseitig überdecken, steigern und auslöschen.

Die Abenddämmerung des Gemäldes ist für Dali dialektisch an das Bild der Morgenröte gebunden; denn in die Zukunft ragt die Vergangenheit mit ihren Atavismen hinein. Hier dürfte Dali seine Skepsis gegenüber den revolutionären Hoffnungen der Linken mit artikuliert haben. Aus den Schatten der Vergangenheit gibt es kein Entrinnen, sie weisen den Weg in die Zukunft. Das Bauernpaar erscheint Dali in der Landschaft von Port Lligat, in riesigen Figuren in den Felsen gehauen, als Menhire der Prähistorie, erodiert und ruinenhaft – vor allem der Mann –, voller Löcher, zentrumslos, zugleich an Fossilien gemahnend. Dali sieht in dem Bauernpaar, durch die sommerliche Wiese in Port Lligat stimuliert, eine Osmose von Gestein, pflanzlichem und tieri-

Abb. 13: Salvador Dali: L'Angélus architectonique de Millet, 1933. Öl. New York, Perls Galleries.

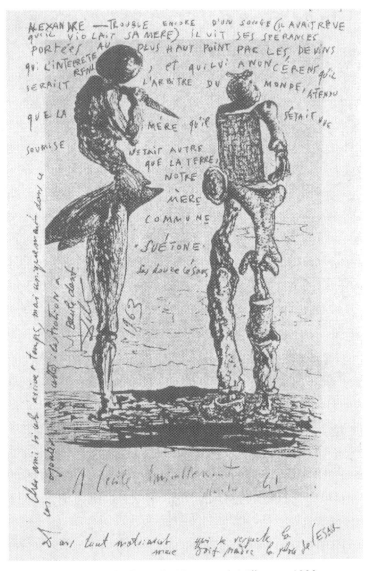

Abb. 14: Salvador Dali: Hommage à Millet, um 1933.
Federzeichnung.

schem Leben, eine vergangene Fauna und Flora, die in dem Paar über-
dauert. Insbesondere verwandelt es sich vor seinem Blick in Insekten,
die ältesten tierischen Ahnen des Menschen, und nicht von ungefähr
sieht er in der Frau die *mante religieuse*. Wenn Dali auch vorgibt, bei der
Analyse des Bildes seinen spontanen Assoziationen zu folgen, so sind
diese unbewußten Eingebungen doch ganz eindeutig durch die Präfe-
renzen seiner surrealistischen Freunde geprägt. Sie verquickten die
Menschheitsgeschichte mit der Ontogenese des Individuums, die Prähistorie mit den Kindheitserinnerungen des modernen Menschen. Die
mante religieuse, mit der er die Frau identifiziert, bezeichnet das Gravi-
tationszentrum seiner Interpretation. Dieses Weibchen einer Heuschrek-
kenart, die »Gottesanbeterin«, faszinierte die Surrealisten, weil sie, so
hieß es, nach dem Koitus das Männchen verschlingt. Millets Bäuerin hat
für Dali die starre und unbewegliche Haltung der *mante religieuse* im Augenblick vor dem Gewaltakt. Wenn dieser Vorgang auch ein abartiges
Verhalten sein sollte, wie neuere Forscher feststellten, das die Insekten
lediglich in der Gefangenschaft entwickeln, so ist die Analogie, behauptet
Dali, doch um so aufschlußreicher. Denselben Verschlingungsdrang, der
Weibchen und Männchen der Insekten aneinander fesselt, entwickeln
die Menschen in der Gefangenschaft der bürgerlichen Moral.

Der Mann verwandelt sich in Dalis Vorstellung in den Sohn, der von
der Mutter dominiert, »gefressen« wird. Diese kannibalische mütterliche Liebe ist für ihn das eigentliche, versteckte Thema des Bildes. In der
Mitte der Komposition, zwischen dem Paar, hat Dali einen (später
übermalten) Sarg mit dem toten Sohn sehen wollen, der auf der Schub-
karre fortgetragen werden sollte. Er ist es, der zugleich hinter der Gestalt des Mannes erscheint. Das Bild ist folglich die matriarchalische
Repräsentation der Mutter mit ihrem Kind, in der die Frau den Gatten
durch den Sohn ersetzt und diesen verschlingt. Den inzestuösen Lie-
besakt deutet Dali als Gewaltakt mit tödlichen Folgen. Diesen Vernich-
tungswillen der Frau, der die Liebesängste des Mannes erklärt, dechif-
friert Dali in der so scheinheiligen Konstellation des religiösen Bildes.
Neben der *mante religieuse* findet Dali aber noch weitere Metaphern, die
das atavistische sexuelle Verhältnis zwischen Mutter und Sohn repräsentieren. Die Frau stellt zugleich den Typus eines Känguruhs dar, das ihren Sprössling in der Tasche ihres Bauches mit sich trägt, in einem un-
entrinnbaren, inzestuösen Innenraum, eingetaucht in die mütterliche
Milch, die primäre Nahrung, die Leben bedeutet, zugleich aber auch
Gift und Todesgefahr. Denn mit der mütterlichen Milch assoziiert Dali
die *lait de Sainte Thérèse*, eine giftige Pflanze, vor der ihn seine Mutter
warnte, die aber zugleich auch die sexuelle Potenz des Mannes zu stei-

gern vermag. Auch hier changieren die Assoziationen zwischen den Polen Leben und Tod, Liebe und Gewalt, lösen die Gegensätze und Spannungen auf, um sie zur Identität zu bringen.

Schließlich ist es nicht nur das Tierreich, aus dem Dali die Hinweise auf archaische menschliche Verhaltensformen bezieht, sondern es sind auch die industriell gefertigten Gebrauchsgegenstände der Gegenwart, diejenigen verächtlichen, trivialen Charakters, die aus der bürgerlichen Kultur ausgeschieden wurden, aber dennoch auf einer niederen Ebene (der des Flohmarktes etwa) kursieren und ihre Wirkung tun. Die Leidenschaft der Surrealisten für diese verworfenen, libidinös besetzten Objekte des Alltags basiert auf ihrem semiotischen Verständnis des städtischen Milieus, das, als Sprache verstanden, unentwegt geheime Botschaften sendet, die den rationalen Mechanismen des Lebens zuwiderlaufen, jedoch demjenigen zugänglich sind, der sie als Chiffren psychischer Energien und Beziehungen zu entschlüsseln versteht.

Zufällig entdeckte Dali bei einer abendlichen Fahrt an der katalanischen Küste in einem kleinen Ort ein Kaffeeservice, auf das Millets *Angelus* aufgedruckt worden war. Das viele Male reproduzierte Bild intensivierte für ihn die Symbolik, die dem Kaffeeservice ohnehin inhärent ist: die Kaffeekanne, gefüllt mit Milchkaffee, steht für die Mutter. Sie gießt ihre Flüssigkeit in die Tasse, den Sohn, so daß er erfüllt ist von der mütterlichen Substanz. Sein Inneres enthält nichts Eigenes; der Sohn ist eine Emanation der Mutter, die ihn »liquidiert«. Die Verschlingbarkeit der verflüssigten Tasse ist eine weitere Objektmetapher, die Dali für den kannibalischen Muttermythos erfindet. Die Assoziationen, die Millets Bild mit dem Service, dem Känguruh, dem Insekt verbinden, und die Gattenliebe, in der Dali die distanzlose, »gefräßige« Mutterliebe aufgehen läßt, die den modernen Muttermythos mit den animalischen Verhaltensformen der Prähistorie verknüpft, werden durch einen unstillbaren Hunger, die Lust zu verschlingen, zu vernichten, angetrieben, ein Begehren, das, einmal freigesetzt, als *amour fou* die festgefahrenen Strukturen der Realität unterminiert. Nicht von ungefähr ist diese jede Grenze transgredierende psychische und sexuelle Dynamik von Breton und anderen als nächtliche Verfolgungsjagd beschrieben worden, in der dem Mann lediglich die Hüllen der begehrten, entschwindenden Frau zufallen.[17]

---

17 Vgl. André Breton und Philippe Soupault: *Les Champs magnétiques.* Heidelberg 1990: Das Wunderhorn (zweisprachige Ausgabe); Robert Desnos: *Abenteuer des Freibeuters Sanglot. Übersetzung eines Ausschnitts.* In: Surrealismus in Paris 1919-1939, hrsg. von Karlheinz Barck. Leipzig 1986, S. 482-497.

Die Äquivokationen dieses Assoziationsprozesses, die das spontane Erinnern und Kombinieren hervorbringt, lösen Identitäten auf, verkehren die in der Realität herrschenden Machtverhältnisse und bringen Gegensätze zur Deckung. So wird, wohin Dali auch blickt, die Frau zur geheimen Herrscherin, die den Mann erlöst und zugleich tötet, während er, der Mann, verschwindet und unsichtbar wird, eine Leerstelle im matriarchalischen System, das der eigentliche Inhalt des Patriarchats ist.

Das Analyseverfahren, das Dali sich rühmt, erfunden zu haben und mit dem er diese schwindelerregenden Gleichungen hervorbringt, nennt er die »paranoisch-kritische Methode«. Sie ist von Freuds Verständnis der Paranoia und seinen Beobachtungen in *Zur Psychopathologie des Alltagslebens* abgeleitet.[18] Die paranoische Erfahrung beruht nach Freud auf der richtigen Erkenntnis eines psychischen Determinismus, der unsere Handlungen steuert (vom Paranoiker jedoch fälschlich lediglich in den Handlungen der anderen gesehen, die er in seinem Verfolgungswahn stets auf *seine* Person bezieht). In seinen zahlreichen Berichten über Fehlleistungen im Alltagsleben (die Dali teilweise direkt übernommen und als seine spontanen Eingebungen in seine Analyse des Bildes eingebaut hat[19]) deckt Freud die unbewußten Mechanismen auf, die die irrationalen Fehlhandlungen steuerten. Diesen allumfassenden psychischen Determinismus, in dessen Zentrum die lebenspendende und todbringende Beziehung zur Frau, speziell zur Mutter, steht, ist für Dali die geheime Logik hinter den Dingen und ihren rationalen, alltäglichen Funktionen in der Realität. In dieser Adaptation psychoanalytischer Methoden, die jegliche Moral sprengen und politische Positionen unterminieren, sah Dali den Kern des Surrealismus. Nicht von ungefähr, um die Immoralität seiner Vorstellungen auf die Spitze zu treiben, äußerte er seine Bewunderung für Hitler, den er zum größten Surrealisten erklärte.[20] Der Faschismus brachte aber unweigerlich die

---

18 Sigmund Freud: *Zur Psychopathologie des Alltagslebens.* Wien 1924 (1901-1904 in: Monatsschrift für Psychiatrie und Neurologie). Zitiert nach der Ausgabe Frankfurt 1954, S. 214ff. (über den Paranoiker).

19 Z.B. das Motiv des Zufalls, das bei Freud diskutiert wird und für Dali und die Surrealisten eine entscheidende Rolle spielt. Bei Dali teilweise dieselben Beispiele wie bei Freud.

20 U.a. in dem autobiographischen Bericht: *Dali sagt ... Tagebuch eines Genies.* München 1968, S. 27f., wo Dali erklärt, daß seine Hitler-Besessenheit »strikt paranoisch und unpolitisch« sei.

Aporien und Frivolität dieser ästhetisierenden Haltung an den Tag, und so sprengte die politische Realität in Europa in den 30er Jahren den Kreis der Surrealisten auf.[21]

III

Lingner entwickelt das Bild der Mutter mit ihrem Kind zu einer politischen Metapher, die als Aufruf gegen den Krieg und die Not dient, als Appell, menschliches Leben nicht zu vernichten, sondern zu schützen, so wie die Mutter ihr Kind hütet. Frau und Kind stehen für die unschuldige Bevölkerung, die den Krieg der Mächtigen hilflos erleidet, ohne die Möglichkeit der Gegenwehr. Dalis Analyseverfahren konzentriert sich hingegen auf die psychischen Mikrostrukturen, die zwischen den Individuen entstehen, ihre Destruktivität, die zugleich ihre Produktivität bedingt und definiert, die sozialen Aktivitäten diesseits der großen Politik. Er will die Sprengkraft der Sexualität und der libidinösen Energien des einzelnen freisetzen, die die gesellschaftlichen Makrostrukturen destruieren und jegliche politischen Intentionen durchkreuzen (sollen). Wird die Mutter von Lingner als aufopferungsbereite Hüterin des Lebens unterstellt, so sieht Dali sie als ein sexuelles Wesen, das seiner Lust den Sohn opfert. Zwischen beiden Künstlern lagen Welten, und ein Bezug aufeinander mußte ausgeschlossen erscheinen und ist infolgedessen in der rekonstruierenden Historiographie auch nie gesehen worden.

Dennoch waren beide Künstler in der politischen Topographie des damaligen Paris nicht fern voneinander lokalisiert. Dabei will ich von den auffallenden Parallelitäten ihres Künstlerlebens absehen, Bedingungen ihrer Existenz, die eher im Schatten ihrer öffentlichen Repräsentanz blieben,[22] sowie von Parallelitäten ihrer künstlerischen Verfah-

---

21 Breton, der um einen steten Ausgleich zwischen linker Politik und surrealistischen Positionen bemüht war, akzeptierte dies nicht.

22 Z.B. lebten sie beide zeitweilig davon, daß sich Freundeskreise zu ihrer Unterstützung gebildet hatten. 1935/36 bildete sich ein »Comité des amis de Max Lingner« vornehmlich aus deutschen Emigranten, das versuchte, ihm Aufträge und Ausstellungsmöglichkeiten zu verschaffen. Vgl. ein spanisches Flugblatt und einen Brief von Max Lingner vom 6.2.1936 an seinen Freund Paul Alexandre (beide Lingner-Archiv, Berlin). Ein Kreis von Liebhabern der Kunst Dalis (»Zodiaque«) verpflichtete sich 1932 zum regelmäßigen Kauf eines seiner Werke. Unter ihnen war Julien Green.

rensweisen, deren Modernität sie vergleichbar macht.[23] Sofern aber ideologische Kontakte zu greifen sind – und nur ideologische Argumente bestimmten in den 30er Jahren die öffentlichen Diskussionen –, waren es Reaktionen des Widerspruchs und der Abwehr gegeneinander. Aragon stellte die Vermittlung zwischen den unterschiedlichen künstlerischen Konzeptionen her, verstand er sich doch einerseits bis nach seiner Rückkehr von der Konferenz in Charkow (die im November 1930 stattfand), als Surrealist, und versuchte, ähnlich wie Breton, diesen Standpunkt mit den Ansprüchen einer linken Politik von Fall zu Fall auszubalancieren. Doch nach Charkow brach er mit den Surrealisten und schloß sich den Kommunisten an, die in dieser Zeit vor der Volksfrontbewegung, wie jede Gruppierung politischen Anspruchs, die unbedingte und ungeteilte Gefolgschaft des einzelnen forderten. In der *Association des Ecrivains et Artistes Révolutionnaires* (AEAR), die im März 1932 gegründet wurde, arbeiteten Aragon und Lingner gemeinsam.[24] Aragon erwähnt Lingners Gemälde *Die Brotträgerin* in seiner Besprechung der zweiten Ausstellung der AEAR, die 1935 in der *Maison de la Culture* stattfand.[25]

Als Dali 1932 vor der surrealistischen Gruppe ein neues Experiment, seine Denkmaschine, erläuterte, für die er eine große Zahl an Trinkbechern mit warmer Milch benötigte, protestierte Aragon gegen diese Idee:»Gläser voll Milch sind nicht zur Herstellung surrealistischer Objekte, sondern für die Kinder von Arbeitslosen da«.[26]

Die Milch als das primäre Nahrungsmittel der Kinder war in diesen Krisenjahren in der Tat eine große Kostbarkeit. Freud erwähnt eine

23 Aragons wichtiger Beitrag zur nachkubistischen Kunst, der Einsichten Benjamins vorwegnimmt (*Das Kunstwerk im Zeitalter seiner technischen Reproduzierbarkeit,* 1936), enthält Passagen, die sowohl auf Lingners als auch Dalis Kunst zutreffen. Louis Aragon: *La peinture au défi.* Zuerst im Katalog der Collagen-Ausstellung der Galerie Goemans, März 1930, erschienen. Vgl. die deutsche Übersetzung: Die Malerei in der Herausforderung. In: Surrealismus in Paris 1919-1939. Leipzig 1986, S. 613-631.

24 Die Realismusdebatte, die im Mai 1936 in der Maison de la Culture stattfand, ging auf Aragons Initiative zurück, der auch die Maison de la Culture leitete. Auf sie spielt Dali in seiner Polemik gegen Aragon und den sozialistischen Realismus an.

25 Vgl. die Besprechung dieser zweiten Ausstellung der AEAR, die 1935 in der Maison de la Culture stattfand: Louis Aragon: *La peinture au tournant (I).* In: Commune, 22 (1935), S. 1186.

26 Salvador Dali: *I defy Aragon.* In: Art Front, Vol. 3, No. 2, 1937, S. 7-8.

Fehlleistung, die diesen besonderen Wert der Milch und die moralische Verpflichtung, sie sorgsam und sparsam zu verwenden, bestätigen. Dali wird diese Passage gekannt haben.[27] Lingner hatte bereits zu Anfang der dreißiger Jahre, als die Weltwirtschaftskrise Frankreich erreichte, Hilfsaufrufe für die Kinder der Arbeitslosen gezeichnet. Wenige Jahre später wird er – wieder mit dem Motiv der Mutter – den Appell »Milch für Spaniens Kinder« entwerfen.[28] Beide Seiten assoziierten mit der Milch die Bindung zwischen Mutter und Kind. In den Dalischen Assoziationsketten signalisiert sie die mütterliche Macht, deren magischer Bann mit der provozierenden künstlerischen Geste gebrochen werden soll. Daß dabei nicht nur die Autorität der Mutter, sondern auch die der linken Politik zur Zielscheibe seiner Provokation wurde, mußte ihm bewußt und willkommen sein. Der hohe symbolische und politische Stellenwert, den die Milch auch für Aragon und Lingner besaß, gründete in ihrer moralisch tief verankerten Verpflichtung, die Interessen der Opfer zu vertreten. Und um politisch handlungsfähig zu bleiben, waren sie nicht gewillt, in den »Opfern«, den Frauen, zugleich auch »Täterinnen« zu sehen.

IV

Die Ausschließlichkeiten der beiden Positionen hatten ihren Preis. Lingner hatte aus seinen Figuren lesbare Typen wie Schriftzeichen gemacht, die, einmal geprägt, während der ganzen Spanne seiner Arbeit für die linken Gazetten ziemlich konstant blieben. Damit verzichtete er auf Tiefendimensionen und breitere Assoziationsfelder, die mit den ambivalenteren ästhetischen Konfigurationen der freien Malerei erschlossen werden konnten. Kaum weniger intensiv als Dalis gemalte Phantasmen *beschwört* Lingners »Realismus« die Realität, statt sie in ihrer Komplexität erfassen zu wollen. Er zeichnete Appelle an die Arbeiter, ihre vitalen Energien (die Lingner seinen Jugendlichen in reichem Maße zuschreibt) in den Dienst einer linken Politik zu stellen, um neue soziale Zusammenhänge zu schaffen und die Revolution herbeizuzwingen oder – die Rückzugsposition nach 1934 – zumindest den Einbruch des Irrationalismus durch den Faschismus zu bekämpfen.

27 Vgl. Sigmund Freud: *Zur Psychopathologie des Alltagslebens,* S. 144. Freud berichtet über eine Selbstbeobachtung von Lou Andreas Salomé während des Ersten Weltkrieges.
28 So in L'Humanité, Nr. 14208 vom 12.11.1937, S. 1 und Nr. 14210 vom 14.11.1937, S. 1.

Lingner setzte mit seiner Figurenkonzeption und seiner ganzen Arbeit auf Rationalität, auf Solidarität und Konsens unter den Arbeitern und in dem breiteren Kreis der Antifaschisten. Die asozialen Erfahrungen des Wahnsinns (die Lingner vertrauter gewesen sein dürften als den Surrealisten, die ihnen begeistert nachforschten[29]) tangieren die Ebene seiner Kunst und seiner politischen Optionen nicht. Die Einigungsbewegung der Volksfront mußte den psychischen »Bürgerkrieg« zwischen den Individuen und den Geschlechtern, den Dalis paranoisch– kritische Methode bloßlegen wollte, verdrängen oder negieren, so wie sie auch auf der politischen Ebene das ursprüngliche kommunistische Konzept des Bürgerkriegs verworfen hatte.

Trotz seiner unbedingten Treue zu diesem Projekt der Kommunisten und zu ihrer wechselnden, auf die sich ändernden Bedingungen reagierenden Politik, hat Lingner doch auch anderen Hoffnungen und Sehnsüchten nachgegangen, die sich nie recht erfüllten. Er dachte an eine Kunst jenseits der Fron der täglichen Pressezeichnung, die sich aus psychischen Schichten speiste, wo die Surrealisten die Quelle der Kreativität suchten. Ein Gefühl des Defizits und des Verzichts, von Lingner selbst kaum je artikuliert, der – so beschreiben ihn die Freunde – liebenswürdig und meist schweigend seiner Arbeit nachging,[30] meinen wir auf den Fotos der Nachkriegszeit zu erkennen, in den fast hilflos melancholischen Zügen seines von der Herzkrankheit gezeichneten Gesichtes.

Hingegen hat Dali die surrealistische Methode derart radikalisiert oder einseitig definiert, daß sie dem Lingnerschen Modell eines politisch engagierten modernen Künstlertums diametral entgegenlief. Er setzte allein auf die Provokation ästhetischer Neubewertungen und auf die Freisetzung unbewußter Triebe, die die Selbstentgrenzung des Subjekts beförderten. Beides bedingte einander. Dali schloß damit kategorisch eine soziale Bestimmung seiner Kunst aus, das heißt kommunikative Ziele, die nicht allein und ausschließlich vom Künstler selbst definiert und diktiert waren.

Während die Künstler seines Umkreises, die Surrealisten um Breton und Eluard eingeschlossen, auf die eine oder andere Weise die Herausforderung des Faschismus ernstnahmen und mit ihrer Kunst und ihren politischen Handlungen auf sie reagierten, hat Dali politische Verant-

29 Lingners Frau war seit 1931 geisteskrank in einer psychiatrischen Klinik.
30 Vgl. z.B. Boris Taslitzky in: Ausstellungskatalog: Max Lingner 1888-1959, S. 209f.

wortlichkeiten abgelehnt. Er hat sein Spiel mit den semantischen Ver-
schiebungen fortgesetzt, mit dem er bewußt unterhalb der politischen
Ebene bleiben wollte, das jedoch in der Krise der 30er Jahre in Clow-
nerie abgleiten mußte. Er ging ins faschistische Spanien zurück und
entwickelte mit seinen Happenings eine postmoderne Kunst der
schauspielerischen Repräsentationen (avant la lettre), die das Gewicht
der sozialen Realität und einer substantiierten Position in ihr nicht
mehr kennt. Bezeichnenderweise starb er, der das unstillbare Verlangen,
den Wunsch, alles und jedes zu verschlingen als Prinzip seines (künstlerischen) Handelns verstand, beinahe an seiner Unfähigkeit, ohne die
Befehle Galas, seiner Frau, Nahrung aufnehmen zu können. Vielleicht
läßt sich im Wahnsinn der Ehefrau von Max Lingner die Verdrängung
der Phantasie und der Abweichung entziffern, die im Leben des engagierten Zeichners und in der solidarischen Gleichheit der Geschlechter, die er ästhetisch projektierte und zu leben versuchte, keinen Raum
hatten. Für Dali hingegen war die Ehefrau diejenige, die de facto seine
Labilitäten ponderierte, das Realitätsprinzip darstellte, obwohl in seiner Phantasie die Frau es unendlich überschreitet.

V

Beide Modelle der Mutter wurden von Männern entworfen und gehören in den Kontext männlich dominierter Diskurse, der linken Politik
einerseits und der künstlerisch angeeigneten Psychoanalyse andererseits. Sie waren sicher nicht entworfen worden, um zuallererst den
Frauen neue Perspektiven zu eröffnen. Wieweit die Frauen sich in ihnen wiederfanden, sie als Vorbild nutzten und ummodelten, um sie ihrer eigenen Sicht anzupassen, ist wenig erforscht.[31] Selbst die Frauen in
der unmittelbaren Nähe der Künstler, die sie in den bewegten dreißiger
Jahren begleiteten, sind nur aus dem Blickwinkel der Männer wahrgenommen worden. Die Potentiale, die in den Strukturen der Bilder und
den Modellen der Mutter selbst zu entdecken waren, ihr historisches
Emissionsniveau also, bleiben, wie jegliche kulturellen Vorgaben, ambivalent und an die tatsächliche historische Rezeption gebunden.

---

31 Erste Ansätze in: Ausstellungskatalog: La femme et le surréalisme. Lausanne
   1987.

IV

Posen und Positionen
Heldenmütter
und ihre ganz gewöhnlichen Schwestern

Jan MacDonald

Die Probe und der Suppentopf.

Die Schauspielerin als Mutter.

Das Beispiel Sarah Siddons

»Verheiratete Frauen, die den Schauspielerberuf mit einem Familienleben vereinen, sind in aller Regel die größten Arbeitstiere. Schließlich spielen sie nicht
bloß die Rolle der Ehefrau und Mutter zu Haus sondern auch auf der Bühne.
Sie müssen beides im Griff haben: die Probe und den Suppentopf.«[1]

»Eine Schauspielerin kann nie ganz für ihre Kinder da sein. Wenn das Theater
ruft, müssen die armen Kleinen, ob gesund oder krank, selbst noch im Säug-
lingsalter, bei irgendeiner grämlichen alten Frau gelassen, die sie herumschüt-
telt und ausschilt, oftmals so sehr, daß es zu Krampfanfällen kommt, oder bei
einer nachlässigen Vettel abgegeben werden, wo man von Glück sagen kann,
wenn sie ohne verrenkte oder gebrochene Knochen davonkommen. Wenn die
Mutter zurückkehrt, körperlich abgespannt und geistig aufgedreht durch die
unterschiedlichen Emotionen, die sie dargestellt hat, so bleibt das nicht ohne
Wirkung auf ihr Kind. Nervosität und Gereiztheit sind dann oftmals die Ingre-
denzien, die ihm, anstatt einer gesunden Ernährung, zuteil werden. Dazu kom-

---

1   Peter Paterson: Glimpses of Real Life. Edinburgh: William Nimmo 1864, S. 40.

men die langen Reisen bei jeder Jahreszeit, bei Tag und Nacht und in jedem Wetter.«[2]

Der obige Kommentar von Ann Catherine Holbrook, einer sich durchschlagenden Schauspielerin, wurde 1809 veröffentlicht, zu einer Zeit also, als Sarah Siddons, die als die größte Darstellerin ihrer Epoche galt, Erfolge in London, Edinburgh, Dublin und der englischen Provinz feierte. Doch trotz dieser offensichtlichen Differenzen bezüglich des materiellen Wohlstands waren die Belastungen als Mutter bei der favorisierten und der weniger favorisierten Dame sich nicht unähnlich. Während ihrer langen und erfolgreichen Karriere war Sarah Siddons ständig von den Erfordernissen der Kindeserziehung in Anspruch genommen, und ihre Lebensgeschichte demonstrierte noch anschaulicher die symbiotische Beziehung der häufig widersprüchlichen Rollen von Mutter und Schauspielerin.

Die Wahl der Sarah Siddons (1755-1831) als Beispiel für die folgende Untersuchung wird durch drei Faktoren bestimmt: Zum ersten hatte sie eine große Familie, was ungewöhnlich war für erfolgreiche Schauspielerinnen in dieser Zeit. Sarah Kemble hatte 1773 einen jungen Schauspieler aus der Wandertruppe ihrer Eltern, William Siddons, geheiratet und im Verlauf der nächsten zwanzig Jahre sieben Kinder zur Welt gebracht, von denen fünf zwar das Erwachsenenalter erreichten,[3] aber nur zwei ihre Mutter überlebten. Während all dieser Jahre, in denen sie außerdem zwei Fehlgeburten erlitt, stand sie regelmäßig auf den Londoner Bühnen und unternahm ausgedehnte Sommertourneen. Wochenbettruhe oder Mutterschutzurlaub existierten damals nicht. Nur wenige der führenden weiblichen Darstellerinnen des 19. Jahrhunderts versuchten, Mutterschaft und Bühnenkarriere miteinander zu verbinden. Mme Vestris, Helena Faucit, Ellen Tree (Mrs. Charles Kean) und Madge Kendal waren alle kinderlos, auch wenn es natürlich schwer zu sagen ist, ob gewollt oder gezwungenermaßen. Doch vermutlich sprach Mrs. Stirling durchaus im Namen ihrer Schwestern, wenn sie erklärte: »Eigentlich dürfte es keine Familie, keine Bindungen, nichts geben außer einer Art Priesterschaft der Kunst.«[4] Hinzu kommt, daß in

---

2 Ann Catherine Holbrook: The Dramatist, or Memoirs of the Stage. Birmingham: Martin and Hunter 1809, S. 60.

3 Henry (1774-1815), Sarah bzw. Sally (1775-1803), Maria (1779-1798), George (1785-18?) und Cecilia (1794-1868).

4 Percy Allen: The Stage Life of Mrs. Stirling. London: T. Fisher Unwin 1922, S. 177.

einer Zeit, in der die Ideologie der ›getrennten Wirkungssphären‹, der öffentlichen und der privaten, fest im Denken verankert war und das Patriarchat die Aktivitäten der sogenannten ehrbaren Frauen weitgehend auf den häuslichen Bereich beschränkt hatte, die Schauspielerin ganz eindeutig einen sozialen Sonderstatus repräsentierte. Sie stellte sowohl ihre Person als auch ihre Gefühle öffentlich und für Geld zur Schau. Das galt für jede Frau als unschicklich. Für eine Mutter war ein solcher Exhibitionismus aber ganz besonders suspekt. Schließlich bestärkte die fast schon religiöse Verehrung, die der Institution ›Mutterschaft‹ gezollt wurde, die Ideologie des Mannes, nämlich daß es wünschenswert sei, die Gebärerin *seiner* Kinder in *seinem* Heim festzuhalten.

In den Bühnenstücken jener Zeit gibt es zahlreiche Darstellungen von Mutterschaft, besonders von Müttern in schwierigen Situationen, mit Kindern, die durch den Tod, die Abwesenheit oder auch die Vernachlässigung ihrer Erzeuger vaterlos aufwachsen oder aber durch die vorherrschenden Kriegswirren und Fehden mit erschwerten Existenzbedingungen zu kämpfen haben. Oftmals erscheint die Mutter als des Kindes einzige Beschützerin in einer feindlichen, männlichen Welt. Eine Situation, im übrigen, die Mrs. Siddons aus eigener Erfahrung kannte. Schließlich war sie viele Jahre lang allein für den Broterwerb ihrer Familie verantwortlich, da ihr Mann vollauf mit seinen Krankheiten beschäftigt war, was zu häufigen und langandauernden Abwesenheiten führte. Doch in all diesen Fällen ist die Mutter fast immer verklärt gezeichnet, ungeachtet der Tatsache, daß die Wirklichkeit derer, die auf der Bühne solche Mutterfiguren darstellten, alles andere als verklärt war.

Der zweite Grund für die Beschäftigung mit Sarah Siddons in ihrer Doppelrolle als Mutter und Schauspielerin liegt in der Tatsache begründet, daß ihre berühmtesten und häufigsten Bühnenrollen die von Müttern waren und daß in der Darstellung einer großen Variationsbreite von mütterlichen Emotionen ihre eigentliche Stärke lag. In ihren Shakespeare-Rollen, Constance in *King John*, Volumnia in *Coriolan*, Königin Katharina in *Henry VIII* und selbst im Negativ ihrer Mutterrollen, in ihrer hochgepriesenen Lady Macbeth, zog Siddons es vor, die mütterlichen Aspekte des Parts zu betonen und scheint darin sehr erfolgreich gewesen zu sein. Ihr Biograph Thomas Campbell beschreibt sie in der Rolle der Constance als »Verkörperung der mütterlichen Liebe und Kühnheit« und stellt anhand ihrer autobiographischen Aufzeichnungen fest, daß »ihre Interpretation der Constance als stolze und erhabene Persönlichkeit, verbunden mit einer ganz außerordentlich dargestellten mütterlichen Zärtlichkeit, genau den Kern dieser interessanten Figur erfaßt«.[5] In der Rolle der Volumnia, »der römischen Mutter des Mr. Kemble«, verließ sie die gemessene Würde ihrer üblichen Bühnengestik, um sich während des Triumphzugs in einen Freudentaumel zu steigern, voll des unverhehlten Mutterstolzes über den Sieg ihres Heldensohnes. Als Königin Katharina, »die alles daran setzt, sowohl ihre eigenen als auch die Rechte ihrer Tochter zu bewahren«,[6] wurde sie für ihre ›matronenhafte Würde‹ gepriesen. In ihrem Essay *Remarks on the Character of Lady Macbeth* hebt Siddons besonders die Zeilen hervor, in denen die ›dämonenhafte Königin‹ davon spricht, daß sie sogar ihren Säugling am Boden zerschmettern würde. »Allein eine zärtliche Anspielung im Rahmen ihrer blutrünstigen Sprache weist ganz eindeutig darauf hin, daß sie diese mütterliche Sehnsucht nach einem Baby gefühlt haben muß und daß sie eine solche Tat als das Ungeheuerlichste ansah, deren Ausführung die allergrößte menschliche Überwindung erfordern würde.«[7] Boaden bezieht sich auf die gleiche Textstelle – eindeutig ein zentraler Punkt der Darstellung – und bezeichnet die Schauspielerin in ihrer selbstreflexiven Ablehnung des mütterlichen Impulses als »die größte aller moralischen Ungeheuerlichkeiten«.[8]

Doch Siddons bestach ganz besonders in der Wiedergabe von Mutterschaft im neueren und zeitgenössischen Drama. Bedauerlicherweise war das Niveau dieser Stücke nicht allzu hoch. Ein steriler, klassisch-tragischer Duktus verflachte nur allzuoft ins Melodramatische, und die Popularität vieler solcher recht sentimentalen Stücke war eher der Brillanz und der Leidenschaft der Darstellerin zu verdanken als den Fähigkeiten des Dramatikers. Nichtsdestotrotz verwandelte die Siddons gewöhnliche Dramen in herzzerreißende Darbietungen. Als Isabella in Southernes *The Fatal Marriage* in der Drury Lane eroberte sie 1782 London, wo sie zuvor – in Garricks letzter Spielzeit als Intendant – als Portia versagt hatte. Boadens Ansicht nach »hatte die Zeit sie mit der zarten Würde einer Mutter von besonderer Schönheit ausgestattet«,[9] aber zudem hatte sie mehrere Jahre Erfahrung hinter sich und sich einen soliden Ruf in der Provinz erworben. Bei dieser Gelegenheit wur-

5 Thomas Campbell: The Life of Mrs. Siddons. 2 Bände. London: Effingham and Wilson 1834, Bd. I, S. 211.
6 James Boaden: Memoirs of Mrs. Siddons. 2 Bände. London: Henry Colborn 1827, Bd. II, S. 261.
7 Thomas Campbell: The Life of Mrs. Siddons, Bd. II, S. 18.
8 James Boaden: Memoirs of Mrs. Siddons, Bd. II, S. 137.
9 Ebd., Bd. I, S. 290.

de das Bühnenkind, um dessentwillen Isabella zu ihrem Selbstopfer bereit ist, von ihrem Sohn gespielt, »meinem eigenen schönen Buben«, Henry, der zu dem Zeitpunkt acht Jahre alt war. Anscheinend wurde er zu echten Tränen gerührt, als er bei einer Probe die gespielten Leiden seiner Mutter mitansehen mußte. William Hamiltons Portrait von Sarah und Henry Siddons, Mutter und Sohn, hinter und auf der Bühne, ist die perfekte bildliche Wiedergabe des Motivs in diesem Kapitel, die Schauspielerin als Mutter, Abbild und Realität (Abb. 15).

Jahre später, als Henry gegen den Willen seiner Mutter selbst Schauspieler geworden war, spielte er erneut ihren Sohn, den Young Norval, in Homes *Douglas* im Jahre 1803. Siddons Darstellung als Lady Randolph »entfachte eine Flamme in jeder mütterlichen Brust um sie herum«.[10] Als Mrs. Haller in der englischen Fassung von Kotzebues *Der Fremde,* in dem die irrende Heldin am Ende wiedervereinigt wird mit ihrem moralistischen – wenn nicht gar moralinsauren – Ehemann, wobei ihre zwei Kinder zu einer wirkungsvollen Versöhnung beitragen, bereitete Siddons emotionale Intensität wieder einmal ihren eigenen Nachkommen Sorge. In diesem Fall ihrer Tochter Sally, die einer Freundin berichtete, daß »ihre Mutter in dieser Rolle so heftig weinte, daß sie stets krank davon nach Haus kam«.[11] Dies sind gewiß Zeichen von »körperlicher Abgespanntheit« und »geistiger Überdrehtheit«, die Ann Catherine Holbrook als Gefahr für das Wohlergehen einer Schauspielerinnenfamilie genannt hatte. Doch nichtsdestotrotz erhob Siddons Darbietung diesen Vorläufer des häuslichen Melodrams in den Status einer Tragödie.

Höhepunkte der Siddonsschen Darstellungskunst von Mutterfiguren war ihre Verkörperung der bereuenden Jane Shore, Nicholas Rowes nach realem Vorbild gestalteter Heldin in ihrer Sorge um die Kinder ihres toten Geliebten. »Hier erwies Mrs. Siddons ihre ganze Stärke, entfaltete ihre Stimme einen Reichtum, der über alles Reuegejammer hinausging, und ihre Wange eine Leuchtkraft, die größer war als die Röte der Scham.«[12] Ähnlich wirkungsvoll war ihr Bühnenspiel in Robert Dodsleys *Cleone.* Das im übrigen höchst belanglose Stück konnte nur deshalb ein kurzes *come back* feiern, weil die Siddons in den »mütterlichen Agonien« brillierte, »ein Adler im Vergleich zur literarischen

---

10 Ebd., Bd. II, S. 73.
11 Zitiert nach: Naomi Royde-Smith: The Private Life of Mrs. Siddons: A psychological investigation. London: Gollancz 1933, S. 204.
12 Thomas Campbell: The Life of Mrs. Siddons, Bd. I, S. 173.

Abb. 15: William Hamilton: Mrs. Siddons als Isabella und Henry Siddons als ihr Sohn in Thomas Southernes: The Fatal Marriage. Um 1782.

Vorlage, die allenfalls ein Zaunkönig war«.[13] Als Siddons die Rolle aufgab, geriet das Stück gleich wieder in Vergessenheit.

Ein Stück mit dem Titel *The Regent*, für die Schauspielerin geschrieben von ihrem Freund Bertie Greatheed und von ihrer geliebten Mrs. Piozzi mit einem Epilog versehen, den sie halten sollte, wandelte sich, wie diese sich erinnert, geradezu »in ein mütterliches Zärtlichkeitszeugnis für ihren kleinen Sohn Carlos«.[14] Aber lediglich die tiefe Dankbarkeit der Schauspielerin gegenüber der Greatheed Familie konnte sie dazu bringen, eine Rolle zu spielen, die sie als grundlegend falsch betrachtete. »Diese Frau ist eins jener Monster an Perfektion (jedenfalls halte ich sie dafür), schon auf Erden ein Engel und so ganz bloß dem Willen des Himmels ergeben, daß sie (einer Sterblichen wie mir) als das provozierendste StillLeben erscheint, das man je das Unglück hat, anzutreffen.«[15]

Sarah Siddons hatte diese Rolle nur einmal gespielt, ironischerweise ›gerettet‹ durch eine Fehlgeburt. Aber nichts, nicht einmal Freundschaft, konnte sie dazu bewegen, Piozzis Epilog vorzutragen, der wie folgt begann: »Carlos ist sicher; das mildert mütterliche Sorgen. Gerettet für heute abend; Ihr trefft ihn wieder – morgen.« Selbst die große Verkörperin der mütterlichen Sorge konnte solches Pathos nicht befürworten.

Sarah Siddons war eine begnadete Schauspielerin, nicht nur wegen der klassischen Noblesse im Auftreten, die sie mit ihrem Bruder, dem Tragöden John Kemble, gemeinsam hatte, oder wegen ihrer eleganten Manieren, ihrer schönen Stimme und der intelligenten Interpretation ihrer Rollen. Sie war »ein Original: sie kopierte niemanden, weder Lebende noch Tote. Sie spielte als Naturbegabung und aus sich selbst heraus.«[16] Als sie gefragt wurde, wie sie die Rollen aussuchte, die sie spielte, antwortete sie: »Ich sehe sie mir ganz allgemein an, um festzustellen, ob sie stimmig sind und spielbar.«[17] Ihre eigenen Bemerkungen sowie zeitgenössische Kritiken ihrer Darstellung lassen vermuten, daß sie eine begabte Interpretin dessen war, was Stanislawski über ein Jahrhundert später die Technik der ›emotionalen Erinnerung‹ nennen soll-

---

13 James Boaden: Memoirs of Mrs. Siddons, Bd. II, S. 62.
14 Katharine C. Balderston (Hg.): Thraliana. The Diary of Mrs. Hester Lynch Thrale (later Mrs. Piozzi). 2 Bände. Oxford: The Clarendon Press 1942, S. 693.
15 Brief von Sarah Siddons an Mr. Whalley zitiert nach: Yvonne Ffrench: Mrs. Siddons: Tragic Actress. London: Vershoyle 1954, S. 136.
16 James Boaden: Memoirs of Mrs. Siddons, Bd. II, S. 289.
17 Zitiert nach Naomi Royde-Smith: The Private Life of Mrs. Siddons, S. 180.

te, das heißt, die Anwendung von eigenen, tief empfundenen Erfahrungen, um einen Bühnencharakter zu erschaffen.

Eine Zeitlang wurde Siddons kritisiert, ihre eigenen persönlichen Sorgen auszubeuten, um ihr Repertoire tragischer Szenen zu erweitern. Einige Zeit nach dem Tod ihrer Tochter Maria erhielt sie anonyme Briefe, die sie der Gefühllosigkeit beschuldigten, nämlich »mit distanzierter Apathie Totenbett-Szenen« vorzutragen, »um noch schockierender und effektvoller auf das Publikum zu wirken und darüber hinaus theatralische Nutznießung aus dem Tod ihrer Tochter zu ziehen«, eine Szene, so hielt man ihr vor, die sie mit der hübschesten Genauigkeit spielte.[18] Marias Sterbebett war sicherlich höchst dramatisch, und es traf vermutlich zu, daß Siddons, bewußt oder unbewußt, ihre Erinnerung an solche emotionalen und physischen Anspannungen für nachfolgende Aufführungen verwandte. Schließlich machte sie selbst das Eingeständnis, daß sie »niemals so gut gespielt hatte wie damals, wo ihr Herz schwer war vor Kummer um den Verlust ihres Kindes«.[19] In ihrem Briefwechsel gab Siddons die Ausbeutung ihrer persönlichen Schicksalsschläge zwecks Schaffung neuer Bühnencharaktere auch unumwunden zu. Sie gestand, daß sie die Bühne als Fluchtmöglichkeit bei häuslichen Belastungen nutzte. Im August 1798, als Mrs. Pennington sich in Clifton um die todkranke Maria kümmerte, schrieb sie das Folgende: »Ich muß mich für Mrs. Beverley anziehen – meine Seele ist gut eingestimmt auf die Trauerszenen. Es ist manchmal eine große Erleichterung, daß ich wenigstens auf der Bühne mich ganz meinem trauernden Herzen hingeben kann und nicht ständig, wie zu Haus, Heiterkeit vortäuschen muß. Doch manchmal ist mein Herz, trotz aller Bemühung, kurz vor der Zerreißprobe, und dann schütte ich es aus auf mein unschuldiges Publikum.«[20]

Ihre Rückkehr zur Bühne, kaum zwei Wochen nach dem Tod ihrer Tochter, muß weniger als berufliche Verpflichtung oder finanzielle Notwendigkeit, sondern vielmehr als Therapie verstanden werden. Die Wahl der Rolle der Isabella in *Maß für Maß* war wohlüberlegt, da es sich um »einen Charakter handelte, der keinen Anlaß zu offenen Wunden bot, die zu leicht wieder hätten bluten können«,[21] und, wie Mrs. Piozzi

---

18 Zitiert nach Yvonne Ffrench: Mrs. Siddons: Tragic Actress, S. 192.
19 Mrs. Clement Parsons: The Incomparable Siddons. London: Methuen 1909, S. 197.
20 Zitiert nach Mrs. Clement Parsons: The Incomparable Siddons, S. 197.
21 Brief von Mrs. Siddons an Mr. Whalley zitiert nach Mrs. Clement Parsons: The Incomparable Siddons, S. 201.

mit Scharfblick erkannte, ihre Rückkehr war »ein Heilmittel für ihren Kummer«.[22]

Solch ein Ventil war 1815, als sie sich vom Theater zurückgezogen hatte und ihr Sohn Henry im Alter von 41 Jahren an der Schwindsucht starb, allerdings nicht möglich für Mrs. Siddons. Am 7. April schrieb sie an Mrs. Fitzhugh: »Ich weiß nicht warum, ob es daran liegt, daß ich älter und schwächer geworden bin oder inzwischen keinen Beruf mehr habe, der mich zwingt, von mir abzusehen wie damals in meinem großen Kummer. Aber der Verlust meines armen geliebten Henrys hat sich lastender auf mein Gemüt gelegt als alles, was ich erlitten habe.«[23] Sie gestand Thomas Moore, daß sie »ganz wahr spielte, wenn sie nichts anderes tat, als ihr Herz von allem Kummer zu befreien«.[24] Die Bühnenikone der mütterlichen Sorge wurde aus der häuslichen Realität heraus erschaffen.

Der dritte Grund für Sarah Siddons Wahl als Beispiel für die vorliegende Untersuchung liegt schließlich in der Tatsache begründet, daß sowohl ihr Privatleben wie auch ihr Bühnenspiel relativ gut dokumentiert sind. Denn obgleich sich ihre Zeitgenossen darüber beschwerten, daß sie keine beständige Briefschreiberin war, so schrieb sie doch regelmäßig an Mitglieder eines engen Freundeskreises, nämlich an Hester Lynch Piozzi (ehemals Mrs. Thrale, zuvor Dr. Johnsons Günstling), an Sophia Pennington und an Mrs. Fitzhugh. Diese Frauen schrieben sich auch untereinander, um Neuigkeiten auszutauschen und, wie im Fall von Mrs. Piozzi, auch recht eigenwillige Ansichten über Charming Siddons' und ihre Familie. Auch ihre Töchter, besonders Sally, korrespondierten regelmäßig mit diesen und anderen, jüngeren Freundinnen, und so existiert ausreichendes Dokumentationsmaterial bezüglich des Siddonschen Familienkreises, obwohl dies gewiß mit einiger Vorsicht zu genießen ist. Schließlich interpretierten die Korrespondentinnen die Ereignisse natürlich aus ihrer Sicht und ihrem Wertverständnis heraus.

Dank ihrer Berühmtheit als Schauspielerin, als Frau von Geschmack und dem Wissen um den feinen Unterschied, verkehrte Mrs. Siddons in der Gesellschaft der Gebildeten und Wortführer ihres Landes, was für ein Mitglied der Theaterzunft eher unüblich war. Während Ann Cathe-

---

22 Oswald G. Knapp (Hg.): The Intimate Letters of Hester Piozzi and Penelope Pennington, 1788-1821. London: Bodley Head 1969, S. 167.

23 Thomas Campbell: The Life of Mrs. Siddons, Bd. II, S. 360.

24 Zitiert nach Naomi Royde-Smith: The Private Life of Mrs. Siddons, S. 204.

rine Holbrook und andere Frauen des Bürgertums – die, aus welchen Gründen auch immer, ihren Lebensunterhalt auf der Bühne zu verdienen suchten – abgeschreckt wurden von dem Mangel an Bildung und Wohlerzogenheit derer, denen sie begegneten, galt dies nicht für Sarah Siddons. Sie erschien sogar regelmäßig vor der königlichen Familie. Auch wird berichtet, daß sie sich ernsthaft darüber Gedanken machte, ob sie einen Empfang nach der Vorstellung besuchen sollte, bei dem auch die Mätresse des Prinzen von Wales, Lady Jersey, zugegen sein würde.

Daß Sarah Siddons der sozialen Ächtung, die das Los von Ann Catherine Holbrook und ihrer umherziehenden Schwestern war, entkam, war zum großen Teil das Ergebnis ihres kreativen Geistes, ihres Wohlverhaltens und ihres beinahe makellosen Privatlebens. »Privat und auf der Bühne strahlt sie gleichermaßen/ Ist Liebling ihrer Stadt und ihrer Zeit/ Verkörpert hier wie dort ruhmreiche Größe/ Sie gibt der Sprache Leben, macht die Moral zur Kraft/ Sagt, Kritiker, wo leuchtet Siddons Sonne heller/ in ihrer tugendhaften Liebe oder in ihrer göttlichen Kunst?«[25]

Es gab kein zügelloses Leben, keine luxuriösen Vergnügungen und keine verschwenderischen Extravaganzen. Sie blieb ihrem Ehemann treu (in der Tat, wenn auch nicht immer in Gedanken) bis zu seinem Tod im Jahre 1808, trotz ihrer wachsenden Entfremdung.

Würde die Siddons Familie wiedergeboren und einen Sozialarbeiter oder einen Psychiater aufsuchen, sie würde sich als eine Gruppe entpuppen, die ständig unter Streß steht. Die Beziehung zwischen den Eltern war sichtlich gespannt und für einen beträchtlichen Zeitraum ihres Ehelebens herrschte eine offenkundige Kälte zwischen ihnen. William, der Vater, ein durchaus angenehmer Mann, der lange Zeit arbeitslos war, hatte eine schwache Gesundheit, deren Behandlung seine Abwesenheit vom heimischen Herd für jeweils längere Zeit erforderlich machte. Er hatte eine zwiespältige Einstellung dem beruflichen Erfolg seiner Frau gegenüber. Zwar war er erfreut über ihren ausreichenden Verdienst, zugleich aber eifersüchtig auf ihre theatralische und gesellschaftliche Berühmtheit – verständlich in einer Gesellschaft, in der der Ehemann beinahe ausschließlich als der Ernährer galt. In den frühen Tagen ihrer Karriere verärgerte er die Besitzer der Theater, an denen sie engagiert werden sollte, durch kleinliche Streitigkeiten um Formalitäten. Später sorgten seine erfolglosen Investitionen von großen

25 The Actor's Budget (1811) zitiert nach: Yvonne Ffrench: Mrs. Siddons, S. 56.

Summen ihres Geldes in Theaterunternehmen für zusätzliche Spannungen in der Ehe. Die unnachahmliche Mrs. Piozzi brachte es auf den Punkt: »Einfach unmöglich, daß der Ehemann das Geld, das seine Frau für ihn verdient, nicht wenigstens zählen und zusammenhalten kann.«[26] Seine voreiligen Anpreisungen, um ihre Aufführungen publik zu machen, waren äußerst peinlich. Andererseits war er stets bereit, sie gegen Angriffe zu verteidigen, die sie beruflich diskriminierten. Manche Gerüchte bezüglich *seiner* ehelichen Untreue waren vermutlich unbegründet. Doch scheint es zu stimmen, daß eine sexuell übertragbare Krankheit, die seine Frau sich zugezogen hatte und die lange Zeit ohne Diagnose blieb – was ihr extrem zu schaffen machte – das Ergebnis seiner außerehelichen Abenteuer war. Es ist wahrscheinlich, daß die sexuellen Beziehungen des Paares 1794, nach der Geburt ihrer jüngsten Tochter Cecilia, aufhörten. Der Kommunikationsmangel zwischen ihnen verstörte insbesondere die beiden Töchter Sally und Maria. Sarah Siddons engste Freunde ignorierten ihren Mann als Unperson, obwohl diese Haltung nach der offiziellen Trennung der beiden revidiert wurde und Sarah Siddons ihm anläßlich seines Todes im Jahre 1808 einen respektvollen Tribut zollte. Zusammenfassend läßt sich sagen, daß William Siddons, ein Mann von mittelmäßiger Intelligenz und wenig bemerkenswertem künstlerischen Talent, eine Frau heiratete, die seinem eigenen Eingeständnis nach einfach viel zu groß für ihn war.

Sarah Siddons, sechs Jahre jünger als ihr Gatte, heiratete mit neunzehn, als sie schließlich der Erlaubnis ihrer Eltern sicher sein konnte, die die Beziehung nicht befürworteten und darauf bestanden hatten, daß das junge Paar zwei Jahre wartete. Während dieser Zeit war Sarah im Familiensitz der Greatheeds, Guy's Cliffe, angestellt, die das junge Mädchen mehr als Gleichgestellte denn als Dienerin behandelten. Hier lernte sie die gesellschaftlichen Manieren, die ihr in ihrem späteren Leben von so großem Nutzen sein sollten. Es ist anzunehmen, daß sie eine Bühnenkarriere im Sinn hatte und daß ihre Ehe mit William als Eintrittsbillet fungierte, um auf die Bühne zurückzukehren, von der sie ihre Eltern so gerne fernhalten wollten.

Es gibt Belege dafür, daß sie ursprünglich ihr häusliches Leben genossen hatte und eine hingebungs- und liebevolle Mutter war. Eine Freundin der Familie, die Schauspielerin Mrs. Inchbald, schreibt in ihren Memoiren: »Mrs. Siddons war unermüdlich in ihrer häuslichen

26 Oswald G. Knapp (Hg.): The Intimate Letters of Hester Piozzi and Penelope Pennington, S. 220.

Sorge um Ehemann und Kind [Henry]. Fast allen Ehrgeiz ließ sie hinter sich, ganz ihrem harten Schicksal ergeben, und brachte für ihre Familie viele Tage mit Waschen und Bügeln zu.«[27]

In ihren Briefen präsentiert sie sich selbst als zärtliche und liebende Mutter mit beinahe unverschämtem Stolz auf ihre Nachkommen. »Sally ist hochgradig intelligent; Maria und George sehen wunderschön aus; und Harry ist ein Junge mit guten Anlagen, aber nicht zum Lernen aufgelegt.«[28] Ihr Baby Cecilia beschrieb sie gegenüber deren Patin Mrs. Piozzi als »das gesündeste Baby unter der Sonne«.[29] Andererseits hielten sie die immer größer werdenden Verpflichtungen ihrer erfolgreichen Karriere für lange Zeit von zuhause fern. Und so konnte sie nicht einen so engen, täglichen Umgang mit ihren Kindern pflegen, wie das für diese Zeit als angemessen galt. Ohne Zweifel spürten die Kinder ihre Abwesenheit: »Ich zähle die Minuten, bis ich zu meinen geliebten Töchtern zurückkehren kann. Ihre zärtlichen Vorwürfe über mein langes Ausbleiben zerstören mich fast am Boden. (Törichte Kinder, denn für wen nehme ich schließlich all diese Strapazen und Unannehmlichkeiten auf mich?)«[30]

Trotzdem traf Siddons umsichtige Vorsorge für deren Obhut. Dank ihrer Beziehungen zur königlichen Familie wurde ihr älterer Sohn Henry 1782 Schüler am Charterhouse; und Maria und Sally beendeten ihre Ausbildung, nachdem sie eine Reihe von Schulen in der Gegend von Bath besucht hatten, von 1789 bis 1793 in Paris. Selbst während der Schulferien sahen die Kinder nur wenig von ihrer Mutter, die einen ausgefüllten Tourneeplan hatte. Sie verbrachten viel Zeit bei den Piozzis in Streatham oder bei ihrer Tante und ihrem Onkel, Fanny (Kemble) und Frances Twiss. Nach ihrer Rückkehr aus Frankreich hatten die beiden Mädchen mehr Freiheit, als das für die damalige Zeit üblich war. Und sie wurden ziemlich häufig mit männlichen und weiblichen Altersgenossen alleingelassen, während ihre Eltern aus geschäftlichen oder gesundheitlichen Gründen abwesend waren. Mrs. Siddons schien der festen Überzeugung zu sein, daß die Verfolgung ihrer künstlerischen Ambitionen fast vollständig der Sorge um das Wohl ihrer Familie entsprang. Bei jeder Gelegenheit, bei der sie auf Feindseligkeit stieß, folgte sie dem gleichen

27 James Boaden: Memoirs of Mrs. Inchbald. 2 Bände. London: Richard Bentley 1833, Bd. I, S. 71.

28 Roger Manvell: Sarah Siddons. Portrait of an Actress. London: Heinemann 1970, S. 141.

29 Katharine C. Balderston (Hg.): Thraliana, S. 876.

30 Zitiert nach Yvonne Ffrench: Mrs. Siddons, S. 155.

Verhaltensmuster und erklärte, daß sie selbst die Bühne gern aufgeben wolle, aber um ihrer Kinder willen weitermachen müßte.

Nach ihrem katastrophalen Debüt in London mit Garrick im Jahre 1775 – eine Katastrophe, die zum Teil darauf zurückzuführen war, daß dies nur wenige Wochen nach der Geburt ihrer Tochter Sally stattfand – war sie achtzehn Monate lang seelisch und körperlich ziemlich angegriffen. Tate Wilkinson, der Leiter des York Kreises, bei dem sie eine zeitlang Zuflucht fand, äußerte berechtigte Zweifel daran, ob das zerbrechliche Geschöpf, das sie zu dem Zeitpunkt war, jemals wieder eine größere Rolle durchstehen könnte. Sie schien »einem Abgrund entgegenzueilen«, wie sie selbst meinte: »Wer kann das ganze Ausmaß dieser grausamen Enttäuschung fassen, diese schreckliche Zerstörung all meiner kühnsten Hoffnungen, die schließlich auch das Schicksal meiner beiden hilflosen Kinder betrafen [...]. Doch um meiner armen Kleinen willen nahm ich schließlich all meine Kraft zusammen, um diese Mutlosigkeit von mir abzuschütteln.«[31]

Und tatsächlich raffte sich Sarah Siddons wieder auf und erhielt eine Stelle in Bath, einem der populärsten Provinztheater, wo sie ›wiederentdeckt‹ wurde und im Triumph nach London zurückkehrte. Vorher allerdings feierte sie einen tränenreichen Abschied von ihrem sie bewundernden Publikum in Bath, wobei sie betonte, daß, könnte sie selbst entscheiden, sie Bath nie verlassen würde. Sie hatte jedoch, wie sie dem Publikum bei ihrer letzten Vorstellung – unpassenderweise *The Distress'd Mother* – verriet, ›drei Gründe‹. Diese ›drei Gründe‹ wurden dann auf die Bühne gebracht, nämlich Henry, Sally und Maria.

> Dies sind die heimlichen Triebkräfte,
> die mich von eurer Seite, wo ich Wurzeln geschlagen habe
> und hätte sterben können, forttragen.
> Tretet hervor, ihr Elfen, deren zarter Einfluß
> mich von einem Platz fortzieht, wo jede sanfte
> Brise mir Glück und Wohlbehagen entgegenwehte,
> mich ungewiß ins weite Meer schickt,
> der Hoffnung voll, daß euch mein Schritt zum Vorteil wird
> und vertretet eurer Mutter Sache, ihr kleinen Magnete.
> Bin ich voreilig gewesen? – Bin ich deshalb tadelnswert?
> Antwortet alle, die ihr den Namen Eltern tragt.[32]

---

31 William van Lennep (Hg.): The Reminiscences of Sarah Kemble Siddons. Cambridge: Widener Library 1942, S. 6f.
32 Zitiert nach Thomas Campbell: The Life of Mrs. Siddons, Bd. I, S. 92.

Überflüssig zu sagen, daß Sarah Siddons offensichtlich ›ein Angebot erhalten hatte, das sie nicht ablehnen konnte‹. Hier war die Wiedergutmachung für ihre gesamte Ablehnung vor sieben Jahren, ihre harte Arbeit in der Provinz, ihre Hingabe und Entschlossenheit. Und doch spielte die Schauspielerin wieder einmal die Mutter, was sie auch dann tat, als sie in der Drury Lane, dem Schauplatz ihrer früheren Demütigung, ankam und ihre verständliche Besorgnis erklärte: »mein eigenes Schicksal und das meiner kleinen Familie hingen davon ab.«[33]

Einige Jahre nach ihrem Triumph in der Drury Lane wurde Siddons der Knauserigkeit beschuldigt, als sie es offensichtlich versäumte, die irische Benefizveranstaltung für West Digges, einen beliebten alten Schauspieler, und Brereton, einen ihrer erfolgreichsten Bühnenpartner, zu unterstützen. Verfolgt und immer wieder durch das Publikum unterbrochen mußte sie schließlich abtreten und fiel hinter dem Vorhang in Ohnmacht. In Übereinstimmung mit ihrer üblichen Strategie, der mütterlichen Pflicht zuzuschreiben, was starrköpfiger Ehrgeiz war, schrieb sie: »Es waren mein Mann, mein Bruder und Mr. Sheridan, die mich dazu gedrängt hatten, nochmals vor jenem Publikum aufzutreten, das mich so grausam und ungerecht behandelt hatte. Nur für meine Kinder habe ich mich dazu hergegeben.«[34]

Ihren selbstzerstörerischen Sommer-Tourneeplan unternahm sie, um ihrer Familie eine dauerhafte Versorgung zu gewährleisten. »Denn«, so hatte sie behauptet, »ich muß weitermachen, um den bescheidenen Komfort, den ich mir und meinen Kindern geschaffen habe, sicher zu stellen. Es ist ein Glück für uns alle, daß ich dazu in der Lage bin.«[35] Die Tournee nach Irland, die sie in den Jahren 1802 und 1803 unternahm, war geplant, um das Geld für die Renovierung des Londoner Hauses in der Great Marlborough Street aufzubringen und für die ›Ausstattung‹ ihres Sohnes George kurz vor seiner Abreise nach Indien. Siddons war – als Folge dieser Tourneen – bei Henrys Hochzeit ebensowenig anwesend wie bei den Todesfällen ihres Vaters und ihrer Tochter Sally. Während sie offenbar die materiellen Bedürfnisse gut versorgte, schien sie im emotionalen Bereich zu versagen. Man macht es sich zwar zu einfach, wenn man behauptet, daß Sarah Siddons bewußt die finanzielle Abhängigkeit ihrer Familie ausgenutzt hat, um ihre Karriere zu rechtfertigen. Aber es war symptomatisch für diese Epoche, daß eine so re-

---

33 William van Lennep (Hg.): The Reminiscences of Sarah Kemble Siddons, S. 9.
34 Ebd., S. 31.
35 Thomas Campbell: The Life of Mrs. Siddons, Bd. II, S. 92.

spektable Frau wie Sarah Siddons ihren ›unweiblichen‹ und entschiedenen Ehrgeiz, ein ›Star‹ zu sein, in die gesellschaftlich akzeptierte, erwünschte und respektierte Rolle einer Mutter, die für die Versorgung ihrer Kinder kämpfte, sublimieren mußte. Zudem versuchte sie, den öffentlichen Part des Vaters als Versorger und den privaten Part der Mutter als Fürsorgerin zu vereinen. Ihr Biograph Boaden hob anerkennend ihre ›geistige Stärke‹ hervor, die es ihr erlaubte, Aufgaben des häuslichen Lebens zugunsten ihrer beruflichen Pflichten aufzugeben und begrüßte die ›männliche Würde, die sie über die hilflose Schüchternheit anderer Frauen erhob.‹ Eine glückliche Verbindung all ihrer Rollen als Vater, Mutter, Frau, schöpferische Künstlerin und Persönlichkeit des öffentlichen Lebens war jedoch nicht möglich.

Besonders Mrs. Piozzi ergriff immer wieder Partei für ihre Freundin gegen das, was sie als die selbstsüchtigen Forderungen des Siddons Clans ansah. So schrieb sie 1788, daß Sarah »keineswegs von ihren Familienmitgliedern geliebt wurde [...]. Zwar schätzten sie alle, was sie durch ihre Mutter bekamen. Aber der Fluß der Liebe strömte von ihr zu ihnen und nicht umgekehrt.«[36] 1794 hatte sich die Situation, nach Ansicht der Vertrauten und Fürsprecherin der Schauspielerin, Mrs. Piozzi, nicht gebessert: »Mrs. Siddons ist heimgekehrt, schön, gefeiert, über die Maßen vergöttert. Jeder verehrt dieses bewundernswerte Geschöpf, nur ihre Familie nicht.«[37]

Im März 1799 gab Mrs. Piozzi die Verschlechterung der familiären Beziehungen nach dem Tode Marias wieder: »Ich denke, daß sie mit ihren Kindern kein Glück hat. Der älteste Sohn wird einer Wanderschauspieler-Truppe beitreten. Der zweite hat schlechte Augen, und Sally scheint fast völlig durch Asthma zu Grunde gerichtet zu werden, das konstitutionsbedingt und schwer heilbar zu sein scheint. Das Baby, mein Patenkind, Cecilia, ist krank und verzogen, unruhig und ohne jede Widerstandskraft.«[38]

Ohne Zweifel war die Schauspielerin äußerst besorgt um die materielle Versorgung ihrer Familie. Sie war schließlich die Alleinverdienerin für den größten Teil ihres Ehelebens, obwohl – gemäß dem damaligen Eherecht – all ihre Einkünfte automatisch das Eigentum ihres Ehemanns wurden: Mr. Siddons zahlte ihr einen vierteljährlichen Unterhalt. Zu dieser Zeit verdiente sie ansehnliche Summen, zumindest nach

---

36 Zitiert nach Yvonne Ffrench: Mrs. Siddons, S. 143.
37 Katharine C. Balderston (Hg.): Thraliana, S. 867.
38 Ebd., S. 992.

ihrem herausragenden Erfolg in der Drury Lane 1782, als ihr Gehalt
von den sechs, sieben Pfund, die sie in Bath erhalten hatte, in der 1782/
83er Spielzeit auf zehn Guineen in der Woche stieg und 1784 auf mehr
als das Doppelte. Zusätzlich rechneten sich ihre ersten Prozente von
800 Pfund und die finanziellen Sommertourneen 1783 in Irland und
Nordengland auf beinahe 2.000 Pfund. 1786, als ihr durchschnittliches
Jahresgehalt mehr als 5.000 Pfund betrug, konnte sie den Whalleys
schreiben, daß sie die nötigen 10.000 Pfund zusammen hatte, um sich
ihren Traum zu erfüllen und sich mit ihrer Familie in ein Häuschen auf
dem Lande zurückzuziehen. Das Geld war wohl vorhanden, doch es
fehlte der Wille. So ergab eine weitere anstrengende Sommertournee
einen Nettoverdienst von 900 Pfund in neun Wochen. Tate Wilkinson
bemerkte: »Vier oder fünf Jahre lang verdiente Mrs. Siddons zweifellos
mehr Geld – und zwar nicht bloß in London, sondern ebenso in vielen
entfernt gelegenen Theatern in England, Irland und Schottland – als
jeder andere Schauspieler je verdient hatte oder vermutlich je verdienen wird und hatte einen höheren Verkaufswert als alle (Mr. Garrick
nicht ausgeschlossen).«[39]

Obwohl Siddons enorme Summen verdiente, kam das Geld nicht
immer bei ihr an. Das lag an Richard Brinsley Sheridan, dem Manager
der Drury Lane, der – obwohl ein brillanter Dramatiker und Abgeord-
neter – hoffnungslos inkompetent war, was die Ordnung seiner Finan-
zen betraf. Siddons beschwerte sich im März 1796 bitterlich bei Mrs.
Piozzi darüber, daß sie im Sommer auf Tournee gehen mußte, weil
Sheridan es nicht nur versäumt hatte, ihr Gehalt zu zahlen, sondern
auch die satten Profite ihrer prozentualen Gewinnbeteiligung in den
Kassen der Drury Lane ›verloren‹ hatte. Die Angelegenheit spitzte sich
1799 zu, als sie erneut ihrer Freundin schrieb: »Gerade habe ich von
Mr. Sheridan einen seiner üblichen leicht dahingeschriebenen Briefe
erhalten. Offenbar meint er, daß seine hochtrabenden Befehle, einmal
entsendet, auch sofort befolgt werden. Diesmal aber, denke ich, hat er
sich getäuscht. Jedenfalls scheint Sid fest entschlossen zu sein, mich
nicht eher auftreten zu lassen, als bis er hinreichende Genugtuung erfahren hat, zumindest inbezug auf das Geld, das er mir schuldet.«[40]

39 Tate Wilkinson: The Wandering Patentee. 4 Bände. York: Privatdruck des Autors 1795, Bd. I, S. 256.
40 Oswald G. Knapp (Hg.): The Intimate Letters of Hester Piozzi and Penelope
Pennington, S. 184.

Dieser Brief ist äußerst aufschlußreich. Er besagt zunächst, daß die Schauspielerin von ihrem Gatten mehr Unterstützung in ihrer Auseinandersetzung mit Sheridan erwartete als bislang, des weiteren, daß *er* die Kontrolle darüber hatte, wann sie auftrat und schließlich, daß *er* zufriedengestellt werden mußte, obwohl es um *ihr* Geld ging. Die finanziellen Streitigkeiten endeten erst mit Sheridans Rückzug aus dem Theatermanagement. Zu der Zeit arbeitete Siddons gemeinsam mit ihrem Bruder in Covent Garden und verdiente erneut sehr gut, fünfzig Pfund pro Abend, zum Zeitpunkt ihres Rücktritts im Jahre 1812. Nach der Trennung von William im Jahre 1804 legte er 20.000 Pfund für sie an, mit einer jährlichen Rendite von 1.000 Pfund pro Jahr. Und bei seinem Tod vier Jahre später war sie die alleinige Nutznießerin und erhielt die Überreste ihrer früheren Einkünfte zurück. Kurz, Mrs. Siddons war, trotz Sheridans Unvermögen, trotz der vielkritisierten Investitionen ihres Gatten in Theaterunternehmen – die zum Trauerspiel gerieten –, und trotz ihrer schwankenden Gesundheit, die sie manchmal vom Auftreten abhielt, eine ziemlich wohlhabende Frau.

Die öffentliche Meinung der Zeit urteilte ähnlich und beschuldigte sie wiederholt des Geizes. Eine Karikatur, mit dem Titel ›Lady Sarah Save-all‹, zeigt die Schauspielerin als Melpomene, die sich an Geldtaschen klammert, während unter ihren Kleidern Säcke vollgestopft mit Gold und Silber hervorsehen. Auf ähnliche Weise hat William Combes in *The Devil on Two Sticks* (1796), dem Portrait einer berühmten Schauspielerin, die vom Geiz zerfressen wird, ihre Knauserigkeit verspottet. Selbst die ergebene Mrs. Piozzi betrachtete das Auftreten ihrer Freundin als Lady Macbeth im April 1794, wenige Wochen vor der Geburt Cecilias, als unangebracht, nicht vom Standpunkt der Gesundheit oder des Anstands aus, aber um ihres Rufs willen. »Die Leute sind der Ansicht, daß sie geldgierig ist und dieses unnötige Auftreten, um Geld zu verdienen, wird das bestätigen.«[41] Man muß wohl den Schluß ziehen, daß Siddons' Bemühungen, ihre Familie mit Geld zu versorgen, schon fast pathologisch waren. Doch vermutlich fühlte sie sich nur auf der Bühne wirklich wohl und ausgefüllt und mußte diese hektischen ›Widmungen‹ aber so aussehen lassen, als würden sie nur aus Notwendigkeit unternommen und nicht zum Vergnügen. Ihr bevorzugter Biograph Thomas Campbell schrieb: »Mit einer Familie, die hauptsächlich aus Töchtern bestand, war sie als liebevolle Mutter ängstlich darauf bedacht, ihnen ihre Unabhängigkeit sicherzustellen.

---

41 Katherine C. Balderston (Hg.): Thraliana, S. 877.

Darüber hinaus war sie gewiß ebenso daran interessiert, ihre eigene Karriere auszubauen.«[42]

Mit anderen als finanziellen Forderungen ihrer Familie umzugehen, fand sie äußerst schwierig. »Ich glaube, daß die eine Hälfte der Menschheit zum Wohle der anderen geboren ist – ich selbst jedenfalls werde nie den Versuch machen, für mich selbst zu leben, auch wenn dies in meiner Macht stünde.«[43] Der letzte Satz ist ein typischer Siddonscher Rückzug in ›rechte Weiblichkeit‹. Und doch verrät ihr Rat an den jungen William Charles Macready: »studiere, studiere, studiere und heirate nicht vor dreißig«, daß die sich überschneidenden Forderungen ihrer häuslichen und beruflichen Pflichten schwer auf ihr lasteten.

Trotz Mrs. Piozzis Beobachtungen schien Sarah Siddons jedoch den Respekt und die Zuneigung ihrer Kinder zu haben, und besonders ihre Söhne profitierten von ihrem Erfolg. Sie war enttäuscht, daß ihr älterer Sohn ihr in den Theaterberuf folgte – obwohl sie ihn selbst als Kinderdarsteller eingeführt hatte –, aber sie unterstützte ihn großzügig in seinen beruflichen Bemühungen, schickte ihn nach Paris, um die großen Schauspieler zu studieren, nahm ihn mit auf Tournee und besorgte ihm ein Engagement in Covent Garden. Ihre Meinung über seine Fähigkeiten als Schauspieler war eher zurückhaltend: »Ich denke, wenn Zeit und Beobachtungsgabe das Rohmaterial seiner Natur entsprechend abgeschliffen haben, dann wird er es gut machen.«[44]

Ihre Abwesenheit bei seiner Hochzeit mit der Schauspielerin Harriet Murray rührte sicherlich nicht daher, daß sie diese Wahl mißbilligte. Sie erzählte Thomas Campbell, daß Henry »hinsichtlich seiner Berufswahl höchst unglücklich verfahren« wäre, »jedoch bei der Wahl seiner Ehefrau eine glückliche Hand gehabt hätte.«[45] Ein Ausflug mit ihren Enkelkindern war eine der wenigen Gelegenheiten, bei denen sich Siddons und ihr Mann miteinander wohlfühlten. Obwohl sie schon im Ruhestand war, kehrte sie nach Henrys Tod auf die Bühne zurück, um in einer Benefizveranstaltung in Edinburgh zu spielen, wo er ein geschätzter Manager geworden war.

George Siddons, der einzige ihrer Kinder, der ein einigermaßen ›gewöhnliches‹ Leben führte, erhielt – dank der Fürsprache des Prinzen von Wales – mit neunzehn einen Posten im indischen Staatsdienst. Vor

42 Thomas Campbell: The Life of Mrs. Siddons, Bd. I, S. 133f.
43 Kalmin A. Burnim (Hg.): Letters of Sarah and William Siddons to Hester Lynch Piozzi. Manchester: John Rylands Library 1959, S. 62.
44 Zitiert nach Yvonne Ffrench: Mrs. Siddons, S. 189.
45 Thomas Campbell: The Life of Mrs. Siddons, Bd. II, S. 357.

seiner Abreise besuchte er seine Mutter in Dublin, wo sie gerade auftrat, und nach den Worten ihrer Begleiterin, Patty Wilkinson, waren Mutter und Sohn sehr glücklich miteinander. George stieg in Kalkutta in den Rang eines Zollbeamten der Regierung auf, heiratete und hatte sieben Kinder. Er kehrte nie nach Hause zurück.

Mrs. Siddons Verhältnis zu ihren Töchtern war um einiges problematischer – wie Mutter-Tochter-Beziehungen stets sind. »Die komplizierte Verbundenheit von Mutter und Tochter lebenswichtig, mißverstanden, mißbraucht – ist die große ungeschriebene Geschichte. [...] Hier liegen die Ursachen für die tiefste Verkettung ebenso wie die schmerzlichste Entfremdung.«[46] Die Siddons Familie bietet Belege für beides, was sich in der äußerst schmerzlichen ›Lawrence-Affäre‹ offenbart. Thomas Lawrence, der ein anerkannter Portraitmaler werden sollte und für seinen Beitrag zur Malerei sowie als Präsident der Royal Academy geadelt wurde, traf Mrs. Siddons um 1774, als sie eine junge aufstrebende Schauspielerin und frischgebackene Mutter war, glücklich verheiratet mit ihrem ›Sid‹. Er war sechs Jahre alt und wie sie ein Wunderkind, dessen Begabungen in den Dienst seiner Familie gestellt wurden, die ohne besonderen Erfolg den Gasthof zum Black Bear in Devizes führte. Lawrence zeichnete sie und muß mit der Familie in Kontakt geblieben sein. Die beiden jungen Talente zogen aus, um die Hauptstadt zu erobern, und um 1793/94 herum war es selbstverständlich, daß Thomas ein regelmäßiger Besucher im Hause der Siddons war. Hier traf er Sally und Maria. Beide Mädchen galten als außerordentlich attraktiv, besonders Maria, die offensichtlich die einzigartige Schönheit ihrer Mutter geerbt hatte, obwohl Mrs. Piozzi stets der älteren den Vorzug gab. Es war Sally, der Lawrence zuerst seine Aufwartung machte. Als er Mrs. Siddons seine Gefühle offenbarte, beschloß diese, ihrem Ehemann gegenüber nichts davon zu erwähnen. Doch obwohl sie das junge Paar zur Geduld ermahnte, verbot sie ihre Zusammenkünfte nicht und riet lediglich zu einem Aufschub in der offiziellen Bekanntgabe ihrer Verlobung. Während einer von Sallys häufigen Krankheiten übertrug Lawrence heimlich seine Gefühle auf Maria. Sie erkrankte ebenfalls an Schwindsucht und enthüllte ihre Beziehung ihrem Vater gegenüber, wobei sie betonte, daß seine Erlaubnis, Lawrence zu heiraten, für ihre Genesung unabkömmlich sei. William Siddons,

---

46 Adrienne Rich: Of Women Born: Motherhood as Experience and Institution [1976]. Zitiert nach: Maggie Humm (Hg.): Feminisms. A Reader. London: Wheatsheaf 1992, S. 275.

der von irgendwelchen früheren Übereinkünften nichts wußte und zutiefst besorgt war über die Gesundheit seiner Lieblingstochter, wollte sie um jeden Preis vor dem Dahinschwinden bewahren. Und so stimmte er einer Verlobung zu und versprach, die Schulden seines zukünftigen Schwiegersohnes zu begleichen (mit Mrs. Siddons Geld natürlich).

Marias körperlicher Zustand besserte sich auch durch den Ausblick auf den ehelichen Segen nicht, und entsprechend der irrigen Annahmen der medizinischen Praxis zu der Zeit wurde sie wie eine Gefangene im Arbeitszimmer der Great Marlborough Street gehalten. Ob es die ungesunde Atmosphäre war, die nervenaufreibende Frustration und Ungeduld über ihr Invalidendasein oder die Lawrence eigene Schwäche, den Spatz in der Hand der Taube auf dem Dach vorzuziehen, ist ungewiß. Tatsache ist, daß er nur einige Wochen nach seiner offiziellen Verlobung mit Maria zu seiner alten Liebe Sally zurückkehrte. Sie war extrem zurückhaltend gewesen, was das Zwischenspiel mit Maria betraf, aber ein genaues Studium ihrer Briefe an ihre Freundin Sally Bird zeigt doch ihren tiefen Kummer. Allerdings sah sie nun kein größeres Hindernis mehr für eine Zukunft mit Lawrence, und, obwohl sie ihn ermahnte, Maria nicht durch Besuche in ihrem Haus aufzuregen, wird aus ihren Briefen deutlich, daß sie seine erneute Hingabe erwiderte.

Marias Gesundheit verschlechterte sich weiter. Im Sommer wurde sie nach Clifton gebracht, wo sie von einer Freundin ihrer Mutter, Sophia Pennington, versorgt wurde, die, je nach den Beurteilungen von Siddons' oder Lawrences Biographen, entweder als Heilige oder als böswilliger Störenfried beschrieben wird. Sie war mit Sicherheit sehr romantisch. In der Zwischenzeit hatte Siddons Sally auf ein längeres Engagement mit nach Birmingham genommen, möglicherweise als Begleitung – sie liebte Gesellschaft –, aber vermutlich eher, um sie dem Einfluß von Lawrence zu entziehen. Es scheint, daß Marias krankes Gemüt ihrem verlorenen Verlobten und seiner anschließenden Beziehung mit ihrer Schwester nachhing, und Mrs. Pennington nahm es auf sich, Mrs. Siddons von der Besessenheit der Kranken in Kenntnis zu setzen. Die Mutter wurde immer unwilliger, die Erneuerung der Sally-Lawrence Liaison zu unterstützen und sandte Sally nach Clifton, vorgeblich um bei der Pflege Marias behilflich zu sein, aber wohl eher, um sie von Lawrence fernzuhalten. Dieser kam – ganz in der Art und Weise von Mrs. Siddons schlimmsten häuslichen Dramen – in Birmingham an und lieferte sich einige stürmische Szenen mit der Mutter, bevor er nach Clifton rauschte, um sich heimlich mit Mrs. Pennington und Sally zu treffen. Schließlich wurde er überredet, nach London zurückzukehren, mit einem Umweg über Birmingham und weiteren längeren Auseinandersetzungen mit Siddons. Im späten September erreichte Maria einen kritischen Zustand, und *endlich* kamen ihre Eltern, um ihr Beistand zu leisten. Sie starb am 7. Oktober 1798, aber nicht ohne der widerstrebenden Sally das Versprechen abzuringen, daß sie Lawrence nie heiraten werde. Dieser Schwur wurde in Anwesenheit von Mrs. Pennington und der Mutter der Mädchen geleistet, aber ohne William Siddons, der erst sehr viel später ins Bild gesetzt wurde.

Was dann folgte, war für Sally eine Tortur. Ihre Liebe zu Lawrence war unvermindert; und sie war sehr im Zweifel über die Gültigkeit eines unter solchen Umständen gegebenen Versprechens. Doch ihre Mutter beschwor sie, es einzuhalten. Ihre Briefe steigerten sich in Hysterie, sie schwur, daß sie Lawrence nie wiedersehen wolle, daß er ihren Frieden ruiniere und Ähnliches mehr. In Wahrheit aber stellte sich heraus – das ließ sich aus den Briefen unschwer schließen –, daß die Einwilligung des Liebhabers, sich nicht mehr zu treffen, aus einer allmählich sich einstellenden Gleichgültigkeit resultierte und daß Sallys Zukunftsglück für immer verloren war. Zur gleichen Zeit wußte sie sehr wohl, daß ihre Mutter in reger Verbindung mit Lawrence stand. Er besuchte sie regelmäßig im Theater, wenn sie Vorstellung hatte und wurde von ihr anschließend unterhalten. Als Sally 1803 an Lungenvergrößerung starb, hatte sie jahrelang keinen Kontakt zu Lawrence gehabt. Da ihre Mutter mit Patty Wilkinson – Tate Wilkinsons Tochter, die eigentlich als Gesellschafterin für Sally nach London eingeladen worden war – in Irland weilte, starb sie in den Armen ihrer Freundin Dorothy Place. Um fair zu bleiben sei erwähnt: Siddons verspätete Rückkehr wurde durch Sids' lächerlich optimistische Berichte nach Irland über Sallys Gesundheit verursacht, und stürmisches Wetter machte eine sofortige Überquerung der irischen See unmöglich. Das Gerücht, daß die Schauspielerin in Irland geblieben sei, weil sie sich einer Affäre mit einem jungen Fechtmeister namens Galindo erfreute, ist ebenso bösartig wie unbegründet, obwohl ihre Ermutigung des jungen Mannes und seiner besitzergreifenden Frau sicherlich unangemessen war.[47]

Man kann Mrs. Siddons nicht von vornherein verdammen für etwas, das für jede Mutter eine äußerst komplizierte Situation gewesen wäre. Aber einige Fragen bezüglich dieser traurigen Angelegenheit

---

47 Mrs. Galindo schrieb in ihrem beleidigenden ›offenen Brief‹: »Was ist das für eine Mutter, die sich einem Flirt hingibt, während ihre angeblich geliebte Tochter ihr Leben aushustet?« Mrs. Galindo's Letter to Mrs. Siddons. London: Privatdruck 1809.

müssen – insbesondere im Hinblick auf die Schauspielerin-Mutter Beziehung – doch gestellt werden. Zunächst, wenn sie einer Fortsetzung der Sally-Lawrence Beziehung die Erlaubnis erteilte, warum gab sie ihr nicht ihren offiziellen Segen? Mögliche Gründe wären, daß sie selbst zwei Jahre bis zu ihrer Hochzeit hatte warten müssen und eine solche Wartezeit als vernünftig betrachtete. Doch trotz dieser Bedenkzeit war ihre eigene Ehe nicht sehr glücklich verlaufen und verschlechterte sich auch noch rapide zu diesem Zeitpunkt. Weiterhin mag ihr Wissen um Lawrences Geldprobleme ein Motiv gewesen sein. Doch diese rührten zum Teil daher, daß er seine große und finanziell anspruchsvolle Familie unterhalten mußte, ein Umstand, den Mrs. Siddons sicherlich nachfühlen konnte. Auf jeden Fall waren seine Zukunftsaussichten glänzend. Hätte es ihre ›Knauserigkeit‹ sein können, weshalb sie ihrer Tochter die finanzielle Unterstützung versagte? Tatsache ist: Siddons war besorgt über Sallys unbeständige Gesundheit und hatte sich zudem über den kaum zu erwartenden Erfolg einer Ehe geäußert, in der die Frau invalide ist – mit Anspielung auf Williams Ungeduld ihrer eigenen Indisponiertheit gegenüber. Doch zu der Zeit gab Sallys Gesundheit keinen schwerwiegenden Anlaß zu solcher Besorgnis. Im Gegensatz zu Marias. Überdies begleitete Sally ihre Mutter bei jeder möglichen Gelegenheit, was eine viel anstrengendere Beschäftigung war als die Frau eines Malers in der Greek Street in Soho zu sein, wo Lawrence bereits ein bequemes Quartier hatte. Und warum erzählte sie ihrem Gatten nichts von Lawrences Verbindung mit Sally, entweder vorher oder aber zum Zeitpunkt, als Maria um das Einverständnis zu *ihrer* Verlobung suchte?

Es geschah nur unter dem beträchtlichen Druck von Mrs. Pennington, daß Siddons ihn nach Marias Tod von der ganzen Kette unglücklicher Ereignisse in Kenntnis setzte. Schließlich fürchtete sie, er könnte es aus anderen Quellen erfahren. Sie entschuldigte ihr Verschweigen mit ihrer Furcht vor seiner kalten und ablehnenden Haltung, damit, daß sie anstatt Verständnis bloß harte Worte erwarten konnte.[48] Er nahm die Information »mit jener Kälte und Reserviertheit auf, die ihn so lange zum Unwissenden gemacht hatte, mit diesem Mangel an Mitgefühl [...], der unser ganzes Leben hindurch bei jedem bedeutsamen Ereignis meine Zunge gelähmt und mein Herz hat gefrieren lassen.«[49]

---

48 Zitiert nach Oswald G. Knapp (Hg.): An Artist's Love Story. London: George Allen o.J., S. 152.
49 Ebd., S. 176.

Mrs. Piozzi kommentierte: »Siddons hatte ein warmes Herz und einen kalten Ehemann.« Wollte sie in der Tat die einzige Vertraute ihrer Tochter sein, sie ›besitzen‹ in Opposition zu ihrem Gatten, der ihr Geld haben mochte, aber nicht das Vertrauen ihrer Kinder? Oder befürchtete sie, daß William, dessen Liebe zu seinen Töchtern nie bezweifelt wurde, dem Mann, der so mit ihren Gefühlen gespielt hatte, den Zugang zu seinem Haus (oder zu seiner Frau) verweigern würde? Schließlich, mit all ihrem Wissen, wie konnte sie den fatalen Schwur, den Maria ihrer Schwester abrang, bezeugen und gutheißen, wo sie doch nur allzu gut über die wiederentflammte Hingabe der beiden jungen Leute Bescheid wußte? Mrs. Pennington verwandelte in einem berühmten Brief an Lawrence – der von Royde-Smith als »ein Meisterwerk an sich selbst täuschender Grausamkeit« beschrieben wird – Marias letzte Stunden in das Dahinscheiden einer Heiligen und schrieb dem Mädchen eine beinahe göttliche Verwandlung zu. Eine Kopie dieses Briefs wurde an Mrs. Siddons geschickt, und sie zitierte Stellen daraus, wenn sie später Freunden von dem Ereignis berichtete. Aber Mrs. Siddons war *dabei*. Sie brauchte nicht die Interpretation anderer, schon gar nicht der romantischen und übersentimentalen Mrs. Pennington. Ohne ihrer Liebe zu Maria Abbruch zu tun, hätte sie doch entweder die Forderung des kranken Mädchens verhindern oder aber Sally - die es ohnehin nur zu gern glauben wollte – klarmachen können, daß ein solcher Schwur in keiner Weise bindend war.

Und weiter, wenn sie – mit den besten Absichten – jeden Verkehr zwischen Sally und Lawrence, nachdem die Familie von Clifton nach London zurückgekehrt war, hätte verhindern wollen, warum wurde Sally nicht zu einer ihrer anderen Freundinnen geschickt, zu Mrs. Piozzi, zu Mrs. Fitzhugh, zu den Greatheeds oder den Whalleys, wo keine Gelegenheit bestanden hätte, Lawrence zufällig zu treffen? Es mag sein, daß sie nach dem Verlust der einen Tochter darauf bedacht war, Sally bei sich zu behalten, aber es wäre vernünftiger gewesen, ein zeitweiliges Opfer zu bringen, um dem Mädchen etwas Erholung von den Strapazen, die sie erlitten hatte, zu gönnen. Und auch das muß gefragt werden: Warum fuhr sie fort, Lawrence regelmäßig zu sehen, ohne dies Sally gegenüber zu erwähnen? Auf diese Weise mußte die Tochter durch Bekannte erfahren, daß ihre Mutter in engem Kontakt zu ihm stand. Der Inhalt von Sallys Briefen an Sally Bird im Januar 1801 verrät den Betrug, den sie empfand. »Ich weiß, daß meine Mutter ihn oft trifft, und ich weiß auch, daß sie nicht aufhören kann, ihn mit dieser Parteilichkeit, die sie immer für ihn hatte und immer, glaube ich, für ihn empfinden wird, anzusehen. Und doch erwähnt sie ihn mir gegenüber nie, sagt mir nichts darüber, ob er von mir gesprochen hat oder ob er sich wünscht, daß ich mich an ihn erinnere – aber vielleicht denkt und spricht er tatsächlich nicht an und von mir.«[50]

So verlor sie ihren Liebhaber und gleichzeitig die Unterstützung ihrer Mutter, oder, wie es schien, den Liebhaber an ihre Mutter. Das führte zu einer Kälte zwischen ihnen, die Sally wie folgt beschrieb: »Ich habe das Gefühl, als ob all meine Energie dahinschwindet, seitdem ich die drei mir teuersten Wesen auf dieser Welt nicht mehr beglücken kann; eins [Maria] ist für immer gegangen, das zweite [Lawrence] ist so gut wie tot für mich und das dritte [die Mutter] scheint an mir nicht mehr dieselbe Freude zu finden, die es einst hatte.«[51]

Es ist schon angedeutet worden, daß Lawrences Unentschlossenheit zwischen den Siddonschen Töchtern daher rührte, daß er eigentlich in ihre Mutter verliebt war, oder möglicherweise in die ganze Kemble Dynastie, eine Ansicht, die durch seine spätere Verbindung (ein väterliches Interesse, wie er betonte) mit dem jüngsten Sproß der Familie, Mrs. Siddons' Nichte Fanny, die eine große Ähnlichkeit mit Maria aufwies ›und zu ihnen allen‹, wie er sagte –, noch verstärkt wurde. Unter den vielen Portraits, die von Mrs. Siddons gemalt wurden, halten Kritiker das von Lawrence für einzigartig, da es die ›private‹ Frau präsentiert und weniger die große Schauspielerin wie in Reynolds' *The Tragick Muse* oder die Dame der Gesellschaft bei Gainsborough. Es wurde auch behauptet, daß Mrs. Siddons selbst in Lawrence verliebt war und ihn bewußt oder unbewußt in ihren Einflußbereich zog, indem sie ihre hübschen Töchter als Köder verwendete, aber es ihm nie gestatten würde, eine von ihnen zu besitzen, da sie ihn, wenn auch nur aus der Distanz, für sich selbst wollte. Es scheint seltsam für eine Mutter, denselben Mann, der ihre Töchter so verletzt hat, als einen ihrer Sargträger zu verlangen – ein Zeichen einer ungewöhnlich vergebenden Natur oder einer lebenslangen Verbindung? Zur Zeit der tragischen Vorfälle in Clifton und London schien über die Affäre jedenfalls Schweigen gewahrt worden zu sein (selbst Mrs. Piozzi wußte nicht Bescheid). Jedoch später, zur Zeit der Trennung der Siddons im Jahre 1804, erschienen Berichte in der Presse, daß Mrs. Siddons mit einem jungen Mann durchgegangen sei, einem Künstler, der nacheinander zwei ihrer Töchter den Hof gemacht hätte, die beide inzwischen verstorben wären, und der sich nun der Mutter zuwendete.[52]

---

50 Ebd., S. 212.
51 Ebd., S. 213.
52 Roger Manvell: Sarah Siddons, S. 256.

William Siddons intervenierte zugunsten des Rufs seiner Frau (oder seiner Töchter?) und bot öffentlich eine Belohnung von 1.000 Pfund für ›die Entdeckung und Überführung‹ jeder Person, die daran beteiligt war, dieses Gerücht in Umlauf zu bringen. Daß die Schauspielerin nach wie vor mit Lawrence in Verbindung stand, war zweifellos richtig. Sie ›saß‹ für ihn bis zwei Uhr morgens im März des gleichen Jahres Modell. Das daraus folgende Portrait allerdings war kein Erfolg. Er besuchte ihre Abschiedsvorstellung, und in seiner Antrittsrede als Präsident der Royal Academy nannte er die ›Tragick Muse‹ das »schönste Frauenportrait der Welt«.

Gewiß kann man Sarah Siddons nicht den Hauptteil der Schuld an dem Liebeskummer und dem Tod ihrer Töchter zuschreiben. Maria und Sally starben nicht an gebrochenem Herzen oder an mütterlicher Vernachlässigung: ihre Krankheiten waren physischer Natur und die zeitgenössische Medizin schlecht ausgestattet, um sie zu heilen. Lawrence scheint als Liebhaber so leichtfertig gewesen zu sein wie als Maler: ein Schürzenjäger. Sallys einsichtiger Kommentar betreffs seiner Verlobung mit Maria zeugt von einem Verständnis seines Charakters, das ebenso neidlos wie einsichtig ist: »Was hätte unser Freund auch getan, wenn keine Schwierigkeiten zu überwinden gewesen wären? Aber vermutlich hat ihm die Verfolgung seines jetzigen Liebesziels diese hinreichend verschafft, so daß er zufrieden sein wird, Maria zu erhalten, auch wenn keine Hindernisse mehr vorlagen.«[53] Maria war wahrscheinlich die ›Eroberin‹, als die sie von ihrer Freundin Sally Bird beschuldigt wurde, obwohl sie dies heftig bestritt. Aber sie trug doch durch ihren leichtherzigen Flirt mit einem leichtherzigen Mann zu der ganzen Misere mit bei.

Die Schauspielerin als Mutter – in dieser ihrer größten Herausforderung im Leben hat Sarah Siddons ganz einfach versagt, indem sie das Wohl ihrer Kinder selbstsüchtig den eigenen Interessen unterordnete. Man entdeckt eine Spur von ›performance‹ in ihrem Verhalten und ihren Briefen, eine ›performance‹, die eher zu einer heutigen Seifenoper passen würde als zu der größten Tragödin der britischen Bühne. Zwar glaubte Boaden, daß »sie jede soziale Krise in ihrem eigenen Leben als die noble Persönlichkeit, die sie auf der Bühne war, lösen würde«.[54] Doch das traf leider nicht zu.

---

53 Oswald G. Knapp (Hg.): An Artist's Love Story, S. 17.
54 James Boaden: Memoirs of Mrs. Siddons, Bd. I, S. 314f.

Schließlich nun zu Cecilia, dem jüngsten Kind der Siddons, der Patentochter von Mrs. Piozzi. Diese beschreibt sie als »das außergewöhnlichste aller lebenden Babies«. Und – betont sie – viele hat sie gesehen, »doch keins von einem so früh entwickelten Verstand. Wirklich ein ganz wundervolles Kind.«[55] Auch hatte das Kind eine ähnliche, schon fast beängstigende Art von Schönheit wie ihre Schwester Maria. Doch deren Tod, bei dem Cecilia gerade vier Jahre alt war, muß sie völlig verändert haben. Und zwar zum Nachteil. Derart, daß selbst ihre so für sie eingenommene Patentante in ihrer Gunst zurückhaltender wurde. Jetzt äußerte sich Mrs. Piozzi hinsichtlich Cecilia bloß noch wie folgt: »Sie ist eigentlich gar kein richtiges Kind. Stets schlecht gelaunt und von schwacher Gesundheit.«[56]

Der Schulbesuch wurde angeraten und im Gegensatz zu allen Befürchtungen für ihre Gesundheit wuchs Cecilia prächtig heran und wurde zu einer ständigen Begleiterin ihrer Mutter – bis zu deren Tod. Ihre Cousine, die lebensprühende Fanny Kemble, bemerkte, daß »Cecilias Leben aus rührender Hingabe und Aufopferung bestand.«[57] Sie war der Ansicht daß, nachdem Tante Melpomene gestorben war, die ältliche und dünne Jungfer ihr bald ins Grab nachfolgen würde. Doch gibt es keine Anzeichen dafür, daß Cecilia ihre töchterlichen Pflichten besonders mühsam fand. Im Gegenteil. Sie genoß es, ihre Mutter nach Paris zu begleiten, sichtlich auflebend in der schmeichelhaften Aufmerksamkeit, die ›our darling‹ – wie sie Patty schrieb – dort erhielt. Sie schwand nicht dahin, als ihre Unterstützung nicht länger benötigt wurde, sondern heiratete im Alter von 39 und mit einer Mitgift von 15.000 Pfund George Combe, einen Rechtsanwalt aus Edinburgh, der den Bestseller *The Construction of Man* geschrieben hatte. Sie starb ohne Nachkommen im Jahre 1868.

Damit ist die Lebensgeschichte von Sarah Siddons fast abgeschlossen. Was ich zu zeigen versucht habe ist, daß bei dieser Schauspielerin die für jeden Mimen so typischen komplementären Gesichter – die janusartige Existenzweise – stärker ineinander übergingen, sich vermischten, beeinflußten und enger miteinander verknüpft waren als das sonst der Fall war und daß ihre Rolle als Mutter im Leben und als Mutter auf der Bühne für sie oft ununterscheidbar war.

55 Oswald G. Knapp (Hg.): The Intimate Letters of Hester Piozzi and Penelope Pennington, S. 144.
56 Ebd., S. 169.
57 Zitiert nach Mrs. Clement Parsons: The Incomparable Siddons, S. 206.

Die Probe und der Suppentopf

Sarah Siddons beginnt ihre persönlichen Erinnerungen folgendermaßen: »Ich bekenne ganz offen, daß der Rückblick auf mein privates, häusliches Leben – so traurig das ist – wenig mehr bringt als Krankheit, Sorge und Tod. Es ist zu schmerzlich, dabei zu verweilen, zu intim und zu delikat für jede Kommunikation.«[58] Was für Überlegungen sie angestellt haben mag, in ihrem Altersruhesitz in der Baker Street, über das Verhältnis ihres öffentlichen Lebens mit all den künstlerischen Triumphen und der privaten Welt mit ihren häuslichen Tragödien, wird ein Geheimnis bleiben. Die traumatischen Erlebnisse ihrer mittleren Jahre haben den Biographen und Romanschriftstellern immer wieder Stoff zu Geschichten geliefert. Die vorliegende Analyse ist ein weiterer Versuch, aus bekannten Tatsachen die komplizierten und widersprüchlichen Gefühle dieser großen Tragödin zu rekonstruieren. Die Mutter als Schauspielerin und die Schauspielerin als Mutter: eine schwierige Aufgabe im 18. Jahrhundert.

Aus dem Englischen von Kirstin Waechter

---

58 William van Lennep: The Reminiscences of Sarah Kemble Siddons, S. 1.

Evelyn Deutsch-Schreiner

Blonde Mütter für das Reich?
Zum Bild der Mutter auf dem NS-Theater

Entgegen früheren Meinungen, der nationalsozialistische Staat hätte in seiner Frauenpolitik das »Heimchen am Herd« forciert, vertritt die neuere Forschung die Ansicht, daß die praktische NS-Frauenpolitik darauf ausgerichtet war, Ehe und Familie als Leistungsgemeinschaft im Sinne »artgemäßer«, paternalistischer Rollenverteilung dem Staat nutzbar zu machen. »Mutterschaft war von einem [...] ›öffentlichen‹ System umgeben, das von (Haus-)Arbeits- und Mütterschulung, über materielle Hilfestellung und Beratung bis hin zur Kontrolle und Selektion reichte.«[1] Die sogenannten »Wissenschaften« Rassehygiene und Eugenik sowie die Bürokratie des Gesundheitswesens ermöglichten dem NS-Staat, in Sexualität und Fortpflanzung einzugreifen. Ebenso wurde der Arbeits- und Lebensbereich aller Frauen kontrolliert. Der Zugriff auf die Mütter erfolgte durch Massenorganisationen wie die NS-Frauenschaft, den Reichsmütterdienst innerhalb des Deutschen Frauenwerks und das Hilfswerk Mutter und Kind innerhalb der NS-Volkswohlfahrt, vor allem aber durch das öffentliche Gesundheitswesen. Die Kontrolle über die Gebärmutter und die weibliche Arbeitsleistung wurde durch ein hohes Maß an öffentlicher Prestigeaufwertung verbrämt: einerseits durch die Betonung der Leistungen des Staates – Mutterschutzgesetz, Ehestandsdarlehen –, andererseits durch die Anpreisung der »artgemäßen« Rollenverteilung als modern und später kriegswichtig, darüber hinaus durch eine mystifizierende und pathetische Rhetorik, welche die Rassenpolitik als angeblich den Naturgesetzen entsprechend hinstellte. Denn im Gegensatz zu Hitlers Kalenderspruch-Rhetorik – »die Mutter ist in meinem Staat die wichtigste Staatsbürgerin« – drängte der NS-Staat die Frau und Mutter aus der politisch-gesellschaftlichen Sphäre hinaus. Die Prestigeaufwertungs-Strategien spiegeln auch die oft divergierenden Positionen innerhalb der NSDAP, den völkischen und den »moderneren« technizistischen Flügel. In ihrem ahistorischen »blutmäßigen« biologistischen Welt- und

---

1 Czarnowski, Gabriele: Das kontrollierte Paar. Ehe- und Sexualpolitik im Nationalsozialismus. Weinheim: Deutscher Studien Verlag 1991, S. 14.

Gesellschaftsbild stimmten sie allerdings überein. Die einen beschworen die arische Sippe, die deutsche Erde und den ewigen Kreislauf des Stärkeren, die anderen instrumentalisierten und selektierten mittels anthropometrischer Wissenschaft und technizistischem Fortschrittsverständnis. Emanzipationsbestrebungen früherer Zeiten konnten mit folgendem Hitlerzitat abgeschmettert werden: »Das Wort von der Frauen-Emanzipation ist nur ein vom jüdischen Intellekt erfundenes Wort, und der Inhalt ist von demselben Geist geprägt.«[2]

Mütter ins Theater

Ein wichtiger Faktor nationalsozialistischer Theaterpolitik war die Vereinnahmung der Institution Theater. Es ging vor allem um die Funktionalisierung der Atmosphäre von Wohlstand, Eleganz und Luxus und dem damit verbundenen Gefühl des »Besser-seins«, das den eleganten Theaterpalästen anhaftete. Die tausenden VolksgenossInnen, die in die ehemaligen exklusiven Bastionen des Bürgertums hineingepumpt wurden, dienten dem Regime als Beweis, daß mit der NS-Volksgemeinschaft die Klassengesellschaft überwunden wäre. Erhöhtes Sozialprestige statt tatsächlicher Verbesserung der Lebensumstände war eine übliche Herrschaftsstrategie der Nationalsozialisten. Mütter, deren Familieneinkommen bisher den Kauf von Theaterkarten nicht zuließ, kamen über die NS-Freizeitorganisation »Kraft durch Freude« billig oder mit Freikarten ins Theater. Am Beispiel des Muttertags von 1943 zeigt sich jedoch deutlich, daß die Kehrseite der sozialen Prestigeaufwertung Arbeitszwang war: Am 16. Mai 1943 wurden 2000 Mütter mit dem Mutterkreuz ausgezeichnet, und die Gauleitung Wien spendierte aus diesem Anlaß je zwei Theaterkarten. Gleichzeitig forderte Reichsinnenminister Wilhelm Frick in seiner Ansprache zum »Vierten Kriegs-Muttertag«, sich zum Arbeitseinsatz in den Fabriken einzufinden: »Und so ergießt sich nach dem Ruf des Führers ein Strom von Frauen nach den Arbeitsämtern, um die durch die vermehrte Einberufung von Männern geschaffenen Lücken zu schließen und eine erhöhte Rüstungsindustrie zu gewährleisten. Die Frau hat es hier in der Hand, dem Manne an der Front das Kriegsmaterial in überreichem Maße stets griffbereit zu halten und damit zu seiner unmittelbaren Sicherheit beizutragen.

---

2 Zitiert nach Maruta Schmidt und Gabi Dietz (Hg.): Frauen unterm Hakenkreuz. Eine Dokumentation. München: Deutscher Taschenbuch Verlag 1985, S. 59.

Aber nicht nur in den Rüstungswerken, sondern auch zur Aufrechterhaltung des zivilen Lebens ist der Einsatz unserer Frauen von entscheidender Bedeutung geworden.«[3]

In Wirklichkeit drängten sich die Frauen keineswegs zu den Arbeitsämtern. Die Formulierung der Reichsfrauenführerin Gertrud Scholtz-Klink enthüllt die Schwierigkeiten, die der NS-Staat hatte, die deutsche Frau in die Fabriken zu bringen. So redete Scholtz-Klink beschwörend Frauen und Mütter herbei, die »das Bewußtsein [haben], die verlängerte Front zu sein«.[4] Freikarten für das Theater erfüllten den Zweck, die Mütter ideologisch an das Regime zu binden. Das Lachen im Theater war das Äquivalent für die Erfüllung der geforderten Opferrolle und sollte für kommende, noch größere Belastungen seelisch stärken. Schon 1943 ging es um das Verkraften der Verluste und um das Durchhalten, wie der Schluß von Fricks Rede zeigt: »Voll tiefster Anteilnahme gedenken wir der Frauen, denen der unerbittliche Krieg den Gatten, den Sohn, den Bräutigam nahm... Nach dem Sieg wird die deutsche Frau und Mutter sich wieder ihrer ureigentlichen Aufgabe widmen können.«

NS-Mütterbilder auf der Bühne

Eine wichtige Aufgabe des Theaters im NS-Staat war die Vermittlung und Verankerung gesellschaftlicher Leitbilder.

Das Theater produzierte allerdings nicht das Frauenbild der »modernen«, tüchtigen »Arbeitskameradin des Mannes«.[5] Das Bild der Frau am etablierten Theater stützte sich auf das Frauenbild der Dramenvorlagen. Die meisten Dramatiker kamen jedoch aus dem völkischen Flügel der NSDAP. In ihren Stücken findet sich ein heldisch-mythisches oder ein idyllisierend-bäuerliches Frauenbild. Somit kam in der szenischen Umsetzung ein Frauenbild zum Tragen, das weder der NS-Frauenpolitik noch der Lebenspraxis entsprach. In den NS-Tendenzstücken gab es nur vereinzelt weibliche Hauptrollen bzw. handlungsauslösende Frau-

---

3 Völkischer Beobachter, Wiener Ausgabe, 17.5.1943.
4 Vgl. Anmerkung 2.
5 Meine wichtigsten Quellen waren Regie-, Soufflier- und Inspizientenbücher, Bühnenbildentwürfe, Aufführungsfotos des Burgtheaterarchivs und des Österreichischen Theatermuseums sowie Aufführungsberichte in Zeitungen und Zeitzeugeninterviews. Vgl. Evelyn Deutsch-Schreiner: Der »vierfach männliche Blick« auf die Frau. Das Frauenbild auf der Bühne im nationalsozialistischen Deutschland. In: Zeitschrift für Literaturwissenschaft und Linguistik, Heft 95 (1994), S. 91-106.

enfiguren. In den Spielplänen der Theater machten Tendenzstücke jedoch bestenfalls ein Drittel aus. In der Hauptsache wurde auf vorhandene Dramenliteratur zurückgegriffen. Durch die Zensur waren die verfügbaren Stücke allerdings ziemlich eingeschränkt. So war es eine zentrale Aufgabe der Regisseure und Dramaturgen, erlaubte Stücke in der Inszenierung auf NS-Sicht umzupolen, d.h. sie zu idyllisieren, trivialisieren oder zu heroisieren. Durch Striche und Betonung bestimmter Komponenten, wie »Blut und Boden«, Märchen, oder Heldischem, wurde eine der Reichsdramaturgie genehme Bühnenfassung hergestellt und die NS-Sicht durch Darstellungsstil, Bühnenbild, Kostüm, Maske und Einsatz von Musik verstärkt. Es ist zu beobachten, daß die Verfälschung der Werke einherging mit einer frauenfeindlichen Veränderung der Figuren.

Folgende Frauen- und Mütterfiguren finden sich am Theater in der NS-Zeit, nicht unbedingt in der Textvorlage des Autors, doch in der szenischen Umpolung:

- die zukünftige Mutter: ist eine junge unverheiratete Frau. Ihr »wertvolles« Erbgut und ihre NS-Eigenschaften wurden betont. Auch wenn es sich oft nur um eine Nebenfigur handelte, wurde sie als Identifikationsobjekt aufgewertet.
- die Kindsmörderin: ist eine junge Frau, die selbst an ihrem Unglück schuld ist. Der Kindsmord, der in der Vorlage oft verbunden mit dem eigenem Tod ist, wurde dahingehend gerechtfertigt, daß sich »lebensunwertes Leben« selbst auslöschen müsse, um das »gesunde Volkstum« nicht zu belasten.
- die Dame: da die Dame in der NS-Propaganda als unnützes Luxusgeschöpf jüdischer Herkunft galt, wurde sie in den neu entstandenen Salonkomödien als brave zukünftige Mutter interpretiert; es verwundert nicht, daß ihre Ausstrahlung überwiegend Fadesse war.
- die Ehefrau: war als »Ehedrachen« oder besenschwingende komische Figur ausschließlich ein Objekt des Auslachens.
- die berufstätige Frau: war immer kinderlos und unverheiratet, oft ältlich und als Zukurzgekommene ein Objekt des Mitleids oder des Verlachens. Analog dem Ausspruch Hitlers, »Ein Mädel, das kein Kind kriegt, wird hysterisch«, gebärdete sie sich »hysterisch«.
- die ältere Frau gab es vorwiegend entweder als komische Alte oder als mythische Heldenmutter.
- die Führerin stand über Muttertum und Mütterlichkeit
- die Heldenmutter war Sachwalterin des (im Kampf) abwesenden männlichen Helden.

Es fällt auf, daß die gebärfreudige junge Mutter und die erotische Frau als handlungstragende Figuren fehlen. Der moderne, tüchtige Muttertyp, den die Frauenzeitschriften propagierten – die tatkräftige blonde Mutter umringt von ihrer gesunden Kinderschar, die gesunde »Arbeitskameradin des Mannes« – war keine handlungstragende Figur. Sie existierte höchstens als stehendes Bild bei Abschieds- und Willkommenszenen. Die erotische Frau à la Filmdiva Zarah Leander war auf dem NS-Theater kaum zu finden. Femmes fatales hatte es in den ungarischen und französischen Salonkomödien gegeben, deren Autoren nun verboten waren. Bei der Darstellung von Liebe und Erotik pflegten männliche Parteigenossen besonders gerne nach Zensur zu rufen, waren sie doch angetreten, die Bühnen von der »Asphaltdramatik« der 20er Jahre zu säubern. Sie übertrieben dabei so, daß sich sogar Reichspropagandaminister Goebbels gegen »jenes Muckertum, das am liebsten jede Erotik von der Bühne verbannen wolle«[6], wehrte.

Die komische Alte

Es gab keine Komödien, die auf realistisch-heitere Weise die Lebenspraxis der Frauen abhandelten. Das »Dritte Reich« verbot das Lachen über staatliche Einrichtungen, und dazu gehörte auch die NS-Frauenschaft und der Reichsmütterdienst. Als Hermann Thimig 1939 am Burgtheater in Nestroys *Einen Jux will er sich machen* in der Coupletzusatzstrophe seines Auftrittslieds singend fragte, woher die Frau das Kind habe und folgerte »von der Frauenschaft, von der Frauenschaft«, gab es Einspruch vom Reichspropagandaamt Wien. Die Zusatzstrophe wurde verboten.[7] Trotz staatlicher Prestigeaufwertung der Frau durfte am Theater sowohl die berufstätige Frau als auch die Hausfrau belacht werden. Selbst als im Krieg ein großer Teil der weiblichen Bevölkerung in den Arbeitsprozeß eingegliedert war, bekam die Berufstätigkeit der Frau auf der Bühne kein positives Image. Obwohl Zeitschriften, Radiosendungen und politische Redner nicht müde wurden, das kriegswichtige Einsatzgebiet von Herd und Küche zu betonen, war die Ehefrau in der Komödie die kochlöffel- und besenschwingende Hausfrau und der lächerliche Ehedrache. Auch diese Diskrepanz erklärt sich aus dem vorhandenen Stückereservoir. Durch die Eliminierung aller jüdi-

6 Goebbels zu Landesleitern der Reichstheaterkammer am 27.10.1936. Zitiert nach: Die Deutsche Bühne, Zeitschrift für die Gestaltung des deutschen Theaters, Jg. 1937, S. 277.

7 Archiv des Burgtheaters, Korrespondenz der Dramaturgie, 1939.

schen und ab Kriegsbeginn der ausländischen »feindlichen« Autoren war das Angebot theaterwirksamer Komödien gering. Das heitere Genre war jedoch unverzichtbar, und so schrieb eine zweite Garnitur von Autoren, die nach der Vertreibung ihrer Konkurrenten zum Zug kam, wieder im Stil der früheren Salonkomödien. Die zahllosen Negativauflagen des Regimes, worüber im Theater keineswegs gelacht werden durfte, und der Mangel an Talent ließen diese Autoren auf älteste Klischees zurückgreifen. So wichen sie aus in die Welt des Privaten, in die Wohnküche – und das war die Welt der Frauen. Je weiter der Krieg fortschritt, je mehr Stücke verboten wurden, desto intensiver lachte man über die Frauen. Sie waren das einzige, worüber man im »Dritten Reich« noch ungestraft lachen durfte; ein Lachen, das auf Kosten der einen Hälfte der Bevölkerung ging, die so konditioniert war, daß sie mitlachte. In für heutige Begriffe unerträglicher Frauenfeindlichkeit wurde in Komödien über den angeblich schlechten Charakter und die mangelnde Intelligenz von Frauen hergezogen, ihre Bedürfnisse und Sehnsüchte als lächerlich denunziert.

Als Beispiel einer komischen Frauenfigur sei Frau Opferkuch aus Richard Billingers *Der Gigant* herausgegriffen. Dieses Stück ist zwar der Vorlage nach keine Komödie und sollte in der Inszenierung Blut- und-Boden-Werte transportieren, die Figur der Frau Opferkuch wurde jedoch benutzt, um das Schwankhafte des Stücks und somit seinen Unterhaltungswert zu steigern. Abgesehen vom Schwankhaften dienten die Szenen um die Frau Opferkuch zur Darstellung der Verderbtheit der Stadt im Gegensatz zur Reinheit und Echtheit des Landes, was bei Billinger keineswegs so eindeutig ist. Die Opferkuch hat ihr Vorbild wohl in der Valerie in Horváths *Geschichten aus dem Wiener Wald*. Auch sie hat ein Verhältnis zu einem wesentlich jüngeren Mann, auch sie besitzt eine Tabaktrafik – ein erotischer Ort des Genusses, wo Männer verkehren. Das Hinterzimmer der Trafik, dessen Einrichtung Billinger als »spießig-bequem« beschrieben hat, war im Bühnenbild von Gustav von Manker eine dunkelrote Plüschwelt, die kleinbürgerliche Fantasien von Bordell erweckte. Die Opferkuch bei Billinger ist eine schwatzhafte Frau aus dem Volk, deren Spanne von gutmütig bis gemein reicht. Sie hat lockere Sitten und ist keine ideale Mutter. Ihr Sohn ist ein Strizzi, der Bettgeher ist ihr Liebhaber, sie tratscht und singt gern, ist vergnügungssüchtig und verfügt über eine handfeste Erotik. Besetzung, Interieur und Kostüm wandelten die Figur zur komischen Alten und Kupplerin. Die mollige (beleibte) Annie Rosar, beliebt aus Komödien mit Wiener Kolorit, betonte überdies das Schwankhafte der Figur durch Sprache und Haltung, etwa in zum Lachen herausforderndem

247

»Böhmakeln«. Kostüm und Maske betonten Fülligkeit und Doppelkinn, wie das groß- und grellgemusterte morgenmantelähnliche Kleid mit Bindegürtel, die kleinen Dauerwellen und Mascherl im Haar sowie das eng geknotete Halstuch zeigen (Abb. 16). Aufreizend warb sie um den jungen Liebhaber und war somit eindeutig eine Figur zum Auslachen: herausfordernd in die Hüfte gestemmte Arme, neckisch überkreuzte Beine, die in koketten Schläpfchen mit Quaste steckten, den mächtigen Busen heraus. Die Darstellerin verstärkte die hinterhältigen Züge der Figur, was zur Ansicht beitrug, von der schlechten Mutter eines mißratenen Sohnes sei es nicht eben weit zur Bordellwirtin. Der *Völkische Beobachter* sah in ihr und ihrem Sohn die Verkörperung des »Prager Untermenschentums und der Halbwelt« (27.4.41), das *Tagblatt* eine »verschlampte Vettel« (4.5.41). Obwohl die Figur vermutlich etwa 40 Jahre alt ist und auch Annie Rosar zum Aufführungszeitpunkt eine Vierzigerin war, war sie auf der Bühne als ältere Frau jenseits von Gut und Böse gekennzeichnet.

Die Heldenmutter

Die Heldenmutter des Tendenzstücks war die eigentlich authentische NS-Schöpfung. Das NS-Tendenzstück produzierte nämlich das ideale Paar: nicht Mann und Frau, sondern Soldat und Mutter! Die Mutter, nicht die Ehefrau, war die heroische Verbündete des Mannes. Der Soldat steht im Leben, die Mutter über der Zeit im Mythos; er handelt in der Schlacht und in der Politik, sie sakralisiert sein Tun in Berufung auf Natur, Rasse und Ewigkeit. Die Heldenmutter decouvriert die politischen Inhalte: Der Mythisierung des Muttertums entsprach die Verdrängung der Mutter aus der gesellschaftlichen Sphäre; die Heldenmutter untermauerte den rassistischen Grundzug des Nationalsozialismus. Sie steht für echtes, arisches Deutschtum, für den organischen, naturgesetzlichen Kreislauf und weist dem Sohn den Weg zum Führertum. Die Mutter verfügt über keine eigene Figurenzeichnung, sondern ist nur auf den Sohn hin bestimmt. Sie ist eine uralte, völlig entsexualisierte und nicht mehr individuell fühlende Frau. Sie ist Hüterin der Sippe, Verkörperung des arischen Volkstums und personifizierte Erde in einem – heilig in jeder Hinsicht. Die Heldenmutter ist wortkarg mit monumentaler und heroischer Gebärde. Einer Priesterin ähnlich, der man Nähe zu chtohnischen Urkräften zugesteht und bei der der »Weltglaube« aufgehoben ist, legitimiert sie das Handeln des Sohnes als blutgemäß, d.h. rassisch richtig und ewig gültig. Sie ist keine freundliche alte Mutter mit Gretelfrisur. Ihre Frauentreue und ihre Opferbereitschaft bis zum Tod sind stahlhart, militant und lebensfeindlich: Die

*Abb. 16: Annie Rosar als Frau Opferkuch in Richard Billinger:
Der Gigant, Wien, Deutsches Volkstheater 25.4.1941.*

nationalsozialistische Weltanschauung des Sohnes stellt sie über das Leben; auch über sein Leben, denn bei Abschied und Tod wankt und klagt sie nicht. »Ich würde es meinen eigenen Söhnen nicht vergeben, wenn sie nicht hingingen und sich opferten.« Dieser Satz der Königin Luise in *Der Prinz von Preußen* von Hans Schwarz, aufgeführt 1940 am Burgtheater, könnte in jedem NS-Tendenzstück stehen.

Die uralte Anshelme in *Sickingen* von Hermann Graedener ist ein Prototyp einer NS-Heldenmutter. Dieses Tendenzstück aus der Zeit der deutschen Glaubenskriege ist auf die Kampfzeit der NSDAP gemünzt. 1933 in Gera uraufgeführt, kam es 1939 in erweiterter Fassung am Burgtheater zur Aufführung. Regisseur Adolf Rott und Bühnenbildner Emil Pirchan wollten einen Beitrag zur NS-Bühnenästhetik leisten und machten eine symbolträchtige Inszenierung mit moderner Bühnenmaschinerie und neuartiger Lichtregie, wuchtigen Arrangements, Massenszenen und Chören, Gebrüll und Deklamation. Stück und Inszenierung wurden in allen Aufführungsberichten als modern, gewichtig, dem deutschen Lebensgefühl entsprechend gewürdigt. In der großen Besetzung samt 120 Statisten gibt es nur zwei Frauenrollen: Anshelme, die alte Mutter des Helden, und die Tochter Hedwig. Gattin gibt es keine. Ist der männliche Erbe gesichert, scheint ein NS-Held auf die Gattin verzichten zu können. Die Mutterfigur hat zwar nur einen minimalen Text, ist aber in drei langen Akten auf der Bühne ununterbrochen präsent. In einem Lehnstuhl im hinteren Winkel sitzend, verfolgt sie das Geschehen unablässig. Das unterstreicht, daß sie der rassenmythische und weltanschauliche Bezugspunkt ist. Sie ist aber auch dramaturgische Klammer: Absichtsvoll beginnt mit ihr das Stück, mit ihr schließt es. Die ersten Worte gelten dem Helden, der schon immer so gewesen sei: »Geboren hatt' ich ihn noch kaum, hat er schon gestrampelt mit Füßen und mit Fäusten, und mit Augen getrotzt und gelacht.« Im Schlußbild sakralisiert sie das Weiterleben der Idee nach dem Tod des Sohnes. Mit kultisch feierlicher Gebärde legt sie auf die Leiche des Gefallenen das Reichsschwert und bleibt »hart und starr hochaufgerichtet« am Kopfende der Leiche, wie eine Wache, stehen. Die Handlung des Stücks wurde gleichsam auf das stehende Bild fokussiert: die Mutter birgt stellvertretend für den toten Sohn die NS-Weltanschauung, die Inkarnation des Kampfes, der Wehrhaftigkeit und der Treue. Als ein Gegenspieler Sickingens Anstalten macht, das Reichsschwert an sich zu nehmen, fährt der jugendliche Sohn Sickingens auf und ergreift es. Mit sakraler Autorität legitimiert die alte Mutter die Übernahme des Erbes als rassisch und hierarchisch gültig. Sie spricht »(vortretend, tiefernst, klar): Weiter. Immer weiter. (Der Vorhang fällt langsam)«

Auch in *Cromwell* von Mirko Jelusich, einer kaum verhüllten Verherrlichung Adolf Hitlers und einer »Lobpreisung der Entschlußkraft, der Einsatzbereitschaft«, 1938 am Burgtheater aufgeführt, ist die Mutter der Bezugspunkt des Helden. Ihre segnenden Hände sind ihm wichtig, von ihnen spricht er in seiner Sterbestunde. An ihrem Totenbett soll er das letzte Mal Gefühle gezeigt haben; Die Szene hat sich bezeichnenderweise im Off zugetragen. Die alte Frau als Hüterin der Sippe ist der Ehefrau überlegen. Die Gattin begreift nicht die Größe des Mannes und wird von ihrem heranwachsenden Sohn ständig geschulmeistert und zur Tapferkeit ermahnt. Hingegen ist die Mutter dem Helden ebenbürtig. Die Gewichtung der familialen Beziehungen zeigt sich, als Cromwell in die Schlacht geht und Sohn Oliver mit ihm ziehen will.

> Oliver: Vater! Siehst du denn nicht, daß ich muß?!
> Frau Cromwell (verzweifelt): Nein!!
> Mutter (stark): Ja!!
> Cromwell (fest): Komm! (Legt ihm die Hand um die Schultern; beide gehen links ab, ohne selbst noch den Kopf zurückzuwenden)
> Frau Cromwell (gegen die geschlossene Türe): Oliver! –
> Nicht einmal Abschied hat er genommen! Nicht einmal Abschied hat er von mir genommen! (Im Zusammenbrechen) Sie kommen nicht wieder!
> Mutter (groß, gewaltig): Sie kommen immer wieder!
> (Vorhang)

Mit fast denselben Worten wie in *Sickingen* wird der ewige Naturkreislauf beschworen. Die Prophezeiung der Heldenmutter ist mit einer mythischen Bedeutungsdimension aufgeladen, denn einen Akt später stirbt der Junge im Feld an Pocken.

Die Nationalsozialisten hatten den Anspruch, das neue deutsche Drama zu schaffen, das nach Goebbels der »stählernen Romantik« und der »heroischen Sachlichkeit« verpflichtet sein sollte. In der Bühnenästhetik wurde durch monumentale Bühnenbildgestaltung und Errungenschaften der Bühnentechnik »das totale Drama« auf dem Theater behauptet. Im Gegensatz zur technischen Modernisierung auf der Bühne knüpfte man sprachlich und gestisch an klischierte Elemente des Weihespiels und des Melodrams an. Der Ausdruck »totales Drama« suggerierte Moderne und Theaterreform, war aber wohl eher die »totalitäre« Theaterform des totalitären Staates. Gerade im darstellenden Spiel entlarvte sich das Getöne um die neue Form auf der Bühne als Rückschritt im mimisch-gestischen Repertoire der Schauspielkunst. Für die Umsetzung der angestrebten mythischen Dimension und Monumentalität stand nur ein schmales und klischiertes Gestenrepertoire zur Verfügung: Die Heldenmutter zeigte ihre Mütterlichkeit durch ihre Mütterhände. Mütterhände werden hier zur asexualisierten Kodifizierung der Frau. Wie in kitschigen Muttertagsgedichten strich sie dem Sohn stumm übers Haar, immer wieder. Wenn Sickingen aus der Schlacht kam bzw. dorthin ging, strich ihm die Mutter übers Haar, einmal auch über Wangen und Arme, immer wortlos. Auch dem Enkel, nicht jedoch der Enkelin, wurde übers Haar gestrichen. Dieser barg einmal sein Gesicht in ihrem Gewand, um gegen Tränen anzukämpfen. Einer solchen rudimentären Mütterzärtlichkeit stand die klotzige Männerzärtlichkeit gegenüber. Der oben zitierten Abschiedsszene ging ein stummes Spiel Cromwells voraus. Anstatt Menschenkörper zu liebkosen, streichelte der Held in Einsamkeit Möbel! Die Szenenanweisung lautet:

»erst stürzt er zum Kamin und umspannt ihn mit seinen Armen; geht dann, im Vorbeigehen jeden Stuhl streichelnd, zum Tisch, stemmt beide Fäuste drauf, streicht verstohlen mit der flachen Hand darüber, tastet sich längs der Sessel zum Fenster, starrt, den Rahmen rechts und links fassend, so daß er fast aussieht wie ein Gekreuzigter, lange hinaus; wendet sich jäh um, gesammelten, verschlossenen Gesichts, geht mit raschen Schritten zur Treppe: ›Mutter! – Betty! – Kinder!‹«

In *Sickingen* und in *Cromwell* waren die besten Sprecherinnen des Burgtheaters mit den Rollen der Heldenmütter besetzt: Lotte Medelsky und Hedwig Bleibtreu; die beiden spielten während der ganzen NS-Zeit die Heldenmütter. Stereotyp waren die Aufführungsberichte, immer wurden die Darstellerinnen als monumental, metallisch im Ton, unbeugsam und heroisch in jeder Geste beschrieben. Abgesehen von der Zumutung für Schauspielerinnen, aktelang ohne Text und ohne situative Begründung agieren zu müssen, kommt eben schlechtes Theater heraus, wenn von SchauspielerInnen ausschließlich die übergroße Geste, die überhöhte Rhetorik, das stehende Bild verlangt wird. Auf diese Weise hielt das Burgtheaterpathos des 19. Jahrhunderts wieder Einzug, und zwar im angeblich neuen Gewande des »totalen Dramas«.

Wortkargheit in Gefühlsdingen war für NS-Helden und ihre Mütter eine Tugend; Stummheit in monumentaler Geste sollte mythisches Wissen vortäuschen. In Wirklichkeit stand wohl eher Unfähigkeit zu sprachlichem Ausdruck dahinter, ebenso wie die linkische Gestik auf rudimentäre Gefühlslagen entfremdeter Menschen hinweist. Die szeni-

sche Umsetzung mit Hilfe konventioneller und sentimentaler Bühnen-
zeichen – also schlechtes Theater! – enthüllte Gefühlspanzerung und
Körperfeindlichkeit, was aber vom Nationalsozialismus zur heroischen
Größe stilisiert wurde. Dies wurde damals jedoch nicht erkannt. Die
Reduziertheit in verbaler und nonverbaler Sprache war positiv besetzt.
Die Deutschen sollten ihre Gefühle beherrschen, das Hinausschreien
von Schmerz, Trauer oder Klage waren nicht erwünscht. Stattdessen
wurden Werte wie Muttertreue, Pflicht und Ehre glorifiziert und ästhe-
tisiert. Gerade die im Theater und in Filmen immer wieder vorgeführte
Disziplinierung der menschlichen Affekte bewirkte in den Menschen
ein Abschneiden ihrer eigentlichen Gefühle zugunsten der hohlen Geste.

Die unmütterliche Führerin

Mutterschaft und Frauentreue waren freilich dem Zweck der NS-
Herrschaft unterworfen und wurden, wann immer opportun, außer
Kraft gesetzt. Ein seltenes Beispiel einer weiblichen Führergestalt, die
gleichzeitig Mutter ist, ist Königin Isabella. In dem gleichnamigen Tendenzstück von Hans Rehberg, das 1941 am Deutschen Volkstheater in
Wien aufgeführt wurde, verwirft Isabella Muttertum und Mütterlichkeit zugunsten eines noch höheren Auftrags, nämlich ein neues, faschi-
stisches Weltreich zu gründen. Für eine Führerin, die als Berufene und
nicht als Frau und Mutter definiert ist, gelten übliche weibliche Rol-
lenzuweisungen nicht. Isabella verstößt sowohl gegen Mutterliebe und
Mutterpflicht als auch gegen Tochterpflicht und setzt sich über Frauentreue hinweg. Damit der noch ungeborene Erbe Karl V. in ihrem
Machtbereich aufwachsen kann, trennt sie ihre Tochter Juana von deren
Gemahl Philipp von Burgund. Diese aber liebt ihren Mann und besteht
auf sexueller Erfüllung als Frau. Juana trotzt nicht nur der Führerin, sie
macht sich aus faschistischer Sicht schuldig, da sie ihre Ehe über das
Kind stellt. Isabella trennt nun auch die Mutter von dem Baby, denn die
Leibesfrucht ist wichtiger als die Frau. Die eigene alte Mutter treibt
Isabella in den Tod, weil durch diese ein Fluch auf dem Herrscherhaus
liege und der künftige Erbe davon nicht belastet werden dürfe.

Die Kindsmörderin

In den Stücken *Rose Bernd* und *Der Gigant* stehen zwei junge Frauen
mit ungewollter Mutterschaft im Mittelpunkt. Die Autoren Gerhart
Hauptmann und Richard Billinger waren zwar nicht unumstritten –
gegen beide opponierte der völkische Flügel der NSDAP um Alfred
Rosenberg –, doch durften ihre Stücke mit Erlaubnis Goebbels' und
der Reichsdramaturgie gespielt werden. Die Stücke erfuhren allerdings

gravierende szenische Uminterpretationen, die das jeweilige Werk in seiner Substanz beeinträchtigten. Denn das Thema ungewollte Mutterschaft war in einem Staat, in dem die Mutterschaft einerseits das höchste Ideal einer Frau zu sein hatte, andererseits »rassisch«, gesundheitlich und charakterlich nicht genehmen Frauen verweigert wurde, besonders heikel.

1941 setzte das Deutsche Volkstheater das auch auf anderen Bühnen erfolgreiche Stück *Der Gigant* von Richard Billinger auf den Spielplan. Es ist vor allem die Schlußszene, die eine NS-Interpretation ermöglicht. Die breit angelegte Szene mit viel Personal auf der Bühne besteht aus wenig Text, die weibliche Hauptfigur hat überhaupt keinen, so daß das theatralische Spiel die NS-Sichtweise zu übermitteln hatte. Aus dem Strichbuch, aus Fotos und aus Beschreibungen der zahlreichen Aufführungsberichte ergibt sich folgende Gewichtung der Geschichte: Anuschka, die Bauerntochter, die gegen den Willen des Vaters in die Stadt gegangen ist, kommt seelisch gebrochen mit ihrem Köfferchen in der Hand auf den heimatlichen Hof zurück. Der Bauer Dub und das gesamte Gesinde sitzen am großen Eichentisch und essen. Daß Anuschka schwanger und vom Kindsvater verlassen ist, weiß das Publikum, nicht der Bauer. Er hat sich kurz vorher mit der Wirtschafterin Maruschka verlobt und ein neues Leben vor sich. Als von den Anwesenden niemand Anstalten zu einem Willkommensgruß macht, geht Anuschka langsam hinaus. Eine Magd sagt: »Zum Wassermann geht's!« Da will der Vater ihr nachlaufen. Billingers Szenenanweisung lautet:

»Er reckt sich, er schüttelt sich, als werfe er eine Betäubung, eine Erstarrung von sich, er macht ein paar Schritte zur Flurtür, da treffen seine Augen die Augen Maruschkas und er bleibt stehen, er kann seine Augen von den Augen dieses Weibes nimmer lösen, er nähert sich ihr, er schlingt seine Arme um sie, er führt sie in die Herrenkammer.«

Einer der Knechte, der Anuschka folgen will, wird vom Großknecht daran gehindert: »Tu nicht dem, was sein muß, dawiderhandeln. Es muß sein.« In der Bühnenfassung hat Regisseur Walter Ullmann eine ideologische Erweiterung unternommen, der Großknecht sagt noch: »Dub und Maruschka sind gesund. Muß sein – kann nimmer leben.« In der hauptsächlich nonverbal ablaufenden Szene – wichtiges Geräusch ist der anschwellende Wind – wurde reinste NS-Ideologie vermittelt:

– wer die Heimat verläßt, hat sein Leben verwirkt
– die rassische Verpflichtung steht höher als die individuelle Vaterpflicht

Blonde Mütter für das Reich?

– Lebensunwertes Leben muß ausgelöscht werden
– ehernen Naturgesetzen hat man sich freiwillig zu fügen.

Anuschka hat in der Heimat keine Lebensberechtigung mehr, nicht weil sie ein »gefallenes« Mädchen wäre, sondern weil sie »rassisch« eine Abtrünnige und Schwache ist. Sie fügt sich jedoch dem »ehernen« Gesetz, nach dem jede Person, die von der Heimat fortgeht, sterben muß. Offensichtlich spielte die Schauspielerin Klaramaria Skala keine Verzweifelte, die überstürzt ins Wasser geht, sondern eine, die durch den Entschluß zum Tod ihr Vergehen sühnt und erlöst wird von der Schuld. Sie wird vom Heimatboden »gnädig aufgenommen«, wie die *Salzburger Landeszeitung* vom 29.4.1941 schrieb. Die Zeitung *Der Wiener Mittag* vom 27.4. wies mit der Bezeichnung »Passionsweg der Anuschka Dub« auf eine religiöse Komponente hin, die wohl mit ins Spiel kam. Als Gegengewicht zur schwachen Tochter wurde die Figur des Bauern das ganze Stück hindurch als positives Identifikationsangebot eines gesunden, starken Mannes gespielt, was der Dramenvorlage widerspricht. Zwar weiß der Bauer nichts vom ungeborenen Kind seiner Tochter, doch die Einfügung im Text des Großknechts zum Schluß ist ein deutlicher Hinweis, daß der Bauer sich für Maruschka auch aus »rassehygienischen« Gründen entschieden hat. Das ungeborene Kind einer Verderbten und eines Großstadt-Strizzis steht gegen die zahlreichen Bauernkinder mit wertvollem Erbgut, die die zukünftige Bäuerin gebären wird. Ein gesunder starker Mann wählt eine gesunde starke Frau. Seine ideologiekonforme Entscheidung wurde in den *Wiener Neuesten Nachrichten* vom 26.4.1941 so beschrieben: »Schwankend zwischen Kind und Magd, entscheidet er sich für das Leben, die Frau. Die Kräfte des aus der Tiefe quellenden Lebens, das wie dämonisch in die Wirklichkeit tritt, sind stärker als alles Morsche. Es ist eine kraftvolle Moral des Starken, die kompromißlos durchgehalten wird.«

Nahezu alle Zeitungen gingen auf die zentralen Botschaften der Schlußszene ein. Der aktuelle politische Bezug ist offensichtlich. Im dritten Kriegsjahr machte sich jede Person, die nicht an ihrem vorgesehenen Platz in der Heimat verbleiben wollte, schuldig und hatte damit ihr Leben verwirkt. Die Rechtfertigung des Selbstmords einer schwangeren jungen Frau als moralisch richtig hatte eine konkrete Entsprechung in der NS-Bevölkerungs- und Rassepolitik. Seit 1934 wurden Millionen Menschen von der staatlichen Gesundheitsfürsorge erfaßt und im Sinne der Erb- und Rassepflege untersucht und selektiert. Das Ergebnis der Körper- und Charakterkontrolle spannte sich von der Ausstellung der Ehetauglichkeitszeugnisse über Zwangssterilisationen zur Euthanasie. Daß der *Völkische Beobachter* vom 27.4.1941 schrieb, Anuschkas Selbstmord sei die »Erlösung von einem verwirkten Leben« und »ihr Tod so notwendig wie das Leben«, ist vor dem Hintergrund des gerade anlaufenden Euthanasieprogramms zur Tötung von »lebensunwertem« Leben zu sehen.

Wurde der Selbstmord der schwangeren Anuschka in den Rassenwahn des NS-Staates eingebaut, so trivialisierte man den Kindsmord einer anderen jungen Frau. Für die Aufführung von Gerhart Hauptmanns *Rose Bernd* 1942 am Deutschen Volkstheater waren rigorose szenische Eingriffe nötig, die Nationalsozialisten störte nämlich nahezu alles an diesem naturalistischen Werk: Die Geschichte des Landmädchens Rose Bernd, die ihr Verhältnis mit dem Gutsbesitzer Flamm beenden will, um nach dem Willen ihres Vaters einen biederen Mann zu heiraten, aber an der Ausführung ihres Entschlusses nicht nur von Flamm gehindert wird, sondern auch vom Maschinisten Streckmann, der sie begehrt und erpreßt, war der Reichsdramaturgie zu realistisch. Sie beanstandete die Unmöglichkeit eines Happyends, da Rose von Streckmann vergewaltigt, aus Scham vor Gericht einen Meineid schwört, vom Vater verstoßen wird und zum Schluß ihr neugeborenes Kind tötet. Die sexuelle Getriebenheit der Figuren, der schwindsüchtige Bräutigam, Flamms ältere, kinderlose Frau im Rollstuhl, Roses Meineid vor Gericht und Streckmanns Straflosigkeit, der Kindsmord und schließlich das dumpfe Klima von Ordnungssehnsucht, Angst und reduziertem menschlichen Bewußtsein paßte nicht in ihre Auffassung von gesunder deutscher Bauernschaft. Die Vereinnahmung des naturalistischen Werks in Richtung »Blut und Boden« war möglich, weil Gerhart Hauptmann zwar für seine Figuren Partei ergreift, doch nicht ausdrücklich ein alternatives Gesellschaftssystem entwirft. Seine Menschen sind Leidende, dem Schicksal ausgeliefert. Die meisterhafte, lebensnahe Figurenzeichnung kann jedoch beim Zuschauer den Wunsch provozieren, das System zu verändern. Genau das sollte im »Dritten Reich« verhindert werden. Mitleid mit der schicksalhaften Verstrickung der Rose Bernd durfte man haben, doch sollte niemand auf die Idee kommen, daß es eine gesellschaftspolitische Lösung der zugrunde liegenden Probleme geben könnte. Nachdem die Reichsdramaturgie das selten gespielte Werk für die »Hauptmann-Woche« 1942 in Wien erlaubt hatte, dürfte es für die Inszenierung die Auflage gegeben haben, das Sozialkritische herunterzuspielen. Das »Schicksal« einer Dorfmagd und die »reine Dichtung« sollten im Mittelpunkt stehen, fernab jeglicher gesellschaftlicher Relevanz. Das läßt sich aus Äußerungen des Regisseurs und ähnlich lautenden Formulierungen in den Aufführungsberichten schließen.

Auffällig sind umfangreiche Striche in der Bühnenfassung, die Rose auf »ein naturhaftes Wesen auf Irrwegen« reduzierten. Bei Hauptmann ist Rose Bernd eine schöne, kräftige, junge Frau mit differenziertem Gefühlsleben, eine in ihrem Umfeld, ihrer Sprache und Gefühlswelt genau beobachtete und komplexe Frauengestalt. Der Dichter zeigt Rose in einer Figurenkonstellation, die ihr zum Verhängnis wird. Von der Figur der Rose her gesehen, ist das Stück eine geniale Schilderung, wie eine Frau mit großer erotischer Ausstrahlung ungewünschte Sexualität erlebt, und eine Anklage gegen Männerherrschaft. In der Inszenierung am Deutschen Volkstheater wurde Rose hingegen ein »triebhaftes herb-süßes Wesen«, eindimensional und stumpf, die Mitschuld an ihrer Vergewaltigung hatte. Der Vergewaltigung wurde die eindringliche Realistik genommen, wie das Beispiel folgender Striche zeigt: Rose schreit ihrem Peiniger Streckmann ins Gesicht:

»Du hast mir Gewalt agetan! *Du hast mich verwerrt!* Hust mich niedergebrocha! *Wie a Raubvogel bist du gestoßa uff mich! Ich wiß! Ich wullde zum Tierla rauskumma! Du hust mir Jacke und Rock zerzaust! Ich hoa geblutt!* Ich wullde no rauskumma! Do hatt'st du a Riegel virgelegt!«
(Kursives wurde gestrichen!)

Der Meineid, den Rose aus Scham vor Gericht schwört, weil sie innerhalb der patriarchalischen Gesellschaftsordnung, in der die Frau durch die Ausgesetztheit ihres Geschlechts wehrlos ist, kein Gehör und keinen Schutz findet, wurde mit »bäuerlich-beschränktem Stolz« motiviert und zugleich trivialisiert. Der Kindsmord als Kulmination der Geschichte ist bei Gerhart Hauptmann ein Akt der Anklage und Selbstverstümmelung einer völlig in die Enge getriebenen Frau und die Tragödie ungewollter Mutterschaft. In der Inszenierung wurde diese Passage absichtlich flüchtig heruntergespielt und als momentane und deshalb unwichtige Sinnesverwirrung abgetan. Die Besprechungen in den Zeitungen – wenn sie den Kindsmord überhaupt erwähnten – verzichteten auf die sonst üblichen ideologischen Erklärungen. In der Spielweise wurde auf Derbheit und Bäurischsein im Sinne von »Blut und Boden« gesetzt. An Hand der Fotos konstatiert man hohle Theater-Gefühle bei Klaramaria Skala, die die Rose spielte: ein leeres, knapp über den Scheitel des Partners hinweg In-die-Ferne-schauen, geballte Fäuste und Breitbeinigkeit, später eingezogene Schultern und ringende Arme.

Spuren einer anderen Mutter

Vereinzelt kam auch ein anderes, differenziertes Mutterbild auf der Bühne zum Vorschein, eingeschmuggelt von Schauspielerinnen, die sich nicht völlig in die Propagandamaschine des »Dritten Reichs« einspannen lassen wollten. Voraussetzung dafür waren literarisch hochwertige Texte und eine mutige Schauspielerin sowie ein Regisseur, der dies zuließ. Bei folgendem Beispiel traf dies zu: Dorothea Neffs Darstellung der Frau Flamm in Hauptmanns *Rose Bernd* am Deutschen Volkstheater.[8] Die deutsche Antifaschistin Dorothea Neff arbeitete alle Facetten der Mütterlichkeit aus dem Text heraus, die Hauptmann der an den Rollstuhl gefesselten Frau gegeben hat. So entstand die Figur einer Mutter, die mit Trauer, Schmerz und Entsagung umgehen kann, ohne sich selbst untreu zu werden. Ihre Szenen seien der Höhepunkt des Stücks gewesen, schrieben viele Zeitungen, sogar der *Völkische Beobachter* lobte ihre »mütterlich verhaltene, im Leid zu entsagender Größe aufragende Frau Flamm«. Eine Spur zu Dorothea Neffs differenzierter Schauspielkunst legt ein Satz im *Wiener Montagblatt:* »Hier spielt eine nur ihre Seele, der Körper ist Nebensache.« Offensichtlich ist es der Schauspielerin gelungen, dem Publikum schlüssig zu machen, daß ein behinderter Mensch eine wichtige humane Rolle unter seinen Mitmenschen wahrnehmen kann und daß es neben der physischen Mütterlichkeit auch eine geistige, menschliche gibt. Die Darstellung alternativer menschlicher Haltungen und Handlungen auf dem Theater in einer Zeit der Barbarei ist nicht hoch genug zu bewerten.

Schlußfolgerungen

Das Theater entsprach in der Verkörperung des Frauen- und Mutterbildes nicht der NS-Frauenpolitik. Es gab keine Stücke, die das Bild der »modernen« NS-Frau verbreitet hätten. Die jungen blonden Mütter umringt von ihrer Kinderschar, die kräftigen »Arbeitskameradinnen des Mannes« im Aufbau für das »Reich« fehlten am Theater. Die von Männern geschriebenen NS-Tendenzstücke beförderten ein »rassisch« definiertes Mütterbild aus der bäuerlichen Idylle und aus dem heldischen

---

8 Dorothea Neff, Protagonistin des Volktheaters von 1938 bis 1986, war eine deutsche Antifaschistin, die während des Krieges in ihrer Wohnung ihre jüdische Freundin Lili Wolf versteckt hielt und ihr dadurch das Leben rettete; 1980 wurde sie vom Yad Vashem, der Holocaust Gedächtnisstätte in Jerusalem, als »Gerechte« ausgezeichnet. Übereinstimmend erzählen Zeitzeugen, sie hätte immer wieder versucht, gegen die NS-Sicht der Inszenierungen anzuspielen.

Pseudomythos. Es gab aber auch keine Mütterfiguren, die sozial und historisch genau konturiert gewesen wären. Die wirklichen Belastungen der Mütter – die Unvereinbarkeit von Kriegsdienst, Haushalt und Kindererziehung, die Sorgen um Männer und Söhne an der Front, die Angst bei den Bombenangriffen, der tägliche Ärger mit den Blockwarten, die mühevolle Kleinarbeit bei Kriegsrezepten und ständiger Näherei – durften auf dem Theater nicht thematisiert, auch nicht belacht werden. Wo keine realistische Wirklichkeitsaneignung möglich ist, wo kein befreiendes Lachen in Satire und Groteske münden darf, wo statt innerer Wahrhaftigkeit Pose und Lüge stehen müssen, dort hat das Theater seine künstlerischen Potentiale eingebüßt und wird schlechtes Theater. Für die Theaterpraxis brachte der Nationalsozialismus einen Rückschritt ins Rollenfach des 19. Jahrhunderts. Mütterfiguren gab es nur mehr als »komische Alte« und als »Heldenmutter« mit beschränktem und klischiertem mimisch-gestischen Repertoire. Stücke, die sich mit ungewollter Mutterschaft und Frauenrechten beschäftigen, waren vornehmlich im Umfeld des Naturalismus und im Expressionismus entstanden und im »Dritten Reich« verboten. Da auch in die Werke der Klassiker substanziell eingegriffen wurde, gab es so gut wie keine Vorlagen für komplexe Mütterfiguren. Daher die Tendenz zur Pose, zum stehenden Bild, um Muttertreue, Frauenpflicht und Opfertum zu glorifizieren. Die NS-Ästhetisierung verstellte den Menschen ihre eigenen Wahrnehmungen und verhinderte, daß Instrumentarien ausgebildet werden konnten, um die eigene Situation, die eigenen Gefühle und Bedürfnisse zu erkennen und das Leben selbst zu bestimmen. Die Entfremdung überdauerte das Regime. Gerade für die Bewußtseins- und Gefühlslagen der Frauen nach 1945 wäre das wichtig gewesen, um an die verschütteten Traditionen der Frauenemanzipation anschließen zu können. So wurde weiter unbekümmert über Frauen gelacht. Entgegen der Tüchtigkeit der Trümmerfrauen, entgegen der Lebenspraxis der doppelt und dreifach belasteten Mütter, lachte man am Theater über das Dummchen am Herd, über die herrschsüchtige Ehefrau, über Frau am Steuer – Ungeheuer. Und es wird zu untersuchen sein, ob nicht die sentimentalen Clanmütter der beliebten Nachkriegs-Gesellschaftsstükke vielleicht eine Art Mutation der NS-Heldenmutter waren.

V

Die neuen Massenmütter
Ein Blick und die Konsumlust bricht aus

Cornelia Krauss

»Unsere Mutter bleibt die Beste«.
Zum Familienbild in Fernsehserien

»Die Frauen kennen alsdann den ganzen Preis der Liebe und laben sich an ihr in der Furcht, sie zu verlieren: Ihre Seele ist dann noch schön von der fliehenden Jugend, und ihre Leidenschaft wird tiefer unter dem Druck einer schreckenden Zukunft.«[1] Als Honoré de Balzac seinen Roman *Die Frau von dreißig Jahren* herausbrachte, wurde seine Julie d'Aiglemont zum Sinnbild der Frau in diesem kritischen Übergangsalter. Das war im 19. Jahrhundert.

Im 20. Jahrhundert sind solche Altersgrenzen verwischt. Zumindest findet das, was gerne auch als das zweite Leben bezeichnet wird, mehr und mehr jenseits der Vierzig statt, und dies vor allem bei den Müttern: »Die neue Anarchie der Lebensalter und Liebeskonstellationen, die Umwertungen der Vorstellungen, die damit verknüpft sind, kommen einem neuen Bild sehr entgegen, dem Bild der Frau um die vierzig.« Marlis Gerhardt, die sich mit dem Typ Frau von vierzig in der Literatur beschäftigt hat, sieht Leitbilder etwa bei den Autoren von Soap operas,

---

1 Honoré de Balzac: *Die Frau von dreißig Jahren.* Aus dem Französischen von Werner Blochwitz. Frankfurt a.M.: Insel 1980, S. 158.

in denen Vierzigerinnen als »erotische Identifikationsfiguren auftauchen, die ohne Mühe jüngere Rivalinnen ausstechen«.[2] Doch das ist euphemistisch gesehen. Gewiß: Mütter über vierzig gehören zum festen Personenrepertoire dieses Genres. Zu »erotischen Identifikationsfiguren« allerdings avancieren sie kaum. Auch hier herrscht die übliche Polarisierung des Weiblichen in gute Kameradin und femme fatale, in Ehefrau und Geliebte, in Mutter und Hure. Polarisierungen, die letztlich auf den mittelalterlichen Dualismus von Tugend und Laster zurückgehen. Wie sehr die Mutter in diesen Serien der eigenen Sexualität beraubt, zur hilfreichen Hälfte der Menschheit verklärt wird und als optimistische Identifikationsfigur fungiert, das soll im folgenden erörtert werden.

Das Genre der Soap opera hat einen dramaturgiegeschichtlichen Vorläufer in der Boulevardkomödie. Ein entwicklungsgeschichtlicher Zusammenhang – Fernsehen als Fortsetzung des Boulevard –, der in der theaterwissenschaftlichen Literatur gern verleugnet wird. Eine solche Boulevardkomödie, in den 60er Jahren in Frankreich mit großer handwerklicher Brillanz von dem Autorenduo Pierre Barillet und Jean-Pierre Grédy geschrieben, soll den nötigen Vergleich zeigen. So steht im Mittelpunkt der Komödie *Vierzig Karat* eine in jeder Hinsicht starke Frau und Mutter: »Lisa, von ihrem Ex-Ehemann mit Komplimenten und einer lebenslangen Anhänglichkeit verwöhnt, ist Chefin eines Immobilienbüros in Paris und die Superfrau schlechthin: geschäftstüchtig, daneben fürsorgliche Mutter ihrer Tochter Annick, fürsorgliche Tochter ihrer lebenslustigen Mutter Monette, verführerisch, charmant, aber vor allem selbstlos. So scheint es zunächst. Ihr kleiner Urlaubsflirt, den sie in Griechenland kennengelernt hat, umwirbt sie auch in Paris weiterhin hartnäckig. So können die üblichen boulevardesken Turbulenzen rund um Lisa nicht verhindern, daß sie ihre anfängliche Verweigerung eines neuen Liebesglücks an Guilleaumes Seite rückgängig macht und schließlich mit dem nicht nur weit jüngeren Mann und bestens situierten Sohn aus gutem Hause auf Reisen geht – in ein neues Lebens- und Liebesglück«.[3]

2 Marlis Gerhardt: Die Aufsteigerin. Ein Blick in die Literatur. In: Wer vor mir liegt ist ungewiß. Frauen und Sexualität ab vierzig, hrsg. von Annette Garbrecht. Hamburg: Ingrid Klein Verlag 1994, S. 28.

3 Cornelia Krauss: Kurz-Inhaltsangabe zur Neuinszenierung der Komödie *Vierzig Karat* von Barillet und Grédy in den Kammerspielen Wien. In: Vorschauheft des Theaters in der Josefstadt, Januar–März 1990.

Obwohl oder gerade weil die Alltagswirklichkeit anders aussieht, erhöht der programmierte Optimismus die Zuschauerzahlen bzw. die Einschaltquoten. Sind denn, so ließe sich fragen, Fernsehserien eine Art populärer Familientherapie mit stark besetzten Gefühlsträgerinnen in Zeiten der gar nicht mehr heilen Familien? In den 60er Jahren haben Familientherapeuten im angelsächsischen Raum damit begonnen, Konfliktpotentiale im familialen Bereich nach Streßfaktoren aufzulisten, um festzustellen, wie »wirklich gesunde Familien« mit Veränderungen umgehen können, denn: »Um mit Veränderungen fertigzuwerden, brauchen wir erstens: Schutz vor den gewöhnlichen Anforderungen, damit wir uns ausruhen können. Zweitens: Zuspruch, der unsere Ängste beruhigt und uns die Sache bewältigen hilft, und drittens: gefühlsmäßige Unterstützung.«[4]

Wer nicht zum Familientherapeuten gehen kann, um Zuspruch zu finden, und wer in der eigenen Familie kein Netz findet, das ihn auffängt, so möchte man angesichts der Beliebtheit von Fernsehserien sagen, der schaut sich auf dem Bildschirm an, wie andere Familien die Patentlösungen für ihre Probleme finden. Dementsprechend hoch besetzt in der öffentlichen Gefühlskurve sind die Haupt-Optimismus-Spenderinnen: die Serienmütter. Sie sind alle um die vierzig und anscheinend kein bißchen im kritischen Alter. Sie heißen – stellvertretend für die hier nicht genannten Serienmütter – Vera Drombusch (Witta Pohl in der Serie *Diese Drombuschs*), Anna Maria Seeberger (Uschi Glas in *Anna Maria – Eine Frau geht ihren Weg*), Alice Keaton (Meredith Baxter Birney in *Jede Menge Familie*) und Maggie Seavers (Joanna Kerns in *Unser lautes Heim*).[5] Ihre Therapie ist das familiale Netzwerk, die mütterliche Symbiose.

4   Robin Skinner, John Cleese: Familie sein dagegen sehr. Eine Lebensform im Dialog. Aus dem Englischen von Annegret O'Dwyer. München: Deutscher Taschenbuch Verlag 1994, S. 70. Nicht nur das Zitat stammt aus diesem Buch, sondern auch die aus dem Journal of Psychosomatic Researchs, Band 11, Oxford 1967, entnommenen tabellarisch aufgelisteten Streßfaktoren.

5   Robert Stromberger: *Diese Drombuschs*, Fernsehserie von 1983 bis 1987, zuerst allein produziert vom ZDF, dann in Co-Produktion mit dem ORF. Da das Drehbuch nicht zugänglich war, stammen die Textzitate aus dem Buch desselben Autors, bearbeitet in drei Bänden von Nora Neuhauser u.a., hrsg. von Siegfried W. Braun, Köln: Naumann & Goebel 1987ff. Peter Mennigen: *Anna Maria – eine Frau geht ihren Weg*. Nach einer Idee von Uschi Glas. Serie in 13 Folgen, produziert bei Sat.1 1994. Die amerikanischen Serien wurden auf Deutsch wiederholt im Österreichischen Fernsehen (ORF) 1991 und 1994/95.

Vera Drombusch ist eine sehr anziehende Frau Anfang vierzig. Als Familienmutter erfüllt sie perfekt ihre Pflichten im Kreis von fünf Personen: Ihr Mann Siegfried (Hans-Peter Korff) ist Antiquitätenhändler, ihr Sohn Chris ist Polizei-Obermeister, die ebenfalls erwachsene Tochter Marion will Popsängerin werden und wechselt Jobs und Männer, Thomi, der Jüngste, ist ein schlechter Schüler, hat aber eine hartnäckige Liebe zur klassischen Musik. Manchmal, fand Vera, war das Amt der Mutter und Hausfrau nur schwer zu ertragen. Sie kümmerte sich um das Abendbrot, obwohl sie selber nichts aß, weil sie Angst hatte, nicht mehr in ihre Kleider zu passen – sie sorgte sich für alle, aber wie sie es anstellte, ganz egal, wieviel Mühe sie sich gab, immer kam etwas dazwischen.

Dementsprechend verläuft die Seriendramaturgie: Vera Drombusch geht, zwar oft mit vorgeschobenem Kinn, allen ihren Mutterpflichten nach und durchläuft mit jeder Folge all jene weiter oben erwähnten Streßfaktoren. Streßfaktor 12: Weihnachten. Das Familienritual findet, da die Kinder nicht mit den Eltern, sondern mit ihren Freunden feiern wollen, in veränderter Besetzung statt. Siegfrieds Mutter wird nach vielem Hin und Her eingeladen, und hiermit kommen schon die nächsten Spannungen auf Vera zu. Denn die Schwiegermutter sieht eine Chance, ihrem Alleinsein in einer anderen Stadt zu entrinnen und zieht ins Darmstädter Haus der Drombuschs, »um sich nützlich zu machen«. Vera sieht sich mit einer Autoritätsteilung im Haushalt und in Erziehungsfragen konfrontiert. Mit blitzend blauen Augen ruft sie ihren Standardsatz »Das darf doch nicht wahr sein« in die Fernsehkamera, bevor sie die Entlastung für sich selbst akzeptiert. So hat sie mehr Zeit und Kraft für Siegfried, der bei seinen gelegentlichen Auslandsreisen und ganz generell mehr eheliche Kontrolle braucht. Und so meldet sie sich und ihn zu einem Tanzkurs an und bucht ein Abonnement im Stadttheater. Doch Siegfrieds Lebensziel ist nicht primär die familiale Nähe. Sein Ehrgeiz treibt ihn in die Kommunalpolitik. Auch plant er einen aufwendigen Hausumbau und belastet sich mit großen Krediten. So läßt er Vera allein in die Oper gehen. Dort lauert auch schon die erotische Versuchung für sie in Gestalt eines attraktiven, sie mit Blicken umschmeichelnden Mannes. Zwar bleibt sie ihm (Dr. Martin Sanders alias Michael Degen) gegenüber kurz angebunden, was ihn jedoch nicht davon abhält, bei jeder sich bietenden Gelegenheit seinen kecken Charme und seine tiefen Blicke zum besten zu geben. Vera hat neuerliche Sorgen, als sich ihre Vorahnungen in bezug auf eine Untreue ihres Mannes als wahr erweisen. Sie findet heraus, daß er mehr als einen Flirt mit einer Geschäftspartnerin aus Südfrankreich unterhält, und als Madame Tondremont tatsächlich anreist, steht ihre Ehe vor der Zerreiß-probe. Vera will ausziehen, doch das wird natürlich vereitelt. Noch einmal siegt Siegfrieds Verführungskunst über seine Frau, denn, so folgert der Autor lakonisch: »Männer müssen Männer sein«.

Mit forciertem Ehrgeiz stürzt sich Siegfried auf seine Vorhaben. Doch seine Bank will ihm keinen Kredit mehr gewähren und fordert rasche Tilgung der Schulden. An der beruflichen Front scheitert er ebenfalls. Seine Stadtratskandidatur wird wegen seiner angeschlagenen Gesundheit abgelehnt: »Nicht belastbar«, wie der denunziatorische Fachausdruck lautet. Zwar hatte Siegfried seine verstärkten Herzbe-schwerden vor Vera geheimzuhalten versucht. Doch umsonst. Er stirbt am Vorabend seines fünfzigsten Geburtstags an einem Herzinfarkt. Das bedeutet für Vera: Streßfaktor 100. Der Tod des Partners. Doch anstatt zu trauern, verordnet sich Vera eine straffe Arbeitstherapie. Obwohl die Kinder ihr – wie ihr Mann geahnt hatte – keine Stütze sind und vor allem ihren Erbteil einfordern, sorgt sie weiterhin zwischen Küche, Kindergarten des Enkelsohns und als Verhandlungsgenie für ihre Lie-ben, zu denen nach Omas Auszug ein weiterer Verwandter, Onkel Lud-wig, hinzugekommen ist. Finanziell sieht es bald besser aus, da Vera einerseits ihren alten Beruf als Krankenschwester wieder aufgenommen hat, andererseits Marion, unter vereinter Mithilfe aller, ein Gartenlokal eröffnet, das bald bestens besucht ist. Jetzt tritt auch Veras smarter Dr. Sanders wieder in ihr Blickfeld. Zunächst im Krankenhaus, wo er nach einem Sportunfall eingeliefert wird und in das Betreuungsressort der Nachtschwester Vera fällt. Unter dem Arbeitsdruck seiner journalisti-schen Tätigkeit zieht es ihn bald wieder nach Hause, doch das ge-schwollene Knie erfordert die herbeigerufene Pflegetätigkeit der Schwester Vera.

Daß diese sich nach und nach in ihren Gewohnheiten und im Aus-sehen verändert, merken vor allem ihre Kinder. Marion, obwohl sie das Dilemma ihrer Mutter nach dem Tod des Vaters erkennt, nimmt weiter-hin gern ihre Hilfe als Babysitterin, Wäscherin und als Aushilfe im Gar-tenlokal in Anspruch. Zwar sagt sie: »Was Mutti fehlt, ist ein Mann. Immer lieb, aber immer Mutti. Auf diese Weise wird sie alt und merkt es nicht.« Doch als dann wirklich in Person des Dr. Sander Muttis neu-er Freund auftaucht, ist Marion ebenso verstört wie ihr Bruder Chris, ganz zu schweigen von Thomis Trotzreaktionen. Dr. Sanders weiß zu trösten: »Kinder verstehen eine Mutter ebensowenig als Frau, wie Männer eine Frau als Mutter verstehen.«

Im Klartext: Was bei dieser neuen Freiheit auf der Strecke bleibt, ist vor allem die Erotik. Das Verhältnis Veras mit Dr. Sanders – meistens bei ihrer Heimkehr von dem einen oder anderen eifersüchtigen Blick hinter der Gardine hervor kontrolliert – beschränkt sich zunächst auf die schon erwähnten Blicke und auf Hand- oder Wangenküsse. Bis es zu Nackenküssen und gar der ersten gemeinsamen Nacht des neuen Paares kommt, müssen noch viele Streßfaktoren abgearbeitet werden. Dr. Sanders attraktive Exfrau Brigitte, die mit der gemeinsamen attraktiven Tochter in einer attraktiven Villa wohnt, tritt mit phantasievoll inszenierten Eifersuchtsattacken wieder in sein Leben ein. Da Dr. Sanders' Verhältnis mit Vera gesellschaftlich nicht unbemerkt bleibt und ihm in den Augen seines Chefredakteurs schadet, verliert er seinen gut dotierten Job und begibt sich ebenfalls unters Dach der Drombuschs. Dorthin wird ihm seine Tochter als Spionin nachgeschickt. Um dem ewigen Hin und Her zwischen den Frauen zu entkommen, läßt sich Sanders schließlich an das Goethe-Institut in Israel versetzen. Doch Vera reist ihm nach. Schnell stellt sich bei einer Fahrt mit anschließender Panne im heißen Wüstensand allerdings heraus, daß ihre Geschichte zu Ende ist. Keiner von ihnen ist bereit, dem anderen zuliebe seine bisherige Lebensform zu ändern. Und Mutter Drombusch weiß, daß sie weiterhin gebraucht wird, weniger von ihrem Freund als von ihrer Familie. Wie hatte sie doch ihrer Schwiegertochter Tina angesichts deren Streitereien mit Chris gesagt: »Man zeigt keine Stärke, man hat sie«. Deutlich wird: Das, was Balzac als das oszillierende Fluidum der Frau von dreißig beschrieben hat, dieses besondere Wissen um Fülle und Vergänglichkeit der Liebe zugleich, die ihren erotischen Reiz ausmacht, das sucht man bei diesen Müttern vergebens.

Die Autorinnen Elke Heidenreich und Renée Zucker haben *Die Mutti in deutschen Fernsehserien* beobachtet und an den Beispielen von Helga Beimer aus der *Lindenstraße* und Inge Busch vom *Marienhof* folgende Formel erarbeitet:»Mutter + Erotik geht nicht. Die Fernsehserien zeigen uns entweder knackige Mädels (da passiert was) oder sorgende Muttis (da passiert nix)«. Und Elke Heidenreich glaubt auch, hierfür eine ideologische Erklärung gefunden zu haben:»Die Abschaffung der Erotik gehört ja auch zu den Errungenschaften unserer Frauenbewegung, wenn Du mich fragst – da ist jeder Klaps eine sexuelle Belästigung« faxt sie nach Berlin. Und schließlich polemisiert sie in altbekannter Macho-Manier:»Vielleicht ist so wenig Knisterndes in unseren Serien, weil zuviel Frauenbewegtes in den Redaktionsstuben sitzt?«[6]

---

6 Elke Heidenreich, Renée Zucker: Die Mutti in deutschen Fernsehserien. Ein Faxwexel [sic!]. In: Annette Garbrecht (Hg.): Wer vor mir liegt ist ungewiß, S. 19.

Das ist ebenso salopp gesagt wie unrichtig beobachtet. Denn einmal ganz pragmatisch gesprochen: In den Chefetagen der öffentlich-rechtlichen Rundfunkanstalten – und hier sind die deutschen Serien, von denen die Rede ist, schließlich produziert worden – findet sich kaum »frauenbewegtes Entscheidungspotential«. Im Gegenteil. Die wenigen Chefredakteurinnen, die sich für frauenemanzipatorische Belange einsetzen können, haben immer noch einen schweren Stand. Nicht frauenbewegte Phantasien also, wie Heidenreich meint, sind hier am Werk, sondern die üblichen Männerphantasien.

Und doch flackert in dieser wohltemperierten Gefühlswelt gelegentlich so etwas wie ein mütterlicher Protest auf, dann nämlich, wenn Vera Drombusch vor dem Familienkontrollrat das einfordert, was Heidenreich ihr abspricht: der Wunsch nach Erotik. »Ich habe ein Leben lang brav getan, was ich tun durfte, aber ich denke, in meinem Alter habe ich das Recht zu tun, was mir Spaß macht – und was ich verantworten kann, und nicht ihr. Mütter sind keine geschlechtslosen Engel.« Damit liefert sie das Stichwort. Die wirklichen Mütter sind keineswegs geschlechtslose Engel. Erst die Kunst macht sie dazu. Das ist in der Literatur nicht anders als im Film, auf dem Theater nicht anders als in den Fernsehserien. Darauf hat E. Ann Kaplan nachdrücklich hingewiesen.[7] An dieser Entsexualisierung der Mutter, dieser Dichotomisierung des Weiblichen in die verwerfliche, sexuell passionierte femme fatale und die gute, geschlechtslose Familienmutter hat die katholische Kirche gewiß einen entscheidenden Einfluß gehabt, einen Einfluß, der sich ebenso an den NS-Mutterkreuzträgerinnen wie an der Stein gewordenen Figur der Schutzmantelmadonna im sozialen Wiener Wohnungsbau der 30er Jahre ablesen läßt. In ihrer Anthologie *Frauen suchen ihre Geschichte* hat Karin Hausen die Norm des Weiblichen und die Realität des weiblichen Geschlechts für das 20. Jahrhundert untersuchen lassen. Dabei hat Doris Kaufmann auf die Gefahr der Entsexualisierung im katholischen Familienmilieu hingewiesen. »Jungfräulichkeit, gedeutet als geistige Mütterlichkeit, wurde geradezu ein Synonym für die katholische Aktion, formuliert in den Worten der Philosophin und Ordensfrau Edith Stein, die Mutter habe ›eine Züglerin der Triebe und Hüterin der Sitte‹« zu sein.[8]

---

7 E. Ann Kaplan: Motherhood and Representation. The Mother in Popular Culture and Melodrama. London, New York: Routledge 1992.
8 Doris Kaufmann: Vom Vaterland zum Mutterland. Frauen im katholischen Milieu der Weimarer Republik. In: Frauen suchen ihre Geschichte, hrsg. von Karin Hausen. 2., durchgesehene Auflage. München: Beck 1987, S. 261.

Cornelia Krauss

Die zweite Saubermutter ist Anna Maria Seeberger (Uschi Glas), die unbeirrbar ihren Weg in eine selbstgestaltete Zukunft geht. Ihr Weg beginnt schon mit dem Streßfaktor 100. Zum Auftakt der Serie sieht man einen Pilot-Film, der sie und ihren Mann, den Kiesgrubenbesitzer Hannes Seeberger (Michael Degen), an ihrem Hochzeitstag als Traumpaar zeigt. Eine Luxusvilla, ein Luxusauto und Freunde in der High Society sind sichtbare Indizien des Erfolgs. Als ihr Mann einen tödlichen Unfall hat, fällt sie in ein tiefes Existenzloch. Er läßt die Ahnungslose mit einer maroden Firma zurück. Doch hundertprozentig wie ihr Streß ist auch der eiserne Lernwille der Witwe, die sich – ähnlich wie ihre Fernsehkollegin Vera Drombusch – statt Trauerarbeit einen 24-Stunden-Tag zumutet. Sie erweist sich, mit Hilfe des charmanten Aupair-Mädchens Pascale, als tadellose Mutter für ihre beiden Kinder und allmählich, im Beruf, sogar als der bessere Mann. Sie macht die LKW-Fahrprüfung, kümmert sich neben dem Haushalt um eine alte Lehrerin und einen Rollstuhlfahrer, kooperiert mit der anfangs noch skeptischen und eifersüchtigen Chefsekretärin und verkraftet schließlich die Tatsache, daß ihr Mann sogar einen außerehelichen Sohn hat. Doch da sie alles tadellos frisiert, chic gekleidet mit bestem Make-up und mit fraulichem Charme unternimmt, auch oder gerade wenn es um Bittgänge zur Bank oder Gespräche mit der Konkurrenz geht, liegt die Vermutung der Fernsehzuschauerinnen nahe, daß solche Attraktivität bald einen männlichen Blick auf sich ziehen wird. Und zwar ausgerechnet den des ehemaligen Freundes ihres Mannes und jetzigen Firmenkonkurrenten Alexander (Christian Kohlund). Was am »Reh vom Dienst« und seiner Darstellerin Uschi Glas zu kommentieren ist, hat Willi Winkler in der *Zeit* getan: »Die Kiesunternehmerin Uschi Glas ist freilich nicht ganz allein. Sie hat ihren Mann (Produktion), sie hat Sat.1 (Sender) und als die alleinstehende Anna Maria Seeberger jeden Montagabend zehn Millionen Zuschauer (fast ein Drittel Marktanteil). An guten Tagen schlägt *Anna Maria* sogar die *Tagesschau*. Da braucht es keine Quotierung. Anna Maria geht ihren Weg im Fernsehen, weil sie Uschi Glas ist. Wie man das macht? Ja kein Klischee auslassen, politisch oberkorrekt jede gesellschaftliche Gruppe abhandeln und aufnehmen in die große Fernsehfamilie: die Alten, die Türken, die Behinderten, die Ökos, und die Bergbauern nicht vergessen – und dann Optimismus verbreiten wie im klassischen Sozialistischen Realismus.«[9]

9 Willi Winkler: Das Reh vom Dienst – Montag abends sehen zehn Millionen Zuschauer Uschi Glas. In: Die Zeit, Nr. 50 vom 9.12.1994.

Uschi Glas als Anna Maria ist die beste Vorzeige-Mutter: heimat-
und familienverbunden, sexuell enthaltsam, hilfsbereit, schlagfertig und
mit freundschaftlichem Trost zur Stelle, nimmermüde, schmerz- und
depressionsfrei, schmutzabstoßend, wenn es um eine Autoreparatur
geht, denn selbst der Schmutzfleck in ihrem Gesicht nimmt sich aus
wie ein Schminkfehler. Die Liste ließe sich ins Endlose fortsetzen. Wie
man zudem der begleitenden Yellow Press zur Serie entnimmt, setzt
sich Frau Glas' Perfektionismus auch im Privatleben fort. Doch davon
später.

Zunächst ein kleiner Ausflug zu den weniger quotenträchtigen
Fernsehmüttern. Zwei solcher Serien *Unser Lehrer Dr. Specht* und *Der
Landarzt* räumen zwar den Müttern keine Hauptrollen ein, aber doch
realitätsnähere Perspektiven.[10] So ist etwa Annemarie Mattiesen (Gila
von Weitershausen), die Frau des Landarztes, eine kapriziöse Wieder-
einsteigerin in ihren Lehrerberuf. Als in einem vertraulichen Gespräch
ihre Tochter den Vater fragt, was er an ihrer Mutter liebe, antwortet er:
Ihr Temperament. Das Anregend-Sprunghafte. Ihre Intelligenz, ihre
Inkonsequenz, ihre Zärtlichkeit. Nicht zuletzt ihre Attraktivität – damals wie heute. Dieser Ehemann erträgt auch ihren nervösen Rappel,
etwa dann, wenn sie vor ihrem ersten Arbeitstag von ihm, der einen
harten Tag hinter sich hat, Rücksicht fordert: Du hörst mir überhaupt
nicht zu! Ich sterbe vor Lampenfieber; morgen habe ich meine Bewäh-
rungsprobe, und du redest dauernd von einer Steißgeburt.

In der Serie *Unser Lehrer Dr. Specht* verlieben sich Mütter und Töchter in den Lehrer. Etwa die Geliebte während seines Schuldienstes in
Celle, die Ärztin Lilo von Barnim (Corinna Harfouch). Als sie allerdings von einem außerehelichen Kind Spechts erfährt, um das er sich
nicht kümmern will, und gleichzeitig mit seiner Versetzung an eine
Potsdamer Schule ihre Versetzung an ein Berliner Krankenhaus ansteht,
endet diese Beziehung. Doch schon bald nähert sich ihm eine neue
Geliebte. Sie heißt Paula, ist abgewickelte Chemikerin und die ge-
schiedene Frau eines ehemaligen Kombinatsdirektors. Ihre Tochter
sucht ebenfalls jede Begegnung mit ihrem Lehrer, auch außerhalb der
Schule. Doch als Paula (Daniela Ziegler) eine Chance bekommt, ihrer
Arbeitslosigkeit zu entfliehen, um eine Stellung in Leverkusen anzutre-
ten, verläßt auch sie ihren Lebensabschnittspartner Specht. In dieser
Serie sind Mütter nicht bloß Kraftwerke von Opferbereitschaft und

---

10 Aus dem Buch zur Serie von Rolf Ulrici: *Der Landarzt und seine Familie*. Frankfurt a.M., Berlin: Ullstein 1992.

Nächstenliebe, keine Züglerinnen der Triebe und Hüterinnen der Ordnung. Sie bestehen durchaus auf einem eigenen Privatleben, in dem auch die Sexualität einen wichtigen Platz hat. Jedoch: Die Modalitäten ihres Sexuallebens bestimmen sie selbst. Das allerdings darf nicht darüber hinwegtäuschen, daß die auftretenden Mütter lediglich den Status von Randfiguren haben. Die eigentliche Hauptperson bleibt der Mann, Dr. Specht, mit seinen amourösen Unternehmungen.

Anders bietet sich das Familienleben in amerikanischen Fernsehserien. Das soll an zwei Beispielen aus den 90er Jahren, an *Jede Menge Familie* und *Unser lautes Heim*, die nacheinander in deutscher Fassung im Österreichischen Fernsehen gezeigt wurden, verdeutlicht werden. *Jede Menge Familie* wirft den Kamerablick auf das Ehepaar Keaton und seine vier Kinder, die Töchter Mallory und Jennifer, die Söhne Alex und Andy. Die Eltern sind Intellektuelle aus der Protestgeneration der 60er Jahre, haben in ihrer Studentenzeit Slogans wie »Ban the Bomb« auf Transparente gemalt und sich in dieser politischen Aktivistenzeit in der Redaktion einer linken Zeitung kennen- und liebengelernt. Jetzt, mehr als 20 Jahre später, besteht ihre Hauptideologie, vor allem vertreten durch den konservativer gewordenen Vater, im Ausbau eines trauten Heims. *Without us* geht gar nichts, verkündet der elterliche Titelsong, aber auch Alice kann nicht ohne Steve sein. »Ich weiß keinen Mann«, sagt sie, ergänzt von ihm: »Der so eine Frau hat«. Beide Eltern sind Architekten – ihn sieht man einmal als Juror in Erscheinung treten, sie wird in ihrem Büro von einem angehenden Jungarchitekten angehimmelt –, aber hauptsächlich werfen sich beide freudig und unermüdlich auf die häuslichen Pflichten. Steve kocht sogar nachts, wenn der Sohn nicht schlafen kann, einen Kakao für ihn. Was sie beide in hohem Maß auszeichnet, ist ihre Fähigkeit, durch Vernunft jedes Problem durch Ausdiskutieren zu lösen. Die Geschwister agieren durch Selbsthilfe. So spornt Alex durch Sticheleien seine lernschwache Schwester Mallory derartig an, daß sie die Prüfung an der High-School besteht. Oder er geht mit seinem kleinen Bruder Ben in den Kindergarten, um den Tanten zu zeigen, wie man mit Kindern umgeht. Ben bewundert seinen großen Bruder und imitiert dessen Vorliebe für das Bankwesen, indem er schon die Börsenkurse herzuplappern weiß. Auch zieht er sich gern ebenso korrekt mit Anzug und Krawatte an wie Alex. Dessen Hauptcharakterzug ist eine unerträgliche Besserwisserei, vor allem Frauen gegenüber. So verliert er seine Freundin, so kommt es zum Krach mit seiner Chefin in der Bank, so muß er sich auch bei einem Automechanikerkurs von seiner eigenen Mutter beschämen lassen. Größere Probleme gibt es bei Mallory und ihrem Freund Nick. Wie die meisten Mütter reagiert auch Alice auf den Heiratswunsch ihrer Tochter Mallory mit Ablehnung, begründet in der Meinung, es sei noch zu früh. Und Steve, der Paradevater, der es sich zur Aufgabe gemacht hat, intensiv Anteil zu nehmen an der emotionalen Entwicklung seiner Kinder, läßt es sich nicht nehmen, als einziger Vater seine Tochter Jennifer in den Mädchenclub »Sunflower« zu begleiten. Das ist ungewöhnlich, denn der Club ist als ein Ort gedacht, wo die Teenager gemeinsam mit ihren Müttern über ihre ersten Liebeserfahrungen diskutieren sollen. Und so glauben beide Eltern, indem sie stets alles unter liebender Kontrolle halten, die beste aller Familien – eben »die Keatons« – zu sein, und sind stolz darauf.

Gemessen an den Streßfaktoren und der dadurch aufgezwungenen Veränderungsbereitschaft, denen die deutschen Serienmütter der 90er Jahre ausgesetzt werden, bleiben die amerikanischen Familien – das ist erstaunlich – in einer etwas unglaubwürdig anmutenden Idylle. Das gilt auch für das zweite Beispiel einer US-Serie, *Unser lautes Heim*, die in mancher Hinsicht etwas realitätsnäher ist. Auch sind hier die Eltern Intellektuelle. Der Vater, Dr. Jason Seavers, ist Psychotherapeut mit eigener Praxis im Hause, die Mutter ist Journalistin. Spannung kommt bei ihnen nicht nur bei der Erziehung der Kinder und durch ein zusätzliches Baby auf, sondern auch durch Jasons und Maggies Profilierungskämpfe. Sie ist, wie ihre Tochter Carolin vermutet, eine schlechtbezahlte Artikelschreiberin und hat nicht einmal ein eigenes Arbeitszimmer. So wandert sie mit ihrem PC mal in Jasons Praxis, mal, während des gemeinsamen Urlaubs, auf das Hotel-WC. Obwohl Jason nicht bei jedem Patienten Erfolg mit seiner Gesprächstherapie hat, ist er trotzdem unerschüttert in seinem Selbstvertrauen und gibt seine dadurch doppelt gefestigte Autorität an seine Frau und seine Kinder weiter. Maggie, wie ihre Serienkollegin Alice, ebenfalls eine attraktive Blondine, wird zwischen Kündigung, Wiedereinstieg ins Fernsehen und Wiederausstieg durch eine neuerliche Schwangerschaft von allen Seiten verunsichert. Ihr Mann verübelt es ihr, daß sie ihren neuen Job als Fernsehreporterin unter dem Namen Maggie Malone und nicht unter ihrem Familiennamen ausübt. Ihr Chef solidarisiert sich sofort mit ihrem Mann, als der sie im Büro besucht, und findet die Zeit, ein Gespräch über Sport mit ihm zu führen, während Maggie selbst Tage auf einen Gesprächstermin warten muß. Doch ungeachtet solcher Mißstimmungen finden sich Familienvater und Familienmutter immer wieder vereint in ihrer gemeinsamen Hauptbeschäftigung, ihre Kinder zu bekochen und im Auge zu behalten. Daß die Betroffenen das anders sehen, ist naturgegeben. Und so laden sie, kaum daß die Eltern außer

Haus sind, scharenweise Bekannte und Freunde ein, wobei Pannen und Mißgeschicke nicht ausbleiben und die Eltern zumeist gerade in dem Augenblick zurückkommen, wo der Wirbel am größten ist. Doch Jason und Maggie halten Parties im eigenen Haus für weniger bedenklich als wenn sich die Kinder allzufrüh aus dem Familienband lösen und weggehen würden, eine Gefahr, die für Mike, den ›Schwierigen‹ in der Familie, tatsächlich gegeben ist. Er ist ein schlechter Schüler, fliegt einmal heimlich zu seiner Urlaubsliebe, und wird mit Hausarrest bestraft. Doch die Eltern haben ein offenes Verhältnis zu ihren Kindern. So gesteht der Vater dem Sohn bei dieser Gelegenheit, auch er habe in seiner Jugend an einer unerwiderten Liebe gelitten, und die Mutter ist die Vertraute ihrer Tochter bei deren Partnerproblemen.

Größere Probleme ergeben sich nach der Ankunft des Babys. Nicht nur organisatorischer Art, z.B. welches der Kinderzimmer zum Babyzimmer werden soll, sondern auch in psychologischer Hinsicht. Mike sieht jetzt die Gelegenheit, seinen Freiheits- und Abnabelungsdrang auszuleben und zieht in einen Lagerraum über der Garage. Die Eltern lassen ihn nicht ohne Protest ziehen, den »verlorenen Sohn«. Als Maggie ihren Fernsehreporterjob wieder aufnimmt, engagiert Jason ein Hausmädchen, eine hübsche Blondine, freundlich und tüchtig, die auf verblüffende Weise wie eine jüngere Schwester von Maggie aussieht und bald von den Männern des Hauses mit Wohlgefallen betrachtet wird. Maggie ist alarmiert, aber sie tut das Beste in ihrer Situation. Sie sympathisiert mit dem Hausmädchen und nimmt die häuslichen Entlastungen dankbar an, da Jason als Hausmann und Babysitter überfordert ist und die Kinder ungeeignet sind, ihren häuslichen Aufgaben nachzukommen. Pflichten und Rechte unter den Seavers werden so im Lauf der Zeit etwas gerechter aufgeteilt. Doch letztlich bleibt auch hier der symbiotische Zusammenhalt vorherrschend, die Tatsache, daß keiner ohne den anderen kann und will.

Hauptschauplätze in den amerikanischen Serien sind die großen Wohnküchen mit der Eingangstür entweder direkt in die Küche oder gleich daneben, so daß alle Ein- und Ausgänge im Blickfeld liegen. Erziehung ist für diese Eltern primär eine Frage von Kontrolle, wobei sie selbst fast ständig anwesende und gesprächsbereite Partner sind, unermüdlich in Nähe und Fürsorge. Freunde und Besucher kommen immer zu diesem Familienverband und unterliegen so gleichfalls der gegenseitigen liebenden Kontrolle. Persönliche Autonomie hat – so scheint es bei dieser Seriendramaturgie – wenig Platz. Niemand ist längere Zeit allein mit sich selbst. Immer birgt die Symbiose gute Ratschläge oder Einmischung in die Angelegenheiten des anderen.

»Unsere Mutter bleibt die Beste«

Am Beispiel der deutschen Serienmütter Witta Pohl (»Mutter Drombusch«), Uschi Glas (Anna Maria) und der hier nur durch ein Fernsehinterview vertretenen Senta Berger, ebenfalls Serienmutter, zuletzt als Frauenärztin, können ihre Verehrerinnen gleichzeitig in den das Fernsehprogramm begleitenden bunten Illustrierten mitverfolgen, wie sehr Schauspielerinnen Rolle und Selbstverständnis miteinander vergleichen, beziehungsweise die eine Sphäre von der anderen beeinflußt wird. So hat Senta Berger in einem Interview in der Sendung *Mütter* des Österreichischen Fernsehens im Gespräch mit Hermi Löbl Aussagen zu ihrer vierköpfigen Familie gemacht, die sich fast wie ihre Seriendialoge ausnehmen. So hat Mutter Berger – ähnlich wie ihre Fernsehkollegin Maggie Seavers – auf dem WC gearbeitet: »Ich weiß gar nicht, wie das ist, in einem ruhigen Zimmer Text vorzubereiten. Text lerne ich am Klo und eingesperrt«, oder zum Thema ›Heiratswunsch‹ der Kinder mit ähnlichem Argument geantwortet wie die amerikanischen Serienmütter: »Eifersüchtig bin ich nicht, nur besorgt, ob sie (die Schwiegertochter) nicht zu früh kommt«. Ähnliches hatte Mallory Keaton in *Jede Menge Familie* zu hören bekommen, als sie mit ihrem Freund Nick heimlich zur Trauung durchbrennen wollte. Oder (man denkt an Vera Drombuschs Verlassenheit): »Ich bin mir oft in dieser (Männer)familie allein vorgekommen. Auch die Omi ist nicht immer auf meiner Seite.« Und zum Thema Erziehung: »Ich wollte Partnerschaft mit den Kindern – das geht zum Teil. Es wäre besser gewesen, wenn ich autoritär gewesen wäre.« Uschi Glas hat mit Schönheits- und Kochrezepten begonnen, seit *Anna Maria* gibt sie sich als Treatment-Autorin aus – ob zu Recht oder unrechtmäßig, muß noch geklärt werden – und als Lebensberaterin mit Wortspenden in den Bunten Blättern. Mutter Beimer und Mutter Busch gehen weiter durch die *Lindenstraße* bzw. durch den *Marienhof*, wobei allerdings die Darstellerin der Inge Busch in einem Leserbrief hat wissen lassen, daß sie nicht so werden wolle wie ihre Kollegin Marie Luise Marjan, eben jene Mutter Beimer. Witta Pohl widmet sich – abgesehen von Wäschespots im Werbefernsehen – viel fotografierten »Kinderluftbrücken« in alle Welt. Und hat dabei – so erzählt es die *Neue Post* – ihrem Sohn aufgrund ihrer karitativen Tätigkeit per Zufall eine Frau verschafft. So spielt sie weiterhin ihre Hauptrolle als »Mutter der Nation«.

Unterstützung im emotionalen Bereich und Versorgung der leiblichen Bedürfnisse bleiben, so scheint es nach dem Ausflug in die Medienlandschaft, die Hauptaufgaben der Mütter. Die Soziologinnen Cheryl Benard und Edit Schlaffer haben sich in ihrem Buch *Mütter machen Männer* nicht nur mit Erziehungsproblemen und -folgen bei Söhnen befaßt, sondern sind von dieser Perspektive aus der Frage der ›Mütterlichkeit‹ nachgegangen: »Es ist interessant, über die Verknüpfung von Weiblichkeit und Mütterlichkeit nachzudenken. Die weibliche Liebe hat eine starke mütterliche Komponente, Männer erwarten in der Liebe einer Frau einen starken Anteil an Mütterlichkeit. Die Frau verliebt sich nicht selten in den Jungen, den sie im erwachsenen Mann zu erkennen glaubt. Und in die Chance, ihn zu bemuttern, zu erziehen, zu verbessern.«[11] Denkt man hier an das Verhältnis zwischen Vera Drombusch und Dr. Sanders zurück, so war spätestens, nachdem die Zuschauerinnen die attraktive, aber oft auf Reisen befindliche Brigitte Sanders kennengelernt hatten, klar, daß Martin ihr das gemütliche Heim, wo er sein abendliches Bier trinken konnte, vorzog. Die männliche Teilnahme am häuslichen Zusammensein – so Benard und Schlaffer – gerät in deutschen Familien zum kostbaren Gastauftritt. Es sind die Mütter, die nach wie vor die Hauptlast im Familienleben und die emotionale Verantwortung tragen. Freiräume für die eigene Kreativität lassen sich dabei kaum entwickeln. Die Lyrikerin Dorothée Haeseling hat dieses Dilemma in ein Gedicht gefaßt,[12] das zum Abschluß zitiert sei:

> *Familienstabil*
> den ganzen Tag kein Gedicht
> nicht einmal eine Idee
> dafür zu mittag Tafelspitz
> Mutter war da
> nachmittags die Kinder im Garten nebenan
> jemand hat den Jasmin beschnitten
> ich erzähle es dir am Abend auf dem Balkon
> du sagst
> ich hole dir die Sterne vom Himmel
> das soll ich dir glauben

11 Cheryl Benard, Edit Schlaffer: Mütter machen Männer. München: Heyne 1994, S. 53f.
12 Dorothée Haeseling: *Familienstabil. Also wohin jetzt*. Gedichte. In: Im Jahrhundert der Frau. Frankfurt a.M.: Suhrkamp 1984, S. 120.

Sabine Gottgetreu

Traum-Mütter und Mütter-Träume.
Das Beispiel der Nivea-Werbung

Erstes Szenario: Eine Werbeanzeige von 1913

In der oberen Hälfte ist eine von Blumen gerahmte, ovale Portraitphotographie zu sehen. Sie soll zusätzlich zum Text illustrieren, warum die beworbenen Nivea-Produkte »auf keinem Toilettentisch und in keinem Kinderzimmer fehlen« dürfen. Eine junge Frau, die offenbar sitzt, hält ihr weiß gekleidetes Kind auf dem Arm und drückt es an sich. Die aufmerksamen, weit geöffneten Augenpaare sind dem Betrachter zugewandt. Mutter und Kind umfangen sich nicht nur mit den Armen, beide schmiegen auch ihre Wangen aneinander. Sie bilden eine harmonische, in sich ruhende Einheit (Abb. 17).

Zweites Szenario: Ein Werbetrickfilm von 1918

Eine Frau mit Hut betrachtet sich in einem Handspiegel. Ihr Gesicht und ihre Hände sind merkwürdig dunkel verfärbt. Sie hat ein Doppelkinn, schlaffe Wangen und hängende Mundwinkel. Vor Schreck läßt Eulalia den Spiegel fallen, sie beginnt zu weinen. Mit Hilfe ihrer Augengläser wird sie auf eine Menschenmenge aufmerksam, die sich vor einer ›Verjüngungsanstalt‹ drängelt. Sie nähert sich der Gruppe und wird handgreiflich, indem sie die vor ihr wartenden Frauen unsanft zur Seite stößt, um möglichst schnell zur kosmetischen Behandlung vorgelassen zu werden. Eulalias Verjüngung geschieht durch eine Nivea-Creme- und eine Teintpuder-Dose, die mit Hilfe von hinzugefügten Gesichtern, Armen und Beinen personifiziert und animiert sind. Die so zum Leben erweckten Produkte verhelfen der weiblichen Hauptfigur nicht nur zu einem hellen, makellosen Antlitz. Sie bringen ihr auch die Aufmerksamkeit eines Mannes ein.

Drittes Szenario: Eine Werbeschallplatte von 1935

Peter ruft von unten herauf: »Vater, komm doch. Ich habe was Feines gemacht. Ich habe das Auto ganz mit Nivea geölt, sogar die Reifen, damit sie glatt und geschmeidig bleiben!«

Abb. 17: Nivea-Werbeanzeige, 1913.

Mutter (erschrocken) sanft: »Mein Nivea, die ganze Schachtel?«
Vater: »Du Lausbub, Du elendiger, was hast Du gemacht? Da soll doch
gleich...«
Peter (von unten) (Hupen): »April! April! April! April!«
Ansager: »Verehrte Hörer, verzeihen Sie, wenn wir Sie in den April
geschickt haben. Nein, nein, für die Räder des Autos ist Nivea nicht
bestimmt, aber für Ihr Gesicht und Ihre Hände als Hautschutz gegen
Wind und Wetter und außerdem zur Sonnenbräunung.«

Im Universum der Werbung sind Mütter warmherzige, unerschütterliche, gutaussehende, manchmal naive Menschen. Die Werbung liefert
keine realen Bilder weiblicher Lebenszusammenhänge. Sie arbeitet mit
Inszenierungen und Projektionen zeittypischer gesellschaftlicher Vor-
lieben. Das Besondere an diesen in millionenfacher Auflage verbreiteten Darstellungen liegt einerseits in ihrer kommerziellen Zielsetzung
und andererseits in der Art und Weise, wie sie diesen Herstellungszu-
sammenhang zu verschweigen versuchen. Unterschiedlichste Werbemedien bilden seit Ende des 19. Jahrhunderts vielfach Geschlechterbeziehungen und Familienverhältnisse ab. Sie täuschen zwar mit großer
Raffinesse Wirklichkeit vor, reproduzieren aber keine Realität, sondern
konstruieren sich ihre eigene Welt selbst. Sie benutzen Vertreter eines
oder beider Geschlechter, um Aufmerksamkeit auf ein Produkt zu lenken und dessen Absatz zu steigern. Die Bilder und Texte geben sich so,
als seien sie ›natürlich‹ und ›wirklich‹. Sie kaschieren ihre Künstlichkeit
und verdecken ihr wirtschaftliches Kalkül. Die Werbeprojektionen
werden in den Köpfen ihrer Betrachterinnen und Betrachter zu ›All-
tagsmythen‹. Sie sind Teil des kollektiven Wissens über Geschlechterrollen und Geschlechtsidentitäten, ohne in jedem Fall Rückschlüsse auf
das Selbstverständnis von Frauen und Männern zu erlauben. Stets bietet
Werbung mehr als reine Produktinformation. Sie vermittelt ihrer Zielgruppe Werte und macht konkrete Sinn- sowie Identifikationsangebote.
   Seit den 70er Jahren wird die stereotype Darstellung von Frauen in
Zeitungsinseraten, auf Werbephotos und in Fernsehcommercials kontrovers diskutiert. In den vorliegenden Arbeiten richtet sich die Kritik
auf den am häufigsten vertretenen Typus der jungen, sexualisierten,
meistens anhanglosen Frau. Christiane Schmerl hat die Frauenfeindlichkeit der Anzeigenwerbung an folgenden Verfahren festgemacht: sexuelle Anzüglichkeiten auf Kosten der Frau, Gleichsetzung von Frauen
mit Produkten und Konsumartikeln, Märchen über Frauen im Haushalt, typisch weibliche Unarten, kosmetische Zwangsjacken, Vermark-
tung und Pervertierung des Emanzipationsbegriffs, zynische Witze

über Frauen.[1] Die Frage nach der Repräsentation von Müttern in der Werbung wurde eher vernachlässigt, obwohl sie vielfach als Akteurinnen auftreten. Die Vermutung, daß Mütter in den Werbemedien keine oder nur eine marginale Rolle spielen, bestätigt sich nicht. Immer wenn familiäre Lebens- und Konsumgewohnheiten zum Thema gemacht werden, kommen Werbe-Mütter als Integrationsfiguren zum Einsatz. Sie sind Expertinnen für die Bedürfnisse ihrer Familienmitglieder. Die Zurückhaltung der Forschung könnte damit zusammenhängen, daß die Inszenierung von Müttern anderen, weniger spektakulären Gesetzmäßigkeiten unterliegt.

Wie sieht das Rollenverhalten aus, das die Werbung Müttern zuschreibt? Welche Erwartungen und Ansprüche formuliert sie an ihr äußeres Erscheinungsbild? Auf welche Vorbilder und ästhetischen Muster greift die werbliche Kodierung der Mutterschaft zurück? In Abgrenzung zur bisherigen Debatte bildet in meiner Darstellung die Werbegeschichte einer einzelnen Marke das Analysematerial. Ich zeichne die Verkaufstechniken der Nivea-Produkte über mehr als acht Jahrzehnte hinweg nach. Verschiedene, im Hamburger Firmenarchiv gesammelte Werbeträger werden exemplarisch auf ihr Mutterbild hin untersucht. Statt einzelne Bilder und Texte in den Vordergrund zu stellen, geht es mir um längerfristige Prozesse, den Aufbau und die Variation eines Repertoires visueller und verbaler Stereotypen. Beiersdorf setzt seit 1905 auf die Strategie, seine Kosmetik-Produkte zu Produktpersönlichkeiten zu stilisieren, die mit einem komplexen Image versehen werden. Neben den Basiswert der Hautpflegemittel treten von Anfang an eine Reihe von Zusatzbedeutungen. Das Image zeigt den Verbraucherinnen an, welche zusätzlichen immateriellen Vorteile sie neben dem Realnutzen von Nivea erwarten können. In Aussicht gestellt werden u.a. Jugendlichkeit, soziale Anerkennung, Sicherheit, Wohlbefinden, ruhige Nächte.

In der Nivea-Reklame kommt Frauen ein doppelter Status zu. Einerseits bilden sie die Haupt-Zielgruppe und müssen als Konsumentinnen stets neu angesprochen werden. Gleichzeitig stellen sie die Mehrzahl der Protagonisten, die auf Plakaten und Postkarten, in Anzeigen, Werbebriefen an die Wiederverkäufer, an Außenflächen wie Verkehrsmitteln und Ladenschaufenstern sowie in Film-, Funk- und Fernsehspots als Sympathieträger eingesetzt werden. In Deutschland wird die Nivea-Seife seit 1905 hergestellt. Im Dezember 1911 bringt Oscar Tro-

---

1 Christiane Schmerl (Hg.): Frauen in der Werbung. Aufklärung über Fabeltiere. München: Frauenoffensive 1992, S. 19-48.

plowitz die neuartige Nivea-Creme auf den Markt. Sie ist zum Zeitpunkt ihrer Einführung die erste Fett- und Feuchtigkeitscreme überhaupt. Die Aufmachung der zunächst gelbgrünen Verpackungen mit Jugendstilornamentik wird 1924 vom damaligen Werbeleiter Juan Gregorio Clausen umgestellt. Er entscheidet sich für die Gestaltung der Nivea-Dose in tiefem Blau mit negativ gedruckter weißer Schrift in klassischer Antiquaform. Der reformfreudige Unternehmer Troplowitz führt schon in den 10er Jahren eine damals ungewöhnliche Sozialleistung für Mütter ein. Er beschäftigt seine schwangeren Arbeiterinnen bis zur nahenden Entbindung mit leichteren Tätigkeiten weiter. Nach der Geburt können sie ihre Kinder mitbringen. In der Stillstube sieht während der Arbeitszeit eine Kinderpflegerin nach ihnen. Die Mütter kommen vorbei, um ihre Babies zu stillen. Solche Versuche der Alltagsorganisation finden in den Werbemedien keinen Niederschlag. Statt Wirklichkeit(en) aus der Sicht von Müttern facettenreich und kritisch darzustellen, engt die Werbung ihre Perspektive radikal ein. Die Ausschließlichkeit, mit der sich Nivea-Frauen um Haut und Haare ihrer Kinder kümmern, ist Indiz dafür, daß die Kreativen ein anderes Ziel verfolgen: die möglichst genuß- und stimmungsvolle Inszenierung eines Wunschbildes, eben die Mutter, von der ein Kind träumt. Diese Sichtweise führt zu einer erheblichen Einschränkung weiblicher Individualität.

Die Beiersdorf-Reklame versucht um die Produkte herum eine positive Atmosphäre zu schaffen, was zu einer Ausblendung vieler potentiell negativer Wirklichkeitsaspekte führt. Sie verfolgt eine andere Absicht als etwa die Imagekampagnen des Textilherstellers Benetton oder die Gruppe der Social Ads, die tabubrechende oder negativ besetzte Darstellungen von Konflikten, Leid, Zerstörung und Gewalt wegen ihrer schockierenden bzw. bewußtseinsbildenden Wirkung einsetzen. Diese neueren Werbemethoden funktionieren nur vor dem Hintergrund eines Systems der Harmonisierung und Idealisierung, das sie zu durchbrechen suchen.

Werbung wird heute als »fester Bestandteil unserer Alltagskultur«[2] angesehen. Sie reflektiert nicht nur »das, was man den herrschenden Zeitgeist nennt«, sondern prägt zugleich die »Dispositionen einer Epoche maßgeblich mit«. Das Werbesystem gilt als sensibles »Barometer für

---

2 Siegfried J. Schmidt, Detlef Sinofzik, Brigitte Spieß: Wo lassen Sie leben? Kulturfaktor Werbung – Entwicklungen und Trends der 80er Jahre. In: Christian Thomsen (Hg.): Aufbruch in die Neunziger. Köln: DuMont 1991, S. 142.

sozialen Wandel«.[3] Wenn die Nivea-Werbung indirekt Rückschlüsse
auf die Zeitgeschichte zuläßt, könnte sie – soweit sie Mütter einsetzt –
auch Anhaltspunkte bieten für den Wandel im Verständnis von Mutterschaft innerhalb der letzten Jahrzehnte. Viele Lebensformen und Verhaltensweisen, die für Frauen zu Beginn des Jahrhunderts aufgrund von
strikten Geschlechtsstereotypen nicht zur Diskussion stehen, werden
zunehmend offen für individuelle Entscheidungen. Hierzu zählen das
›pure‹ Muttersein ohne Ehemann oder das unverheiratete Zusammen-
leben von Paaren mit Kindern. Verarbeitet die Werbung die Planungs-
zwänge von Müttern zwischen Beruf und Familie oder konserviert sie
ein eindimensionales Rollenbild, das Mütter als Nur-Hausfrauen in die
Privatsphäre ausgrenzt? Zeigt sie Mütter als entrückte Madonnen oder
sinnliche, körperbewußte Frauen? Bezieht sich die »Indikatorfunktion«
der Werbung auch auf die Beziehungen zwischen den Geschlechtern?
Brigitte Spieß hat am Beispiel der neueren TV-Werbung argumentiert,
daß »geschlechtsspezifische Traditionen und Rollenbilder allgemein
nur äußerst langsam einem Wandel zugänglich sind«. Das starre Festhal-
ten an vielen traditionellen weiblichen Rollenklischees erklärt sie mit
dem Hinweis darauf, daß die »Mehrzahl der Zuschauerinnen von
Fernseh-Werbung [...] den Wandel der Geschlechterrollen z.T. selbst
noch nicht (bewußt) verarbeitet bzw. vollzogen« haben.[4] Für die Geschichte des Markenartikels Nivea soll der Blick nicht nur auf die Rezeption, sondern auch auf die Produktionsseite gelenkt werden. Warum
gelingt es Beiersdorf, mit einem künstlichen, relativ konstanten Mutterbild über das ganze Jahrhundert hinweg erfolgreich zu werben?

Die ›Mütterlichkeit‹ von Frauen wird in der Nivea-Werbung nicht
in Zweifel gezogen. Sie wird als quasi naturgegebene Disposition behandelt, nicht etwa als sozial geformte Rolle, die Frauen wahlweise für
eine bestimmte Zeitspanne übernehmen oder verweigern. Berufstätige
Mütter kommen in den Nivea-Werbemitteln so gut wie nicht vor. Nur
in den Jahren zwischen 1936 und 1942 werden professionelle Aktivitäten von Frauen verstärkt thematisiert, wobei nicht in jedem Fall klar ist,
ob sie auch eigene Kinder haben (»Frisch im Dienst und froh am

3   Siegfried J. Schmidt, Detlef Sinofzik, Brigitte Spieß: Wo lassen Sie leben?, S.
    149.
4   Brigitte Spieß: Frauenbilder in der Fernseh-Werbung. Gefangen zwischen al-
    ten Leitbildern und neuen Rollenvorstellungen. In: Frauenbilder im Fernse-
    hen. Beiträge und Materialien einer Fachtagung vom 25. bis 27. August 1991
    in Augsburg. Bonn: Bundeszentrale für politische Bildung 1992, S. 96.

Abend!«).[5] Die Veränderungen, auf die die Werbeträger von Beiersdorf besonders in den 60er und 70er Jahren anspielen, beziehen sich nicht auf die Einstellung von Frauen zur Mutterrolle, sondern auf die »Umwelt des Babys«. Gemeint sind dabei Fertigprodukte wie Wegwerfwindeln und Babynahrung, mit denen verdeutlicht wird, daß das ›Muttersein‹ einfacher geworden ist. Wie haben sich die Lebensverhältnisse von Müttern innerhalb der letzten 100 Jahre tatsächlich verändert? Vier Entwicklungslinien sind besonders wichtig.

Im 20. Jahrhundert sinkt die Zahl der in einer Ehe geborenen Kinder. »Kamen in den vor 1905 geschlossenen und 1939 noch bestehenden Ehen durchschnittlich 4,67 Kinder zur Welt, war es in den zwischen 1920 und 1924 geschlossenen Ehen nur noch knapp die Hälfte.«[6] Seit 1900 beginnt die Geburtenziffer kontinuierlich zu fallen. Um die Jahrhundertwende werden noch 35,6 Lebendgeburten auf 1000 Einwohner registriert. 1913 liegt die Quote nur noch bei 27,5. Während der Weltwirtschaftskrise erreicht sie 1932 den Tiefstand von 15,1.[7] Nach einem zwischenzeitlichen Aufwärtstrend sinkt sie von 17,7 im Jahr 1965 auf 9,7 im Jahr 1975 und ist seitdem relativ konstant.[8] Der stärkste Einschnitt in der Geburtenentwicklung in der Bundesrepublik zeichnet sich zwischen 1965 und 1975 ab. Innerhalb von nur 10 Jahren reduziert sich die Zahl der Geburten um rund 50% von 1 044 300 auf 600 500.[9] Mitte der 80er Jahre leben im Bundesgebiet etwas mehr als die Hälfte (55,1%) aller Familien ohne Kinder.[10] Tendenziell bedeutet die verringerte Kinderzahl für Frauen eine Arbeitsentlastung. Die Zeit, in der sie mehr oder weniger ausschließlich durch die Pflege und Erziehung von Kleinkindern in Anspruch genommen werden, verkleinert sich auf eine Phase von weniger als 10 Jahren. Trotzdem ist die Entwicklung ambivalent zu beurteilen. Denn andererseits nehmen die In-

---

5 Die im Aufsatz nicht näher ausgewiesenen Zitate und Zwischentitel sind Original-Werbetexte. Für ihre Hilfe bei der Sichtung der Nivea-Werbemittel bedanke ich mich bei den Mitarbeiterinnen und Mitarbeitern der Beiersdorf AG, vor allem bei Jörg Taute.

6 Ute Frevert: Frauen-Geschichte: Zwischen bürgerlicher Verbesserung und neuer Weiblichkeit. Frankfurt a.M.: Suhrkamp 1986, S. 298.

7 Ute Frevert: Frauen-Geschichte, S. 223.

8 Ralf Rytlewski, Manfred Opp de Hipt: Die Bundesrepublik Deutschland in Zahlen: 1945/49-1980. Ein sozialgeschichtliches Arbeitsbuch. München: Beck 1987, S. 52-53.

9 Statistisches Bundesamt (Hg.): Frauen in Familie, Beruf und Gesellschaft. Wiesbaden: W. Kohlhammer 1987, S. 24-25.

10 Statistisches Bundesamt: Frauen in Familie, Beruf und Gesellschaft, S. 50-51.

tensität und die Standards der Kinderpflege und -betreuung im gleichen Zeitraum zu. Ein einzelnes Wunschkind zieht mehr Aufmerksamkeit und emotionale Zuwendung auf sich als eine Gruppe von vier oder fünf. Weniger Kinder machen nicht automatisch weniger Arbeit, wenn die Erwartungen an die mütterlichen und hausfraulichen Qualifikationen steigen. Dieser Anstieg von Pflichten kann auch durch die allgemeine Technisierung der Haushalte seit den 60er Jahren nicht kompensiert werden. Außerdem verlängert sich die sogenannte Kindheitsphase. Mütter sollen nicht nur Säuglingen und Kleinkindern, sondern zunehmend auch Kindern im Schulalter mit vielen Leistungen und Diensten zur Verfügung stehen. Die Gefahren für die eigene Gesundheit nehmen duch die Verbesserung medizinischer Techniken ab. »Noch 1928 kamen 544 Müttersterbefälle auf 100 000 Lebendgeburten (1979:22)«.[11] Seit Beginn des Jahrhunderts gehen immer mehr verheiratete und ledige Frauen mit Kindern einer freien Erwerbsarbeit nach.[12] Die gesamte Hausarbeit und die Betreuung der Kinder fallen weiterhin so gut wie ausschließlich in den Zuständigkeitsbereich von Frauen, obwohl sie zusammen mit den Männern partnerschaftlich bewältigt werden könnten. Die Integration in außerhäusliche Arbeitsverhältnisse fordert Frauen erheblich mehr ab als ihren Ehepartnern. Bei den alleinerziehenden Eltern sind sie gegenwärtig mit 84,5% deutlich in der Überzahl.

Selbstlos, hingebungsvoll und einfallsreich, so das Bild, schützt und versorgt eine Mutter rund um die Uhr ihre Kinder. Seit der zweiten Hälfte des 19. Jahrhunderts werden Frauen immer größere Verantwortlichkeiten aufgebürdet. Ihr Pflegeeinsatz und ihre Liebesbereitschaft entscheiden – der allgemeinen, auch von der Werbung vertretenen Meinung zufolge – über die Überlebenschancen und Zukunftsperspektiven ihrer Kinder. Die Definition mütterlicher Handlungsbereiche in den Nivea-Anzeigen liest sich wie ein rigider Pflichtenkatalog. Die Körperpflege und Hygiene der Kinder sind allein Muttersache. Die geschlechtsspezifische Rollenverteilung innerhalb der Familie wird in der vollständigen Abwesenheit von Vätern in den Werbeanzeigen vor dem Zweiten Weltkrieg erkennbar. Das Verhältnis der Mutter zu ihren Kindern ist durch Fürsorge und Verantwortung gekennzeichnet. Um die Gesundheit und Lebensqualität der Kinder sicherzustellen, darf der Mutter kein Aufwand, »keine Mühe und kein Opfer«, zu groß sein. Der

---

11 Ute Frevert: Frauen-Geschichte, S. 303.
12 Ute Frevert: Frauen-Geschichte, S. 290-291, Statistisches Bundesamt: Frauen in Familie, Beruf und Gesellschaft, S. 86-87.

Dienst am Kind steht im mütterlichen Leben an erster Stelle. Jede Unachtsamkeit und jedes Versäumnis der Frau in der Pflege schädigen das Kind im späteren Leben und werden – so ein Anzeigentext von 1928 – »zum ewigen Vorwurf für die Mutter«. Der Erwartungsdruck, der auf Frauen ausgeübt wird, ist groß und beinhaltet auch die implizite Androhung einer sozialen Sanktionierung für den Fall, daß Mütter ihre »schöne und verantwortungsvolle Aufgabe« nicht erfüllen. Babys werden noch in den 60er Jahren als das »kostbarste Geschenk« im Leben einer Frau beschrieben. Die Anforderungen, die Kinder an sie stellen, seien besonders im ersten Lebensjahrzehnt vielfältig und könnten nur mit »Glück und Segen« gemeistert werden. Folgt man der Logik der Werbetreibenden, dann müssen sich Mütter gesunde und freundliche Kinder, die sie vorzeigen können und von denen sie ihren Stolz und ihre Selbstbestätigung beziehen, erst einmal verdienen. Rosige Haut, die die Werbung als Indiz für das seelische Wohlbefinden eines Babys wertet, »kommt nicht von ungefähr«. Sie könne nur durch die regelmäßige Anwendung des Produkts konserviert werden. Bis in die 60er Jahre hinein wird die Mutter-Kind-Beziehung einseitig und pflichtbetont gezeichnet. Um dem Baby, das »vertrauensvoll sein künftiges Schicksal in die Hand der Eltern legt«, gerecht zu werden, sollen Mütter dessen Wünsche im »Minenspiel« ablesen. In einer Anzeige von 1933 wird die Mütterlichkeit einer Frau an ihren sanften Händen festgemacht. Ihre Zärtlichkeit gilt dem Kind, nicht etwa dem Partner. »Mutterhände kennen die große Empfindlichkeit des kleinen Geschöpfes in seinen ersten Lebensjahren. Darum unterscheiden Mutterhände klar und fein jeden Weichegrad auch bei der Auswahl der Seife.«

Der Dialog der Werbung mit den Müttern hat viele Jahre lang den Charakter des Expertenratschlags an die unerfahrene Frau. Eine typische Form der Ansprache ist der moralische Appell. Ob die von der Werbung gewählten Normen, das, was als gut und richtig für das Kind präsentiert wird, von der Verbraucherin für die eigene Person als gültig übernommen werden, hängt von der Glaubwürdigkeit, Kompetenz, Attraktivität und Autorität des Kommunikators ab. Als Experten werden in der Nivea-Werbung bevorzugt der Arzt und die Hebamme, die »Gefährtin und Helferin der schweren Stunden« und »erfahrene und berufene Beraterin«, eingesetzt. Erst in den 60er Jahren sollen sich Frauen nicht mehr an Vertreter der Heilberufe wenden, sondern andere Mütter um Rat fragen. Der Erfahrungsaustausch zwischen Frauen ist eine Gesprächssituation, die die Werbung erst relativ spät entdeckt. In den 20er Jahren wird eine ganz andere Form der Adressierung der Mütter entwickelt: Ratschläge und Anweisungen durch Kinder.

Sabine Gottgetreu

Nivea-Kinder sind ein Stolz der Mütter

1924 erklärt Beiersdorf die drei Brüder Wiethüchter zu »Nivea-Jungens«. Eine Aufnahme der 12-14 Jährigen wird von einem Photographen in Hamburg-Wandsbek angekauft und zusammen mit einem in der Wir-Form gehaltenen Fließtext unter Verzicht auf Produktdarstellungen veröffentlicht. Auf dem Photo sind drei kurzhaarige blonde Teenager in dunklen Hosen und kragenlosen, kurzärmligen weißen Hemden zu sehen, die selbstbewußt direkt in die Kamera schauen. Die Gestaltungsidee und der wenig förmliche, umgangssprachliche Textteil der Anzeigen sind damals neu. Im gleichen Jahr erweitert Beiersdorf die Kampagne, um noch mehr Mütter zu erreichen. In der *Berliner Illustrirten Zeitung* wird im April ein Aufruf an die Konsumenten gestartet. Zu den Nivea-Jungens werden die passenden Nivea-Mädels gesucht, die »den Ruhm der Nivea-Creme ebenso verkünden sollen, wie wir den der Nivea-Seife verbreiten«. Die starke emotionale Stimulierung der Serie zeigt sich in den zahlreichen Zuschriften begeisterter Eltern und Kinder. In einem Einschreibebrief vom 24. Dezember 1924 ist zu lesen:»Durch mitfolgende 5 Bilder stellen wir uns als die von Ihnen gesuchten drei Nivea-Mädels vor: Lo – Lulu – und Lea. Mit Genehmigung unserer Eltern und dem Photographen (Bestätigungen anbei) übertragen wir Ihnen für [die] Ihrerseits gewählten Bilder das Eigentum u. Vervielfältigungsrecht im Zusammenhang mit folgendem Motto: ›Die Lo, die Lulu und die Lea mit Blütenteint durch Creme Nivea‹.« Nach einem Auswahlverfahren unter mehr als 1000 Bewerberinnen werden die Mädels 1925 gefunden. Nicht nur das Geschlechterverhältnis, sondern auch der Mädchentyp wird eindeutig festgelegt: »Keine ›Bildschönen‹, keine ›Balldamen‹, keine ›Schmachtlocken‹ wollen wir haben, aber gesund und blitzsauber müßt Ihr sein./ Und prächtig seid Ihr alle, wenn Ihr Euch nur nicht so ziert. Also seid nicht zimperlich und laßt Euch knipsen, aber nur zu dreien und in einer Aufmachung, die geeignet ist, für Nivea-Creme zu werben. Seht unser Bild an, dann wißt Ihr, was wir meinen. Jedes Alter ist uns willkommen.« Die prämierte Photographie zeigt drei dicht nebeneinander gruppierte, freundlich blickende Mädchen mit langen braunen Haaren. Sie tragen weiße, mit Spitzen besetzte Kleider ohne Ärmel, die einen Blick auf ihre makellose Haut erlauben. Wie die Jungens haben die Mädels Körperkontakt zueinander. Das Mädchen rechts, das seine Augen auf einen Punkt außerhalb des linken Bildrandes richtet, hat einen Arm auf die Schulter der in der Mitte auf einem Tisch sitzenden Elfie gelegt. Diese berührt ihrerseits die Hand ihrer Schwester zur Linken. In den Anzeigen wird ein imaginärer Dialog geführt. Die Nivea-Kavaliere geben – soweit sie sich nicht in der handschriftlichen Überschrift an die Mütter selbst wenden – Pflege-Tips an die »scheuen«, betont feminin in Szene gesetzten Nivea-Mädels Hertha, Otti und Elfie aus Flensburg. Die Botschaft an die Mütter besteht darin, daß schon zarte Säuglings- und Kinderhaut Nivea nötig habe, damit der »pfirsichzarte Schimmer auf den Wangen« der Kleinen nicht verschwindet. Die Firma erwirbt noch sechs weitere Gruppenbilder mit Geschwistern aus Hamburg, Kassel, Krefeld, Stettin, Garmisch-Partenkirchen und Berlin-Halensee. Diese Mädchenportraits werden mit Texten kombiniert, die jeweils eine spezielle Anwendungsmöglichkeit von Nivea vorstellen. Kinder in Anzeigen, Filmen und Spots können verschiedene Funktionen übernehmen. Sie sind entweder Kontroll- und Bewertungsinstanz, indem sie die Leistung der Mutter überprüfen und den Wert eines Produkts bestätigen, oder Vorbilder, wie sie sich jede Mutter wünschen soll. Die eigene Mustergültigkeit – Schönheit, Natürlichkeit, Gesundheit – bezeugt das Versprechen des Produkts.

Die nationalsozialistische Machtergreifung bleibt auch für die Firma Beiersdorf nicht folgenlos. Weil bis 1933 nach offiziellem Sprachgebrauch ›Nichtarier‹ im Vorstand und im Aufsichtsrat tätig sind, gerät Beiersdorf in den Ruf, ein jüdisches Unternehmen zu sein und wird vom neuen Regime mit besonderem Mißtrauen behandelt. Trotz dieses politischen Drucks wird der Werbestil nicht einschneidend verändert. Es gibt in der Nivea-Werbung der 30er und 40er Jahre weder Darstellungen der Hitler-Jugend, noch NS-Symbole, Uniformen oder militärische Zeichen. Der nationalsozialistische Kult um die ›deutsche Mutter‹ wird nicht adaptiert. Muttersein bleibt auch in dieser Zeit in der Nivea-Werbewelt eine private und persönliche Erfahrung. Die Entscheidung für Kinder wird nicht politisch funktionalisiert und als quasireligiöse Haltung ausgegeben. Die Mütterüberhöhung der Nationalsozialisten ist unmittelbar mit einer Bevölkerungspolitik verknüpft, die Frauen nur als ›Trägerin von Blut und Rasse‹ schätzt.[13] Im NS-Männerstaat sollen Frauen vor allem für ›erbgesunden‹ Nachwuchs sorgen. Die Ehrungskampagnen bedeuten immer auch eine Selektion ›unwürdiger‹ Frauen. Die Schattenseite des Kultes um ›die Priesterin an seinem Herde und die Mutter seiner Kinderschar‹ ist die Ausgrenzung der vom NS-Staat diskriminierten oder verfolgten weiblichen Minderhei-

---

13 Irmgard Weyrather: Muttertag und Mutterkreuz. Der Kult um die »deutsche Mutter« im Nationalsozialismus. Frankfurt a.M.: Fischer 1993, S. 9–17.

ten. Die Nivea-Werbung vollzieht diese doppelte Herabsetzung der
Frau auf die ›deutsche Mutter‹ nicht. Sie bleibt gegenüber dem neuen
Zeitgeist immun. Mütter mit blonden Jungs sind schon auf den Plakaten der 20er Jahre zu sehen, ohne daß mit ihnen rassistische Hinterge-
danken verbunden sind. Für die Sommerwerbung 1941 werden zum
letzten Mal ganze und halbe Seiten in den bedeutenden Wochenzeit-
schriften reserviert. Die Devise lautet jetzt: »Nivea ist knapp, darum
verwende es sparsam!« In der Folgezeit wirken sich neben dem Raum-
mangel in den Zeitungen auch die Werberatsbestimmungen erschwe-
rend auf das Marketing aus. Der im November 1933 gegründeten
Reichsfachschaft deutscher Werbefachleute müssen alle mit Werbung
professionell beschäftigten Personen zwangsweise beitreten. Ein syste-
matischer Ausschluß jüdischer Werbetreibender wird durch den Werbe-
rat am 30. Dezember 1935 durchgesetzt, indem eine sogenannte
›deutschblütige‹ Abstammung zur Aufnahmebedingung erklärt wird.
Im Herbst 1943 untersagt die Fachgruppe Körperpflegemittel die Verwendung von Markennamen für kosmetische Erzeugnisse für die
Kriegsdauer. Hautcremes dürfen nur noch an Lazarette und Kranken-
häuser, zur Pflege von Kleinkindern und an Verbraucher abgegeben
werden, die in der Rüstungsindustrie arbeiten.

Die Werbeästhetik der Nivea-Produkte ist durch eine große Vielfalt
geprägt. Die künstlerischen Darstellungsmittel passen sich den Zeit-
strömungen und technischen Neuerungen laufend an. Diese Dynamik
– etwa in den Bereichen Sprache, Malerei, Graphik oder Photographie – gilt nicht in gleichem Maße für die jeweils transportierten Botschaften. Um formale Trends zu erkennen, ohne den Stellenwert der
Mütter aus den Augen zu verlieren, unterscheide ich vier Repräsen-
tationsfelder. Die Kategorien Produkt, Person, Setting und Text prägen
das gewählte Werbeformat. Sie sind seit den 10er Jahren in wechselnder
Kombination und Häufigkeit vertreten. Auch im Fall der Körperpflegemittel nimmt der Textanteil im Laufe des Jahrhunderts zugunsten
visueller Zeichen ab. Die Bildersprache der Werbeträger gewinnt immer mehr an Gewicht. Am Endpunkt dieser Entwicklung stehen die
Nivea-TV- und Kino-Spots der Harmonie-in-Blau-Serie von 1987 bis
1994. Sie inszenieren das Zusammensein von Mann und Frau sowie
Mutter und Kind als höhere, vom Alltag losgelöste Beziehungsqualität
in blauen Pastelltönen. Sprachliche Kommunikationsformen sind
durch populäre Musiktitel von Sonny & Cher und Joe Cocker ersetzt.
Als eindeutige Botschaft bleibt nur der aus dem Off gesprochene und
eingeblendete Slogan (»Was die Haut zum Leben braucht... Nivea
Creme.«). Das Produkt selbst und seine konkrete Anwendung treten

nicht mehr in Erscheinung. Kennzeichnend für die Marke Nivea ist das hohe Maß an Kontinuität in der Werbeargumentation. Die Tonalität bleibt über lange Zeiträume hinweg konstant. Die Umsetzung der Elemente wird variiert, wobei typische Muster wiederkehren. Elly Heuss-Knapp, die zwischen 1934 und 1944 Werbefachfrau bei Beiersdorf war, hat dazu in einem Brief vom 08.10.1937 angemerkt: »Es gehört einige Kurage dazu, wenn ich Ihnen ein Exposé vorlege, das so viel mehr vom Beibehalten des bisherigen Stils ausgeht als von neuen Ideen. Aber mir steht abschreckend die Insertion der Badeanzüge vor Augen, die sehr schöne Bilder und gute Texte aufweist, alle untereinander so ähnlich, dass keiner sie unterscheidet. Die Anzeigen für kosmetische Mittel sind sich auch sehr ähnlich. Es ist doch ein Glück, dass Nivea einen guten ›Hausstil‹ gefunden hat, wie man in den Fachkreisen zu sagen pflegt.«

In den Anzeigen zwischen 1906 und 1994 überwiegen Zeichnungen, gemalte Illustrationen und Photographien von Babies und Kleinkindern beiderlei Geschlechts in Verbindung mit Abbildungen des Produkts. Neben diesen Typ, in dem Mütter selbst nicht gezeigt werden, aber im Textteil direkt angesprochen sind, tritt die Darstellung einer Produktanwendung durch die Frau und ein stark stilisiertes Zusammensein von Mutter und Kind. In diesen gestellten Familienszenerien, in denen die Protagonistin weder wäscht noch pudert oder cremt, überlagern sich realistische und symbolische Darstellungsebenen. Der photographische Realismus der Bilder wird durch die Komposition, die Arrangements, die Wahl des Ausschnitts und die Montage von Schrifttypen zurückgenommen. Trotz der Künstlichkeit der Posen soll der Eindruck des ganz Natürlichen vermittelt werden. In den 10er und 20er Jahren wird leitmotivisch in den Anzeigen und später in leicht variierter Form auch auf den Verpackungen das eingangs beschriebene Photo einer jungen Mutter aus der bürgerlichen Mittelschicht verwendet. Körperliche Vorzüge sind durch die hoch geschlossene bzw. streng funktionalisierte Kleidung neutralisiert. Während der unbewegliche Gesichtsausdruck und die Körperhaltung eine gewisse Statik vermitteln, ist in den 30er Jahren eine Dynamisierung in der Mutter-Kind-Relation zu beobachten.

Mit Nivea in Luft und Sonne

Auf einem Anzeigen-Photo von 1934 ist eine lachende junge Frau in einem einteiligen Badeanzug beim Sonnen zu sehen. Sie sitzt in einem zu Wasser gelassenen Boot und hilft ihrem Kind, auf den Steg hinaufzuklettern. Obwohl es etwas erhöht hinter ihr steht, wendet sie ihren

Körper und das Gesicht der Kamera zu und setzt nur ihre Arme ein. In dieser Darstellung einer Mutter-Kind-Beziehung werden zwei Attribute miteinander verbunden, die die Werbung normalerweise als Gegensätze definiert: Mütterlichkeit und Erotik. Der Kontrast zwischen der ungewöhnlichen Ausstellung des weiblichen Körpers und der Anspielung auf die mütterliche Schutzfunktion verleiht dem Inserat einen hohen Aufmerksamkeitswert. Das sinnliche Moment ergibt sich aus der Balance zwischen Nacktheit und Verhüllung. 1936 wird eine vergleichbare Abbildung geschaltet, die eine stark abstrahierte Situation am Meer zeigt. Eine Frau in Badedress und Kappe hat ihren Sohn auf dem Schoß sitzen. Er hat seine Arme um ihren Hals geschlungen, so daß eine idealtypische Einheit entsteht. Sie sind von aufspritzendem Wasser umgeben. Von den Wellen abgesehen ist der Hintergrund weiß gehalten. Links oben ist eine geöffnete Nivea-Dose plaziert, von der strahlenförmig drei Textzeilen über das Bild hinweg ausgehen. Mütter werden aus ihrer konkreten Alltagsumgebung herausgelöst und bei einer Freizeitbeschäftigung mit ihrem Kind portraitiert. Diese Linie wird in späteren Jahrzehnten in den Strand- und Urlaubsmotiven fortgesetzt. Reiselust und Freizeitgenuß werden immer wichtiger.

Seit der zweiten Hälfte der 50er Jahre wird die Figurenkonstellation schrittweise erweitert. Als neue Varianten kommen das Familienbild mit Vater sowie Abbildungen von Vätern und Kindern hinzu. Ein Anzeigenphoto von 1963 macht den Vater im Familienkreis sichtbar und ist zugleich charakteristisch dafür, wie strikt männliche und weibliche Lebensräume noch immer gegeneinander abgesetzt werden. Es zeigt den Mann grübelnd und untätig im Bildhintergrund. Er schaut einfach nur zu. Im Vordergrund ist ein zufrieden lächelndes, pralles Baby im Arm seiner glücklichen Mutter zu erkennen, das eine Babyfein-Puder-Dose in seiner rechten Hand hält. Der Blick der Mutter ist ganz auf das Kind fixiert. Sie scheint die Anwesenheit des Vaters nicht einmal zu bemerken. Die dem Mann zuzuordnende Bildüberschrift »Baby müßte man sein« verweist auf ein Gefühl der Eifersucht und des Ausgeschlossenseins, den Wunsch, sich selbst an die Stelle seines Kindes zu setzen und die Aufmerksamkeit und Zuwendung der Frau ganz für sich allein zu haben. Mutter und Kind sind so mit sich beschäftigt, daß der Vater im festgehaltenen Moment zur Randfigur innerhalb der Familie wird (Abb. 18). Die Idee, daß auch Männer Aufgaben im Haushalt und bei der Kindererziehung übernehmen könnten, ist den für die Nivea-Werbung Verantwortlichen fremd. Ein Ehemann entlastet seine Frau nicht bei der Kinderbetreuung, sondern will selbst ›bemuttert‹ werden. Seine Pflegebedürfnisse werden denen seiner Kinder angeglichen, indem »das

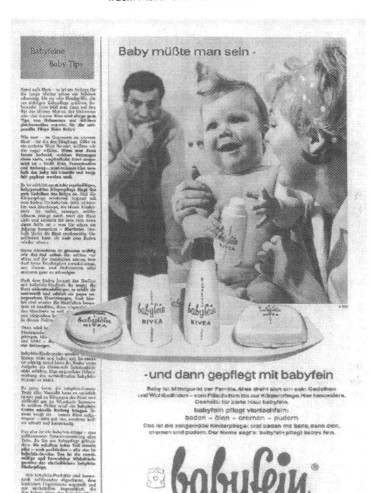

Abb. 18: Babyfein-Werbeanzeige, 1963.

Kind im Manne« hervorgehoben wird: »Vielleicht ist sogar das größte Kind in ihrer Familie der liebe Gatte.« Anfang der 70er Jahre müssen Frauen nicht nur ihre Kinder, sondern auch ihre Männer bei Laune halten. Das Kalkül sieht so aus: »Behandeln Sie Ihr Baby gut, damit der Vater nicht mehr schreit.«

Mit der Nivea-Wiege dem Kinde Wohlbefinden, der Mutter Freude schenken!

Eine andere Anzeigengruppe empfiehlt Nivea als Geschenk zu Weihnachten und anderen feierlichen Anlässen. Als Dank der Kinder an die Mütter entschädige es für (fast) alle Mühen und die Bereitschaft, eigene Wünsche und Interessen zugunsten der Familie zurückzustellen. Dies ist die einzige Situation, in der die Mutter nicht selbst aktiv ist. Kinder werden von der Werbung auch dazu eingesetzt, um den Müttern gegenüber Verehrung, Respekt und Dankbarkeit zum Ausdruck zu bringen. Kinder sollen den mütterlichen Einsatz mit einem Nivea-Geschenk symbolisch honorieren. Hier macht sich die Werbung den berechtigten Wunsch nach Anerkennung weiblicher Familienarbeit zunutze, ohne die bestehende Aufgabenverteilung einer Kritik zu unterziehen. Ähnlich wie bei den Muttertagszeremonien, die in Deutschland nicht zuletzt durch die Interessen der Blumengeschäftsinhaber ab 1923 institutionalisiert und geprägt werden, bleiben die tatsächlichen häuslichen Arbeitsbedingungen von Frauen unberücksichtigt. Das Muttersein wird ideell aufgewertet und auf eine abstrakte, unpersönliche Ebene gehoben. Die strahlende junge Frau eines 1959/60 geschalteten Werbeinserats, die vor dem Weihnachtsbaum von ihren kleinen Kindern ein Präsent in Empfang nimmt, steht exemplarisch für die ›gute‹ Mutter. Auch in den Nivea-Geschenk-Anzeigen »geht es nicht um Mütter als individuelle Personen in bestimmten sozialen und wirtschaftlichen Verhältnissen, sondern um *die* Mutter als Verkörperung von ideal gesetzten Tugenden und Verhaltensweisen«.[14]

14 Karin Hausen: Mütter zwischen Geschäftsinteressen und kultischer Verehrung. Der »Deutsche Muttertag« in der Weimarer Republik. In: Gerhard Huck (Hg.): Sozialgeschichte der Freizeit. Untersuchungen zum Wandel der Alltagskultur in Deutschland. Wuppertal: Hammer 1980, S. 266.

Sicherheit für Mutter und Kind

In den 60er Jahren ist die Marktsegmentierung soweit fortgeschritten, daß Beiersdorf seine Kinderpflegeserie aus dem Hauptprogramm ausgliedert und sie unter dem Namen *babyfein* in veränderter äußerer Aufmachung separat anbietet. Das Jahrzehnt ist wirtschaftlich geprägt durch einen verkleinerten bzw. stagnierenden Absatzmarkt, verschärfte Konkurrenzbedingungen durch kapitalkräftige Wettbewerber und eine Ausweitung der Vertriebskanäle. Neben dem Fachhandel werden auch der Lebensmittelhandel und Kaufhäuser beliefert. Der Babypflegemarkt ist durch zwei gegenläufige Entwicklungen gekennzeichnet. Die Geburtenzahlen in der Bundesrepublik sinken, aber die Ausgaben pro Baby steigen an. Die Einheitlichkeit und Einprägsamkeit der Werbung der 20er und 30er Jahre, als die Firma ihre universellen Kinderprodukte visuell im Stil der Dachmarke unter dem Slogan »Im ersten Jahrzehnt« anbietet, ist verschwunden. Gleichzeitig bleibt die Etablierung eines neuen, konsistenten Images aus. Das Mutter-Kind-Verhältnis steht weiter im Zentrum der Anzeigenphotos und -texte, aber die Charakterisierung der Mütter führt zu keinem in sich geschlossenen Bild mehr. Stattdessen werden Frauen die unterschiedlichsten, oft auch entgegengesetzte Merkmale und Haltungen zugeordnet. Ihre Einstellung zu Kindern wird im Vergleich zu den vorangegangenen Jahren als wesentlich problematischer eingestuft. Die Werbung sieht in den Müttern keine homogene Gruppe mehr. Sie führt eine Dichotomisierung ein. Mütter werden einerseits als selbstbewußt, kritisch und wählerisch charakterisiert. Dieser emanzipierte Teil läßt sich bei der Babypflege von der Werbung nichts vormachen und entscheidet sich allein aus Qualitätsgründen für Nivea. Andererseits wird auf Mutlosigkeit und Selbstzweifel von Frauen hingewiesen. Besonders junge (Erst-)Mütter fühlen sich demnach häufig überfordert und haben Angst vor den Aufgaben, die ihnen übertragen sind. Die Werbung verfügt mit dem Gewissensappell über eine Technik, diese Verunsicherung zu steuern. Verbraucherinnen werden regelmäßig mit der Frage konfrontiert, ob sie alle Handgriffe korrekt ausführen: »Machen Sie auch alles richtig?« Für die vermeintliche Überforderung gibt die Nivea- Werbung selbst Ursachen an. In der Nachkriegszeit stellt sie die Babys immer mehr in den Mittelpunkt der Familie. Dieser Fokussierung auf das Kleinkind und seinen Anspruch auf »ein eigenes Reich« entspricht das Anzeigenmuster der sprechenden Babys. 1950 stellen sich vier verschiedene Babytypen – Melancholiker, Sanguiniker, Choleriker, Phlegmatiker – in der Ich-Form selbst vor, ohne daß dieses Stilmittel als überzogen eingeschätzt wird. In einer Anzeige von 1953 heißt es: »ICH. Klein – aber Hauptperson. Alles dient meinem Wohlbefinden.« In den 60er Jahren sollen sich Frauen auf ihre natürlich genannte Bestimmung zur Mutterschaft besinnen. Die Babyfein-Werbung 1963 stellt einen Vergleich mit Katzenmüttern an, die instinktiv wissen, »wie man Katzenbabys behandelt«. Neben die Verherrlichung der idealen Mutter tritt das Schreckbild der versagenden Frau. Unfähige Mütter drohen ihren schmutzigen Kindern und »halten« sie »steril« oder sie vernachlässigen ihre Säuglinge und sind nicht »wachsam« genug. Die Erziehung zur Reinlichkeit, die Beiersdorf in den späten 30er Jahren unter der Überschrift »Ein reinliches Kind bleibt ein reinlicher Mensch« propagiert, wird von anderen Zielsetzungen abgelöst. Die Werbemedien schlagen vor, Kinder zu behüten, aber gleichzeitig zur Selbständigkeit anzuleiten.

Ein weiteres wichtiges Thema der 60er Jahre ist der gesellschaftliche Fortschritt in den Bereichen Reinlichkeit und Körperpflege. Diese Progressivität stellt sich für Mütter zwiespältig dar. Die Werbung verlangt von ihnen, mit der Zeit zu gehen, denn was »vor 20 oder 30 Jahren gut war, braucht heute nicht mehr das Beste zu sein«. Gleichzeitig nimmt sie die Mütter als Zielgruppe in den Dienst ihrer Produktweiterentwicklungen, da diese die beschworenen Fortschritte in ihrem Lebensbereich praktisch auszuführen haben. Den divergierenden Textinformationen stehen in den 60er Jahren weiter Bildmotive gegenüber, die die unerschütterliche Einheit von Mutter und Kind herausstellen. Zeitlich gesehen wird dazu besonders die frühe Mutter-Kind-Symbiose gewählt. Bevorzugte Konstellationen und Gesten sind das Anschmiegen von Frauen an Kinder, wobei das Gesicht als Ersatz für den ganzen Körper dient, und die betonte Hinwendung zum Kind, die an der Neigung des Körpers der Frau ablesbar ist. Während sich die Verkaufsargumentationen historischen Veränderungen im Gesamtsystem kollektiver Werte, Überzeugungen und Symbole stetig anpassen müssen, folgt die Werbeikonographie im Fall der Mütter über längere Zeiträume hinweg ähnlichen Schemata.

Sie können Ihrem Kind nicht alles ersparen.
Aber einen wunden Po

Mit dem Kampagnenwechsel von 1971 wird die Mutter-Kind-Relation von ihren bis dahin entwickelten Konnotationen befreit und stattdessen ganz neu ausgerichtet. In einem Jahrzehnt, in dem Selbstbestimmung und Gleichstellung der Frau öffentlich diskutiert werden und die neue Frauenbewegung das politisch- kulturelle Klima in der Bundesrepublik beeinflußt, kann die Werbung Mütter nicht mehr mit der traditionellen Forderung ansprechen, sich als Person uneingeschränkt in den Dienst des Kindes zu stellen. In sieben neuen Zweiseiten-Anzeigen, deren linke Hälfte jeweils ein Schwarzweiß-Photo ausfüllt, vertritt Beiersdorf mit mehrdeutigen, ironischen Aussagen die Belange der Kinder. Die Erziehungsideale, auf die dabei angespielt wird, haben sich gewandelt. In den Kommerzbildern wird die Persönlichkeit der Kinder herausgearbeitet. Die Individualität der Mütter tritt zurück. Nivea wird zum Mittel der Selbstentfaltung der jungen Generation stilisiert. Mütter und Väter, die ihren Kleinen kein Nivea-Bad zugestehen und sie mit dem falschen, in den Augen brennenden Haarwaschmittel malträtieren, werden als Rabeneltern entlarvt: »Manche Eltern gönnen ihrem Baby nicht einmal ein Cremebad.« Beiersdorf möchte stattdessen, daß »viel mehr Babys in Luxus schwimmen«, denn die neue Generation habe andere Ansprüche als die alte. An die Mütter gerichtet wird gefordert: »Ihr Baby soll es besser haben. Ihr Kind auch.« Für Mütter wird eine Nutzenrechnung aufgestellt: »Wenn Sie also das nächste Mal jemand in ihrer Familie den Kopf waschen müssen, tun Sie es mit Nivea Kinder Shampoo. Das schont den Kopf ihres Kindes. Und ihre Nerven.« Die Argumentation setzt bei den an die Frau herangetragenen Erwartungen und Ansprüchen von Familienmitgliedern an. Die Erlebnisperspektive der Mutter wird ausgespart.

Nivea ist eine globale Marke, die in über 100 Ländern verkauft wird. Im Fall der Mütter werden die nationalen Unterschiede von einem einheitlichen Profil dominiert. Es läßt sich keine nationalspezifische Differenzierung nachweisen, die über das Einsetzen eines landesüblichen Frauentyps etwa in Afrika, Lateinamerika oder Asien hinausgeht. Es scheint ein multikultureller Konsens darüber zu bestehen, welche Eigenschaften und Fähigkeiten eine Mutter im Idealfall besitzen soll. Zu ihnen zählt die Werbung Liebe, Geduld, Verständnis und Verfügbarkeit. Mütter sind in den Nivea-Werbemedien zwischen 1905 und 1994 unterschiedlich stark präsent. Nivea ist seinem Image nach kein ausschließlich weibliches, sondern ein universell angelegtes Körperpflegemittel für alle Familienmitglieder, Altersklassen und Jahreszeiten, wobei eine hohe Produktqualität mit einem günstigen Preis gekoppelt wird. Ende der 60er Jahre wird das bis dahin bevorzugte Bild der selbstlosen, allerbesten Mutter zurückgenommen und modifiziert. Auch nach der Revision des Mutterbildes arbeiten die Werbetreibenden weiter mit strikten Verhaltensregeln. Die alten Anforderungen an die Verbraucherinnen werden durch neue ersetzt. Der Aspekt der Mutterschaft als Versorgungsleistung tritt zurück, der Aspekt der Verantwortung für das seelische und körperliche Wohlergehen des Kindes bleibt. In der ersten Hälfte der 80er Jahre verschwinden die Mütter fast vollständig aus den Werbeanzeigen und Spots. Das Anwachsen kinderloser Ehen und Paarbeziehungen deutet darauf hin, daß im Bewußtsein von Frauen der Wert der Mutterschaft sinkt. Während des gesamten Jahrhunderts schließen sich Mutterschaft und berufliche Orientierung von Frauen in der Vorstellungswelt der Werbung aus. Frauen werden entweder als Mütter oder Berufstätige gezeigt. Die Frage, wie eine Synthese von Familie und Beruf für Frauen aussehen kann, ist für die Nivea-Werbung nicht von Belang. Das Abbildprinzip tritt zugunsten einer positiv besetzten Fiktion in den Hintergrund. In immer wieder neuen Variationen wird das gezeigt, was sich im Alltag nicht konfliktfrei erleben läßt: eine dauerhafte Mutter-Kind- und Familienharmonie durch richtiges Konsumverhalten. Nach den Ergebnissen der BBDO-Studie *Future Woman* von 1992 nimmt die Attraktivität der Mutterschaft aus der Sicht der befragten 20-35jährigen Europäerinnen gegenwärtig wieder zu. Die Mutterrolle soll aber nicht mehr einseitig zu Lasten der eigenen Interessen und des beruflichen Engagements ausfallen. An die Stelle der traditionellen Familieneinheit tritt ein erweiterter Kreis aus Familienmitgliedern und Freunden. Symptomatisch für dieses Verständnis ist ein französischer Nivea-Baby-Spottyp der 80er Jahre, in dem eine jugendliche, modebewußte Frau ihr Baby von einem karikierten Muskelmann umsorgen läßt und auf diese Weise Zeit für sich selbst gewinnt, ohne daß das Kind auf ihre Zuwendung verzichten müßte. Wie sie diese Freiräume nutzt, bleibt allerdings offen.

Daß sich die Lebensverhältnisse und das Selbstverständnis von Müttern in den vergangenen 90 Jahren verändert haben, darüber geben die Nivea-Werbemedien kaum Aufschluß. Bis in die Gegenwart hinein beschwören sie das Bild von der selbstverständlichen oder naturgegebenen Zuständigkeit der Frauen für Kinderzimmer und Haushalt. Während die Familienbindung im Zentrum steht, werden Ansprüche von Frauen auf eine berufliche Karriere, Selbstverwirklichung und Partizipation am öffentlichen Leben von der Reklame fast vollständig ausgeklammert. Der Differenzierungsgrad der Mütterbilder bleibt im Verlauf des 20. Jahrhunderts erstaunlich gering. Obwohl sich die realen Lebensumstände und Verbrauchsbedürfnisse der Menschen vielfach wandeln, hält die Werbung an einem relativ gleichförmigen Wunschbild der guten Mutter fest. Auf Mütter heften sich die Glückserwartungen ganzer Generationen von Kindern. Zeitgeistige Wesen sind sie nicht.

VI

Blickwechsel
Zu den Mütterentwürfen der Künstlerinnen

Natascha Würzbach

Zweihundert Jahre Ringen mit der perfekten Mutter:
Die Auseinandersetzung mit dem Mutterbild
im englischen Frauenroman
des 19. und 20. Jahrhunderts

Die literarische Verarbeitung des Mutterbildes findet sich in der englischen Literatur der letzten zwei Jahrhunderte vor allem im Roman. Dabei erweist sich Literatur als Freiraum kreativer Phantasie innerhalb einer ästhetischen Fiktion, in dem eine freiere und eigenständigere Auseinandersetzung mit der Mutterproblematik möglich war als sie in der jeweiligen zeitgenössischen Wirklichkeit stattfand, wo das Mutterbild vielfach den bevölkerungspolitischen und ökonomischen Bedürfnissen angepaßt wurde. Von vorrangigem Interesse sind die Entwürfe weiblicher Autoren, die notwendigerweise mit schielendem Blick zwischen Anpassung an die und Abweichung von den herrschenden Vorstellungen oszillieren. Ich möchte das Bild der Mutter in Romanen englischer Autorinnen des 19. und 20. Jahrhunderts in seinem erzählerischen Aussagepotential untersuchen, nicht ohne vorher kurz den sozialgeschichtlichen Kontext zu skizzieren, innerhalb dessen die literarischen Entwürfe als kritische Auseinandersetzung mit der Wirklichkeit zu verstehen sind.

295

Natascha Würzbach

Das Mutterbild im historischen Wandel

Die neuere Forschungsliteratur zum Thema »Mutter« stimmt grundsätzlich darin überein, daß Mutterschaft von einigen biologischen Tatsachen abgesehen als kulturelles Wirklichkeitskonstrukt aufzufassen ist,
das der Orientierung von Erleben und Handeln dient entsprechend
den historisch sich wandelnden gesellschaftlichen Bedürfnissen.[1] Dabei
standen die Belange des Kindes als Hoffnungsträger für das Allgemein-
wohl gegenüber denen der Mutter als weiblichem Individuum meist
im Vordergrund. Am Wandel des Mutterbildes seit Ende des 18. Jahrhunderts sind eine Vielzahl von Bedingungsfaktoren in komplexer
Wechselwirkung und schwer einzuschätzender Gewichtung beteiligt:
die Bewertung des Kindes, bevölkerungspolitische Zielsetzungen, wirtschaftliche Veränderungen, medizinischer Fortschritt, Vorstellungen
von der Familie und von der Ausschließlichkeit der Mutterrolle versus
der Forderung nach Berufstätigkeit der Frau.

Erst durch ein zunehmendes Interesse am Kind und das Erkennen
seines Sonderstatus gegenüber dem Erwachsenen seit Ende des 18. Jahrhunderts wurde die Pflege und Erziehung von Kindern zu einer definierten und zuweisbaren Aufgabe. Im Laufe des 19. Jahrhunderts wird
allmählich und schichtenspezifisch unterschiedlich die Betreuung von
Kindern als Hauptaufgabe der biologischen Mütter bestimmt und ein
Mutterbild kreiert, das durch Einfühlung, Opferbereitschaft, Beschränkung auf den häuslichen Bereich und damit auch Abhängigkeit vom
Familienoberhaupt definiert ist. Damit entstand allmählich das Leitbild
der treusorgenden, umfassend für das Wohl des Kindes verantwortli-

---

1 Aus der Masse der einschlägigen sozialgeschichtlichen Forschungsliteratur sei-
en nur einige wichtige Titel genannt: Ruth Adam: A Woman's Place, 1910-
1975. London: Chatto & Windus 1975; Elisabeth Badinter: Die Mutterliebe.
Geschichte eines Gefühls vom 17. Jahrhundert bis heute. München: DTB
1984; Patricia Branca: Silent Sisterhood. Middle Class Women in the Victorian
Home. London: Croom Helm 1975; Ann Dally: Inventing Motherhood. The
Consequences of an Ideal. London: Burnett 1982; Leonore Davidoff, Catherine Hall: Family Fortunes. Men and Women of the English Middle Class, 1780-
1850. London: Hutchison 1987; Margaret Hewitt: Wives and Mothers in Victorian Industry. Westport/Conn.: Greenwood 1958; Jane Lewis: Women in
England 1870-1950. Sexual Divisions and Social Change. Brighton: Wheatsheaf, Bloomington, Ind.: Indiana University Press 1984; Adrienne Rich: Of
Woman Born. Motherhood as Experience and Institution. London: Virago
1977; Elizabeth Wilson: Only Halfpenny to Paradise. Women in Postwar Britain 1945-1968. London, New York: Tavistock 1980.

chen Mutter, wie es zunächst in der Mittelschicht und später in der Unterschicht verbindlich wurde und bis heute nachwirkt. Nach dem Ersten Weltkrieg wurde Mutterschaft in England wieder besonders aufgewertet und vom Staat geschützt, um die kriegsbedingten Bevölkerungsausfälle auszugleichen und die Volksgesundheit zu stärken.

Die wirtschaftlichen und gesellschaftlichen Veränderungen durch die Industrialisierung hatten einen entscheidenden Anteil am Wandel der Familienstruktur und damit auch an der Entstehung des Bildes von der idealen Mutter. Die Erhöhung des Lebensstandards für die Mittelschicht und die Entstehung der Kleinfamilie führten zu einer Freistellung der Frau für Haushaltsführung und Mutterpflichten, was sich mit der Höherbewertung des Kindes verband. Die Konstituierung des bürgerlichen Heims als Schutzraum, in dem Religion, Moral und Gefühl abgeschirmt wurden von einer bedrohlichen Außenwelt der Leistungsanforderungen und des Überlebenskampfes, bot der Frau einen eigenen Aufgabenbereich, in dem die mütterlichen Pflichten den Hauptanteil hatten. Dies brachte zweifellos eine Aufwertung der Frau, ohne jedoch letztlich die Autorität des Mannes mit seinem höher bewerteten Tätigkeitsfeld ernsthaft in Frage zu stellen. Die Aufteilung der gesellschaftlichen Handlungsbereiche in private und öffentliche Sphäre zementierte dabei die Geschlechtsdichotomie. Die Einschränkung, Isolierung und Diskriminierung der Frau durch diese strikte Aufgabenverteilung wurde offenbar von dem idealisierenden Prestigezuwachs überdeckt und durch die radikale Abwertung der unverheirateten Frauen als *spinsters* kontrastierend betont. Die auf den häuslichen Wirkungsbereich sich konzentrierende Frau wurde zum Statussymbol für den Ehemann. Dabei war sie nicht nur treusorgende Pflegeperson, sondern auch Erziehungsperson, die moralische Werte und in begrenztem Umfang Wissen vermittelte. Im Kern ist dieses Mutterbild – wenn auch nicht unangefochten und mit manchen Modifikationen – bis heute wirksam geblieben.

Der nachhaltigste Ansatzpunkt für die Veränderung des traditionellen Mutterbildes war die außerhäusliche Tätigkeit der Frau, sei es ehrenamtlich, zum notwendigen Gelderwerb oder in einem selbstgewählten Beruf. Damit konnte die Isolation der Frau im häuslichen Bereich durchbrochen, die Abhängigkeit vom Mann vermindert und ihr Selbstverständnis erweitert werden. Für die bürgerliche Frau im 19. Jahrhundert schlossen Ehe und Beruf einander aus. Die wenigen beruflichen Möglichkeiten, wie etwa als Lehrerin, standen in der Regel nur unverheirateten Frauen zum Gelderwerb offen. Im 20. Jahrhundert wurde die Trennung zwischen Mutterschaft und Beruf lediglich bei

Bedarf an weiblichen Arbeitskräften gelockert. Der Anstieg weiblicher Berufstätigkeit in den letzten dreißig Jahren brachte zunehmend das Problem der Doppelbelastung mit sich. So schwankt das heutige Bild der berufstätigen Mutter zwischen Idealisierung als Superfrau, die allen Aufgaben gerecht wird, und Dämonisierung als Rabenmutter.

Aus dieser knappen Skizzierung der Entstehung, Konstituierung und tentativen Infragestellung eines Mutterbildes, das gekennzeichnet ist durch Hauptverantwortlichkeit für Pflege und Erziehung des Kindes sowie ausschließliche Festlegung auf den häuslichen Bereich, wird bereits erkennbar, daß dieses Mutterbild sich in seinen gesellschaftlichen Auswirkungen als recht stabil erwies und allenfalls an seinen Rändern angebrochen werden konnte. Aus der Geschichte dieses zentralen Mutterbildes ist ersichtlich, daß die Mutter lange ausschließlich über die vorhandenen oder vermeintlichen Bedürfnisse des Kindes definiert wurde, denen erst spät diejenigen der Frau nach persönlichem Freiraum, Erholungsmöglichkeiten und anderen Tätigkeiten, kurz, nach Ausbildung einer eigenen Identität gegenübergestellt wurden. Dies geschah verstärkt durch die sogenannte zweite Frauenbewegung, wobei auf die radikale Abkehr vom herkömmlichen Mutterbild und Mutterschaft in den 70er Jahren in den 80er Jahren der Versuch einer Integration modifizierter Konzepte in die neue Identitätssuche der Frau unternommen wurde.[2]

Subversives Infragestellen des offiziellen Mutterbildes in den Romanen des 19. Jahrhunderts

Die Auseinandersetzung mit dem herrschenden Bild der *perfect mother* (idealen Mutter) erfolgt im Roman des 19. Jahrhunderts selten in eindeutig bestätigender oder explizit kritisierender Weise. Wo ein direkter Angriff offenbar nicht gewagt wird, lassen sich jedoch verschiedene subversive Strategien erkennen, in denen sich ein Unbehagen an dem offiziellen Mutterbild erzählerisch artikuliert.

Mutterfiguren, die sich dem Ideal annähern, sind in den Romanen von Frauen äußerst selten. Dabei müssen sie sich offenbar unter besonders erschwerten Bedingungen bewähren. Helen Huntingdon in Anne Brontës *The Tenant of Wildfell Hall* (1848) verkörpert wesentliche

---

2 Vgl. Nancy Chodorov, Susan Contratto: The Fantasy of the Perfect Mother. In: Rethinking the Family: Some Feminist Questions, hrsg. von Barry Thorne, Marilyn Ylon. New York, London: Longman 1982, S. 54-75.

Komponenten des viktorianischen Mutterbildes: das Bewußtsein der Hauptverantwortlichkeit für das Kind, verbunden mit selbstverständlicher Opferbereitschaft, wobei die Aufgabe der erzieherischen Wertevermittlung und Vorbildfunktion kontrastierend mit der unmoralischen Mutter in der Nebenfigur Lady Lowborough in den Vordergrund gerückt ist. Dies wird dann weiter pointiert, wenn Helen, um ihren kleinen Sohn dem verderblichen Einfluß seines Vaters zu entziehen, es wagt, sich gegen alle Konventionen von ihrem Mann zu trennen. Dabei muß sie die Konsequenzen sozialer Isolierung und finanzieller Einschränkung auf sich nehmen.

Ruth Hilton in dem gleichnamigen Roman (1853) von Elizabeth Gaskell muß ihre Mutterliebe und Einsatzbereitschaft als ledige Mutter unter dem Druck sozialer Stigmatisierung unter Beweis stellen. Dabei gerät Gaskell bei der Kombination von idealem Mutterbild und *fallen woman* (gefallenem Mädchen) offenbar in einen *double-bind* von viktorianischer Moralvorstellung einerseits und der Absicht einer Sympathiewerbung für ledige Mütter andererseits. So muß die ansonsten ideale Mutter Ruth lebenslang an Schuldgefühlen leiden, deren figurenperspektivische Bestätigung von verständnisvoller Vergebungsbereitschaft ihres väterlichen Beschützers über Verunsicherung des heranwachsenden Sohnes bis zu scharfen Sanktionen des Arbeitgebers reichen. Gaskells mehr oder minder bewußte Anpassungsbereitschaft an patriarchale Wertvorstellungen wird ironischerweise in ihrem Bemühen um Schuldminderung für ihre Protagonistin, das sich traditionellsexistischer Weiblichkeitsstereotypen bedient, besonders deutlich. Ruth wird als passives Opfer einer Verführung entschuldigt, wobei allerdings ihre Schönheit eine Verlockung darstellt. Durch rigide mütterliche Pfilchterfüllung und einen frühen Opfertod bei der Krankenpflege während einer Epidemie vermag die Protagonistin ihre Schuld zu sühnen, was wiederum einer sexistischen Klischeevorstellung entspricht.

Die erschwerten Bedingungen, unter denen in diesen beiden Romanen Idealvorstellungen mütterlichen Verhaltens erfüllt werden, tragen darstellungsästhetisch dazu bei, Spannung und Sympathie für die Hauptfigur zu erzeugen. Darüber hinaus können sie aber auch als implizit ironischer Hinweis auf die Fragwürdigkeit des allzu hohen Anspruchs an die Mutterrolle gelesen werden. Auf eine andere, vielleicht weniger versteckte Art scheint sich ein Unbehagen an der Idealisierung der Mutter in der Tatsache zu äußern, daß Mutterfiguren im Roman des 19. Jahrhunderts nicht selten durch frühzeitigen Tod in der Vorgeschichte gewissermaßen ihrer Verantwortung enthoben und zugleich der kritischen Realitätsprüfung entzogen werden, um allein Gegenstand verblaßter Erinnerungen, unerfüllter Sehnsüchte oder ominöser Träume ihrer Töchter zu sein. Dies trifft für eine größere Anzahl früh verwaister weiblicher Hauptpersonen zu.[3] Während die Autorinnen des 19. Jahrhunderts im Hinblick auf ideale Muttergestalten weitgehend Abstinenz üben, wenden sie sich häufiger dem negativen Gegenbild zu. Dabei erfassen sie das Versagen dieser Mutterfiguren vor allem als Behinderung der Persönlichkeitsentwicklung von heranwachsenden Töchtern, wobei deren Erlebnisperspektive als Betroffene meist im Vordergrund steht. Die kritische Thematisierung der schicksalsbestimmenden Rolle der Mutter für die Tochter lenkt das Interesse auf Probleme der weiblichen Emanzipation im Generationswandel – was zu einem Leitthema im Frauenroman des 20. Jahrhunderts wird. Demgegenüber bleibt die Darstellung von Mutter-Sohn-Beziehungen im 19. Jahrhundert offenbar darauf beschränkt, den Sohn im Kindesalter als Objekt der Fürsorglichkeit einer idealen Mutter darzustellen.

Mrs Bennet in Jane Austens *Pride and Prejudice* (1813), die klassische Verkörperung einer *silly mother* (inkompetenten Mutter), stellt ihre fünf Töchter unter das Diktat der Versorgung durch Heirat, womit sie auch ihr eigenes Sozialprestige erhöhen möchte. Ihr Versagen als Mutter wird mit feiner Ironie und Komik signalisiert, manifestiert sich in ihrem mangelnden Vorbildcharakter bei Verletzung der Wertvorstellungen der *manners* sowie in fehlendem Einfühlungsvermögen, wird durch negative Konsequenzen ihres Verhaltens für das Schicksal ihrer Töchter Jane und Lydia illustriert und aus der Perspektive der Protagonistin Elizabeth deutlich kritisiert. Diese widersetzt sich ihrer Mutter erfolgreich, bricht mit den Konventionen einer Versorgungsehe und durchläuft im Zuge ihrer selbständigen Partnerwahl einen Reifeprozeß, der die Emanzipation von ihrer Mutter in einem glücklichen Ende bestätigt.[4]

---

3 Vgl. Emma Woodhouse in Austens Roman *Emma* (1816), Jane Eyre in Charlotte Brontës gleichnamigem Roman (1847), Catherine Heathcliff in Emily Brontës *Wuthering Heights* (1847), Gaskells Ruth (1853) und Molly Gibson in *Wives and Daughters* (1864-66), George Eliots Romola in gleichnamigem Roman (1862-63).

4 Zur Verarbeitung der Mutterproblematik bei Austen vgl. Susan Peck MacDonald in: The Lost Tradition. Mothers and Daughters in Literature, hrsg. von Esther M. Broner, Cathy Davidson. New York: Ungar 1980, S. 58-69 und Mary Margaret Benson: Mothers, Substitute Mothers, and Daughters in the Novels of Jane Austen. In: Persuasion, 11 (1989), S. 117-124.

Ein deutlicher Zusammenhang zwischen Versagen der Mutter und charakterlicher Fehlentwicklung der Tochter wird in Elizabeth Gaskells *Wives and Daughters* (1864-66) und George Eliots *Daniel Deronda* (1876) hergestellt. Mrs Gibson ist mit ihrer Launenhaftigkeit und Egozentrik, ihrer Oberflächlichkeit und geringen Intelligenz, ihrer Gefühlskälte und utilitaristischen Einstellung gegenüber anderen Menschen nicht in der Lage, die Identitätsentwicklung ihrer Tochter Cynthia durch Zuwendung, Empathie und Bestätigung zu fördern. Cynthias Selbstrettungsversuch durch innere Distanzierung führt zugleich in eine emotionale Gestörtheit, die Unfähigkeit, intensive Gefühle zu erleben, deren sie sich schmerzlich bewußt ist und die ihr weiteres Leben negativ bestimmt. Daß nicht nur mütterliche Interesselosigkeit, sondern auch übertriebenes Engagement sich schädlich auswirken, zeigt George Eliot in *Daniel Deronda* (1876) durch die Figur Mrs Davilow. Sie bevorzugt und verwöhnt ihre älteste Tochter Gwendolen in einer Weise, die zu deren Eitelkeit und Oberflächlichkeit, Egoismus und Machtstreben wesentlich beitragen, was von der Tochter als Vorwurf geäußert und von der Mutter schuldbewußt bestätigt wird.

Die Darstellung des Fehlverhaltens von Müttern gegenüber ihren heranwachsenden Töchtern in diesen Romanen betrifft nicht die unmittelbare Fürsorgepflicht, sondern das soziale Verhalten: die subtile Machtausübung und Einschränkung von Entfaltungsmöglichkeiten der Töchter, geringes Verständnis und Einfühlungsvermögen. Damit wird etwas von dem sonst tabuisierten negativen Potential des viktorianischen Mutterbildes gezeigt. Als logische Konsequenz erscheint der frühe Verlust der Mutter als Emanzipationschance für die Tochter[5] in einer Anzahl viktorianischer Romane. So sind beispielsweise alle Protagonistinnen in Charlotte Brontës Romanen Waisen, die sich zu ungewöhnlich intelligenten, mutigen und selbständigen Frauen entwickeln. In

---

5 Diese These wird in der feministischen Interpretation von Frauenromanen des 19. Jahrhunderts mehrfach vertreten. Vgl. Joan Manheimer: Murderous Mothers. The Problem of Parenting in the Victorian Novel. In: Feminist Studies, 5.3 (1979), S. 530-546; Mary Margaret Benson: Mothers, Substitute Mothers, and Daughters in the Novels of Jane Austen; Marianne Hirsch: The Mother/ Daughter Plot. Narrative, Psychoanalysis, Feminism. Bloomington/Ind.: Indiana University Press 1989; Laurie Buchanan: Mothers and Daughters in Elizabeth Gaskell's *Wives and Daughters*. In a Woman's World. In: Midwest Quarterly. A Journal of Contemporary Thought, 31.4 (1990), S. 499-513. Vgl. neben den im folgenden genannten Beispielen auch Lucy Snow in Charlotte Brontës Roman *Vilette* (1853) und Emma Woodhouse in Jane Austens Roman *Emma* (1816).

Gaskells *Wives and Daughters* zeigt die Kontrastierung zwischen der muttergeschädigten Cynthia und der ausgewogenen und glücksfähigen Halbschwester Molly, die ihre Mutter früh verlor, daß diese die besseren Chancen hatte.

Eine andere Art der subversiven Auseinandersetzung mit dem viktorianischen Mutterbild erfolgt über die Figur der stellvertretenden Mutter. In ihrer positiven Darstellung stellt sie die ausschließlich biologische Begründung von Mutterschaft in Frage und schreibt den psychologischen Aufgaben im mütterlichen Verhalten größere Bedeutung zu, wie dies *ex negativo* auch durch die bei der Erziehung ihrer Töchter versagenden Mutterfiguren zum Ausdruck kommt. Für Elizabeth Bennet ist Mrs Gardiner eine bessere Vertraute und Ratgeberin als die eigene Mutter. Romola übernimmt die Verantwortung für die Kinder der naiven und lebensuntüchtigen Tessa. Die Lehrerin Miss Temple versteht es, der Vollwaise Jane Eyre Selbstvertrauen, Wertorientierung und eine berufliche Ausbildung zu geben. Noch deutlichere Kritik an der einseitig biologischen Definition von Mutterschaft übt George Eliot in ihrem Roman *Silas Marner* (1861). Der Junggeselle Silas Marner erfüllt alle Aufgaben einer Pflegemutter für das Findelkind Eppie. Mit etwas Anleitung durch eine Nachbarsfrau vermag er Pflege und Erziehung des kleinen Kindes zu übernehmen und mit einem Maß an Zuneigung und Verantwortungsbewußtsein zu erfüllen, das dem idealen Mutterbild des 19. Jahrhunderts entspricht, welches zugleich in seiner biologischen und geschlechtsspezifischen Festlegung unterlaufen wird.

Bereits im 19. Jahrhundert wird ein problematischer Aspekt von Mutterschaft thematisiert, der im Roman des 20. Jahrhunderts eine größere Rolle spielt: die Kompensation verhinderter Selbstverwirklichung und persönlicher Defizite durch einseitige Identifizierung mit dem Wohl eines Kindes als Lebensinhalt. Die tragische Figur Mrs Transome in Eliots Roman *Felix Holt* (1866) wird als eine Frau charakterisiert, deren intellektuelle Fähigkeiten und unkonventionelle Einstellungen durch die übliche weibliche Erziehung unterdrückt wurden. Reduziert auf aristokratische Selbstdisziplin, sinnlose Handarbeit und pervertierte Machtausübung gegenüber ihrem kranken und unfähigen Mann setzt sie alles auf ihren Sohn Harold, dessen Erbe sie während seiner Abwesenheit verwaltet und auf dessen Rückkehr sie alle Hoffnungen setzt. Ihre Enttäuschung über das lieblose, offen frauenfeindliche und rücksichtslose Verhalten Harolds, seine konträren Einstellungen und sein Versagen in einer politischen Karriere konfrontieren Mrs Transome mit der Sinnlosigkeit ihres eigenen Lebens, die letztlich eine patriarchalische Gesellschaft zu verantworten hat.

Das Mutterbild im Modernismus: offene Kritik und Demontage

Wenn die Auseinandersetzung mit der Problematik des Mutterbildes des 19. Jahrhunderts im Roman verdeckt und subversiv erfolgte, so schlägt dies in den ersten Jahrzehnten des 20. Jahrhunderts in offene Kritik um, wobei es gerade die Charakteristika dieses Idealbildes sind, deren schädliche Auswirkungen auf die Persönlichkeit der Mutter und mehr noch auf die Entwicklung der Kinder eindrucksvoll geschildert werden. Dabei avancieren Mütter nun zu Hauptfiguren neben den betroffenen Kindern, von denen wie im Frauenroman des 19. Jahrhunderts weiter die Töchter im Vordergrund stehen. Der nun in den meisten Fällen geradezu rücksichtslose Ikonoklasmus des traditionellen Mutterbildes kann verstanden werden im Kontext der kritischen Aufbruchsstimmung und der radikalen Veränderungen in gesellschaftlichen, wissenschaftlichen und künstlerischen Bereichen dieser Zeitspanne der Entstehung der Moderne, zu denen auch das verstärkte Eintreten für die Rechte der Frauen gehörte. Wenn der Angriff sich dabei vor allem auf die Formen der mütterlichen Machtausübung richtet, so zeigt sich sozialpsychologisch gesehen darin eine Gegenreaktion auf den großen Einfluß der Frau als Erziehungsperson und Betreuerin der Kinder in der Familienkonstellation der englischen Mittelschicht. Ebenso ist die Wirkung psychoanalytischen Gedankenguts zu erkennen. Das physische und psychische Angewiesensein des Kindes auf die mütterliche Pflegeperson, die damit verbundene Abhängigkeit, die Schwierigkeiten bei der Auflösung der Symbiose und der Bewältigung ödipaler Konflikte treten verbreitet ins Bewußtsein und liefern neuartige Begründungen für die Übermächtigkeit der Mutter und die Emanzipationsschwierigkeiten der Kinder. Die Beschreibung und Beurteilung der Mutter orientiert sich auch hier wieder weitgehend an den Belangen des Kindes, um dessen Entwicklung es geht.

Während die Psychoanalyse Freudscher Prägung sich vor allem mit dem Verhältnis zwischen Mutter und Sohn befaßte, hat die feministisch-kritische Psychoanalyse wie auch die frauenorientierte Sozialpsychologie seit Ende der siebziger Jahre die Mutter-Tochter-Beziehung in einer Weise in den Blick genommen,[6] wie sie bereits im eng-

---

6 Vgl. Judith Arcana: Our Mothers' Daughters. London: The Women's Press 1979; Esther M. Broner et al.: The Lost Tradition; Nancy Chodorov: The Reproduction of Mothering. Psychoanalysis and the Sociology of Gender. Berkeley, Los Angeles: University of California Press 1978; Brenda O. Daly, Maureen

lischen Frauenroman der zwanziger und dreißiger Jahre thematisiert wird.

In ihrem autobiographischen Roman *Mary Olivier: A Life* (1919) rückt May Sinclair das viktorianische Bild der für das Wohl ihrer Kinder alleinverantwortlichen Mutter in ein bedrückend kritisches Licht. Innerhalb einer typisch spätviktorianischen Familienkonstellation der Mittelschicht hat der meist außerhalb des Hauses tätige Vater die Macht über den häuslichen Bereich an die Mutter delegiert, die davon auf subtile und ihr keineswegs immer bewußte Weise als emotionale Bezugsperson und Vermittlerin sozialer und religiöser Werte Gebrauch macht. Alle drei Söhne versuchen auf verschiedene Weise vergeblich, sich der Übermächtigkeit ihrer Mutter zu entziehen und sterben bereits als junge Männer an psychosomatisch interpretierbaren Krankheiten. Zurück bleibt die Tochter in einer unauflöslichen und sehr ambivalenten Gefühlsbindung zur Mutter bis zu deren Tod. Die Erziehungsmaßnahmen der Mutter bestehen von Anfang an darin, der widerstrebenden Tochter weibliches Rollenverhalten einzuprägen und jedes Streben nach Selbstverwirklichung, sei es durch Bildung, einen Internatsaufenthalt, Klavierspiel, eine Ferienreise oder Beziehungen zu Männern, konsequent zu verhindern. Wenn es Mary trotzdem gelingt, sich heimlich einen bescheidenen Freiraum der Persönlichkeitsentfaltung durch extensives Lesen, selbständiges Erlernen des Griechischen, autodidaktische Auseinandersetzung mit Philosophie und vor allem durch das Schreiben von Gedichten zu erkämpfen, so zeugt dies von einem schier unglaublichen Überlebenswillen.

Die Protagonistin in Sinclairs nächstem Roman *Life and Death of Harriet Frean* (1922) hingegen verkümmert in der von der Mutter übernommenen Alltagsroutine bis zur Regression in die Bemutterung durch Hausangestellte. Der von der Mutter unter subtiler Androhung von Liebesentzug frühzeitig vermittelte Wert der Selbstverleugnung – Verzicht auf die Lieblingspuppe, den Kuchen beim Kindergeburtstag, schließlich den Liebhaber, immer zugunsten anderer – führt zum

T. Reddy (Hg.): Narrating Mothers. Theorizing Maternal Subjectivities. Knoxville: University of Tennessee Press 1991; Nancy Friday: My Mother/My Self. The Daughter's Search for Identity. London: Fontana 1980; Marianne Hirsch: The Mother/Daughter Plot; Christiane Olivier: Jokastes Kinder. Die Psyche der Frau im Schatten der Mutter. Düsseldorf: Claassen 1987; Inge Rehling: Dein ist mein halbes Herz. Frankfurt: Fischer 1991, S. 16-89; Adrienne Rich: Of Woman Born; Ulrike Schmauch: Anatomie und Schicksal. Zur Psychoanalyse der Frau im Schatten der Mutter. Frankfurt: Fischer 1987.

Selbstverlust, die Unterdrückung aller Wünsche zu Gefühlsunfähigkeit. In wechselseitiger Identifikation wetteifern Mutter und Tochter miteinander um Verzichtleistungen, deren Sinnlosigkeit darin besteht, daß ihre jeweils heroisch verschwiegenen Wünsche in Wahrheit übereinstimmen und bei besserer Verständigung den Verzicht beiderseitig überflüssig machen würden. Dabei sind Mutter und Tochter gleichermaßen an der Aufrechterhaltung einer symbiotischen Beziehung unter Ausschluß potentieller Störenfriede beteiligt.

Ein weiteres Opfer unüberwindbarer Abhängigkeit von der Mutter wie auch finanzieller Rücksichtslosigkeit eines patriarchalen Vaters ist die Protagonistin von Radclyffe Halls Roman *The Unlit Lamp* (1924). Dabei ist Joan Ogden ähnlich wie Mary Olivier durch Rollenverweigerung, hohe Intelligenz, Bildungshunger und Drang nach Selbständigkeit gekennzeichnet und hat zudem die Unterstützung einer »stellvertretenden Mutter«, ihrer Lehrerin Elizabeth Rodney, Verkörperung eines neuen Frauenbildes um die Jahrhundertwende, der *New Woman*. In einer Dreieckskonstellation befindet sich Joan im Konflikt zwischen symbiotischer Anhänglichkeit, Pflichtgefühl und Mitleid gegenüber ihrer Mutter und der Liebe zu Elizabeth, die ihr eine Lebensgemeinschaft und Hilfe beim Studium der Medizin anbietet. Nach langem Kämpfen und Phasen der Unentschlossenheit verzichtet Joan auf ihre Emanzipationschance zugunsten der Betreuung der Mutter und erlebt einen schleichenden, aber konsequenten Abstieg in Bitterkeit und Selbsthaß, wobei ihre intellektuellen Fähigkeiten und Ansprüche bis zur Gedächtnisschwäche und Lektüre von Trivialliteratur verkümmern und ihre Gesundheit zunehmend leidet. In diesem Roman werden nicht nur die unreflektierten, aber überaus geschickten Taktiken der Mutter zur emotionalen Vereinnahmung der Tochter dargestellt, sondern auch die tieferen Gründe für ihr Verhalten in einer lieblosen Ehe und frustrierenden Umgebung provinzieller Enge gesucht, wobei die fatale Mischung von Naivität, Konventionalität und Bildungsdefizit als Schicksal patriarchal depravierter Frauen erkennbar wird. Mrs Ogdens ihr selbst nicht in vollem Umfang bewußte Defiziterfahrungen münden in Krankheit, Hilflosigkeit und Sentimentalität, wogegen die Opferbereitschaft der Tochter nur wenig auszurichten vermag.

Die Romane von Hall und Sinclair zeigen, wie eine psychologisch und interaktionell begründete Übermächtigkeit der Mutter einen emanzipatorischen Generationswandel verhindert. In Ivy Compton-Burnetts Roman *Brothers and Sisters* (1929) geht es mehr darum, die Machtentfaltung einer Mutter in ihrem autoritären Charakter und ihrer etablierten Machtposition im Hause zu begründen, wobei der Zugriff auf ihre schon fast erwachsenen Kinder ihr gegenüber zwar nie in Frage gestellt, jedoch durch deren innere Distanzierung unterlaufen sowie durch die stärkere Gefühlsbeziehung zu der Kinderfrau Patty gemildert wird. Die geringe unmittelbare Betreuung der Kinder durch die leibliche Mutter in der oberen Mittelschicht erweist sich hier als Vorteil. Sophia Staces Funktionen als Mutter äußern sich vor allem in einer Befehlsgewalt über zwei Söhne und eine Tochter sowie in egozentrischer Beanspruchung ihres Beistandes in schwierigen Situationen.

Im Unterschied zu diesen aggressiv desillusionierenden Darstellungen ist Virginia Woolfs Behandlung der Mutterthematik in *To the Lighthouse* (1927) von ihrem ästhetischen Grundprinzip der Vermeidung von Zorn bestimmt. In Mrs Ramsay zeichnet sie in einer fast nostalgischen und zugleich resignativ mitfühlenden Weise das Bild einer perfekten Mutter viktorianischer Provenienz, die unter Hintanstellung ihrer eigenen Bedürfnisse all ihre Kraft der Fürsorge für ihre Kinder und dem emotionalen Rückhalt ihres Mannes widmet. Darüber hinaus setzt sie ihre mütterlichen Fähigkeiten des Unterstützens, Tröstens und Harmonisierens auch für ihre Gäste ein. Dabei repräsentiert Mrs Ramsay jene Mütter, die von ihrer Machtstellung innerhalb der Familie aufgrund von Beziehungsarbeit und Integrationsfähigkeit keinen gezielten Gebrauch machen, allenfalls daraus eine bescheidene Stärkung ihres Selbstwertgefühls beziehen. Durch die extensive Bewußtseinsdarstellung im Roman wird Mrs Ramsays uneingeschränkte Identifikation mit dem Muttersein als Lebensaufgabe subjektiv plausibel gemacht, zugleich aber aus der Perspektive ihrer »spirituellen« Tochter, der Malerin Lily Briscoe, in Frage gestellt. Ihre retrospektive Auseinandersetzung mit Mrs Ramsay und ihr gegenwärtiger künstlerischer Schaffensprozeß resultieren in einem avantgardistischen, die Tradition hinter sich lassenden Bild ihrer mütterlichen Freundin, womit ein emanzipatorischer Generationswandel bezeichnet ist.

Frauenorientierte und kontroverse Auseinandersetzung mit Mutterbildern im modernen Frauenroman der letzten vierzig Jahre

Während in der neueren soziologischen und psychologischen Literatur bis hin zum praktischen Ratgeber immer noch überwiegend die Bedürfnisse des Kindes und die daraus resultierenden Aufgaben der Mutter im Vordergrund stehen,[7] werden ihre darüber hinausgehenden Erfahrungen und Belange im Roman seit Mitte der 50er Jahre und verstärkt unter dem Einfluß der Frauenbewegung nach 1968 thematisiert. Dabei ist die Darstellung der Erlebnisperspektive von Müttern in verschiedenen Situationen recht unterschiedlich und die Behandlung aktueller Probleme der Mutterschaft durchaus kontrovers. Die kritische Auseinandersetzung mit dem Mutterbild erfolgt wiederum oft aus der retrospektiven Erwachsenenperspektive des Kindes. Der englische Roman der Gegenwart bietet eine Fülle von unterschiedlichen Mutterfiguren, in denen die verschiedensten Aspekte von Mutterschaft thematisiert und neue Mutterbilder entworfen werden. Nun wird die Frage nach Selbstverwirklichung oder Selbstzerstörung bei der Erfüllung mütterlicher Aufgaben deutlich gestellt, ist die Vereinbarkeit von Mutterschaft und Beruf erstmals ein Thema, werden Schwangerschaft, Geburt und weibliche Sexualität sowie das Verhältnis zu den gesellschaftlichen Institutionen erzählerisch verarbeitet. Die fatale Mutter der 20er und 30er Jahre ist nur noch ein Thema neben anderen. Bei der Behandlung der Mutter-Tochter-Beziehung steht die Frage des Generationswandels nun im Vordergrund.

Eine eindeutig positive Bewertung erfährt Mutterschaft als Form weiblicher Selbstverwirklichung in Romanen, die sich auf die Phase von Schwangerschaft und Geburt beschränken, ein Erzählgegenstand, der bisher weitgehend tabuisiert war. In Margaret Drabbles *The Millstone* (1965) entscheidet sich die Hauptfigur Rosamond im Vertrauen auf ihre eigene Stärke und auf der Grundlage bescheidener finanzieller Absicherung, ihr ungeplantes Kind als ledige Mutter auszutragen. Die dabei zu überwindenden Schwierigkeiten, die nun nicht mehr moralischer Art sind, fördern ihre Persönlichkeitsentwicklung, da sie lernt, sich besser durchzusetzen und zum ersten Mal ihre rationale Distanz durch ein Gefühl bedingungsloser Liebe durchbrochen fühlt. Auch für

---

7 Vgl. Ann Phoenix, Anne Woollett, Eva Lloyd (Hg.): Motherhood. Meanings, Practices and Ideologies. London: Sage Publications 1991, S. 2f.; Ann Dally: Inventing Motherhood, S. 85-91 u.ö.

Liffey in Fay Weldons *Puffball* (1980) bringt die als biologischer und sozialer Vorgang intensiv erlebte Schwangerschaft und Geburt einen Entwicklungsschub von einer passiven und naiven Kindfrau, angewiesen auf die Anerkennung durch ihren Mann, zu einer verantwortungsvollen und selbstbewußten jungen Frau.

Hier wie auch in anderen Romanen, wo Schwangerschaft und Geburt ausführlich dargestellt werden, erfährt das Mutterbild eine längst fällige Vervollständigung seiner körperlichen Dimension. Die Bewertung aus der Sicht der Mutterfiguren fällt allerdings keineswegs immer positiv aus. In Doris Lessings *A Proper Marriage* (1954) ist die Schwangerschaft zunächst das Resultat von Nachlässigkeit in Verhütungsmaßnahmen, bedeutet dann willkommene Ablenkung in einem eintönigen Ehealltag, aber auch massive Freiheitsberaubung, schließlich körperliche Verunstaltung, die in einem eher unspektakulären Geburtsereignis mündet. Ihre Rolle als Mutter erfüllt Martha pragmatisch und unemotional und entledigt sich ihrer sehr bald, indem sie bei der Scheidung das Sorgerecht für das Kind dem Vater überläßt. Stefanie, die wichtigste Hauptfigur in A. S. Byatts *Still Life* (1985) erlebt den Konflikt zwischen Mutterschaft und ihren Wünschen nach einer anspruchsvollen geistigen Beschäftigung sehr gravierend. Die Betreuung ihrer beiden Kinder bedeutet für sie eine wichtige Erfahrung von natürlichem Dasein und organischem Wachstum, aber auch den Verzicht auf eine akademische Karriere, ja überhaupt auf das Lesen von Büchern. In Extension ihrer Mutterrolle fühlt sie sich für alle Familienmitglieder verantwortlich, ohne von ihnen Unterstützung zu erhalten. Stefanies ungelöster Konflikt findet sein jähes Ende in einem völlig sinnlosen Unfalltod bei der Rettung eines Vogels.

Als totale Verhinderung von Persönlichkeitsentwicklung wird die geradezu besessene Ausübung von Mutterschaft in der Figur von Mrs Armitage in Penelope Mortimers *The Pumpkin Eater* (1962) geschildert. Dem traditionellen Geschlechtsrollenverständnis frühzeitig verpflichtet, gewinnt sie ihre Selbstbestätigung allein aus dem Gefühl gebraucht zu werden, was sie durch Bemuttern von Männern, vor allem aber von zahllosen eigenen Kindern verwirklicht. Sie gerät in eine Persönlichkeitskrise, als ihr vierter Mann weiteren Kindersegen ablehnt und sie nach dem Versuch, seinen Willen zu umgehen, zu Abtreibung und Sterilisation überredet. Der Entzug ihrer bisherigen Lebensaufgabe, während Jake sich gleichzeitig einer anderen Frau zuwendet, führt zu einer psychotischen Bedrohung ihrer Identität, der sie sich hilflos ausgeliefert fühlt. Mrs Armitage vermag die versäumte Persönlichkeitsentwicklung nicht nachzuholen und stagniert in Desillusioniertheit, Resignation und Lethargie.

Wenn in den Romanen von Lessing, Byatt und Mortimer die Ausschließlichkeit mütterlicher Aufgaben im Leben einer Frau erstmals sehr deutlich in Frage gestellt wird, dann erfährt das traditionelle Mutterbild eine entscheidende Veränderung, die der gesellschaftlichen Realität Rechnung trägt. Seit Ende des 19. Jahrhunderts hatten sich die beruflichen Möglichkeiten für Frauen erheblich erweitert, und die Forderung nach Berufstätigkeit auch für verheiratete Frauen wurde immer lauter. Die Vereinbarkeit von Mutterschaft und Beruf ist nun häufig Erzählgegenstand und wird dabei fast immer als ein kaum lösbares Problem dargestellt. In Margaret Drabbles Roman *The Garrick Year* (1964) muß Emma zugunsten der Schauspielkarriere ihres Mannes und wegen der Betreuung zweier Kleinkinder auf ein attraktives berufliches Angebot als Fernsehsprecherin verzichten, vermag ihre Frustration auch nicht durch einen halbherzigen Seitensprung zu mildern und besinnt sich bei unmittelbarer Gefährdung des Lebens ihrer Tochter wieder auf Mutterschaft als ihre eigentliche Aufgabe. Wo es zu gleichzeitiger Erfüllung der Mutterrolle und Berufstätigkeit mit schon heranwachsenden Kindern kommt, wird die Doppelbelastung bis zur totalen Erschöpfung geschildert. Die freie Journalistin Kate Armstrong in Drabbles *The Middle Ground* (1980) schätzt dabei trotz beruflichen Engagements ihre Aufgaben als Mutter höher ein,[8] ist stolz auf ihre Kinder und leidet unter einem medizinisch indizierten Abbruch einer Schwangerschaft. In Margaret Forsters *Mother, Can You Hear Me?* (1979) erlebt die Protagonistin Angela Bradbury mit vier heranwachsenden Kindern, einer pflegebedürftigen Mutter und einer Halbtagsbeschäftigung als Lehrerin ihre Situation jedoch als wichtigen Emanzipationsschritt in bewußter Kontrastierung mit ihrer eigenen Mutter, deren schulische Begabung durch frühe Heirat in ein ausschließliches Hausfrauen- und Mutterdasein nicht zum Tragen kam.

Eine eindeutige Bevorzugung der beruflichen Tätigkeit gegenüber der Mutterrolle wird von Romanfiguren verkörpert, die in ihren Charakterzügen und Verhaltensweisen sowie in ihrer Berufswahl deutlich von traditionellen Frauenbildern abweichen. Rachel Petherington in Sara Maitlands *Three Times Table* (1990) wählt in Orientierung am Vatervorbild schon in den 30er Jahren den Beruf der Paläontologin, nimmt an Ausgrabungen teil und schreibt populärwissenschaftliche Bücher.

---

8 Dies ist kennzeichnend für die zahlreichen Mutterfiguren in Drabbles Romanwerk. Vgl. dazu den Beitrag von Mary Jane Elkins in Brenda O. Daly, et al.: Narrating Mothers, S. 111-124.

Claudia Hampton in Penelope Livelys *Moon Tiger* (1979), Historikerin und Journalistin, geht als einzige Frau als Kriegskorrespondentin im Zweiten Weltkrieg nach Kairo und ist bei der Konzeption ihrer Weltgeschichte auf dem neuesten Stand historischer Theorien. Beide Frauen haben ein recht distanziertes Verhältnis zur jeweiligen Tochter, was deren Persönlichkeitsentwicklung offenbar beeinträchtigt.

In der Romandarstellung führt die Berufstätigkeit der Mutter fast immer zu einem Dilemma, sei es zu Lasten der Kinder oder zu ihren eigenen. Damit wird der gesellschaftlichen Realität, wo es an struktureller Unterstützung für Mütter in Doppelbelastung fehlt, kritisch ein Spiegel vorgehalten. Das Idealbild einer Mutter, die ausschließlich für ihre Kinder da zu sein hat, erscheint in seinem Anspruch noch wirksam, obwohl gleichzeitig das Bild der »Doppelrollenfrau« an Attraktivität und gesellschaftlicher Bestätigung gewonnen hat. Dabei bleibt die physische und psychische Einsatzbereitschaft der Mutter für ihre Kinder auch im Roman des 20. Jahrhunderts eine wesentliche und positiv bewertete Komponente im Mutterbild, wenn auch die im Roman des 19. Jahrhunderts funktional anders eingesetzten »erschwerten Bedingungen« nun oft kritisch reflektiert sowie Fehler und Schwächen zugestanden werden.

Den positiven Mutterfiguren, die sich zwar noch am Bild der vollverantwortlichen Mutter orientieren, es zugleich aber um das Bild der berufstätigen Frau ergänzen, stehen negative Figuren in der Tradition der fatalen Mutter gegenüber. Im Unterschied zur Gestaltung im Modernismus wird die Machtausübung nun sehr viel deutlicher als Kompensation einer mehr oder minder verdrängten Unzufriedenheit mit der eigenen Lebenssituation begründet. Die neuen fatalen Mütter sind im Vergleich zu ihren einigermaßen positiven Gegenbildern auffallend häufig auf den häuslichen Aktionsraum beschränkt und haben keinen Beruf. Ihr Fehlverhalten erweist sich an den Folgen für die meist bis ins Erwachsenenalter in ihrem Bann gehaltenen Kinder.

In einem lange eingespielten Abhängigkeitsverhältnis, das sich vordergründig auf die praktischen Versorgungsfunktionen der Mutter und die Bequemlichkeit des Sohnes gründet, leben Midge Little und ihr Sohn David in Elizabeth Taylors komisch-satirischem Roman *The Wedding Group* (1968) zusammen. Verlustängste der Mutter und Freiheitswünsche des Sohnes bleiben unausgesprochen, um die prekäre Balance nicht zu stören. Midge hat nach ihrer Scheidung das Bemuttern ihres Sohnes zur Lebensaufgabe gemacht. Es gelingt ihr auch, ihren Einflußbereich auf die hinzukommende Schwiegertochter auszudehnen, indem sie das naive junge Mädchen mit Süßigkeiten mästet und sich als

Hausfrau und Pflegemutter für das Baby unentbehrlich macht. Für Lewis Percy in dem gleichnamigen Roman von Anita Brookner (1989) erweist sich die enge Beziehung zu der verwitweten Mutter bis weit über deren Tod hinaus als lebensbestimmend. Unfähig zur Bewältigung von Alltagsproblemen wiederholt er geradezu zwanghaft die Mutterbeziehung mit einer Lebenspartnerin, die ihn zwar äußerlich umsorgt, jedoch zu keiner Zuwendung fähig ist und durch Frigidität dem Inzestverbot Rechnung trägt. Verzichthaltung, resignative Lebenseinstellung und geringes Selbstwertgefühl der Mutter übernimmt der Sohn gewissermaßen in perpetuierter Folgsamkeit gegenüber der Verstorbenen, aus deren Bann er sich erst im Alter von vierzig Jahren mit einem entscheidenden Schritt ins Erwachsensein zu lösen vermag.

Liest sich *Lewis Percy* wie eine moderne Variante von D. H. Lawrences *Sons and Lovers* (1913), so klingt in Brookners *A Start in Life* (1985) das Schicksal von Mary Olivier und Harriet Frean in Sinclairs Romanen an, wenn Ruths zaghafte Versuche, sich aus der bedrückenden Atmosphäre des Elternhauses zu befreien, nacheinander scheitern. Die Macht der Mutter, einer alternden Schauspielerin ohne Engagement, resultiert aus Inkompetenz und Ohnmacht, weshalb die sonst vernachlässigte Tochter in die traditionelle Pflicht der Altenpflege genommen und an ihrer Selbstverwirklichung gehindert wird.

Wo hingegen die Autorität einer fatalen Mutter durch die Tochter in Frage gestellt wird, steigen deren Chancen einer Emanzipation von traditionellen Rollenmustern. Mrs Fletcher in Olivia Mannings *Play Room* (1969) repräsentiert den Typ einer kleinbürgerlich engstirnigen Mutter, die ihre Aufgabe vor allem darin sieht, ihre heranwachsende Tochter vor den Gefahren der Welt zu bewahren und auf ihre zukünftige Frauenrolle einzuschwören. Wenn Mrs Fletcher mehrfach die Folgsamkeit ihrer Tochter durch Betonung ihrer eigenen Opferrolle in der Familie einzuklagen versucht, wird wieder einmal die kompensatorische Funktion mütterlicher Machtausübung deutlich. Die fünfzehnjährige Tochter Laura setzt sich gegen Unverständnis, Freiheitsbeschränkung und mangelnde Zuwendung zur Wehr durch heimliche und offene Ausbruchsversuche und durch Loyalität zu einer älteren Freundin, was Laura in erhebliche Gefahr männlicher Gewaltanwendung bringt. Eine durch Traditionszwang ähnlich einengende und zugleich kontraproduktive Wirkung hat Mrs Quest in *A Proper Marriage* auf ihre Tochter Martha, deren intuitiv trotzige Befreiungsversuche zunächst zu einer verfrühten und unglücklichen Ehe führen. Bei Imogene in Brookners *A Closed Eye* (1991) endigt die früh einsetzende innere Distanzierung und getrennte Lebensführung im Unfalltod. Die Figur der Mutter Harriet Lytton ist wiederum gekennzeichnet durch das Kompensieren von Frustrationen in mütterlichen Aufgaben, die sowohl im Hinblick auf die eigene Tochter Imogene wie auf die zeitweilige Pflegetochter Lizzie eher den Charakter von Wunschvorstellungen haben, an deren Realisierung Harriet ständig gehindert wird. In Michèle Roberts Roman *A Piece of the Night* (1978) gelingt es Julie in einer konfliktreichen Entwicklung, sich von dem Vorbild einer durch Opferbereitschaft und Verzicht auf Lebensgenuß – insbesondere erotische Erfüllung – charakterisierten Mutter zu emanzipieren.

Die Thematisierung der mit einem emanzipatorischen Generationswandel in der Mutter-Tochter Beziehung verbundenen Probleme ist im modernen Frauenroman recht vielfältig. Sara Maitlands *Three Times Table* (1990) stellt in drei separaten, erst in einer abschließenden Krisensituation zusammengeführten Handlungssträngen drei Frauen der aufeinanderfolgenden Generation vor, deren Selbständigkeit und Abweichung von traditionellen Rollenschemata einerseits im Zusammenhang mit dem frühzeitigen Freigesetztwerden durch die Mutter gesehen werden können, andererseits aber auch durch emotionale Defizite und entsprechende psychologische Probleme erkauft zu sein scheinen. Den Prozeß des Wandels im Mutterbild demonstriert Margaret Forsters Roman *Mother, Can You Hear Me?* (1979) anhand der Unterschiede zwischen drei Generationen. Dabei steht Angela als Repräsentantin einer Übergangsgeneration im Zentrum des Geschehens. Einerseits vermag sie sich dem Normzwang des traditionellen Mutterbildes, verkörpert durch ihre Mutter Mrs Trewick, nur schwer zu entziehen, andererseits versucht sie, gegenüber ihrer Tochter Sadie vieles anders und besser zu machen. Das prägende Vorbild der eigenen, im traditionellen Sinne perfekten Mutter erzeugt bei der durch Beruf und vier Kinder doppelt belasteten Angela immer wieder Motivationskonflikte und Schuldgefühle. In gleichzeitiger Distanzierung vom Muttervorbild erkennt sie jedoch in der nörgelnden und unzufriedenen Fünfundsiebzigjährigen die Frustration als Folge traditionell erzwungener Opferbereitschaft, lehnt zugleich deren rigide Erziehungsprinzipien ab und behandelt ihre Tochter mit größerer Freizügigkeit, was wiederum von Mrs Trewick kritisiert wird. Sadie kämpft ihrerseits pubertätsbedingt heftig um größtmögliche Selbständigkeit. Angelas intensive und konfliktreiche Auseinandersetzung mit dem traditionellen Mutterbild ist von innerer Widersprüchlichkeit und familiären Konflikten gekennzeichnet, führt aber doch einen Schritt weiter im Generationswandel.

Meine Untersuchung der Mutterbilder im englischen Roman des 19. und 20. Jahrhunderts ging davon aus, daß es sich dabei um eine

Auseinandersetzung mit einem kulturellen Konstrukt handelt. Dies zeigt die Wandelbarkeit der historisch bedingten Vorstellungen von der Rolle der Mutter, woran soziale, wirtschaftliche, politische und wissenschaftliche Entwicklungen beteiligt sind. Bei der Entstehung des Bildes von der perfekten Mutter standen die Bedürfnisse des Kindes im Rahmen patriarchaler Machtverhältnisse im Vordergrund, während im weiteren Verlauf von rund zweihundert Jahren die Belange der Frau vor allem von Frauen allmählich thematisiert und verstärkt eingefordert wurden. Das in seiner praktischen Umsetzung ohnehin fragwürdige ideale Bild der vollverantwortlichen Mutter wurde kritisiert, modifiziert und ergänzt, insbesondere durch das Bild der selbstverantwortlichen und der berufstätigen Mutter. Das negative Gegenbild der versagenden oder gar fatalen Mutter wurde in seiner Einseitigkeit erkannt, aber auch verständlich und veränderbar gemacht.

Die Auseinandersetzung mit dem herrschenden Mutterbild erfolgt in den Romanen in Anlehnung an, aber auch in Abweichung von den übrigen zeitgenössischen Diskursen, so daß die Romanfiktion einen eigenständigen, zuweilen auch innovativen Diskussionsbereich von besonderer imaginativer Eindringlichkeit bietet. Im Roman des 19. Jahrhunderts wird das Bild der *perfect mother* (idealen Mutter) selten bestätigt und viel eher in Frage gestellt, wobei der fiktionale Text die Möglichkeit hat, dies subversiv mittels verschiedener Erzählstrategien zu tun: Besonders erschwerte Bedingungen bei der Erfüllung dieses Ideals versehen es mit einem ironischen Akzent, frühzeitiger Tod entzieht die Mütter der Realitätsprüfung durch ihre Töchter und verweist ihre Idealisierung in den Bereich der Phantasie, negative Gegenbilder stellen die Verwirklichung des hohen Anspruchs in Zweifel und lenken die Aufmerksamkeit auf die Perpetuierung von Rollenzwängen durch rigide reaktionäre Mütter, was zugleich auf die negative Kehrseite des viktorianischen Mutterbilds verweist. In der Figur der stellvertretenden Mutter werden Alternativen thematisiert und zugleich mütterliche Funktionen aus ihrer restriktiv biologischen Begründung gelöst und damit biologistische Reduktionen der Frau auf ihre Reproduktionsfähigkeit implizit kritisiert.

Zu einer offenen und massiven Kritik am viktorianischen Mutterbild kommt es in den ersten Jahrzehnten des 20. Jahrhunderts im Kontext des Modernismus und unter dem Einfluß der Psychoanalyse, wobei es vor allem um die Machtausübung der Mutter und ihre tiefenpsychologisch begründete Übermächtigkeit geht sowie um die davon betroffenen Töchter. Wie bereits im 19. Jahrhundert gilt das besondere Interesse von Autorinnen der Mutter-Tochter-Beziehung, in der die

Entscheidung über einen möglichen emanzipatorischen Generationswandel fällt. Im Roman des 20. Jahrhunderts wird dies zunehmend psychologisch differenzierter dargestellt, wobei auf die anfänglich extrem abschreckenden Beispiele etwa nach dem Einsetzen der zweiten Frauenbewegung durchaus auch Zukunftsperspektiven einer Lockerung von traditionellen Rollenzwängen eröffnet werden.

Kennzeichnend für den modernen Frauenroman der letzten vierzig Jahre ist das erstmals deutlich artikulierte Interesse an den Belangen der Frau – nicht selten im Konflikt mit den Bedürfnissen des Kindes – sowie die Vielfalt der Aspekte, unter denen Mutterschaft nun gesehen wird. Schwangerschaft, Geburt und die Versorgung kleiner Kinder werden als kreative Erfahrung verherrlicht, aber auch als Einschränkung der Persönlichkeitsentfaltung kritisiert, die Gleichzeitigkeit von Mutterschaft und beruflicher Selbstverwirklichung wird mit unterschiedlicher Bewertung als ein auf dem Hintergrund des immer noch wirksamen Bildes der perfekten Mutter unlösbarer Konflikt dargestellt, gleichzeitig aber auch die fatale Machtausübung von Müttern als Resultat frustrierender Beschränkung auf den Reproduktionsbereich dekuvriert. Die Hoffnung auf einen durchgreifenden Wandel im traditionellen Mutterbild richtet sich dabei auf die Emanzipation der Töchter von den Müttern. So zeigt die kritische Auseinandersetzung mit dem traditionellen Mutterbild in der englischen Romanliteratur über zwei Jahrhunderte einen Wandel, der von tentativem Infragestellen über massive Ablehnung zu modifizierten Neuentwürfen führt.

Jula Dech

Die Kollwitz-Mütter.
Rädelsführerin und Mater dolorosa

Kaum eine andere bildende Künstlerin des 20. Jahrhunderts ist so widersprüchlich von den wechselhaften politischen Strömungen in Beschlag genommen worden wie Käthe Kollwitz. In den öffentlichen Auseinandersetzungen um die Aufstellung ihrer *Pieta* in der Berliner Schinkelschen Neuen Wache spiegelten sich die offenkundigen Mehrdeutigkeiten des Werks jüngst noch einmal wider. Die Bedeutung von ›Mütterlichkeit‹ spielt dabei eine zentrale Rolle.[1] Im Kollwitzschen Schaffen steht sie in einem auffälligen Spannungsverhältnis zum gesellschaftlichen Engagement und zur sozialen Aktivität von Frauen.

Wahrscheinlich gibt es im ganzen graphischen Frühwerk der Künstlerin kein Bild, das uns diese Spannung in solch faszinierender Ambivalenz vermittelt wie das dritte Blatt ihres Bauernkriegs-Zyklus' *Beim Dengeln* (1905) (Abb. 19). Es ist die vollkommene Darstellung einer abstoßend häßlichen, lauernd boshaften Frau, die zugleich eine ungeheure Stärke, Gegenwärtigkeit und Unantastbarkeit, ja Würde ausstrahlt: männlich wuchtig die Gebärde, monumental der Ausdruck, entschlossen die Strichführung. Dies ist ein Weib von alttestamentarischer Statur, eine vom Stamme Judiths, eine aus der Rotte der Schwarzen Anna, aus dem gleichen Holz geschnitzt wie Jeanne d'Arc. Eine solche hat das Böse in sich aufgesogen, zusammengepreßt zwischen Kopf und Händen, hat nicht ein Jota vergessen von den Demütigungen ihres Geschlechts, den Erniedrigungen ihres Standes, der Entwürdigung ihres Daseins: Auge um Auge, Zahn um Zahn!

Käthe Kollwitz' Komposition des Bildes ist hermetisch-streng, läßt ahnen, daß die Künstlerin hier mehr ›auf den Punkt‹ gebracht hat als eine Bäuerin bei alltäglicher Arbeit. In einer dunklen quadratischen Grundform prallen spitzwinklig aufblitzende Dreiecke dynamisch auf-

---

1 Stellvertretend für eine der vielen Deutungen möchte ich den Kultursoziologen Nicolaus Sombart zitieren, der an der Skulptur »euphorisch die symbolische Liquidierung der Wertvorstellungen des viril-martialisch-heroisch-preußischen Männerstaates feiert. Hier kündigt sich das Ende der Männergesellschaft an.« In: Der Tagesspiegel, 15. Nov. 1993.

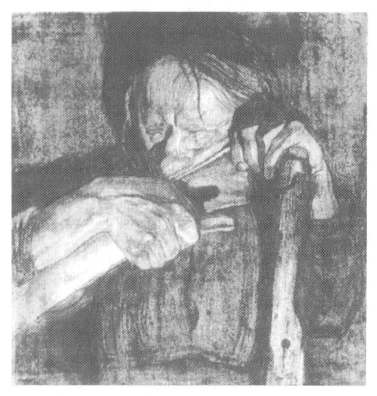

Abb. 19: Käthe Kollwitz: Beim Dengeln, 1905.
Radierung (Blatt 3 aus dem Zyklus ›Bauernkrieg‹).
Käthe Kollwitz Museum Köln.

einander. Pfeilartig schießt das scharfe Sensenblatt von links unten nach rechts oben ins Zentrum, um dort vom Schaft des Werkzeugs – dem Schnittpunkt der Komposition – aufgefangen zu werden. In Spannung dazu umschließt die linke Hand der Frau wie ein Knauf jenen Winkel, an welchem das Messer fest im Stiel der Sense verzahnt ist. Der rechte Arm der Bäuerin verstärkt das Sensenblatt an dessen oberer Kante, indes in der geschlossenen Hand schwer der Dengelstahl wiegt. Über den vom Stiel abspringenden Stahl, der von den Pranken der Bäuerin zusammengepreßt, ja eingekeilt erscheint, schiebt sich ihr kantiger Schädel mit seinem Nasenrüssel jäh nach vorne. In den mißtrauisch zusammengekniffenen Augen ist etwas wie der Instinkt eines Tieres wahrzunehmen, das stets auf der Hut ist, tödliche Gefahren zu wittern. Frau und Ackergerät verschmelzen zu einem – jeden Augenblick kann das frisch geschärfte Werkzeug zur Waffe werden, das Symbol des drohenden Sensenmannes zum Instrument der Notwehr.

Ginge es um Genremalerei, das Mähen einer Wiese könnte im Dengeln als Einverständnis von Mensch und Natur antizipiert sein. Die von Kollwitz mit wenigen Strichen entworfene Gebärde macht, daß wir glauben können, das blecherne Scheppern des Schärfens und Schleifens führe uns in die Magenwände. Gleich wird diese Frau das Messer sirrend ins hohe Gras fahren lassen:»Er macht gar kein Unterschied/ geht alles in einem Schnitt«, heißt es in einem Lied aus dem Dreißigjährigen Krieg,»der stolze Rittersporn/ und Blumen im Korn/ da liegen's beisammen/ Weißt kaum den Namen/ Hüt' dich, schön Blümelein!«[2]

Nur vordergründig handelt Kollwitz' Blatt von einer Bäuerin, die ihre Sense dengelt.»Das quadratische Format des Blattes«, kommentiert Catherine Krahmer,»faßt in symbolischer Verdichtung, aber zugleich mit einer geradezu konkreten Gewalttätigkeit zusammen, worum es geht: Es wird der Wille zum Kampf geschliffen.«[3] Der Kampf, das ist der Bauernkrieg – jedenfalls zunächst. Mit ihm hat die engagierte Künstlerin sich, auf den Spuren von Wilhelm Zimmermann und Friedrich Engels, ausführlich befaßt. Dieser»ersten und bis heute einzigen revolutionären Bewegung einer ganzen Klasse in Deutschland« ist ihr Bilderzyklus gewidmet.[4] Historische Parallelen zur Situation der Arbeiterklasse im hochkapitalistischen wilhelminischen Kaiserreich sind mit Händen zu greifen.

---

2 Mündlich überliefert.
3 Catherine Krahmer: Käthe Kollwitz. Reinbek bei Hamburg: Rowohlt 1981, S. 449.
4 Ebd., S. 42f.

Jula Dech

Aber nur zu schnell verstellt eine solche – zweifellos beabsichtigte – Aktualisierung den Blick auf eine andere, tiefere Dimension von Kampf. »Die Motive zu den Bauernkriegsblättern sind nichts literarisch irgendwoher Geholtes«, betont Kollwitz in einem Brief an den Historiker Bonus. »Nachdem ich das kleine Blatt mit der darüberfliegenden Frau (*Aufruhr*) gemacht hatte, beschäftigte mich dasselbe Thema noch länger und ich hoffte, es einmal so darstellen zu können, daß ich damit fertig wäre.«[5]

Aus solchen Sätzen läßt sich erahnen, daß es der Künstlerin bei dieser ihrer Arbeit um weitaus mehr als um Bauernkrieg und Arbeiterklasse geht. Käthe Kollwitz befindet sich in einer Phase ihres Lebens, in der sie sich in verschiedensten Rollen und unter vielfältigen Aspekten mit Fragen der weiblichen Identität auseinandersetzt: als Mutter, als Ehefrau, als Künstlerin und als Geliebte, theoretisch ebenso wie praktisch.[6] Im Kern impliziert eine solche Reflexion der verordneten, real existierenden Macht und ihrer gewalttätigen Praxis den schwierigen Versuch, das subtile Geflecht ökonomischer, politischer, psychologischer und besonders libidinöser Herrschaft aufzuspüren – wobei ja nicht, wie im Nachhinein scheinen könnte, Bilder analytisch Erkanntes nur expressiv auszudrücken haben, sondern für eine Künstlerin wie Kollwitz selbst Medien von Erkenntnis sind.

Dem hier behandelten Blatt kommt in diesem Zusammenhang eine Schlüsselrolle zu. Es ist auffällig, wie viele Vorstudien Käthe Kollwitz zu diesem Bild unter dem Titel *Inspiration* (*Frau mit Sense* und *Beim Dengeln*) in den Jahren 1904 und 1905 entworfen und wieder verworfen hat.[7] In zahlreichen graphischen Techniken ringt sie mit dem Ungreifbaren wie Jakob mit dem Engel. Und während sie zuletzt jenes Blatt einzig autorisiert, auf dem sie für ihren quälenden Suchprozeß endlich die stärkste Ausdrucksform gefunden zu haben glaubt, hinterläßt sie uns in diesen Entwürfen Szenen eines Ringens, die nicht nur ihrer Spannung wegen Assoziationen zu einem Krimi wecken.

5   Zitiert nach Ausstellungskatalog: Käthe Kollwitz. Frankfurt: Kunstverein Frankfurt 1973.

6   »Eben zu dieser Zeit hatte sie sich aus der einzigen Beziehung gelöst, die je eine Gefährdung ihrer Ehe darstellte – einer intensiven und offenbar auch intimen Bindung an den Verleger Hugo Heller«. Zitiert nach: Allessandra Comini: Käthe Kollwitz und ihr Umfeld. In: Käthe Kollwitz. München: Schirmer Mosel 1993, S. 56.

7   Vgl. Otto Nagel: Die Handzeichnungen. Berlin: Henschel 1972, Abb. 292-301 (*Inspiration*), 391-392 (*Frau mit Sense*), Abb. 394- 399 (*Beim Dengeln*).

Inspiration, der Obertitel jenes Entwurfs-Stadiums, in dem insgesamt 17 verschiedene Blätter entstehen, bezieht sich recht eindeutig auf die Beeinflussung, ja die suggestive bis manifeste Überwältigung jener Frau, die wir – ex post – als Bäuerin kennen, durch einen Mann im Hintergrund. Das schöpferische ›Einhauchen‹ von Leben, das jener Begriff auch meinen könnte – zumindest auf diesen Bildern ist davon nicht die Rede. In den ersten Entwürfen zeichnet die Künstlerin eine erschöpft wirkende, sitzende alte Frau, deren Hände tatenlos, ja unentschlossen, auf ihren Oberschenkeln ruhen. Ihr Kopf neigt sich aufmerksam lauschend einer männlichen Person zu, die, seitlich kniend, ihren nackten Oberkörper dicht an sie heranpreßt – offenbar, um ihr eine höchst bedeutsame Botschaft einzuflüstern. Der mit bestimmter Gebärde stark nach unten ausgestreckte Arm dieser Figur scheint von der Schulter der Frau aus, zentral die Bildachse betonend, ihren Körper, ihren Schoß zu spalten. Herrisch fährt der Arm, verlängert durch den von ihm gehaltenen Sensenstiel, nach unten – und richtet die Schnittkante des scharfen Sensenblattes, das parallel zum unteren Bildrand geführt wird, gegen die Frau selbst.

In den folgenden Varianten verändert sich mit dem anscheinend aufmerksameren Lauschen der Sitzenden auch ihre Gesamthaltung: ihr müde zusammengesunkener Körper strafft sich unter dem Eindruck der Einflüsterung, Eingebung. Ebenso gibt der ›Inspirator‹ seine bedrängende Position auf, rückt im Sitz neben die Frau; sein Gesicht, nunmehr im Profil zu sehen, schmiegt sich an ihren Kopf, scheint mit ihm zu verschmelzen. Plötzlich wirkt die Haltung so, als ob der Mann die Hand der Frau suche, um sie zum Stiel der Sense zu führen, indes sein rechter Arm, um ihre Schulter geschlungen, den Dengelstahl umgreift. Auf den ersten Blick vermittelt das Paar in dieser formal ausbalancierten Darstellung Ruhe, ja psychische Ausgewogenheit. Das überwache Gesicht der Frau jedoch signalisiert Anspannung, lenkt unsere Aufmerksamkeit zurück auf den dunklen Herd ihrer Unruhe – die männliche Gestalt und ihre beiden Hände, die um das gefährliche Werkzeug spielen. Spürbare Angst der Frau: vor dem Mann, vor der potentiellen Waffe, vor dem auf sie ausgeübten Druck?

In ihren zeitlich folgenden Blättern gibt die Künstlerin darauf konkretere Antwort: Der Mann ist rücklings auf die Frau gesprungen, hält sie, auf ihr hockend, fest im Griff – aus der Inspiration wird die Strangulierung, aus der Umarmung Erdrückung. Die Figur im Hintergrund hakt dem Objekt ihrer Insinuation ihr rechtes Bein besitzergreifend über die Schulter, und während der Mann den einen Arm der Frau wie in einer Schraubzwinge rückwärts preßt, führt er ihre andere Hand

Jula Dech

entschlossen zum Sensenstiel. Die Ausübung von Gewalt ist offenkundig geworden.

Nach dieser Darstellung bricht Käthe Kollwitz solche Art von Figuration zunächst ab. In den zwei folgenden Studienblättern von 1905, die sie *Frau mit Sense* nennt, steht die Frau allein vor einem düsteren Hintergrund. Aufrecht wie sie selbst steht vor ihr der Stiel der Sense, ihr auf den Leib geschrieben; während das gebogene Sensenblatt wie eine scharfe Schnittstelle zwischen Körper und Kopf der Frau liegt. Schlaff, als wäre ihr jede Kraft genommen, läßt sie ihren rechten Arm über der Klinge hängen. Der Kopf, an den Stahl gelehnt, scheint eher bereit, einem unsichtbaren Sensenmann zu lauschen, als selbst die Verfügung über das Instrument zu ergreifen.

Betrachtet man das zuletzt entstandene Blatt *Beim Dengeln* in Kenntnis der früher entstandenen Entwürfe zum gleichen Sujet, so geht es in seiner Bedeutung gleichermaßen über Konnotationen von Politik (Bauernkrieg) oder Kunstprozeß (Inspiration) hinaus. Nach meiner vorläufigen Bilanz ist dieses Bild Ausdruck der Niederlage des weiblichen Prinzips gegenüber dem männlichen: Es handelt sich um die Niederlage des Leibs gegenüber dem Kopf, die Niederlage von Natur, Materie, gegenüber der Idee, der Ideologie. Es ist das künstlerisch ausgedrückte Eingeständnis weiblicher Ohnmacht. Mit der Öffnung des weiblichen Körpers für den männlichen Willen werden die eigenen Gefühle preisgegeben; indem sie sich die fremde Sinnlichkeit ›unter die Haut‹ gehen läßt, verrät die Frau ihre eigene. Diese Abstraktion vollzieht sich im Zeichen der Gewalt: Im männlichen ›Atem-Einhauchen‹ (der ›In-spiration‹) sind Produktivität von Idee, Ideal und Destruktivität ihrer gewalttätigen, kriegerischen Durchsetzung untrennbar verschmolzen. Die Frau, die etwas von der Kraft des Lebens und Wachsens in sich birgt, verrät mit diesem Prinzip nicht nur sich selbst, sondern ist auch noch – wie auf anderen Werken von Käthe Kollwitz deutlich wird – bereit, ihm ihre Kinder zu opfern.

Die Künstlerin nimmt zu Beginn dieses Jahrhunderts zeichnerisch vorweg, wovon feministische Wissenschaft viele Jahrzehnte später analytisch handelt: »von einem ›implantierten Bewußtsein‹ und von einem durch Sprache vollzogenen ›Kolonialismus‹, die eine genuine Beeinträchtigung der Erfahrungen und des Bewußtseins der Frauen bedeuten«.[8] »In der Situation der Unterwerfung«, so die Autorin weiter,

8 Brigitte Weisshaupt: Schatten des Geschlechts über der Vernunft. In: Feministische Erneuerung von Wissenschaft und Kunst. Pfaffenweiler: Centaurus 1990, S. 28f.

»bleiben der von Macht und Sprache Ausgeschlossenen nur zwei Schicksale: Sie kann, meint Kristeva, erstens eine Art Negativität, eine Beunruhigung darstellen, die die Macht bis zu ihrer Infragestellung treibt. Es sei dies die klassische Position der Hysterikerin, die in der Lage sei, als revolutionäres Symptom im positiven Sinn auszubrechen. Das andere Schicksal stellt sich zweitens so dar, daß die Frau die Macht bis zur Identifikation mit ihr beansprucht, um dann ihren Platz einzunehmen.«[9]

In zahlreichen Werken hat Käthe Kollwitz in diesem ersten Jahrzehnt des kriegerischen 20. Jahrhunderts den Zusammenhang zwischen staatlicher, revolutionärer und sexueller Gewalt, zwischen Gewaltherrschaft und Vergewaltigung, zwischen verordnetem Kampf und Opfertod zu ergründen und auszudrücken versucht. *Vergewaltigt* (von 1907) ist dabei eine exemplarische Arbeit.[10] Indem die Künstlerin den zerstörten Leib der Vergewaltigten mitten in die niedergetrampelte Pflanzenwelt bettet, bezieht sie die Vernichtung von menschlichem Leben und (übriger) Natur anschaulich aufeinander. Der gewalttätige sexuelle Mißbrauch wird als Vereinnahmung und Vernichtung von weiblicher Sexualität schlechthin gezeigt. Die bewußte sexuelle Zerstörung bosnischer Frauen im jugoslawischen Bürgerkrieg macht aktuell deutlich, wie eng für Männer in kriegerischen Auseinandersetzungen Eroberung des weiblichen Territoriums und Okkupation fremden Landes miteinander changieren können.

In ihrem Frühwerk dominiert bei Kollwitz die kämpferische Dimension in der körperlichen Liebe zwischen Mann und Frau, ja sogar in der Abhängigkeit von Mutter und (vor allem männlichem) Kind. Gewalt, ja Tod lauert geradezu in diesen Beziehungen. In den Blättern *Liebespaar*, *Abschied* oder *Liebespaar sich aneinanderschmiegend* ist die Verwandtschaft zur Gestaltung der Themen ›Tod und Frau‹, ›Mutter und toter Sohn‹ oder ›Tod und Frau um das Kind ringend‹ unübersehbar enthalten.[11] Im Aufbäumen der Mutter, die dem Knochenmann ihre Kinder zu entreißen versucht, sich in einem elementaren Kraftakt gegen ›den Tod‹ stemmt, sich über ihre Kinder wirft, sie animalisch um-

---

9 Ebd., S. 32.
10 Detaillierte Beschreibung in: Jula Dech: Gewaltige Bilder und die Darstellung von Gewalt. In: Frau-Raum-Zeit. Berlin Hochschul-Schriftenreihe 1983, S. 118-128.
11 Detaillierte Darstellung in: Hannelore Fischer (Red.): Kölner Museums-Bulletin. Käthe Kollwitz Museum Köln. Sonderheft 1-2 (1991).

klammert, gewinnt der Kampf gegen das Töten – mehr als gegen das Sterben! – starke symbolische Ausdruckskraft. Freilich bleibt der Grundgestus der eines verzweifelten, eines ungleichen Kampfes: Geduckt wie ein Tier kauert die Mutter auf der Erde, selbst dem Tod hilflos ausgeliefert, und sucht sich und das Kind vor dem unsichtbaren Zugriff zu schützen.[12]

Auf der anderen Seite läßt Käthe Kollwitz sich ebenso gefühlsmäßig ›inspirieren‹ durch die revolutionär-kriegerischen Ideen eben jener destruktiven männlich dominierten Gesellschaft. Vor allem eine weibliche Rädelsführerin wie die sogenannte Schwarze Hofmännin des deutschen Bauernkriegs hat es ihr angetan.[13] Obwohl die Historiker ihre Leistung vor allem in aufklärerischen Reden und der Abfassung flammender Flugschriften sehen, wollen Legenden und Romane der Jahrhunderte nicht von der ›Hexe‹ lassen, »und klebt ihr auch Blut und Grauen an und scheint sie der Menschlichkeit fast wie der Weiblichkeit entwachsen [...] Der Glaube ihrer Zeit und ihrer Umgebung schrieb ihr geheime Kräfte zu«, heißt es weiter. »Zauberkünste, Segens- und Bannsprüche, einen Wahrsagergeist. Sie war Jakob Rohrbachs Freundin, Ratgeberin, Helferin, sein Sporn und sein mahnender Geist, oft stärkte sie ihn, wenn er wankend werden wollte.«[14] An diesem ›Sinnbild der archaischen Mutter mit väterlichen Attributen‹,[15] an dieser Frau mit dem verinnerlichten Vaterprinzip, die ›aus Liebe‹ weder Gefahr noch Tod fürchtet und weder sich selbst noch ihre Kinder schont – entzündet sich die Phantasie der Künstlerin. Mit der Schwarzen Anna identifiziert sich Käthe Kollwitz, infiziert sich an ihrem revolutionären Pathos, ihrem leidenschaftlichen Handeln. Der schwülstig- erotischen *Liberté* von Delacroix stellt sie – auf dem ›Gipfel revolutionärer Hochstimmung‹ – eine Allegorie der Freiheit gegenüber, die in Bauerngewand und Holzpantinen fest auf dem Erdboden steht und nicht nur die

---

12 Dieser Gestus ist besonders stark in der Radierung *Frau mit totem Kind* (1903) nachzuvollziehen.

13 Rädelsführer, ursprünglich »Führer eines Rädleins, einer Landsknechts- oder Bauernschar, später allgemein das Haupt einer Verschwörung. Im Strafrecht versteht man unter Rädelsführer den Anführer einer strafbaren Zusammenrottung. Er wird [...] bei Aufruhr, Landfriedensbruch und Meuterei [...] strenger bestraft als die übrigen Teilnehmer«. Der große Brockhaus. Bd. 14. Leipzig 1933.

14 Wilhelm Zimmermann: Der große deutsche Bauernkrieg. Berlin: deb 1980, S. 392.

15 Brigitte Weisshaupt: Schatten des Geschlechts über der Vernunft, S. 33.

Arbeiter, Bauern und Angestellte im revolutionären Kampf vereint, sondern auch die Frauen der neuen Frauenbewegung mitzureißen vermag.

Der Unbedingtheit einer solchen revolutionären ›Inspiration‹ wird alles geopfert. Die kämpfenden Mütter nehmen selbst ihre Kinder überall hin mit. Schon im *Weberzug* (1897) trägt eine Frau ihr schlafendes Kind auf den Schultern zur gefährlichen Demonstration, schleift es dann beim ›Sturm‹ auf die herrschaftliche Villa mitten durch Aufruhr und Steingeschosse. Die Mütter gehen mit ihren Kindern zum Betteln, in die Kneipe, ins Obdachlosenasyl oder Gefängnis, schließlich sogar in den Tod: zwei Kinder in den Armen geht eine Mutter *Ins Wasser* (1909) – ein Kind zieht ›Mutter Krause‹ mit auf ihre ›Fahrt ins Glück‹, den Tod am Gashahn.[16] Kinder erscheinen bei Kollwitz aber keineswegs nur als Opfer jenes sozialen Elends, dem sie zusammen mit ihren Müttern zwangsläufig ausgeliefert sind. Auch Kinder werden zum Kampf ›inspiriert‹, ›inspirieren‹ selbst zum Aufruhr. So stürmt auf dem Bauernkriegs-Blatt *Losbruch* (1903) ein kleiner Junge tollkühn der Bauernhorde voraus, treibt sie, im Einklang mit der Rädelsführerin, zum Widerstand und ins tödliche Gefecht. Angetrieben von einer visionären Kraft ist auch sein Geist und Körper schon stigmatisiert von der selbstzerstörerischen Inspiration ›höherer Ideale‹.[17] Auf einem späteren Werk steht eine Mutter an der Bahre des ermordeten Revolutionärs Karl Liebknecht – und dreht das Gesicht ihres Kindes dem Arbeiterführer zu.

Nationalisten, Kapitalisten, Völkische, Lebensreformer, Sozialdemokraten, Frauenrechtlerinnen – einen historischen Augenblick lang bringt der Erste Weltkrieg (fast) alle einander widerstrebenden oder bekämpfenden gesellschaftlichen Kräfte zusammen. Die unbewußte Hoffnung, mit Gewalt lasse sich die innerlich längst ausgehöhlte sittliche Ordnung noch einmal zusammenhalten, gar erneuern, treibt nicht nur Rüstungsspekulanten oder verhetzte Dummköpfe in diese gigantische Verblendung. Zahlreiche engagierte Pazifisten der 20er Jahre, darunter viele Künstler, Schriftsteller, Intellektuelle, ziehen zunächst als begeisterte Freiwillige in dieses Schlachten.

---

16 Plakat von 1929, das Käthe Kollwitz für den Heinrich-Zille-Film *Mutter Krausens Fahrt ins Glück* gemacht hat.

17 Das Kind trägt die Gesichtszüge des älteren Sohnes Hans, der jüngere wird als ›Freiwilliger‹ im Ersten Weltkrieg sterben.

»Krieg!« ruft wie viele andere auch Thomas Mann im November 1914 aus. »Es war Reinigung, was wir empfanden und eine ungeheure Hoffnung. Hiervon sagen die Dichter, nur hiervon. Was ist ihnen Imperium, was Handelsherrschaft, was überhaupt Sieg? Unsere Siege, die Siege Deutschlands – mögen sie uns auch die Tränen in die Augen treiben und uns nachts vor Glück nicht schlafen lassen, so sind doch nicht sie bisher besungen worden, man achte darauf, es gab noch kein Siegeslied. Was die Dichter begeisterte, war der Krieg an sich selbst, als Heimsuchung, als sittliche Not. Es war der nie erhörte, der gewaltige und schwärmerische Zusammenschluß der Nation in der Bereitschaft zu tiefster Prüfung, ein Radikalismus der Entschlossenheit, wie die Geschichte der Völker sie vielleicht bisher nicht kannte!«[18]

Käthe Kollwitz' Söhne Peter und Hans sind 1914, zu Beginn des Krieges, 18 und 22 Jahre alt. Wie zahlreiche Altersgenossen steigern sie sich in patriotisches Pathos. Da der Jahrgang des Jüngeren noch nicht einberufen ist, macht die Mutter sich beim Vater zu seiner Fürsprecherin – und erreicht mit ihm zusammen dessen Einwilligung zur Freiwilligen-Meldung. Bereits am 22. Oktober, wenige Tage nach seiner Abreise an die Westfront, wird Peter Kollwitz in Dixmünden erschossen.

Die Künstlerin hat die Vorgänge dieser Zeit sorgfältig in ihrem Tagebuch dokumentiert, sich zeitweise fast täglich über Stimmungen, Gefühle und Gespräche Rechenschaft abzulegen versucht. Manche Empfindungen, die in die Vorstudien zu *Beim Dengeln* künstlerisch eingegangen sind, werden hier sprachlich artikuliert, argumentativ gewendet und gewogen.

6. August 1914
»Aber ich empfand in jener Zeit auch ein Neuwerden in mir. Als ob nichts der alten Wertschätzungen noch standhielte, alles neu geprüft werden müßte. Ich erlebte die Möglichkeit des freien Opfers.«[19]

13. August 1914
»Die Jungen sind in ihrem Herzen ungeteilt. Sie geben sich mit Jauchzen. Sie geben sich wie eine reine, schlackenlose Flamme, die steil zum Himmel steigt. Diese an diesem Abend zu sehen, [...] war mir sehr weh und auch wunderschön.« (154).

---

18 Zitat von Thomas Mann als Schautafel in der Ausstellung: ›Oskar Maria Graf‹, in der Akademie der Künste, Berlin, März 1995 entdeckt.
19 Jutta Bohnke-Kollwitz: *Käthe Kollwitz. Die Tagebücher.* Berlin: Siedler 1989, S. 151. Weitere Zitate aus dieser Ausgabe werden im Text belegt.

27. August 1914
»Die Gabriele Reuter schrieb im *Tag* über die Aufgaben der Frauen jetzt. Sie sprach von der Wollust des Opferns – ein Ausdruck, der mich sehr traf. Wo nehmen alle die Frauen, die aufs Sorgfältigste über ihre Lieben gewacht haben, den Heroismus her, sie vor die Kanonen zu schicken?« (158)

»Peter wünscht, daß ich ihm aus *Zarathustra* über den Krieg vorlese.« (154)

»Wir lesen: den *Prinzen von Homburg*. Wir lesen die Hebbelschen *Nibelungen*. Peter las *Deutsche Geschichte*. Wir lesen Fichtes *Reden an die deutsche Nation*. Wir lesen Kleist *Was gibt es in diesem Krieg?*« (161, 147, 171)

27. September 1914
[Über einen Freund des Sohnes] »noch ganz der unverdünnte herrliche Idealismus der ersten Wochen. Mit einem Wiederkommen rechnet er nicht, will er kaum, dann wäre die Gabe verkürzt. Opfer kann man das kaum nennen, ein Opfer setzt Überwindung voraus. Dies ist eben ein strahlend stolzes Darbieten des Lebens.«

30. September 1914
»In solchen Zeiten kommt es einem so blödsinnig vor, daß die Jungen in den Krieg gehen. Das Ganze nur so wüst und hirnverbrannt. Mitunter den dummen Gedanken: sie werden in einem solchen Tollwerden doch nicht mittun und sofort wie ein kalter Strahl: sie müssen müssen. [...] Nur ein Zustand macht alles erträglich: die Aufnahme des Opfers in den Willen.« (163)[20]

4. Oktober 1914
»So sind sie nun auch kirchlich eingesegnet zu ihrem Opfer. (167) »In der Schärpe mit Helm sah der Junge so stattlich aus.« (164)

10. Oktober 1914
[Der Tag, an dem der Sohn einrückt] »Peters Ehrentag: [...] zum ersten Mal in unserm Leben hängen wir – Sozialdemokraten, die wir bewußt sind und bleiben, – am 10. Oktober die schwarz-weiß-rote Fahne heraus.« (169)

---

20 Auf dem alten Garnisonsfriedhof in Berlin findet sich die Grabinschrift eines deutschen Piloten (1931 abgestürzt): »Quält dich in tiefer Brust/ das harte Wort du mußt/ so macht nur eins dich still/ das stolze Wort ich will.«

Zwölf Tage nach dieser Notiz ist der Sohn ›gefallen‹. Aber weder den Bruder noch die Mutter scheint dieser Tod so einschneidend zu verändern, daß ihre selbstzerstörerische Opferbereitschaft dadurch ins Wanken gerät. Als der übriggebliebene Sohn Hans sich unbeirrt als Kriegsfreiwilliger melden will, plant der Vater das Kriegsministerium brieflich zu bitten, daß man den jungen Mann nicht an die Front schikken möge. Dazu notiert Käthe Kollwitz am 27. November: »Mir ist das so unangenehm. Warum? Karl sagt: ›Du hast nur Kraft zum Opfern und Loslassen – nicht die geringste zum Halten‹.« (176)

Schon kurz nach dem Tod des Sohnes beginnt die Künstlerin innerlich mit dem Entwurf eines Denkmals für ihn. Es soll, so hält sie am 1. Dezember fest, »dem Opfertod der jungen Kriegsfreiwilligen gelten.« (177)[21] Siebzehn Jahre lang wird dieses künstlerische Projekt zugleich Medium ihrer Trauerarbeit sein, bis sie es 1932 realisiert – während der neue Kriegstod eingeleitet wird.

Während des Ersten Weltkriegs dauert es seine Zeit, bevor nationalistischer Rausch und patriotisches Pathos angesichts des technischen Massenmordens der Ernüchterung weichen. Erst als jegliche erträumte ›sittliche Reinigung‹ gänzlich ausbleibt, im Gegenteil Berichte von unglaublichen Greueltaten an der Front ins zivile Deutschland gelangen, wendet sich die Einstellung allmählich wenigstens in den humanistischen Kreisen. »Der Krieg«, schreibt Kollwitz am 29. Mai 1915 in ihr Tagebuch, »entblößt einen Abgrund von Haß, Roheit, Dummheit und Lüge.« (186) Einen Monat zuvor zeichnet sich auch in ihrer Konzeption des Denkmals für Peter schon ein Wandel ab. »Ich arbeite an der Darbietung. Ich mußte – es war direkt ein Zwang – alles ändern. Die Figur bog sich von selbst unter meinen Händen – wie nach eigenem Willen – nach vorn über. Nun ist sie nicht mehr die Aufrechte. Ganz tief bückt sie sich und reicht ihr Kind dar. In niedrigster Demut.« (184)

Dennoch bleibt Kollwitz' Haltung gegenüber dem Krieg zwiespältig. Am *Vorwärts*, dem führenden Presseorgan des eigenen politischen Lagers, bemängelt sie dessen Kritik am deutschen Militarismus: »die Soldaten stehen im Feld und geben ihr Leben, dann wollen sie nicht angezweifelt haben, ob es auch lohnt, für diese Sache ihr Leben zu lassen«.[22] Einerseits beharrt sie darauf, daß das freiwillige Opfer der

---

21 Weiter schreibt Kollwitz hier: »Es ist ein wundervolles Ziel und kein Mensch hat ein solches Anrecht darauf, dieses Denkmal zu machen wie ich.«

22 Das ist eine auffällige Parallele zu der Äußerung eines russischen Obersten im russisch-tschetschenischen Krieg, Januar 1995, der sich gegen die Interventio-

Jugend einen höheren Sinn behalte – um andererseits, auch öffentlich, das Ende eines sinnlosen Blutvergießens zu fordern: »Es ist genug gestorben! Keiner darf mehr fallen! Ich berufe mich auf einen Größeren, welcher sagte: ›Saatfrüchte sollen nicht vermahlen werden!‹« (182)[23] Auf dem Friedhof von Dixmünden in Flandern steht das Denkmal der Künstlerin für ihren Sohn Peter, das zugleich ein Mahnmal für alle Kriegstoten sein soll. In einen weiten Mantel eingehüllt hat die Mutter ihren Schmerz tief in den Körper gezogen. Ihre Arme eng an den Körper gepreßt, ihren Kopf gesenkt, kniet sie vor den Tausenden nieder, die in diesem Krieg ihr Leben hingaben.

Opfer bleibt *das* Thema der Künstlerin während und nach dem Krieg. Zwischen 1922 und 1924 entsteht eine Holzschnitt-Folge, die dieses Motiv erneut umkreist. Das auch so betitelte Blatt, *Das Opfer* (Abb. 20), zeigt eine junge Mutter vollkommen schutzlos, nackt, mit geschlossenen Augen und geschlossenem Mund, die ein Neugeborenes auf dem Arm hält – und gleichzeitig mit angewinkelten Armen von ihrem eigenen Körper weghält. Ein weißer Strahlenkranz läßt, wie ein religiös-weihevoller Rahmen, das Kind vollends als Opfergabe im Namen eines höheren Prinzips erscheinen. Ein ähnlicher Nimbus schließt *Die Freiwilligen* auf dem zweiten Blatt der Folge zusammen: Wie unter Hypnose folgen hier eng miteinander verschlungene Jugendliche mit fanatisierten Blicken jenem unhörbaren Ruf der Kriegssirenen, die doch die Melodie des Todes singen.

Zum ersten Mal aber auch gestaltet Käthe Kollwitz auf einem dieser Blätter eine Gruppe von Müttern, die sich kreisförmig umklammern, um ihre Kinder zu schützen – gekennzeichnet von einer auf den Gesichtern sich spiegelnden Gefahr, die sie gleichzeitig als Geschlechts- und Schicksals-Genossinnen zusammenschließt. Eine Utopie? Später wird die Künstlerin diese Idee eines lebenden Schutzwalls erneut aufgreifen und ihr im *Turm der Mütter* zu starkem, plastischen Ausdruck verhelfen.[24] Es ist nicht uninteressant, diese Art weibliche ›Solidarge-

---

nen der Bürgerrechtsbewegung wehrt: »Unsere russischen Soldaten sterben mit einem Lächeln auf den Lippen, denn sie wissen, daß sie es für Rußland getan haben. Ihr Tod wird nun beschmutzt!«

23 Am 6.2.1915 schreibt Kollwitz das Goethezitat (aus: *Wilhelm Meisters Lehrjahre*, 7. Buch, Kap. 9, *Lehrbrief*) erstmals in ihr Tagebuch. Vgl. Jula Dech: ›Saatfrüchte sollen nicht vermahlen werden‹. In: Die gesellschaftliche Wirklichkeit der Kinder in der Kunst. Berlin: Elefanten-Press 1979, S. 241-269.

24 *Turm der Mütter* (1937-38), Bronzeplastik.

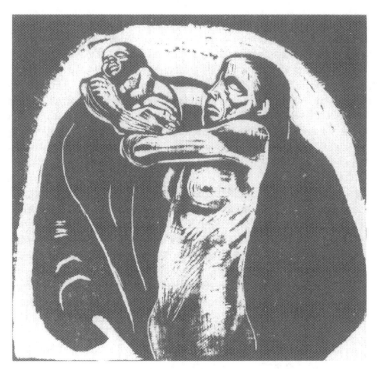

Abb. 20: Käthe Kollwitz: Das Opfer, 1922/23.
Holzschnitt (Blatt 1 aus der Folge ›Krieg‹).
Käthe Kollwitz Museum Köln.

meinschaft‹ in einem Spannungsverhältnis zu jener *Knieenden vor weiblicher Gottheit* zu betrachten – die Gretchen als schutzflehende Büßerin zu Füßen der Mater dolorosa zeigt.[25]

Zwischen 1924 und 1927 hat Kollwitz sich mit der Thematik der Anna Selbdritt beschäftigt. ›Maria und Elisabeth‹, die beiden ›begnadeten‹ Mütter der neutestamentlichen Heilsgeschichte, begegnen sich als hochschwangere Frauen. In enger Vertrautheit legt Elisabeth – die ältere und Mutter des Johannes – Maria den Arm um den Hals, berührt mit ihrer Hand den Leib der anderen und flüstert ihr etwas zu. Eine erotische Schwingung liegt zwischen ihnen. Die dunkle, mantelartige Hülle, die beide umfaßt, betont ihr gemeinsames Geheimnis und beläßt es als solches: ›Frauensache.‹[26]

Im Sommer 1940 notiert die Künstlerin mehrdeutig: »das interessiert mich als Thema schon lange, daß immer ein Mensch dem anderen im Schoß sitzt.«[27] Zumindest im buchstäblicheren Sinn findet dergleichen sich bei Kollwitz selten: Kinder, die fröhlich oder zufrieden auf dem Schoß der Mutter spielen, hat sie kaum gestaltet. Das ›Im-Schoß-Sitzen‹ im übertragenen Sinn von unerlöster Mutter-Kind-Beziehung, vor allem mit dem Tod im Bunde – es findet sich in weitaus vielfältige-

25 *Knieende vor weiblicher Gottheit* (um 1889), aus dem Umfeld des Gretchen-Stoffes. In: Otto Nagel: Käthe Kollwitz. Berlin: Henschel 1972, Tafel 4 /Kat. 26. »Das Blatt bezieht sich möglicherweise«, (so Nagel, Text S. 178), »auf die Schlußszene des *Faust*, die Gretchen als Büßerin vor der Mater gloriosa zeigt: ›Una poenitentium (sonst Gretchen genannt, sich anschmiegend): Neige, neige/ Du Ohnegleichen/ Du Strahlenreiche,/ Dein Antlitz gnädig meinem Glück...« Unmerklich abgehoben vorm dunklen Hintergrund erscheint statuarisch eine Frauengestalt. Sie ist zentral ins Bild gesetzt. Sie tritt aus dem Reich der Schatten, der Ideen ins Licht. Vor ihr kniet eine nackte flehende Frauengestalt, mit erhobenen Armen. Der Kopf der weiblichen Gottheit ist zu dem Mädchen geneigt, der Blick ist dunkel, geheimnisvoll, nach innen gekehrt. Der halbentblößte Körper der Göttin und der des Mädchens berühren sich in dieser Bewegung und werden eins.«

26 Vgl. die detaillierten Erläuterungen von Gisela Götte: Gesehen und Gedachtes. In: Kölner Museums-Bulletin. Käthe Kollwitz Museum Köln. Sonderheft 1-2 (1991), S. 16f.

27 Nach Catherine Krahmer: Käthe Kollwitz, S. 54. Käthe Kollwitz war sehr beeindruckt von Masaccios *Anna Selbdritt*, das sie bei ihrem Florenz-Aufenthalt im Original gesehen hat. Ein kulturwissenschaftlicher Vergleich mit Frida Kahlo, der Zeitgenossin aus einem anderen Kulturkreis, böte sich auch an: 1949 bearbeitet Kahlo das Thema unter dem Titel *Die Liebesumarmung des Universums, die Erde, ich, Diego und Herr Xolotl.*

ren Variationen, insbesondere das Motiv von Mutter und totem Sohn; ihm sollen abschließend noch einige Bemerkungen gelten. In ihrem großen psychoanalytischen Essay *Der gemiedene Schlüssel* hat Alice Miller auch dem Werk von Käthe Kollwitz ein eigenes Kapitel gewidmet: »Die toten Engelchen der Mutter und die engagierten Werke der Tochter«. Darin versucht die Autorin, wie mir scheint recht plausibel, das Verhältnis der Künstlerin zu ihrer eigenen Mutter als Schlüssel zum Verständnis des bildnerischen Werks zu erklären.

»Ich sah immer wieder ein totes Kind oder den personifizierten Tod, der kommt, um das Kind der Mutter zu entreißen, oder den Tod als Geliebten, als Tröster, als Freund, der sie von ihren lebenden, erschrokkenen Kindern entführt. Ich sah auch den gewalttätigen Tod, der die Kinder überfällt, [...] soviel Hoffnungslosigkeit und Verzweiflung, aber keine politische Kraft, [...] und ich fragte mich: ›Wer ist die gebückte, verlorene, depressive Frau, die man auf fast allen Bildern zu sehen bekommt? [...] Welche Rolle spielt der Tod in der Kindheit der Malerin?«[28]

Eindrucksvoll analysiert Miller das traumatische Liebesverhältnis des kleinen Mädchens zur Mutter, das Sinnlichkeit und starke Gefühle entwickeln wollte und von ihr zurückgewiesen wurde. Die Mutter trauert um drei verlorene Kinder, ist voller Schuldgefühle diesen gegenüber. Ihre Empfindungen für die lebenden Kinder hat sie abgetötet oder zumindest stark unter Kontrolle genommen. Sie meistert ihren Tageslauf nach dem Prinzip protestantischer Pflichterfüllung, lebt nur in der Trauerarbeit auf. Und so wenig sie ihre eigenen Gefühle noch zu zeigen vermag, so wenig duldet sie auch spontane Gefühlsregungen, gar Überschwang bei den Heranwachsenden.

Käthe, die Jüngste, zunächst ein waches, ja temperamentvolles Kind, galt bei den Eltern bald als eigensinnig, bockig, nervös und zog manche Strafen auf sich. Sie selbst wird schon früh von Zuständen gegenstandsloser Angst heimgesucht, die sich nicht nur psychisch, sondern auch körperlich äußern. Sie wird melancholisch, depressiv, träumt davon, auch endlich tot zu sein. Heftige Schuldgefühle quälen das Kind, das sich vergeblich abmüht, den Erziehungsprinzipien der Eltern gerecht zu werden und mit den toten(!) Geschwistern um die Gunst der Mutter wetteifert. Das Kind Käthe Kollwitz sucht die Liebe der Mutter, unterdrückt Schreie und Zornesanwandlungen ebenso wie andere starke Empfindungen, möchte nur artig und angepaßt sein. »Vertraute, Ka-

28 Alice Miller: Der gemiedene Schlüssel. Frankfurt a.M.: Suhrkamp 1988, S. 100f.

meradin, Genossin«, schreibt sie später über die Mutter, »war sie nie.«
In den Augen des Kindes hatte sie für dieses »die Entferntheit einer
Madonna«. Und: »Nie sah ich die Mutter ›fassungslos im Schmerz!‹«[29]
Häufig ist auf Bildern von Käthe Kollwitz zu sehen, wie ein Schrei
mit der Hand vor dem Mund zurückgepreßt wird zu einem inneren
Stöhnen. Ob die Künstlerin lebenslang jenes ›tote Kind‹ beweint, das
sie selbst war – das Kind, das sie abgetötet hat in sich?

Der Mensch, der einem anderen im Schoß sitzt – dies ist auch Thema der *Pieta* (1937), die seit 1993 als ›nationales Denkmal‹ die Berliner
Neue Wache schmückt. Weder eine nachträgliche Monumentalisierung
der (ursprünglich erheblich kleineren) Figuration noch ihre Erhöhung
durch einen Betonsockel haben verhindern können, daß die Darstellung vor Ort klein, ja verloren erscheint – und jedenfalls die von einem
solchermaßen ideologisch überfrachteten Denkmal erheischten ›erhe-
benden Gefühle‹ keinesfalls gewährt. Weder das Kunstwerk noch die
Künstlerin sind um ihre eigenen Widersprüche zu betrügen. Zu offenkundig ist die Unfähigkeit dieser Frau Gestalt geworden, ihrem eigenen
Sohn Schutz zu gewähren. In der Leere des Raumes wird die innere
Hoffnungslosigkeit der Mutter überdeutlich. Mehr als ein Mahnmal für
die ›Opfer von Krieg und Gewaltherrschaft‹ wird die Plastik zu einem
Ausdruck der Trauer um die Mütter. Die Frau, die hier ihren Sohn
beweint, ist sich ihrer Mitschuld bewußt, weiß, daß sie Mittäterin ist –
seit Jahrhunderten. Hat sie nicht, als Mater dolorosa, dem göttlichen
Vater einen menschlichen Sohn geopfert? War es nicht auch sie, die –
säkularisierte Schmerzensmutter – ihren Sohn dem Vaterland geboren,
für dessen kriegerische Normen erzogen und für den Tod ›auf dem
Felde der Ehre‹ geweiht hat? Die *Pieta* von Käthe Kollwitz läßt den
lebenslangen Zwiespalt der Künstlerin, zwischen ›Inspiration‹ und Auflehnung, Selbständigkeit, nur erahnen. Die Berührung zwischen ihren
beiden Händen verrät, daß die Mutter mit dem Sohn eines Willens ist –
mit der anderen Hand hält sie den Schrei zurück, der in ihrem Körper
haust.

Die Frau, die der ›Inspiration‹ erlegen ist, hat einen Kampf verloren
– den Schmerz darüber aber nicht vergessen. Das zähneknirschende
Weib, das die Sense gewetzt hat, ist in anderen Müttern lebendig geblieben – vielleicht auch durch die Künstlerin. 1942 – mitten im noch
grauenhafteren Zweiten Weltkrieg und drei Jahre vor ihrem eigenen

---

29 Hans Kollwitz (Hg.): Käthe Kollwitz. Ich sah die Welt mit liebevollen Blicken.
Hannover: Fackelträger 1962, S. 18.

Abb. 21: Käthe Kollwitz: Saatfrüchte sollen nicht vermahlen werden. 1942. Lithographie. Käthe Kollwitz Museum Köln.

Tod – gestaltet sie ein Blatt, dessen von Goethe entlehntes Motto sie schon einmal, am Ende des Ersten Weltkrieges, beschworen hatte: *Saatfrüchte sollen nicht vermahlen werden* (Abb. 21). Dazu schreibt sie: »Das ist nun einmal mein Testament. [...] Diese Forderung ist, wie ›Nie wieder Krieg!‹, kein sehnsüchtiger Wunsch, sondern Gebot, Forderung. [...] Der Pazifismus ist eben kein gelassenes Zusehen, sondern Arbeit, harte Arbeit.«[30] Mit einer dramatischen Geste stemmt sich auf jenem Blatt die Schwarze Anna gegen den obrigkeitlichen Zugriff. Drei Kinder sind unter ihren weit ausladenden Armen in Deckung gegangen, fühlen sich unter ihnen geschützt wie in einer selbstgebauten Höhle. Von der schützenden Mutter zu der Rädelsführerin ist es zuweilen nur ein kleiner Schritt.

Im neuen Kriegswinter, der Europa überzieht, haben Ende 1994 russische Mütter, sogenannte einfache Frauen, sich spontan zusammengeschlossen und sind an die russisch-tschetschenische Front gefahren, um ihre Söhne von dort zurückzuholen: Rädelsführerinnen, keine Schmerzensmütter – vielleicht, in einem übertragenen Sinn, von Kollwitz' Schwarzer Anna ›inspiriert‹.

30 Catherine Krahmer: Käthe Kollwitz, S. 118.

Tanja Frank

Behauptete Mitte.
Die Mutterfiguren Heidrun Hegewalds

Ich habe meine ganz individuelle Angst vor dem
Verstummen.
(Heidrun Hegewald, 1990)

Kassandra und ihre Kinder

»Ich weiß nicht, ob es jetzt sinnvoll wäre, darüber zu streiten, wie
›wirklich‹ Träume sind; daß sie die realen Ängste eines Menschen spiegeln können, scheint unbestreitbar; auch die realen Hoffnungen. Ohne
sie, ohne die ganze Skala der Gefühle und Leidenschaften blieben vielleicht noch funktionsfähige, eigentlich aber tote Körper zurück. Ich
weiß nicht, wie lange der historische Moment noch andauern wird, da
Frauen, weniger eingeübt in die Techniken der Anpassung und der Ab-
tötung ihrer Gefühle als viele schärfer gedrosselte Männer, ihren Gefühlen noch freien Lauf lassen.«[1] Diese Sätze schreibt Christa Wolf im
Oktober 1984. Sie trägt sie auf einer Tagung vor, auf der sie, vorsichtig
abwägend, danach fragt, ob die Gefühlsstärke der Frauen die Kühle
einer verwissenschaftlichten und technoiden Welt zu unterwandern
vermag.

In eben diesem und im darauffolgenden Jahr malt Heidrun Hegewald ihr Bild *Die Mutter mit dem Kinde* (Abb. 22) und ein Pendant dazu:
Prometheus bemerkt das Spiel mit dem Feuer. Die Inhalte dieser beiden
Arbeiten haben viel mit den Fragen von Christa Wolf zu tun. In erstaunlicher Gleichzeitigkeit und doch mit bedeutender Unterschiedlichkeit haben sie beide, die Schriftstellerin und die Malerin, die Widersprüche ihrer Zeit, die Befindlichkeit ihrer Generation und ihre individuelle weibliche Empfindsamkeit auszusprechen gesucht. Der Konflikt zwischen der emotionalen Integrität des Einzelnen und den ent-
fremdeten Machtstrukturen einer verkrusteten Gesellschaft ist das ge-
meinsame Thema.

---

1 Christa Wolf: Krankheit und Liebesentzug. Fragen an die psychosomatische
  Medizin. In: John Erpenbeck (Hg.): Windvogelviereck. Schriftsteller über Wissenschaften und Wissenschaftler. Berlin: Der Morgen 1987, S. 185f.

*Abb. 22: Heidrun Hegewald: Die Mutter mit dem Kinde, 1984/85.
Öl auf Leinwand. Gotha, Schloßmuseum.*

Das Hauptmotiv der Kassandra-Erzählung, an der Christa Wolf in diesen Jahren arbeitet, ist die Unfähigkeit der Mächtigen, aus den eigenen Zwängen auszubrechen, und der Versuch einer Frau, sich diesen Machtstrukturen zu widersetzen. Kassandra, Tochter des Trojanischen Königs Priamos, von Apollon mit der Gabe der Weissagung beschenkt, doch zugleich von ihm damit bestraft, daß ihren Voraussagen nicht geglaubt wird, sie wird von Christa Wolf als Gewissen, als ethisches weibliches Prinzip, gegen die Maschinerie des Krieges gesetzt.

Bereits 1981 malt Heidrun Hegewald ein großformatiges Gemälde *Kassandra sieht ein Schlangenei* (Abb. 23). Eine entsetzte, eine schreiende Kassandra mit ihrem unter den Kleidern fast verborgenen Kind, an den vorderen Rand des Gemäldes gerückt. Im Hintergrund eine im grauen Nebel und in entgegengesetzte Richtung marschierende Gruppe, von der sich nur eine einzige, im Profil gehaltene Männerfigur löst. In Uniform, gesichtslos, im Arm das durchsichtige Oval mit der darin sichtbaren Schlange. Während die marschierende Kolonne zusammen mit der Figur einer Schwangeren, die nichts zu bemerken scheint, im diffusen Licht des Hintergrunds kaum sichtbar werden, treten Kassandra mit dem Kind und der unheimliche Träger des Schlangeneis in ihrer Farbigkeit deutlich hervor. Die Warnung vor der kommenden Katastrophe konzentriert die Künstlerin in der Figur der Kassandra-Mutter, die der geblendeten Gruppe entgegenruft. Die Halbfigur der Rufenden, im Vordergrund des Bildes durch ungeklärten Abstand von der Gruppe getrennt, stellt zugleich die Verbindung zwischen dem Betrachter und dem Ereignis im Hintergrund her. Eine Beobachterfigur und zugleich eine Eingreifende, eine Rufende, die den Betrachter in ihre Warnung einbezieht.

Der Film von Ingmar Bergman *Das Schlangenei*, die Vorahnung des faschistischen Unheils darin, war eine thematische Quelle, die zweite deutet das Kind an. In der rechten Hand hält es einen aus Papier gefalteten Kranich. Diesen Vogel des Friedens faltete ein japanisches Mädchen, das Hiroshima zwar überlebte, doch starb, bevor es jene tausend Kraniche herzustellen vermochte, die, wie man ihr gesagt hatte, ein langes Leben sichern würden. Die Nachricht ging durch die Presse.

Die Zusammenfügung der Motive aus unterschiedlichen Zeiten, dem Berlin der 20er Jahre und der Katastrophe Hiroshimas, gibt dem Bild seine verweisende Bedeutungsdimension. Die Mutter mit ihrem Kind wird zur zeitlosen Figur, die Darstellung zum metaphorischen Historienbild. Nicht nur durch das gewählte Thema, sondern auch durch die Umsetzung – klare Komposition und einheitliche malerische Behandlung, appellativer Gestus und emotionale Intensität – ist das

*Abb. 23: Heidrun Hegewald: Kassandra sieht ein Schlangenei, 1981.
Acryl auf Leinwand. Berlin, ehemaliger Magistrat von Berlin.*

Gemälde signifikant für das Gesamtwerk der Künstlerin. Am Werk Hegewalds ist schon früh eine »hautlose, schmerzhafte Empfänglichkeit« erkannt worden, eine »Empfänglichkeit dafür, was Menschen einander sind, sein könnten, was sie einander antun. Diese Sensitivität ist nicht eine Art partieller Fähigkeit, sondern Aktion der Gesamtperson.«[2]

Die Figur der Kassandra ist zudem zu diesem Zeitpunkt für das weibliche Selbstverständnis in der DDR plötzlich wichtig: »Unabgesprochen, aber pünktlich tauchte sie in den siebziger Jahren in der bildenden Kunst und Literatur auf. Ich sah und sehe in ihr die tragischste Figur der griechischen Mythologie. Verflucht ist sie – erkennend, sehend – zu schreien und dennoch zu wissen, nicht gehört zu werden. Es lag doch im visionären Sog der Zeit, sie für diese oder jene Mitteilungsnot zu gebrauchen. Kassandra, eine Frau«, so Heidrun Hegewald in einem Interview 1990.[3]

Daß es sich bei der Auswahl des Sujets um eine Verweisungstechnik handelte, wird jetzt deutlich ausgesprochen: »Bis zur Stilistik typisch, gab es in der DDR eine ›Umgehungssprache‹, ein Umweg zum Beispiel über die Mythen für eine verdeckte Präzision des Akuten. Die offiziellen Interpretationen verschickten nicht selten den Gegenwartsbezug in die Historie oder illustrierten damit ein Feindbild exterritorial. Sicher gab es dafür auch das Motiv: nicht zu denunzieren.«[4] Aus heutiger Sicht müßte man fragen, ob diese Umgehungssprachen auch damals so genau kalkuliert worden sind. Nur aus dem historischen Kontext ist eine adäquate Interpretation möglich. Gelegentlich werden den Künstlern, die sich solcher an sich vielschichtiger und deutungsoffener Gestaltungsweisen bedient haben, erst nachträglich subversive Motive unterstellt[5].

Die Unbedingtheit, mit der Christa Wolf ihre Wahrheitsverkünderin Kassandra zeichnet, die Folgerichtigkeit, mit der ihre Kassandra die verletzten Gefühle bis zum Äußersten ausspricht, ist der Kunst Hege-

2 Wolfgang Heise: Laudatio für Heidrun Hegewald anläßlich der Verleihung des Max-Lingner-Preises 1980. In: Mitteilungen der Akademie der Künste der DDR, 3 (März/April 1981), S. 11.
3 Heidrun Hegewald: Mich ängstigt dieses laute Leben. In: Berliner Zeitung, 27. Juli 1990.
4 Ebd.
5 Unter dem Titel: »Kassandra in der Nische. ›Kritische Kunst‹ in der DDR« faßt Hermann Raum nachträglich alle kritischen Bilder der DDR-Kunst zusammen, was sicher zu pauschal ist. In: Eckhart Gillen, Rainer Haarmann: Kunst in der DDR. Berlin: Kiepenheuer & Witsch 1990, S. 84-87.

walds wahlverwandt. Ist aber die mythologische Figur bei Christa Wolf vor allem eine Frau, die als einzelne dem Wahnsinn des Kriegsgeschehens entgegentritt, so steht sie bei Heidrun Hegewald als die Mutter da, die zuerst und vor allem die Bedrohung ihres Kindes und darin stellvertretend die Gefährdung des Lebens überhaupt meint. Zum einen die individuelle Ohnmacht, zum anderen die übergreifende Gefährdung. Der wesentliche Unterschied bleibt auch im Gestus der Figuren erhalten: Christa Wolfs Kassandra erleidet nicht nur die äußere, sondern auch ihre eigene innere Welt, vor deren Gesichten sie sich kaum wehren kann, Heidrun Hegewald führt Frauen vor, die sich ihrer Sendung sehr bewußt sind: Sie beansprucht für sie – und damit auch für sich selbst – die Mitte.

Eine »Mutter mit dem Kinde«

Anfang Oktober 1987 wird im Dresdener Albertinum die X. Kunstausstellung der DDR eröffnet. Diese unvermutet letzte zentrale Schau, in der bis in den April des nächsten Jahres 1560 Künstler des Landes 2850 ihrer Werke zeigen, wird wie immer vom Ministerium für Kultur und dem Verband Bildender Künstler der DDR veranstaltet. So umfangreich wie diesmal war sie noch nie.

Die Dresdener Kunstausstellungen haben Tradition und Gewicht. Die ersten beiden, 1946 und 1949, versammelten noch Künstler aus dem gesamten Deutschland. Die folgenden stehen für Fortschritte und Rückschritte, für Anpassungen und Widerstände, für Verflechtungen und Ausbrüche der bildenden Künstler eines ganzen, sich notgedrungen immer mehr auf sich selbst beziehenden Landes. So oder so waren diese Ausstellungen immer recht genaue Spiegel der Entwicklung der bildenden Kunst in der DDR – manchmal auch nur durch das, was sie ausließen, was sie nicht zeigten. Die X. Kunstausstellung gehört in diese Traditionsreihe. In ihrem Hintergrund kündigt sich die jüngste, nun ganz selbstbewußte Künstlergeneration an, die sich keinen fremd- oder auch selbstauferlegten normativen Verpflichtungen mehr aussetzen will. In geschlossenen Zirkeln der Berufsorganisation, den Leitungsgremien des Verbandes Bildender Künstler, wird ernsthaft darüber diskutiert, ob der Widerstand dieser teilweise gar nicht in der Ausstellung vertretenen Künstler gegen die verkrusteten Strukturen und gegen die Absonderung der Künstlerorganisation von der Basis vielleicht doch berechtigt sein könnte. Und auch darüber, ob die quantitative Fülle in der Ausstellung ein nächstes Mal nicht durch qualitative Dichte vertauscht werden sollte, ob man den neuen Kunstformen der Aktionskunst nicht auch einen Platz in einer so zentralen Ausstellung einräumen könnte. Doch die Diskussion kommt zu spät. Die junge Generation, in der sich auch viele Künstlerinnen behaupten, hat sich schon längst selbst definiert, und ihre Arbeit hat längst den offiziellen Kunstbetrieb hinter sich gelassen. Eine Kunsthistorikerin urteilt: »Ich habe eher den Eindruck, als würde in der Zehnten der Atem angehalten, während in den Ateliers weiter geatmet wird.«[6]

Und trotzdem, die Besucherzahlen erreichen Rekordhöhen, und die meisten Menschen kommen aus echtem Interesse. Die Umfragen ergeben, daß etwa sechzig Prozent »Anregungen zur Kommunikation« und »geistige Herausforderung«[7] suchen. Auch das gehört zur Tradition der Dresdener Ausstellungen: Die DDR-Kunst definiert sich lange Zeit über die figurative Erkennbarkeit. Das bedeutet 1987 allerdings keine mimetische Naturtreue mehr, doch versteht zumindest das breite Publikum darunter immer noch eine auch verbal formulierbare Botschaft. In der bildenden Kunst der DDR, wie auch in den anderen Künsten, werden Themen aufgegriffen, die sozial relevant sind. Häufig übernehmen die Künste die Rolle des Dialogpartners, den man in den offiziellen Medien vergeblich sucht: Wenn es zum Beispiel um die Befindlichkeit in der Arbeits- und Wohnumwelt geht, um die unerfüllte Sehnsucht nach der Ferne oder um die Probleme des Verhältnisses zwischen den Geschlechtern. Neben anderem ist sicher auch das ein Grund für das lebhafte Interesse an der bildenden Kunst.

Der Katalog der X. Kunstausstellung in Dresden bildet Heidrun Hegewalds *Die Mutter mit dem Kinde* großformatig ab. Auch das Pendant *Prometheus bemerkt das Spiel mit dem Feuer* und eine Landschaft sind in der Ausstellung zu sehen. *Die Mutter mit dem Kinde* entstand 1984 und 1985, ein Hochformat von 145 zu 115 Zentimetern, in sehr lapidarer Gegenständlichkeit: Genau in das Zentrum des Bildes gerückt, nur durch eine leichte Körperdrehung aus der Achse gering herausgenommen, die stehende Mutter, das Kind auf dem rechten Arm, den Kopf des Kindes mit der linken Hand umfassend und stützend. Nur eine Gesichtshälfte der Frau ist sichtbar, sie blickt aus dem Bild heraus, an dem imaginierten Betrachter vorbei. Ihr Umgreifen des Kindes

6 Ina Gille: Reflexionen über die X. In: Bildende Kunst, 1 (1988). S. 11.
7 Vorlage zur Beratung des Präsidiums des Verbandes Bildender Künstler, 6. April 1988. Berlin, Archiv des Verbandes Bildender Künstler, Stiftung Archiv, Akademie der Künste.

wirkt angstvoll. Das Kind bildet einen Teil des mütterlichen Körpers, die Umrißlinien der beiden Gestalten verschmelzen und sind nach außen abgeschlossen. Diese körperliche Einheit wird betont und zugleich bedroht von den Armen eines Kreuzes: Hinter der Frau verläuft die Vertikale des Kreuzes, der horizontale Arm schiebt sich vor ihren Schultern und vor dem Kind in den Raum. Allein die linke Hand der Mutter greift weiter nach vorn. Eine eigenwillige Paraphrase zum Kreuzmotiv: Die Mutter mit dem Kind ist dort, wo die Horizontale und die Vertikale zusammenkommen würden, zwischen den Armen des Kreuzes eingezwängt. Der durch die plastische Gestaltung des Frauenkörpers ebenso wie durch die im Hintergrund erkennbare Landschaft vorgegebene Zusammenhalt des Bildraumes wird absichtsvoll und eigenwillig gebrochen. Die spannungsreiche Brechung des Raumes, in dem sich die Körper befinden, wiederholt sich in der Gestaltung des Hintergrunds noch einmal: Links hinter dem Kreuz, das man in seiner Ambivalenz als ein Fensterkreuz deuten muß, ein in gleißendes Sonnenlicht getauchtes Gefilde mit surrealistisch sich verwandelnden Bäumen. Rechts dagegen der verdunkelte Himmel einer tief in den Bildraum sich erstreckenden Landschaft, beschienen von einer roten Sonne, die sich gerade noch hinter den Wolken erahnen läßt. Und diese beiden Sonnen, die vom Explosionsstaub verdunkelt rotschimmernde und die leuchtend helle, werfen ihre Strahlen auf die Gestalt der Mutter. Sie beziehen die Mutter mit ihrem Kind in die Alternativen des Hintergrunds ein – von diesem Körper werden die Strahlen abgehalten und zugleich zurückgeworfen. Steht die Madonna mit dem Christuskind in der mittelalterlichen Malerei in der Strahlenglorie ihres eigenen überirdischen Glanzes, so wird die Mutter von Hegewald von außen, von sehr irdischen, von Menschen verursachten Strahlen getroffen und gefährdet. Die Verbindung der Mutterfigur mit diesem Hintergrund spaltet nicht nur den Bildraum – es geschieht zusätzlich eine Brechung der Zeitebenen: Erscheint die Mutter mit dem Kind in ihrer Gegenwärtigkeit, in der Jetzt-Zeit, so deutet die Künstlerin im Hintergrund Zukunftsoptionen an. Zweimal der Raum, zweimal die Zeit, zweimal die Zukunft: und im Kreuz, das auch ein Fadenkreuz ist, die Frau mit ihrem Kind. Die beunruhigende Spannung des Bildes erwächst aus diesen verschiedenen Realitätsebenen. Vorgetragen wird das Thema in einer wohlerprobten Schichtenmalerei, einer Malweise, die vereinheitlicht, aussöhnt, zusammenhält. Blättert man im kunsthistorischen Gedächtnis nach, ist diese Art der Malerei im 20. Jahrhundert häufig mit distanzschaffenden Haltungen verbunden gewesen – etwa in der neusachli-

chen Malerei der 20er Jahre, oder in der DDR-Malerei bei der sogenannten Leipziger Schule (etwa bei Werner Tübke oder Volker Stelz-
mann). Daraus können Schwierigkeiten bei der Rezeption des Bildes
erwachsen: einerseits die abgeschlossene Faktur des Gemäldes und andererseits die intendierte Direktheit. Heidrun Hegewald geht nicht den
Schritt, die Brüche im Gegenstand der Darstellung durch eine gebrochene Malbehandlung in eine sprödere Materialität der Bilder weiter-
zuführen.

Interessanterweise ist das Pendant zu diesem Bild nur in einer my-
thologischen Figur möglich. Hat die *Mutter mit dem Kinde* ihren gegen-
ständlich eindeutigen Gegenwartsbezug, so muß das männliche Prinzip
vollständig in der zeitlos nackten Gestalt des antiken Helden visualisiert
werden. Eine kraftvolle männliche Rückenfigur, in dramatischem
Lichtspiel und in kalter Farbigkeit, hält die leblose Gestalt eines Knaben
in die Luft. Ohne den Titel könnte das Bild einfach als Vision einer
Katastrophe gesehen werden – und diese Dimension hat es auch.

Daß hier Prometheus bemüht wird, verweist auf eine Umdeutung
des Mythos. Hat nicht gerade Prometheus gegen die Götter und zugunsten der Menschen gehandelt, indem er jenen das Feuer stahl und es
den Menschen gab, ihnen damit die Chance zur Entwicklung des
Handwerks und der Künste eröffnete? Der ›vorher bedenkende‹ Sohn
der Titanen ist dafür von Künstlern immerfort gerühmt worden. Nun
aber gebiert der leichtsinnige Umgang mit dem göttlichen Geschenk
Furchtbares. Die Gestalt des Prometheus, aus dem dramatischen Dunkel ins Licht des Fensters tretend, hat dieselbe Farbe angenommen wie
das Kind, das Opfer des gewaltsamen Spiels. Die bei der Frau mit dem
Kind noch im strikten Rechteck verbleibenden vertikalen und hori-
zontalen Arme des Fensterkreuzes sind hier aus dem Gleichgewicht
geraten – sie durchkreuzen in dynamischen Diagonalen den Raum, die
Weite des verdunkelten Horizonts. Das dramatische Licht rückt die Vision der Katastrophe vollständig in die Ebene des Symbols. Für den
aktuellen Bezug des Themas muß man sich an die damalige Diskussion
um die Neutronenbombe erinnern – und an die Bedenkenlosigkeit
aller Nachrüster.

In einem Arbeitstagebuch, das sie später für die Vorlesungen zu ihrem Kassandra-Stoff verwendet, zeichnet Christa Wolf ein Gespräch
auf, das über eine Radiomeldung geführt wird. In der Nachricht hieß
es, daß es durchaus Vorstellungen gebe, der Atomkrieg sei »gewinnbar«:
»Wann hat es angefangen? fragen wir uns. War dieser Verlauf unausweichlich? Gab es Kreuz- und Wendepunkte, an denen die Menschheit, Erfinder und Träger der technischen Zivilisation, andere Entschei-

dungen hätten treffen können, deren Verlauf nicht selbstzerstörerisch gewesen wäre?«[8]

Die Allgemeinheit des Raumes hebt die Bilder Hegewalds aus der Einschränkung einer solchen konkreten Diskussion heraus und setzt den Unterschied zur verbalen Beschreibung fest. Die kraftvolle Rükkenfigur des Prometheus im Gemälde von Heidrun Hegewald vereinnahmt die Bildfläche, genauso wie die Mutterfigur ihre Bildfläche beherrscht. In beiden Gemälden wirken die monumentalisierten Figuren suggestiv. Die Zentrierung der Darstellung im Körper der Frau bei der *Mutter mit dem Kinde* bedeutet eine Zentrierung auf den Menschen. Es ist eine pathetische Darbietungsform, welche die Nähe zur Dargestellten intendiert. Die Wahl des Ausschnitts ist keineswegs zufällig, die Positionierung der Figur bekräftigt die Wirkungsabsicht und verweist auf die Bedeutung. Die Meister der Renaissance haben solche Nahausschnitte eingeführt,[9] um die rhetorische Kraft der dramatischen Handlung, etwa der Passionsgeschichte, zu steigern, der repräsentationssüchtige Barock hat diese Gestaltungsweise erfolgreich für das profane Herrscherporträt ausgenutzt, und der Film wird schließlich solche Aussschnitte in der ›Nahaufnahme‹ vollständig verfügbar machen.

In der Kunst von Heidrun Hegewald findet eine Rückverwandlung des privaten Tafelbildes in das öffentliche Parole-Bild mit historischer Dimension statt. Diese Bildform entspricht dem argumentierend-mitteilenden Charakter der DDR-Kunst, einer ihrer charakteristischen Tendenzen, die sich aus ihrer Kommunikations-Funktion ergibt. Zu dem häufig didaktisch verlaufenden Bild-Besucher-Gespräch – möglich als Monolog der einen Seite oder auch als echter Dialog der beiden Partner – gehört natürlich nicht nur die Verständigung über die eigene Zeit, sondern auch die Interpretation der Vergangenheit und die Annahme über die Zukunft. Sind die Besucher der X. Ausstellung nicht vorwiegend deswegen nach Dresden gekommen, um »Anregung zur Kommunikation« oder »Herausforderung zum Nachdenken« zu suchen? Ganz unabhängig davon, ob sie diese Erwartung bereits hatten, oder ob die ausgestellten Bilder diese Erwartung erst produzierten, muß dieser rezeptionsästhetische Kontext bei Betrachtung und Wertung großer Teile der DDR-Kunst berücksichtigt werden.

---

8 Christa Wolf: *Kassandra. Vier Vorlesungen. Eine Erzählung.* 2. Auflage. Berlin, Weimar: Aufbau-Verlag 1984, S. 137 (Ausgabe mit zensurbedingten Auslassungen).

9 Dazu: Hans Belting: Giovanni Bellini. Pietà. Ikone und Bilderzählung in der venezianischen Malerei. Frankfurt a.M.: Fischer 1985.

Wo diese besondere Funktion vom Künstler angenommen wird, bestimmt sie selbstverständlich auch weitgehend die Wahl des Motivs und den Verweisungscharakter der Darstellung. Es wäre ein Irrtum anzunehmen, daß die Bilder von Heidrun Hegewald mit einem Blick, in simultaner Kürze, wahrzunehmen sind. Das Lesen ihrer Bilder erfordert Zeit: Obwohl keine ausführlichen Details vorhanden sind, bedarf es des genauen Hinsehens. Alle gestalterischen Elemente haben diesen Verweisungscharakter – die Komposition ebenso wie die Farbe, das Licht genauso wie die Zeichnung. Sie stehen nicht für sich selbst, sie weisen auf ein Weiteres hin. Hegewalds Bilder sind vielfach einer besonderen narrativen Syntax unterworfen, auch die *Mutter mit dem Kinde*. Es ist darin kein episches Erzählen konstituiert, dieses Bild ist weit davon entfernt, die narrative Redundanz etwa eines Historienbildes – das in der DDR-Kunst durchgehend eine wichtige Rolle spielt – zu verbreiten. Es ist vielmehr ein paradigmatisches Erzählen, das sich erst nach und nach erschließt, und zwar in dem Maße, in dem wir das Gesehene mit unserem Wissen von Zeit und Geschichte, vom geistig-künstlerischen Kontext überhaupt ergänzen. Die Darstellung der Zeitdifferenz, der Jetzt-Zeit der Figuren und der Optionen der Zukunft dahinter, sichert in dem Bild mit Mutter und Kind die narrative Struktur. Vergleichbar dem vorausgeahnten historischen Ablauf im Kassandra-Bild. So ist der Inhalt unseres Bildes keine sich fraglos darbietende Darstellung einer Mutter mit ihrem Kind in einer Landschaft, sondern weit mehr eine Metapher für den bedenkenlosen Umgang mit unserer Natur und unserem Selbst, unserer Gegenwart und unserer Zukunft.

Die Beständigkeit des Motivs

Die Frau als Mutter ist in vielfältigen Variationen im Werk Heidrun Hegewalds präsent. Die Affinität gegenüber dem Motiv ist sicher kein Zufall. Apodiktisch formuliert die Künstlerin selbst ihr Bekenntnis zur weiblichen Ganzheit, zu der auch das Muttersein gehöre: »Das weibliche Geschlecht ist tiefer eingelassen in den elementaren Entwurf von Leben und Tod.«[10] Am Anfang steht eine Kohlezeichnung von 1980, *Mutter, Kind I* (Abb. 24). In schräger Rückenansicht trägt die weibliche Halbfigur das sich anschmiegende Kind. Überproportional stark ist der

---

10 Heidrun Hegewald: Meine Sehnsucht nach Gerechtigkeit ist krisenfest. In: Gerlinde Förster (Hg.): Es zählt nur, was ich mache. Gespräche mit bildenden Künstlerinnen aus Ost-Berlin seit 1990. Berlin: Verein der Berliner Künstlerinnen e.V. 1992, S. 42.

*Abb. 24: Heidrun Hegewald: Mutter, Kind I, 1980.
Kohle auf Papier. Leipzig, Museum der bildenden Künste.*

umschließende Arm. Die Verschmelzung der Umrißlinien, die wir in unserem Gemälde gesehen haben, bringt bereits hier das gestalterische Anliegen zum Ausdruck.

Natürlich berufen sich solche Darstellungen in vielfacher Hinsicht auf die Tradition. In der deutschen Kunst des 20. Jahrhunderts gibt es mehrere tradierte Typen des Motivs – Heidrun Hegewald ruft Käthe Kollwitz auf: »Als Künstlerin ist mit einem Großteil ihrer Arbeit Käthe Kollwitz immer wieder Faszination für mich. Ihre Mittel absorbieren so restlos weibliche Erfahrung. Der Stoff aus der Wirklichkeit nimmt über das elementare Tiefengefühl einen sehr authentischen Anspruch auf, z.B. *Frau mit totem Kind* von 1903. Ein Blatt, an dem ich nicht aufhöre zu leiden und es zu bewundern.« Schnell setzt aber die Künstlerin ihre Abgrenzungen fest: »Aber mit linearer Inspiration hat das bei mir nichts zu tun.«[11] Tatsächlich beziehen sich die Künstlerinnen und ihre männlichen Kollegen in der DDR eher auf vergleichbare Darstellungen aus der ersten Hälfte des Jahrhunderts, als daß ein Mutterbild der eigenen Zeit gültig formuliert worden wäre. Innerhalb der DDR-Kunst wird die Frau viel häufiger im Zusammenhang mit ihrem Beruf, mit ihrer gesellschaftlichen Rolle wahrgenommen denn als Mutter.

Die *Mutter mit dem Kind* (1921) von Otto Dix (Kunstsammlung Neue Meister, Dresden), oder das Gemälde *Am Stadtrand* (1926) von Hans Grundig (Berlin, Nationalgalerie) wirken als wohlbekanntes Erbe, aber eben als Werke aus einer anderen Epoche, aus einer Zeit der sozialen Konfrontationen. Wilhelm Lachnit (1899-1962) malt 1945 eine Mutter mit ihrem Kind und dem trauernden Tod im Hintergrund in seinem Bild *Der Tod von Dresden* (Kunstsammlung Neue Meister, Dresden). Das Bild ist vor allem ein Sinnbild für die zerstörte Stadt und ihre verletzten Menschen. Der Dresdener Hans-Theo Richter (1902-1962) bleibt mit seinen behutsamen Zeichnungen einer der wenigen, die sich dem Thema der Mutter aus ganz privater Entscheidung wiederholt zuwenden. Eine bilanzierende Übersicht zur Ikonographie in der DDR-Kunst läßt das Thema zurecht unerwähnt.[12] Erst die Rückbesinnung auf die private Sphäre in den 80er Jahren ermöglicht eine neue Sicht auf die Frau in ihrer Mutterrolle: in der sensiblen Plastik von Sabine Grzimek (geb. 1942) oder in der selbstbewußten Privatheit

---

11 Ebd., S. 44.
12 Helga Möbius: Überlegungen zur Ikonographie der DDR-Kunst. In: Katalog: Weggefährten-Zeitgenossen. Bildende Kunst aus drei Jahrzehnten. Berlin: Zentrum für Kunstausstellungen der DDR 1979, S. 357-370.

zweier Aktporträts von Doris Ziegler (geb. 1949) *Selbst mit Sohn* von 1986/87.

Heidrun Hegewald bleibt über Jahre bei ihrem Thema: Die Figur der Mutter mit dem Kind auf dem Arm findet sich wieder in einer Arbeit von 1984, die nun das Motiv in einen sehr komplexen Zusammenhang setzt. Das Pastell *Ares dicht hinter'm Fenster* (Abb. 25) verbindet jene Motive, die wir in den großformatigen Gegenstücken verfolgt haben. Jetzt, ganz in die linke Hälfte gedrängt, die Mutter mit dem Kind auf dem Arm, dagegen rechts am Rande eine martialische Männerfigur, die mit Helm und aggressiver Gesichtsmaske in den Bildraum strebt. Diese beiden Figuren sind durch eine von Fensterkreuzen unterteilte Glasscheibe getrennt – die Frau mit dem Kind, wenn auch nur in schattenhaften Umrissen, ist uns näher, greifbarer, der Kriegsgott dicht hinter dem Fenster ist auch uns entrückter, fremder, bedrohlicher. Die transparente und doch trennende Glasscheibe scheidet den beschützten Raum von den Gefahren der Außenwelt. Der Kontrast, der Widerspruch, die Entgegensetzung zwischen der Mutter mit dem Kind und der martialisch sich gebenden Männlichkeit – diese Entgegensetzung findet hier in einem Blatt statt. Die Pendants der X. Kunstausstellung in Dresden sind so etwas wie Vergrößerungen, Ausschnitte, Nahaufnahmen aus diesem Pastell. Was sich hier, da die Gegenkräfte benannt und eindeutig visualisiert werden, noch in narrativer Ausdehnung zeigt, wird in beiden späteren Gemälden zu monumentalen Einzeldarstellungen verknappt. Der Kriegsgott erscheint dann auch nicht mehr selbst: Nur die Resultate seines Tuns sollen sichtbar werden.

Das Werk und seine Rezeption

Heidrun Hegewald gehört zur mittleren Generation der DDR-Künstler. 1936 in Meißen bei Dresden geboren, absolviert sie zunächst Modegestaltung an einer Berliner Ingenieurschule, um anschließend an der Kunsthochschule Berlin-Weißensee Graphik zu studieren. Ein sehr umfangreiches zeichnerisches und graphisches Werk behauptet sich parallel zur Malerei. Wichtig für die Entwicklung waren sicher die Jahre von 1971 bis 1974, in denen Hegewald ein Meisterschüler-Studium an der Akademie der Künste der DDR hatte. Dieses postgraduale Studium, verbunden mit einem freien Atelier und finanzieller Unterstützung, war von jungen Künstlern begehrt – es ermöglichte ein relativ sorgenfreies Arbeiten, zumeist in der Phase der künstlerischen Konsolidierung. Um die Mitte der 70er Jahre tritt auch Hegewald verstärkt an die Öffentlichkeit – und dann sogleich mit problembeladenen und dis-

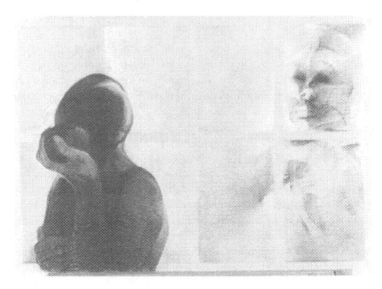

Abb. 25: Heidrun Hegewald: Ares dicht hinter'm Fenster, 1984.
Pastell auf Ingres-Papier. Berlin, Universitätsklinikum Charité.

kussionsauslösenden Bildern. Dabei kehren das Thema der Frau und der Familie immer wieder, und dies aus persönlicher Bezogenheit und Betroffenheit. In der VIII. Kunstausstellung in Dresden löst ihr Bild *Kind und Eltern* von 1976 eine umfangreiche Debatte aus. Natürlich bezieht sich das Publikum und auch die Kritik auf das Sujet. In einem verdunkelten Raum, an den äußersten Enden eines ausladenden runden Tisches und gänzlich voneinander abgewandt, sitzen ein Mann und eine Frau. In der Mitte des Bildes öffnet sich eine Tür, und im hineinströmenden Licht erscheint ein hilflos wirkendes Kind. Die Reizworte ›Scheidung‹ und ›Verlassenheit der Kinder‹ waren damit eindeutig thematisiert, durchaus im Sinne der Künstlerin: »Von meinen Bildideen führe ich nur die aus, die ich für verallgemeinerungswürdig halte.«[13] Das ist natürlich auch eine selbstauferlegte Einschränkung, der sich nicht nur Hegewald bewußt aussetzte. Diese Selbstbeschränkung ist vielfach für die Arbeit der mittleren Generation der DDR-Künstler kennzeichnend. Die selbst empfundene oder von außen herangetragene Verpflichtung zu sozial relevanten Themen bestimmte die funktionale Ausrichtung ihrer Werke. Doch mehr als durch ihre Themen offenbaren diese Bilder durch die angewandten künstlerischen Sprachformen das Stigma ihrer Zeit. Eine differenzierte Analyse sollte vor allem dort ansetzen.

Die zurückgenommene Beschreibung der Gegenständlichkeit, die überdeutliche Geometrie in *Kind und Eltern* von Heidrun Hegewald, erzeugt Verallgemeinerungen, Abstraktionen, die sich der unmittelbar gesehenen Welt entziehen und für vermittelte, durchlebte Umwelt stehen: Die Kinder in den Bildern Hegewalds sind in verlorenen Räumen plaziert. Ein »Spielendes Kind«, allein gelassen, wird nur vom Licht eines Fernsehapparats beleuchtet. Keine andere Lichtquelle scheint vorhanden. Es sind die eigenen leeren Räume der eigenen leeren Gegenwart. Friedrich Dieckmann hat diese verlorenen Räume ins Verhältnis zur gleichzeitigen DDR-Wohnumwelt gesetzt, die »immer unpersönlicher, immer ununterscheidbarer wird und keine Aussagekraft über ihre Bewohner mehr hat.«[14] Auch die Malweise Heidrun Hegewalds – das habe ich gezeigt – ist eine uneingestandene und unerkannte Distanzsetzung.

---

13 Heidrun Hegewald: Familienbild. Interview. In: Für Dich, Nr. 29 (1977).
14 Friedrich Dieckmann: Treppenblicke in der Akademie der Künste. Vier Meisterschüler der Sektion Bildende Kunst. In: Mitteilungen der Akademie der Künste der DDR, 2 (März/April 1975), S. 23.

Hat das Gemälde *Kind und Eltern* noch gemäßigte und zum größten Teil zustimmende Reaktionen ausgelöst, so verschärft sich die Auseinandersetzung um das Werk mit dem 1979 gemalten *Mutter-Verdienst-Kreuz in Holz.* Eine gekreuzigte Schwangere, in aggressiver Expressivität. Der voluminös entstellte Körper mit abgewandtem Gesicht wird den Blicken des Betrachters vor einer verwüsteten, apokalyptischen Landschaft regelrecht vorgeführt. Die Arme der Schwangeren sind qualvoll nach hinten verschränkt, in manieristischer Stilparaphrase hängt der Körper am Kreuz. In der alten Kunst werden nur die Schächer – nie Christus selbst – in solcher schmerzhaften Verrenkung dargestellt. Zwei tradierte Motive fügt das Gemälde zusammen: Die Schwangere, ausgestattet mit den weiblichen Attributen eines prähistorischen Fruchtbarkeitssymbols, präsentiert sich in gewichtiger Körperlichkeit. Diese a priori positive Körperlichkeit wird aber von der Künstlerin durch das Motiv der Kreuzigung aufgehoben. Die verwüstete Erde im Hintergrund, mit einer kriechenden menschlichen Figur, übernimmt wieder den metaphorischen Verweis auf die Zukunft, auf eine andere Zeit, in die das erwartete Kind hineingeboren werden wird. Durch die Aggressivität der Formsprache wirkt das Bild herausfordernd – die gestische Direktheit, in die Hegewald ihre emotionale Betroffenheit kleidet, empfindet man hier besonders stark.

Anläßlich einer Berliner Ausstellung, in der Heidrun Hegewald neben anderen Künstlern mit einigen wenigen Bildern vertreten ist, entzündet sich an ihrem Werk eine Diskussion, die signifikant erscheint. Es kommen darin genau jene Probleme zur Sprache, welche die Polarisierung im Kunstverständnis der jungen und der älteren Generation bezeichnen.

Eine Berliner Tageszeitung beklagt anläßlich der Ausstellung die in »der Berliner bildenden Kunst zutage tretenden Tendenzen einer gewissen nach innen gerichteten Sicht«. Der Kritiker ruft zur Erfassung von »globalen Themen« auf, »Realitätsnähe« wird gewünscht. Das war vor allem gegen die Ausweitung von experimentellen Ansätzen in den Werken junger Maler gerichtet und ausgerechnet die Arbeiten Heidrun Hegewalds sollten durch ihre umfassenden Problemstellungen dagegengesetzt werden. »Die genau durchdachte Komposition [eines Bildes von Heidrun Hegewald] zielt wiederum auf tiefe emotionale Wirkung und zwingt den Betrachtenden förmlich zur Stellungnahme gegenüber der dargestellten Konfliktsituation, ja veranlaßt ihn gewissermaßen zum ›geistigen Eingreifen‹«[15]. Unausrottbar schien der normative An-

---

15 Helmut Netzker: Sich öffnen für Prozesse, die uns heute bewegen. Kunstausstellung der Hauptstadt am Fernsehturm II. In: Berliner Zeitung, 21. Dezember 1979.

spruch, die bildende Kunst habe nur die übergreifenden, globalen Probleme anzugehen, selbst dort, wo die genuine Entscheidung für eine andere Kunstform vorliegt. Doch die Kunstkritik beurteilt die Kunstentwicklung keineswegs so homogen, gerade die Experimentierfreudigkeit der jüngeren Künstler, ihre ganz persönliche Sicht auf ihre eigene Umwelt wird auch gewürdigt. Die Antwort verschont auch Hegewald nicht: Da wird die Subjektivierung gar nicht in Frage gestellt – weil als selbstverständliches Recht angenommen –, dafür umso schärfer der appellative Charakter ihrer Arbeiten bemängelt. So fielen Vorwürfe, die Bilder von Hegewald seien »ethische Proklamationstafeln«, in denen die Künstlerin durch eine »neuartige Zusammenführung der Mittel« zu einer »Theatralik von ausgesuchter Tristesse« käme. »Sicher haben Bilder, die sich derart konsequent bemühen, nach individuellen Befindlichkeiten zu fragen, schon durch deren Bewußtmachung ihre Berechtigung, aber sie bleiben doch wohl zweifelhaft, wenn sie nur als ›Bildidee‹ allzu dringlich daherkommen«.[16]

Daß ein bekannter Kunstkritiker alle kritischen Bemerkungen zur Kunst Hegewalds sogleich als Angriff auf die gesellschaftliche Funktion der bildenden Kunst mißversteht, entspricht der kulturpolitischen Situation. Zugunsten der offiziellen Kunst werden auch die Arbeiten der Künstlerin auf die thematische Gegenständlichkeit zurückgeführt, obschon eine umfassende ästhetische Bewertung vorgegeben wird: »Hegewalds Arbeiten sind eingespannt zwischen die Pole offener, offensiver Thematisierung [...] und einer Einkleidung der Gedanken in die strenge Reduktion der Form, die das Thematische in hohe Verallgemeinerung entrückt, wo Sichtbarkeit des Problems nicht Gegenständlichkeit meint, sondern, daß das Thema [...] aus dem Formcharakter heraus unmittelbar sichtbar wird.«[17]

So ist die gesamte Rezeption des Werkes von Heidrun Hegewald begleitet vom Anspruch, ihre Kunst hauptsächlich als Wortmeldung in der öffentlichen Diskussion zu begreifen. Da die Werke selbst diesen Anspruch provozieren, fühlen sich die Kritiker bestätigt, wenn sie vornehmlich, häufig auch nur auf diesen Aspekt eingehen.[18] Die Künstle-

---

16 Jens Semrau, Matthias Flügge: Zur Bezirksausstellung Berlin. In: Bildende Kunst, 3 (1980), S. 145.

17 Hermann Raum: Gegen des Zeitgenossen unverdient ruhigen Schlaf. In: Bildende Kunst, 10 (1980), S. 508/09.

18 Das politische Engagement Hegewalds, ihre Tätigkeit in den Leitungsorganen des Verbandes der Bildenden Künstler spielen für die Beurteilung des Werkes

rin selbst bestätigt aber auch die Intention, ihre Emotionalität in die Kunst einzubringen: Die meisten ihrer Werke stattet sie mit einem agitatorisch sich äußernden Gestus aus, einem Gestus, der in seiner Dringlichkeit den Betrachter zur uneingeschränkten Identifikation aufruft, und diese Identifikation wird insbesondere auf der Gefühlsebene eingefordert. Eine Vereinnahmung, die aber auch Verweigerung hervorrufen kann, zumal die Bilder durch ihre Malweise als pointiert distanzierte Artefakte gekennzeichnet sind. Sie sind geschlossen, zu Ende geführt, »vollendet«, apodiktisch, sie fordern nicht zum ergänzenden Dialog auf. Das ist die Schwierigkeit, die man mit den Bildern von Heidrun Hegewald haben kann.

Daß hinter den meisten Bildern dieser Künstlerin ein sozial relevantes Problem steckt, wurde früh gesehen: »Mir scheint es darum zu gehen, daß ihre [Heidrun Hegewalds] künstlerische Leistung und Problematik die Signatur unserer Epoche, unserer gemeinsamen Geschichte trägt, und da handelt es sich nicht um eine ungefährdete Harmonie, nicht um ein Fertigsein, sondern um ein Werden, dessen Anforderungen und Probleme nicht kleiner werden, sondern wachsen. Wir würden nicht soviel über Werte diskutieren, wenn sie dem Inhalt und ihrer Geltung nach gesichert wären.«[19] Wie wenig die Werte gesichert waren, hat die jüngste politische Entwicklung nachdrücklich bestätigt.

Das Bild der Mutter im Mutterbild

Daß wir das Gemälde *Kassandra sieht ein Schlangenei* an den Anfang unserer Betrachtung gesetzt haben, liegt an der Konzentration, mit der die Künstlerin gerade in diesem Werk ihre Vorstellungen zu unserem Thema formuliert hat. Das Mutterbild ist hier in einen mythischen Kontext gesetzt und bezeichnet damit jene Allgemeingültigkeit, welche das Bild der Mutter bei Heidrun Hegewald definiert. Das Werk erwächst aus dem genuinen Anspruch, das Gewissen der Sozietät zu präsentieren und pointiert auf die Gefahren jeden martialischen Wahnsinns hinzu-

eine wichtige Rolle: »Das Interesse der Öffentlichkeit fanden [...] die ›Problembilder‹ von Heidrun Hegewald, die in plakativer Manier das Vakuum an sozialer Kommunikation aufzufüllen bemüht waren.« Matthias Flügge: Maler in Berlin. In: Eckhart Gillen, Rainer Haarmann (Hg.): Kunst in der DDR, S. 148.

19 Wolfgang Heise: Laudatio für Heidrun Hegewald anläßlich der Verleihung des Max-Lingner-Preises 1980. In: Mitteilungen der Akademie der Künste der DDR, 3 (März/April 1981), S. 12.

weisen. Das Mutterbild als Pathosformel für das Bild von der Mutter/ Frau überhaupt. In dieser Allgemeinheit erweitert sich das Motiv ganz folgerichtig auf die globalen Fragen, die Rolle der Mutter sub specie aeternitatis. Ohne die konkrete Gestalt der eigenen Gesellschaft zu beschreiben, weisen diese Bilder durch die Auslassungen dieser Beschreibung auf die Gestalt dieser Gesellschaft hin – und auf die Frauen in ihrer übersehenen Mutterrolle darin. Das Bild der Zeit verweist sich selbst in die Zeitlosigkeit, dafür wird das Gewicht des mythischen oder christlichen Gedächtnisses für die Mutterrolle in Anspruch genommen. Es sind die Mutterbilder aus dem archaischen Reich der Mütter – und nichts hat sich geändert.

Die meisten Arbeiten von Heidrun Hegewald sind – so die Künstlerin selbst – im »inneren Auftrag« entstanden. Dieser innere Auftrag deckte sich wiederholt mit den Wünschen der öffentlichen Auftraggeber, ohne sich allerdings deren Vorstellungen immer genehm zu erweisen. Nun gibt es keine öffentlichen Auftraggeber mehr: weder die Institutionen der DDR, die Extrafonds für Kunstförderung hatten, noch gibt es jenes Publikum, das in den zentralen Ausstellungen nicht nur über die Kunst, sondern auch anhand von Kunst diskutierte. Es verwundert nicht, daß sich die Künstlerin um ihr Wirkungsfeld gebracht fühlt. Ihre Schwierigkeiten mit diesem Verlust, der für Heidrun Hegewald vor allem den Verzicht auf öffentliche und kulturpolitische Wirkungsmöglichkeiten bedeutet, hat sie in den letzten Jahren literarisch formuliert.[20]

20 Heidrun Hegewald: *Frau K. Die zwei Arten zu erbleichen.* Notate – begonnen 1986 vor der Neuzeitrechnung – fortgeführt im 3. Jahr seit der Abrechnung – formuliert in ostdeutscher Sprache. Entstehungsraum des ins Westdeutsche Nichtübertragbaren ist die DDR. Berlin: Dietz-Verlag 1993.

Renate Berger

Zwischen Leben und Tod.

Zur Mutterimago bei Niki de St. Phalle,

Ulrike Rosenbach, Mary Kelly und Annegret Soltau

In einer industrialisierten Welt, die Simulation auf allen Ebenen begünstigt, wird es immer schwerer, Erfahrungen zu machen. Das Direkte, Unmittelbare, schrumpft zugunsten vorgefertigter Szenerien, in denen sich nur zurechtfindet, wer einen kurzen Akkulturationsprozeß hinter sich hat.

Es ist eine Illusion, anzunehmen, daß Schwangerschaft und Geburt zu den letzten, noch möglichen Erfahrungen gehören, die wenigstens dem weiblichen Menschen geblieben sind, denn an der Schwelle zum 21. Jahrhundert bestimmen Frauen in unserer Gesellschaft weder über ihren Körper noch über das Leben, das er beherbergt. Es ist eine Gesellschaft, die Frauen, wenn sie zu einem bestimmten Zeitpunkt kein Kind verantworten können, zum Gebären nötigt, eine Gesellschaft, in der unzählige Frauen, die sich ein Kind wünschen, diesem Wunsch nicht nachgehen können, ohne zum Sozialfall oder Gegenstand entwürdigender Bevormundung zu werden, eine Gesellschaft, in der man einmal im Jahr für Mütter *auf der Straße* sammelt. Das Intimste, Persönlichste des weiblichen Menschen, wird Thema parlamentarischer Debatten und in einer Weise verhandelt, die Frauen generative Selbstbestimmung versagt. Das hat Wirkungen auf Ungeborene und auf ›Mutterschaft‹ selbst, ein Zustand, der in ›Vaterschaft‹ kein überzeugendes Pendant findet, solange viele Männer sich nur als biologische, nicht auch als soziale Väter begreifen und durch Abwesenheit oder Kinderflucht das Verlangen nach Väterlichkeit utopisch erscheinen lassen.

Das Umfeld, in dem eine Frau austrug und gebar, war immer stärker als die Mutter selbst, stärker als biologische Abläufe, stärker als das Wunder neuen Lebens. Sowohl in alten wie in modernen Patriarchaten ist der ›Schutz‹ von Schwangeren an Bedingungen geknüpft, die *andere* stellen, falls sie sich überhaupt dazu entschließen. Daß eine Schwangere sich nur begrenzt, zum Zeitpunkt der Geburt gar nicht, zu schützen vermag, wurde zur Einfallspforte für Bevormundung, Unterdrückung und lustvoll ausgelebte Sadismen. Allein als optische Erscheinung, im christlichen Kontext, war Mutterschaft – auf Goldgrund, gereinigt vom Makel sexuellen Ursprungs – marianisch, heilig – beschützt von Verehrung und der Nähe zum Göttlichen.

Was hat es für Männer bedeutet, wenn sie sich bis weit ins 19. Jahrhundert, in manchen Ländern der Erde bis zur Gegenwart, allein durch sexuelle Kontakte zu Frauen als potentielle Todesbringer verstehen mußten? Frauen zahlten mit ihrer Substanz, oft mit ihrem Leben, für einen vom anderen Geschlecht als flüchtig erlebten Genuß; für sie war von existentieller Bedeutung, was Männer, qua Natur verschont, als Spiel, als lustvolle Episode, begreifen durften. Der männlichen Trauer um einen sexuell initiierten Tod, der als unvermeidlich betrachtet wurde, stehen hämische Todeswünsche gegenüber, wie Martin Luther sie in seiner Ehelehre formuliert hat.[1] Doch die Tragik von Frauen besteht nicht allein darin, daß sie genau in jenem Moment, in dem sie neues Leben hervorbringen, dem Tod besonders nahe sind, sondern in der Tatsache, daß sie ihre Antagonisten gebären. Kein Repräsentant männlicher Feindseligkeit, kein Vergewaltiger, Unterdrücker von Frauen wäre ohne sie auf der Welt und ohne weibliche Hilfe über die Kindheit hinausgekommen. Dem Schmerz von Männern, die eine oder mehrere Frauen im Kindbett verloren haben, standen immer auch Hohn, Undank, Haß und jene ›wissenschaftlich‹ begründete Mutterschelte gegenüber, die Frauen in unserem Kulturkreis wie ein Schatten begleitet. Die Frage, wie Mutterschaft in den 60er bis 80er Jahren behandelt wurde, kann hier nur für eine Auswahl von Arbeiten getroffen werden: Es geht um den Kontext für einen Videofilm von Annegret Soltau, der im Vergleich zu Künstlerinnen der vorausgegangen bzw. gleichen Generation das Spezifische des Blicks, des Zugangs, klären soll.

I

»1961 schoß ich auf: Papa, alle Männer, kleine Männer, große Männer, bedeutende Männer, dicke Männer, Männer, meinen Bruder, die Gesellschaft, die Kirche, den Konvent, meine Mutter, alle Männer, Papa,

---

1 In: *Vom ehelichen Leben* (1522) heißt es u.a.: »Wo nu eyns sich sperret und nicht wil, da nymbt und raubet es seynen leyb, den es geben hatt dem andern, das ist denn eygentlich widder die ehe oder die ehe zuryssen. Darumb muß hie welltliche ubirkeyt das weyb zwingen oder umb bringen. Wo sie das nicht thutt, muß der man dencken, seyn weyb sey yhm genomen von reubern und nach eyner andern trachten.« In: *Martin Luthers Werke*. Bd. 10, II. Abtl. Weimar: Böhlau 1907, S. 290-291.

auf mich selbst, auf Männer«, schrieb Niki de St. Phalle im Rückblick auf die frühen 60er Jahre.

»Ich schoß, weil mich die Beobachtung faszinierte, wie das Gemälde blutet und stirbt. Ich schoß um dieses magischen Moments willen. Ekstase. Es war ein Moment skorpionischer Wahrheit. Weiße Reinheit. Opfer. Schußbereit! Zielen! Feuer! Rot, gelb, blau – das Gemälde weint, das Gemälde ist tot. Ich habe das Gemälde getötet. Es ist wiedergeboren. Krieg ohne Opfer … Ich kleidete mich ganz in weiß wie eine vestalische Jungfrau und massakrierte meine eigenen Bilder.«[2]

Wir leben im Zeitalter der Simulation. Ihre Wegbereiterin auf dem Weg zur Digitalisierung war die Kunst. In den 60er Jahren unseres Jahrhunderts nahm Ikonoklasmus – lange ein Privileg von politisch Fanatisierten, neurotischen Einzeltätern oder Gerechtigkeitssucherinnen – die Gestalt des Muttermordes an. Für den inzwischen wegen Kindesmißbrauchs verurteilten Otto Muehl aus dem Kreis der Wiener Aktionisten stellte das Zerfetzen und Besudeln einer Leinwand die idealtypische Kombination von Frauenschändung und Muttermord dar – auf symbolischer Ebene, wie er aus Angst vor Konsequenzen hinzufügte.[3]

Beflissen ordnet sich Niki de St. Phalle einem vergleichbaren Kontext zu; denn es wäre ein Mißverständnis, ihre Schießübungen als Angriff auf die einseitige, von Haß gesättigte Tradition des Wahrnehmens und Darstellens von Frauen bzw. ›des Weiblichen‹ durch Künstler zu begreifen. Das Gegenteil ist der Fall: Dem »magischen Moment« des Angriffs wird in aufschlußreicher Abfolge jede Differenz aufgeopfert. Institutionen fallen ihr ebenso anheim wie Vater, Bruder, Mutter und – die Künstlerin als Künstlerin. St. Phalles Angriff richtet sich unterschiedslos gegen andere – Vater, Bruder oder Mutter, Männer oder Frauen – wobei Männer häufiger genannt werden. Mit dramatischer Gebärde wird der eigene Vernichtungswille (selbstverständlich im Rahmen des rechtlich Unbedenklichen) verkündet, doch die grandios gemeinte Geste, die Simulation des Schreckens, mündet in eine kleinbürgerlich anmutende, im Satz »Wasch mir den Pelz und mach mich nicht naß« aufgehende Denkfigur: »Krieg ohne Opfer« – gibt es das? Daß

---

2   In: Carla Schulz-Hoffmann (Hg.): Niki de St. Phalle. München: Prestel Verlag 1987, S. 14.

3   Peter M. Pickshaus: Kunstzerstörer. Reinbek bei Hamburg: Rowohlt 1988; David Freedberg: Iconoclasts and their Motives. Maarssen 1985, S. 15f.; Mary R. Richardson: Laugh a Defiance. London: G. Weidenfeld & Nicolson 1953, S. 165ff.; Otto Muehl: Weg aus dem Sumpf. Nürnberg 1977.

ausgerechnet »große, dicke Männer« für ein »Übergewicht rationalen Denkens sowie ein Ausklammern der Phantasie und intuitiver Fähigkeiten« verantwortlich sein sollen, wie eine gutwillige Interpretin glaubt, verblüfft ebenso wie die Behauptung, bei der Schießerei handele es sich um einen Befreiungsakt »zu sich selbst«.[4]

Wer gegen alle ist, kann für niemanden sein. In der Aufzählung kommt auch St. Phalles Mutter vor, aber die Aggression der Künstlerin richtet sich – und das ist der fundamentale Unterschied zu Künstlern vergleichbarer Auffassung – auch gegen die eigene Person, mehr noch: gegen die eigenen Werke. Für manchen Aktionisten war die ›mütterliche‹ Leinwand Gegenüber und Aktionsfeld für Sadismen, bevor lebende Frauen für alle sichtbar mit tierischen Innereien und männlichen Exkrementen besudelt wurden;[5] St. Phalle dagegen vernichtete, was sie selbst symbolisiert.

Versuche der »Nouveaux Réalistes«, dem dadaistischen Nein gegenüber der Welt innovative Impulse abzuringen, müssen als gescheitert gelten, sobald sie den Bereich der Schrift, der vollmundigen Manifeste, verlassen; welch ein Kontrast zum konkreten Handeln, welch ein Gegensatz zwischen dramatischer Geste und Ergebnis! Eine so nicht erwartete Symbiose von Kitsch und Können, von gut Gemeintem und Zynismus wird auch in Erklärungen deutlich, die St. Phalle im Hinblick auf ihre Auseinandersetzung mit dem Thema Mütter in Form von *Nanas* abgibt. Waren die schrumpfköpfigen, dafür mit mächtigen Brüsten und Schenkeln versehenen Figuren für St. Phalle noch Symbole »einer fröhlichen, befreiten Frau«, sieht sie sie zwanzig Jahre später als »Vorboten (!) eines neuen matriarchalischen Zeitalters«, denn sie »repräsentieren die unabhängige, gute, gebende und glückliche Mutter ...«. Mit den Moden wechseln auch Begründungen. Noch erstaunlicher ist die Aussage: »Der Betrachter wird mit seinen Gefühlen der eigenen Mutter gegenüber konfrontiert«.[6] Wirklich? Was ist mit der

---

4   Carla Schulz-Hoffmann (Hg.): Niki de St. Phalle, S. 14-15. Nach Abschluß des Beitrages erfuhr ich von einem inzwischen veröffentlichten Brief Niki de St. Phalles an ihre Tochter (BRIGITTE 5/95), in dem sie sich mit ihrem Mißbrauch als elfjähriges Kind durch ihren Vater, einen Bankier und strikten Katholiken, auseinandersetzt; ein Brief, der noch weitergehende Deutungen für ikonoklastische Aktionen in den 60er Jahren zuläßt. Den Hinweis verdanke ich Doris Poosch, Berlin.

5   Wilhelm Höck: Kunst als Suche nach Freiheit. Köln: DuMont 1973, S. 63f.

6   In: Carla Schulz-Hoffmann (Hg.): Niki de St.Phalle, S. 20.

Betrachterin? *Deren* Mutter dürfte einen Menschenkopf und menschliche Proportionen gehabt haben. St. Phalles Nähe zu Kult und Kitsch weckt ein Unbehagen, das in Gesellschaften, die Frauen das Recht auf sexuelle bzw. generative Selbstbestimmung versagen, schon fast Überlebensqualität hat. »Gut«, »gebend«, »glücklich« sind Attribute, die sich im Hinblick auf die Verleiher von Mutterkreuzen *und* Mütter verdächtig gemacht haben, waren ihre »guten« Eigenschaften doch verhängnisvoll für das eigene Überleben. Andererseits: Wer einen derart geschrumpften, weder mit einem Gesicht noch mit einem Äquivalent für menschlichen Ausdruck versehenen Stumpf anstelle eines Kopfs sein eigen nennt, muß einfach »glücklich« sein, denn zum Unglück gehören geistige und seelische Dimensionen, welche den hohlen, knallbunten *Nanas* fehlen.

Die Serie der *Verschlingenden Mütter* gibt andere Rätsel auf. Verläßt man die bis zum Übermaß strapazierte »symbolische« Ebene und wendet sich konkreten Gegebenheiten des Frauenkörpers zu, wird klar, daß ihm jede Fähigkeit, zu »verschlingen« qua Natur abgeht. Hysterie basiert stets auf einer Verkennung von Gegebenheiten. Die Phantasie der Vagina dentata ist Ausdruck dieser Hysterie. Wenn St. Phalle in ihrer Liegefigur am Moderne Museet in Stockholm den Leibraum einer weiblichen Figur für das Publikum zugänglich macht, öffnet sie den Leib, damit alles hinein- und hindurchtrotten kann. Prostituierten- und Mutterschoß werden eins. Es ist eine besucherfreundliche Kunst, denn selbst der symbolisch Ungeschulte erkennt, was er mit Hilfe eines von der Künstlerin vorsorglich bereitgestellten Treppchens betreten darf. Die Vagina als öffentlicher Durchgang, der Leib, nach den Worten der Künstlerin »Sie, eine Kathedrale, Fabrik, ein Wal, Noahs Arche, Mama« parodiert die weibliche Möglichkeit, zu beherbergen und die männliche Möglichkeit, eine Brücke zu schlagen, Gast zu sein.[7] Gebärmaschine und Fabrik, das Öffentliche des Innern – all dies ist assoziativ an die mit Stoff ummantelte Stahlkonstruktion gebunden; matriarchatsferne Assoziationen, die Sinn und Unsinn kunstgewerblicher Rückgriffe auf Kraftfelder einer nicht mehr rekonstruierbaren Vergangenheit stärker beleuchten als jeder gekonnte Versuch.

7   Ebd., S. 90-91. (Abb.)

II

Mit ihrer auch als Video gestalteten Performance *Glauben Sie nicht, daß ich eine Amazone bin* (1975) beginnt Ulrike Rosenbach die Auseinandersetzung mit weiblichen Symbolen, die unsere Vergangenheit geprägt haben und in die Gegenwart hineinreichen. Weiß gekleidet, schießt Rosenbach fünfzehn Pfeile auf eine Reproduktion von Stefan Lochners *Madonna im Rosenhang* (1451) ab. Im Monitor werden Madonnenantlitz und das Gesicht der Künstlerin überblendet. Mit den Pfeilen, die Rosenbach in der Rolle einer Amazone auf die domestizierte und ihresgleichen domestizierende Madonna abgibt, trifft sie das Überlieferte und das eigene, der Gegenwart gehörende Abbild.

Weibliche Prototypen der Vergangenheit sind rasch durchmustert; Rosenbach prüft sie in ihrer Brauchbarkeit für das Hier und Jetzt, erfährt sie als Kraftfeld und Fessel zugleich. Wer sie heben will wie einen Schatz, hebt den abgelebten Kontext mit ins Bewußtsein; so werden sie unbrauchbar bis auf eins: Haltung (attitude). Im Gestalt- und Energieaustausch mit Amazone, Venus oder Diana vergewissert sich weibliches Wollen seiner Tradition: Aktivität gepaart mit Stolz und Würde, Freiheit – Macht – Schönheit, aufgerichtet in Bildern, welche auch eine über Wert oder Unwert entscheidende patriarchale Tradition nicht missen mochte, die weibliche Potenz oft nur im Gewand des Schönen ertrug.

Im *Requiem für Mütter* (1980), einer in Video festgehaltenen Performance, nähert sich Rosenbach dem Thema Mütter direkter, als es im Energieaustausch mit Protagonistinnen weiblicher Stärke und Schönheit oder im Angriff auf das Madonnenimago möglich war. 1980 läßt sie im Parcours des Wenkenparks drei Furchen ziehen, die mit brennbarem Material ausgelegt und entzündet werden. Zwischen zwei brennenden Spuren bewegt sich die wieder in Weiß gekleidete Künstlerin, indem sie auf den Enden einer Bambusstange zwei große Fotografien ihrer Großmutter und Mutter balanciert. Rosenbach, inzwischen selbst Mutter und als Person auf Performance und Monitor gegenwärtig, trägt beide Bilder und schleift sie über den Boden bzw. von ihr selbst entzündete Spuren. Die Fotografien werden in Mitleidenschaft gezogen, beschmutzt, angesengt; zu einer Verbrennung ›in effigie‹ kommt es jedoch nicht, weil sie *zum Teil* von der Künstlerin gegen Feuer imprägniert wurden. Diese Ambivalenz im Umgang mit Müttern, der das inzwischen selbst Mutter gewordene Kind von einst Ausdruck verleiht, entspringt der schon beim Zielen auf Lochners Madonna offenbarten Einsicht, daß jeder Angriff auf die Mutter ein Angriff gegen etwas in uns ist, daß wir unsere Mütter ›überwinden‹ müssen, nicht nur, um so frei zu werden, wie es uns möglich ist, sondern um zu ihnen zurückkehren, sie als Menschen eigenen Rechts wahrnehmen zu können. Bei Rosenbach gibt es weder ein vollständiges Verbrennen noch ein glanzvolles Aufrichten des in seiner Macht kindlich überschätzten Mutterimagos – nur den Versuch einer Balance. Dieser Versuch läßt Mutter und Großmutter im Bild leicht versehrt, doch im Kern unangetastet zurück und endet mit einem Akt symbolischer Naivität, als Rosenbach ein als Nabelschnur deklariertes Band an der den Parcours umschließenden Hecke befestigt, bevor sie tut, was Stefan Lochners Madonna versäumte, als sie im Rosengatter verblieb: den Schauplatz verlassen.[8] Doch so leicht läßt sich dies spezielle Band nicht durchschneiden.

Als Rainer Maria Rilke sein Requiem für Paula Modersohn-Becker schrieb, nachdem sie im Kindbett gestorben war, kam es einer Huldigung gleich, die er der *Lebenden* und ihrer Malerei so nicht hätte geben können und wollen; erst ihr Tod löste etwas in ihm.

Rosenbachs Requiem stellt die verstorbene Mutter und die noch lebende, aber betagte Großmutter gleich – als Last, die ihr aufgegeben ist, die sie balancieren und abwerfen kann. Indem sie noch als Mutter Tochter bleibt und den verengten Blick der Tochter sichtbar macht auf Menschen, die mehr waren als Mütter – Frauen mit eigenen Träumen, Zielen, Geheimnissen, die der kindliche Blick gar nicht erfassen kann oder ausblendet – schärft sie unser Bewußtsein für die Tatsache, daß wir blind werden können für den *Menschen*, der uns in Gestalt der Mutter durchs Leben begleitet.

III

Zu den in den 40er Jahren geborenen Künstlerinnen, die sich mit dem eigenen Muttersein, der Mutter-Kind-Konstellation, auseinandergesetzt haben, gehört die Amerikanerin Mary Kelly. In ihrem 1973 begonnen und 1979 abgeschlossenen *Post-Partum-Document* – es beginnt mit der Geburt ihres Sohnes – konzentriert Kelly sich auf einen uralten, auch von ihr neu durchlebten Konflikt zwischen mütterlichen Aufgaben, wie sie sie versteht, als Selbst- oder Fremdverpflichtung ohne nennenswerten Beistand erfüllt, und eigenen Bedürfnissen. Vor allem interessiert sie das sprachlich vermittelte Wechselspiel zwischen kindlicher

---

8 Ulrike Rosenbach: Videokunst. Foto. Aktion/Performance – Feministische Kunst. Köln 1982, S. 159f.

und mütterlicher Sozialisation. Als Wegbereiter eines als »Erforschung« verstandenen Prozesses wählt sie Freud und Lacan. Dem Laut-, dann Wortaustausch mit ihrem Sohn wird ein aufwendiges Gerüst unterlegt; es besteht aus Abbildungen, Tafeln, Rastern (*Index A* etc.), anspruchsvollen Benennungen (*Research I* etc.). Auch versucht sie, ihren Notaten einen allgemeinverbindlichen Rahmen zu geben (*Homo sapiens (F)*). Daß »Erfahrungen der Mutter, feministische Analyse, akademischer Diskurs und politische Debatten« gleichermaßen, wenn auch nicht gleichwertig einfließen, wird sofort zum Problem. Überzeugend ist allein Kellys Versuch, den Anschluß an dekonstruktivistische Verfahren zu gewinnen und verschiedene Aspekte von ›Repräsentation‹ durchzuspielen.

Das männliche Kind steht bei ihr für die Menschheit schlechthin; daß auch ihr Sohn sich die Erde mit einer durch ›Anderssein‹, durch Defizite charakterisierten Variante der Spezies teilen muß, macht Kelly schon dem Zweijährigen klar, indem sie sich als Wesen beschreibt, das zwar gebären kann, dem aber etwas fehlt. Die freudianische Entwertung alles Weiblichen wird kritiklos übernommen und einem Kleinkind wie ein Naturgesetz nahegebracht. Wer den Phallus als Dreh- und Angelpunkt des Weltgeschehens begreift, kann Mädchen, wie Kelly dem Zweijährigen mit seinem ›Etwas‹ erklärt, nur als Repräsentantinnen eines ›Nichts‹, als Ansammlung von ›Löchern‹ begreifen: »Girls have three holes; one for poohs, one for wees, and one where babies come out – that's the vagina«.[9] Eine Erwachsene, die sich und andere nur als blasse Gebärerin, als penisloses Gegenüber zur eigentlichen (männlichen) Wesenheit versteht und sich nicht einmal dem eigenen Nachwuchs gegenüber als Repräsentantin weiblicher, d.h. einzigartiger Potenz glaubhaft machen kann, eine Künstlerin, die angesichts existentieller Bewährung in Geburt und Mutterschaft seltsam erfahrungslos bleibt, weil sie fremden Autoritäten mehr vertraut als einem Erleben, das Männer, das weder Freud noch Lacan noch seine Interpreten anders als aus zweiter Hand, im besten Sinn als teilnehmende Beobachter erfahren können, überzeugt nicht. Der Anspruch, mit dem die in Freudschen Kategorien befangenen Antworten Kellys auf übliche, auch von ihrem Sohn gestellte Kinderfragen, in den Rang eines für die Menschheit verbindlichen Kanons erhoben werden, ruft Unbehagen

---

9 Sie übersieht, daß Männer und Frauen jeweils sieben Körperöffnungen haben. Mary Kelly: *Post-Partum-Document*. London, Boston, Melbourne, Henley: Routledge & Kegan Paul 1983, S. 148, cf. S. 116.

hervor, weil er den naturgegebenen Vorsprung von Frauen für nichtig erklärt und – weil der theoretische Aufwand in keinem Verhältnis zum Erkenntnisgewinn steht, da herkömmliche Stereotypen die konkrete Situation durchdringen. Wieviel andere Antworten auf Fragen des Kindes sind denkbar! Das *Post-Partum-Document* mag visuell interessieren; inhaltlich führt es keinen Schritt über freudianische bzw. postmoderne Klischees hinaus, sondern kann als bestürzender Ausdruck weiblicher Selbstentwertung unter ›feministischem‹ Etikett gelesen werden.

IV

Es ist wohl kein Zufall, daß gerade die jüngste unter den hier genannten Künstlerinnen sich Ende der 70er, Anfang der 80er Jahre auf eine Prae-Partum-Situation konzentriert: Annegret Soltau. Was fand sie vor, worauf konnte sie sich berufen?

In der zweiten Hälfte des 19. und zu Beginn unseres Jahrhunderts haben Künstlerinnen das Thema Schwangerschaft behandelt, wobei Elendsdarstellungen bzw. Frauen der Unterschicht im Vordergrund standen. Dagegen sind bis weit ins 20. Jahrhundert hinein nur wenige Gebärszenen bekannt (etwa von Charlotte Berend-Corinth oder Frida Kahlo). Selbstbildnisse von Künstlerinnen, die Schwangerschaft oder Geburt thematisieren, gehören bis heute zu den Ausnahmen.

Seit den 70er Jahren, vor dem Hintergrund von Auseinandersetzungen um Mutterschaft, die in England, Holland, Deutschland und den USA meist auf Abtreibungsdebatten reduziert wurden, hat das Spiel mit ›schwangeren‹ Männern wie Paul McCartney, dem deutschen Justizminister Jahn oder Arnold Schwarzenegger als Generator eines *Junior* (1994) Aufmerksamkeit erregt. Unabhängig vom Wert solcher Annäherungs- oder Enteignungsversuche – denn der männliche Traum, unabhängig von Frauen zu generieren, geht bis in die Antike zurück –, hat die zwischen Karikatur und Kitsch, manchmal von Sympathie für Schwangere getragene Haltung dem abgestumpften Empfinden für Frauen, die ein Kind erwarten, neue Impulse gegeben. Doch wo blieben die Schwangeren selbst, *ihr* Erleben, *ihre* Aussagen, *ihre* Bilder?

Wenn überhaupt, entstanden sie vor dem Hintergrund von parlamentarischen Abtreibungsdebatten, die in einem merkwürdigen Kontrast zu den neuen, legalisierten Expansionsmöglichkeiten der pornographischen Industrie standen, die auch Kinder und Jugendliche in einem bislang unvorstellbaren Ausmaß einbezog. Beide Entwicklungen haben eins gemeinsam: den öffentlichen Einbruch in existentielle, intimste Bereiche des weiblichen Menschen. Während das generative Verhalten von Männern nie einer Rechtfertigungspflicht unterlag, hatte sich das Netz staatlicher, medizinischer und sozialer Kontrollen für Frauen derart verdichtet, daß es zwar nicht unmöglich, doch schwieriger war, zwischen angemessenen und aufgezwungenen Maßnahmen zu unterscheiden, besonders im medizinischen Bereich. Der Kampf organisierter Ärzte gegen Hebammen und ihren Status, die Zustände in Kreißsälen und gynäkologischen Praxen riefen nicht nur bei Feministinnen eine Opposition hervor, die vom Wiedergewinnen verschütteten Wissens um den Umgang mit Neugeborenen *und* ihren Müttern (Einbeziehen des Vaters, Körperkontakt direkt nach der Geburt, rooming-in, Stillen etc.) bestand, zu einer Renaissance der Hausgeburt und zur Einrichtung von Geburtshäusern führte.

Mehr als die Hälfte der Menschheit hat keine Erfahrung mit Schwangerschaft: Männer, Mädchen, Knaben und kinderlose Frauen. Ihnen kann Schwangerschaft sich nur über Augen- und Tastsinn mitteilen. Weil das Auge auch von Annegret Soltau als ›kaltes‹ Organ begriffen wird, kann es problemlos ersetzt werden – durch Objektive einer Foto- oder Videokamera. Seit wir den Embryo leibhaftig, seit wir seine Bewegungen und sein schlagendes Herz sehen können, hat sich unser Verhältnis zur Schwangeren verändert. Annegret Soltau zeigt uns in reinen und grafisch übergangenen Fotografien noch die alte, ganz der Ahnung anheimgegebene Form des wachsenden Kindes (konzentriert auf den mütterlichen Körper); im Videofilm *schwanger-SEIN II* konfrontiert sie uns mit dem Embryo als ans Licht geholte, entborgene Form. Die optische Exposition emanzipiert den Embryo von mütterlicher Leib-Eigenschaft, isoliert und hebt ihn als Wesenheit eigenen Rechts hervor, das in der visuellen Hierarchie einen Platz neben der Mutter einnimmt und sie als Repräsentantin eines Lebens entwertet, das bisher nur in seinen raumgreifenden, den weiblichen Leib nach seinen Bedürfnissen formenden Eigenschaften, also nie direkt in Erscheinung trat.

schwanger-SEIN II stellt sich als Synthese unterschiedlicher, seit den 70er Jahren erprobter medialer Verfahren dar.[10] Ohne den thematisch vergleichbaren grafischen bzw. Foto-Serien und Videofilmen ihren Eigenwert zu nehmen, darf man sie (auch) als Vorarbeiten für Annegret Soltaus Video von 1980-1982 betrachten. Wenn die Künstlerin sich für Video entscheidet, wählt sie ein der Dynamik des Geschehens angemessenes Medium.

---

10 Annegret Soltau. Ausstellungskatalog. Herausgegeben vom Frankfurter Kunstverein. Frankfurt a.M. 1983.

schwanger-SEIN II lebt weniger vom Bio-Grafischen als vom Entwurf, weniger von der faktischen Veränderung als vom Erleben in der Zeit. Das 45-minütige Video teilt sich in neun etwa gleichlange, durch Titel unterschiedene Phasen, die mit Hilfe eines Rhythmus verbunden werden, den das ›Ur-Herz‹ aussendet: Der embryonale, schließlich kindliche Herzton wird als akustisches, die durch Annegret Soltau repräsentierte Schwangere als visuelles Leitmotiv eingesetzt. In ihrer Exposition, d.h. der ersten und zweiten Phase, bricht nicht die Urangst vor dem Sterben, sondern vor gesellschaftlichen Regelungen durch, die weder dem Kinderwunsch noch der Entscheidung gegen Mutterschaft Raum gibt. Eine Mutter in spe ist der unbehauste Mensch schlechthin – biologisch einsam, weiß sie wohl, daß sie zwar auf Hilfen, manchmal auch auf Mitgefühl rechnen darf; doch wie einem Sterbenden die Lebenden unendlich fern rücken, so wird einer Frau, die gebären muß, nicht nur der professionell beteiligte, sondern selbst der nächste Mensch leicht zum Schemen, zu Statisterie.

Alle Tableaus spielen in einem Raum ohne Ausblick. Am Ende des ersten, *Panik* – es ist durch extreme Unruhe und eine ›Häutung‹ der Schwangeren bestimmt – geht die Kamera langsam auf die Fotografie eines Embryos an der Wand zu. Im zweiten, *Zwiespalt* überschriebenen Tableau liegt die Protagonistin in embryonaler Haltung auf einem Tisch und sucht nach einer erträglichen Lage; das ruhelose Hin und Her mündet in ein Haaropfer. Einst wurde die legendäre Locke Berenikes vom Haupt geschnitten und Venus geweiht, um den Wunsch der ägyptischen Königin nach der Rückkehr ihres Gatten aus dem syrischen Krieg Gehör zu schaffen und unsterblich durch ein Sternbild (*Coma Berenices*) am nördlichen Nachthimmel. Annegret Soltaus Opfergabe ist dem ›Venusberg‹ und seiner Umgebung entnommen; als rötlich schimmerndes Gebilde bleibt es auf dem Tisch zurück, den die Schwangere mit einem Sprung verlassen hat, um Geburtsinstrumenten Platz zu machen. Heute aus zweckrationalen Gründen im Krankenhaus erbracht, hat das Haaropfer seinen mythischen Zauber verloren; Annegret Soltau ruft die Erinnerung daran zurück. Erst im dritten Tableau wird eine positive Empfindung benannt, *Hoffnung*. Die Schwangere ist nackt, in extremer Verkürzung mit dem Kopf zur Kamera sichtbar. Ihre Hände messen Wachstum; ihre Worte überwinden die im vorangegangenen Tableau noch spürbare Ambivalenz: Schwanger werden, es unangefochten bleiben und in Ruhe sein zu können, darum geht es nun.

Maler früherer Jahrhunderte haben oft den grinsenden Tod hinter jungen Frauen, die ›guter Hoffnung‹ waren, gezeigt; die optimistische Grundstimmung, eine biologische Beigabe des Zustands, von dem manche Mütter berichten, findet ihr visuelles Äquivalent in der von Sonne gezeichneten Haut. Ist die Erinnerung an Berenikes Locke dem Sternenhimmel eingeschrieben – ruft der teils gebräunte, teils weiß gebliebene KörperVorstellungen von Licht, Luft – von Sonne – hervor und mit ihr, dem Leben spendenden Gestirn, wird auch die Angst vorm Sterben im Bild der Sichel verknüpft. Ging der ›Sensenmann‹, der ›Schnitter Tod‹ einst über Kornfelder der Bilderwelt, legt sich hier eine Sichel über den Leib und evoziert tödliche Schnitte (Abb. 26).

Besonders für junge Mütter fallen Todes- und Existenzangst häufig zusammen. Noch an der Schwelle zum 21. Jahrhundert erfährt eine erstaunliche Zahl von Frauen, daß Mutterschaft sie ihrer Arbeits- und Entwicklungsmöglichkeiten beraubt; zum ›Sozialfall‹ geworden, erleben sie, daß ihre Gabe an die Welt, das Kind, Anlaß zum Absturz der eigenen Träume, eigener Erwartungen an das Leben wird.

Die Idee des Elternpaars scheint in vergilbenden Fotos eingesperrt, wenig mehr als eine romantische Illusion, eine bloß rhetorische Figur bei dem Versuch, Müttern sämtliche Lebenslasten aufzubürden und Vätern, die Vaterschaft nur noch biologisch und nicht mehr sozial verstehen, Kontrollmöglichkeiten zu sichern, ohne sie mit Alltagspflichten für den Nachwuchs zu behelligen. Die Afrikanisierung hat in diesem Bereich solche Fortschritte gemacht, daß selbst Feministinnen müde wurden, das Unverzichtbare von Väterlichkeit beinah als einzige – es gab wenig männliche Mitstreiter – zu betonen oder der Fiktion ›Elternschaft‹ länger nachzuhängen. Vielleicht argumentiert Annegret Soltau bereits mit Anachronismen, wenn sie die Idee des Paares (recht spät, d.h. erst mit Beginn der fötalen Phase) im vierten und fünften Tableau einführt.

In *Alleinsein* wird die Schwangere von Männerhänden gegen eine Wand gestoßen. Im echohaften Nachhall dieser Bewegung läßt sie sich gegen die Wand fallen und legt sich schließlich mit dem Rücken zur Kamera auf den Boden. Ein Mann rollt auf sie zu; nach einer Umarmung wenden sich beide voneinander ab und liegen still für sich – er auf dem Rücken, sie auf der Seite. *Trennung* zeigt beide nebeneinander sitzend mit dem Rücken zur Kamera. Er schreibt auf ihre Haut: »Was will sie eigentlich von mir? Sie langweilt mich«, und sie notiert auf seinem Rücken: »Du kümmerst dich zu wenig um mich. Bist du eifersüchtig auf meinen Zustand?« (Abb. 27) Außer dem Herzton des Kindes ist nichts zu hören; verschriftlicht wird Sprache stumm. Beide fragen und stellen fest. Doch Fragen und Feststellungen gehen aneinander vorbei wie Parallelen, die sich erst im Unendlichen treffen. Gelebt wird aber in konkreten Räumen, im Hier und Jetzt.

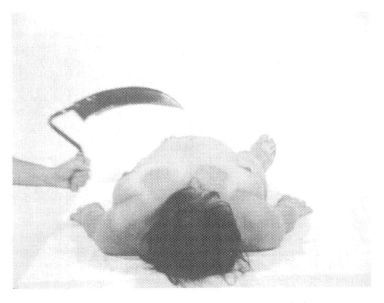

Abb. 26: Annegret Soltau: schwanger-SEIN II

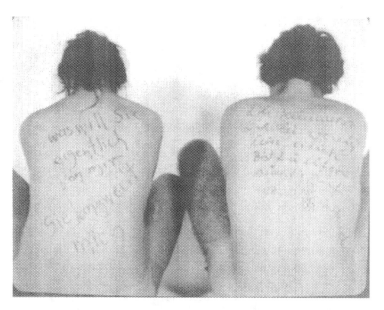

Abb. 27: Annegret Soltau: schwanger-SEIN II

Im sechsten Tableau wird das Thema *Beengung* für die Schwangere und das sich im Leib dehnende Kind durchgespielt. Die Frau wird jetzt weniger als Repräsentantin einer Befindlichkeit, sondern – wie in keiner anderen Sequenz – durch Kontrollverlust bestimmt als Marionette eines biologischen Ablaufs eingesetzt, die einen Vorgang zwar durchleben und kommentieren, aber nicht steuern kann.

Im siebten Tableau – es entspricht dem siebten Monat, also jenem Entwicklungsstand, in dem ein Frühgeborenes auch in früheren Zeiten lebensfähig war, geht es um ›Erinnerung‹. Mit dem Rücken zur Kamera sitzend, betrachtet Annegret Soltau eine alte Fotografie. Sie zeigt keinen Embryo, kein Paar, sondern eine schüchtern lächelnde Frau. Sie ist jung und hält ihr erstes Kind im Arm, das mit glänzenddunklen Augen und leicht geöffnetem Mund an ihr vorbeischaut und dabei winzige Fäuste gegeneinander wendet. Es handelt sich um die Mutter der Schwangeren und ihr Kind. Mit dem Rücken zur Kamera sitzend, schaut Annegret Soltau auf die alte Fotografie, ihr kindliches Selbst, und wir hören die Geschichte ihres Werdens, ihrer eigenen Geburt und der folgenden neun Monate, eine Zahl, die den Eindruck erweckt, als sei das Kind zweimal, von der Mutter und für die Großmutter ausgetragen worden (Abb. 28). Wir erfahren die Geschichte durch einen von Annegret Soltaus Mutter verlesenen Brief; ihre Stimme, ihre Diktion, ihr Abbild beherrschen die Sequenz.[11] In seiner Lakonie und der norddeutschen Herbheit seines Vortrags erinnert der Brief an Erzählungen Marieluise Fleissers. Das Unbehauste, die Härte der mütterlichen Lage, teilt sich über klaglose Feststellungen, d.h. atmosphärisch mit, obwohl nur berichtet wird, was geschah.

In der Bibel war es noch das unbehauste, auf der Flucht befindliche Paar, das die Vorgeschichte Jesu und seinen Eintritt in die Welt begleitet; eine archetypische Ausgangslage, von der im Brief an die Tochter nur noch die Idee aufscheint. Der Vater ist fern, die Zeiten sind unruhig und stellen für eine bis an den Rand ihrer Kräfte gestoßene, nicht mal mit dem Nötigsten versehene junge Frau, eine existentielle Herausforderung dar. Nur auf Fotografien wird sie sichtbar für uns, die *junge* Mutter. Was kann sie vergeben außer sich selbst – und das konnte oder wollte sie hier nur für die ersten neun Lebensmonate, bis sie ihre Tochter an die eigene Mutter weiterreichte – und eine Geschichte, die auf zwei Seiten Platz findet. Die Sehnsucht von Schwangeren nach einer Frau, die geboren und überlebt hat, rückt die eigene Mutter als Garan-

---

11 Ebd., S. 24-25; dort ist der ganze Brief abgedruckt.

Abb. 28: Annegret Soltau: schwanger-SEIN II

tin bestehbarer Kraftproben neu ins Blickfeld. Im gereiften Bild der Mutter, was die Gegenwart bestimmt, steckt noch jene junge Person, die mehr und zugleich weniger war als ›Mutter‹. Es ist nicht nur unsere Bedürfnisstruktur, sondern auch unser Blick, der die Frau, die uns geboren hat, im Mutterkäfig hält, dem sie, der allgemeinen Schelte preisgegeben – es gibt wohl kaum eine Spezies, die ungehemmter kritisiert wird, selten in ein Leben entkommt, das sie erneut ihr eigen nennen kann. Fäden, die Annegret Soltaus Leib am Ende der Sequenz überspannen, deuten schon eine Käfigsituation an.

Im achten Tableau setzt sich diese Einseitigkeit fort, läßt Raum für die Sehnsucht nach dem Kommenden, nach einem Ende. Hatte sich die Künstlerin zuvor ihres Ursprungs versichert, sucht sie nun nach Gewißheiten im Hinblick auf das spürbare, aber noch unsichtbare Kind. Sie sehnt sich nach Befreiung und Freiheit für das Kind, will es endlich *sehen*. Ihre Ansprache an das Ungeborene enthält Fragen und Feststellungen wie in der zweiten Paar-Sequenz; doch diesmal werden sie ausgesprochen. Mutig stellt sie sich der Kamera, gibt eine vorgeburtliche Intimität preis und erfindet doch Szenerien von prinzipieller Geltung. Die Ansprache mündet in ein Summen, vorsprachliche Laute neben dem kindlichen Herzschlag. Respektvoll entfernt sich die Kamera und läßt die noch bestehende Einheit von Mutter und Kind auf einer weißen Insel zurück.

In der neunten und letzten Sequenz, *geboren-Werden*, nimmt Annegret Soltau die zu erwartende Klimax extrem zurück. Regie führt eine Frauenstimme; sie findet Sprach-Bilder für ein Geschehen, in dem Geburt nur angedeutet, nicht gezeigt wird. Der ruhige Atem früherer Sequenzen wird durch heftiges, stoßweises Luftholen abgelöst, Gebären im Bild einer Explosion, die Wände einstürzen läßt, angedeutet. Die Stille nach der Entbindung wird behutsam eingefangen – Unruhe, Ambivalenz, Gefahr, alles ist überwunden. Das Neugeborene bleibt unsichtbar; seine Existenz wird allein von der Frauenstimme bestätigt. Mit ihm hat die Protagonistin sich als Mutter zur Welt gebracht – nie wieder wird sie dieselbe sein.

Von den erwähnten Künstlerinnen ihrer, d.h. in den 40er Jahren geborenen Generation unterscheidet sich Annegret Soltau weniger in der Wahl ihrer Mittel – die, wie bei Rosenbach, im Übergang von Performance zu Video Ausdruck einer Suche nach Ausdrucksformen sind, die der Dynamik des Zeit-Raum-Erlebens angemessener sind als traditionelle Techniken –, sondern im Mut, an Tabus zu rühren. Die Künstlerin schafft Bilder für ein Erleben, das sie als Individuum kenntlich werden läßt, obwohl es über den einzelnen Menschen hinausweist.

Das hat zu Mißverständnissen und Fehldeutungen geführt. Annegret Soltaus Methode, eine potentiell enteignete Erfahrung zurückzugewinnen, ist der Schnitt. Wie Hannah Höch mit Messer und Schere das Innere der Weimarer Republik freilegte, so schneidet Annegret Soltau durch das Gestrüpp von Ideologien, Vorschriften und Moden den Weg zu einem Erleben frei, das einer bestimmten Kultur und Zeit angehört und doch Momente von universeller Gültigkeit enthält.

Die Dramaturgie ihres Videofilms erkundet den anthropologischen Raum, der Schwangerschaft gegeben ist. Dabei nutzt Annegret Soltau ein Spektrum grafischer, fotografischer und filmischer Möglichkeiten, das sie sich in den 70er Jahren konsequent erarbeitet hat. Als Grenzgängerin zwischen Gattungen und Ideologien begibt sie sich auf die Suche nach dem Sinn dessen, was sie als eins der großen Menschheitsthemen für sich und uns zurückgewinnen will. Was uns entzogen wurde, müssen wir neu erfinden, damit es uns gehört, und es dürfte kein Zufall sein, daß im gleichen Jahr, als *schwanger-SEIN II* entstand, Botho Strauß ein Märchen zu Geburt und Tod erfand, das so endet: »Die Frauen aber waren ehrlich und liebten und verteilten die Kinder gerecht, die Jungen den Männern, sich selbst die Mädchen. Doch die Männer, einmal habgierig geworden, übervorteilten die Frauen, die nun mehrmals im Leben gebären mußten und sich nicht genug um ihre Güter kümmern konnten. Daher vergessen die Frauen bis heute nicht, wie es war, vor der Liebe, als sie noch die Hälfte der Dinge besaßen.«[12]

12 Botho Strauß: *Paare, Passanten.* 3. Auflage. München: dtv 1986, S. 139.

Renate Möhrmann

»Deutschland, bleiche Mutter«.
Zu den Mutterfiguren im neuen deutschen Frauenfilm

Berlin, 20.2.1980. Der Skandal ist da. Scharenweise verlassen die Kritiker während der Premiere von Helma Sanders-Brahms' Film *Deutschland, bleiche Mutter* bei den 30. Internationalen Filmfestspielen den Saal. In den Mienen diese Mischung aus zur Schau gestellter Pein und hochmütigem Degout, Indiz dafür, daß sie Unzumutbares ertragen hatten. Was war geschehen?

Eine Mutter verwirrte das männliche Kritikerkartell.[1] Die Filmemacherin Helma Sanders-Brahms hatte in ihrem achten Spielfilm die Dreistigkeit besessen, die nationalsozialistische Vergangenheit als weibliche Erinnerungsarbeit aus der Perspektive einer Mutter-Tochter-Beziehung zu erzählen und noch dazu aus der ihrer eigenen Mutter, deren Tochter – also sie selbst – von ihrer Tochter Anna gespielt wird (Abb. 29). Mit diesem autobiographischen Zugriff auf das Dritte Reich, mit dieser Vermengung zweier gegensätzlicher Diskurse, dem des Privaten und dem des Politischen, verstieß sie gegen ein vereinbartes Tabu, nämlich gegen die bis dahin gültigen Präsentationsformen von politischer Geschichte ganz generell. Hätte sie das Schicksal ihrer Mutter während der Kriegs- und Nachkriegszeit als eine private Geschichte erzählt, der Skandal wäre ausgeblieben. Auch eine strenge politische Parabel ohne jeden ›privatistischen Schnickschnack‹, die sie in ihren frühen Lehrfilmen *Gewalt* (1971), *Die industrielle Reservearmee* (1971) oder *Die Maschine* (1973) durchaus zu gestalten imstande war, wie manche Kritiker gönnerhaft verlauten ließen, hätte diesen Aufruhr in jenem Februar nicht veranlaßt.

Gewiß ist: Nicht das Thema des Nationalsozialismus bewirkte die breite Palette der Abwehrhaltungen und blockierte die Analyse, wie Olav Münzberg meinte.[2] Schließlich war Sanders-Brahms' Film nicht

---

1 »Eine Mutter verwirrte die Deutschen« überschrieb der Corriere della Sera vom 25.2.1980 seine Rezension zu *Deutschland, bleiche Mutter* und signalisierte damit die vorherrschende Stimmung diesem Film gegenüber.

2 »Das Thema des Films, der Nationalsozialismus, und damit der Film selbst wird bei vielen deutschen Betrachtern – anders als bei Ausländern – erst einmal wahrscheinlich auf Abwehr stoßen«, schrieb Olav Münzberg. Olav Münzberg:

Abb. 29: Eva Mattes und Anna Sanders
als Lene und Anna in Helma Sanders-Brahms:
Deutschland, bleiche Mutter, 1980.

der erste, der es anschnitt. Filme wie Edgar Reitz' *Stunde Null* (1977), Hans Jürgen Syberbergs *Hitler, ein Film aus Deutschland* (1977), Joachim C. Fests *Hitler – eine Karriere* (1977) oder auch Rainer Werner Fassbinders *Die Ehe der Maria Braun* (1979) lagen bereits vor. Keiner war auf soviel Widerstand gestoßen, keiner mit soviel Häme bedacht worden. Das signalisieren schon die Titel der Rezensionen: »Schaudern vor der bleichen Mutter« (Frankfurter Neue Presse, 22.2.1980), »Verquaster Trümmerfilm« (Die Welt, 25.2.1980), »Mütter, Töchter, Krieg und Terror« (Frankfurter Rundschau, 25.2.1980), »Über ›Deutschland, bleiche Mutter‹ wird im Saal gekichert« (Münchner Merkur, 22.2.1980). Die Reihe ließe sich fortsetzen.[3]

Dabei ist zu vermerken, daß die Kritiken von Frauen überwiegend positiver ausfielen und keine vergleichbaren Abwehrreaktionen aufwiesen. Die geschlechtsspezifische Standortbezogenheit der Wahrnehmung spielte offenbar eine maßgebliche Rolle bei der Rezeption der *Bleichen Mutter*. Auffallend ist weiter, daß die männlichen Kritiker übereinstimmend ein diffuses Peinlichkeitsgefühl dem Film gegenüber eingestanden, und in der Tat stellt Sanders-Brahms die Peinlichkeitsfrage neu. Indem sie Geburtsbilder zeigt wie Presswehen, Muttermund, das blutverklebte Neugeborene, die Abnabelung, Bilder, die bis dahin, 1980, tabuisiert und im Film noch nicht zu sehen waren, durchbricht sie die geltenden Scham- und Peinlichkeitsbarrieren. Und zwar radikal. So ist es kein Zufall, daß der Ausmarsch der Kritiker gerade in dieser Szene einsetzt. Für den Film hat sie zentrale Bedeutung. Ebenso ihre Situierung in die schwersten Luftangriffe auf die Zivilbevölkerung. Durch die Montage von Geburtsvorgang und Bombenangriff, von Lebenserschaffung und Lebensvernichtung, von Gebärblut und Tötungsblut, stellt die Filmemacherin Ereignisse in einen Zusammenhang, die in der Regel als getrennte Diskurse in der Kulturproduktion behandelt werden. Wie sehr diese Dinge zusammengehören, welche Verwüstung der Krieg auch bei den Daheimgebliebenen anrichtet, wie stark er die Mütter verändert, das hat Helma Sanders-Brahms, das Kriegs- und Trümmerkind, und mit ihr unzählige andere, am eigenen Leib erlebt.

Einige Anmerkungen zu Deutschland, bleiche Mutter. In: Pressemappe zu *Deutschland, bleiche Mutter*. 30. Internationale Filmfestspiele Berlin, 18. – 29.2.1980. S. 1.

3 Eine aufschlußreiche Rezeptionsanalyse aus sozialpsychologischer Sicht hat Olav Münzberg vorgelegt. Siehe dazu seinen Aufsatz: Schaudern vor der ›bleichen Mutter‹: Eine sozialpsychologische Analyse der Kritiken zum Film von Helma Sanders-Brahms. In: Medium, Heft 7 (1980), S. 34-37.

Nur – das ist immer wieder erstaunlich – die Erfahrungen der Mütter aus dieser Zeit sind fast nirgendwo festgehalten, kaum jemals Gegenstand ernsthafter kultureller Auseinandersetzung geworden. Geschichte wurde stets aus der Perspektive der Männer geschrieben,[4] der Imperatoren und Generäle, der Feldherrn und Kommandanten, der heroischen Jahreszahlen und der Trauerfeiern für die Gefallenen, der opportunistischen Kriegsgewinnler und der entwurzelten Heimkehrer. Zuckmayers *Des Teufels General* (1946), Borcherts *Draußen vor der Tür* (1946), Staudtes Film *Die Mörder sind unter uns* (1946), oder Bölls *Wo warst du, Adam* (1951) sind anschauliche Beispiele dafür. Diese Sicht bestimmt auch die herrschenden Schamschwellen. Leichen sind keine Tabus für die audiovisuellen Medien. Ebensowenig das Blut von Kriegsverletzten und Opfern von Kriminalität. Täglich ist es in Film und Fernsehen zu sehen. Keine Tagesschau spart es aus. Peinlich und schamverletzend hingegen ist das Blut der Frau. Das gehört der Privatsphäre an.

Sanders-Brahms erkennt solche Unterscheidungen nicht an. Damit schaltet sie sich in eine Debatte ein, die die autonome Frauenbewegung zu Beginn der 70er Jahre in Gang gesetzt hatte: die Frage nach dem Verhältnis von Politischem und Privatem und der Legitimation ihrer seit rund 200 Jahren praktizierten Trennung. Daß eine solche Debatte notwendig geworden war, hatten die neuen Männlichkeitsattitüden im sozialistischen deutschen Studentenbund erst wieder verdeutlicht.[5] Denn auch hier bildete die Separation von Politischem und Privatem die conditio sine qua non für die Festschreibung der alten Rollenvorstellungen in männlich und weiblich und die Hierarchisierung ihrer Bedeutung. Indem die Belange der Frauen wiederum als bloß ›privat‹ definiert wurden, verloren sie zwangsläufig an Gewichtung und konnten aus dem politischen Programm gestrichen werden. Das erwies sich als praktisch. Jedenfalls für die Männer. Es entband sie aus dem Kanon der mühsamen Fürsorgepflichten ohne ihren Emanzipationsstatus anzutasten. Denn Emanzipation beinhaltete damals vorrangig die der Ar-

4 Noch 1986 schreibt die amerikanische Historikerin Claudia Koonz: »Es erstaunt mich immer wieder, daß alle Theorien, die seit 1945 über den Nationalsozialismus entstanden sind, ausnahmslos die Rolle der Frauen ausklammern.« In: Mütter im Vaterland. Freiburg (Breisgau): Kore Verlag 1991, S. 19.
5 Vgl. hierzu Renate Möhrmann: Die Frau mit der Kamera. Filmemacherinnen in der Bundesrepublik Deutschland. Situation, Perspektiven. Zehn exemplarische Lebensläufe. München, Wien: Carl Hanser 1980, S. 22f.

beiter und der Dritten Welt. Mütter und ihre Doppelbelastungen standen nicht auf der Agenda.

Hier setzte die neue Frauenbewegung an. Sie erkannte das Programmatische hinter solchen Ausgrenzungsstrategien und ihre weitreichenden gesellschaftspolitischen Folgen. Denn damit war der gesamte Bereich von Mutterschaft und Haushaltsführung zur Privatangelegenheit jeder einzelnen reduziert, die sehen mußte, wie sie damit fertig wurde. Dies gilt auch heute noch insbesondere für die Bundesrepublik und Italien, die einzigen beiden europäischen Länder, in denen es keine Ganztagsschule oder Ganztagsbetreuung gibt. Insofern war es durchaus folgerichtig, wenn die Vertreterinnen der neuen Frauenbewegung nun ihrerseits das Private zum Politikum erklärten und öffentlich zur Diskussion stellten.

Das blieb nicht ohne Folgen auf die Kunstproduktion, insbesondere auf den neuen deutschen Frauenfilm.[6] Es waren die Filmemacherinnen der 70er Jahre, die erstmals solche ausgegrenzten Themen wie Verhütung, Paragraph 218, Schwangerschaft und Mutterschaft, sowie die Frage der Vereinbarkeit von Beruf und Familie zum Gegenstand ihrer Produktionen machten. So entstanden Filme wie *Kinder sind keine Rinder* (1971) und *Macht die Pille frei* (1971) von Helke Sander, *Das schwache Geschlecht wird stark* (1974) von Claudia Schilinski oder *§ 218 und was wir dagegen haben* (1976) von Sabine Eckart. Von der männlichen Kritik wurden solche Filme allerdings kaum zur Kenntnis genommen. Nach den herrschenden Konventionen rangierten sie in der Hierarchie der Bedeutungen an unterster Stelle.

Schwierigkeiten verursachten den Filmemacherinnen die selbstgestellte Aufgabe, neue authentische Frauenfiguren zu entwerfen, mit denen sie sich selbst identifizieren konnten. Woher auch sollten Anregungen kommen? Der Blick nach rückwärts war wenig ergiebig. Schließlich war die offizielle Geschichtsschreibung inbezug auf die Frauen nie sonderlich genau gewesen. Weibliche Erfahrungen fielen in aller Regel durch das historische Maschennetz hindurch, endeten in öffentlichen Katastrophen oder im privaten Glück, waren ohne historische Kontinuität und kaum noch rekonstruierbar. Immer wieder mußten Frauen von vorne anfangen. Daß es im 19. Jahrhundert – neben der Arbeiter-

---

6 Während heute zwischen Frauenfilm und feministischem Film unterschieden wird, benutzte man in den siebziger und beginnenden achtziger Jahren den Terminus Frauenfilm als Signalbegriff dafür, daß nach langer weiblicher Abwesenheit in der Regiegeschichte des Kinos sich nun auch Frauen dieses Medium erobern. Vgl. Renate Möhrmann: Die Frau mit der Kamera, S. 24-32.

bewegung – in Europa bereits eine engagierte und kraftvolle Frauenbewegung gegeben hat, haben die wenigsten Mädchen in der Schule gelernt.

Aus dieser historischen Defizitlage heraus wird für viele Filmemacherinnen die Auseinandersetzung mit der eigenen Mutter die Notlösung, um überhaupt an ein konstruierbares weibliches Ich heranzukommen. So entsteht in den ausgehenden 70er Jahren eine Reihe von Filmen, in denen die eigene Mutter den Mittelpunkt der Handlung bildet. Dazu gehören neben *Deutschland, bleiche Mutter* Jutta Brückners *Tue recht und scheue niemand* (1975) und *Hungerjahre* (1980), Recha Jungmanns *Etwas tut weh* (1979) oder Jeanine Meerapfels *Malou* (1980).

Auch hier mußte Pionierarbeit geleistet werden, denn Vorbilder gab es kaum. Der Rekurs auf die Filmgeschichte blieb unergiebig: Trotz der breiten Palette der Frauenfiguren wird das Mutterparadigma weitgehend ausgespart. Die großen geschichtskonstituierenden Genres wie Western, Thriller, Gangsterfilm und Roadmovie, wie der italienische Historienfilm oder der deutsche Heimatfilm weisen in aller Regel überhaupt keine Mutterfiguren auf. Es sind Männerfilme, in denen die He-men die Tonart und die Pferde die Gangart bestimmen, bzw. die PS, die Gänge, als Statussymbol der neuen Herrenreiterklasse. Die Absenz des Mütterlichen fällt gar nicht auf. Aber auch der nach dem Zweiten Weltkrieg allseits als Neubeginn der Kinogeschichte gefeierte Neorealismus fokussiert kaum die Mütter seines Landes. Gewiß: Roberto Rosselini entwickelt in *Roma città aperta* (1945) eine sehr komplexe Muttergestalt, die insbesondere durch die Darstellung der Anna Magnani größte Präsenz gewinnt. Doch das ist die Ausnahme. Es sind andere Bevölkerungsgruppen, die der italienische Neorealismus leinwandfähig macht: Kinder und alte Leute. Kinder, als Hoffnungsträger, in seiner Aufbruchsphase, alte Menschen, bei seinem Niedergang, als sich das Prinzip Hoffnung als Trugbild entpuppt hat. Mütter kommen allenfalls am Rande vor. Wie im Mainstream Kino auch. Das gleiche gilt für den jungen deutschen Film. Der neuen Generation der zornigen Filmemacher der 60er Jahre – und das ist verständlich – ging es zuallererst um die Abrechnung mit ›Papas Kino‹, mit den erstarrten Kinokonventionen der 50er Jahre. Was stattfand, war eine Auseinandersetzung zwischen Vätern und Söhnen. Mütter hatten in dieser querelle keinen Platz.

Und doch kennt das Kino ein Genre, das sich zum klassischen Ort des Mütterparadigmas entwickelt hat, ein zugegeben nicht gerade gut beleumdetes Genre, das – was symptomatisch ist – erst in jüngster Zeit von feministischen Theoretikerinnen wissenschaftliche Beachtung und

Aufwertung gefunden hat: das Melodram. Seine Regisseure sind als *women's directors* in die Filmgeschichte eingegangen, auch dies ein Signal für die Spezifik der Gattung, die als einzige im Mainstream Kino einen Ort für weibliche Belange anbot und zum Medium für Herzensangelegenheiten wurde. Mütter spielen darin einen wichtigen Part. Daß sich der Mütter-Diskurs ausgerechnet in einem Genre artikuliert, das lange Zeit als trivial galt, läßt sich nicht als Zufall abtun. Es hängt zusammen mit der eingangs genannten Hierarchie der Bedeutungen, die noch 1980 dem Sanders-Brahms-Film geschadet hat.

Das Mutter-Sujet war allenfalls im Zusammenhang mit der Sozialisation von Söhnen von Bedeutung. Dafür hatten Rousseau und Freud nachdrücklich gesorgt. Daß es überhaupt Eingang in die Kinogeschichte gefunden hat, war nicht zuletzt die Folge ökonomischer Zwänge. Um erfolgreich zu sein, mußten die Produzenten auch das weibliche Publikum gewinnen. Das *maternal melodrama* war das Genre, dem diese Aufgabe zufiel. Es lieferte Millionen von Müttern und Hausfrauen, die sich nur marginal am öffentlichen Leben beteiligen konnten, emotionale Identifikationsangebote aus ihrem eigenen Wirkungsbereich, die anderswo nicht zu haben waren, und das ›bigger than life-Pathos‹ in einer Gefühlsalliance, die ihnen bekannt war.

Um das Besondere der Mutterfiguren im neuen deutschen Frauenfilm genauer zu definieren, empfiehlt sich ein Blick auf das klassische *maternal melodrama*. Die amerikanische Filmwissenschaftlerin E. Ann Kaplan hat als erste dieses Genre aus feministischer Sicht analysiert und das folgende narrative Grundmuster herausgearbeitet: Es ist die schöne, junge, hingebungsvolle, sich für ihr Kind völlig aufopfernde Mutter, die im Mittelpunkt dieser ersten Melodramen steht und ganz dem »Cult of True Womanhood« entspricht.[7] Die auffällig enge Bindung zwischen Mutter und Kind wird durch zwei Konstituanten bestimmt: durch die Tatsache, daß das Kind in den allermeisten Fällen von männlichem Geschlecht – der Film rekurriert hier auf psychoanalytische Grundmuster – und seine Geburt sehr häufig unehelich ist, was die Mutter zur ausschließlichen emotionalen Bezugsperson und einzigen Glücksschmiedin ihres Sohnes macht. Doch diese Glücksschmiede kennt nur einen Auftrag: das männliche Kind sobald wie möglich aus

---

7 Vgl. E. Ann Kaplan: Mothering, Feminism and Representation. The Maternal in Melodrama and the Woman's Film 1910–40. In: Christine Gledhill (Hg.): Home Is Where the Heart Is. Studies in Melodrama and the Woman's Film. London: BFI 1987, S. 123ff.

der mütterlichen Obhut heraus- und dem Ordnungsgesetz des Vaters zuzuführen. Das hat nicht bloß ideologische Gründe, wie im bürgerlichen Trauerspiel, das nur im Vater den Vermittler von Sittlichkeit und Bildung sieht. Das Melodram funktioniert handfester. Die Rückführung des Sohnes in die Welt des Vaters ist vor allem ökonomisch motiviert. Denn die abhanden gekommenen Erzeuger sind zumeist in den höheren Rängen der Gesellschaft zu Hause und verfügen über hinreichende Finanzkraft. So bestimmt die Suche nach dem Vater die Handlung dieser Filme, und die gelungene Vereinigung ist ihr happy end. Allerdings nur für Vater und Sohn. Die Mutter fällt als Märtyrerin aus der Geschichte heraus. Sie hat ausgedient. Ihre Exstirpation ist die conditio sine qua non, um den Sohn gesellschaftsfähig zu machen. Und so stellt sich post festum heraus, daß die anrührenden Mutter-Sohn-Sequenzen, die den Zuschauerinnen durchaus eine Dimension von Glück vermittelt haben, aufs Große und Ganze gesehen doch bloß defizitär bleiben, auch in den Augen der Mutter. Denn sie macht sich schließlich zur Agentin des männlichen Diskurses und entwirft die Strategie für das neue, nun väterlich garantierte Sohnesglück, an dem sie nicht mehr teilhat. Im Verbund mit der patriarchalischen Gesellschaft verlangt der Film ein solches Opfer von ihr.

Der Schöpfer dieses Typs von Melodram ist David Wark Griffith. Mit Filmen wie *Mothering Heart* (1913), *True Heart Susie* (1919) oder *Way down East* (1920) bleibt er wegweisend für das Melodram bis hinein in die 30er Jahre. Das Grundmuster solcher Filme entspricht dem – den Stummfilm kennzeichnenden – Stilmittel der kontrastierenden Dichotomisierung. Damit das neue Medium überhaupt verstanden werden konnte, mußten Gut und Böse als klar abgegrenzte Bereiche erkennbar, Wohltäter und Übeltäter, Biedermänner und Brandstifter, good girls und bad girls als ikonographisch deutlich unterscheidbare Typen gezeichnet sein. Doch während mit der Verfeinerung der filmischen Mittel für die männlichen Figuren eine solche Polarisierung sehr bald überwunden wird und gemischte Charaktere entstehen, bleibt das Weibliche weiterhin zweigeteilt, aufgefächert in Kameradinnen und Pin Ups, in Ehefrau und Geliebte, in Mama und Hure, in Heilige und Sünderin, Polarisierungen, die letztlich zurückgehen auf den mittelalterlichen Dualismus von Tugend und Laster. Das Melodram läßt ihn pathetische Urständ feiern. Strikt unterscheidet es zwischen den ›guten‹, keine eigenen Bedürfnisse kennenden und den ›bösen‹, sexuell aktiven Müttern.

Um diesen zweiten Muttertypus, im Film erstmals präsent in Frank Lloyds *Madame X* (1920) – darauf hat Christian Viviani aufmerksam gemacht –,[8] bildet sich die folgende Variante des *maternal melodrama*, die dem »Cult of True Womanhood« diametral entgegensteht: Hier wird die Geschichte eines Abstiegs erzählt, der Sündenfall einer Mutter, die sich in unerlaubte Passionen verstrickt. Die Folge davon sind der Verstoß aus dem Familienverband, was einem sozialen Abstieg gleichkommt, und der erzwungene Verzicht auf Mutterschaft. Nur noch aus der Ferne kann die verstoßene Mutter den unter dem Gesetz des Vaters rasch voranstrebenden Sohn beobachten und – leiden. Mütterliches Leid ist das Grundgefühl all dieser Filme, aber auch das Abzahlmedium für vergangene Schuldlast, um die Rückkehr in die bürgerliche Familie, d.h. – im wahrsten Sinne des Wortes – die Repatriierung, doch noch zu erwirken. Ein happy end durch die völlige Selbstaufgabe und Selbstverleugnung der Mutter als Frau. Filme wie Dorothy Arzners *Sarah and Son* (1930), Frank Lloyds *East Lynne* (1931), Edgar Selwyns *The Sin of Madelon Claudet* (1931), Charles Brabins *The Secret of Madame Blanche* (1933), Joe Mays *Confession* (1937) ebenso, wenn auch mit manchen Variationen, zahlreiche Melodramen der 50er und 60er Jahre wie die von Douglas Sirk *All I Desire* (1953), *All that Heaven Allows* (1955) – wobei hier sogar noch die erwachsenen Kinder ihrer verwitweten Mutter jedes Recht auf Sexualität absprechen –, *Imitation of Life* (1958) folgen diesem von Frank Lloyd in *Madame X* geschaffenen Grundtypus. Eines allerdings ist den beiden Ausprägungen des Mutter-Melodrams gemeinsam: die Dissoziierung von Mutterschaft und Sexualität.

Hier muß die Psychoanalyse genannt werden. Denn schließlich ist es Freud, der mit seiner Oedipus-Theorie eine erste systematische Untermauerung für die Dichotomisierung der Mutter in gut und böse anbietet. Es ist die unbewußte Überlebensleistung des Kindes – so Freud –, die Angst vor dem Verlust der idealisierten präoedipalen Mutter, die Angst vor ihrem Betrug mit einem anderen Mann, durch die Imagination eines negativen Mutterbildes zu kompensieren. Daß dieses Kind von Freud immer als ein männliches gedacht wird, hat seinen Niederschlag im *maternal melodrama* gefunden. Die beobachtete Entsexualisierung der Mutter findet hier ihre psychologische Begründung. Nur eine ohne eigene sexuelle Bedürfnisse imaginierte Mutter kann dem Liebesanspruch des Sohnes genügen. So ist die Annullierung der

---

8 Vgl. Christian Viviani: Who is Without Sin? The Maternal Melodrama in American Film, 1930-39. In: Christine Gledhill: Home Is Where the Heart Is, S. 84ff.

Mutter als Frau das Eintrittsbillett, das sie zu entrichten hat, um als Mutterfigur in die Filmgeschichte aufgenommen zu werden.

Deutlich wird: Auf der Suche nach der authentischen Mutter ist das Melodrama für die jungen Filmemacherinnen der 70er Jahre kaum eine inspirierende, aber durchaus eine aufschlußreiche Quelle. Und – es gibt Erklärungen her für die massive Abwehrhaltung des männlichen Publikums gegenüber den Mutterbildern im neuen deutschen Frauenfilm. Denn eins haben die neuen Mutterfilme – bei aller Unterschiedlichkeit – gemeinsam: Erzählt wird nicht mehr aus der Perspektive des männlichen Kindes und der Bedürfnisse eines männlichen Publikums. Der Vater-Diskurs hat ausgedient. Jetzt melden sich die vergessenen Töchter zu Wort, um die Erfahrungen der Mütter neu zu erzählen: komplexer, widersprüchlicher, radikaler und – genauer. Natürlich irritiert das. Wie sehr, das zeigt auch die Rezeption von *Die allseitig reduzierte Persönlichkeit – Redupers*, Helke Sanders Film über eine alleinerziehende berufstätige Mutter, die den Doppelanspruch von Kind und Metier im täglichen Kampf stets neu zu erfüllen sucht. *Redupers* war nach mehreren dokumentarischen und halbdokumentarischen Vorarbeiten Sanders erster abendfüllender Spielfilm, der, zusammen mit Margarethe von Trottas *Das zweite Erwachen der Christa Klages*, als erstes Beispiel des neuen deutschen Frauenfilms 1978 bei den 28. Berliner Filmfestspielen Premiere hatte und sogleich Aufmerksamkeit erregte.

Anders als bei Sanders-Brahms fiel die Kritik hier positiv aus. *Redupers* wurde als »einer der wichtigsten Filme des bundesdeutschen Filmjahres« (1978) bezeichnet[9] und von den Mitarbeitern des Filmjahrbuchs zum »Film des Jahres« gewählt.[10] Man erkannte und würdigte das besondere Anliegen der Filmemacherin: einen authentischen, unglamourösen, im Alltag verankerten Film über die zweigeteilte Stadt Berlin aus der Perspektive einer Gruppe von Fotografinnen, zumeist jungen Müttern, zu entwerfen und dabei seine Entstehungsgeschichte zu reflektieren. Auch daß dies ebenso ein Film über die neue Frauenemanzipation ist, über ihre Möglichkeiten und Grenzen, über den Zugewinn an Freiheit und den in Kauf genommenen Verlust an Wärme und Geborgenheit, wurde gesehen und akzeptiert.

So weit, so konsensfähig. Der Widerstand, insbesondere der männlichen Kritik, artikulierte sich lediglich punktuell, und zwar hinsichtlich der Mutter-Kind-Sequenzen. Diese seien unerträglich und absolut un-

9 Wolfram Schütte: Frankfurter Rundschau, 21.4.1978.
10 Hans Günther Pflaum (Hg.): Jahrbuch Film 78/79, S. 46.

glaubwürdig. So gingen Mütter mit ihren kleinen Kindern nicht um, derartig herzlos und unbeherrscht, war zu vernehmen.[11] Damit waren jene Szenen gemeint, die die Mühsal der Mutterschaft ins Bild setzen und die Protagonistin, Edda Chiemnyjewski, am Ende eines langen Arbeitstags erschöpft und enerviert zeigen, unfähig, die emotionalen Bedürfnisse der Tochter zu erwidern. Mutter und Kind als Dissoziierte. Solche Bilder demontierten einen der ältesten, christlich fundierten Kulturcodes: die Metapher von der unverbrüchlichen Allianz zwischen Mutter und Kind nach dem Sinnbild von Maria und dem Jesusknaben. Mochte die Empirie auch dagegen sprechen. Im Bereich des Symbolischen, der ästhetischen Positionierung, sollten solche Bilder fortbestehen. Das jedenfalls legt der auffallende Widerwille gegen die neuen Filmmütter nahe.

Verblüffend allerdings ist immer wieder, daß kein anderes Kunstmedium die Stereotypisierung der Frauen- und Mutterrollen so weit und so kontinuierlich betrieben hat wie der Film und daß Klischeeverstöße nirgendwo so vehement verurteilt wurden wie hier. Im Kino durften die archetypischen Bilder von Mann und Frau, von Mutter und Kind, von Liebe und Leid nicht getrübt und die Großerzählungen des Patriarchats nicht neu gesehen werden. Was auf dem Theater, in der Malerei und in der Literatur seit Beginn dieses Jahrhunderts zumindest in Ansätzen praktiziert wurde, nämlich die Infragestellung solcher Klischees, das hatte im Film bis weit in die 70er Jahre hinein nicht stattgefunden, in Hollywood ebensowenig wie im europäischen Kunstkino. Darauf hat Claire Johnston als eine der ersten aufmerksam gemacht.[12] Es war ja kein Zufall, daß sich die ersten feministischen Theorieentwürfe in der Auseinandersetzung mit dem audiovisuellen Medium Film herausgebildet hatten.[13] Wenn heute, in den beginnenden 90er Jahren, zunehmend feministische Tagungen und Kongresse stattfinden – in der

---

11 Selbst ein Teil meiner Filmstudenten, junge Männer zwischen 22 und 26 Jahren, hatte im Rahmen meines Hauptseminars »Der neue westdeutsche Frauenfilm« die Mutter-Kind-Sequenzen in *Redupers* als unpassend und unrealistisch kritisiert.

12 Vgl. hierzu Claire Johnston (Hg.): Women's Cinema as Counter-Cinema. In: Notes on Women's Cinema. London 1973, S. 25. Dieser Aufsatz liegt inzwischen in deutscher Übersetzung vor. Frauenfilm als Gegenfilm. In: Frauen und Film, Nr. 11 (1977). Die zitierte Stelle befindet sich dort auf S. 11.

13 Ein frühes Beispiel dafür ist die 1972 erschienene amerikanische Zeitschrift Women and Film. Santa Monica, Ca 1972.

Kunstgeschichte und in der Architektur, in der Theologie, der Philosophie und der Literaturwissenschaft, in der Dramaturgie und der Regie
–, dann darf darüber nicht vergessen werden, daß der Auftakt all dieser
Unternehmungen die erste feministische Tagung in der Bundesrepublik, das unter größten Schwierigkeiten ins Leben gerufene Berliner
Frauenfilmfestival von 1973 war.

Der voyeuristische Grundmodus des Films, sein dreifacher männlicher Blick – der Regisseur, der sich seinen Stoff aussucht, der Kamera-
mann, der ihn für die Leinwand organisiert, und der männliche Prot-
agonist, der die Frau zum Objekt seines Begehrens macht – verfestigt
die patriarchalischen Mythen zu einer Autorität, über die kein anderes
Kunstmedium verfügt. »Es wundert mich manchmal«, schreibt die
Filmpublizistin Bice Curiger, »wie sehr man als Mann oder Frau aus
dem Kino herauskommen kann, wo man geglaubt hat, als Mensch hin-
eingegangen zu sein. Eine ernstzunehmende Eigenschaft des Films [...],
die dieser im Unterschied zu anderen Künsten vorzuweisen hat.«[14] Solche Bemerkungen veranschaulichen die Schwierigkeiten, neue Frau-
en- und Mutterfiguren zu entwerfen und – zu akzeptieren. Daß die
vorhandenen Bilder die Wahrheit nicht preisgeben, das weiß man inzwischen. Dazu genügt ein Blick ins Fotoalbum der Familie. Strahlende Mütter und Kinder sind noch kein Beweis für die strahlende Vita.
Mühsal ist mühseliger festzuhalten und entspricht nicht den Konventionen des Aufbewahrens. Also muß die Wahrheit – die Annäherung an
die Wahrheit – rekonstruiert werden: durch die Neubetrachtung des
vorhandenen Materials – die Re-vision –, die Überprüfung der Erinnerung im Zusammenhang mit den erinnerten Bildern von anderen,
den Dialog mit den Betroffenen im Wissen um die geschichtliche Dimension. So lautete eines der ersten Postulate der feministischen Film-
theorie,[15] und so entstand der erste feministische Film über die eigene
Mutter: Jutta Brückners *Tue recht und scheue niemand* (1975), möglich
gemacht durch die Institution des Kleinen Fernsehspiels im ZDF, dessen Aufgabe es war, auch Themen von Minderheiten zu finanzieren.
Und so kam die neue Mutter durch das Schlupfloch des Minderheits-
status‹ auf den deutschen Bildschirm.

»Wir denken durch unsere Mütter zurück, wenn wir Frauen sind«,
hatte schon Virginia Woolf behauptet und betont, »daß es ›zwecklos‹ sei,

14 Bice Curiger: Neue Frauen in einer alten Landschaft. Eine Favoritinnengeschichte. In: Cinema, 3 (1977), S. 46.
15 Claire Johnston: Women's Cinema as Counter-Cinema, S. 30f.

auf die großen Männer als Hilfe zurückzugreifen.«[16] In diesem Sinne greift Brückner auf ihre Mutter zurück, um von sich selbst einen Begriff zu bekommen.[17] Denn sie hatte das Gefühl, ohne Identität zu sein, als ›Ich‹ verschüttet unter den konventionalisierten Codes von Mutter und Tochter. Was sie brauchte, waren Dokumente für ihre und ihrer Mutter konkrete Existenz. Zeugnisse für ihr Vorhandensein als weiblicher Mensch. Oder zumindest Erklärungen für das verhuschte Dasein ihrer bleichen Mutter, die nie im Leben etwas für sich selbst gewollt hatte. Was die Mutter nicht durchschaut, möchte die Tochter aufzeigen: daß die individuelle Biographie Teil eines historischen Prozesses ist, eng verknüpft mit den geltenden gesellschaftlichen Normvorstellungen und die Träume der Einzelnen sich nur allzuoft aus den gesellschaftlich propagierten Kollektivwünschen speisen. Glück als eine Einbauküche aus Eiche. Aber wie lassen sich eigene weibliche Wünsche erkennen? Wie kann man Mutter und Individuum zugleich sein? Das möchte Brückner erfahren.

Als sie diesen Film plant, ist sie 34 Jahre alt, ihre Mutter 60. Sie hat Politische Wissenschaft, Philosophie und Geschichte studiert und ist mit einer Dissertation über *Die deutsche Staatswissenschaft im 18. Jahrhundert* promoviert worden. Außer einigen Beiträgen für den bayerischen Schulfunk und vereinzelte Drehbücher für »Bavaria«-Serien hat sie bis dahin mit dem Medium Film nichts zu tun gehabt. Daß sie sich so spät auf den Film eingelassen hatte, hing auch mit ihrem generellen Mißtrauen diesem Medium gegenüber zusammen. Für Jutta Brückner hatte die Suggestivkraft der Bilder stets etwas Vereinnehmendes, Bedrohliches an sich gehabt. Sie befürchtete die Trübung des kritischen Blicks, die Behinderung von Erkenntnisprozessen. Als sie dann im konkreten Umgang mit dem Medium seine Modalitäten besser verstand, erkannte sie, daß hier vorsprachliche Verständigungsformen möglich waren, die – in viel direkterer Weise als etwa die Literatur – den Menschen in seinen sinnlichen wie intellektuellen Bedürfnissen darzustellen erlaubten. Von dem Augenblick an erkannte und wählte sie den Film als ihr eigentliches Arbeitsgebiet.

So entsteht ihr Erstling *Tue recht und scheue niemand*, ein Fotofilm über das Leben der Gerda Siepenbrink, ihre Mutter, für den sie ganze

16 Virginia Woolf: *Ein Zimmer für sich allein* [1928]. Frankfurt a.M.: Fischer 1982, S. 85.
17 Vgl. dazu mein mit Jutta Brückner geführtes Interview. Renate Möhrmann: Die Frau mit der Kamera, S. 220.

80000 DM als Fördermittel erhalten hat. Sie kommt damit aus, denn sie unterzieht sich einer radikalen Beschränkung. Der Film besteht nur aus Fotos, Fotos aus Familienalben, fotografischen Sammlungen, Vereinsarchiven, Fotos des großen Realisten August Sander, Fotos aus Illustrierten und Katalogen. Doch sie legt damit keinen Essay- oder Featurefilm vor. Der Film erzählt eine Geschichte wie ein Spielfilm auch, aber mit anderen Mitteln. Die abverlangte Beschränkung wird von Brückner genutzt, um das Verhältnis von Biographie und Geschichte, von individuellem und kollektivem Mutterschicksal kritisch zu beleuchten. Sie montiert Bilddokumente aus dem jeweiligen Lebensabschnitt der Gerda Siepenbrink mit den wenigen erhaltenen Familienfotos so zusammen, daß sie deren subjektive Erfahrungen entweder bestätigen, ergänzen oder widerlegen. Ein Familienfest erscheint in der Reihe von Festbildern, ein Hochzeitsbild in der Reihung mit anderen Hochzeitsbildern, ein Kind an der Mutterbrust im Zusammenhang mit zahlreichen ähnlichen Bildern der gleichen Epoche. Auf diese Weise wird deutlich, wie die kollektiven Gefühle auch die persönlichen Wünsche bestimmen, bzw. wie wenig die persönlichen Wünsche den eigenen Erfahrungen entsprechen.

Für Gerda Siepenbrink, die Kleinbürgerin, gedrillt auf Reinlichkeit und Rechttun, Fleiß und Aufstieg – zum Heiraten kam nur ein Angestellter infrage, jedenfalls kein Arbeiter –, die von Sexualität nie viel gehalten und ihren Ehemann eher als Garanten für öffentliche Anerkennung betrachtet hatte, sie wünscht sich am Ende ihres Lebens, das sie, könnte sie es noch einmal beginnen, gänzlich anders führen würde, jedenfalls nicht heiraten, sie also wünscht sich: ein großes französisches Bett. Das ist ihr letztes Wort im Film, musikalisch untermalt mit dem Schlager: ich tanze mit Dir in den Himmel hinein, in den siiiebten Himmel der Liiiebe!

Was die Mutter nicht erkennt, erkennt die Tochter und – die Zuschauerin: Die zerstückelte Frau als Produkt kleinbürgerlicher Mädchenerziehung. Brückner zeigt nicht bloß die entsexualisierte Mutter wie das Melodram. Sie führt vor, wie die Dissoziation von Mutterschaft und Sexualität entsteht und das Programm dazu bereits die Kindheit liefert. Denn schon hier findet die Weichenstellung für weibliche Entsagung statt, für das ›Adieu-Sexualität‹ als vorprogrammiertes Erziehungsziel. »Gesellschaftliche Anerkennung«, so hatte die Mutter die Tochter belehrt, »läßt sich in unserer Situation« – die Familie war arm und der Vater verstorben – »nur durch Anständigkeit, Verläßlichkeit, Reinlichkeit und vor allem durch Zurückhaltung erreichen.« Und gesellschaftliche Anerkennung zu erringen, war das Großziel all ihrer mütterlichen Bestrebungen. Sexualität galt in dieser auf Sozialprestige ausgerichteten Lebensplanung bloß als Störfaktor. Das mußte vermieden werden.

Wie sehr Brückner diese Fragen beschäftigt haben, zeigen auch ihre beiden folgenden Filme *Ein ganz und gar verwahrlostes Mädchen* (1977), dessen Protagonistin gegen die Regeln kleinbürgerlicher Wohlanständigkeit verstößt und den ›Störfaktor‹ Sexualität nicht scheut, sowie *Hungerjahre* (1980), wo die Filmemacherin auf fiktionaler Ebene das fortsetzt, was sie in *Tue recht und scheue niemand* dokumentarisch vorbereitet hatte: die allseitig reduzierte Persönlichkeit ihrer eigenen Mutter. Wieder steht eine Mutter-Tochter-Beziehung im Mittelpunkt, wieder geht es um verhängnisvolle Diskontinuitäten und Dissonanzen im Prozeß des Frau-Werdens, die in dieser Radikalität bisher im Kino noch nicht zu sehen waren. Dabei nutzt Brückner die spezifischen Möglichkeiten des filmischen Mediums geschickt aus, um solche Ambivalenzen zu verdeutlichen.

Daß es etwas Schönes sei, eine Frau zu werden und Kinder bekommen zu können, behauptet Frau Scheuner emphatisch auf Ursulas entsetze Reaktion bei ihrer ersten Menstruation, um gleich darauf mit einem Schwall von Verboten aufzuwarten: nicht mehr mit den Jungen herumbalgen, keine körperliche Bewegung, nicht Schwimmen, nicht Ballspielen, am besten überhaupt nicht mit den Jungen spielen. Keine kurzen Röcke, denn das könnte gefährlich werden, alles zerstören, schnurstracks ins Unglück führen. Das wisse man ja. Und – nicht darüber reden. So stellt sich das Schöne im Leben einer Frau zunächst einmal als ein Wust von Verboten ein. Das Schöne bleibt abstrakt. Die Verbote werden konkret. Gezielt setzt Brückner die Verbote in Bilder um, während die Glücksverheißung bloß verbal bleibt. Ähnlich verfährt sie bei der Inszenierung des mütterlichen Sexuallebens. Frau Scheuner, die gerade noch behauptet hatte, daß Kinder im Leben einer Frau das Schönste wären, ist unmittelbar nach dem Sexualakt zusammengehockt in der Badewanne zu sehen, wo sie sich, mit verquältem Gesicht und heftigen Bewegungen die Spermen aus ihrem Körper herausspült, so als wolle sie sich ihre Genitalien ausreißen. Auch hier widerlegt die visuelle Botschaft das verbal proklamierte Glück.

Interessant ist, daß das klassische *maternal melodrama* – wenn es überhaupt Ambivalenzen thematisiert – genau umgekehrt verfährt. Hier sind es die Verbote, die bloß verbal vermittelt sind, während das Glück in den prächtigsten Bildern erscheint. Das macht es ebenso verführerisch wie unwahrscheinlich. Und damit letztlich auch harmlos.

Uns ist kein Kritiker überliefert, der mit ähnlicher Empörung wie bei *Deutschland, bleiche Mutter* die Aufführung eines *maternal melodramas* verlassen und ihren Verriß betrieben hätte. Das war nicht nötig. Denn die Heile-Männer-Welt hatten diese Filme niemals ernsthaft in Frage gestellt. Das unternahm erstmals der deutsche Frauenfilm. Darin liegt sein subversives Potential. Er inszeniert den Abgesang des patriarchalischen Diskurses und den Einzug der Mütter in die Filmgeschichte. Die Absenz der Väter, ihr Auszug in den Zweiten Weltkrieg – das zeigen die neuen Filme – befreit die Mütter aus ihrer reduzierten Geschlechtsrolle. Plötzlich werden aus Gehilfinnen Agierende der Geschichte, die mit einem nie zuvor gekannten Handlungsspielraum die Kriegs- und Nachkriegszeit bestimmen. Sichtbar für jedermann. Und auch dort, wo das männliche Prinzip als Ordnungsprinzip nach Ausgang des Kriegs wieder in Kraft tritt und die Mutter erneut marginalisiert wird, wie bei Sanders-Brahms, dekouvriert es sich als ein System des Mangels. Die wiederhergestellte väterliche Ordnung ist nicht mehr die Wiederherstellung von Glück und Harmonie wie im Melodram.

Die filmische Verarbeitung dieses Paradigmawechsels – das ist verblüffend – findet erst 30 Jahre später statt. Vergegenwärtigt man sich die Tatsache, »daß die Mehrzahl der deutschen Nachkriegsfilme (67,5 Prozent) ganz oder teilweise in der Gegenwart der Nachkriegszeit spielt«,[18] so wird ein solches ›Übersehen‹ der mütterlichen Präsenz noch unverständlicher. Daß die deutsche Presse noch 1980 fast hysterisch auf *Deutschland, bleiche Mutter* reagiert hat, macht deutlich, wie sehr Helma Sanders-Brahms mit ihrer Vergangenheitsbewältigung gegen die herrschenden Normen der Geschichtsschreibung verstieß. Sie erzählt Historie als her-story. Dafür hatte die Kritik noch keine Bewertungskategorien.

---

18 Peter Pleyer: Deutscher Nachkriegsfilm 1946-1948. Münster: Verlag C.J. Fahle 1965, S. 150.

Abbildungsnachweis

Wir danken den genannten Künstlerinnen, Firmen, Galerien und Museen für die Genehmigung zum Abdruck der Bilder und für die Bereitstellung der Bildvorlagen:

Beiersdorf AG, Hamburg
Deutsches Volkstheater, Wien
Galerie St. Etienne, New York
Germanisches Nationalmuseum, Nürnberg
Heidrun Hegewald, Berlin
Käthe Kollwitz Museum Köln
Kunstmuseum Düsseldorf im Ehrenhof
Leopold-Museum, Privatstiftung, Wien
Österreichische Galerie, Wien
Annegret Soltau, Darmstadt
Verlag Galerie Welz, Salzburg

Literaturverzeichnis

Adam, Ruth: A Woman's Place, 1910–1975. London: Chatto & Windus 1975.

Aillaud, Gilles, Albert Blankert, John Michael Montias: Vermeer. Paris: Hachette 1986.

Allen, Percy: The Stage Life of Mrs. Stirling. London: T. Fisher Unwin 1922.

Ammerlahn, Helmut: Goethe und Gretchens Lied vom Machandelboom. Zur Symbolik des dichterischen Schaffensprozesses. In: Akten des 6. Internationalen Germanistik Kongresses, hrsg. von Heinz Rupp, Hans-Gert Roloff. Frankfurt a.M., Bern: Peter Lang 1981, S. 338-344.

Anonym: *Vom ehelichen Leben* [1522]. In: *Martin Luthers Werke.* Bd. 10. II. Abtl. Weimar: Böhlau 1907, S. 290–291.

Andersen, Flemming G.: Commonplace and Creativity. The Role of Formulaic Diction in Anglo-Scottish Traditional Balladry. Odense: Odense University Press 1985.

Aragon, Louis: La peinture au tournant (I). In: Commune, 22 (1935).

Ders.: Die Malerei in der Herausforderung. In: Surrealismus in Paris 1919–1939, hrsg. von Karlheinz Barck. Leipzig 1986, S. 613–631.

Arcana, Judith: Our Mothers' Daughters. London: The Women's Press 1979.

Ariès, Philipp: Geschichte der Kindheit. München: Carl Hanser 1975.

›Ateliergemeinschaft Klosterstraße Berlin 1933–1945; Künstler in der Zeit des Nationalsozialismus.‹ Ausstellungskatalog. Berlin: Edition Hentrich 1994.

Ausstellungskatalog: La femme et le surréalisme. Lausanne 1987.

Austen, Jane: *Pride and Prejudice* [1813]. Oxford: Oxford University Press 1990.

Dies.: *Emma* [1816]. Oxford: Oxford University Press 1990.

Badinter, Elisabeth: Die Mutterliebe. Geschichte eines Gefühls vom 17. Jahrhundert bis heute. München: Piper 1981, dtv 1984.

Balderston, Katherine C.: *Thraliana. The Diary of Mrs. Hester Lynch Thrale (later Mrs. Piozzi).* 2 Bände. Oxford: The Clarendon Press 1942.

Balzac, Honoré de: *Die Frau von dreißig Jahren.* Aus dem Französischen von Werner Blochwitz. Frankfurt a.M.: Insel Verlag 1980.

Bäumer, Remigius, Leo Scheffczyck (Hg.): Marienlexikon. Bände 1– 5. St. Ottilien 1988–1993.

Beauvoir, Simone de: Das andere Geschlecht. Sitte und Sexus der Frau [1949]. Reinbek bei Hamburg: Rowohlt 1986.

Becker, Gabriele, Silvia Bovenschen, Ulrich Brackert (Hg.): Aus der Zeit der Verzweiflung. Zur Genese und Aktualität des Hexenbildes. Frankfurt a.M.: Suhrkamp 1977.

Becker-Cantarino, Barbara: Der lange Weg zur Mündigkeit. Frau und Literatur 1500–1800. Stuttgart: J.B. Metzler 1987.

Behrens, Katja: Die Briefleserin. Studien zu Motiv und Bildlichkeit bei Jan Vermeer. Magisterarbeit. Bochum 1991.

Belting, Hans: Giovanni Bellini: Pieta. Ikone und Bilderzählung in der venezianischen Malerei. Frankfurt a.M.: Fischer 1985.

Benard, Cheryl, Edit Schlaffer: Mütter machen Männer. München: Wilhelm Heyne 1994.

Benjamin, Jessica: Die Fesseln der Liebe. Psychoanalyse, Feminismus und das Problem der Macht. Frankfurt a.M.: Fischer 1993.

Benjamin, Walter: Versuche über Brecht. Frankfurt a.M.: Suhrkamp 1971.

Ders.: *Gesammelte Schriften*, hrsg. von Rolf Tiedemann, Herrmann Schweppenhäuser. 4 Bände. Frankfurt a.M.: Suhrkamp 1972ff.

Benson, Mary Margaret: Mothers, Substitute Mothers, and Daughters in the Novels of Jane Austen. In: Persuasion, 11 (1989), S. 117–124.

Betterton, Rosemary: Die Darstellung des Mütterlichen. Der weibliche Akt im Werk deutscher Künstlerinnen um die Jahrhundertwende. In: Profession ohne Tradition. Ausstellungskatalog. Berlin: Kupfergraben 1992.

Biedermann, Flodoard Freiherr von (Hg.): *Goethes Gespräche*. Zürich, Stuttgart: Artemis 1965–72.

Boaden, James: Memoirs of Mrs. Siddons. 2 Bände. London: Henry Colborn 1827.

Ders.: Memoirs of Mrs. Inchbald. 2 Bände. London: Richard Bentley 1833.

Böll, Heinrich: *Wo warst du, Adam?* Opladen: Middelhauve 1951.

Ders.: *Haus ohne Hüter.* Köln: Kiepenheuer & Witsch 1954.

Bohnke-Kollwitz, Jutta (Hg.): *Käthe Kollwitz. Die Tagebücher.* Berlin: Siedler 1989.

Bonus-Jeep, Beate: Sechzig Jahre Freundschaft mit Käthe Kollwitz. Bremen: Schünemann 1965.

Borchert, Wolfgang: *Draußen vor der Tür.* [1947]. Reinbek bei Hamburg: Rowohlt 1959.

Bovenschen, Silvia: Die imaginierte Weiblichkeit. Exemplarische Untersuchungen zu kulturgeschichtlichen und literarischen Präsentationsformen des Weiblichen. Frankfurt a.M.: Suhrkamp 1979.

Branca, Patricia: Silent Sisterhood. Middle Class Women in the Victorian Home. London: Croom Helm 1975.

Brecht, Bertolt: *Werke: Große kommentierte Berliner und Frankfurter Ausgabe*, hrsg. von Werner Hecht, Jan Knopf, Werner Mittenzwei, Klaus-Detlef Müller. Berlin, Weimar: Aufbau-Verlag, Frankfurt a.M.: Suhrkamp 1988–1992.

Breton, André, Philippe Soupault: Les Champs magnétiques. Heidelberg: Das Wunderhorn 1990.

Broner, Esther M., Cathy Davidson (Hg.): The Lost Tradition. Mothers and Daughters in Literature. New York: Ungar 1980.

Brontë, Anne: *The Tenant of Wildfell Hall* [1848]. Oxford: Oxford University Press 1993.

Brontë, Charlotte: *Jane Eyre* [1847]. Oxford: Oxford University Press 1980.

Dies.: *Vilette* [1853]. Oxford: Oxford University Press 1990.

Brontë, Emily: *Wuthering Heights* [1847]. Oxford: Oxford University Press 1980.

Brookner, Anita: *A Start in Life* [1985]. Harmondsworth: Penguin 1991.

Dies.: *Lewis Percy* [1989]. Harmondsworth: Penguin 1990.

Dies.: *A Closed Eye* [1991]. Harmondsworth: Penguin 1992.

Bryant-Bertail, Sarah: Women, Space, Ideology: Mutter Courage und ihre Kinder. In: Brecht: Women and Politics. The Brecht Yearbook 12. Detroit: Wayne State University Press 1983, S. 43–61.

Buchanan, Laurie: Mothers and Daughters in Elizabeth Gaskell's Wives and Daughters. In a Woman's World. In: Midwest Quarterly. A Journal of Contemporary Thought, 31, 4 (1990), S. 499–513.

Büchten, Daniela, Anja Frey: Im Irrgarten deutscher Geschichte. Die Neue Wache 1818 bis 1993. Schriftenreihe des Aktiven Museums. Faschismus und Widerstand in Berlin e.V. Berlin Nr. 5 (1993/94).

Bumke, Joachim: Höfische Kultur. Literatur und Gesellschaft im hohen Mittelalter. Bd. 1 und 2. München: dtv 1986.

Bundtzen, Lynda K.: Monstrous Mothers, Medusa, Grendel, and now Alien. In: Film Quarterly, Vol. 40, No. 3, 1987, S. 11–17.

Burnim, Kalmin A. (Hg.): *Letters of Sarah and William Siddons to Hester Lynch Piozzi*. Manchester: John Rylands Library 1959.

Butler, Judith: Das Unbehagen der Geschlechter. Frankfurt a.M.: Suhrkamp 1991.

Byatt, A. S.: *Still Life* [1985]. Harmondsworth: Penguin 1988.

Campbell, Thomas: The Life of Mrs. Siddons. 2 Bände. London: Effingham and Wilson 1834.

Case, Sue-Ellen: Brecht and Women: Homosexuality and the Mother. In: Brecht: Women and Politics. The Brecht Yearbook 12. Detroit: Wayne State University Press 1983, S. 65–74.

Cassandre, A. M.: Zur Ästhetik des Plakats 1926. In: Ausstellungskatalog: Absolut modern sein. Culture technique in Frankreich 1889–1937. Berlin: Staatliche Kunsthalle 1986, S. 306–316.

Chadwick, Whitney: Women, Art, Society. London 1990.

Chappell, William M., John Woodfall Ebsworth (Hg.): *The Roxburghe Ballads*. 9 Bände. Hertford: The Ballad Society 1869–1899.

Child, Francis James (Hg.): *The English and Scottish Popular Ballads*. 5 Bände. Boston, New York: Houghton, Mifflin & Company 1882–1898.

Chodorow, Nancy: The Reproduction of Mothering. Psychoanalysis and the Sociology of Gender. Berkeley, Los Angeles, London: University of California Press 1978.

Dies.: The Fantasy of the Perfect Mother. In: Feminism and Psychoanalytic Theory. New Haven, London: Yale University Press 1989, S. 79–96.

Comini, Alessandra: Egon Schiele's Portraits. Berkeley, Los Angeles, London: University of California Press 1974.

Dies.: Käthe Kollwitz und ihr Umfeld. In: Käthe Kollwitz. München: Schirmer Mosel 1993.

Compton-Burnett, Ivy: *Brothers and Sisters* [1929]. London: Gollancz 1967.

Curiger, Bice: Neue Frauen in einer alten Landschaft. Eine Favoritinnengeschichte. In: Cinema, 3 (1977).

Czarnowski, Gabriele: Das kontrollierte Paar. Ehe- und Sexualpolitik im Nationalsozialismus. Weinheim: Deutscher Studien Verlag 1991.

Dali, Salvador: I defy Aragon. In: Art Front, Vol. 3, No. 2, 1937, S. 7–8.

Ders: Le mythe tragique de L'Angélus de Millet. Interprétation »paranoïque-critique«. Montreuil 1963.

Ders.: *Dali sagt... Tagebuch eines Genies*. München 1968.

Dallapiazza, Michael: minne, hûsêre und das ehlich leben. Zur Konstitution bürgerlicher Lebensmuster in spätmittelalterlichen und frühhumanistischen Didaktiken. Frankfurt a.M., Bern: Peter Lang 1981.

Dally, Ann: Inventing Motherhood. The Consequences of an Ideal. London: Burnett 1982.

Daly, Brenda O., Maureen T. Reddy (Hg.): Narrating Mothers. Theorizing Maternal Subjectivities. Knoxville: University of Tennessee Press 1991.

Davidoff, Leonore, Catherine Hall: Family Fortunes. Men and Women of the English Middle Class, 1780–1850. London: Hutchison 1987.

Dech, Jula: ›Saatfrüchte sollen nicht vermahlen werden!‹ Das Bild des Kindes im Werk von Käthe Kollwitz. In: Ausstellungskatalog: Die gesellschaftliche Wirklichkeit der Kinder in der Bildenden Kunst. Berlin: Elefanten-Press 1979, S. 241–269.

Dies.: Zeitgenossinnen. Die Darstellung der Frau im Werk von Käthe Kollwitz und Hannah Höch. In: Autonomie oder Institution. Über die Leidenschaft und Macht von Frauen. Dokumentationsgruppe der Sommer-Uni. Berlin 1979, S. 352– 373.

Dies.: Gewaltige Bilder und die Darstellung von Gewalt im Werk von Käthe Kollwitz. In: Frau-Raum-Zeit. Karl-Hofer-Symposion Berlin 1982. Berlin 1983, S. 118–128.

Dies.: Bilder von Gewalt in Alltag und Krieg. Fragen nach Standpunkt und Blickwinkel bei ihrer Darstellung durch Frauen. In: Hans-Jürgen Häßlern, Heiko Kauffmann (Hg.): Kultur gegen Krieg. Köln: Pahl-Rugenstein 1986, S. 89–104.

Desnos, Robert: Abenteuer des Freibeuters Sanglot. Übersetzung eines Ausschnitts. In: Surrealismus in Paris 1919–1939, hrsg. von Karlheinz Barck. Leipzig 1986, S. 482–497.

Deutsch, Helene: The Psychology of Women [1945]. New York: Bantam 1973.

Deutsch-Schreiner, Evelyn: Der »vierfach männliche Blick« auf die Frau. Das

Frauenbild auf der Bühne im nationalsozialistischen Deutschland. In: Zeitschrift für Literaturwissenschaft und Linguistik, Heft 95 (1994), S. 91– 106.

Diamond, Elin: Brechtian Theory/Feminist Theory. Toward a Gestic Feminist Criticism. In: The Drama Review, Vol. 32, No. 1, Frühjahr 1988, S. 82–94.

Diderot, Denis: *Le Père de famille*. *Oeuvre complètes*. Tome III. Paris: Société encyclopédique française et le Club français du livre 1970.

Dieckmann, Friedrich: Treppenblicke in der Akademie der Künste. Vier Meisterschüler der Sektion Bildende Kunst. In: Mitteilungen der Akademie der Künste der DDR, 2 (1975), S. 18–24.

Dolan, Jill: Gender Impersonation Onstage: Destroying or Maintaining the Mirror of Gender Roles. In: Women in Performance, Vol. 2, No. 2, 1985, S. 5–11.

Dort, Bernard: Lecture de Brecht. Paris: Éditions Du Seuil 1960.

Drabble, Margaret: *The Garrick Year* [1964]. Harmondsworth: Penguin 1971.

Dies.: *The Millstone* [1965]. Harmondsworth: Penguin 1969.

Dies.: *The Middle Ground* [1980]. Harmondsworth: Penguin 1982.

Dülmen, Richard van (Hg.): Hexenwelten. Magie und Imagination vom 16.–20. Jahrhundert. Frankfurt a.M.: Fischer 1987.

Ders.: Frauen vor Gericht. Kindsmord in der Frühen Neuzeit. Frankfurt a.M.: Fischer 1991.

Dumas, Alexandre Fils: *La Dame aux Camélias*. [1848]. Paris: Calmann Levy 1876.

Dundes, Alan: Structuralism and Folklore. In: Studia Fennica, 20 (1976), S. 75–93.

Eckermann, Johann Peter (Hg.): *Gespräche mit Goethe in den letzten Jahren seines Lebens*. Berlin, Weimar: Aufbau-Verlag 1982.

Eliot, George: *Silas Marner* [1861]. Harmondsworth: Penguin 1972.

Dies.: *Romola* [1862/63]. Harmondsworth: Penguin 1980.

Dies.: *Felix Holt* [1866] Oxford: Oxford University Press 1988.

Dies.: *Daniel Deronda* [1876]. Harmondsworth: Penguin 1970.

Fauchereau, Serge: La querelle du réalisme. Paris: Cercle d'art 1987.

Fauchery, Pierre: La destinée féminine dans le roman européen du dix-huitième siècle. Paris: Librairie Armand Colin 1972.

Fecht, Tom: Käthe Kollwitz. Das farbige Werk. Berlin: Elefanten Press 1987.

Feministische Erneuerung von Wissenschaft und Kunst. Dokumentation des Symposions ›Frauenforschung und Kunst von Frauen‹ vom 16. bis 18. Februar 1989 in Bonn, hrsg. von der Arbeitsgemeinschaft interdisziplinäre Frauenforschung und -studien. Pfaffenweiler: Centaurus 1990.

Ffrench, Yvonne: Mrs. Siddons: Tragic Actress. London: Vershoyle 1954.

Fischer, Hannelore (Red.): Kölner Museums-Bulletin. Käthe Kollwitz Museum Köln. Sonderheft 1–2 (1991).

Fischer, Helmar, Barbara Panse: Die Nazis und die Schauspieler. In: Theater heute, Heft 9 (1989), S. 1–21.

Forster, Margaret: *Mother, Can You Hear Me?* [1979]. Harmondsworth: Penguin 1981.

Literaturverzeichnis

Foucault, Michel. Überwachen und Strafen. Die Geburt des Gefängnis. Frankfurt a.M.: Suhrkamp 1976.

Ders.: Sexualität und Wahrheit. Bd. 1: Der Wille zum Wissen. Frankfurt a.M.: Suhrkamp 1986.

Franits, Wayne E.: Paragons of Virtue. Women and Domesticity in 17th Century Dutch Art. Cambridge/Mass. 1993.

Frankfurter Kunstverein (Hg.): Annegret Soltau. Frankfurt a.M. 1983.

Freedberg, David: Iconoclasts and their motives. Maarssen 1985.

Frenzel, Elisabeth: Stoffe der Weltliteratur. Ein Lexikon dichtungsgeschichtlicher Längsschnitte. Stuttgart: Kröner 1983.

Freud, Sigmund: Zur Psychopathologie des Alltagslebens [1924]. Frankfurt a.M.: Fischer 1954.

Frevert, Ute: Frauen-Geschichte: Zwischen bürgerlicher Verbesserung und neuer Weiblichkeit. Frankfurt a.M.: Suhrkamp 1986.

Dies.: Bürgerinnen und Bürger. Geschlechterverhältnisse im 19. Jahrhundert. Göttingen: Vandenhoeck & Ruprecht 1988.

Friday, Nancy: My Mother/My Self. The Daughter's Search for Identity. London: Fontana 1980.

Frodl, Gerbert: Klimt. Köln: DuMont 1992.

Fromm, Erich: Anatomie der menschlichen Destruktivität. Reinbek bei Hamburg: Rowohlt 1994.

Gärtner, Hannelore: Käthe Kollwitz. Ein neues Frauenbild als Gegenentwurf zu den Weiblichkeitsmythen des 19. Jahrhunderts. In: Frauen. Bilder. Männer. Mythen. Kunsthistorische Beiträge, hrsg. von Ilsebill Barta, Zita Breu, Daniela Hammer-Tugendhat u.a. Berlin: Dietrich Reimer 1987, S. 179–193.

Garbrecht, Annette (Hg.): Wer vor mir liegt ist ungewiß. Frauen und Sexualität ab vierzig. Hamburg: Ingrid Klein Verlag 1994.

Gaskell, Elizabeth: *Ruth* [1853]. Oxford: Oxford University Press 1985.

Dies.: *Wives and Daughters* [1864–66]. Oxford: Oxford University Press 1987.

Gerhardt, Marlis: Die Aufsteigerin. Ein Blick in die Literatur. In: Annette Garbrecht (Hg.): Wer vor mir liegt ist ungewiß. Frauen und Sexualität ab vierzig. Hamburg: Ingrid Klein Verlag 1994, S. 23–29.

Gille, Ina: Reflexionen über die X. In: Bildende Kunst, Berlin, 1 (1988), S. 7–11.

Gillen, Eckhart, Rainer Haarmann: Kunst in der DDR. Berlin: Kiepenheuer & Witsch 1990.

Giltay, J.: Joost van Geel: Een Rotterdamer Kunstenaar. In: Boymans Bijdragen. Festschrift für J. C. Ebbinge Wubben. Rotterdam 1978, S. 137–149.

Goethe, Johann Wolfgang von: *Goethes Werke*, hrsg. im Auftrag der Großherzogin Sophie von Sachsen. 133 Bände. Weimar: Böhlau 1887–1919.

Ders.: *Werke*. Bd. 3: *Dramatische Dichtungen I*, hrsg. von Erich Trunz. (Hamburger Ausgabe). München: Beck 1981.

Ders.: *Egmont* [1788]. In: *Goethes Werke.* Textkritisch durchgesehen und mit Anmerkungen versehen von Wolfgang Kayser. 4. Auflage. Bd. IV. Hamburg: Christian Wagner Verlag 1960.

Göttner-Abendroth, Heide: Die Göttin und ihr Heros. München: Frauenoffensive 1980.

Goffman, Erving: Geschlecht und Werbung. Frankfurt a.M.: Suhrkamp 1981.

Goldman, Robert: Reading Ads Socially. London, New York: Routledge 1992.

Gottsched, Johann Christoph: *Der sterbende Cato* [1731]. *Ausgewählte Werke.* Bd. II, hrsg. von Joachim Birke. Berlin: Walter de Gruyter & Co 1970.

Grimberg, Salomón: Frida Kahlos Einsamkeit. In: Frida Kahlo: Das Gesamtwerk, hrsg. von Helga Prignitz-Poda, Salomón Grimberg und Andrea Kettenmann. Frankfurt a.M.: Verlag Neue Kritik 1988.

Grimm, Wilhelm und Jacob: *Kinder- und Hausmärchen.* Vollständige Ausgabe. 17. Auflage. München: Goldmann 1990.

Haeseling, Dorothée: *Familienstabil. Also wohin jetzt.* Gedichte. In: Im Jahrhundert der Frau. Frankfurt a.M.: Suhrkamp 1984, S. 120.

Hahn, Karl-Heinz (Hg.): *Briefe an Goethe.* Gesamtausgabe in der Regestform. Weimar: Hermann Böhlaus Nachfolger 1981–92.

Haider-Pregler, Hilde: Das Verschwinden der Langeweile aus der (Theater-) Wissenschaft. Erweiterung des Fachhorizonts aus feministischer Perspektive. In: Renate Möhrmann (Hg.): Theaterwissenschaft heute. Eine Einführung. Berlin: Dietrich Reimer 1990, S. 317–349.

Hall, Radclyffe: *The Unlit Lamp* [1924]. London: Virago 1981.

Hammer-Tugendhat, Daniela: Zur Ambivalenz patriarchaler Geschlechterideologie in der Kunst des späten 19. Jahrhunderts. Die bösen Mütter von Giovanni Segantini. In: Heide Dienst, Edith Saurer (Hg.): ›Das Weib existiert nicht für sich‹. Geschlechterbeziehungen in der bürgerlichen Gesellschaft. Wien: Verlag für Gesellschaftskritik 1990, S. 148–161.

Hausen, Karin: Mütter zwischen Geschäftsinteressen und kultischer Verehrung. Der »Deutsche Muttertag« in der Weimarer Republik. In: Gerhard Huck (Hg.): Sozialgeschichte der Freizeit. Untersuchungen zum Wandel der Alltagskultur in Deutschland. Wuppertal: Hammer 1980, S. 249–280.

Dies.: Frauen suchen ihre Geschichte. München: Beck 1987.

Hauser, Arnold: Zur Sozialgeschichte der Kunst und Literatur. München: Beck 1953.

Hegewald, Heidrun: Familienbild. In: Für Dich, Berlin, 29 (1977).

Dies.: Mich ängstigt dieses laute Leben. In: Berliner Zeitung, Berlin, 27.07.1990.

Dies.: Meine Sehnsucht nach Gerechtigkeit ist krisenfest. In: Gerlinde Förster (Hg.): Es zählt nur, was ich mache. Gespräche mit bildenden Künstlerinnen aus Ost-Berlin seit 1990. Berlin: Verein der Berliner Künstlerinnen e.V. 1992, S. 35–45.

Dies.: *Frau K. Die zwei Arten zu erbleichen*. Notate – begonnen 1986 vor der Neuzeitrechnung – fortgeführt im 3. Jahr seit der Abrechnung – formuliert in ostdeutscher Sprache. Entstehungsraum des ins westdeutsche Nichtübertragbaren ist die DDR. Berlin: Dietz-Verlag 1993.

Heidenreich, Elke: Die Mutti in deutschen Fernsehserien. Ein Faxwexel (mit Renée Zucker). In: Annette Garbrecht (Hg.): Wer vor mir liegt ist ungewiß. Frauen und Sexualität ab vierzig. Hamburg: Ingrid Klein Verlag 1994, S. 15–22.

Heider, Gertrud: Max Lingner. Leipzig: Akademie der Künste 1979.

Heinsolm, Gunnar, Otto Steiger: Die Vernichtung der weisen Frauen. Herbstein: Syndikat Buchgesellschaft 1985.

Heise, Wolfgang: Laudatio für Heidrun Hegewald anläßlich der Verleihung des Max-Lingner Preises 1980. In: Mitteilungen der Akademie der Künste der DDR, 3 (1981), S. 10–12.

Held, Jutta: Marienbild und Volksfrömmigkeit. Zur Funktion der Marienverehrung im Hoch- und Spätmittelalter. In: Frauen. Bilder. Männer. Mythen. Kunsthistorische Beiträge, hrsg. von Ilsebill Barta, Zita Breu, Daniela Hammer-Tugendhat u.a. Berlin: Dietrich Reimer 1987, S. 35–68.

Heller, Peter: Gretchen: Figur, Klischee, Symbol. In: Die Frau als Heldin und Autorin. Neue kritische Ansätze zur deutschen Literatur, hrsg. von Wolfgang Paulsen. München: Francke 1979.

Henkel, Arthur, Albrecht Schöne (Hg.): Emblemata. Handbuch zur Sinnbildkunde des XVI. und XVII. Jahrhunderts. Stuttgart: J.B. Metzler 1967.

Hermann, Anne: Travesty and Transgression: Transvestism in Shakespeare, Brecht, and Churchill. In: Theatre Journal, Vol. 41, No. 2, Mai 1989, S. 133–154.

Herz, Gottfried: Natur und Geist in Goethes Faust. Frankfurt a.M.: Diesterweg 1931.

Hewitt, Margaret: Wives and Mothers in Victorian Industry. Westport/Conn.: Greenwood 1958.

Hinz, Renate: Käthe Kollwitz. Druckgraphik, Plakate, Zeichnungen. Berlin: Elefanten Press 1980.

Hippel, Theodor Gottlieb: *Über die Ehe* [1774]. Berlin: G. Reimer 1828.

Hirsch, Marianne: The Mother/Daughter Plot. Narrative, Psychoanalysis, Feminism. Bloomington/Ind.: Indiana University Press 1989.

Höck, Wilhelm: Kunst als Suche nach Freiheit. Köln: DuMont 1973.

Höfig, Willi: Der deutsche Heimatfilm 1947–1960. Stuttgart: Ferdinand Enke Verlag 1973.

Hoffmann-Curtius, Kathrin: Frauenbilder Oskar Kokoschkas. In: Frauen. Bilder. Männer. Mythen. Kunsthistorische Beiträge, hrsg. von Ilsebill Barta, Zita Breu, Daniela Hammer-Tugendhat u.a. Berlin: Dietrich Reimer 1987, S. 148–178.

Holbrook, Ann Catherine: *The Dramatist, or Memoirs of the Stage*. Birmingham: Martin and Hunter 1809.

Literaturverzeichnis

Honegger, Claudia (Hg.): Die Hexen der Neuzeit. Studien zur Sozialgeschichte eines kulturellen Deutungsmusters. Frankfurt a.M.: Suhrkamp 1978.

Dies.: Die Ordnung der Geschlechter. Die Wissenschaften vom Menschen und das Weib. Frankfurt a.M., New York: Campus Verlag 1991.

Hook, Philip, Mark Poltimore (Hg.): Popular 19th century painting. A dictionary of European genre paintings. Suffolk: Ed. Antique Collectors Club 1986.

Horkheimer, Max, Theodor W. Adorno: Dialektik der Aufklärung. [1944] Frankfurt a.M.: Fischer 1969.

Hull, Isabell V.: ›Sexualität‹ und bürgerliche Gesellschaft. In: Ute Frevert (Hg.): Bürgerinnen und Bürger. Geschlechterverhältnisse im 19. Jahrhundert. Göttingen: Vandenhoeck & Ruprecht 1988, S. 49–66.

Humm, Maggie (Hg.): Feminisms. A Reader. London: Wheatsheaf 1992.

Jantz, Harold: The Mothers in Faust. The Myth of Time and Creativity. Baltimore: The Johns Hopkins Press 1969.

Jolles, André: Einfache Formen. 6. Auflage. Tübingen: Niemeyer Verlag 1972.

Johnston, Claire: Frauenfilm als Gegenfilm. In: Frauen und Film, Nr. 11 (1977), S. 10–18.

Kaarsberg Wallach, Martha: Emilia und ihre Schwestern: Das seltsame Verschwinden der Mutter und die geopferte Tochter. In: Helga Kraft, Elke Liebs (Hg.): Mütter-Töchter-Frauen. Weiblichkeitsbilder in der Literatur. Stuttgart, Weimar: J.B. Metzler 1993, S. 53–72.

Kallir, Jane: Egon Schiele. The Complete Works. New York: Harry N. Abrams Inc. Publishers 1990.

Kaplan, E. Ann: Mothering, Feminism and Representation. The Maternal in Melodrama and the Woman's Film 1910–40. In: Christine Gledhill (Hg.): Home Is Where the Heart Is. Studies in Melodrama and the Woman's Film. London: BFI 1987, S. 113–137.

Dies.: Motherhood and Representation. The Mother in Popular Culture and Melodrama. London, New York: Routledge 1992.

Kaplan, Meryle Mahrer: Mother's Images of Motherhood. London, New York: Routledge 1992.

Kaufmann, Doris: Vom Vaterland zum Mutterland. Frauen im katholischen Milieu der Weimarer Republik. In: Karin Hausen (Hg): Frauen suchen ihre Geschichte. München: Beck 1987, S. 254–279.

Kecks, Ronald G.: Madonna und Kind. Das häusliche Andachtsbild im Florenz des 15. Jahrhunderts. Berlin: Mann 1988 (Frankfurter Forschungen zur Kunst 15).

Kelly, Mary: Post-Partum Document. London, Boston, Melbourne, Henley: Routledge & Kegan Paul 1983.

Kirschenbaum, Engelbert (Hg.): Lexikon der christlichen Ikonographie. Bände 1–8. Freiburg, Basel, Wien: Herder 1968– 1976.

Kittler, Friedrich A.: Dichter. Mutter. Kind. München: Wilhelm Fink Verlag 1991.

Klein, Melanie: Love, Guilt, and Reparation and Other Works, 1921–1945. New York: Doubleday 1977.

Klein, Wolfgang: Barbusse und Charkow. In: Weimarer Beiträge, Jg. 22, Heft 12 (1976), S. 165–171.

Ders.: Kunst in der Volksfront. Der Realismusstreit 1936. In: Ausstellungskatalog: Max Lingner 1888–1959. Berlin 1988, S. 36–41.

Klipstein, August: Käthe Kollwitz, Verzeichnis des graphischen Werks. Bern: Klippstein & Co 1955.

Knapp, Oswald G.: *The Intimate Letters of Hester Piozzi and Penelope Pennington, 1788–1821.* London: Bodley Head 1969.

Ders.: An Artist's Love Story. London: George Allen o.J.

Koch, Franz: Fausts Ganz zu den Müttern. In: Franz Koch: Geist und Leben. Hamburg: Hanseatische Verlagsanstalt o.J., S. 62– 80.

Kohn-Waechter, Gudrun: Schrift der Flammen. Opfermythen und Weiblichkeitsentwürfe im 20. Jahrhundert. Berlin: Orlanda 1991.

Kollwitz, Hans (Hg.): Käthe Kollwitz: Ich sah die Welt mit liebevollen Blicken. Ein Leben in Selbstzeugnissen. Hannover: Fackelträger 1962.

Ders., Leopold Reidemeister (Vorwort): Käthe Kollwitz. Das plastische Werk. Hamburg: Wegner 1967.

Kollwitz, Käthe: Ausstellungskatalog. Frankfurt a.M.: Kunstverein Frankfurt 1973/74.

Koonz, Claudia: Mütter im Vaterland. Frauen im Dritten Reich. Freiburg (Breisgau): Kore Verlag 1991, Reinbek bei Hamburg: Rowohlt 1994.

Kraft, Helga, Elke Liebs (Hg.): Mütter-Töchter-Frauen. Weiblichkeitsbilder in der Literatur. Stuttgart, Weimar: J.B. Metzler 1993.

Krahmer, Catherine: Käthe Kollwitz. Reinbek bei Hamburg: Rowohlt 1981.

Krauss, Cornelia: Kurz-Inhaltsangabe zur Neuinszenierung der Komödie Vierzig Karat von Barillet und Grédy in den Kammerspielen Wien. In: Vorschauheft des Theaters in der Josefstadt, Januar–März 1990.

Kriegeskorte, Michael: Werbung in Deutschland 1945–1965. Die Nachkriegszeit im Spiegel ihrer Anzeigen. Köln: DuMont 1992.

Kristeva, Julia: Maternité selon Giovanni Bellini. In: Julia Kristeva: Polyloge. Paris: Editions du Seuil 1977, S. 409– 435.

Dies.: Histoires d'amour. Paris: Editions Denoel 1983.

Kroos, Renate: Gotes tabernackel. Zur Funktion und Interpretation von Schreinmadonnen. In: Zeitschrift für Schweizerische Archäologie und Kunstgeschichte, 43, Heft 1 (1986), S. 58–64.

Kunoth-Leifels, Elisabeth: Über die Darstellung der Bathseba im Bade. Essen: Bacht 1962.

Laube, Heinrich: *Liebesbriefe.* In: *Gesammelte Werke in fünfzig Bänden.* Bd. IV. Leipzig: Max Hesses Verlag 1908.

Lawrence, D.H.: *Sons and Lovers* [1913]. Cambridge: Cambridge University Press 1992.

Leblans, Anne: The Grimm Brothers and the Art of Collection: The Collecting as a Response to the Trauma of Modernity. In: ›Subversive Sublimity‹. Undercurrents of German Enlightenment. Camden House 1992.

Leischl-Kies, Monika: Maria – Anwältin des Weiblichen? In: Kunst und Kirche, 47 (1984), S. 200–203.

Lenger, Gabriele: Virgo – Mater – Mediatrix. Untersuchungen zur Priester Wernhers »Driu liet von der maget«. Frankfurt a.M., Bern: Peter Lang 1980.

Lennep, William van (Hg.): The Reminiscences of Sarah Kemble Siddons. Cambridge: Widener Library 1942.

Lennox, Sara: Women in Brecht's Work. In: New German Critique, 14, Frühjahr 1978, S. 83–96.

Leopold, Rudolf: Egon Schiele. Gemälde, Aquarelle, Zeichnungen. Salzburg: Residenz Verlag 1972.

Lessing, Doris: A Proper Marriage [1954]. London: Grafton 1990.

Lessing, Gotthold Ephraim: Emilia Galotti. [1772] In: Lessing's Werke, hrsg. von Heinrich Laube. Bd. II. Wien, Leipzig, Prag: Verlag Sigmund Bensinger o.J.

Ders.: Hamburgische Dramaturgie. [1767] In: Lessing's Werke, hrsg. von Heinrich Laube. Bd. III. Wien, Leipzig, Prag: Verlag Sigmund Bensinger o.J.

Ders.: Miss Sara Sampson. [1755] In: Lessing's Werke, hrsg. von Heinrich Laube. Bd. II. Wien, Leipzig, Prag: Verlag Sigmund Bensinger o.J.

Ders.: Nathan. [1779] In: Lessing's Werke, hrsg. von Heinrich Laube. Bd. II. Wien, Leipzig, Prag: Verlag Sigmund Bensinger o.J.

Lewis, Jane: Women in England 1870–1950. Sexual Divisions and Social Change. Brighton: Wheatsheaf und Bloomington/Ind.: Indiana University Press 1984.

Lillo, George: The London Merchant, or, The History of George Barnwell. [1731] London: Chapman & Hall, Ltd. 1927.

Lingner, Max: Mein Leben und meine Arbeit. Eingeleitet von Marcel Cachin und Paul Wandel. Dresden: Verlag der Kunst 1955.

Lipphardt, Walter: Studie zu den Marienklagen. In: Beiträge zur Geschichte der deutschen Sprache und Literatur, 58 (1934), S. 390–444.

Lively, Penelope: Moon Tiger [1987]. Harmondsworth: Penguin 1988.

Lorenz, Angelika: Das deutsche Familienbild in der Malerei des 19. Jahrhunderts. Darmstadt: Wissenschaftliche Buchgesellschaft 1985.

Lukács, Georg: Zur Soziologie des modernen Dramas. In: Schriften zur Literatursoziologie, ausgewählt und eingeleitet von Peter Ludz. 5. Auflage. Neuwied: Hermann Luchterhand Verlag 1972.

Ders.: Die Gretchentragödie. In: Aufsätze zu Goethes Faust I, hrsg. von Werner Keller. Darmstadt: Wissenschaftliche Buchgesellschaft 1974, S. 476–495.

Mabee, Barbara: Die Kindesmörderin in den Fesseln der bürgerlichen Moral. Wagner's Evchen und Goethe's Gretchen. In: Women in German Yearbook, 3 (1986), S. 29–45.

Magli, Ida: Die Madonna. Die Entstehung eines weiblichen Idols aus der männlichen Phantasie. München, Zürich: Piper 1990.

Maitland, Sara: Three Times Table. London: Virago 1991.

Malafarina, Gianfranco: Egon Schiele. Die Hauptwerke. Wien, Genf, New York: Lechner Verlag 1990.

Malecki, Herbert: Die Familie des Pieter Jan Foppesz. Genese und Bedeutung des Kasseler Familienbildes des Maerten van Heemskerck. Kassel 1983 (Kasseler Hefte für Kunstwissenschaft und Kunstpädagogik 4).

Manheimer, Joan: Murderous Mothers. The Problem of Parenting in the Victorian Novel. In: Feminist Studies, 5.3 (1979), S. 530–546.

Manning, Olivia: Play Room. London: Virago 1984.

Manvell, Roger: Sarah Siddons. Portrait of an Actress. London: Heinemann 1970.

Massey, Marilyn Chapin: The Feminine Soul. The Fate of an Ideal. Boston: Beacon 1985.

Mause, Lloyd de (Hg.): Hört ihr die Kinder weinen. Eine psychogenetische Geschichte der Kindheit. Frankfurt a.M.: Suhrkamp 1977.

McCormick, Marjorie: Mothers in the English Novel. From Stereotype to Archetype. New York, London: Garland 1991.

Meier-Seethaler, Carola: Ursprünge und Befreiungen. Die sexistischen Wurzeln der Kultur. Frankfurt a.M.: Fischer 1992.

Meyhöfer, Annette: Schauspielerinnen im Dritten Reich. In: Renate Möhrmann (Hg.): Die Schauspielerin. Zur Kulturgeschichte der weiblichen Bühnenkunst. Frankfurt a.M.: Insel Verlag 1989, S. 300–320.

Miller, Alice: Der gemiedene Schlüssel. Frankfurt a.M.: Suhrkamp 1988.

Minckenberg, Georg: Die plastische Marienklage: Ein Beitrag zu ihrer Entstehung und ihren geistesgeschichtlichen Grundlagen. Diss. Universität zu Köln 1986.

Mitterauer, Michael: Ledige Mütter. Zur Geschichte illegitimer Geburten in Europa. München: Beck 1983.

Möbius, Helga: Überlegungen zur Ikonographie der DDR-Kunst. In: Katalog: Weggefährten-Zeitgenossen. Bildende Kunst aus drei Jahrzehnten. Berlin: Zentrum für Kunstausstellungen der DDR 1979, S. 357–370.

Dies.: Die Moralisierung des Körpers. Frauenbilder und Männerwünsche im frühneuzeitlichen Holland. In: Frauen. Bilder. Männer. Mythen. Kunsthistorische Beiträge, hrsg. von Ilsebill Barta, Zita Breu, Daniela Hammer-Tugendhat u.a. Berlin: Dietrich Reimer 1987, S. 69–83.

Dies.: Schöne Madonna und Weiblichkeitsdiskurs im Spätmittelalter. In: Rundbrief Frauen Kunst Wissenschaft, 12 (1991), S. 7–16.

Möhrmann, Renate: Die Frau mit der Kamera. Filmemacherinnen in der Bundesrepublik Deutschland. Situation, Perspektiven. Zehn exemplarische Lebensläufe. München, Wien: Carl Hanser 1980.

Dies.: Die Schauspielerin. Zur Kulturgeschichte der weiblichen Bühnenkunst. Frankfurt a.M.: Insel Verlag 1989.

Dies.: Theaterwissenschaft heute. Eine Einführung. Berlin: Dietrich Reimer 1990.

Montias, John Michael: Vermeer and his Milieu. A Web of Social History. Princeton: Princeton University Press 1989.

Mortimer, Penelope: The Pumpkin Eater [1962]. Harmondsworth: Penguin 1979.

Muehl, Otto: Weg aus dem Sumpf. Nürnberg 1977.

Münzberg, Olav: Schaudern vor der ›bleichen Mutter‹: Eine sozialpsychologische Analyse der Kritiken zum Film von Helma Sanders-Brahms. In: Medium, Heft 7 (1980), S. 34–37.

Nadeau, Maurice: Geschichte des Surrealismus. Reinbek bei Hamburg: Rowohlt 1986.

Nagel, Otto, Werner Timm: Die Handzeichnungen. Berlin: Henschel 1972.

Nebehay, Christian M.: Egon Schiele 1890–1918. Leben, Briefe, Gedichte. Salzburg, Wien: Residenz Verlag 1979.

Neumann, Erich: Die Große Mutter. Der Archetyp des Großen Weiblichen. Darmstadt: Wissenschaftliche Buchgesellschaft 1957.

Netzker, Helmut: Sich öffnen für Prozesse, die uns heute bewegen. Kunstausstellung der Hauptstadt am Fernsehturm II. In: Berliner Zeitung, Berlin, 21.12.1979.

Neyer, Hans Joachim: Technik und Avantgarde. In: Ausstellungskatalog: Absolut modern sein. Culture technique in Frankreich 1889–1937. Berlin: Staatliche Kunsthalle 1986, S. 376ff.

Noseda, Irma, Bernhard Wiebel: Segantini – ein verlorenes Paradies? Ausstellungskatalog. Zürich 1976.

Olbrich, Harald (Hg.): Lexikon der Kunst. Bände 1–7. Leipzig: Seemann 1987–1994.

Olivier, Christiane: Jokastes Kinder. Die Psyche der Frau im Schatten der Mutter. Düsseldorf: Claassen 1987.

Parsons, Mrs. Clement: The Incomparable Siddons. London: Methuen 1909.

Paterson, Peter: Glimpses of Real Life. Edinburgh: William Nimmo 1864.

Pennington, Sara (Lady): A Mother's Advice to her Absent Daughters [1783]. New York, London: Garland 1986.

Pflaum, Hans Günther (Hg.): Jahrbuch Film 78/79. München, Wien: Carl Hanser 1978.

Phoenix, Ann, Anne Woollett, Eva Lloyd (Hg.): Motherhood. Meanings, Practices and Ideologies. London: Sage Publications 1991.

Pickshaus, Peter M.: Kunstzerstörer. Reinbek bei Hamburg: Rowohlt 1988.

Pinder, Wilhelm: Die Pietà. Leipzig: Seemann 1922.

Pleyer, Peter: Deutscher Nachkriegsfilm 1946–1948. Münster: Verlag C.J. Fahle 1965.

Pockels, C.F.: Versuch einer Charakteristik des weiblichen Geschlechts. Ein Sittengemälde. Bd. II. Hannover: Ritscher 1797–1802.

Pollock, Linda A.: Forgotten children. Parent-child relations from 1500–1900. Cambridge: Cambridge University Press 1983.

Literaturverzeichnis

Prelinger, Elisabeth (Hg.): Käthe Kollwitz. Handzeichnungen, Druckgraphik, Skulpturen. München: Schirmer Mosel 1993.

Propp, Wladimir: Morphologie des Märchens. Leningrad 1928 (deutsch: 1972).

Quinsac, Annie-Paule: Die Mutter, der Tod und die katholische Tradition im Werk von Giovanni Segantini. In: Giovanni Segantini 1858–1899. Kunsthaus Zürich 1990.

Raddatz, Fritz J.: Entweiblichte Eschatologie: Bertolt Brechts revolutionärer Gegenmythos. In: Bertolt Brecht. Sonderband III, hrsg. von Heinz L. Arnold. München: edition Text und Kritik 1973, S. 152–159.

Radler, Gudrun: Schreinmadonnen *vierge ouvrante:* von den bernhardinischen Anfängen bis zur Frauenmystik im Deutschordensland; mit beschreibendem Katalog. Frankfurt a.M.: Kunstgeschichtliches Institut 1990 (Frankfurter Fundamente der Kunstgeschichte 6).

Rameckers, Jan Matthias: Der Kindesmord in der Literatur der Sturm- und Drang-Periode. Ein Beitrag zur Kultur- und Literaturgeschichte des 18. Jahrhunderts. Rotterdam: Nigh & van Ditmar's 1927.

Ranke-Graves, Robert: Griechische Mythologie. Reinbek bei Hamburg: Rowohlt 1961.

Ders.: Die weiße Göttin [1948]. Reinbek bei Hamburg: Rowohlt 1985.

Raum, Hermann: Gegen des Zeitgenossen unverdient ruhigen Schlaf. In: Bildende Kunst, Berlin, 10 (1980), S. 508–510.

Ders.: Kassandra in der Nische. ›Kritische Kunst‹ in der DDR. In: Eckhart Gillen, Rainer Haarmann: Kunst in der DDR. Berlin: Kiepenheuer & Witsch 1990, S. 84–87.

Rehling, Inge: Dein ist mein halbes Herz. Frankfurt a.M.: Fischer 1991.

Reinelt, Janelle: Rethinking Brecht: Deconstruction, Feminism, and the Politics of Form. In: Brecht Yearbook. College Park/MD: International Brecht Society, Vol. 15, 1990, S. 99– 107.

Rich, Adrienne: Of Woman Born. Motherhood as Experience and Institution. New York, London: W.W. Norton & Company 1976, Virago 1977. Deutsch: Von Frauen geboren. Mutterschaft als Erfahrung und Institution. München: Frauenoffensive 1979.

Richardson, Mary R.: Laugh a Defiance. London: G. Weidenfeld & Nicolson 1953.

Roberts, Michele: *A Piece of the Night.* London: The Women's Press 1978.

Roessler, Artur: Erinnerungen an Egon Schiele. Wien: Wiener Volksbuchverlag 1948.

Rosenbach, Ulrike: Videokunst. Foto. Aktion/Performance. Feministische Kunst. Köln 1982.

Rousseau, Jean-Jacques: *Sophie oder die Frau.* In: *Emile oder Von der Erziehung.* München: UTB 1981.

Royde-Smith, Naomi: The Private Life of Mrs. Siddons: A psychological investigation. London: Gollancz 1933.

Rubin, Gayle: The Traffic in Women: Notes on the »Political Economy« of Sex. In: Toward an Anthropology of Women, hrsg. von Rayna R. Reiter. New York, London: Monthly Review Press 1975, S. 157–210.

Ruddick, Sara: Maternal Thinking. In: Joyce Trebilcot (Hg.): Mothering. Essays in Feminist Theory. Totowa, New Jersey: Rowman & Allanheld 1984, S. 213–229.

Rytlewski, Ralf, Manfred Opp de Hipt: Die Bundesrepublik Deutschland in Zahlen: 1945/49–1980. Ein sozialgeschichtliches Arbeitsbuch. München: Beck 1987.

Schadewaldt, Wolfgang: Faust und Helena. In: Deutsche Vierteljahrsschrift, Nr. 30 (1956), S. 1–40.

Schama, Simon: Wives and Wantons. Versions of Womanhood in 17th Century Dutch Art. In: The Oxford Art Journal, Vol. 3, No. 1, April 1980, S. 5–13.

Ders.: Überfluß und schöner Schein. München: Kindler 1993.

Schiller, Friedrich: *Kabale und Liebe*. [1784] In: *Sämtliche Werke*. Bd. II. Leipzig: Der Tempel Verlag o.J.

Schmauch, Ulrike: Anatomie und Schicksal. Zur Psychoanalyse der Frau im Schatten der Mutter. Frankfurt a.M.: Fischer 1987.

Schmerl, Christiane (Hg.): Frauen in der Werbung. Aufklärung über Fabeltiere. München: Frauenoffensive 1992.

Schmidt, Alwin: Die Briefe von Goethes Mutter an ihren Sohn, als Quelle zu seinen Werken. In: Zeitschrift für deutsche Philologie, Jg. 26 (1894), S. 375–399.

Schmidt, Maruta, Gabi Dietz (Hg.): Frauen unterm Hakenkreuz. Eine Dokumentation. München: dtv 1985.

Schmidt, Michael: Genossin der Hexe. Interpretationen der Gretchentragödie in Goethes Faust aus der Perspektive der Kindesmordproblematik. Göttingen: Altaquito 1985.

Schmidt, Siegfried J., Detlef Sinofzik, Brigitte Spieß: Wo lassen Sie leben? Kulturfaktor Werbung – Entwicklungen und Trends der 80er Jahre. In: Christian Thomsen (Hg.): Aufbruch in die Neunziger. Köln: DuMont 1991, S. 142–170.

Schmidt, Werner (Hg.): Die Kollwitz-Sammlung des Dresdener Kupferstichkabinettes. Köln: Käthe Kollwitz. Die Zeichnerin. Hamburg (Kunstverein), Zürich (Kunsthaus) 1980/81.

Schmidtbauer-Schleibner, Ursula: Mutterschaft und Psychoanalyse. In: Frauen und Mütter. Beiträge zur 3. Sommeruniversität von und für Frauen 1978. Berlin: Basis Verlag 1979, S. 351–378.

Schmitt-Wischmann, Ute: »Mutter und Kind« in der Plastik. Eine motivhistorische Untersuchung plastischer Mutter-und-Kind-Gruppen der Jahre 1870 bis 1920. Diss. phil. Heidelberg 1987.

Schmutzler, Robert: Art Nouveau-Jugendstil. Stuttgart: Hatje Verlag 1977.

Schneemelcher, Wilhelm: Neutestamentliche Apokryphen. 5. Auflage der von

Edgar Hennecke begründeten Sammlung. Bd. 1: Evangelien. Tübingen: J.C.B. Mohr (Paul Siebeck) 1987.

Schormann, Gerhard: Hexenprozesse in Nordwestdeutschland. Quellen und Darstellungen zur Geschichte Niedersachsens 87. Hildesheim: Lax 1977.

Schreiber, Sara E.: The German Woman in the Age of Enlightenment. New York: King's Crown Press 1948.

Schreiner, Evelyn (Hg.): 100 Jahre Volkstheater. Theater-Zeit-Geschichte. Wien: Jugend und Volk 1989.

Schreiner, Klaus: Maria. Jungfrau, Mutter, Herrscherin. München, Wien: Carl Hanser 1994.

Schulz-Hoffmann, Carla (Hg.): Niki de St. Phalle. München: Prestel Verlag 1987.

Sciurie, Helga: Maria-Ecclesia als Mitherrscherin Christi. Zur Funktion des Sponsus-Sponsa-Modells in der Bildkunst des 13. Jahrhunderts. In: Maria, Abbild oder Vorbild? Zur Sozialgeschichte mittelalterlicher Marienverehrung, hrsg. von Hedwig Röckelein, Claudia Opitz, Dieter R. Bauer. Tübingen: edition discord 1990, S. 110–146.

Semrau, Jens, Matthias Flügge: Zur Bezirksausstellung Berlin. In: Bildende Kunst, Berlin, 3 (1980), S. 143–147.

Shakespeare, William: Macbeth [Reclams Universal-Bibliothek Nr. 17]. Stuttgart: Reclam 1980.

Silver, Kenneth E.: Der politische Bezug in Picassos Neoklassizismus. In: Ausstellungskatalog: Picassos Klassizismus. Bielefeld 1988, S. 77–88.

Simon, Manuel: Heilige, Hexe, Mutter. Berlin: Dietrich Reimer 1993.

Sinclair, May: Mary Olivier: A Life [1919]. London: Virago 1980.

Dies.: The Life and Death of Harriet Frean [1922]. London: Virago 1980.

Skinner, Robin, John Cleese: Familie sein dagegen sehr. Eine Lebensform im Dialog. Aus dem Englischen von Annegret O'Dwyer. München: dtv 1994.

Solomon, Alisa: Materialist Girl. The Good Person of Szechwan and Making Gender Strange. In: Theater, Vol. 25, No. 2, 1994, S. 42–55.

Sørensen, Bengt Algot: Herrschaft und Zärtlichkeit. Der Patriarchalismus und das Drama im 18. Jahrhundert. München: Beck 1984.

Spangenberg, Peter-Michael: Maria ist immer und überall. Die Alltagswelten des spätmittelalterlichen Mirakels. Frankfurt a.M.: Suhrkamp 1987.

Spieß, Brigitte: Frauenbilder in der Fernseh-Werbung. Gefangen zwischen alten Leitbildern und neuen Rollenvorstellungen. In: Frauenbilder im Fernsehen. Beiträge und Materialien einer Fachtagung vom 25. bis 27. August 1991 in Augsburg. Bonn: Bundeszentrale für politische Bildung 1992, S. 91–108.

Stabat Mater. Maria unter dem Kreuz. Katalog der Ausstellung Salzburg 1970.

Staiger, Emil: Goethe. 3 Bände. Zürich, Freiburg (Breisgau): Atlantis 1952–59.

Statistisches Bundesamt (Hg.): Frauen in Familie, Beruf und Gesellschaft. Wiesbaden: W. Kohlhammer 1987.

Stone-Ferrier, Linda: Images of Textiles. The Weave of 17th Century. Dutch Art and Society. Diss. Berkeley 1980. Ann Arbor 1985.

Strauß, Botho: *Paare, Passanten* [1981]. 3. Auflage. München: dtv 1986.

Strindberg, August: *Svanevit. Werkausgabe Stockholm* 1902/1916 (erweitert 1973), hrsg. von G. Brandell. Übersetzung von H.C. Artmann. Wien, München 1973.

Stromberger, Robert: *Diese Drombuschs*. Bearbeitet in drei Bänden von Nora Neuhauser u.a., hrsg. von Siegfried W. Braun. Köln: Naumann & Goebel 1987ff.

Suckale, Robert: Studien zu Stilbildung und Stilwandel der Madonnenstatuen der Ile-de-France zwischen 1230 und 1300. Diss. München 1971.

Suleiman, Rubin Susan: Writing and Motherhood. In: The (M)other Tongue. Essays in Feminist Psychoanalytic Interpretation, hrsg. von Shirley Nelson Garner, Claire Kahane und Madelon Sprengnether. Ithaca, London: Cornell University Press 1985.

Sussmann, Vera: Maria mit dem Schutzmantel. In: Marburger Jahrbuch für Kunstwissenschaft, 5 (1929), S. 285–351.

Sutherland Harris, Ann, Linda Nochlin: Women Artists 1550–1950. Ausstellungskatalog Los Angeles 1976.

Sydow, Carl Wilhelm von: On the Spread of Tradition. In: Carl Wilhelm von Sydow: Selected Papers on Folklore. Published on the Occasion of his 70th Birthday. Kopenhagen: Rosenkilde & Bagger 1948, S. 11–43.

Szondi, Peter: Die Theorie des bürgerlichen Trauerspiels im 18. Jahrhundert, hrsg. von Gert Mattenklott. Frankfurt a.M.: Suhrkamp 1973.

Taylor, Elizabeth: *The Wedding Group*. London: Virago 1985.

Thorne, Barry, Marilyn Ylon (Hg.): Rethinking the Family: Some Feminist Questions. New York, London: Longman 1982.

Trebilcot, Joyce (Hg.): Mothering. Essays in Feminist Theory. Totowa, New Jersey: Rowman & Allanheld 1984.

Tufts, Eleanor: Our hidden Heritage. Five centuries of Women artists. London 1974.

Ulbricht, Otto: Kindsmord und Aufklärung in Deutschland. München: Oldenbourg 1990.

Ulrici, Rolf: *Der Landarzt und seine Familie*. Frankfurt a.M., Berlin: Ullstein 1992.

Viviani, Christian: Who is Without Sin? The Maternal Melodrama in American Film, 1930–39. In: Christine Gledhill (Hg.): Home Is Where the Heart Is. Studies in Melodrama and the Woman's Film. London: BFI 1987, S. 83–99.

Wachsmuth, Andreas: Geeinte Zwienatur. Aufsätze zu Goethes naturwissenschaftlichem Denken. Berlin, Weimar: Aufbau-Verlag 1966.

Wächtershäuser, Wilhelm: Das Verbrechen des Kindesmordes im Zeitalter der Aufklärung. Eine rechtsgeschichtliche Untersuchung der dogmatischen, prozessualen und rechtssoziologischen Aspekte. Quellen und Forschungen zur Stafrechtsgeschichte 3. Berlin: E. Schmidt 1973.

Wagner, Heinrich Leopold: *Die Kindermörderin*. [1776]. Stuttgart: G.J. Göschen'sche Verlagshandlung 1883.

Walby, Patricia: Theorizing Patriarchy. London: Basil Blackwell 1992.

Walrod, Stephen T.: Egon Schiele. A Psychobiography. Diss. phil. Berkeley 1978.

Warner, Marina: Maria. Geburt, Triumph, Niedergang – Rückkehr eines Mythos? München: Trikont-dianus 1982.

Weber, Beat: Die Kindsmörderin im deutschen Schrifttum von 1770– 1795. Abhandlungen zur Kunst-, Musik- und Literaturwissenschaft 162. Bonn: Bouvier 1974.

Weber, Heinz-Dieter: Kindesmord als tragische Handlung. In: Der Deutschunterricht, 28 (1976), S. 75–97.

Wedel, Ute: Die Rolle der Frau bei Bertolt Brecht. Europäische Hochschulschriften, Band 673. Frankfurt a.M., Bern: Peter Lang 1983.

Weigel, Sigrid: Topographien der Geschlechter. Kulturgeschichtliche Studien zur Literatur. Reinbek bei Hamburg: Rowohlt 1990.

Weiler, Gerda: Der enteignete Mythos. München: Frauenoffensive 1985.

Weininger, Otto: *Geschlecht und Charakter*. Wien, Leipzig: Wilhelm Braumüller 1917.

Weldon, Fay: *Puffball*. London: Hodder 1981.

Wenzel, Horst: kindes zuht und wibes reht. Zu einigen Aspekten von Kindheit im Mittelalter. In: Hans–Jürgen Bachorski (Hg.): Ordnung und Lust. Bilder von Liebe, Ehe und Sexualität in Spätmittelalter und Frühe Neuzeit. Trier 1991, S. 141–163.

Weyrather, Irmgard: Muttertag und Mutterkreuz. Der Kult um die »deutsche Mutter« im Nationalsozialismus. Frankfurt a.M.: Fischer 1993.

Wilkinson, Tate: *The Wandering Patentee*. 4 Bände. York: Privatdruck des Autors 1795.

Wilson, Elizabeth: Only Halfpenny to Paradise. Women in Postwar Britain 1945–1968. London, New York: Tavistock 1980.

Wimmer, Erich: Maria im Leid. Die Mater dolorosa insbesondere in der deutschen Literatur und Frömmigkeit des Mittelalters. Würzburg: Gugel 1968.

Winkler, Willi: Das Reh vom Dienst – Montagabends sehen zehn Millionen Zuschauer Uschi Glas. In: Die Zeit, Nr. 50 vom 9.12.1994.

Winterstein, Eduard von: *Mein Leben und meine Zeit*. Ein halbes Jahrhundert deutsche Theatergeschichte. Bd. II. Berlin: Oswald Arnold Verlag 1947.

Wolf, Christa: *Kassandra. Vier Vorlesungen. Eine Erzählung*. 2. Auflage. Berlin, Weimar: Aufbau-Verlag 1984.

Dies.: Krankheit und Liebesentzug. Fragen an die psychosomatische Medizin. In: John Erpenbeck (Hg.): Windvogelviereck. Schriftsteller über Wissenschaften und Wissenschaftler. Berlin: Der Morgen 1987, S. 167–186.

Literaturverzeichnis

Woolf, Virginia: *To the Lighthouse* [1927]. Harmondsworth: Penguin 1992.

Dies.: *Ein Zimmer für sich allein* [1928]. Frankfurt a.M.: Fischer 1982.

Würzbach, Natascha, Simone M. Salz: Motif Index of the Child Corpus. The English and Scottish Popular Ballad. Translated from the original German manuscript by Gayna Walls. Berlin, New York: de Gruyter 1995.

Wyatt, Frederick: Das Psychologische in der Literatur. In: Psychologie in der Literaturwissenschaft. Viertes Amherster Kolloquium zur modernen deutschen Literatur, hrsg. von Wolfgang Paulsen. Heidelberg: Lothar Stiehm Verlag 1971.

Zimmermann, Wilhelm: Der große deutsche Bauernkrieg. Berlin: deb 1980.

Zuckmayer, Carl: *Des Teufels General.* [1946]. Frankfurt a.M.: Fischer [26]1995.

Namenregister

Namenregister

Namenregister

Mütter – Töchter – Frauen
Weiblichkeitsbilder in der Literatur
Herausgegeben
von Helga Kraft und Elke Liebs
1993. VIII, 346 Seiten, 27 Abb.,
gebunden
ISBN 3-476-00887-8

Die Autorinnen gehen dem Bild von
Müttern und Töchtern nach, wie es die
deutschsprachige Literatur seit dem
Mittelalter entwickelt hat. Sie beleuchten die noch unzureichend erforschte
Beziehung zwischen Müttern und
Töchtern an einer Vielzahl von Texten,
die von Hildegard von Bingen bis zu
Christa Wolf oder Elfriede Jelinek reichen. Exemplarisch und spannend
wird die Dynamik der Mutter-Tochter-
Konstellation in unserer Gesellschaft
sowie der Aufbruch der Tochter zu
einem neuen Selbstverständnis dargestellt. Dabei zeigt sich, daß dieser Prozeß noch lange nicht abgeschlossen
ist.

»Der Reiz des Buches liegt gerade in
der unorthodoxen Herangehensweise
und in der Farbigkeit der erfaßten
Weiblichkeitsbilder.«

Virginia – Frauenbuchkritik

VERLAG
J.B. METZLER

Madeleine Marti
Hinterlegte Botschaften
Die Darstellung lesbischer Frauen
in der deutschsprachigen Literatur
seit 1945
1992. 431 Seiten, kartoniert
ISBN 3-476-00856-8

Madeleine Marti beleuchtet in ihren
Forschungsarbeiten erstmals lesbische
Traditionszusammenhänge in der
deutschsprachigen Prosa-Literatur von
1945 bis heute. Dieses Thema wurde
von deutschsprachigen Literaturwis-
senschaftlerinnen bisher kaum aufgegriffen, sondern eher verschwiegen
und ausgegrenzt. Wesentliche For-
schungsgrundlagen fehlten. So war es
der erste unverzichtbare Schritt, diese
lesbische Literatur zu suchen, zu sich-
ten und auszuwerten. Madeleine Marti
skizziert die soziokulturelle und politische Situation von Frauen der letzten
vier Jahrzehnte und zeigt Veränderungen in der Literatur auf. Als Ergebnis
konstatiert sie eine deutliche Wechselwirkung zwischen der gesellschaftlichen Realität von lesbischen Frauen
und deren literarischer Darstellung. Im
Zentrum ihrer Untersuchung stehen
Interpretationen von Texten bekannter
und unbekannter Autorinnen wie
Marlen Haushofer, Ingeborg Bach-
mann, Christa Reinig, Johanna Moos-
dorf, Waldtraut Lewin, Gertrud Wilker,
Judith Offenbach und Marlene Stenten.

VERLAG
J.B. METZLER

Christa Bürger
Leben schreiben
Die Klassik, die Romantik
und der Ort der Frauen
1990. VIII, 203 Seiten, 22 Abb.,
engl. brosch.
ISBN 3-476-00681-6

Bettina von Arnim – Charlotte von
Kalb – Sophie Mereau – Caroline
Schlegel – Johanna Schopenhauer –
Rahel Varnhagen
Die Klassik, die Romantik und der Ort
der Frauen: Eine Geschichte weiblichen Schreibens, die in den Texten ver-
gessener und ausgegrenzter Schriftstel-
lerinnen die Umrisse einer anderen
Ästhetik und einer anderen Subjektivität entdeckt. Christa Bürgers Buch
besticht durch die Eindringlichkeit seiner Argumentation und die Brillanz seiner Darstellung. Entstanden sind auf
diese Weise physiognomische Portraits
weiblichen Schreibens, die die Aufhe-
bung der Trennung von Kunst und
Leben selbst nachvollziehen.

VERLAG
J.B. METZLER

Printed in the United States
By Bookmasters